Obermeier · Vorweggenommene Erbfolge
und Erbauseinandersetzung

D1731942

Vorweggenommene Erbfolge und Erbauseinandersetzung

Steuersparende Gestaltungen
bei Einkommen-, Umsatz-, Erbschaft-
und Grunderwerbsteuer

Von
Arnold Obermeier
Richter am FG

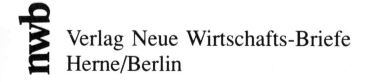

Verlag Neue Wirtschafts-Briefe
Herne/Berlin

Die Deutsche Bibliothek – CIP-Einheitsaufnahme

Obermeier, Arnold:
Vorweggenommene Erbfolge und Erbauseinandersetzung :
steuersparende Gestaltungen bei Einkommen-, Umsatz-,
Erbschaft- und Grunderwerbsteuer / von Arnold Obermeier. –
Herne ; Berlin : Verl. Neue Wirtschafts-Briefe, 1993
ISBN 3-482-45281-4

ISBN 3-482-**45281**-4
© Verlag Neue Wirtschafts-Briefe GmbH & Co., Herne/Berlin, 1993
Druck: Richarz Publikationsservice, St. Augustin

Vorwort

Die steuerrechtliche Behandlung von vorweggenommener Erbfolge, Erbfall, Erbengemeinschaft und Erbauseinandersetzung hat vor allem in den letzten Jahren Rechtsprechung, Literatur und Finanzverwaltung sehr stark beschäftigt. Die Bedeutung und der Zwang zu einer fundierten Auseinandersetzung mit dieser Rechtsmaterie wird in der nächsten Zeit eher zunehmen, weil durch den Generationenwechsel eine Vielzahl der von der Nachkriegsgeneration geschaffenen Vermögenswerte verschenkt oder vererbt wird. Nach Schätzungen sollen in den 90er Jahren Vermögen von einer Billion DM übergehen.

In seinem B. v. 5.7.1990 (GrS 4-6/89, BStBl II 1990, 847) hat der Große Senat des BFH die Rechtsprechung zur vorweggenommenen Erbfolge geändert. Nach dieser Entscheidung sind in der Zusage der Zahlung sog. Gleichstellungsgelder an Angehörige, in der Übernahme von Verbindlichkeiten und in der Zusage von Abstandszahlungen Anschaffungskosten des Erwerbers und Veräußerungsentgelt beim Übergeber zu sehen. Die vom Vermögensübernehmer zugesagten Versorgungsleistungen sind jedoch weder Anschaffungskosten noch Veräußerungsentgelt. Eine zusätzliche Rechtsprechungsänderung hat der B. des Großen Senats v. 15.7.1991 (GrS 1/90, BStBl II 1992, 78) zur Behandlung der Versorgungsleistungen gebracht.

Der B. des Großen Senats des BFH v. 5.7.1990 (GrS 2/89, BStBl II 1990, 837) enthält eine weitere Rechtsprechungsänderung. Danach ist für das Einkommensteuerrecht grundsätzlich davon auszugehen, daß Erbfall und Erbauseinandersetzung selbständige Rechtsvorgänge darstellen und keine Einheit bilden. Abfindungszahlungen eines Erben im Rahmen der Erbauseinandersetzung und Aufwendungen für den Erwerb des Erbteils eines Miterben führen beim Leistenden grundsätzlich zu Anschaffungskosten; in gleicher Höhe entsteht beim weichenden Miterben ein Veräußerungsgewinn. Hierauf hat keinen Einfluß, ob die Leistungen aus dem erlangten Nachlaßvermögen erbracht werden.

Die Praxis hat nach diesen Entscheidungen lange auf die Umsetzung durch die Finanzverwaltung gewartet. Dies hat zu einer großen Verunsicherung in der Gestaltung durch die Steuerberatung geführt. Die BMF-Schreiben v. 11.1.1993 (BStBl I 1993, 62) zu Erbfall, Erbengemeinschaft und Erbauseinandersetzung sowie v. 13.1.1993 (BStBl I 1993, 80) zur vorweggenommenen Erbfolge kommentieren diese Entscheidungen des Großen Senats des BFH und die Vielzahl der Folgeentscheidungen, die in Hinblick auf die

B. des Großen Senats zurückgestellt worden sind. Vor allem ist noch auf die grundsätzliche Neuorientierung der Rechtsprechung des X. BFH-Senats zur einkommensteuerrechtlichen Behandlung der Versorgungsaufwendungen hinzuweisen.

Beide BMF-Schreiben entschädigen die Praxis für die zwischenzeitlich entstandene Rechtsunsicherheit durch eine Übergangsregelung, die sehr großzügig ausgestaltet ist. Für Vermögensübertragungen, die vor dem 1.1.1991 rechtlich bindend festgelegt worden sind, kann der Vollzug noch bis spätestens 31.12.1993 nachgeholt werden.

Dieses Buch stellt die schwierige Rechtsmaterie durch mehr als 250 Fälle bzw. Abwandlungen praxisnah dar. Besonderer Wert wird auf richtige, steuersparende Gestaltungen gelegt, die im Text hervorgehoben sind, sowie auf die Warnung vor nicht empfehlenswerten Gestaltungen. Wichtig erscheint noch die Zusammenschau der einzelnen Steuergesetze, so daß neben dem Einkommensteuerteil, der den Schwerpunkt bildet, weitere Teile der Umsatzsteuer, der Erbschaft- und Schenkungsteuer sowie der Grunderwerbsteuer gewidmet sind. So ist insbesondere darauf hinzuweisen, daß im Ertragsteuerrecht bei Übertragung von Betriebsvermögen grundsätzlich Unentgeltlichkeit empfohlen wird, während eine solche Gestaltung umsatzsteuerrechtlich zu vermeiden ist.

In der Darstellung nimmt breiten Raum auch die Wohneigentumsförderung nach § 10 e EStG ein. Diese Probleme werden weder in den genannten BFH-Entscheidungen noch in den beiden BMF-Schreiben behandelt. Durch die gegenüber den AfA-Vorschriften unterschiedliche rechtliche Ausgestaltung der Abzugsbeträge des § 10 e EStG ergeben sich gravierende Besonderheiten.

Das Buch richtet sich nicht nur an die Spezialisten – den steuerberatenden Beruf, den Finanzbeamten und Finanzrichter –, sondern auch an Berufssparten, die sich mit der Vermögensübertragung beschäftigen, z.B. Notare und Mitarbeiter von Banken und Sparkassen. Außerdem soll das Buch auch den Steuerpflichtigen – vor allem den Unternehmer – selbst ansprechen, der sich in verständlicher Form über Steuersparmöglichkeiten und über richtige Gestaltungen informieren will.

Rechtsprechung, Verwaltungsanweisungen und Literatur sind bis einschließlich Juli 1993 berücksichtigt.

Herrsching, im August 1993   Arnold Obermeier

Inhaltsübersicht

Teil 2: Erbfall, Erbengemeinschaft und Erbauseinandersetzung im Einkommensteuerrecht

Inhaltsverzeichnis

Teil 1: Vorweggenommene Erbfolge im Einkommensteuerrecht

Teil 3: Vorweggenommene Erbfolge, Erbfall, Erbengemeinschaft und Erbauseinandersetzung im Umsatzsteuerrecht

Literaturverzeichnis

In diesem Literaturverzeichnis sind Kommentare und Monographien, die mehrfach zitiert werden, aufgeführt. Spezialliteratur ist vor den entsprechenden Ausführungen angegeben.

Bücher, Monographien

Assmann/Burhoff/Obermeier, Besteuerung der Apotheker, Herne/Berlin 1992

Beisel/Klumpp, Der Unternehmenskauf, 2. Auflage, München 1991

Biergans, Steuervorteile durch selbstgenutztes Wohneigentum ab 1990, 2. Auflage, Herne/Berlin 1990

Burhoff/Obermeier, Besteuerung der Rechtsanwälte und Notare, Herne/Berlin 1991

Handzik, Wohneigentumsförderung nach § 10 e EStG, Köln 1990

Jansen/Wrede, Renten, Raten, dauernde Lasten, 10. Auflage, Herne/Berlin 1992

Neufang/Schaper, Erbfolge im Einkommensteuerrecht, Freiburg 1991

Kanzler/Obermeier, Aktuelle Probleme bei der Besteuerung der Land- und Forstwirte, St. Augustin 1991

Klein-Blenkers, Die Bedeutung subjektiver Merkmale im Erbschaftsteuer- und Schenkungsteuerrecht, Berlin 1991

Langenfeld, Grundstückszuwendungen im Zivil- und Steuerrecht, 3. Auflage, Köln 1992

Müller/Ohland, Gestaltung der Erb- und Unternehmensnachfolge in der Praxis, Herne/Berlin 1991

Obermeier, Das selbstgenutzte Wohneigentum, 3. Auflage, Herne/Berlin 1992

Pietsch/Tehler, Betriebsaufgabe und Unternehmensnachfolge, Bonn 1990

Schild, Erbschaftsteuer und Erbschaftsteuerpolitik bei der Unternehmensnachfolge, Frankfurt/Main 1980

Schulze zur Wiesche, Gesellschafterwechsel und Betriebsaufgabe im Steuerrecht, 4. Auflage, Heidelberg 1991

ders., Lehrbuch zur Erbschaftsteuer, 3. Auflage, Herne/Berlin 1991

Söffing/Richter, Die neue Erb-Rechtsprechung des BFH, Köln 1991

Stephan, Die Besteuerung selbstgenutzten Wohneigentums, 4. Auflage, Stuttgart 1993

Stuhrmann, Die neuen Erlasse zur Erbauseinandersetzung und zur vorweggenommenen Erbfolge, Köln 1993

Theilacker, Vorweggenommene Erbfolge im Einkommensteuerrecht, Stuttgart 1993

Wollny, Unternehmens- und Praxisübertragungen, 2. Auflage, Ludwigshafen 1990

Kommentare

Blümich, Kommentar zum Einkommensteuergesetz, Körperschaftsteuergesetz, Gewerbesteuergesetz, 14. Auflage, München (Loseblatt)

Boruttau/Egly/Sigloch, Kommentar zum Grunderwerbsteuergesetz, 13. Auflage, München 1992

Bunjes/Geist, Kommentar zum Umsatzsteuergesetz, 4. Auflage, München 1993

Dietz, Kommentar zur Grunderwerbsteuer, Neuwied (Loseblatt)

Felsmann/Pape, Einkommensbesteuerung der Land- und Forstwirte, 3. Auflage, Bonn 1983 (Loseblatt)

Hartmann/Metzenmacher, Kommentar zum Umsatzsteuergesetz, 7. Auflage, Berlin 1991 (Loseblatt)

Herrmann/Heuer/Raupach, Kommentar zur Einkommensteuer und Körperschaftsteuer, 19. Auflage, Köln (Loseblatt)

Kapp, Kommentar zum Erbschaftsteuer- und Schenkungsteuergesetz, Köln (Loseblatt)

Kirchhof/Söhn, Kommentar zum Einkommensteuergesetz, Köln (Loseblatt)

Klein/Flockermann/Kühr, Handbuch des Einkommensteuerrechts, Neuwied (Loseblatt); zitiert: Handbuch des Einkommensteuerrechts

Lademann/Söffing/Brockhoff, Kommentar zum Einkommensteuergesetz, 3. Auflage, Stuttgart (Loseblatt)

Leingärtner/Zaisch, Die Einkommensbesteuerung der Land- und Forstwirtschaft, 2. Auflage, München 1991

Littmann/Bitz/Hellwig, Das Einkommensteuerrecht, 15. Auflage, Stuttgart (Loseblatt)

Meincke, Kommentar zum Erbschaftsteuer- und Schenkungsteuergesetz, 9. Auflage, München 1992

Moench, Kommentar zum Erbschaftsteuergesetz, Neuwied (Loseblatt)

Moench/Glier/Knobel/Werner, Bewertungs- und Vermögensteuergesetz, Herne/Berlin 1989

Palandt, Kommentar zum BGB, 52. Auflage, München 1993

Schmidt, Kommentar zum Einkommensteuergesetz, 12. Auflage, München 1993

Sölch/Ringleb/List, Kommentar zum Umsatzsteuergesetz, 4. Auflage, München (Loseblatt)

Troll, Kommentar zum Erbschaftsteuer- und Schenkungsteuergesetz, 4. Auflage, München (Loseblatt)

Abkürzungsverzeichnis

a.A.	andere Ansicht
a.a.O.	am angegebenen Ort
Abs.	Absatz
Abschn.	Abschnitt
a.E.	am Ende
a.F.	alte Fassung
AfA	Absetzung für Absetzung
Alt.	Alternative
Anm.	Anmerkung
AO	Abgabenordnung 1977
B.	Beschluß
BauGB	Baugesetzbuch
BayAGGVG	Bayer. Ausführungsgesetz zum Gerichtsverfassungsgesetz
BB	Der Betriebs-Berater (Zs.)
BewRG	Richtlinien für die Bewertung des Grundvermögens
BFH	Bundesfinanzhof
BFH/NV	Sammlung amtlich nicht veröffentlichter Entscheidungen des Bundesfinanzhofs
BGBl I	Bundesgesetzblatt Teil I
BMF	Bundesminister der Finanzen
BP	Betriebsprüfung
BR-Drucks.	Bundesrats-Drucksache
BStBl I (II)	Bundessteuerblatt Teil I (II)
BT-Drucks.	Bundestags-Drucksache
BuW	Betrieb und Wirtschaft (Zs.)
BVerfG	Bundesverfassungsgericht
BVerfGE	Entscheidungen des Bundesverfassungsgerichts
BVerwG	Bundesverwaltungsgericht
bzw.	beziehungsweise
DB	Der Betrieb (Zs.)
DeuStBT	Deutscher Steuerberatertag (zitiert nach Band/Seite)
dto.	dito
DokSt	Dokumentationsstelle
DStR	Deutsches Steuerrecht (Zs.)
DStZ	Deutsche Steuerzeitung (Zs.)
DStZ E	Deutsche Steuerzeitung Eildienst (Zs.)
EFG	Entscheidungen der Finanzgerichte (Zs.)
ErbStG	Erbschaftsteuergesetz
Erl.	Erläuterung

ESt	Einkommensteuer
EStDV	Einkommensteuer-Durchführungsverordnung
EStG	Einkommensteuergesetz
EStR	Einkommensteuer-Richtlinien
evtl.	eventuell
F.	Fach
FG	Finanzgericht
FGG	Gesetz über die Angelegenheiten der freiwilligen Gerichtsbarkeit
FM	Finanzministerium
FN	Finanz-Nachrichten
FR	Finanzrundschau (Zs.)
GG	Grundgesetz
ggf.	gegebenenfalls
gl. A	gleiche Ansicht
GrEStG	Grunderwerbsteuergesetz
GrdstVG	Grundstücksverkehrsgesetz
Hess. FG	Hessisches Finanzgericht
HFR	Höchstrichterliche Finanzrechtsprechung
HLBS-Report	Hauptverband der landwirtschaftlichen Buchstellen und Sachverständigen e.V.-Report (Zs.)
h.M.	herrschende Meinung
Hs.	Halbsatz
i.d.F.	in der Fassung
i.e.	im einzelnen
i.e.S.	im engeren Sinn
INF	Information über Steuer und Wirtschaft (Zs.)
i.S.	im Sinne
IstB	Information für steuerberatende Berufe (Zs.)
i.V.	in Verbindung
JbFSt	Jahrbuch der Fachanwälte für Steuerrecht
K.	Karte
KBV	Kleinbetragsverordnung
KFR	Kommentierte Finanzrechtsprechung (Zs.)
KÖSDI	Kölner Steuerdialog (Zs.)
krit.	kritisch(e)
LSW	Lexikon des Steuer- und Wirtschaftsrechts
lt.	laut
m.a.W.	mit anderen Worten
m.w.N.	mit weiteren Nachweisen
n.F.	neue Fassung

nrkr.	nicht rechtskräftig
NSt	Neues Steuerrecht A-Z (Zs.)
NWB	Neue Wirtschafts-Briefe (Zs.)
NZB	Nichtzulassungsbeschwerde
OFD	Oberfinanzdirektion
R.	Rechtsspruch
Rdnr.	Randnummer
Rev.	Revision
rkr.	rechtskräftig
RWP	Rechts- und Wirtschaftspraxis
Rz.	Randziffer
S.	Seite
StÄndG	Steueränderungsgesetz
StBerKongrRep	Steuerberaterkongreßreport
Stbg	Die Steuerberatung (Zs.)
StbJb	Steuerberaterjahrbuch
StBp	Die steuerliche Betriebsprüfung (Zs.)
StEK	Steuererlasse in Karteiform
SteuerStud	Steuer und Studium (Zs.)
Stpfl.	Steuerpflichtige(r)
str.	strittig
StWa	Steuerwarte (Zs.)
StWK	Steuer- und Wirtschafts-Kurzpost (Zs.)
Tz.	Textziffer
UmwStG	Umwandlungssteuergesetz
UVR	Umsatzsteuer- und Verkehrsteuer-Recht (Zs.)
vgl.	vergleiche
ZPO	Zivilprozeßordnung
Zs.	Zeitschrift

Teil 1:
Vorweggenommene Erbfolge im Einkommensteuerrecht

Literatur: *Felix,* Der Bundesfinanzhof und die Geschichte von den vier Brüdern, BB 1990, 2085; *kk,* Beurteilung der vorweggenommenen Erbfolge, KÖSDI 1990, 8267; *Groh,* Die vorweggenommene Erbfolge – ein Veräußerungsgeschäft?, DB 1990, 2187; *Kemmer,* Entgeltlichkeit bei vorweggenommener Erbfolge, KFR F. 3 EStG § 7, 2/90, 405; *Obermeier,* Übertragung von Privat- und Betriebsvermögen bei vorweggenommener Erbfolge, NWB F. 3, 7591; *ders.,* Die vorweggenommene Erbfolge: Grundsätze der neuen BFH-Rechtsprechung, DStR 1990, 762; *Costede,* Erbauseinandersetzung und vorweggenommene Erbfolge, StVj 1991, 16; *Meincke,* Erbauseinandersetzung und vorweggenommene Erbfolge im Einkommensteuerrecht, NJW 1991, 198; *Neufang,* Vorweggenommene Erbfolge im Einkommensteuerrecht, INF 1991, 158; *Felix,* Einkommensteuer und vorweggenommene Erbfolge: Die neue Rechtslage, KÖSDI 1991, 8426; *Mundt,* Die vorweggenommene Erbfolge im Einkommensteuerrecht, DStR 1991, 698; *Richter,* Erste Praxisfragen zur geänderten steuerlichen Behandlung der Vermögensübertragung in vorweggenommener Erbfolge, NWB F. 3, 7915; *Förster/Heyeres,* Vorweggenommene Erbfolge im Zivilrecht, Erbschaftsteuerrecht und Einkommensteuerrecht, BB 1991, 1458; *Graf,* Einführende Fälle zur neuen Rechtsprechung des BFH zur Erbauseinandersetzung und vorweggenommenen Erbfolge, DStZ 1991, 609; *Biergans,* Die Entgeltlichkeit von Vermögensübertragungen im Wege der vorweggenommenen Erbfolge oder von Todes wegen, StuW 1991, 381; *B. Janssen,* Anschaffungskosten des Übernehmers bei vorweggenommener Erbfolge, StVj 1992, 170; *Seeger,* Erbauseinandersetzung und vorweggenommene Erbfolge im Einkommensteuerrecht, DB 1992, 1010; *Seer,* Die einkommensteuerliche Behandlung der Erbauseinandersetzung und der vorweggenommenen Erbfolge, SteuerStud 1992, 414.

Literatur nach BMF v. 13.1.1993 (BStBl I 1993, 80): *Obermeier,* Ertragsteuerliche Behandlung der vorweggenommenen Erbfolge, DStR 1993, 77; *R. Meier,* Die Besteuerung des Altenteils, INF 1993, 109; *Korn,* Folgerungen aus dem Vorweggenommene-Erbfolge-Erlaß zur Einkommensteuer, KÖSDI 1993, 9331; *Wacker,* Anmerkungen zum BMF-Schreiben vom 13.1.1993 (BStBl I 1993, 80) betreffend die ertragsteuerrechtliche Behandlung der vorweggenommenen Erbfolge, NWB F. 3, 8647; *Spiegels,* Vorweggenommene Erbfolge sowie Erbfall und Erbauseinandersetzung, Beilage 3/1993 zu NWB Heft 23/1993; *Korn,* Vermögensübertragungen gegen Renten, Raten und Nutzungsrechte, StVj 1993, 133; *Biergans/Koller,* Vermögensübertragungen gegen private Versorgungsleistungen, DStR 1993, 741; *dies.,* Wiederkehrende Zahlungen im Zusammenhang mit kauf- und darlehensähnlichen Vereinbarungen, DStR 1993, 857, 902.

Verwaltungsanweisungen: BMF v. 13.1.1993, Ertragsteuerliche Behandlung der vorweggenommenen Erbfolge, BStBl I 1993, 80.

Vgl. auch zu den einzelnen Anm.

A. Einführung

I. Begriff der vorweggenommenen Erbfolge

1   Unter einer vorweggenommenen Erbfolge ist eine Vereinbarung zu verstehen, mit der der potentielle Erblasser sein Vermögen unter Vorwegnahme der (gesetzlichen) Erbfolge auf einen oder mehrere potentielle (gesetzliche) Erben überträgt.[1] M. E. ist der Begriff weiter als ihn der Große Senat des BFH in seinem B. v. 5.7.1990[2] zieht, wonach nur die Vermögensübertragung von Eltern auf Kinder gemeint ist. Auch Stephan[3] engt den Begriff auf die Übertragung an gesetzlich Erbberechtigte ein.

2   Mit dieser Begriffsbestimmung ist jedoch nicht gesagt, daß die Übertragung an den gesamten beschriebenen Personenkreis gleichen Regeln folgt. Vor allem im Bereich der Vermögensübertragung gegen wiederkehrende Leistungen können sich Unterschiede ergeben.

II. Gründe für vorweggenommene Erbfolge

Literatur: *Wolf*, Der Weg zu neuen Einheitswerten oder ihren Alternativen, DStR 1993, 541.

3   Es gibt viele Gründe, bereits zu Lebzeiten die Erbfolge zu regeln. So ist es z.b. aus **schenkungs- oder erbschaftsteuerrechtlichen Gründen** interessant, sein Vermögen in Etappen zu übertragen, da nur die innerhalb von zehn Jahren von derselben Person angefallenen Vermögenswerte zusammengerechnet werden (§ 14 ErbStG).[4]

4   Eine Übertragung von Grundvermögen ist derzeit noch sehr günstig, da eine Schenkung mit dem Einheitswert bewertet wird.[5] Dieser Vorteil wird in Zukunft durch eine evtl. bevorstehende **Erhöhung der Einheitswerte** kleiner.[6]

5   Eine vorweggenommene Erbfolgeregelung kann auch **wirtschaftliche Gründe** haben. Sie kann dazu beitragen, Vermögen zu erhalten und Streitigkeiten zu verhindern, da sie gut vorbereitet werden kann und der

---

1   Ebenso Korn, KÖSDI 1993, 9331.
2   GrS 4-6/89, BStBl II 1990, 847.
3   DB 1993, 194.
4   Vgl. Anm. 1664 ff.; zum Problem der sog. Kettenschenkungen vgl. FG Münster, U. v. 7.3.1991 3 K 8178/88 Erb Rev., EFG 1991, 737, Az. des BFH: II R 92/91; Anm. 1661 ff.
5   Vgl. Anm. 1681 ff.
6   Vgl. Wolf, DStR 1993, 541; BT-Drucks. 12/4438, für differenzierte Zuschlagsmethode.

Übergeber die unterschiedliche Interessenlage ausreichend berücksichtigen kann.

Persönliche Gründe können ebenfalls für eine (umfassende) Erbfolge-   6
regelung sprechen. So kann z.b. der Übergeber den Übernehmer enger an sich binden (Beispiel: Übertragung eines Grundstücks gegen Versorgung im Alter) oder sich für das Alter absichern.

III. Unentgeltliche, entgeltliche und teilentgeltliche Übertragung

Aus diesen knappen Ausführungen ist zu ersehen, daß die Motivation und   7
die Vertragsgestaltungen sehr differieren können. Die Palette reicht von der in vollem Umfang **unentgeltlichen**[1] bis zur voll **entgeltlichen** Vermögens-übertragung[2]. Zwischen diesen beiden extremen Gestaltungen befindet sich die Gruppe der **teilentgeltlichen** Vermögensübertragungen.[3]

Nach BMF v. 13.1.1993[4] sind unter vorweggenommener Erbfolge nur unentgeltliche oder   8
teilentgeltliche Rechtsgeschäfte zu verstehen. Diese Aussage kann dem B. des Großen Senats v. 5.7.1990[5] nicht entnommen werden. Der Große Senat macht diese Ausführungen zu den sog. Übergabeverträgen, als deren Besonderheit die (teilweise) Sicherstellung der Versorgung des Übergebers aus dem übernommenen Vermögen zu sehen ist. Neben solchen Übergabeverträgen gibt es jedoch auch Vermögensübertragungen im Rahmen einer vorweggenommenen Erbfolge, die als voll entgeltliche Veräußerungsgeschäfte ausgestaltet sind.[6]

IV. Gegenstand der vorweggenommenen Erbfolge

Die Einordnung der einzelnen Verträge in eine dieser Gruppen richtet sich   9
nach den gegenseitigen Leistungspflichten. Der Hauptfall ist, wenn sich die Vermögensübertragung im **Privatvermögen** abspielt, die **Übertragung von Grundvermögen**; denn dieses kann sich in der Hand des Übernehmers ein-kommensteuerrechtlich z.b. durch Vermietung und Verpachtung oder durch Nutzung zu eigenen Wohnzwecken (§ 10 e EStG) auswirken. Problematisch ist die Übertragung von Geldvermögen oder Aktienbesitz.[7]

---

1   Für Privatvermögen vgl. Anm. 21 ff.; für Betriebsvermögen vgl. Anm. 402 ff., 421 ff.
2   Für Privatvermögen vgl. Anm. 181 ff.; für Betriebsvermögen vgl. Anm. 401, 491 ff.
3   Für Privatvermögen vgl. Anm. 231 ff.; für Betriebsvermögen vgl. Anm. 407 ff., 581 ff.
4   BStBl I 1993, 80, Tz. 1; ebenso Wacker, NWB F. 3, 8647.
5   GrS 4-6/89, BStBl II 1990, 847.
6   Obermeier, DStR 1993, 73.
7   Vgl. Anm. 61 f.

V. Leistungspflichten

10   Nach den häufigsten Vertragsgestaltungen werden dem Übernehmer folgende **Leistungspflichten** abverlangt:

* Einräumung (dinglicher oder obligatorischer) Nutzungsrechte zugunsten des Übergebers bzw. dritter Personen;

* Zahlung sog. Gleichstellungsgelder an Angehörige;

* Zahlung einer bestimmten Summe an den Übertragenden;

* Übernahme der den Grundpfandrechten zugrunde liegenden Schulden;

* Zahlung von wiederkehrenden Bezügen an den Übertragenden bzw. an dritte Personen

B. Bisherige Rechtsprechung

11   Die **bisherige höchstrichterliche Rechtsprechung** hat bei solchen Fällen eine Schenkung unter Auflage und damit einen unentgeltlichen Erwerb angenommen.[1] Der IX. Senat wollte – für das Privatvermögen – seine Rechtsprechung ändern, indem er diese Rechtsgeschäfte als teilentgeltlich behandeln und damit dem Übernehmer Anschaffungskosten sowie die AfA zubilligen wollte. Er hat aufgrund der weitreichenden Bedeutung dieser Rechtsmeinung die Rechtsfrage dem Großen Senat des Bundesfinanzhofs zur Entscheidung vorgelegt.[2]

C. Entscheidung des Großen Senats des BFH v. 5.7.1990 (GrS 4-6/89, BStBl II 1990, 847)

12   Der **Große Senat** hat in seinem Beschluß v. 5.7.1990[3] ausgeführt, in der Zusage der Zahlung sog. Gleichstellungsgelder an Angehörige, in der Übernahme von Verbindlichkeiten und in der Zusage von Abstandszahlungen seien Anschaffungskosten des Erwerbers und Veräußerungsentgelt beim Übergeber zu sehen. Die vom Vermögensübernehmer zugesagten Versorgungsleistungen seien jedoch weder Anschaffungskosten noch Veräußerungsentgelt.

---

1   BFH, U. v. 26.11.1985 IX R 64/82, BStBl II 1986, 161.
2   Beschlüsse v. 7.3.1989 IX R 82/86, 300/87, 308/87, BStBl II 1989, 766, 768, 772; hierzu und zu den möglichen Auswirkungen vgl. Obermeier, NWB F. 3, 7349.
3   GrS 4-6/89, BStBl II 1990, 847, m. Anm. Felix, StRK EStG 1975 § 16 Erbfall R. 33.

Diese Formulierung, die den Leitsätzen nachgebildet ist, zeigt, daß sich   **13** diese Rechtsprechungsänderung nicht nur auf den **Übernehmer**, sondern auch auf den **Übergeber** auswirkt. Einer Anschaffung auf der Übernehmerseite (Anschaffungskosten) steht eine Veräußerung auf der Übergeberseite gegenüber. Dies ist bei der Übertragung von Privatvermögen im Regelfall nicht steuerrelevant (Ausnahmen: §§ 17 und 23 EStG[1]; §§ 20, 21 UmwStG). Bei der Übertragung von **Betriebsvermögen** führt diese Rechtsprechung in vielen Fällen zur Aufdeckung der stillen Reserven.

Da im Regelfall die Aufdeckung der stillen Reserven nicht gewünscht   **14** wird[2], wird **einkommensteuerrechtlich** empfohlen, einen unentgeltlichen Erwerb zu gestalten. **Umsatzsteuerrechtlich** sollte man jedoch einen unentgeltlichen Erwerb vermeiden, weil dies beim Übergeber zu einer Umsatzsteuer auf den Eigenverbrauch führt.[3]

▷ *Gestaltungshinweis*

Umsatzsteuerrechtliches Entgelt kann die Übernahme betrieblicher Ver-   **15** *bindlichkeiten[4] und die Zusage von Versorgungsleistungen[5] sowie ein Entgelt bis zur Höhe des Kapitalkontos sein[6].*

(Einstweilen frei)   **16-20**

D. Vorweggenommene Erbfolge über Privatvermögen

Literatur: *Stephan*, Erbauseinandersetzung und vorweggenommene Erbregelung bei selbstbewohntem Wohneigentum, DB 1991, 1038, 1090; *Kanzler*, Vorweggenommene Erbfolge im privaten Bereich, KFR F. 3 EStG § 7, 2/91, 319; *Kalmes*, Private Grundstückskaufpreisraten und Einkünfte aus Kapitalvermögen, BB 1991, 1609; *Paus*, Erwerb einer eigengenutzten Wohnung durch Erbfolge, Erbauseinandersetzung und vorweggenommene Erbfolge, INF 1992, 7; *Obermeier*, Wohneigentumsförderung bei unentgeltlicher und teilentgeltlicher Rechtsnachfolge, DStR 1992, 209; *B. Meyer*, Neues zum Vorsteuerabzug gemäß § 10e Abs. 6 EStG; FR 1993, 181.

Vgl. auch vor Anm. 1.

---

1   Dazu Anm. 371 ff.
2   Zur Ausnahme vgl. Anm. 983, 535.
3   Vgl. Anm. 1401.
4   Vgl. Anm. 1444 ff.
5   Vgl. Anm. 1447.
6   Vgl. Anm. 1434, 1443.

I. Unentgeltliche Grundstücksübertragung im Privatvermögen

1. Fälle unentgeltlicher Rechtsgeschäfte

a) Keine Pflichten des Übernehmers

Fall

V ist 60 Jahre alt und seit 1987 Eigentümer einer Eigentumswohnung, die 200.000 DM gekostet hat und und nunmehr einen Verkehrswert von 250.000 DM besitzt. Diese Wohnung schenkt V 1992 seinem Sohn S, der sie zu eigenen Wohnzwecken nutzt.

21   Das Rechtsgeschäft ist unentgeltlich, wenn der Übernehmer des Grundstücks keine Pflichten gegenüber dem Übergeber übernehmen muß (**Schenkung**).

b) Versorgungsleistungen

Literatur: Vgl. vor Anm. 41.

Fall

V überträgt die Wohnung gegen eine monatliche Zahlung von 500 DM auf seinen Sohn S. S muß diesen Betrag
- seinem Vater V oder
- dessen Ehefrau E oder
- dessen Tochter T bezahlen.

22   Es handelt es sich um Versorgungsleistungen, die nach BFH, B. v. 5.7.1990[1] **weder Veräußerungsentgelt noch Anschaffungskosten** darstellen. Die Grundstücksübertragung ist also unentgeltlich.[2]

23   Der Große Senat des BFH rechtfertigt diese Einordnung mit der Rechtsentwicklung zu den **Übergabeverträgen**, bei der Hofübergabe in der

---

1 GrS 4-6/89, BStBl II 1990, 847.
2 Rechtsprechung verfassungsgemäß, BVerfG, B. v. 17.12.1992 1 BvR 4/87, FR 1993, 157, DStR 1993, 315, m. Anm. P. Fischer, DStR 1993, 316; Costede, StVj 1991, 16, 23 ff.; a.A. FG des Saarlandes, U. v. 27.8.1991 1 K 186/91 rkr., EFG 1992, 253; Biergans, StuW 1991, 381, 386 f.; Biergans/Koller, DStR 1993, 741, Tz. 5; Paus, DStZ 1993, 149: Anschaffungskosten, soweit der Barwert der Zahlungen den Verkehrswert des übertragenen Vermögens nicht überschreitet; kritisch Niepoth, DB 1991, 249; für Teilentgelt Korn, KÖSDI 1993, 9331, 9333, wenn das Vermögen bewußt teilentgeltlich übertragen werden soll.

Landwirtschaft als Altenteil oder Leibgedinge bezeichnet. Die Besonderheit eines Übergabevertrages ist darin zu sehen, daß er der nachfolgenden Generation unter Vorwegnahme des Erbfalls das Nachrücken in eine die Existenz wenigstens teilweise begründende Wirtschaftseinheit ermöglicht und gleichzeitig die Versorgung des Übergebers zumindest zu einem Teil sichert.[1]

Versorgungsleistungen können **auch für Dritte** vereinbart werden. Dabei   24 handelt es sich vielfach um Versorgungsleistungen an den Ehegatten des Übergebers; solche Leistungen können aber auch für Geschwister des Übernehmers vorgesehen werden[2], nicht jedoch für nicht erbberechtigte Personen, z. B. für Geschwister des Übergebers[3].

c) Vorbehaltene dingliche Nutzungsrechte und deren Ablösung

Literatur: *Spindler*, Zur steuerrechtlichen Behandlung von Zahlungen zur Ablösung dinglicher Nutzungsrechte an Grundstücken beim Eigentümer, DB 1993, 297; *Schmitz*, Übertragung privaten Grundvermögens unter Nießbrauchsvorbehalt in vorweggenommener Erbfolge, DStR 1993, 497; *Seithel*, Versorgungsleistungen bei Ablösung eines Vorbehalts- oder Vermächtnisnießbrauchs, DStR 1993, 674; *Berwanger*, Zahlungen zur Ablösung eines dinglichen Wohnrechts als Anschaffungskosten des Grundstückseigentümers, KFR F. 3 EStG § 9, 2/93, 129; *Katterbe*, Ablösung eines Vorbehaltsnießbrauchs durch private Versorgungsrente als abziehbare dauernde Last, KFR F. 3 EStG § 10 3/93, 155; *Harenberg*, Zahlungen zur Nießbrauch-Abwehr keine Werbungskosten, KFR F. 6 EStG § 9, 2/93, 163; *Paus*, Umwandlung von Nießbrauch, Versorgungsrente und dauernder Last, DStZ 1993, 335.

Vgl. auch vor Anm. 1 und 21.

Fall

V ist Eigentümer eines Zweifamilienhauses, das er seinem Sohn S schenkt. Er behält sich am Grundstück einen Nießbrauch vor.

Abwandlung 1

V behält sich an einer Wohnung ein dingliches Wohnrecht vor.

---

1   Vgl. auch den Vorlageb. des X. Senats des BFH an den Großen Senat v. 25.4.1990 X R 38/86, BStBl II 1990, 625, und B. des Großen Senats v. 15.7.1991 GrS 1/90, BStBl II 1992, 78.
2   BFH, B. v. 5.7.1990 GrS 4-6/89, BStBl II 1990, 847.
3   Vgl. BFH, U. v. 27.2.1992 X R 139/88, BStBl II 1992, 612; a. A. Seithel, BB 1993, 475 ff.; unklar BMF v. 13.1.1993, BStBl I 1993, 80, Tz. 26 a.E.; kritisch hierzu Hiller, INF 1993, 217, 245, Tz. 3.1.1; vgl. Anm. 1273.

Abwandlung 2

V hat S das Zweifamilienhaus 1986 unter Vorbehalt eines dinglichen Wohnrechts geschenkt. S möchte für seine zu eigenen Wohnzwecken genutzte Wohnung die Überschußrechnung anwenden.

Abwandlung 3

Später löst S das Wohnrecht durch die Zusage wiederkehrender Bezüge bzw. eine Einmalzahlung ab.

aa) Vorbehaltene dingliche Nutzungsrechte

25 Die zum Vorbehaltsnießbrauch entwickelte sog. **Zurückbehaltungstheorie** geht davon aus, daß die Bestellung des Nießbrauchs keine Gegenleistung des Übernehmers darstellt, da dieser das Grundstück nicht lastenfrei, sondern mit dem Nießbrauchsrecht des Übergebers belastet erwirbt.[1] Entsprechendes gilt auch, wenn es sich um ein dingliches Wohnrecht handelt (**Abwandlung 1**).[2]

26 Die Vorlageb. des IX. Senats des BFH[3] haben sich nicht mit der Frage befaßt, wie vorbehaltene dingliche Nutzungsrechte zu behandeln sind. Der **Große Senat** hat aber in seinem B. v. 5.7.1990[4] ausgeführt, daß Versorgungsleistungen zu einem ähnlichen Ergebnis wie ein Vorbehaltsnießbrauch führen. Hieraus ist zu entnehmen, daß in der Einräumung eines dinglichen vorbehaltenen Nutzungsrechts auch nach der Rechtsauffassung des Großen Senats des BFH ein **unentgeltliches Rechtsgeschäft** zu sehen ist. Der Kapitalwert des Nutzungsrechts stellt somit keine Anschaffungskosten dar[5], selbst wenn die zur Nutzung überlassenen Räume erst zu Wohnzwecken umgestaltet werden müssen.[6]

---

1 BFH, U. v. 28.7.1981 VIII R 124/76, BStBl II 1982, 378; v. 31.3.1987 IX R 53/83, BFH/NV 1987, 645.
2 BFH, U. v. 11.9.1991 XI R 20/89, BFH/NV 1991, 166; v. 7.12.1982 VIII R 166/80, BStBl II 1983, 660; zur Übertragung eines obligatorischen Wohnrechts vgl. Anm. 232 f.; Obermeier, DStR 1993, 77, 79.
3 V. 7.3.1989 IX R 82/86, IX R 300/87, IX R 308/87, BStBl II 1989, 766, 768, 772, m. Anm. Thürmer, KFR F. 3 EStG § 21, 1/89, 291; ders., DB 1989, 1838; Obermeier, NWB F. 3, 7349.
4 GrS 4-6/89, BStBl II 1990, 847.
5 BFH, U. v. 10.4.1991 XI R 7, 8/84, BStBl II 1991, 791; v. 24.4.1991 XI R 5/83, BStBl II 1991, 793; XI R 9/84, BStBl II 1991, 794; v. 29.4.1992 XI R 7/85, BFH/NV 1992, 734; BMF v. 13.1.1993, BStBl I 1993, 80, Tz. 10.
6 BFH, U. v. 18.12.1991 XI R 18/88, BFH/NV 1992, 383.

bb) Übergangsregelung nach § 52 Abs. 21 Satz 2 EStG (Abwandlung 2)

Die **Überschußrechnung** kann **nur fortgeführt** werden, **wenn sie 1986** **27** **angewendet** worden ist.[1] Sie kommt, da die Voraussetzungen des § 21 a Abs. 1 Satz 3 EStG nicht gegeben sind (insbesondere hat S keine Wohnung vermietet), nur in Betracht, wenn die Voraussetzungen des § 21 a Abs. 7 Satz 1 Nr. 2 EStG vorliegen. Nach dieser Vorschrift ist selbst bei einer Nutzung einer Wohnung eines Zweifamilienhauses oder des ganzen Zweifamilienhauses zu eigenen Wohnzwecken die Überschußrechnung anzuwenden, wenn das Gebäude nach dem 29.7.1981 im Wege der Erbfolge erworben worden ist. Diese Vorschrift ist jedoch auf andere unentgeltliche Erwerbsvorgänge wie etwa die Übertragung im Wege vorweggenommener Erbfolge nicht anzuwenden.[2]

▷ *Gestaltungshinweis*

Wenn die Überschußrechnung nach § 52 Abs. 21 Satz 2 EStG fortgeführt   **28** *werden soll, kann das Objekt erst 1999 übertragen werden.*

cc) Ablösung des Nutzungsrechts (Abwandlung 3)

Bei **Ablösung** des Nießbrauchs bzw. Wohnrechts **durch wiederkehrende** **29** **Bezüge** liegen bei **Versorgungsleistungen** dauernde Lasten oder Leibrenten vor, da es sich nach Auffassung des BFH um eine „gleitende" Vermögensübergabe handelt[3], selbst wenn die Ablösung erst später vereinbart wird[4]. Sind die wiederkehrenden Bezüge – weil „**nach kaufmännischen Grundsätzen bemessen**" – Gegenleistung für den Verzicht auf den Nießbrauch, so handelt es sich um ein entgeltliches Geschäft. Hierbei ist die Vermögensumschichtung nicht steuerbar (Wertverrechnung). Ob nun eine Vermögensübergabe gegen Versorgungsleistungen oder eine (entgeltliche) Vermögensumschichtung vorliegt, beurteilt sich nach den allgemeinen

---

1 Vgl. i. e. Obermeier, Das selbstgenutzte Wohneigentum, Anm. 352 ff.
2 BFH, U. v. 5.5.1992 IX R 168/87, BStBl II 1992, 824; v. 26.5.1992 IX R 13/86, BFH/NV 1992, 738.
3 BFH, U. v. 3.6.1992 X R 14/89, BStBl II 1993, 23.
4 Vgl. BFH, U. v. 3.6.1992 X R 147/88, BStBl II 1993, 98, m. Anm. Katterbe, KFR F. 3 EStG § 10, 3/93, 155; differenzierend Paus, DStZ 1993, 335; FG Münster, U. v. 23.5.1991 6 K 1409/88 E Rev., EFG 1991, 667, Az. des BFH: X R 71/91; Seithel, DStR 1993, 674; zur Abgrenzung der dauernden Lasten von der Leibrente vgl. Anm. 63 ff.

Grundsätzen über die Unterscheidung zwischen der Veräußerungsrente und der privaten Versorgungsrente.[1]

30   Die **Ablösung durch eine Einmalzahlung** führt zu nachträglichen Anschaffungskosten.[2] Dies gilt nicht nur, wenn ein Grundstück entgeltlich erworben und dann ein beim Erwerb bereits bestehendes Nutzungsrecht abgelöst wird, sondern auch bei unentgeltlichem Erwerb – z. B. im Rahmen einer (vorweggenommenen) Erbfolge – bzw. bei unentgeltlicher (testamentarischer) Einräumung des Nutzungsrechts[3]; auch bei Zahlungen zur Verhinderung der Wiedereintragung eines bereits gelöschten Nutzungsrechts[4]. Bei unentgeltlicher Einräumung des Nutzungsrechts ist allerdings zu prüfen, ob ein Gestaltungsmißbrauch vorliegt.[5] Die Ablösung des Nutzungsrechts aus familiären Gründen führt nicht zu Anschaffungskosten, sondern zu gemäß § 12 Nr. 1 EStG nichtabziehbaren Aufwendungen.[6]

d) Sachleistungen aus übernommenem Vermögen

Fall

V überträgt seinem Sohn S ein Zweifamilienhaus mit der Auflage, eine Wohnung seiner Mutter als Wohneigentum zu übertragen.

31   Eine ähnliche Rechtslage wie bei vorbehaltenen dinglichen Nutzungsrechten besteht dann, wenn der Übernehmer einen Teil des übernommenen Vermögens aufgrund einer **Auflage** an einen Dritten weiterleiten muß. Auch in diesem Fall ist die **Vermögensübertragung unentgeltlich**.[7]

---

1 BFH, U. v. 25.11.1992 X R 34/89, BFHE 170,76, DB 1993, 816, DStR 1993, 683, unter Hinweis auf BFH, U. v. 29.1.1992 X R 193/87, BStBl II 1992, 465; zur Behandlung der entgeltlichen Rechtsgeschäfte gegen laufende Zahlungen vgl. Anm. 195 ff.

2 BFH, U. v. 15.12.1992 IX R 323/87, BStBl II 1993, 488, m. Anm. Berwanger, KFR F. 3 EStG § 9, 2/93, 129; vgl. BFH, U. v. 28.11.1991 XI R 2/87, BStBl 1992, 381; v. 12.2.1992 XI R 8/89, BFH/NV 1992, 460.

3 BFH, U. v. 21.7.1992 IX R 14/89, BStBl II 1993, 484; v. 26.6.1991 XI R 4/85, BFH/NV 1991, 681; a. A. BMF v. 15.11.1984, BStBl I 1984, 561, Nießbrauchserlaß, Tz. 25, 46, 51; zur Ablösung eines vermächtnisweise eingeräumten Wohnrechts vgl. Anm. 1274.

4 BFH, U. v. 21.7.1992 IX R 72/90, BStBl II 1993, 486, m. Anm. Harenberg, KFR F. 6 EStG § 9, 2/93, 163, unter Aufhebung von FG München, U. v. 14.5.1990 13 K 4244/89, EFG 1990, 577.

5 Dazu und zu vorstehenden BFH – U. vgl. Spindler, DB 1993, 297.

6 BFH, U. v. 21.7.1992 IX R 169/87, BFH/NV 1993, 93, unter Bestätigung von Niedersächsischem FG, U. v. 29.9.1986 IX 725/85, EFG 1987, 548; ausführlich zur Ablösungsproblematik Biergans/Koller, DStR 1993, 857, 902.

7 BFH, U. v. 10.4.1991 XI R 7, 8/84, BStBl II 1991, 791; BMF v. 13.1.1993, BStBl I 1993, 80, Tz. 8; Groh, DB 1990, 2187, 2189; Felix, KÖSDI 1991, 8426, Abs. 7 spricht von „Real-Ausgleich"; Mundt, DStR 1991, 698, 700.

e) Erb- und Pflichtteilsverzicht

Literatur: *Felix,* Keine Gewinnrealisierung bei Erbverzicht gegen Abfindung mit Mitunternehmeranteil, KÖSDI 1991, 8513; *ders.,* Keine Gewinnrealisation bei Zuwendungsverzicht (§ 2352 BGB) gegen Sachabfindung, DStZ 1991, 695; *G. Söffing,* Abfindung für Erb- und Pflichtteilsverzicht, NWB F. 3, 8379; *Obermeier,* Abfindungszahlungen für Erb- und Pflichtteilsverzicht als wiederkehrende Bezüge, KFR F. 3 EStG § 22, 2/92, 317.

Vgl. auch vor Anm. 1 und 21.

Fall

V möchte, daß sein Sohn S den Betrieb übernimmt und T ein Mietwohngrundstück erhält. Zunächst überträgt er das Grundstück auf T, die dafür auf ihren Erbteil und ihren Pflichtteil verzichtet.

Im Zivilrecht wird der Erb- und Pflichtteilsverzicht nahezu einhellig als echter gegenseitiger Vertrag i. S. der §§ 320 ff. BGB angesehen.[1]   **32**

Von einem steuerlichen Entgelt kann nur dann gesprochen werden, wenn der Abfindung (Grundstück) eine zur Wertverrechnung geeignete Vermögensposition gegenübersteht. Die **ungesicherte Erwerbsaussicht** der Erb- und Pflichtteilsberechtigten T ist keine solche Vermögensposition. Es liegt auch kein teilentgeltliches Geschäft mit der Folge vor, daß in Höhe des Grundstückswerts ein Anschaffungs- und Veräußerungsgeschäft anzunehmen wäre, wie dies bei der Abstandszahlung des Übernehmers an den Übergeber der Fall ist.[2] In diesen Fällen wird Vermögen tatsächlich übertragen, das in Höhe der Abfindung „erkauft" wird. Das ist bei der Grundstücksübertragung durch den potentiellen Erblasser mangels Aufgabe einer gegenwärtigen geldwerten Vermögensposition anders.[3]   **33**

Zu einem unentgeltlichen Erwerb führt auch der **Zuwendungsverzicht**   **34** (§ 2352 BGB) gegen Sachabfindung.[4]

Die Abfindung für einen Erb- und Pflichtteilsverzicht ist einkommensteuerrechtlich also als **Schenkung** anzusehen. Dem entspricht auch § 7 Abs. 1 Nr. 5 ErbStG. Danach gilt als Schenkung unter Lebenden, was als Abfindung für einen Erbverzicht gewährt wird.   **35**

---

1 Ausführlich Felix, KÖSDI 1991, 8513.
2 Vgl. Anm. 234.
3 Vgl. FG Hamburg, U. v. 27.6.1991 I 348/86 rkr., EFG 1992, 321; BFH, U. v. 7.4.1992 VIII R 59/89, BStBl II 1992, 809, m. Anm. Obermeier, KFR F. 3 EStG § 22, 2/92, 317; G. Söffing, NWB F. 3, 8379, zur Vereinbarung wiederkehrender Bezüge; hierzu vgl. Anm. 83.
4 Felix, DStZ 1991, 695.

f) Anschaffungsnebenkosten

36 Nebenkosten eines in vollem Umfang unentgeltlichen Erwerbs führen weder zu Anschaffungskosten noch zu Werbungskosten.[1]

37-40 *(Einstweilen frei)*

2. Steuerrechtliche Behandlung der unentgeltlichen Rechtsgeschäfte

a) Versorgungsleistungen

Literatur: *Jansen,* Die Besteuerung laufender Bezüge, NWB F. 3, 6473 (15/1987); *Schoor,* Übertragung von Betriebs- oder Privatvermögen gegen Rente, Rate und dauernde Last, FR 1987, 248; *Seithel,* Vereinbarung von Renten, Raten und dauernden Lasten bei Übertragung von Betriebs- und Privatvermögen, StBerKongrRep 1988, 227; *Niepoth,* Neuordnung von Renten und rentenähnlichen Leistungen anhand des Anschaffungskostenbegriffs unter Einbeziehung des B. des Großen Senats GrS 4-6/89, DB 1991, 249; *Kanzler,* Altenleistungen als dauernde Last, KFR F. 3 EStG § 10, 1/92, 15; *List,* Versorgungsleistungen als Leibrenten oder dauernde Last, NWB F. 3, 8243; *G. Söffing,* Der Rentenbeschluß des Großen Senats des BFH, DB 1992, 61; *Paus,* Besteuerung der Renten und dauernden Lasten: Sind die Entscheidungen des Großen Senats sachgerecht?, FR 1992, 33; *Richter,* Leibrenten und dauernde Lasten: Mal mit, mal ohne § 323 ZPO, DStR 1992, 536; *Fischer,* Renten und dauernde Lasten bei Vermögensübertragungen, DStR 1992, Beihefter zu Heft 17; *Richter,* Renten oder wiederkehrende Bezüge? Es ist und bleibt eine (dauernde) Last!, DStR 1992, 812; *Felix,* Konturen des neuen Steuerrechtsinstituts des „typischen Versorgungsvertrages", KÖSDI 1992, 8976; *Obermeier,* Versorgungsleistungen als dauernde Last, KFR F. 3 EStG § 10, 1/92, 181; *Harenberg,* Unterhaltsverpflichtung keine dauernde Last, KFR F. 3 EStG § 10, 3/92, 241; *Steinhauff,* Versorgungsleistungen als Leibrente, KFR F. 3 EStG § 22, 1/92, 283; *Obermeier,* Abfindungszahlungen für Erb- und Pflichtteilsverzicht als wiederkehrende Bezüge, KFR F. 3 EStG § 22, 2/92, 317; *Söffing,* Abgrenzung zwischen Rente und dauernder Last, NWB F. 3, 8363; *Jansen,* Die Besteuerung laufender Bezüge, NWB F. 3, 8381; *L. Fischer,* Versorgungsleistungen als dauernde Last, KFR F. 3 EStG § 10, 1/93, 9; *Stephan,* Fragen zur neuesten Rechtsprechung des BFH, DB 1993, 194; *Heisel,* Wertverrechnung bei Leibrenten und dauernden Lasten, NWB F. 3, 8477; *Katterbe,* Zuwendungen aus Anlaß einer Vermögensübergabe, KFR F. 3 EStG § 10, 2/93, 47; *Paus,* Grundstücksübertragungen gegen dauernde Last, DStZ 1993, 149; *Seithel,* Die Folgerechtsprechung des BFH über Renten und dauernde Lasten im Anschluß an die Entscheidungen des Großen Senats des BFH, BB 1993, 473; *Boveleth,* Abzug von Versorgungsleistungen bei Vermögensübergabe unter Vorbehalt eines Nutzungsrechts, NWB F. 3, 8643; *P. Fischer,* Kontinuität und Fortentwicklung des Steuerrechts der wiederkehrenden Leistungen, DB 1993, 1002.

---

1 BMF v. 13.1.1993, BStBl I 1993, 80, Tz. 13; auch bei Übertragung aus dem Sonderbetriebsvermögen eines Gesellschafters in das Sonderbetriebsvermögen eines anderen Gesellschafters derselben Personengesellschaft, BMF v. 9.7.1993, DB 1993, 1492; vgl. dazu Anm. 404.

Verwaltungsanweisungen: Abschn. 17, 32a, 123, 139, 147, 167 EStR; OFD Münster v. 21.4.1989, Wohnungsnutzung aufgrund eines vorbehaltenen bzw. zugewendeten Rechts nach Wegfall der Nutzungswertbesteuerung, BB 1989, 1174; OFD Hannover v. 28.3.1991, Ertragsteuerliche Fragen in Zusammenhang mit einem derivativen Geschäftsoder Firmenwert bei Aufgabe eines verpachteten Betriebs (BFH v. 4.4.1989), DStR 1991, 775; OFD München v. 1.6.1992, Altenteilsleistungen in der Land- und Forstwirtschaft, DB 1992, 1703; OFD München v. 22.3.1993, Altenteilsleistungen in der Land- und Forstwirtschaft, FR 1993, 378.

aa) Übertragung von Grundvermögen

Fall

V überträgt eine Wohnung gegen eine monatliche Zahlung von 500 DM auf S, der diesen Betrag an V bzw. eine andere Person zahlen muß.

Abwandlung

S verpflichtet sich, den Betrag an V und dessen Ehefrau E zu zahlen.

Die Versorgungsleistungen sind bei Übertragung von Grundvermögen als **41** **vorbehaltene Vermögenserträge** anzusehen. Da sie keine Gegenleistung des Übernehmers beinhalten, müssen sie auch nicht vorab mit dem Wert des übertragenen Vermögens verrechnet werden.[1] Sie sind beim Begünstigten V bzw. dem Dritten[2] **wiederkehrende Bezüge** (§ 22 Nr. 1 EStG), beim Verpflichteten S **Sonderausgaben** (§ 10 Abs. 1 Nr. 1 a EStG), selbst wenn sie nicht aus dem übertragenen Vermögen erwirtschaftet werden können.[3] Es ist in der Regel auch nicht zu prüfen, ob der Vermögensübergeber auf die Versorgungsleistungen zur Bestreitung seines Lebensunterhalts angewiesen ist.[4] Zwei oder mehrere Begünstigte (**Abwandlung**) sind **Gesamtberechtigte**. Beide Ehegatten verwirklichen den Tatbestand der Einkünfteermittlung.[5]

Behält sich der Übergeber jedoch am gesamten übertragenen Vermögen **42** einen Nießbrauch vor (sog. **Totalnießbrauch**), so sind die aus diesem Anlaß zugesagten Versorgungsleistungen in der Regel nicht als dauernde

---

1 BFH, B. v. 5.7.1990 GrS 4-6/89, BStBl II 1990, 847; verfassungsgemäß, BVerfG, B. v. 17.12.1992 1 BvR 4/87, FR 1993, 157, DStR 1993, 315.
2 Vgl. Anm. 24.
3 BMF v. 13.1.1993, BStBl I 1993, 80, Tz. 6.
4 BFH, U. v. 23.1.1992 XI R 6/87, BStBl II 1992, 526, zur Versorgungsleibrente; v. 29.4.1992 XI R 7/85, BFH/NV 1992, 734.
5 Vgl. Niedersächsisches FG, U. v. 5.2.1992 XIII 432/89 Rev., EFG 1992, 531, Az. des BFH: X R 48/92; R. Meier, INF 1993, 109; str.

Last abziehbar[1], obwohl es grundsätzlich auf den Wert des übertragenen Vermögens ankommt.[2]

▷ *Gestaltungshinweis*

43 *Wenn Versorgungsleistungen als dauernde Last abziehbar sein sollen, darf kein Totalnießbrauch vereinbart werden.*

44 Die Versorgungszusage wird u. a. nur dann anerkannt, wenn die gegenseitigen Rechte und Pflichten klar und eindeutig **zu Beginn** des maßgeblichen Rechtsverhältnisses oder bei Änderung für die Zukunft **vereinbart** worden sind.[3] Rückwirkende Vereinbarungen können der Besteuerung nicht zugrunde gelegt werden.[4]

45 Sind mehrere Personen zu Versorgungsleistungen verpflichtet, so findet **keine einheitliche und gesonderte Feststellung** statt; denn Besteuerungsgrundlagen, die einen Sonderausgabenabzug betreffen, können nicht nach § 1 Abs. 1 der VO zu § 180 Abs. 2 AO einheitlich und gesondert festgestellt werden.[5]

Beispiele für Versorgungsleistungen

46 • **Geldleistungen**[6];

47 • **Beköstigung** ist mit dem tatsächlichen Wert anzusetzen, sie kann auch nach der SachbezV geschätzt werden[7]; für ein Altenteilerehepaar ist der um 80 % erhöhte Wert des § 1 Abs. 2 SachbezV anzusetzen[8];

48 • **Wohnungsüberlassung im landwirtschaftlichen Bereich** bei Geltung der Nutzungswertbesteuerung mit dem beim Betriebsinhaber angesetzten Nutzungswert (bei

---

1 BFH, U. v. 25.3.1992 X R 100/91, BStBl II 1992, 803, m. Anm. Katterbe, KFR F. 3 EStG § 10, 2/93, 47; Fischer, DB 1993, 1002, 1005; a.A. Seithel, BB 1993, 473, 481 f.; ders., DStR 1993, 674, 677 f.

2 Zur differierenden Rechtsprechung der einzelnen BFH-Senate vgl. auch Stephan, DB 1993, 194; Biergans/Koller, DStR 1993, 741; zur Abgrenzung zur Unterhaltsrente vgl. Anm. 81 f.

3 BFH, U. v. 4.12.1991 X R 9/84, BFH/NV 1992, 306; v. 15.7.1992 X R 165/90, BStBl II 1992, 1020; X R 142/88, BFH/NV 1992, 816; v. 20.5.1992 X R 207/87, BFH/NV 1992, 805.

4 BFH, U. v. 3.6.1992 X R 38/89, BFH/NV 1993, 98; v. 15.7.1992 X R 31/91, BFH/NV 1993, 18.

5 BFH, U. v. 23.9.1992 X R 156/90, BStBl II 1993, 11.

6 BFH, B. v. 5.7.1990 GrS 4-6/89, BStBl II 1990, 847; U. v. 28.7.1983 IV R 174/80, BStBl II 1984, 97.

7 Vgl. BFH, U. v. 23.5.1989 X R 34/86, BStBl II 1989, 784; v. 21.6.1989 X R 13/85, BStBl II 1989, 786; jeweils zu Altenteilsleistungen in der Land- und Forstwirtschaft; Abschn. 87 Abs. 4 Satz 7 EStR; zu den Sachbezugswerten nach der SachbezV vgl. für 1990: BStBl I 1989, 490; für 1991: BStBl I 1991, 55; für 1992: BStBl I 1992, 50; für 1993: BStBl I 1993, 26.

8 BFH, U. v. 18.12.1990 X R 151/88, BStBl II 1991, 354; Anm. 50.

§ 13 a EStG mit 1/18) abziehbar[1]; vom Berechtigten jedoch auch bei § 13 a EStG ortsüblicher Mietwert zu versteuern[2]; nach Wegfall der Nutzungswertbesteuerung kein Ansatz mehr[3]; bei **sonstiger Wohnungsüberlassung** ebenfalls keine wiederkehrenden Leistungen[4]; die Überlassung einzelner Räume stellt aber bei Anwendung der Nutzungswertbesteuerung für den Übernehmer eine dauernde Last dar.[5]

Abziehbar bzw. zu versteuern sind die mit der Wohnungsüberlassung verbundenen **49** Aufwendungen, z.b. **Strom, Heizung, Wasser** (regelmäßig zu bewerten nach der SachbezVO)[6], grundsätzlich aber nicht **AfA**[7] **und Zinsen**[8]. **Erhaltungsaufwendungen** sind bei obligatorischer Wohnungsüberlassung abziehbar bzw. zu versteuern[9], nicht aber bei Vorbehaltsnießbrauch bzw. vorbehaltenem dinglichen Wohnrecht[10];

Für die unbaren Altenteilsleistungen (Kost 54 %, Heizung und Beleuchtung 12 %) **50** ergeben sich folgende Werte:[11]

Sachbezugswerte nach § 1 Abs. 1 SachbezV	1991	1992	1993
– monatlich	550 DM	570 DM	590 DM
– jährlich	6.600 DM	6.840 DM	7.080 DM
Nichtbeanstandungsgrenze			
– bei einem Altenteiler	4.356 DM	4.515 DM	4.673 DM
– bei Altenteilerehepaar	7.841 DM	8.126 DM	8.411 DM

1   BFH, U. v. 28.7.1983 IV R 174/80, BStBl II 1984, 97; v. 21.4.1993 X R 96/91, BStBl II 1993, 608; FG München, U. v. 12.5.1992 13 K 85/88 rkr., EFG 1992, 736; a.A. FG Münster, U. v. 29.8.1990 VII 9078/86 E Rev., EFG 1991, 317, Az. des BFH: X R 3/91.
2   Niedersächsisches FG, U. v. 24.2.1993 IX 129/92; OFD München v. 1.6.1992, DB 1992, 1703; v. 22.3.1993, FR 1993, 378.
3   FG Münster, U. v. 18.12.1990 VI 2854/90 E rkr., EFG 1991, 530; BMF v. 16.3.1988, DB 1988, 885; OFD Münster v. 21.4.1989, BB 1989, 1173; OFD München v. 22.3.1993, FR 1993, 378; a.A. Herrmann/Heuer/Raupach, § 10 EStG Anm. 26j, 59f.
4   BFH, U. v. 3.6.1992 X R 14/89, BStBl II 1993, 23; OFD München v. 1.6.1992, DB 1992, 1703.
5   BFH, U. v. 11.8.1992 IX R 223/87, BStBl II 1993, 32; IX R 222/87, BFH/NV 1993, 95.
6   BFH, U. v. 23.5.1989 X R 34/86, BStBl II 1989, 784; v. 21.6.1989 X R 13/85, BStBl II 1989, 786; v. 5.6.1991 XI R 1/88, BFH/NV 1991, 678.
7   BFH, U. v. 3.6.1992 X R 14/89, BStBl II 1993, 23.
8   OFD München v. 22.3.1993, FR 1993, 378.
9   BFH, U. v. 30.10.1984 IX R 2/84, BStBl II 1985, 610; v. 25.3.1992 X R 196/87, BStBl II 1992, 1012, m. Anm. L. Fischer, KFR F. 3 EStG § 10, 1/93, 9; nach OFD München v. 1.6.1992, DB 1992, 1703, nur Schönheitsreparaturen.
10   BFH, U. v. 5.6.1991 XI R 1/88, BFH/NV 1991, 678; v. 7.12.1982 VIII R 166/80, BStBl II 1983, 660; a.A. wohl BFH, U. v. 10.4.1991 XI R 19/88, BFH/NV 1991, 673; für den landwirtschaftlichen Bereich vgl. BFH, U. v. 28.7.1983 IV R 174/80, BStBl II 1984, 97; OFD München v. 22.3.1993, FR 1993, 378.
11   OFD München v. 22.3.1993, FR 1993, 378.

51 • **Pflegeverpflichtungen** nur insoweit, als Aufwendungen gegeben sind[1], nicht jedoch der Wert der vom Übernehmer erbrachten Dienstleistungen, da insoweit kein Aufwand[2];

52 • **Beerdigungskosten** sind keine wiederkehrenden Bezüge bzw. Sonderausgaben, da sie nur einmalig anfallen[3]; bei nahen Angehörigen außergewöhnliche Belastung nach § 33 EStG nur dann, wenn die Aufwendungen nicht aus dem Nachlaß bestritten werden können oder sonstige im Zusammenhang mit dem Tod zugeflossene Geldleistungen (z.b. aus einer Sterbegeldversicherung) gedeckt sind.[4]

53 • **Grabpflegekosten** sind bei unentgeltlicher Vermögensübertragung im Rahmen einer vorweggenommenen Erbfolge abziehbar.[5]

54-60   *(Einstweilen frei)*

bb) **Übertragung von Geldvermögen bzw. Aktienbesitz**

Literatur: *Richter*, Warum ist denn Geld keine Wirtschaftseinheit?, DStR 1992, 1196.

Vgl. auch vor Anm. 1 und 21.

Fall

V überträgt auf seinen Sohn S Geldvermögen bzw. Aktienbesitz gegen eine monatliche Zahlung von 500 DM.

61 Ob die Übertragung von Geldvermögen bzw. Aktienbesitz gegen laufende Zahlungen zu Sonderausgaben führen kann, ist sehr problematisch. Nach

---

1 BFH, U. v. 22.1.1992 X R 35/89, BStBl II 1992, 552; v. 18.9.1991 XI R 11/85, BFH/NV 1992, 234; FG Bremen, U. v. 23.2.1990 I 23/85 K rkr., EFG 1991, 658; FG Rheinland-Pfalz, U. v. 4.6.1992 4 K 1473/91 rkr., EFG 1993, 74.
2 BFH, U. v. 28.7.1983 IV R 174/80, BStBl II 1984, 97; v. 11.9.1991 XI R 12/85, BFH/NV 1992, 35; a.A. FG des Saarlandes, U. v. 1.10.1991 1 K 23/91 Rev., EFG 1992, 180, Az. des BFH: IX R 109/91; vgl. auch BFH, U. v. 24.4.1991 XI R 9/84, BStBl II 1991, 794, m. Anm. Kanzler, KFR F. 3 EStG § 7, 2/91, 319; Paus, DStZ 1991, 698.
3 BFH, U. v. 20.3.1984 IX R 8/80, BStBl II 1985, 43.
4 BFH, U. v. 19.10.1990 III R 93/87, BStBl II 1991, 140, auch zur Zwangsläufigkeit der Höhe nach.
5 BFH, U. v. 18.9.1991 XI R 10/85, BFH/NV 1992, 295; anders nach BFH-U. v. 4.4.1989 X R 14/85, BStBl II 1989, 779, bei testamentarischer Anordnung, unter Hinweis auf die Wertverrechnung.

dem B. des Großen Senats des BFH v. 5.7.1990[1] muß der Übergeber „eine die Existenz wenigstens teilweise begründende **Wirtschaftseinheit**" übertragen. Dies ist nach der Rechtsprechung des BFH bei der Übertragung von Geldvermögen nicht gegeben.[2] M. E. ist unter einer Wirtschaftseinheit im Sinn der Rechtsprechung des GrS auch Geldvermögen und Aktienbesitz[3] zu verstehen.[4] Es besteht nämlich kein Unterschied, ob die Existenz wenigstens teilweise begründende Wirtschaftseinheit in einem Mietobjekt bzw. einer zu eigenen Wohnzwecken genutzten Wohnung oder in Geldvermögen bzw. Aktienbesitz besteht.

▷ *Gestaltungshinweis*

Es ist nicht damit zu rechnen, daß der für Sonderausgaben zuständige   62
X. Senat des BFH hinsichtlich der Übertragung von Geldvermögen seine Rechtsprechung ändern wird. Ich empfehle daher – auch aus schenkungsteuerrechtlichen Gründen[5] – vor der Vermögensübertragung, das Geld in Grundvermögen anzulegen. Die von Seithel[6] vorgeschlagene Gestaltung, das Geldvermögen in Wertpapiere umzuschichten, um beim Übernehmer zu Sonderausgaben zu kommen, erscheint derzeit noch nicht gesichert.

cc) Abgrenzung dauernde Lasten – Leibrente

Versorgungsleistungen können als **dauernde Lasten oder Leibrenten** aus- 63
gestaltet sein, wobei die Behandlung auf der Seite des Berechtigten (wiederkehrende Bezüge) und auf der Seite des Verpflichteten (Sonderausgaben) korrespondiert.[7] Sind die Versorgungsleistungen der Höhe nach abänderbar, so handelt es sich um eine dauernde Last, bei gleichbleibenden Leistungen um eine Leibrente, die nur in Höhe des Ertragsanteils der Besteuerung unterliegt bzw. als Sonderausgaben abgezogen werden kann. Die einzelnen

---

1 GrS 4-6/89, BStBl II 1990, 847.
2 BFH, U. v. 27.2.1992 X R 136/88, BStBl II 1992, 609; X R 40/89, 55/89, BFH/NV 1992, 647, 648.
3 Auch BFH, B. v. 15.7.1191 GrS 1/90, BStB, II 1992, 78, 82, spricht ausdrücklich von „Wertpapieren".
4 Ebenso Harenberg, KFR F. 3 EStG § 10, 3/92, 241; Richter, DStR 1992, 1196; Felix, KÖSDI 1992, 8980; Seithel, BB 1993, 473; Biergans/Koller, DStR 1993, 741, Tz. 2.5; DStR 1993, 857, Tz. 1.4; zweifelnd P. Fischer, DStR Beihefter zu Heft 17/1992, 5, FN 48.
5 Vgl. hierzu Anm. 4. und 1681 ff.
6 In BB 1993, 473, 474 f.
7 Abgrenzung verfassungsgemäß, BVerfG, B. v. 17.12.1992 1 BvR 4/87, FR 1993, 157, DStR 1993, 315; vgl. Fischer, DB 1993, 1002.

Leistungsteile (z. B. Sach- und Geldleistungen) sind grundsätzlich getrennt zu prüfen, wenn es sich nicht um unerhebliche Geldleistungen im Sinn eines Taschengeldes handelt, wobei die Grenze bei etwa 100 DM im Monat liegt.[1] Der Übergang von Leibrente zur dauernden Last und umgekehrt ist möglich.[2]

64   Eine **Wertsicherungsklausel** genügt nicht, um eine dauernde Last annehmen zu können.[3] Dies gilt selbst dann, wenn die Vertragsparteien im Hinblick auf die Wertsicherungsklausel auf § 323 ZPO Bezug nehmen.[4] Wenn aber die Vertragschließenden bei einer Veränderung des Lebenshaltungskostenindex Neuverhandlungen verlangen können, wobei neben der Änderung der Lebenshaltungskosten auch die Einkommens- und Bedarfsverhältnisse der Beteiligten zu berücksichtigen sind, handelt es sich um eine dauernde Last.[5]

65   Zur Abgrenzung zwischen der dauernden Last und der Leibrente hat der X. Senat des BFH in seinem Vorlageb. an den Großen Senat v. 25.4.1990[6] folgendes ausgeführt: Die **Versorgungsleistungen** seien – entgegen der bisherigen Rechtsprechung – selbst dann in vollem Umfang als **dauernde Last** abziehbar, wenn die Vertragspartner keine besonderen Vereinbarungen über die Abänderbarkeit der Höhe nach – z.B. durch „Bezugnahme auf § 323 ZPO" – getroffen haben.

66   Der Große Senat ist dem X. Senat nicht gefolgt. Er hat ausgeführt, Versorgungsleistungen in Geld seien nur dann als dauernde Lasten abziehbar, wenn sich ihre Abänderbarkeit entweder aus einer ausdrücklichen Bezugnahme auf **§ 323 ZPO**[7] **oder in anderer Weise aus dem Vertrag** ergebe.[8] Nach der Rechtsprechung des X. BFH-Senats sind auch Versorgungsleistungen, die im Zusammenhang mit einer Vermögensübertragung

1   BFH, U. v. 30.5.1980 VI R 153/77, BStBl II 1980, 575.
2   L. Fischer, BB 1988, 1294; Paus, BB 1989, 1169.
3   BFH, U. v. 30.10.1984 IX R 2/84, BStBl II 1985, 610, m.w.N.; v. 10.7.1990 IX R 138/86, BFH/NV 1991, 227; Abschn. 167 Abs. 1 Nr. 4 EStR.
4   BFH, U. v. 28.1.1986 IX R 12/80, BStBl II 1986, 348.
5   BFH, U. v. 8.4.1992 X R 48/90, BFH/NV 1993, 10.
6   X R 38/86, BStBl II 1990, 625, m. Anm. Behrle, KFR F. 3 EStG § 10, 4/90, 285; BFH, B. v. 22.1.1991 X S 27/90, BFH/NV 1991, 388.
7   BVerfG, B. v. 17.12.1992 1 BvR 4/87, FR 1993, 157, DStR 1993, 315.
8   BFH, B. v. 15.7.1991 GrS 1/90, BStBl II 1992, 78, m. Anm. Kanzler, KFR F. 3 EStG § 10, 1/92, 15; L. Schmidt, FR 1991, 745; Wrede, FR 1991, 745; BMF v. 13.1.1993, BStBl I 1993, 80, Tz. 6; ebenso Obermeier, DStR 1993, 77, 79; Korn, KÖSDI 1993, 9331, 9335; zu einer entgeltlichen Vermögensübertragung vgl. Anm. 69.

vereinbart werden, selbst ohne Bezugnahme auf § 323 ZPO eine dauernde Last, wenn der Vertrag nicht **Anhaltspunkte für den Ausschluß** der Anpassung enthält.[1]

Insbesondere müssen als **wesentlicher Inhalt** des Übergabevertrags der   67
Umfang des übertragenen Vermögens, die Art der Versorgungsleistung und die Art und Weise der Zahlung vereinbart sein.[2] Hierbei ist es unschädlich, wenn die Berücksichtigung des **Mehrbedarfs ausgeschlossen** wird, der sich infolge einer dauernden Pflegebedürftigkeit oder durch eine Übersiedlung in ein Altersheim ergibt.[3]

▷ *Gestaltungshinweis*

Wenn keine dauernde Last, sondern eine Leibrente gewünscht wird, ist dies   68
ausdrücklich im Vertrag zu vermerken.[4]

Bei **Altverträgen,** die als Leibrenten behandelt worden sind, die aber nach   69
der neueren Rechtsprechung dauernde Lasten darstellen, ist an Vertragsänderungen zu denken. Korn[5] schlägt vor, abzuwarten, ob die Finanzverwaltung eine Übergangsregelung erläßt. Bei einer Neuregelung wird auch der Ausgleich der unterschiedlichen Steuerbelastung eine Rolle spielen.

Aufgrund der bisherigen Rechtsprechung konnte man der Meinung sein,   70
daß eine Bezugnahme auf § 323 ZPO zu einer dauernden Last führt. Dieser einfachen Formel ist der BFH in seinem U. v. 17.12.1991[6], allerdings zu einer **entgeltlichen Vermögensübertragung,** leider nicht gefolgt. Nach diesem U. kommt es stets auf die **Gesamtwürdigung des Übergabevertrags,** seinen materiellen Gehalt und die Interessenlage an. Ob nun eine dauernde Last oder eine Leibrente vorliegt, muß sich unter Berücksichtigung aller Umstände bei der Auslegung der Vereinbarungen ergeben. Im

---

1 BFH, U. v. 11.3.1992 X R 141/88, BStBl II 1992, 499, m. Anm. Obermeier, KFR F. 3 EStG
   § 10, 7/92, 141; X R 3/85, BFH/NV 1992, 592; v. 25.3.1992 X R 38/86, BFH/NV 1992, 595;
   v. 15.7.1992 X R 165/90, BStBl II 1992, 1020; X R 201-202/89, BFH/NV 1992, 817; X R
   31/91, BFH/NV 1993, 18; v. 25.3.1992 X R 155/88, 15/89, 147/90, BFH/NV 1992, 654, 655;
   v. 25.11.1992 X R 91/89, BFHE 170,82, DB 1993, 665, DStR 1993, 685; kritisch wegen der
   Verallgemeinerung des X. Senats Seithel, BB 1993, 473, 477 ff.; vgl. Felix, KÖSDI 1992, 8976;
   zum Ausschluß der Anpassung unter Zumutbarkeitsgesichtspunkten vgl. BFH, U. v. 23.1.1992
   XI R 6/87, BStBl II 1992, 526, m. Anm. Woerner, BB 1992, 1121.
2 BFH, U. v. 15.7.1992 X R 165/90, BStBl II 1992, 1020.
3 BMF v. 7.8.1985, zitiert bei Brandenberg, NWB F. 3, 6057; FM Baden-Württemberg v.
   26.2.1985, Baden-Württembergische Notarzeitung 1985, 33.
4 Vgl. P. Fischer, DB 1993, 1002, 1004.; Korn, StVj 1993, 133, 145 f.
5 In StVj 1993, 133, 145 f.
6 VIII R 80/87, BStBl II 1993, 15, m. Anm. Steinhauff, KFR F. 3 EStG § 22, 1/92, 283; G. Söffing,
   NWB F. 3, 8363.

Rahmen eines vermögensrechtlichen Leistungsaustauschs bedarf es zusätzlicher eindeutiger und klarer Regelungen, um von einer Abänderbarkeit der Leistungen ausgehen zu können.[1]

71-80   *(Einstweilen frei)*

dd) Abgrenzung zur Unterhaltsrente

Literatur: Vgl. vor Anm. 41.

Fall

Sohn S erklärt gegenüber seinem Vater V einen Erb- und Pflichtteilsverzicht gegen laufende Zahlungen von monatlich 500 DM.

Abwandlung

V setzt seinen Sohn S als Vertragserben ein. S zahlt dafür an V monatlich 500 DM.

81   Es ist von einer Unterhaltsrente auszugehen, wenn der Wert des unentgeltlich übertragenen Vermögens bei überschlägiger und großzügiger Berechnung **weniger als die Hälfte des kapitalisierten Werts der Gegenleistung** ausmachen würde.[2]

82   Dieses Problem stellt sich bei der **Übertragung einer Wohnung** in der Regel nicht, da in diesem Fall eher der Wert des übertragenen Vermögens überwiegt.[3] Beträgt der Verkehrswert der Wohnung mehr als das Doppelte des kapitalisierten Werts der Gegenleistung, so ist dies unbeachtlich, da die entsprechende Anwendung der vorstehend beschriebenen 50 %-Grenze nicht in Betracht kommt.[4]

83   Als „**Gegenleistung**", die dem **Verzicht auf die Erb- und Pflichtteilsansprüche** den Unterhaltscharakter nimmt, kommen sowohl die auf einer sittlichen Verpflichtung des Erblassers beruhende Erwerbsaussicht des Erb- bzw. Pflichtteilsberechtigten als auch die erweiterte Testierfähigkeit des

---

1   Zu Versorgungsleistungen vgl. Obermeier, DStR 1993, 77, 78 f.
2   BFH, B. v. 15.7.1991 GrS 1/90, BStBl II 1992, 78; U. v. 18.12.1991 XI R 2/88, BFH/NV 1992, 382; v. 28.7.1983 IV R 174/80, BStBl II 1984, 97, zu Altenteilsleistungen; ebenso Abschn. 123 Abs. 3 EStR; BMF v. 13.1.1993, BStBl I 1993, 80, Tz. 5; vgl. P. Fischer, DB 1993, 1002, 1005 f.
3   Vgl. BFH, U. v. 30.10.1984 IX R 2/84, BStBl II 1985, 610.
4   BFH, U. v. 22.1.1992 X R 205/87, BFH/NV 1992, 513; Richter, FR 1986, 202; Obermeier, Das selbstgenutzte Wohneigentum, Anm. 150.

potentiellen Erblassers in Betracht. Eine Ermittlung der Wertverhältnisse von Leistung und Gegenleistung ist daher entbehrlich.[1]

Eine ähnliche Rechtslage mit der Folge wiederkehrender Leistungen ist **84** dann anzunehmen, wenn S für die **Einsetzung als Vertragserbe** zu laufenden Zahlungen verpflichtet ist (**Abwandlung**).[2] In diesem Fall liegt die Gegenleistung in der Annahme einer Erwerbsaussicht, die nach § 2287 BGB geschützt ist.

b) Vermietung durch den Übernehmer

aa) Vorhergehende Vermietung durch den Übergeber

Fall

C hat Ende 1991 eine Eigentumswohnung gekauft und vermietet. Zum 1. Juli 1993 schenkt C diese seinem Sohn S, der sie weiterhin vermietet. Es fallen bei S nachträgliche Herstellungskosten an.

S tritt hinsichtlich der AfA in die Rechtsposition des Übergebers ein (§ 11 d **85** EStDV). Er kann damit die AfA des Rechtsvorgängers fortführen.

Die AfA-Beträge sind jedoch auf den Zeitraum der jeweiligen Nutzung **86** **zeitanteilig aufzuteilen** (hier also je 1/2). Dies ergibt sich für § 7 Abs. 4 EStG bereits aus dem Gesetzeswortlaut, für § 7 Abs. 5 EStG aus dem Grundsatz, daß diese AfA aufgrund des Eintretens in die Rechtsposition des Übergebers insgesamt nur einmal in einem Jahr in Anspruch genommen werden kann.

▷ *Gestaltungshinweis*

Ist § 7 Abs. 5 EStG anwendbar, so können bei einem unentgeltlichen Eigen- **87** *tumsübergang im Laufe eines Jahres der Übergeber und der Übernehmer vereinbaren, in welchem Umfang die für dieses Jahr zulässige AfA bei ihnen zu berücksichtigen ist (vgl. zu § 7 b EStG Abschn. 53 Abs. 5 Satz 2 EStR 1987).*

Nachträgliche Herstellungskosten erhöhen die bisherige AfA-Bemes- **88** sungsgrundlage. Eine Rückbeziehung wie bei § 10 e Abs. 3 Satz 2 EStG ist aber nicht möglich.

---

1 BFH, U. v. 7.4.1992 VIII R 59/89, BStBl II 1992, 809, m. Anm. Obermeier, KFR F. 3 EStG § 22, 2/92, 317; G. Söffing, NWB F. 3, 8379.
2 A. A. FG Münster, U. v. 4.7.1991 1 K 2505/91 rkr., EFG 1992, 126.

89-90   *(Einstweilen frei)*

bb) Vorhergehende Nutzung des Übergebers zu eigenen Wohnzwecken

Fall

V nutzt eine am 1. Juli 1990 angeschaffte Eigentumswohnung (Gebäudewert: 400.000 DM, Grundstückswert: 200.000 DM) zu eigenen Wohnzwecken und nimmt den Abzugsbetrag des § 10 e EStG in Anspruch (Bemessungsgrundlage gemäß § 10 e EStG: 500.000 DM, da das Grundstück nur zur Hälfte dazuzählt). Am 1. Juli 1993 will V die Wohnung seiner Tochter T übergeben, die sie vermieten will.

91   Für V ist 1993 § 10 e EStG, für T § 7 Abs. 4 bzw. Abs. 5 EStG anwendbar. Es besteht jedoch, da es sich um einen unentgeltlichen Erwerb handelt, ein **Konkurrenzverhältnis zwischen** der Inanspruchnahme des Abzugsbetrags nach **§ 10 e EStG und der AfA** gemäß § 7 Abs. 4 bzw. Abs. 5 EStG.

• **Kürzung von § 10 e EStG beim Übergeber V**

92   Der Fall, daß eine Wohnung nicht das ganze Kalenderjahr zu eigenen Wohnzwecken genutzt wird (hier: Vermietung ab 1. Juli 1991), ist dem Fall vergleichbar, daß ein Teil einer Wohnung nicht zu eigenen Wohnzwecken genutzt wird (Beispiel: Arbeitszimmer)[1]. Für letzteren Fall bestimmt § 10 e Abs. 1 Satz 6 EStG, daß die **Bemessungsgrundlage des § 10 e EStG zu kürzen** ist.

93   Bei einer Anschaffung am 1.7. ist daher die Bemessungsgrundlage zu halbieren. Sie beträgt nur noch 250.000 DM, der Abzugsbetrag 12.500 DM.

▷ *Hinweis*

94   *Diese Rechtsmeinung ist nicht unumstritten. So treten einige Autoren dafür ein, dem Übergeber den vollen Abzugsbetrag zu belassen, da § 10 e EStG keine AfA-Möglichkeit darstellt, sondern zu einem Abzug wie Sonderausgaben führt, so daß kein Konkurrenzverhältnis zu den AfA-Vorschriften besteht.[2] Der Ansicht, dem Übergeber den vollen Abzugsbetrag zu gewähren,*

---

1   Obermeier, DStR 1989, 764, 766 f., m.w.N.
2   Vgl. die Nachweise bei Obermeier, DStR 1989, 764, in FN 35; a.A. auch Schmidt/Drenseck, § 10 e Anm. 8 g: zeitanteilige Aufteilung.

scheint auch der BMF v. 13.1.1993, BStBl I 1993, 80 zuzuneigen.[1] Es ist daher zu empfehlen, die vollen Abzugsbeträge geltend zu machen.

• AfA bei der Übernehmerin T

Eine Fortführung der Abzugsbeträge des § 10 e EStG als AfA kommt nicht in Betracht, da in die Bemessungsgrundlage auch die Hälfte der Anschaffungskosten des Grundstücks einzubeziehen ist. Aufgrund dieser Tatsache können auch die Abzugsbeträge nicht als verbrauchte AfA angesehen werden.   95

Bemessungsgrundlage für die AfA bilden die ursprünglichen Anschaffungs- oder Herstellungskosten (Abschn. 43 Abs. 6 Satz 3 Nr. 2 a EStR). Das Volumen der AfA ist um die Beträge zu kürzen, die während der Zeit der Anwendbarkeit des § 10 e EStG hätten abgezogen werden müssen, wenn der Steuerpflichtige das Objekt im Rahmen einer Einkunftsart genutzt hätte **(fiktive AfA)**.[2] Dies hängt von der gewählten AfA-Vorschrift ab (Abschn. 44 Abs. 12 EStR).   96

• Berechnung der AfA:

Bei Anwendung von § 7 Abs. 4 EStG:

Anschaffungskosten 400.000 DM, jährliche AfA 2 %, also 8.000 DM. Verbraucht sind 6 % (1990 und 1993 jeweils die Hälfte der Jahres-AfA, 1991 und 1992 jeweils die volle Jahres-AfA), also 24.000 DM. Die AfA 1993 beträgt 1 %, also 4.000 DM.   97

Bei Anwendung von § 7 Abs. 5 EStG:

Anschaffungskosten 400.000 DM, AfA in den ersten 8 Jahren jeweils 5 %, 6 Jahre je 2,5 % und 36 Jahre je 1,25 %. Verbraucht sind 17,5 % (1990 bis 1992 je 5 %, 1993 die Hälfte, damit 2,5 %), also 70.000 DM. Die AfA 1993 beträgt 2,5 %, also 10.000 DM.   98

▷ Hinweis

Diese Berechnung zeigt, daß die Wahl der AfA nach § 7 Abs. 4 EStG günstiger erscheint, weil vom gesamten AfA-Volumen nur 24.000 DM verbraucht sind. Es ist jedoch zu empfehlen, als AfA-Vorschrift § 7 Abs. 5 EStG zu   99

---

1 Schreiben v. 25.10.90, BStBl I 1990, 626, Abs. 24.
2 Vgl. BFH, U. v. 14.2.1989 IX R 109/84, BStBl II 1989, 922, m. Anm. Obermeier, KFR F. 3 EStG § 7, 1/89, 351, zur „Umwidmung von Wirtschaftsgütern"; ders., DStR 1989, 764, 767; vgl. auch BFH, U. v. 2.2.1990 VI R 22/86, BStBl II 1990, 684; Abschn. 44 Abs. 3 Sätze 7 und 8 LStR; kritisch v. Bornhaupt, BB 1989, 1534; vgl. auch Leu, DStZ A 1988, 486.

wählen, wenn die Nutzung zu eigenen Wohnzwecken beim Übergeber nur kurz angedauert hat oder wenn der Übernehmer einen baldigen Verkauf bezweckt.

100-105   *(Einstweilen frei)*

c) Nutzung zu eigenen Wohnzwecken durch den Übernehmer

aa) Vorhergehende Nutzung zu eigenen Wohnzwecken durch den Übergeber

Verwaltungsanweisung: BMF v. 21.9.1992, Vorkosten nach § 10 e Abs. 6 EStG, Nichtanwendungserlaß zu BFH, BStBl II 1992, 886, BStBl I 1992, 584.

Fall

V hat 1989 ein Einfamilienhaus fertiggestellt und es zu eigenen Wohnzwecken genutzt. Für dieses Haus hat V den Abzugsbetrag nach § 10 e EStG von 15.000 DM jährlich (Höchstbetrag) in Anspruch genommen. V überträgt das Haus seinem Sohn S, der es renoviert und dann auch zu eigenen Wohnzwecken nutzt.

Abwandlung

V behält sich einen Nießbrauch vor. Nach dem Tod des V renoviert S.

106   **Keine Abzugsbeträge nach § 10 e Abs. 1 EStG:** § 10 e EStG begünstigt nur eigene Anschaffungs- oder Herstellungskosten, also keinen Drittaufwand.[1] Es ist umstritten, ob der Rechtsnachfolger bei unentgeltlicher Einzelrechtsnachfolge die Abzugsbeträge des § 10 e EStG grundsätzlich fortführen kann.

107   M.E. ist diese Frage zu verneinen. Bei der Steuerbegünstigung des § 10 e EStG handelt es sich um einen Abzug wie Sonderausgaben und nicht um eine Vorschrift über Absetzungen. Somit kann § 11 d EStDV, der die Absetzungen bei unentgeltlicher Rechtsnachfolge regelt, **nicht** – auch nicht entsprechend – angewendet werden.[2] Die Fortführung der Abzugsbeträge

---

1   BFH, U. v. 4.12.1991 X R 89/90, BStBl II 1992, 295; FG München, U. v. 30.5.1990 13 K 4675/89 rkr., EFG 1991, 190, DStR 1990, 520, m. Anm. Obermeier, KFR F. 3 EStG § 10e, 2/90, 287; Brandenberg, NWB F. 3, 7785; vgl. auch BFH, U. v. 19.4.1989 X R 2/84, BStBl II 1989, 683; v. 20.9.1990 IV R 300/84, BStBl II 1991, 82.

2   BFH, U. v. 4.12.1991 X R 89/90, BStBl II 1992, 295, m. krit. Anm. Paus, DStZ 1993, 88; BMF v. 25.10.1990, BStBl I 1990, 626, Abs. 5; vgl. BFH, U. v. 7.8.1991 X R 116/89, BStBl II 1992, 736, zur Übergangsregelung; Obermeier, DStR 1992, 209.

kann ebenso nicht mit Sinn und Zweck des § 10 e EStG (Bildung von Wohneigentum) begründet werden.[1]

Kein Vorkostenabzug nach § 10 e Abs. 6 EStG: Wenn S das Haus vor der erstmaligen Nutzung zu eigenen Wohnzwecken renoviert, sind die Aufwendungen nach Meinung des BFH nicht als sog. Vorkosten nach § 10 e Abs. 6 EStG abziehbar. § 10 e Abs. 6 EStG setzt u. a. voraus, daß die Aufwendungen unmittelbar mit der Herstellung oder Anschaffung des Gebäudes oder der Anschaffung des dazugehörenden Grund und Bodens zusammenhängen. Nach BFH, U. v. 13.1.1993[2] ist unter **Anschaffung** i. S. des § 10 e Abs. 6 EStG **nur der entgeltliche Erwerb** zu verstehen. In dieser Entscheidung, die zur Gesamtrechtsnachfolge ergangen ist, führt der BFH – in einem obiter dictum – aus, daß er nunmehr an seiner früheren Auffassung zur unentgeltlichen Einzelrechtsnachfolge, die eine Anschaffung i. S. des § 10 e Abs. 6 EStG angenommen hat[3], nicht mehr festhalte. Da nicht damit zu rechnen ist, daß der BFH nochmals seine Meinung ändert, wird sich die Praxis auf diese Rechtsprechung einstellen müssen.[4]

108

Wenn man der Gegenmeinung folgen würde, wären nach § 10 e Abs. 6 EStG als Vorkosten nur solche Aufwendungen abziehbar, die unmittelbar mit der Anschaffung des Gebäudes oder des dazugehörigen Grund und Bodens zusammenhängen. Diese Voraussetzung wäre nicht erfüllt, wenn S zunächst einen Vorbehaltsnießbrauch einräumen und erst nach Erlöschen des Nießbrauchs renovieren würde (**Abwandlung**).[5]

109

Da der unentgeltliche Erwerb durch Schenkung keine Anschaffung i. S. des § 10 e Abs. 6 EStG ist, ist auf die ursprüngliche **Herstellung bzw. Anschaffung durch den Schenker** abzustellen. Der Vorkostenabzug scheitert jedoch daran, daß V das Einfamilienhaus bereits zu eigenen Wohnzwecken genutzt hat, und diese Nutzung dem S zuzurechnen ist.

110

---

1 AO, DStR 1990, 520; Blümich/Erhard, § 10 e EStG Rz. 182; Busl, DStZ A 1989, 300; Drenseck, FR 1986, 379, 383; Herrmann/Heuer/Raupach, § 10 e EStG Anm. 36; Meyer, FR 1987, 361, 366; Stephan, DB 1986, 1141, 1143; Obermeier, Das selbstgenutzte Wohneigentum, Anm. 149 a; a.A. z.B. Märkle/Wacker/Franz, S. 6 f.; Schmidt/Drenseck, § 10 e Anm. 6 d und 7c.

2 X R 53/91, BStBl II 1993, 346, m. Anm. Meyer, FR 1993, 301.

3 BFH, U. v. 11.3.1992 X R 113/89, BStBl II 1992, 886, m. krit. Anm. Leu, DStZ 1993, 154; Obermeier, Das selbstgenutzte Wohneigentum, Anm. 222 ff.; a.A., DStR 1990, 132; ebenso Hessisches FG, U. v. 19.12.1990 Rev., EFG 1991, 472, Az. des BFH: X R 25/91.

4 Für Versagung des § 10 e Abs. 6 EStG auch BMF v. 25.10.1990, BStBl I 1990, 626, Abs. 49; Nichtanwendungserlaß zu BFH, U. v. 11.3.1992 X R 25/91, BMF v. 21.9.1992 BStBl I 1992, 584; B. Meyer, FR 1993, 181.

5 FG des Saarlandes, U. v. 28.5.1991 1 K 181/90 Rev., EFG 1991, 611, Az. des BFH: X R 57/91; Obermeier, Das selbstgenutzte Wohneigentum, Anm. 240 ff.

▷ **Gestaltunghinweis**

111   *Wenn die Aufwendungen beim Übernehmer S als Vorkosten abziehbar sein sollen, muß ein entgeltlicher Erwerb gestaltet werden.*[1]

112-115   *(Einstweilen frei)*

bb) Vorhergehende Vermietung durch den Übergeber

Fall

V überträgt eine bislang vermietete Eigentumswohnung auf seine Tochter T, die sie nach einer Renovierung zu eigenen Wohnzwecken nutzen will.

116   Der T stehen die Abzugsbeträge nach § 10 e Abs. 1 EStG nicht zu. Dies gilt selbst dann, wenn man der Meinung folgt, daß T die Abzugsbeträge des V fortführen kann.[2]

117   Der Abzug der Aufwendungen i. S. des § 10 e Abs. 6 EStG scheitert in diesem Beispiel nicht an einer früheren Nutzung des Übergebers V zu eigenen Wohnzwecken. Da es für § 10 e Abs. 6 EStG auf die Anschaffung bzw. Herstellung durch den Schenker V ankommt[3], sind jedoch nur die Aufwendungen abziehbar, die mit der ursprünglichen Finanzierung zusammenhängen, also nicht die Renovierungskosten. In Betracht kommen daher nur Aufwendungen für übernommene Schulden. Da die Übernahme von Schulden jedoch zu einem (teil-)entgeltlichen Erwerb führt, ist allgemein festzustellen, daß **Aufwendungen des Beschenkten keine Vorkosten gemäß § 10 e Abs. 6 EStG sein können.**

cc) Schenkung eines Grundstücks

Literatur: *Obermeier*, Unentgeltliche Einzelrechtsnachfolge: Grundstücksanschaffungskosten des Rechtsvorgängers, KFR F. 3 EStG § 10e, 2/90, 287; *Bolz*, Zeitpunkt der Ausführung einer Grundstücksschenkung/Gegenstand einer Schenkungsabrede, KFR F. 10 ErbStG § 9, 1/91, 141.

Vgl. auch vor Anm. 1 und 21.

---

1   Zu den einzelnen Möglichkeiten vgl. Anm. 181 ff.; zur Problematik beim teilentgeltlichen Erwerb vgl. Anm. 318 ff.
2   Vgl. Anm. 107 a.E.
3   Vgl. Anm. 110.

Fall

V überträgt seiner Tochter T ein bereits seit einiger Zeit in seinem Eigentum befindliches Grundstück zur Bebauung. T will das Haus später zu eigenen Wohnzwecken nutzen.

Bei unentgeltlichem Erwerb eines unbebauten Grundstücks sind die An-   118
schaffungskosten für den **Grund und Boden,** die der Rechtsvorgänger aufgewendet hat, nicht in die Bemessungsgrundlage des Rechtsnachfolgers einzubeziehen[1]; auch nicht Aufwendungen des Rechtsvorgängers für den **Rohbau.**[2] Bei Schenkung einer **fertigen Wohnung** ist § 10 e EStG nicht anzuwenden.[3]

(Einstweilen frei)   119,120

dd) Umbau eines Gebäudes

Literatur: *Obermeier*, Degressiver AfA und Schuldzinsenabzug bei Umbau eines Gebäudes, NWB F. 3, 8351.

Vgl. auch vor Anm. 1 und 21.

Fall

T erhält von ihren Eltern ein Haus geschenkt. Sie gestaltet es umfassend um und beantragt § 10 e EStG.

Bei dem Rechtsgeschäft handelt es sich **nicht um eine Anschaffung** i.   121
S. des § 10 e Abs. 1 EStG; denn die Anschaffung setzt einen entgeltlichen Erwerb voraus.[4]

In Betracht kommt außerdem der Begriff der **Herstellung,** da der unent-   122
geltliche Erwerb nicht nach § 10 e Abs. 1 EStG begünstigt ist. Herstellung ist auch ein grundlegender Umbau, wenn das Haus dadurch in seinem Zustand so wesentlich verändert wird, daß es bei objektiver Betrachtung

---

1 BMF v. 25.10.1990, BStBl I 1990, 626, Abs. 20; FG München, U. v. 30.5.1990 13 K 4675/89 rkr., EFG 1991, 190, DStR 1990, 520, m. Anm. Obermeier, KFR F. 3 EStG § 10e, 2/90, 287.
2 A.A. FG München, U. v. 30.7.1991 16 K 5096/88 Rev., EFG 1991, 670, Az. des BFH: X R 97/91, unter Hinweis auf den Herstellungskostenbegriff.
3 BFH, U. v. 4.12.1991 X R 89/90, BStBl II 1992, 295; Obermeier, Das selbstgenutzte Wohneigentum, Anm. 149 b; zur Abgrenzung zwischen einer Grundstücks- und einer Geldschenkung vgl. BFH-U. v. 26.9.1990 I R 150/88, BStBl II 1991, 320, m. Anm. Bolz, KFR F. 10 ErbStG § 9, 1/91, 141; vgl. Anm. 127 ff.
4 BFH, U. v. 13.1.1993 X R 53/91, BStBl II 1993, 346; Obermeier, DStR 1990, 132.

als neues Wirtschaftsgut erscheint.[1] Entscheidend ist, daß das Objekt **in bautechnischer Hinsicht neu** ist.[2] Diese Art der Herstellung dürfte äußerst selten sein.

123   Eine **umfassende Umgestaltung** erfüllt den Herstellungsbegriff in der Regel nicht. Auch eine Eigentumswohnung wird nicht allein schon durch die rechtliche Umwandlung eines bestehenden Gebäudes in Eigentumswohnungen gemäß § 8 WEG (neu) hergestellt.[3]

124   Obwohl keine Herstellung anzunehmen ist, kann § 10 e Abs. 1 EStG unter dem Gesichtspunkt der **nachträglichen Herstellungskosten** anzuwenden sein; denn ein unentgeltlicher Erwerb schließt die Annahme nachträglicher Herstellungskosten nicht aus.[4]

ee) Ausbau, Erweiterung

Literatur: *Obermeier*, Ausbau bei Umbau einer Wohnung, NWB F. 3, 8365.

Fall

V schenkt seinem Sohn S ein Haus. S baut ein Kaminzimmer an.

125   Nach **§ 10 e Abs. 2 EStG** sind auch Herstellungskosten für zu eigenen Wohnzwecken genutzte Ausbauten und Erweiterungen an einer im Inland belegenen, zu eigenen Wohnzwecken genutzten Wohnung begünstigt. Dies setzt voraus, daß eine räumlicher Zusammenhang zwischen Ausbau bzw. Erweiterung und Wohnung besteht, aber Wohnung und Ausbau bzw. Erweiterung in getrennten Bauabschnitten errichtet werden.[5]

126   Umbaumaßnahmen an einer Wohnung führen nur dann zu Ausbauten i. S. von § 10 e Abs. 2 EStG, wenn die Wohnräume wegen der Änderung der

---

1   BFH, U. v. 19.3.1991 IX R 131/86, BFH/NV 1991, 670; FG Hamburg, U. v. 4.6.1991 V 292/88 Rev., EFG 1991, 734, Az. des BFH: IX R 91/91; vgl. BFH, U. v. 10.10.1974 V R 123/73, BStBl II 1975, 424; v. 26.1.1978 V R 137/75, BStBl II 1978, 280; V R 154/74, BStBl II 1978, 363; jeweils zur Selbstverbrauchsteuer; Abschn. 43 Abs. 5 EStR; FG Rheinland-Pfalz, U. v. 5.12.1989 5 K 2228/89; vgl. auch FG München, U. v. 11.3.1992 1 K 1104/87 Rev., EFG 1992, 439, Az. des BFH: IX R 83/92.
2   BFH, U. v. 31.3.1992 IX R 175/87, BStBl II 1992, 808, m. Anm. Obermeier, NWB F. 3, 8351, auch zum Schuldzinsenabzug nach § 10 e Abs. 6 a EStG.
3   BFH, U. v. 24.11.1992 IX R 62/88, BStBl II 1993, 188.
4   Vgl. Meyer, FR 1992, 296; a. A. Paus, DStZ 1993, 88; a. A. wohl auch die Finanzverwaltung.
5   Ausführlich hierzu Obermeier, Das selbstgenutzte Wohneigentum, Anm. 118 ff., auch zur Errichtung von Garagen.

Wohngewohnheiten für Wohnzwecke ungeeignet waren; es genügt nicht, daß die Wohnräume lediglich instandsetzungsbedürftig waren.[1]

ff) Mittelbare Grundstücksschenkung

Literatur: *Ott*, Steuerliche Behandlung der mittelbaren Grundstücksschenkung, DStZ 1990, 399; *Neufang*, Geld- oder Grundstücksschenkung, INF 1990, 540; *Dickgießer*, Schenkung von „gebundenen" Geldbeträgen zum Erwerb eines bestimmten Grundstücks, INF 1991, 10; *Bolz*, Zeitpunkt der Ausführung einer Grundstücksschenkung/Gegenstand der Schenkungsabrede, KFR F. 10 ErbStG § 9, 1/91, 141; *Siegle*, Mittelbare Grundstücksschenkung und § 10 e EStG, DStR 1992, 747; *Stuhrmann*, Nochmals: Mittelbare Grundstücksschenkung und § 10 e EStG, DStR 1992, 941; *N. Mayer*, Mittelbare Grundstücksschenkung und § 10 e EStG, DStR 1992, 1266.

Verwaltungsanweisungen: Koordinierter Ländererlaß v. 2.11.1989, Gegenstand der Schenkung bei Geldhingabe zum Erwerb eines Grundstücks oder zur Errichtung eines Gebäudes, BStBl I 1989, 443; OFD München v. 13.7.1992, § 10 e EStG – Grundstücksschenkung oder Geldschenkung („mittelbare Grundstücksschenkung"), BB 1992, 1701.

Vgl. auch vor Anm. 1 und 21.

Fall

V weiß, daß eine Grundstücksschenkung für seinen Sohn S ungünstig ist. Er fragt nach der steuerrechtlich optimalen Gestaltung.

Einkommensteuerrechtlich wäre es günstig, wenn V das Grundstück **veräußern** und S den **Veräußerungserlös** schenken würde. S hätte dann bei Errichtung oder Erwerb einer eigenen Wohnung eigene Herstellungs- oder Anschaffungskosten und könnte bei einer Nutzung zu eigenen Wohnzwecken § 10 e EStG in Anspruch nehmen.   127

Eine auch **schenkungsteuerrechtlich** optimale Gestaltung wäre eine **mittelbare Grundstücksschenkung.** V müßte also Geld mit der Zweckbestimmung schenken, damit ein Grundstück zu kaufen. Diese Gestaltung wird aber nur anerkannt, wenn der Beschenkte über das Geld nicht frei verfügen kann.[2] Die Zuwendung wird **schenkungsteuerrechtlich mit 140 % des Einheitswerts 1.1.1964 bewertet.** Soll die Bebauung eines dem Beschenkten bereits gehörenden Grundstücks finanziert werden, so besteht   128

---

1   Vgl. BFH, U. v. 28.4.1992 IX R 130/86, BStBl II 1992, 823, m. Anm. Obermeier, NWB F. 3, 8365, zu § 21 a Abs. 4 Satz 5 EStG.
2   BFH, U. v. 6.3.1985 II R 19/84, BStBl II 1985, 382; v. 26.9.1990 II R 150/88, BStBl II 1991, 320, m. Anm. Bolz, KFR F. 10 ErbStG § 9, 1/91, 141.

die mittelbare Grundstücksschenkung in einem Haus als wesentlichem Bestandteil eines Grundstücks.[1]

129 Daß die mittelbarer Grundstücksschenkung nur mit dem Einheitswert bewertet wird, beruht auf schenkungsteuerrechtlichen Besonderheiten. **Ertragsteuerrechtlich ist von einer Geldschenkung auszugehen;** der Beschenkte hat daher eigene Herstellungs- bzw. Anschaffungskosten.[2]

130 Die entgegenstehende Meinung der Finanzverwaltung kann aus BFH, U. v. 15.5.1990[3] nicht entnommen werden; denn dessen Leitsatz lautet: „Erhöhte AfA nach § 7 b Abs. 3 EStG kann auch ein Schenker beanspruchen, der mit seinen Mitteln den Kauf eines von ihm im voraus bestimmten Grundstücks einem zu Beschenkenden ermöglicht, sich dabei ein Nießbrauchsrecht an dem Grundstück vorbehält und dieses anschließend zur Erzielung von Einkünften aus Vermietung und Verpachtung nutzt."

▷ *Gestaltungshinweis:*

131 *Wenn kein Prozeß riskiert werden soll, ist daran zu denken, nur den Teil des Geldbetrags ohne Zweckbestimmung zu schenken, der ausreicht, um zusammen mit den Eigenmitteln des Beschenkten zu einer Bemessungsgrundlage von 330.000 DM zu kommen.*

▷ *Hinweis*

132 *Nach der Verfügung der OFD München v. 13.7.1992[4] ist jedoch dann eine Geldschenkung anzunehmen, wenn der Schenkungsvertrag vor dem 31.1.1992 rechtswirksam abgeschlossen worden ist (notarielle Beurkundung des Schenkungsversprechens). Bei unwirksamen Schenkungsverträgen muß die Schenkung vereinbarungsgemäß vollzogen worden sein und der Beschenkte muß noch vor dem 1.10.1992 angeschafft oder hergestellt haben.*

133-140 *(Einstweilen frei)*

gg) Übergangsregelung

Literatur: *Obermeier*, Unentgeltliche Einzelrechtsnachfolge: Abzug der Beträge des § 7 b EStG wie Sonderausgaben, KFR F. 3 EStG § 7b, 1/90, 223.

---

1 BFH, U. v. 3.8.1988 II R 39/86, BStBl II 1988, 1025; ausführlich zur schenkungsteuerrechtlichen Beurteilung vgl. koordinierter Ländererlaß v. 2.11.1989, BStBl I 1989, 443; Neufang, INF 1990, 540; Ott, DStZ 1990, 399; Anm. 1691 ff.
2 N. Mayer, DStR 1992, 1266; Neufang, INF 1990, 540, Sachverhalt 3; Obermeier, Das selbstgenutzte Wohneigentum, Anm. 149 c; a.A. Finanzverwaltung unter Hinweis auf BFH, U. v. 15.5.1990 IX R 21/86, BStBl II 1992, 67; Stephan, S. 36 f.; Siegle, DStR 1992, 747; Stuhrmann, DStR 1992, 941; vgl. Dickgießer, INF 1991, 10.
3 IX R 21/86, BStBl II 1992, 67.
4 BB 1992, 1701.

Vgl. auch vor Anm. 1 und 21.

Fall

V hat 1986 eine Wohnung erworben, die er zu eigenen Wohnzwecken nutzte. 1989 überträgt er die Wohnung seinem Sohn S.

Abwandlung

Es handelt sich um ein Zweifamilienhaus, bei dem V die Überschußrechnung angewendet hat.

(1) „Kleine" Übergangsregelung

Wenn V seit 1986 Eigentümer der Wohnung ist, unterlag er 1986 der Nutzungswertbesteuerung. Er konnte daher ab 1987 u.a. die Beträge des § 7 b EStG wie Sonderausgaben abziehen. Eine **Fortführung der Beträge des § 7 b EStG wie Sonderausgaben** durch S gemäß § 52 Abs. 21 Satz 4 EStG ist **nicht** möglich.[1]   **141**

(2) „Große" Übergangsregelung (Abwandlung)

S kann die **Überschußrechnung nicht fortführen**, da er nicht in vollem Umfang in die Rechtsstellung seines Vaters eintritt.[2] Bei vorweggenommener Erbfolge nach dem 31.12.1986 kommt die Weiterführung der Überschußrechnung z. B. für den Alteigentümer in Betracht, der sich den Nießbrauch oder ein dingliches Wohnrecht am übertragenen Grundstück vorbehalten hat.[3]   **142**

hh) Objektverbrauch des Rechtsvorgängers

Wenn man grundsätzlich die Übertragung der Abzugsbeträge des § 10 e EStG bzw. der Beträge des § 7 b über § 52 Abs. 21 Satz 4 EStG auf   **143**

---

1   BFH, U. v. 7.8.1991 X R 116/89, BStBl II 1992, 736, m. Anm. Paus, DStZ 1992, 48; v. 31.10.1991 X R 53/90, BFH/NV 1992, 296, unter Aufhebung von FG München, U. v. 5.3.1990 13 K 3726/89, EFG 1990, 517, m. Anm. Obermeier, KFR F. 3 EStG § 7b, 1/90, 223; Obermeier, DStR 1992, 209; ders., Das selbstgenutzte Wohneigentum, Anm. 149 d; Abschn. 65 Abs. 5 Satz 3 EStR; wohl auch BMF v. 19.9.1986, BStBl I 1986, 480, Tz. III, 2.

2   B. Meyer, FR 1986, 530; Obermeier, Das selbstgenutzte Wohneigentum, Anm. 361; a. A. Schmidt/Drenseck, § 10 e Anm. 3 b aa a.E.; Wacker, INF 1986, 555, 562.

3   Stephan, DB 1991, 1090, 1092; zu weiteren Fallbeispielen vgl. Obermeier, Das selbstgenutzte Wohneigentum, Anm. 352 ff.

den Rechtsnachfolger bejaht, stellt sich das weitere Problem, ob ein Objektverbrauch beim Rechtsvorgänger auch die Abzugsberechtigung für dieses Objekt beim Rechtsnachfolger hindert. Zu § 7 b EStG hat der BFH in seinem U. v. 4.9.1990[1] entschieden, daß der **Rechtsnachfolger** die **erhöhten Absetzungen** auch dann in Anspruch nehmen kann, wenn sie dem Rechtsvorgänger wegen der nur bei diesem eingetretenen Objektbeschränkung nicht zustanden. Er hat dies aus der Personenbezogenheit der Objektbeschränkung gefolgert. Diese Grundsätze können auch auf § 10 e EStG übertragen werden.[2]

d) Veräußerung durch den Übernehmer

Literatur: *Speich,* Die Besteuerung der Spekulationsgeschäfte nach § 23 EStG, NWB F. 3, 7995.

Fall

V hat 1992 eine Eigentumswohnung erworben, die er Ende 1992 seiner Tochter T schenkt. T verkauft die Wohnung 1993. Der Veräußerungsgewinn beträgt 50.000 DM.

144   Da der Zeitraum zwischen Anschaffung und Veräußerung nicht mehr als zwei Jahre beträgt, stellt sich das Problem des **Spekulationsgewinns** (§ 23 EStG). Bei der unentgeltlichen Rechtsnachfolge gelten folgende Grundsätze:

145   •   Ein Erwerb durch Schenkung ist keine Anschaffung i. S. des § 23 EStG[3], auch nicht der Erwerb durch Erbschaft oder Vermächtnis.[4]

146   •   Bei der Gesamtrechtsnachfolge wird der Spekulationsgewinn beim Erben so erfaßt, als habe der Erblasser selbst das Grundstück veräußert.[5]

147   •   Der unentgeltliche Erwerb im Wege der Schenkung ist für die Frage des Spekulationsgeschäfts dem Erwerb im Wege der Gesamtrechts-

1   IX R 197/87, BStBl II 1992, 69.
2   Obermeier, DStR 1991, 341, 343 f.
3   BFH, U. v. 22.9.1987 IX R 15/84, BStBl II 1988, 250; v. 4.10.1990 X R 153/88, BFH/NV 1991, 239.
4   Speich, NWB F. 3, 7995.
5   BFH, U. v. 21.3.1969 VI R 208/67, BStBl II 1969, 520.

nachfolge nicht gleichzustellen.[1] Dies würde bedeuten, daß T den Veräußerungsgewinn grundsätzlich nicht versteuern müßte.

- In der Gestaltung könnte jedoch ein **Mißbrauch von Gestaltungs-** **möglichkeiten** liegen. Das wäre dann der Fall, wenn die Gestaltung, gemessen an dem erstrebten Ziel, unangemessen ist, der Steuerminderung dienen soll und durch wirtschaftliche oder sonst beachtliche nichtsteuerliche Gründe nicht zu rechtfertigen ist. Wird ein Gestaltungsmißbrauch bejaht, so ist die Besteuerung so durchzuführen, als habe T die Eigentumswohnung entgeltlich zu dem Kaufpreis erworben, den V für den Erwerb aufgewendet haben.[2]

148

▷ *Gestaltungshinweis*

Bei einer solchen Sachverhaltsgestaltung wird das Finanzamt im Regelfall **149** *einen Gestaltungsmißbrauch annehmen. Es wäre daher anzuraten, daß T die Eigentumswohnung erst nach Ablauf der zweijährigen Spekulationsfrist (gerechnet vom Erwerb der Wohnung durch V) zu veräußern.*

(Einstweilen frei) **150**

e) Vermietung durch den Vorbehaltsnießbraucher

Fall
V schenkt seinem Sohn S ein Mietwohngrundstück und behält sich einen Nießbrauch vor. V will größere Erhaltungsaufwendungen als Werbungskosten abziehen.
Abwandlung
V schenkt S Geld, damit dieser ein im voraus bestimmtes Grundstück erwirbt. V will die AfA in Anspruch nehmen.

Aufgrund der besonderen Stellung des Vorbehaltsnießbrauchs[3] wird der **151** Vorbehaltsnießbraucher V wie ein Eigentümer behandelt.[4] Somit kann V weiterhin die **AfA** von den von ihm getragenen Anschaffungs- oder Herstellungskosten in Anspruch nehmen.[5]

---

1 BFH, U. v. 12.7.1988 IX R 149/83, BStBl II 1988, 942; v. 4.10.1990 X R 153/88, BFH/NV 1991, 239; Speich, NWB F. 3, 7995, 7998 ff.
2 BFH, U. v. 12.7.1988 IX R 149/83, BStBl II 1988, 942.
3 Vgl. Anm. 25.
4 BFH, U. v. 7.12.1982 VIII R 153/81, BStBl II 1983, 627.
5 BFH, U. v. 28.7.1981 VIII R 35/79, BStBl II 1982, 380; v. 27.7.1982 VIII R 176/80, BStBl II 1983, 6.

152 Der Vorbehaltsnießbraucher kann **größere Erhaltungsaufwendungen** als Werbungskosten abziehen, wenn er solche Aufwendungen in der Nießbrauchsvereinbarung übernommen hat oder hierzu kraft Gesetzes verpflichtet ist.[1] Wenn S mit dem von V geschenkten Geld verabredungsgemäß ein Grundstück kauft, handelt es sich um eine mittelbare Grundstücksschenkung.[2] Durch die Vergleichbarkeit mit einem Vorbehaltsnießbraucher kann V die **AfA** in Anspruch nehmen (**Abwandlung**).[3]

f) Nutzung zu eigenen Wohnzwecken durch den Vorbehaltsnießbraucher

Literatur: *Halaczinsky,* Kein wirtschaftliches Eigentum beim Vorbehaltsnießbrauch, KFR F. 9 BewG § 2, 1/92, 55.

Vgl. auch vor Anm. 1 und 21.

Fall

V überträgt sein Einfamilienhaus, bei dem der Abzugszeitraum noch nicht abgelaufen ist, auf seinen Sohn S und behält sich den Nießbrauch vor. V nutzt das Haus weiterhin zu eigenen Wohnzwecken.

153 Es ist sehr strittig, ob der Vorbehaltsnießbraucher die Abzugsbeträge des § 10 e EStG fortführen kann. Da nach der BFH-Rechtsprechung ein Vorbehaltsnießbraucher wie ein Eigentümer behandelt wird[4], nutzt m. E. auch der **Vorbehaltsnießbraucher** sein eigenes Haus bzw. seine eigene Eigentumswohnung, so daß er **§ 10 e EStG weiterhin in Anspruch nehmen** kann.[5] Es ist jedoch darauf hinzuweisen, daß sich diese Meinung im Verwaltungsverfahren nicht durchsetzen läßt, da die Finanzverwaltung beim Vorbehaltsnießbraucher § 10 e EStG ablehnt.[6]

---

1   BFH, U. v. 14.11.1989 IX R 110/85, BStBl II 1990, 462, m. Anm. Ley, KFR F. 3 EStG § 21, 4/90, 229; Hessisches FG, U. v. 22.6.1989 10 K 302/84 rkr., EFG 1990, 239.
2   Vgl. Anm. 127 ff.; 1691 ff.
3   BFH, U. v. 15.5.1990 IX R 21/86, BStBl II 1992, 67; FG Rheinland-Pfalz, U. v. 4.12.1989 5 K 1213/89 rkr., EFG 1990, 298.
4   Vgl. Anm. 151.
5   Wohl h. M., so z. B. Ehmcke, S. 54; Märkle/Wacker/Franz, BB Beil. 8 zu Heft 22/1992, 6; Stephan, Die Besteuerung selbstgenutzten Wohneigentums, S. 100 ff., m. w. N. in FN 309; Obermeier, Das selbstgenutzte Wohneigentum, Anm. 100, m. w. N.
6   BMF v. 25.10.1990, BStBl I 1990, 626, Abs. 6; ebenso Niedersächsisches FG, U. v. 9.3.1989 II 332/87 rkr., EFG 1989, 449; Blümich/Erhard, § 10 e EStG Rz. 145; Schmidt/Drenseck, § 10 e Anm. 6e; Herrmann/Heuer/Raupach, § 10 e EStG Anm. 40, m. w. N.; vgl. auch BFH, U. v. 24.7.1991 II R 81/88, BStBl II 1991, 909, m. Anm. Halaczinsky, KFR F. 9 BewG § 2, 1/92, 55, wonach der Vorbehaltsnießbraucher bewertungsrechtlich in der Regel kein wirtschaftlicher Eigentümer ist.

▷ *Gestaltungshinweis*

Angesichts der Rechtsunsicherheit ist zu empfehlen, das Grundstück erst   **154**
nach Ablauf des Abzugszeitraums des § 10 e Abs. 1 EStG zu übertragen.

(Einstweilen frei)   **155-180**

II. Entgeltliche Grundstücksübertragung im Privatvermögen

1. Entgeltliche Verträge zwischen nahen Angehörigen

Literatur: *Biergans*, Zur Saldierung entgeltlich begründeter privater dauernder Lasten mit dem Wert der Gegenleistung, DStR 1986, 141; *Stephan*, Die Wertverrechnung bei privaten dauernden Lasten, DB 1986, 450; *Eggesieker*, Selbstgenutztes Wohneigentum – Neues Steuerrecht, neue Möglichkeiten, neue Beratungsschwerpunkte, FR 1986, 605; *Richter*, Zum Abzug von dauernden Lasten und Renten als Sonderausgaben – Auswirkungen der neueren BFH-Rechtsprechung, NWB F. 3, 6253; *Sauren*, Die dauernde Last – eine dauernde Last?, BB 1987, 1860; *L. Fischer*, Keine dauernde Last bei entgeltlicher Nutzungsüberlassung, KFR F. 3 EStG § 10, 3/90, 119; *Ley*, Berechtigung des Vorbehaltsnießbrauchers zum Abzug von Erhaltungsaufwand, KFR F. 3 EStG § 21, 4/90, 229; *Herrmann*, Einkommensteuerliche Behandlung der Bestellung eines dinglichen Wohnrechts gegen Übertragung eines unbebauten Grundstücks im privaten Bereich, DStR 1991, 829; *Obermeier*, Fremdvergleich bei Verwandtendarlehen, KFR F. 3 EStG § 9, 4/91, 345; *Goutier*, Unterhaltsleistungen als Gegenleistung für eine Geldzuwendung, NWB Blickpunkt Steuern 8/92, 1; *Harenberg*, Unterhaltsverpflichtung keine dauernde Last, KFR F. 3 EStG § 10, 3/92, 241; *Söffing*, Abgrenzung zwischen Rente und dauernder Last, NWB F. 3, 8363; *Heisel*, Wertverrechnung bei Leibrenten und dauernden Lasten, NWB F. 3, 8477; *Steinhauff*, Versorgungsleistungen als Leibrente, KFR F. 3 EStG § 22, 1/92, 283; *Carlé*, Anpassung von Angehörigen-Darlehen an die aktuelle Steuerpraxis, KÖSDI, 1993, 9442; *Moench*, Der Preis längeren Lebens – Eine neue „Sterbetafel" für Vermögensteuer und Erbschaftsteuer, DStR 1993, 898.

Verwaltungsanweisungen: OFD Berlin, Erwerb einer Wohnung gegen Rentenleistungen/dauernde Lasten, DStR 1988, 785; BMF v. 5.8.1992, Bestellung eines dinglichen Wohnrechts gegen Übertragung eines unbebauten Grundstücks im privaten Bereich, BStBl I 1992, 522; BMF v. 1.12.1992, Steuerliche Anerkennung von Darlehensverträgen zwischen Angehörigen, BStBl I 1992, 729; v. 25.5.1993, dto., BStBl I 1993, 410.

Vgl. auch vor Anm. 1, 21 und 41.

Fall

V, 60 Jahre alt, überträgt seinem Sohn S eine Wohnung (Wert: 250.000 DM) um 250.000 DM. Der Kaufpreis wird kreditiert.

a) Fremdvergleich

181 Steuerrechtlich wirksam sind auch entgeltliche Verträge zwischen nahen Angehörigen, wenn sich **Leistung und Gegenleistung ausgewogen gegenüberstehen** und die Beteiligten durch klare und eindeutige Vereinbarungen zum Ausdruck gebracht haben, daß tatsächlich ein auf äquivalenten Leistungen beruhendes Geschäft abgeschlossen werden soll. Wenn die Parteien subjektiv von der Gleichwertigkeit ausgegangen sind, ist ausnahmsweise eine objektive Gleichwertigkeit nicht erforderlich.[1] Hierbei können auch mündliche Abreden bedeutsam sein.[2] Aus Nachweisgründen ist aber zu empfehlen, sämtliche Vereinbarungen schriftlich niederzulegen.[3]

182 Bei **Vermögensübertragungen auf Abkömmlinge** besteht eine nur in Ausnahmefällen zu widerlegende Vermutung dafür, daß die Übertragung aus familiären Gründen, nicht aber im Wege eines Veräußerungsgeschäfts unter kaufmännischer Abwägung von Leistung und Gegenleistung erfolgt.[4] Wertsicherungsklauseln sind bei der Berechnung der Rentenverpflichtung nicht zu berücksichtigen.[5]

183 Beruft sich ein Steuerpflichtiger darauf, daß Rente und übertragenes Vermögen wertgleich seien, so muß er dies zur Widerlegung der genannten Vermutung substantiiert dartun; insbesondere muß er darlegen, **welche Vorstellung** die Vertragsparteien **bezüglich des Wertes** der übertragenen Wirtschaftsgüter hatten. Die Frage, ob die Rente Gegenleistung oder Versorgung sein soll, liegt auf **tatsächlichem Gebiet**. Der BFH ist an die tatsächlichen Feststellungen des FG gebunden, soweit diese nicht mit zulässigen und begründeten Verfahrensrügen angegriffen werden und weder Denkgesetzen noch allgemeinen Erfahrungssätzen widersprechen.[6]

▷ *Gestaltungshinweis*

184 *Wenn eine entgeltliche Vermögensübertragung angestrebt wird, sollten die (subjektive) Wertermittlung, der gedachte Zinsfuß und die versicherungs-*

---

1 BFH, U. v. 29.1.1992 X R 193/87, BStBl II 1992, 465; v. 11.9.1991 XI R 20/89, BFH/NV 1992, 166; XI R 4/90, BFH/NV 1992, 169; BMF v. 13.1.1993, BStBl I 1993, 80, Tz. 2.
2 BFH, U. v. 10.8.1988 IX R 220/84, BStBl II 1989, 137; v. 14.11.1989 IX R 110/85, BStBl II 1990, 463, m. Anm. Ley, KFR F. 3 EStG § 21, 4/90, 229.
3 Obermeier, DStR 1993, 77.
4 BFH, B. v. 5.7.1990 GrS 4-6/89, BStBl II 1990, 847; U. v. 29.4.1992 XI R 7/85, BFH/NV 1992, 734; BMF v. 13.1.1993, BStBl I 1993, 80, Tz. 5.
5 BFH, U. v. 29.4.1992 XI R 7/85, BFH/NV 1992, 734.
6 BFH, U. v. 8.4.1992 X R 48/90, BFH/NV 1993, 10.

mathematische Berechnung der Rente in einer als Kaufvertrag bezeichneten Vereinbarung nachvollziehbar dokumentiert werden.[1]

Kaufen Eltern ein auf den Sohn unter Nießbrauchsvorbehalt unentgeltlich   185
übertragenes Mietwohngrundstück **zu einem überhöhten Entgelt zurück,**
weil der Sohn diesen Betrag zur Existenzgründung benötigt, so kommt
Gestaltungsmißbrauch in Betracht. Es bedarf eingehender Prüfung, ob
hinreichende nichtsteuerliche Gründe für die gewählte Gestaltung gegeben
sind.[2]

Der Erwerb eines Grundstücks gegen die **Verpflichtung,** dieses mit einem   186
Wohnhaus zu bebauen und dem Veräußerer ein **dingliches Wohnrecht** an
einem Teil des Gebäudes auf Lebenszeit zu bestellen, kann als Anschaffungsgeschäft zu beurteilen sein.[3]

(Einstweilen frei)   187-190

b) Kreditierung des Kaufpreises

Der Übergabevertrag, in dem der Kaufpreis kreditiert wird, wird steuer-   191
rechtlich nur dann anerkannt, wenn er nach Inhalt und Durchführung einem
Fremdvergleich standhält.[4] Hierzu sind grundsätzlich klare und eindeutige
Vereinbarungen zumindest über eine angemessene **Verzinsung** und die
Rückzahlung des Darlehens[5] sowie bei Darlehen mit einer Gesamtlaufzeit
von mehr als vier Jahren eine **Sicherung** der Summe notwendig.[6] Fehlen
Vereinbarungen über eine Verzinsung oder wird der Kaufpreis zinslos
gestundet, so ist der Vertrag dann steuerrechtlich wirksam, wenn ausnahmsweise besondere Gründe für die Zinslosigkeit vorliegen[7] oder wenn sich
auch ein fremder Dritter darauf einlassen würde (z.B. hoher Kaufpreis;
nicht allzu lange Stundung).[8]

---

1   Korn, KÖSDI 1993, 9331, 9332; StVj 1993, 133, 141 f.
2   BFH, U. v. 5.5.1992 IX R 281/87, BFH/NV 1992, 661.
3   BFH, U. v. 21.2.1991 IX R 265/87, BStBl II 1992, 718; kritisch hierzu Herrmann, DStR 1991,
    829; Nichtanwendungserlaß, BMF v. 5.8.1992, BStBl I 1992, 522: Einnahmen aus Vermietung
    und Verpachtung in Höhe des Grundstückswerts, Verteilung auf 10 Jahre.
4   Vgl. BFH, B. v. 27.11.1989 GrS 1/88, BStBl II 1990, 160; zur Frage des Mißbrauchs vgl. BFH,
    U. v. 3.12.1991 IX R 142/90, BStBl II 1992, 397; v. 6.11.1991 XI R 2/90, BFH/NV 1992, 297.
5   BFH, U. v. 10.10.1991 XI R 1/86, BStBl II 1992, 239, auch zu § 42 AO; v. 14.11.1986 III R
    161/82, BFH/NV 1987, 414.
6   BFH, U. v. 7.11.1990 X R 126/87, BStBl II 1991, 291; BMF v. 25.5.1993, BStBl I 1993, 410,
    zur Art der Sicherheiten.
7   Vgl. Niedersächsisches FG, U. v. 31.8.1988 320/88 rkr., EFG 1989, 166.
8   Ausführlich zur steuerlichen Anerkennung von Darlehensverträgen zwischen Angehörigen vgl.
    BMF v. 1.12.1992, BStBl I 1992, 729; zur Anpassung von Angehörigen-Darlehen an die aktuelle
    Steuerpraxis vgl. Carlé, KÖSDI 1993, 9442; a.A. Korn, KÖSDI 1993, 9331, 9333 f., Grundsätze
    nicht anzuwenden, wenn Abstandszahlungen und Gleichstellungsgelder verzinslich gestundet
    werden.

192   Nach BFH[1] ist es einkommensteuerrechtlich nicht zu beanstanden, wenn ein dem Anlaß nach wie von einem Fremden gewährtes Darlehen unter im einzelnen anderen Bedingungen als unter Fremden überlassen wird, soweit es sich nicht um eine verschleierte Schenkung oder um einen Mißbrauch von rechtlichen Gestaltungsmöglichkeiten handelt. Ein solcher **Ausnahmefall** ist im Beispielsfall nicht gegeben.[2]

c) Verzicht auf Darlehensschuld

Fall

V verkauft ein Grundstück an seinen Sohn S zum Verkehrswert von 250.000 DM. S muß seiner Schwester 125.000 DM zahlen. Auf den Rest verzichtet V.

193   Es handelt sich nur dann um einen entgeltlichen Erwerb, wenn ein **Anspruch des Übergebers V** entsteht, V nicht sofort auf die Leistung verzichtet[3] und die Leistung auch tatsächlich zu erbringen ist.[4] Die (teilweise) Tilgung der Kaufpreisschuld durch **Aufrechnung mit einer Geldschenkung** ist (insoweit) ein Umgehungsgeschäft.[5] Es ist daher von einem teilentgeltlichen Erwerb auszugehen.

d) Nachträglicher Erlaß der Darlehensschuld

Fall

Der Kaufpreis (=Verkehrswert) beträgt 250.000 DM. Nach Ablauf von 10 Jahren erläßt V die Schuld.

194   Ein nachträglicher Erlaß der Darlehensschuld steht der Rechtswirksamkeit eines entgeltlichen Vertrags nicht entgegen, wenn der Erlaß auf einer

---

1   U. v. 4.6.1991 IX R 150/85, BStBl II 1991, 838.
2   Vgl. Obermeier, KFR F. 3 EStG § 9, 4/91, 345.
3   BFH, U. v. 20.12.1990 XI R 4/86, BFH/NV 1991, 384.
4   BFH, U. v. 10.10.1991 XI R 1/86, BStBl II 1992, 239; v. 20.12.1990 XI R 1/83, BFH/NV 1991, 309.
5   BFH, U. v. 10.10.1991 XI R 1/86, BStBl II 1992, 239; XI R 16/89, BFH/NV 1992, 448.

erneuten Willensentscheidung beruht. Dafür spricht, wenn zwischen Darlehensgewährung und Darlehenserlaß mindestens drei Jahre liegen.[1]

e) Dauernde Last

Fall

V überträgt seine Wohnung gegen eine dauernde Last zum Kapitalwert von 250.000 DM (= Verkehrswert).

aa) Kapitalwert

Der **Wert der wiederkehrenden Bezüge** ist nach den §§ 14 bis 16 BewG **195** und der Anlage 9 zu § 14 BewG zu ermitteln.[2] Bei einem Lebensalter von 60 Jahren beträgt bei Männern der Vervielfältiger 9,705.[3] Es ergibt sich daher folgende Berechnung:

250.000 DM :   9,705   = 25.760 DM (Jahreszahlung)

25.760 DM : 12   =   2.147 DM (Monatszahlung).

Der **Kapitalwert der dauernden Last** ist in Höhe des Gebäude- und des **196** halben Grundstücksanteils[4] Bemessungsgrundlage für § 10 e EStG bzw. in Höhe des Gebäudeanteils Bemessungsgrundlage für die AfA.[5]

bb) Laufende Zahlungen

(1) Wertverrechnung für Kapitalanteil

Bei einer dauernden Last stellt sich das Problem der **Wertverrechnung**. **197** Nach ständiger BFH-Rechtsprechung können nämlich **bei kauf- oder darlehensähnlichen Verträgen entgeltlich** im Austausch mit einer Gegenleistung übernommene dauernde Lasten nur insoweit als Sonderausgaben

---

1 Neufang, INF 1991, 158, 160, unter Hinweis auf BMF v. 31.12.1988, BStBl I 1988, 346, Tz. 3, zur Erbauseinandersetzung.
2 BFH, U. v. 23.1.1992 XI R 6/87, BStBl II 1992, 526.
3 Zur Änderung ab 1995 durch das Gesetz zur Umsetzung des Föderalen Konsolidierungsprogramms v. 23.6.1993 vgl. BGBl I 1993, 944, BStBl I 1993, 510; Moench, DStR 1993, 898.
4 Zur Aufteilung vgl. Anm. 212.
5 BFH, U. v. 11.9.1991 XI R 20/89, BFH/NV 1992, 166.

abgezogen werden, als der Wert der wiederkehrenden Leistungen den Wert der Gegenleistung übersteigt.[1]

(2) Zinsanteil

198   Nach der neueren Rechtsprechung des X. BFH-Senats sind die auf die Lebenszeit einer Bezugsperson gezahlten abänderbaren Leistungen im Austausch mit einer Gegenleistung beim Verpflichteten von Anfang an **in einen Vermögensumschichtung- und einen Zinsanteil zu zerlegen.** Entsprechendes gilt für die steuerrechtliche Behandlung beim Bezieher. Demnach ist hinsichtlich des Kapitalanteils eine Wertverrechnung durchzuführen. Der **Zinsanteil** ist beim Verpflichteten in der Regel nicht abziehbar[2], beim Berechtigten zählt der Zinsanteil zu den Einnahmen aus Kapitalvermögen.[3] Der Zinsanteil ist grundsätzlich finanzmathematisch unter Verrechnung eines Rechnungszinsfußes von 5,5 % zu berechnen. Die voraussichtliche Laufzeit der wiederkehrenden Bezüge ist nach den biometrischen Durchschnittswerten der Allgemeinen Deutschen Sterbetafel (VStR Anhang 3)[4] anzusetzen.[5]

▷ *Hinweis*

199   *Bei Einnahmen aus Kapitalvermögen ist das Zinsabschlaggesetz anzuwenden, nach dem Zinseinkünfte bis 6.100 DM bzw. 12.200 DM (Zusammenveranlagung) steuerfrei bleiben.*

200   Werden jedoch aufgrund des kauf- oder darlehensähnlichen Rechtsgeschäfts **Einkünfte erzielt** (Beispiele: Der Empfänger einer durch lebenslange

---

1   BFH, U. v. 13.8.1985 IX R 10/80, BStBl II 1985, 709, zu lebenslangen Rentenleistungen aufgrund einer Einmalzahlung von 12.000 DM; v. 3.6.1986 IX R 2/79, BStBl II 1986, 674, zu einer Rentenvereinbarung gegen Verzicht auf den Zugewinnanspruch; v. 4.4.1989 X R 14/85, BStBl II 1989, 779, zur Erfüllung einer Auflage aus geschenktem Vermögen; v. 12.7.1989 X R 11/84, BStBl II 1990, 13, m. Anm. L. Fischer, KFR F. 3 EStG § 10, 3/90, 119, zu wiederkehrenden Leistungen als Entgelt für eine Nutzungsüberlassung; v. 24.10.1990 X R 43/89, BStBl II 1991, 175, zu Erbbauzinsen; v. 27.2.1992 X R 136/88, BStBl II 1992, 609, m. Anm. Harenberg, KFR F. 3 EStG § 10, 3/92, 241; v. 27.2.1992 X R 40/89 und X R 55/89, BFH/NV 1992, 647, beide zur Schenkung eines Geldbetrags gegen Zusage von lebenslangen Versorgungsleistungen; krit. Goutier, NWB Blickpunkt Steuern 8/92, 1; v. 27.2.1992 X R 139/88, BStBl II 1992, 612, zu wiederkehrenden Leistungen aufgrund eines Vermächtnisses, vgl. aber Anm. 1275 ff.; vgl. Heisel, NWB F. 3, 8477; verfassungsgemäß, BVerfG, B. v. 18.2.1988, DStZ E 1988, 100; ebenso Finanzverwaltung, z.B. OFD Berlin v. 28.4.1988, DStR 1988, 785.
2   Vgl. aber Anm. 200.
3   BFH, U. v. 27.2.1992 X R 136/88, BStBl II 1992, 609; v. 25.11.1992 X R 91/89, BFHE 170, 82, DB 1993, 665, DStR 1993, 685, m. krit. Anm. Biergans/Koller, DStR 1993, 857, 864 f.; v. 26.11.1992 X R 187/87, BStBl II 1993, 298, m. Anm. Schmidt, FR 1993, 201.
4   Moench, DStR 1993, 898.
5   BFH, U. v. 25.11.1992 X R 34/89, BFHE 170, 76, DB 1993, 816, DStR 1993, 683.

Leistungen rückzahlbaren Einmalzahlung erwirbt damit ein Mietobjekt; der Übernehmer einer Wohnung gegen laufende Zahlungen erzielt aus dem Objekt Einkünfte aus Vermietung und Verpachtung), so ist der **Zinsanteil** beim Verpflichteten als **Werbungskosten** abziehbar.[1] Diese Beurteilung gilt bis zum Ende der Zahlungsverpflichtung, da sich das Risiko im Kapitalwert der dauernden Last niederschlägt.[2] Beim **Erwerb einer zu eigenen Wohnzwecken genutzten Wohnung** ist der Zinsanteil im Rahmen von **§ 10 e Abs. 6 bzw. Abs. 6 a EStG** abzuziehen.[3] In beiden Varianten können die Schuldzinsen **höchstens** für einen Schuldbetrag abgezogen werden, der dem Barwert der Gegenleistung entspricht.

Bislang konnte man davon ausgehen, daß bei einem Ausgleich des Werts der Gegenleistung durch die wiederkehrenden Bezüge weitere wiederkehrende Bezüge in voller Höhe als Sonderausgaben abziehbar sind.[4] Dem entsprach auch die bisherige Rechtsprechung, nach der die laufenden Zahlungen erst dann als Werbungskosten abgezogen werden konnten, wenn ihre Summe den Barwert überstieg.[5]   **201**

(3) Kritik

Mit dem Ziel dieser Rechtsprechung, nämlich eine doppelte Berücksichtigung von Anschaffungskosten im weiteren Sinn – zum einen über die Abzugsbeträge des § 10 e EStG, zum anderen über den Sonderausgabenabzug – könnte man sich im Hinblick auf die Steuergerechtigkeit vielleicht anfreunden, wenngleich man auch daran denken könnte, jedenfalls den Zinsanteil zum Abzug zuzulassen.[6] Die **Wertverrechnung** halte ich aber für **bedenklich**, da dies aus dem Gesetz nicht zu entnehmen ist.[7]   **202**

(4) Abgrenzung zur nicht voll entgeltlichen Übertragung

Die Wertverrechnung gilt nur für entgeltliche, **nicht aber für teilentgeltliche Verträge**[8] **oder die Vereinbarung von Versorgungsleistungen im Rahmen einer vorweggenommenen Erbfolge.**[9]   **203**

---

1 FG des Saarlandes, U. v. 30.3.1993 1 K 321/92 n.v.; kk, KÖSDI 1993, 9316.
2 A.A. FG des Saarlandes, U. v. 30.3.1993 1 K 321/92, n.v., für den Fall, daß sich bei einer darlehensähnlichen Abrede eine Rückzahlung des überlassenen Kapitals errechnen läßt.
3 Biergans/Koller, DStR 1993, 857, Tz. 1.2.
4 Obermeier, DStR 1993, 77 f.
5 BFH, U. v. 11.9.1991 XI R 20/89, BFH/NV 1992, 166, 168.
6 So Paus, Anm. in StRK EStG 1975 § 10 Abs. 1 Nr. 1 a R. 7.
7 Ebenso Biergans, DStR 1986, 141; Sauren, BB 1987, 1860; vgl. auch Gutachten der Steuerreformkommission 1971, Bd. I, 228 ff.
8 A.A. Korn, KÖSDI 1993, 9331, 9333.
9 Richter, NWB F. 3, 6253; Stephan, DB 1986, 450; an, DB 1986, 2105; differenzierend Paus, Anm. in StRK EStG 1975 § 10 Abs. 1 Nr. 1 a R. 7; vgl. Anm. 41.

f) Leibrente

> **Fall**
>
> V überträgt S eine Wohnung (Verkehrswert 250.000 DM) gegen eine Leibrente. Der Kapitalwert der Rente beträgt 250.000 DM.

204   Da sich Leistung und Gegenleistung ausgewogen gegenüber stehen, handelt es sich bei der Leibrente um eine Veräußerungsrente. **Der kapitalisierte Wert der Rente** ist in Höhe des Gebäude- und des halben Grundstücksanteils[1] Bemessungsgrundlage für § 10 e EStG bzw. in Höhe des Gebäudeanteils Bemessungsgrundlage für die AfA.

205   Der BFH hat die Grundsätze zur Wertverrechnung bei einer dauernden Last[2] auch auf die Leibrente übertragen.[3] **Laufende Zahlungen** sind in Höhe des Zinsanteils beim Begünstigten Einnahmen aus Kapitalvermögen, beim Verpflichteten grundsätzlich[4] nicht abziehbare Leistungen.[5]

206-210   *(Einstweilen frei)*

2. Steuerrechtliche Behandlung der entgeltlichen Rechtsgeschäfte

Literatur: *Kleiber*, Die Ermittlung von Grundstückswerten, NWB F. 24, 1711.

Vgl. auch vor Anm. 1, 21 und 181.

a) Vermietung durch den Erwerber

> **Fall**
>
> V verkauft 1993 seiner Tochter T eine Eigentumswohnung, die er 1990 angeschafft hat, zum Verkehrswert. Der Kaufpreis wird gestundet. T vermietet die Wohnung.

---

1   Zur Aufteilung vgl. Anm. 212.
2   Anm. 198.
3   A. A.: Keine Wertverrechnung; so Eggesieker, FR 1986, 605, 611; Obermeier, DStR 1993, 77.
4   Zur Ausnahme vgl. Anm. 200.
5   BFH, U. v. 25.11.1992 X R 91/89, DB 1993, 665, DStR 1993, 685, m. krit. Anm. Biergans/Koller, DStR 1993, 857, 864; a. A.: Sonderausgaben, § 10 Abs. 1 Nr. 1 a EStG; so OFD Berlin v. 28.4.1988, DStR 1988, 785.

T hat **eigene Anschaffungskosten,** die auf Grundstück und Gebäude zu 211
verteilen sind.[1] Von den auf das Gebäude entfallenden Anschaffungskosten
ist die AfA zu berechnen. Als AfA-Vorschrift kommt nur § 7 Abs. 4 EStG
in Frage, da T die Wohnung nicht im Jahr der Fertigstellung angeschafft
hat.

b) Nutzung zu eigenen Wohnzwecken durch den Erwerber

Fall

V verkauft seiner Tochter T eine Eigentumswohnung zum Verkehrswert.
T nutzt die Wohnung zu eigenen Wohnzwecken.

T hat **eigene Anschaffungskosten.** Der **Gesamtkaufpreis** ist auf den 212
Grundstücks- und den Gebäudeteil nach dem Verhältnis der Verkehrswerte
(Sachwerte) des Boden- und des Gebäudeanteils **aufzuteilen.**[2] Eine geeignete **Schätzungsmethode** stellt die Verordnung über die Grundsätze
für die Ermittlung des Verkehrswerts von Grundstücken in der Fassung v.
6.12.1988[3] dar.

Zur Bemessungsgrundlage des § 10 e EStG zählen der Gebäudeanteil und 213
die Hälfte der auf den Grund und Boden entfallenden Anschaffungskosten.
Der Abzugsbetrag beträgt bis zu je 6 % der Bemessungsgrundlage, höchstens aber je 19.800 DM in den ersten vier Jahren und bis zu je 5 % der
Bemessungsgrundlage, höchstens je 16.500 DM in den weiteren vier Jahren
(§ 10 e EStG i.d.F. des StÄndG 1992).

---

1   Zur Aufteilung vgl. Anm. 212.
2   BFH, U. v. 15.1.1985 IX R 81/83, BStBl II 252; BMF v. 25.10.90, BStBl I 1990, 626, Abs. 17;
    ebenso BFH, U. v. 15.2.1989 X R 97/87, BStBl II 1989, 604, auch zur Wertlosigkeit des
    Gebäudes; betragsmäßige Bezifferung des Bodenwerts im notariellen Vertrag ist unbedeutend,
    FG Düsseldorf, U. v. 23.4.1991 8 K 49/87 E rkr., NWB-EN Nr. 1671/91; BFH, U. v. 26.6.1991
    XI R 3/89, BFH/NV 1991, 682; XI R 13/89, BFH/NV 1992, 99; XI R 3/89, BFH/NV 1992, 373;
    zur Aufteilung auf Erbbaurecht und Gebäude vgl. BFH, U. v. 15.7.1992 X R 165/90, BStBl II
    1992, 1020.
3   BGBl I 1988, 2209; hierzu Kleiber, NWB F. 24, 1711 und Wertermittlungs-Richtlinien 1991 v.
    11.6.1991, Bundesanzeiger Nr. 182 a v. 27.9.1991; Obermeier, Das selbstgenutzte Wohneigen-
    tum, Anm. 144 c.

c) Veräußerung durch den Erwerber

Fall

V veräußert eine 1991 gekaufte Eigentumswohnung 1992 zum Verkehrswert an seine Tochter T. Diese beabsichtigt, die Wohnung 1993 zu verkaufen.

214   Diese Gestaltung ist abzulehnen, da sowohl die Veräußerung an T als auch die Weiterveräußerung innerhalb der Spekulationsfrist des § 23 EStG erfolgt und eventuelle Veräußerungsgewinne bei V und T zu versteuern sind.

215-230   *(Einstweilen frei)*

III. Teilentgeltliche Grundstücksübertragung im Privatvermögen

1. Fälle teilentgeltlicher Rechtsgeschäfte

a) Allgemeines

231   Wenn die Gegenleistung niedriger als der Verkehrswert ist, handelt es sich um ein **teilentgeltliches Rechtsgeschäft**. Die Bezeichnung – z.B. als Kaufvertrag – ist unbedeutend.[1]

b) Obligatorische Nutzungsrechte

Fall

V überträgt seinem Sohn sein Zweifamilienhaus. Er läßt sich ein obligatorisches Wohnrecht an einer Wohnung einräumen.

Abwandlung

Ein (obligatorisches oder dingliches) Nutzungsrecht soll die Schwester des S (T) erhalten.

---

1   BFH, U. v. 26.6.1991 XI R 3/89, BFH/NV 1991, 682.

Bei obligatorischen vorbehaltenen Nutzungsrechten ist der **Kapitalwert**   232
des Nutzungsrechts als Gegenleistung zu behandeln. Entsprechendes gilt,
wenn S einer anderen Person ein obligatorisches oder dingliches Wohnrecht
einräumen muß (**Abwandlung**). Insoweit ergibt sich ein Unterschied zum
Vorbehaltsnießbrauch, bei dem die Bestellung des Nießbrauchs keine Gegenleistung darstellt.

Dieser Unterschied ist sachgerecht und aus der unterschiedlichen Rechts-   233
qualität der Nutzungsrechte zu erklären. Während der Nießbrauch als
dingliches Recht das Eigentum selbst betrifft und dazu führt, daß nur das
belastete Eigentum auf den Erwerber übergeht, wird beim obligatorischen
Nutzungsrecht das unbelastete Eigentum übertragen.[1] Auch wenn S einer
anderen Person ein obligatorisches oder dingliches Wohnrecht einräumen
muß, erwirbt er zunächst das unbelastete Eigentum. Demgegenüber wollen
der **BMF** die obligatorischen Nutzungsrechte, Wacker[2] auch die einer
dritten Person eingeräumten Nutzungsrechte, wie die dinglichen Nutzungsrechte, also als **unentgeltliche Rechtsgeschäfte**, behandeln.[3] Diese Fälle
sind auch nicht den Sachleistungen aus dem übernommenen Vermögen
vergleichbar. Eine höchstrichterliche Rechtsprechung zu dieser Problematik
liegt noch nicht vor.

c) Gleichstellungsgelder, Übernahme von Verbindlichkeiten, Abstandszahlung

Literatur: *Obermeier*, Wohneigentumsförderung bei unentgeltlicher und teilentgeltlicher
Rechtsnachfolge, DStR 1992, 209.

Verwaltungsanweisungen: BMF v. 7.8.1992, Bestellung eines dinglichen Wohnrechts
gegen Übertragung eines unbebauten Grundstücks im privaten Bereich, Anwendung von
BFH, BStBl II 1992, 718, BStBl I 1992, 522.

Vgl. auch vor Anm. 1, 21 und 181.

---

1   Obermeier, DStR 1993, 77, 80; vgl. an, DB 1987, 2124.
2   NWB F. 3, 8647.
3   BMF v. 13.1.1993, BStBl I 1993, 80, Tz. 10, unter Aufgabe von Nießbrauchserlaß, BMF v.
    15.11.1984, BStBl I 1984, 561, Tz. 53b; Thürmer, DB 1989, 1895; Mundt, DStR 1991, 698,
    701; Korn, KÖSDI 1993, 9331, 9333.

Fall

V verlangt von seinem Sohn S, daß er für das Haus (Verkehrswert 600.000 DM)

- 300.000 DM an ihn selbst bzw. an die Tochter zahlt bzw.
- die auf dem Grundstück lastenden Schulden in Höhe von 300.000 DM übernimmt. V bleibt weiterhin persönlicher Schuldner;
- eine bisher in seinem Eigentum befindliche Eigentumswohnung an V übereignet (Wert: 300.000 DM).

Abwandlung 1

Im Übergabevertrag verzichtet V auf die Hälfte der Abstandszahlung.

Abwandlung 2

V stundet die Abstandszahlung von 300.000 DM bis zu seinem Tod gegen ortsübliche Zinsen. Sein Sohn wird Alleinerbe.

234   Es handelt sich bei der Vereinbarung von Abstandszahlungen an den Übergeber V, Gleichstellungsgeldern an nahe Verwandte, z.B. Geschwister, auch bei Erwerb vom Vorerben[1], und Übernahme von Verbindlichkeiten[2] um einen teilentgeltlichen Erwerb; die Leistungen sind als **Gegenleistungen** anzusehen. Der Erwerber hat insoweit eigene Anschaffungskosten, die zur Inanspruchnahme der AfA bzw. des Abzugsbetrags nach § 10 e EStG berechtigen.[3] Dies gilt selbst bei gleichzeitigem Erbverzicht des Abgefundenen.[4] Ob V noch persönlicher Schuldner bleibt, ist unbedeutend.[5]

235   Der Übernehmer muß **zivilrechtlich wirksam verpflichtet** sein, entweder durch den Übergabevertrag oder eine gesonderte Vereinbarung. Das Schenkungsversprechen ist notariell zu beurkunden (§ 518 Abs. 1 BGB). Formnichtige Schenkungsversprechen werden durch das Bewirken der Leistung geheilt (§ 518 Abs. 2 BGB). Wenn der Übernehmer eine Leistung erbringt, ohne dazu verpflichtet zu sein, ist sie nicht entgeltlich.

236   Um ein Veräußerungs- und Anschaffungsgeschäft handelt es sich auch dann, wenn der Übernehmer verpflichtet ist, bisher in seinem Vermögen

---

1   BFH, U. v. 20.12.1990 XI R 4/83, BFH/NV 1991, 449.
2   BFH, U. v. 10.4.1991 XI R 7, 8/84, BStBl II 1991, 791.
3   BFH, B. v. 5.7.1990 GrS 4-6/89, BStBl II 1990, 847.
4   BFH, U. v. 5.6.1991 XI R 3/84, BFH/NV 1991, 679.
5   Vgl. FG Rheinland-Pfalz, U. v. 22.10.1991 2 K 2816/89 Rev., EFG 1992, 252, 430, zu bestehenbleibenden Rechten im Zwangsversteigerungsverfahren.

stehende **Wirtschaftsgüter auf Dritte zu übertragen**, oder wenn er zunächst zu einer Ausgleichszahlung verpflichtet war und diese Verpflichtung später durch Hingabe eines Wirtschaftsguts erfüllt.[1] Der Übernehmer hat Anschaffungskosten in Höhe des gemeinen Werts der hingegebenen Wirtschaftsgüter, also in Höhe von 300.000 DM.[2] Die Übertragung von Teilen des übernommenen Vermögens an Angehörige oder Dritte führt nicht zu einem entgeltlichen Rechtsgeschäft.[3]

Entgegen den Ausführungen des Großen Senats und § 10 e Abs. 1 Satz 4 EStG zählt der X. Senat des BFH die auf dem Grundstück lastenden übernommenen **Verbindlichkeiten** nur insoweit zur Bemessungsgrundlage des § 10 e Abs. 1 EStG, als sie auf die dem Rechtsvorgänger entstandenen Anschaffungs- oder Herstellungskosten des Gebäudes und die Hälfte der Anschaffungskosten des Grund und Bodens entfallen.[4] Diese Rechtsansicht ist abzulehnen. Zugrunde zu legen sind die Anschaffungskosten des Sohnes in Höhe der übernommenen Verbindlichkeiten, ohne auf den ursprünglichen Darlehensverwendungszweck abzustellen.[5]   **237**

Abstandszahlungen an den Übergeber V sind jedoch nur insoweit als Anschaffungskosten anzusehen, als dieser **nicht auf die Zahlung verzichtet** (**Abwandlung 1**)[6], und sie auch **tatsächlich erbracht werden muß**.[7] Dies ist dann nicht der Fall, wenn die Zahlung bis zum Tod des Übergebers gestundet wird und sich durch den Tod des Gläubigers Forderung und Schuld in der Person des Schuldners als Alleinerben vereinigen (**Abwandlung 2**).[8]   **238**

(Einstweilen frei)   **239,240**

---

1 BMF v. 13.1.1993, BStBl I 1993, 80, Tz. 7.
2 BMF v. 13.1.1993, BStBl I 1993, 80, Tz. 12.
3 BMF v. 13.1.1993, BStBl I 1993, 80, Tz. 8; vgl. Anm. 31.
4 BFH, U. v. 7.8.1991 X R 116/89, BStBl II 1992, 736, m. krit. Anm. Stephan, DB 1991, 2417; Paus, DStZ 1992, 48.
5 Ausführlich Obermeier, DStR 1992, 209; Nichtanwendungserlaß, BMF v. 7.8.1992, BStBl I 1992, 522; BMF v. 13.1.1993, BStBl I 1993, 80, Tz. 9.
6 BFH, U. v. 20.12.1990 XI R 4/86, BFH/NV 1991, 384.
7 BFH, U. v. 18.12.1991 XI R 18/89, BFH/NV 1992, 36.
8 BFH, U. v. 20.12.1990 XI R 1/83, BFH/NV 1991, 309; FG München, U. v. 2.4.1990 13 K 13162/85 rkr., EFG 1990, 570; vgl. auch Anm. 193; Obermeier, DStR 1993, 77, 79.

2. Steuerrechtliche Behandlung der teilentgeltlichen Rechtsgeschäfte

a) Anschaffungskosten

aa) Obligatorische Nutzungsrechte

Fall

T erhält von ihrer Mutter ein Einfamilienhaus (Verkehrswert 400.000 DM). Als Gegenleistung räumt sie ihrer Mutter ein obligatorisches Wohnrecht in einem ihr bereits gehörenden Gebäude ein (kapitalisierter Wert: 100.000 DM).

241 Hierbei handelt es sich nicht um eine entgeltliche Überlassung einer Wohnung auf Lebenszeit, die zu Einkünften aus Vermietung und Verpachtung führen würde, sondern um ein Rechtsgeschäft, das auf die **Anschaffung** eines Grundstücks gerichtet ist. Die Gegenleistung besteht in der Bestellung des Wohnrechts. Damit ist die vertragliche Verpflichtung erfüllt. Es ergibt sich eine ähnliche Rechtslage wie in dem Sachverhalt von BFH, U. v. 21.2.1992[1], in dem sich der Erwerber verpflichtet hatte, das übernommene Grundstück mit einem Wohnhaus zu bebauen und dem Veräußerer ein dingliches Wohnrecht an einem Teil des Gebäudes auf Lebenszeit zu bestellen.[2]

242 Die **Anschaffungskosten** betragen 100.000 DM. Sie sind im Verhältnis der Verkehrswerte auf Gebäude und Grund und Boden aufzuteilen.

243 Nach Auffassung der **Finanzverwaltung** ist dieser Betrag bei T im Jahr der Übertragung der Nutzungsberechtigung als **Einnahme aus Vermietung und Verpachtung** zu erfassen.[3] Aus Billigkeitsgründen läßt es die Finanzverwaltung zu, daß der Betrag auf die Laufzeit des Wohnrechts, längstens auf einen Zeitraum von 10 Jahren, gleichmäßig verteilt wird.[4] T ist – da ihr Einnahmen aus Vermietung und Verpachtung zuzurechnen sind – zur Vornahme von AfA berechtigt. Daneben kann sie die von ihr aufgrund vertraglicher Vereinbarungen, bei fehlenden Vereinbarungen die aufgrund der gesetzlichen Lastenverteilung (§§ 1041, 1045, 1047 BGB) getragenen Aufwendungen für das belastete Grundstück abziehen.

---

1 IX R 265/87, BStBl II 1992, 718.
2 Hierzu vgl. Anm. 185.
3 Vgl. BMF v. 5.8.1992, BStBl I 1992, 522, Nichtanwendungserlaß zu BFH, U. v. 21.2.1992 IX R 265/87, BStBl I 1992, 718; zu einer Nutzungsüberlassung vgl. BFH, U. v. 27.6.1978 VIII R 54/74, BStBl II 1979, 332.
4 BMF v. 15.11.1984 – „Nießbrauchserlaß" – , BStBl I 1984, 561, Tz. 32, 52.

bb) Kombination zwischen vorbehaltenem Wohnrecht und Gleichstellungsgeldern

Literatur: *Lecher*, Ertragsteuerliche Behandlung der vorweggenommenen Erbfolge: Aufteilung von Anschaffungskosten bei Nutzungsrecht an Gebäudeteil, DStR 1993, 678.

Vgl. auch vor Anm. 1 und 21.

Fall

V überträgt sein Zweifamilienhaus mit zwei gleich großen Wohnungen (Verkehrswert 700.000 DM) seiner Tochter T, die ihrem Bruder S ein Gleichstellungsgeld von 300.000 DM zahlen muß. V behält sich an einer Wohnung ein dingliches Wohnrecht mit einem kapitalisierten Wert von 100.000 DM vor. T nutzt die andere Wohnung zu eigenen Wohnzwecken.

Der Anschaffungsvorgang ist in einen entgeltlichen und einen unentgeltlichen Teil aufzuteilen. Hat sich der Übergeber ein Nutzungsrecht an dem übergebenen Wirtschaftsgut vorbehalten, so ist bei Aufteilung des Rechtsgeschäfts dem Entgelt der **um den Kapitalwert des Nutzungsrechts geminderte Wert** des Wirtschaftsguts gegenüberzustellen.[1] **244**

T erhält für die gezahlten 300.000 DM einen Wert von 600.000 DM (Verkehrswert 700.000 DM abzüglich kapitalisierter Wohnungswert von 100.000 DM), der sich auf die eigene Wohnung in Höhe von 350.000 DM und die wohnrechtsbelastete Wohnung in Höhe von 250.000 DM verteilt. Der Erwerb ist **zur Hälfte entgeltlich und zur Hälfte unentgeltlich.** Von ihren Aufwendungen entfallen also 175.000 DM (1/2 von 350.000 DM) auf die eigene Wohnung und 125.000 DM (1/2 von 250.000 DM) auf die wohnrechtsbelastete Wohnung[2]. **245**

---

1 BFH, U. v. 24.4.1991 XI R 5/83, BStBl II 1991, 793, m. Anm. Paus, DStZ 1992, 49; v. 26.6.1991 XI R 13/89, BFH/NV 1992, 99; BMF v. 13.1.1993, BStBl I 1993, 80, Tz. 15.
2 Ebenso Lecher, DStR 1993, 678; Wacker, NWB F. 3, 8647, unter Hinweis auf BMF v. 25.10.1990, BStBl I 1990, 626, Abs. 23; dazu Obermeier, Das selbstgenutzte Wohneigentum, Anm. 113; a.A. FG Rheinland-Pfalz, U. v. 19.12.1991 4 K 1242/91 Rev., EFG 1992, 253, Az. des BFH: IX R 33/92.

cc) Kombination zwischen Erbauseinandersetzung und vorweggenommener Erbfolge

Fall

V und seine Ehefrau E sind Miteigentümer eines Grundstücks mit aufstehendem Gebäude (Wert 800.000 DM, Belastung 400.000 DM) zu je 1/2. V verstirbt. Erben sind E und Sohn S zu je 1/2. S soll Alleineigentümer des Grundstücks werden. Aus diesem Grund wollen E und S die Erbauseinandersetzung mit der vorweggenommenen Erbfolge kombinieren. Den der E bisher gehörenden Hälfteanteil (400.000 DM) erhält S gegen Übernahme der entsprechenden Belastung (200.000 DM), im Rahmen der Erbauseinandersetzung über den zweiten Hälfteanteil übernimmt S die entsprechende Belastung und zahlt an E 100.000 DM.

246   Haben Familienangehörige in einem einheitlichen notariellen Vertrag eine vorweggenommene Erbfolge und eine Erbauseinandersetzung vereinbart, so sind die einkommensteuerrechtlichen Folgen beider **Vereinbarungen getrennt zu betrachten.**[1] Es besteht die Besonderheit, daß die Übernahme von Geldschulden im Rahmen einer vorweggenommenen Erbfolge zu Anschaffungskosten führt[2], während die Übernahme von Verbindlichkeiten der Erbengemeinschaft einen unentgeltlichen Erwerb darstellt.[3]

247   Bei der **vorweggenommenen Erbfolge** über den Hälfteanteil betragen die Anschaffungskosten 200.000 DM, im übrigen ist der Erwerb unentgeltlich. Die weiteren Rechtsfolgen ergeben sich bei Vermietung durch S aus den Anm. 291 bis 301, bei Nutzung zu eigenen Wohnzwecken durch S aus den Anm. 311 bis 353, bei Teilvermietung aus den Anm. 361 bis 364.

248   Durch den **Erbfall** erhält S rechnerisch einen Anteil von 200.000 DM und Schulden von 100.000 DM. Aufgrund der **Erbauseinandersetzung** hat S Anschaffungskosten von 100.000 DM. Er erwirbt daher – bezogen auf den übernommenen Wert – zu 1/4 entgeltlich und zu 3/4 unentgeltlich.[4]

249   Obwohl S also insgesamt Schulden von 400.000 DM übernimmt und zusätzlich noch 100.000 DM zahlt, betragen die gesamten **Anschaffungskosten** nur 300.000 DM (Schuldübernahme im Rahmen der vorweggenom-

---

1   BFH, U. v. 26.6.1991 XI R 7/88, BFH/NV 1991, 681.
2   Vgl. Anm. 234, 237.
3   BFH, U. v. 10.4.1991 XI R 7, 8/84, BStBl II 1991, 791, m. krit. Anm. Paus, DStZ 1991, 730; vgl. Anm. 1126 ff.
4   Vgl. i.e. Anm. 1144.

menen Erbfolge 200.000 DM, Abstandszahlung aufgrund Erbauseinandersetzung 100.000 DM).

Die Lösung ist insbesondere für die Abzugsbeträge nach **§ 10 e EStG** 250
ungünstig. S erwirbt i. S. von § 10 e EStG drei Objekte, nämlich

* den Hälfteanteil aufgrund vorweggenommener Erbfolge[1],

* den unentgeltlichen Teil (1/4) aufgrund der Erbschaft und

* den entgeltlichen Teil (1/4) aufgrund der Erbauseinandersetzung.[2]

S wird bei einer Nutzung zu eigenen Wohnzwecken die Abzugsbeträge 251
aufgrund vorweggenommener Erbfolge **wählen**. Diese halbieren sich, weil
es sich nur um einen Hälfteanteil handelt (§ 10 e Abs. 1 Satz 6 EStG).

▷ *Gestaltungshinweis*

Wenn S die Erbschaft ausschlagen[3] und E in einem gesonderten Vertrag 252
*über eine vorweggenommene Erbfolge gegen Übernahme der Schulden und
eine Abstandszahlung von 100.000 DM das Grundstück auf S übertragen
würde, hätte S Anschaffungskosten von 500.000 DM. Die Abzugsbeträge des
§ 10 e EStG sind nicht zu kürzen. Zu beachten ist jedoch, daß es sich um zwei
erbschaft- bzw. schenkungsteuerrechtlich bedeutsame Vorgänge handelt[4].*

(Einstweilen frei) 253-260

dd) Bedingung, Befristung, Betagung; Abzinsung

Fall

V überträgt seinem Sohn S zum 1.1.1985 ein schuldenfreies Mehrfamilienhaus. V hat die Herstellungskosten von 400.000 DM mit jährlich 2 %
bis auf 320.000 DM abgeschrieben. S verpflichtet sich, seiner Schwester
T im Zeitpunkt ihrer Heirat einen Betrag von 300.000 DM zu zahlen.
T heiratet am 1.1.1990. Das Haus hat zu diesem Zeitpunkt einen Wert
von 600.000 DM (Grund und Boden 120.000 DM, Gebäude 480.000
DM).[5]

---

1 Vgl. Anm. 311 ff.
2 Vgl. Anm. 1069 ff.
3 Vgl. Anm. 1296 ff.
4 Vgl. Stephan, DB 1991, 1038, 1090 f.
5 BMF v. 13.1.1993, BStBl I 1993, 80, Tz. 21.

Abwandlung 1

S muß T ein Gleichstellungsgeld von 300.000 DM zahlen, das – unabhängig von einer evtl. Heirat – erst später fällig wird.

Abwandlung 2

S muß der T 20 Jahre lang je 1.250 DM monatlich zahlen.

Es sind folgende Fälle zu unterscheiden:

261 • Wenn die Vertragsparteien den **Zeitpunkt der Zahlung weitgehend offengelassen** haben[1] oder wenn dem Gläubiger **anstelle der Zinsen andere wirtschaftliche Vorteile** zukommen sollen[2], ist keine Abzinsung vorzunehmen. Eine solche Vertragsgestaltung dürfte bei Gleichstellungsgeldern die Ausnahme sein.

262 • Würde die Zahlung nur von der Heirat des Bruders abhängen, so wäre die Zahlungsverpflichtung eine **aufschiebend bedingte Verbindlichkeit** (§ 1 Abs. 1, § 6 Abs. 1 BewG)[3], die erst mit der Eheschließung als **nachträgliche Anschaffungskosten** des Übernehmers und Veräußerungsentgelt des Übergebers zu berücksichtigen wäre.[4] Entsprechendes gilt, wenn die Zahlungsverpflichtung von einem Ereignis abhängt, dessen Eintritt sicher, der Zeitpunkt aber ungewiß ist (z. B. Tod; **aufschiebende Befristung**).[5] Bei einem teilentgeltlichen Erwerb ist für die Bestimmung des Umfangs des unentgeltlichen Teils und damit des Umfangs der AfA nach § 11 d EStDV das Wertverhältnis im **Zeitpunkt** der Entstehung der Leistungsverpflichtung maßgebend.[6]

263 Bei einer auflösenden Bedingung ist das Rechtsgeschäft wie ein unbedingtes zu behandeln (vgl. § 5 BewG). Es entstehen also sofort Anschaffungskosten des Übernehmers und Veräußerungsentgelt des Übergebers. Der Eintritt der auflösenden Bedingung führt zur Rück-

---

1 BFH, U. v. 14.2.1984 VIII R 41/82, BStBl II 1984, 550.
2 BFH, U. v. 9.7.1981 IV R 35/78, BStBl II 1981, 734; Abschn. 56 Abs. 6 VStR; Moench/Glier/Knobel/Werner, § 12 BewG Rdn. 39 f.
3 BMF v. 13.1.1993, BStBl I 1993, 80, Tz. 19.
4 Vgl. BFH, U. v. 6.2.1987 III R 203/83, BStBl II 1987, 423, unter 3.; v. 10.4.1991 XI R 7, 8/84, BStBl II 1991, 791; v. 6.11.1991 XI R 2/90, BFH/NV 1992, 297; v. 15.7.1992 X R 165/90, BStBl II 1992, 1020.
5 BMF v. 13.1.1993, BStBl I 1993, 80, Tz. 11, 19.
6 BMF v. 13.1.1993, BStBl I 1993, 80, Tz. 21; Obermeier, DStR 1993, 77, 82.

abwicklung gemäß § 175 Abs. 1 Nr. 2 AO. Die Rechtslage ist in dem Fall vergleichbar, in dem eine Teilerbauseinandersetzung mit einer folgenden Auseinandersetzung eine Einheit bildet.[1]

S erwirbt das Haus zunächst unentgeltlich. Er setzt die AfA des V fort. Zum 1.1.1990 entstehen nachträgliche Anschaffungskosten von 300.000 DM. Nach dem Verhältnis der Verkehrswerte zum Zeitpunkt der Entstehung der Leistungsverpflichtung (1.1.1990) entfallen auf das Gebäude 240.000 DM und auf den Grund und Boden 60.000 DM. Die Gegenüberstellung der Anschaffungskosten und des Verkehrswerts des Gebäudes ergibt, daß S das Gebäude jeweils zur Hälfte entgeltlich (240.000 DM) und zur Hälfte unentgeltlich erworben hat. **264**

Ab 1985 berechnen sich die AfA wie folgt: **265**

AfA 1.1.1985 bis 31.12.1989:
5 Jahre x 2 % = 10 % von 400.000 DM = 40.000 DM;

ab 1.1.1990: **266**
AfA unentgeltlich erworbener Gebäudeteil:

2 % von 200.000 DM (1/2 von 400.000 DM) =	4.000 DM
AfA entgeltlich erworbener Gebäudeteil:	
2 % von 240.000 DM =	4.800 DM
AfA 1990 bis 2024	8.800 DM.

Für den entgeltlich erworbenen Gebäudeteil beträgt der AfA-Zeitraum 50 Jahre, wenn keine kürzere Nutzungsdauer nachgewiesen wird. S kann daher von 2025 bis 2039 je 4.800 DM jährlich abschreiben.[2] **267**

• Wird der **Kaufpreis erst zu einem späteren Zeitpunkt fällig (Betagung; Abwandlung 1),** so sind Anschaffungskosten des Erwerbers nicht das vereinbarte Entgelt, sondern dessen Barwert im Zeitpunkt des Erwerbs.[3] Eine **Abzinsung** ist grundsätzlich dann vorzunehmen, wenn die Laufzeit unverzinslicher Forderungen oder Schulden mehr als ein Jahr beträgt (§§ 1 Abs. 1, 12 Abs. 3 BewG), selbst wenn die **268**

---

1 Vgl. Anm. 1203.
2 BMF v. 13.1.1993, BStBl I 1993, 80, Tz. 21.
3 BFH, U. v. 19.4.1977 VIII R 119/75, BStBl II 1977, 601; BMF v. 13.1.1993, BStBl I 1993, 80, Tz. 20; vgl. BFH, U. v. 21.10.1980 VIII R 190/78, BStBl II 1981, 160, zur Behandlung des Veräußerers; BFH, U. v. 10.4.1991 XI R 7, 8/84, BStBl II 1991, 791; v. 24.4.1991 XI R 5/83, BStBl II 1991, 793; XI R 9/84, BStBl II 1991, 794; letztere U. m. Anm. Kanzler, KFR F. 3 EStG § 7, 2/91, 319; BFH, U. v. 15.7.1992 X R 165/90, BStBl II 1992, 1020; v. 3.6.1992 X R 14/89, BStBl II 1993, 23.

Parteien ausdrücklich Unverzinslichkeit vereinbaren.[1] Die Schuld ist aber nicht abzuzinsen, wenn die Zahlung zwar zinslos 10 Jahre lang gestundet wurde, jedoch innerhalb eines Jahres ab Vertragsschluß geleistet wird.[2]

269   Bei **Tilgung in einem Betrag** ist die „Hilfstafel 1" (Anhang 1 VStR) anzuwenden. Für Sachverhalte ab 1993 wird aufgrund der Änderung des BewG durch das Zinsabschlaggesetz im Rahmen der VStR 1993 eine neue Hilfstafel 1 erstellt, in der der Gegenwartswert der bis einschließlich 1992 geltenden Hilfstafel 1 mit 0,974 multipliziert wird. Bei einer zinslosen Stundung von zwei Jahren beträgt der Gegenwartswert bis 1992 noch 89,845 %, also 269.535 DM, bei einer zinslosen Stundung von drei Jahren 85,161 % und nicht – wie im Beispiel des BMF v. 13.1.1993[3] – 89,845 %. Bei einer **Stundung bis zum Tod des Übergebers** bemißt sich der Gegenwartswert nach dessen mittlerer Lebenserwartung, die sich aus der „Allgemeinen Sterbetafel für die Bundesrepublik Deutschland" (Anhang 3 VStR) ergibt.[4]

270   In Höhe der Differenz zwischen vereinbartem und abgezinsten Betrag (**Zinsanteil**) erzielt der Berechtigte Einnahmen aus Kapitalvermögen gemäß § 20 Abs. 1 Nr. 7 EStG[5], die im Zahlungsjahr anfielen.

▷ *Gestaltungshinweis*

271   *Einnahmen aus Kapitalvermögen sind bekanntlich ab 1993 bis zu 6.100 DM (Einzelveranlagung) bzw. 12.200 DM (Zusammenveranlagung) steuerfrei. Durch die Zusammenballung im Zahlungsjahr können Einnahmen aus Kapitalvermögen entstehen, die diese Beträge übersteigen. Um eine solche negative Folge zu vermeiden, ist zu empfehlen, den Kaufpreisanspruch sofort fällig zu stellen und zu verzinsen.*

---

1   BMF v. 13.1.1993, BStBl I 1993, 80, Tz. 11; Obermeier, DStR 1993, 77, 80.
2   BFH, U. v. 5.6.1991 XI R 8/85, BFH/NV 1992, 23.
3   BStBl I 1993, 80, Tz. 11; Berichtigung BStBl I 1993, 464.
4   BFH, U. v. 8.6.1956 III 108/56, BStBl III 1956, 208; v. 22.11.1963 III 226, 227/60, HFR 1964, 147; Abschn. 56 Abs. 2 VStR; zur Änderung ab 1995 vgl. Moench, DStR 1993, 898.
5   FG München, U. v. 25.5.1992 15 K 4028/91, EFG 1992, 738, NZB durch BFH, B. v. 8.12.1992 VIII B 74/92 als unzulässig zurückgewiesen; FG Baden-Württemberg, Außensenate Stuttgart, U. v. 19.8.1992 12 K 378/87 NZB, EFG 1993, 229, Az. des BFH: VIII B 104/92; vgl. Richter, NWB F. 3, 7915, Beispiel 8.

Bei einer **Ratenstundung (Abwandlung 2)** empfiehlt es sich, die Tabellen   **272**
in Anhang 2 a VStR heranzuziehen.[1] Bei einer 20jährigen Ratenstundung
ergibt sich für das erste Jahr folgende Berechnung:[2]

Barwert der Forderung am 31.12.1992   **273**

(1.250 DM Monatsrate x Vervielfältiger 147,677)	184.596 DM
abzüglich Barwert der Forderung am 31.12.1993	
(1.250 DM Monatsrate x Vervielfältiger 143,422)	179.278 DM

Barwertminderung	5.318 DM

Die Verpflichtete hat Anschaffungskosten von 184.596 DM, die auf Grund   **274**
und Boden und Gebäude zu verteilen sind. Die Differenz zwischen den
erhaltenen Zahlungen (15.000 DM) und der Barwertminderung (im ersten
Jahr: 5.318 DM) sind beim Veräußerer Einnahmen aus Kapitalvermögen
gemäß § 20 Abs. 1 Nr. 7 EStG.[3]

(Einstweilen frei)   **275-290**

b) Vermietung durch den Übernehmer

aa) Vorhergehende Vermietung durch den Übergeber

Fall
V ist Eigentümer einer Eigentumswohnung, die er 1989 zum Preis von
300.000 DM erworben hat (Gebäudeanteil: 250.000 DM). Er hat die AfA
gemäß § 7 Abs. 5 EStG gewählt (jährlicher AfA-Betrag in den ersten
acht Jahren: 12.500 DM). Die Wohnung hat 1993 einen Verkehrswert
von 400.000 DM (Gebäudeteil: 300.000 DM). V überträgt die Wohnung
zum 1. Januar 1993 um 200.000 DM auf seinen Sohn S.

Der Erwerb ist teilentgeltlich, d.h. **teilweise entgeltlich und teilweise**   **291**
unentgeltlich. Der Anschaffungsvorgang ist in einen entgeltlichen und
einen unentgeltlichen Teil aufzuspalten.[4] Dabei berechnen sich der entgeltlich und der unentgeltlich erworbene Teil des Wirtschaftsguts nach dem
Verhältnis des Entgelts (ohne Anschaffungsnebenkosten) zum Verkehrswert

---

1 Moench/Glier/Knobel/Werner, § 12 BewG Rdn. 34, § 13 Rdn. 7.
2 Zur Änderung ab 1993 vgl. VStR 1993.
3 A.A. Kalmes, BB 1991, 1609.
4 BFH, U. v. 15.7.1992 X R 165/90, BStBl II 1992, 1020.

des Wirtschaftsguts.[1] Werden mehrere Wirtschaftsgüter teilentgeltlich übertragen, so sind die Anschaffungskosten vorweg nach dem Verhältnis der Verkehrswerte den einzelnen Wirtschaftsgütern anteilig zuzurechnen.[2]

292   S kann insoweit, als er **unentgeltlich** erwirbt, die AfA von V fortführen. Er kann die AfA nur bis zu dem Betrag abziehen, der anteilig von der Bemessungsgrundlage des Übergebers nach Abzug der AfA, der erhöhten AfA und Sonder-AfA verbleibt (§ 11 d EStDV). Soweit er **entgeltlich** erwirbt, kann er die AfA von seinen eigenen Anschaffungskosten beanspruchen.[3]

293   Die AfA-Bemessungsgrundlage und das AfA-Volumen berechnen sich ab 1993 wie folgt:

	unentgeltlich	entgeltlich
	erworbener Teil des Gebäudes	
Bemessungsgrundlage ab 1993	125.000 DM (1/2 von 250.000 DM)	150.000 DM
./. bereits vom Übergeber für den unentgeltlich erworbenen Gebäudeteil in Anspruch genommene AfA: 4 x 5 % von 125.000 DM (1/2 von 250.000 DM)	25.000 DM	
AfA-Volumen ab 1993	100.000 DM	150.000 DM

294   Für den **unentgeltlich** erworbenen Teil des Wirtschaftsguts hat der Übernehmer die vom Übergeber begonnene Abschreibung anteilig fortzuführen (§ 11 d EStDV).

295   Für den **entgeltlich** erworbenen Teil des Wirtschaftsguts bemessen sich die AfA

• bei beweglichen Wirtschaftsgütern und bei unbeweglichen Wirtschaftsgütern, die keine Gebäude sind, nach der tatsächlichen künftigen Nutzungsdauer des Wirtschaftsguts im Zeitpunkt des Übergangs von Nutzen und Lasten,

---

1   BFH, U. v. 26.6.1991 XI R 13/89, BFH/NV 1992, 99.
2   BMF v. 13.1.1993, BStBl I 1993, 80, Tz. 14; vgl. Anm. 659 ff.
3   BMF v. 13.1.1993, BStBl I 1993, 80, Tz. 16, mit Beispiel.

- bei Gebäuden regelmäßig nach § 7 Abs. 4 EStG, in Ausnahmefällen auch nach einer substantiiert dargestellten kürzeren Nutzungsdauer.[1]

Danach ergibt sich bei Gebäuden für den unentgeltlich und den entgeltlich erworbenen Teil in der Regel eine **unterschiedliche Abschreibungsdauer.**   296

Beträgt im Beispielsfall die tatsächliche Nutzungsdauer des Gebäudes am 1.1.1993 nicht weniger als 50 Jahre, so sind folgende Beträge als AfA abzuziehen: 297

	unentgeltlich	entgeltlich
	erworbener Teil des Gebäudes	
AfA-Sätze (§ 7 Abs. 5 Satz 1 Nr. 2 EStG)	1993-1996: je 5 % 1997-2002: je 2,5 % 2003-2038: je 1,25 %	
(§ 7 Abs. 4 Satz 1 Nr. 2 a EStG)		je 2 %
AfA jährlich	1993-1996: je 6.250 DM 1997-2002: je 3.125 DM 2003-2038: je 1.562,50 DM	je 3.000 DM
AfA-Zeitraum	1993-2038	1993-2042

Entsprechendes gilt im Grundsatz, wenn kein Gebäude, sondern ein **bewegliches Wirtschaftsgut** übernommen wird; da jedoch die Nutzungsdauer des entgeltlich erworbenen Teils des Wirtschaftsguts hier regelmäßig mit der Restnutzungsdauer des unentgeltlich erworbenen Teils des Wirtschaftsguts übereinstimmt, kann in diesen Fällen auf eine Aufspaltung in zwei AfA-Reihen verzichtet werden.[2]   298

▷ *Hinweis*

Dieses Beispiel zeigt, daß die geänderte Rechtsauffassung des BFH in vielen Fällen für einzelne Jahre nicht vorteilhaft sein kann. Bezogen auf den gesamten AfA-Zeitraum bietet sie jedoch bei Wertsteigerungen immer Vorteile, da für die abgeleitete und die originäre AfA unterschiedliche AfA-Zeiträume laufen.   299

---

1 Korn, KÖSDI 1993, 9331, 9336.
2 BMF v. 13.1.1993, BStBl I 1993, 80, Tz. 18.

bb) Vorhergehende Nutzung des Übergebers zu eigenen Wohnzwecken

Fall
V ist Eigentümer einer Wohnung, die er 1989 zum Preis von 300.000 DM erworben hat (Gebäudeanteil 250.000 DM), und hat § 10 e EStG in Anspruch genommen. Er verkauft die Wohnung, die im Verkaufszeitpunkt einen Verkehrswert von 400.000 DM hat (Gebäudeanteil 300.000 DM), für 200.000 DM an seinen Sohn S.

300 Soweit S **entgeltlich** erwirbt, kann er eine AfA von seinen eigenen Anschaffungskosten beanspruchen. Die entsprechende AfA beträgt 3.000 DM jährlich.[1]

301 Bemessungsgrundlage für die auf den **unentgeltlichen Teil** entfallende AfA sind die entsprechenden Anschaffungskosten, die auf das Gebäude entfallen (125.000 DM). Das Volumen der AfA ist um die Beträge zu kürzen, die während der Zeit der Anwendbarkeit des § 10 e EStG hätten abgezogen werden müssen, wenn V das Objekt im Rahmen einer Einkunftsart genutzt hätte (**fiktive AfA**).[2]

cc) Finanzierungskosten

302 Schuldzinsen für Verbindlichkeiten, die im Rahmen der vorweggenommenen Erbfolge übernommen werden oder die aufgenommen werden, um Abfindungszahlungen zu leisten, sind als **Werbungskosten** abziehbar, wenn und soweit der Übernehmer das betreffende Wirtschaftsgut zur Erzielung steuerpflichtiger Einkünfte einsetzt. Es kommt nicht darauf an, ob die übernommenen Verbindlichkeiten beim Übergeber ursprünglich privat veranlaßt waren.[3] So können beim Übergeber nicht abziehbare Schuldzinsen beim Übernehmer abziehbar sein.[4]

▷ *Gestaltungshinweis*

303 *Außerdem könnte S daran denken, ein **Disagio** (Damnum) bei der Darlehensaufnahme zu vereinbaren, das bis zu 10% der Darlehenssumme*

---

1 Vgl. Anm. 297.
2 Vgl. i.e. Anm. 95 ff., m.w.N., auch zur Berechnung der AfA.
3 BMF v. 13.1.1993, BStBl I 1993, 80, Tz. 22; vgl. BFH, U. v. 8.11.1990 IV R 73/87, BStBl II 1991, 450.
4 Vgl. das Beispiel bei Korn, KÖSDI 1993, 9331, 9334, in dem die Tochter mit einer zur Vermietung bestimmten Eigentumswohnung einen Kredit übernimmt, den der Vater für den Kauf einer Yacht verwendet hat.

*betragen kann. Dies könnte bei **nachfolgender Vermietung** mit einer Zins-vorauszahlung kombiniert werden, die das Finanzgericht Münster in Höhe von 13,25 % neben einem Disagio von 10 % anerkannt hat.[1]*

(Einstweilen frei) 304-310

c) Nutzung zu eigenen Wohnzwecken durch den Übernehmer

Literatur: *B. Meyer*, Zur Behandlung der gemischten Schenkung im Rahmen des § 7 b EStG bzw. § 10 e EStG, DB 1987, 1555; *Obermeier*, Erhöhte Absetzungen beim teilentgeltlichen Erwerb, KFR F. 3 EStG § 7b, 1/89, 195; *Stahl*, Herstellungs-, Erhaltungs-und anschaffungsnaher Aufwand bei Altbau-Instandsetzungen, KÖSDI 1993, 9393.

Verwaltungsanweisung: OFD Münster v. 19.1.1993, Zweifelsfragen zur Anwendung des Wohneigentumsförderungsgesetzes, FR 1993, 311.

Vgl. auch vor Anm. 1 und 21.

Fall

V überträgt seiner Tochter T ein Einfamilienhaus (Verkehrswert 500.000 DM, davon Gebäudewert 400.000 DM). Sie muß den vier Geschwistern je 100.000 DM bezahlen. Außerdem muß sie Notariats- und Grundbuch-kosten sowie die Kosten eines Wertschätzungsgutachtens in voller Höhe übernehmen. Sie nutzt das Haus zu eigenen Wohnzwecken.

aa) Anschaffungskosten

Auch bei einem teilentgeltlichen Erwerb stellen **Anschaffungsneben- kosten** (z. B. **Notariats- und Grundbuchkosten**) in voller Höhe An-schaffungskosten dar. Sie sind nicht in dem unentgeltlichen und dem entgeltlichen Erwerb zuzuordnenden Anteile aufzuteilen.[2] Zu den Anschaf-fungskosten gehören auch die Kosten eines **Wertschätzungsgutachtens**[3] 311

---

1 U. v. 2.11.88 XII 3224/86 E, n.v.; die dagegen erhobene NZB wurde vom BFH mit B. v. 20.6.89 IX B 20/89, n.v., als unbegründet zurückgewiesen; zur steuerrechtlichen Behandlung des Disagios beim selbstgenutzten Wohneigentum vgl. Obermeier, NWB F. 3, 7137.
2 BFH, U. v. 10.10.1991 XI R 1/86, BStBl II 1992, 239; v. 20.12.1990 XI R 2/85, BFH/NV 1991, 383; BMF v. 13.1.1993, BStBl I 1993, 80, Tz. 13.
3 BFH, U. v. 20.12.1990 XI R 11/88, BFH/NV 1991, 308.

sowie die **Grunderwerbsteuer**[1] und die mit der Anschaffung zusammenhängenden Rechts- und Steuerberatungskosten.[2] Die **Schenkungsteuer** zählt zum unentgeltlichen Teil (§ 12 Nr. 3 EStG).[3]

bb) Abzugsbeträge des § 10 e EStG

(1) Anschaffungs- bzw. Herstellungskosten des Rechtsvorgängers

312　　Die Anschaffungs- bzw. Herstellungskosten des Rechtsvorgängers V kann T auch **nicht** insoweit in die Bemessungsgrundlage des § 10 e EStG einbeziehen, als sie auf den unentgeltlichen Teil entfallen.[4]

(2) Verteilung der Anschaffungskosten

313　　T hat **Anschaffungskosten, die auf Grund und Boden** (1/5) und **Gebäude** (4/5) zu verteilen sind. Es ist nicht möglich, den Grund und Boden zu verschenken, gleichzeitig aber das Gebäude des einheitlichen Grundstücks entgeltlich bzw. teilentgeltlich zu übertragen.[5] Zu § 7 b Abs. 1 Satz 3 EStG hat der BFH entschieden, daß die Höchstbemessungsgrundlage bei einem teilentgeltlichen Erwerb nicht anteilig zu kürzen ist.[6]

(3) Keine Kürzung des Abzugsbetrags des § 10 e Abs. 1 EStG

314　　Die Entscheidung betrifft § 7 b EStG und damit auslaufendes Recht. Für § 10 e EStG ergibt sich eine andere Interessenlage. Hierbei ist zunächst davon auszugehen, daß der entgeltlich und der unentgeltlich erworbene Anteil nicht zwei Objekte darstellen.[7] Da nach der hier vertretenen Ansicht eine Fortführung der Abzugsbeträge des § 10 e EStG ausscheidet, besteht

---

1　Vgl. BFH, U. v. 26.3.1992 IV R 74/90, DB 1993, 21; v. 26.4.1977 VIII R 196/74, BStBl II 1977, 714, zum Zwangsversteigerungsverfahren; a.A. Mundt, DStR 1991, 698, 701.

2　Korn, KÖSDI 1993, 9331, 9333.

3　BMF v. 13.1.1993, BStBl I 1993, 80, Tz. 13; vgl. BFH, U. v. 9.8.1983 VIII R 35/80, BStBl II 1984, 27, zur Finanzierung der Schenkungsteuer bei Erwerb von GmbH-Anteilen.

4　Vgl. Anm. 106 f.; a. A. Paus, INF 1992, 7, 9.

5　Paus, INF 1992, 7, 9; anders jedoch BMF v. 25.10.1990, BStBl I 1990, 626, Abs. 17 Satz 2, zum Eigentumserwerb gegen Aufgabe des Aufwendungsersatzanspruchs bei Bauen auf fremdem Grund und Boden; hierzu und zur Kritik vgl. Obermeier, Das selbstgenutzte Wohneigentum, Anm. 101.

6　BFH, U. v. 21.3.1989 IX R 58/86, BStBl II 1989, 778, m. krit. Anm. Obermeier, KFR F. 3 EStG § 7b, 1/89, 195; v. 26.6.1991 XI R 11/89, BFH/NV 1991, 812; OFD Düsseldorf v. 5.12.1989, DB 1990, 78.

7　Vgl. BFH, U. v. 21.3.1989 IX R 58/86, BStBl II 1989, 778; a.A. Stephan, DB 1986, 1141, 1143, m.w.N.

keine Konkurrenz zwischen dem originären und einem abgeleiteten § 10 e EStG. Somit ist für § 10 e EStG nur auf den entgeltlichen Teil abzustellen[1] und der **Höchstbetrag des § 10 e Abs. 1 EStG nicht zu kürzen.**[2]

Würde man der Gegenmeinung folgen, die eine Fortführung der Abzugs-   315
beträge des § 10 e EStG durch den Rechtsnachfolger befürwortet, so wären die Grundsätze des BFH, U. v. 21.3.1989[3] anwendbar. Auch danach wäre der Höchstbetrag des § 10 e EStG nicht zu kürzen.[4]

Es ergibt sich daher folgende **Berechnung** (aus Vereinfachungsgründen   316
ohne Nebenkosten)[5]:

Anteil	
Gebäude (4/5)	320.000 DM
+ Hälfte Grund und Boden (1/5)	40.000 DM
Bemessungsgrundlage	360.000 DM

cc) Schuldzinsenabzug (§ 10 e Abs. 6 a EStG); Baukindergeld (§ 34 f EStG)

Bei Inanspruchnahme des § 10 e Abs. 1 EStG werden auch der Schuld-   317
zinsenabzug nach § 10 e Abs. 6a EStG und das sog. Baukindergeld gemäß § 34 f EStG gewährt.[6] Bei Anschaffung oder Herstellung nach dem 31.12.1990 beträgt es jährlich 1.000 DM je Kind. Für nach dem 31.12.1991 hergestellte oder angeschaffte Objekte ist es insgesamt auf die Höhe der Bemessungsgrundlage der Abzugsbeträge des § 10 e EStG beschränkt (§ 52 Abs. 24 Satz 2 EStG). Bei einem (teil-)entgeltlichen Erwerb des Objekts im Rahmen der vorweggenommenen Erbfolge werden der Schuldzinsenabzug und das Baukindergeld **nicht gekürzt.**

---

1 BFH, U. v. 7.8.1991 X R 116/89, BStBl II 1992, 736, m. Anm. B. Meyer, FR 1991, 717; im Ergebnis ebenso B. Meyer, DB 1987, 1555.
2 BMF v. 25.10.1990, BStBl I 1990, 626, Abs. 16; Handzik, FR 1990, 71; Stephan, DB 1991, 1038, 1090; Korn, KÖSDI 1993, 9331, 9336.
3 IX R 58/86, BStBl II 1989, 778.
4 Vgl. Paus, DStZ 1993, 88.
5 Vgl. dazu Anm. 311.
6 Ausführlich dazu Obermeier, Das selbstgenutzte Wohneigentum, Anm. 207, 288 ff., 321 ff.

dd) Renovierungskosten; nachträgliche Herstellungskosten; sonstige Aufwendungen

Fall

V überträgt seinem Sohn S ein Haus (Verkehrswert 400.000 DM, Grundstücksanteil 30 %). S muß ein Geschwistergeld von 200.000 DM auszahlen. Seine Bemessungsgrundlage nach § 10 e Abs. 1 EStG beträgt somit 170.000 DM. Er wendet vor der erstmaligen Nutzung zu eigenen Wohnzwecken Reparaturkosten von 10.000 DM bzw. 40.000 DM bzw. 160.000 DM auf.

(1) Aufwendungen von 10.000 DM

318   Mit U. v. 13.1.1993[1] hat der BFH entschieden, daß unter Anschaffung i. S. von § 10 e Abs. 6 EStG nur der entgeltliche Erwerb zu verstehen ist.[2] Es ist streitig, ob diese Rechtsprechung auch Auswirkung auf den teilentgeltlichen Erwerb hat.

319   • Nach Auffassung des **BFH**[3] und der **Finanzverwaltung**[4] sind die Renovierungskosten nur insoweit als Vorkosten abziehbar, als sie auf den entgeltlichen Teil entfallen (anders bei Finanzierungskosten)[5], also in Höhe von 5.000 DM. Dies kann damit begründet werden, daß sonst nur ein geringes Teilentgelt zum vollständigen Abzug der Reparaturkosten führen würde.[6]

320   • Diese Lösung ist nicht zwingend, zumal die Rechtsprechung hinsichtlich des Höchstbetrags des § 10 e Abs. 1 EStG nur auf den entgeltlichen Teil abstellt.[7] Auch die Anschaffungsnebenkosten sind nicht in einen entgeltlichen und unentgeltlichen Anteil aufzuteilen.[8] M.E. handelt es sich daher beim teilentgeltlichen Erwerb um eine Anschaffung, die den vollen Vorkostenabzug gestattet.[9]

---

1   X R 53/91, BStBl II 1993, 346.
2   Ausführlich dazu Anm. 108.
3   U. v. 24.3.1993 X R 25/91, DStR 1993, 1096.
4   Z. B. OFD München v. 11.7.1991, StEK § 10 e EStG Nr. 37, Tz. 4; OFD Münster v. 19.1.1993, FR 1993, 311, Tz. VIII. 7.
5   Vgl. Anm. 341 ff.
6   Vgl. B. Meyer, FR 1993, 181, 187.
7   BFH, U. v. 7.8.1991 X R 116/89, BStBl II 1992, 736; vgl. Anm. 314.
8   BFH, U. v. 10.10.1991 XI R 1/86, BStBl II 1992, 239.
9   Vgl. auch B. Meyer, FR 1991, 717.

▷ *Gestaltungshinweis*

Eine sichere Gestaltung bietet nur der voll entgeltliche Erwerb. **321**

(2) Aufwendungen von 40.000 DM – Problem des anschaffungsnahen Aufwands

Die Finanzverwaltung prüft nur dann, ob anschaffungsnahe Herstellungs- **322** aufwendungen anzunehmen sind, wenn die Aufwendungen für Instandsetzung (Rechnungsbetrag ohne Umsatzsteuer) innerhalb von drei Jahren nach Anschaffung des Gebäudes **insgesamt 20 % der Anschaffungskosten des Gebäudes übersteigen** (Abschn. 157 Abs. 5 EStR).[1] Die Streitfrage, ob die Aufwendungen auf den entgeltlichen und den unentgeltlichen Teil aufzuteilen sind, wirkt sich auch auf diese „Aufgriffsgrenze" aus.

- Nach Auffassung der **Finanzverwaltung** entfallen von den Renovie- **323** rungskosten (40.000 DM) nur 50 % (20.000 DM) auf den entgeltlichen Teil. Dieser Betrag übersteigt 20 % der Gebäude-Anschaffungskosten von 140.000 DM (28.000 DM) nicht. Somit sind 20.000 DM als Vorkosten nach § 10 e Abs. 6 EStG abziehbar.

- Wenn man nach der hier vertretenen Auffassung **keine Aufteilung** **324** vornimmt, sind die Aufwendungen (40.000 DM) höher als 20 % der Gebäude-Anschaffungskosten von 140.000 DM (28.000 DM). Es müßte dann die Frage des anschaffungsnahen Aufwands geprüft werden. Die Aufwendungen führen im Regelfall nur zu einer Erhöhung der Abzugsbeträge des § 10 e EStG, wenn der Höchstbetrag noch nicht erreicht ist.

▷ *Hinweis*

In diesem Fall ist die Meinung der Finanzverwaltung für den Steuerpflich- **325** *tigen günstiger.*

(3) Aufwendungen von 160.000 DM

Bei Annahme von Herstellungskosten ist umstritten, ob die gesamten Auf- **326** wendungen die Bemessungsgrundlage des § 10 e Abs. 1 EStG erhöhen.

---

1 Grundsätzliche Bestätigung durch die Rechtsprechung, vgl. z. B. BFH, U. v. 29.10.1991 IX R 117/90 BStBl II 1992, 285; v. 23.9.1992 X R 10/92, BStBl II 1993, 338, „Aufgriffsgrenze"; ausführlich und kritisch hierzu Obermeier, Das selbstgenutzte Wohneigentum, Anm. 153 ff.; vgl. auch Stahl, KÖSDI 1993, 9393.

327   • Nach früherer Auffassung der **Finanzverwaltung** wirken sich die Aufwendungen – wie die Vorkosten – nur in Höhe des entgeltlichen Teils, also zu 1/2, aus. Die bisherige Bemessungsgrundlage (Gebäude- und halbe Grundstückskosten, also 170.000 DM) würde also um 80.000 DM (1/2 von 160.000 DM) auf 250.000 erhöht.

328   • **M.E.** beträgt die Bemessungsgrundlage nach § 10 e Abs. 1 EStG 330.000 DM (170.000 DM + 160.000 DM), da keine Aufteilung auf den entgeltlichen und den unentgeltlichen Teil vorzunehmen ist.[1]

(4) Nachträgliche Herstellungskosten; sonstige Aufwendungen

329   Die Aufteilungsproblematik ist auch bei nachträglichen Herstellungskosten[2] und sonstigen Aufwendungen (z. B. laufenden Grundstückskosten) zu beachten.

330-340   *(Einstweilen frei)*

ee) Finanzierungskosten

> **Fall**
> V überträgt seinem Sohn S eine Eigentumswohnung. Dieser muß an seine Geschwister insgesamt 200.000 DM zahlen. Der Betrag wird finanziert. Die Wohnung soll zu eigenen Wohnzwecken genutzt werden.
> **Abwandlung**
> S muß Schulden in Höhe von 200.000 DM übernehmen.

341   Die Frage, wie bei Darlehensaufnahme zur Finanzierung der in einem Erbfolgevertrag übernommenen Leistungspflichten die Schuldzinsen steuerrechtlich zu behandeln sind, war nicht Gegenstand des B. des Großen Senats v. 5.7.1990.[3] Nach dem B. des Großen Senats v. 4.7.1990[4] ist hierfür **der tatsächliche Verwendungszweck des Darlehens** entscheidend).

342   Da in der Vereinbarung der sog. Gleichstellungsgelder ein teilentgeltlicher Erwerb und damit eine Anschaffung zu sehen ist, hängen die Zinsen mit der Anschaffung der Wohnung zusammen. Sie sind daher – bei Nutzung zu eigenen Wohnzwecken – als sog. Vorkosten im Rahmen des § 10 e

---

1   Ebenso nunmehr auch OFD Münster v. 19.1.1993, FR 1993, 311, Tz. V. 2.
2   Vgl. Paus, DStZ 1993, 88.
3   GrS 4-6/89, BStBl II 1990, 847.
4   GrS 2-3/88, BStBl II 1990, 817.

Abs. 6 EStG abziehbar, wenn sie vor der erstmaligen Nutzung zu eigenen Wohnzwecken entstehen.[1] Dies gilt selbst dann, wenn die übernommenen Verbindlichkeiten (**Abwandlung**) beim Übergeber ursprünglich privat veranlaßt waren.[2]

Die **Zinsen** sind im Rahmen des § 10 e Abs. 6 EStG **in voller Höhe abziehbar**, obwohl es sich um einen teilentgeltlichen Erwerb handelt. Sie sind nicht auf den entgeltlichen und den unentgeltlichen Teil aufzuteilen[3]; denn sie betreffen nur den entgeltlichen Teil.[4]   343

Die Schuldzinsen sind jedoch nicht abziehbar, wenn sie für ein Darlehen über eine Schuld bezahlt werden, die nicht zu tilgen ist[5]; denn eine solche Vertragsgestaltung hält einem Fremdvergleich nicht stand.[6]   344

(Einstweilen frei)   345

ff) Vermietung vor Nutzung zu eigenen Wohnzwecken

Literatur: *Metschies*, Selbstnutzung nach dem Erwerb vermieteter Wohnungen, NWB F. 24, 1709; *B. Meyer*, § 10 e Abs. 6 EStG – Besonderheiten beim Erwerb vermieteter Wohnungen, FR 1989, 273; *Obermeier*, Schuldzinsen und Reparaturaufwendungen als nachträgliche Werbungskosten?, KFR F. 3 EStG § 9, 2/91, 127; *ES*, Einheit in Ruinen?, FR 1991, 439.

Fall
S erwirbt von V teilentgeltlich ein vermietetes Einfamilienhaus und finanziert den Kaufpreis. Er möchte es renovieren und zu eigenen Wohnzwecken nutzen.
Abwandlung 1
Er kauft das Haus zur Kapitalanlage und vermietet es zunächst für fünf Jahre. Danach renoviert er es und nutzt es zu eigenen Wohnzwecken.
Abwandlung 2
S räumt V ein lebenslängliches Wohnrecht ein.

---

1   Obermeier, NWB F. 3, 7137, 7142; ders., DStR 1990, 132, zur vergleichbaren Rechtslage bei Renovierungskosten.
2   BMF v. 13.1.1993, BStBl I 1993, 80, Tz. 22; Obermeier, DStR 1993, 77, 82; vgl. BFH, U. v. 8.11.1990 IV R 73/87, BStBl II 1991, 450.
3   Zur Problematik bei Renovierungskosten vgl. Anm. 318 ff.
4   OFD München v. 11.7.1991, StEK § 10 e EStG Nr. 37 Tz. 9; OFD Münster v. 19.1.1993, FR 1993, 311, Tz. VIII. 7; B. Meyer, FR 1993, 181, 187; vgl. auch Anm. 628.
5   Vgl. Anm. 238.
6   BFH, U. v. 20.12.1990 XI R 1/83, BFH/NV 1991, 309.

(1) Zeitraum der Vermietung

346 Wenn S die Wohnung nur kurzfristig vermietet und sie im Anschluß daran zu eigenen Wohnzwecken nutzt, stellt sich das Problem der sog. **Liebhaberei**[1]; insbesondere dann, wenn er eine vermietete Wohnung kauft und dem Mieter sofort kündigt, der Mieter aber aus Gründen des Mietrechts erst später ausziehen muß.[2] Die Liebhaberei führt dazu, daß sämtliche Aufwendungen bis zur erstmaligen Nutzung zu eigenen Wohnzwecken – Ausnahme: AfA – gemäß § 10 e Abs. 6 EStG abziehbar sind, andererseits aber die erhaltene Miete nicht zu versteuern ist.[3]

347 Vermietet S die gekaufte Wohnung zunächst, so ist auch dann von Liebhaberei auszugehen, wenn die Vermietung von vornherein nur auf kurze Dauer angelegt ist.

(2) § 10 e Abs. 6 EStG

348 Der unmittelbare Zusammenhang der Aufwendungen mit der Herstellung oder Anschaffung des Gebäudes oder der Eigentumswohnung oder der Anschaffung des dazugehörenden Grund und Bodens kann zu verneinen sein, wenn S die Wohnung vor der erstmaligen Nutzung zu eigenen Wohnzwecken vermietet. Hier ist zwischen der Art der Aufwendungen zu entscheiden:

• **Laufende Aufwendungen**

349 **Finanzierungskosten** hängen stets unmittelbar mit der Herstellung oder Anschaffung zusammen.[4] Deshalb können sie auch dann abgezogen werden, wenn die Wohnung zuerst vermietet war. Unerheblich ist, ob S in ein Mietverhältnis eingetreten ist oder die Wohnung selbst vermietet hat.[5]

350 **Laufende Grundstückskosten**[6] sind nach BMF v. 25.10.1990[7] nicht nach § 10 e Abs. 6 EStG abziehbar, wenn S die Wohnung zwischen Erwerb oder Herstellung und Nutzung zu eigenen Wohnzwecken vermietet hat. Der geforderte Zusammenhang könne aber unter Berücksichtigung der Verhältnisse des Einzelfalls vorliegen, wenn der Steuerpflichtige durch

---

1 Vgl. dazu BFH, U. v. 5.5.1988 III R 41/85, BStBl II 1988, 778; Blümich/Obermeier, § 2 GewStG Rz. 221 ff.; Obermeier, Das selbstgenutzte Wohneigentum, Anm. 86.
2 Gegen Liebhaberei: Schmidt/Drenseck, § 10 e Anm. 9.
3 Zu dieser Problematik vgl. ausführlich B. Meyer, FR 1989, 273; Leu, DStZ 1991, 141, 143.
4 A.A. B. Meyer, DStR 1987, 106: Nur auf spätere Nutzung zu eigenen Wohnzwecken abstellen.
5 BMF v. 25.10.1990, BStBl I 1990, 626, Abs. 50 Sätze 1 und 3.
6 Vgl. Obermeier, Das selbstgenutzte Wohneigentum, Anm. 271 „Betriebskosten".
7 BStBl I 1990, 626, Abs. 54 Sätze 2 und 3.

den Kauf einer vermieteten Wohnung in ein Mietverhältnis eingetreten sei, um dessen Beendigung er sich im Interesse der Eigennutzung umgehend bemüht habe. M. E. ist die Einschränkung bei diesen Aufwendungen im Gegensatz zu den laufenden Finanzierungskosten nicht gerechtfertigt.

- **Einmalige Aufwendungen**

Einmalige Aufwendungen (z. B. Disagio – Damnum; Abschlußgebühr   **351** eines Bausparvertrags; Reparaturen) hängen nur dann unmittelbar mit der Anschaffung zusammen, wenn S eine vermietete Wohnung kauft und sich im Interesse der Nutzung zu eigenen Wohnzwecken umgehend um die Beendigung des Mietverhältnisses bemüht.[1] Hat S die erworbene Wohnung zunächst selbst vermietet (**Abwandlung 1**) oder den früheren Eigentümern ein Wohnrecht eingeräumt (**Abwandlung 2**), so sind die im Anschluß an die Fremdnutzung entstehenden einmaligen Aufwendungen nicht nach § 10 e Abs. 6 EStG abziehbar.[2]

Abstandszahlungen, die S an den Mieter der von ihm gekauften Woh-   **352** nung leistet, um das Mietverhältnis im Interesse der Nutzung zu eigenen Wohnzwecken zu beenden, fallen auch unter § 10 e Abs. 6 EStG.[3]

Reparaturaufwendungen, die S nach umgehender Kündigung und Auszug   **353** des Mieters vor der Nutzung zu eigenen Wohnzwecken entstehen, sind damit allenfalls gemäß § 10 e Abs. 6 EStG abziehbar.[4] Sie sind keine nachträglichen Werbungskosten aus Vermietung und Verpachtung, da der objektive Zusammenhang mit der früheren Einkunftserzielung durch die Verknüpfung mit der zukünftigen Nutzung überlagert wird.[5] § 82 b EStDV ist bei Reparaturaufwendungen i. S. von § 10 e Abs. 6 EStG nicht anwendbar.[6] Wird die Reparatur noch während der Vermietung ausgeführt, sind die Aufwendungen Werbungskosten aus Vermietung und Verpachtung.[7]

---

1 Vgl. FG München, U. v. 14.11.1990 13 K 3685/89 rkr., EFG 1991, 244; a. A. – kein Abzug – B. Meyer, DStR 1987, 103, 107; ders., DB 1988, 305.
2 FG des Saarlandes, U. v. 28.5.1991 1 K 181/90 Rev., NWB EN-Nr. 1040/91, Az. des BFH: X R 57/91.
3 BMF v. 25.10.1990, BStBl I 1990, 626, Abs. 49 Satz 4; vgl. BFH, U. v. 25.2.1975 VIII R 115/70, BStBl II 1975, 730; a. A. B. Meyer, FR 1989, 274.
4 FG des Saarlandes, U. v. 1.2.1991 1 K 154/90 rkr., EFG 1991, 612.
5 FG München, U. v. 14.11.1990 13 K 3685/89 rkr., EFG 1991, 244, m. Anm. Obermeier, KFR F. 3 EStG § 9, 2/91, 127; Hessisches FG, U. v. 1.3.1990 12 K 1400/90 rkr., EFG 1991, 472; vgl. BFH, U. v. 23.1.1990 IX R 17/85, BStBl II 1990, 465, zu Reparaturen in Zusammenhang mit der Veräußerung des Grundstücks; FG Bremen, U. v. 20.12.1990 I 35/85 K rkr., EFG 1991, 465; a. A. ES, FR 1991, 439.
6 BMF v. 25.10.1990, BStBl I 1990, 626, Abs. 55 Sätze 2 und 3.
7 Vgl. BFH, U. v. 21.2.1989 IX R 246/84, BFH/NV 1990, 25.

354-360   *(Einstweilen frei)*

d) Teilvermietung

Fall

V errichtet 1990 ein Zweifamilienhaus mit zwei gleich großen Wohnungen zur Vermietung und nimmt eine AfA von 28.000 DM (§ 7 Abs. 5 EStG) in Anspruch. Im November 1992 überträgt er das Haus, das zum Übergabezeitpunkt einen Verkehrswert von 600.000 DM (davon Grund und Boden 120.000 DM) hat, auf seine Tochter T. Diese muß Hypothekenschulden von 140.000 DM übernehmen und V 100.000 DM zahlen. Im November fließt ein Disagio von 10.000 DM ab, da sie die Abstandszahlung finanzieren muß. Das Haus wird im November 1992 renoviert (Kostenaufwand 10.000 DM). Seit 1.12.1992 nutzt T eine Wohnung zu eigenen Wohnzwecken, die andere Wohnung vermietet sie.

361   T erwirbt zu 40 % entgeltlich und zu 60 % unentgeltlich (Verkehrswert 600.000 DM; Anschaffungskosten 240.000 DM). Auf jede Wohnung entfallen Anschaffungskosten von 120.000 DM (davon Gebäudeanteil 96.000 DM). Es ergibt sich folgende Berechnung:

aa) Vermietete Wohnung

362   Entgeltlicher Erwerb: 96.000 DM x 2 %
(§ 7 Abs. 4 EStG) x 2/12   =   320 DM
Unentgeltlicher Erwerb: 60 % von 28.000 DM : 2 x 2/12 = 1.400 DM
Disagio   5.000 DM
Renovierungskosten   5.000 DM

bb) Zu eigenen Wohnzwecken genutzte Wohnung

363   108.000 DM (Bemessungsgrundlage) x 6 %   6.480 DM
Disagio   5.000 DM
Renovierungskosten   5.000 DM

▷ **Hinweis**

Die Finanzverwaltung erkennt nur insoweit die Renovierungskosten als sog.   **364**
Vorkosten an, als sie auf den entgeltlichen Erwerb entfallen[1], also nur in
Höhe von 2.000 DM.[2]

(Einstweilen frei)   **365-370**

e) Steuerpflicht der Veräußerungsgewinne

aa) Wesentliche Beteiligung (§ 17 EStG)

Literatur: *Lempenau,* Vorrang des § 17 EStG vor § 23 EStG, KFR F. 3 EStG § 17, 2/93, 133.

Fall
V hält Aktien einer Aktiengesellschaft (Grundkapital 100.000 DM) im Nennwert von 30.000 DM (Verkehrswert 120.000 DM), die er für 94.000 DM erworben hatte. Er überträgt seine Aktien auf seinen Sohn S. Dieser leistet an V eine Abstandszahlung von 60.000 DM.[3]
Abwandlung
V hat die Beteiligung mit Kredit finanziert, der im Zeitpunkt der Übertragung noch mit 60.000 DM valutiert. Diesen Kredit
- übernimmt S bzw.
- behält V zurück.

(1) Barzahlung bzw. Übernahme von Schulden

Bei einer Vermögensübertragung im Privatvermögen geht das Interesse   **371**
im Regelfall dahin, zu einer (teil-)entgeltlichen Übertragung zu kommen.
Entgelt schafft – bei Verwendung des Vermögensgegenstandes zur Einkunftserzielung – für den Übernehmer ein AfA-Volumen, während der
Veräußerungserlös grundsätzlich steuerfrei bleibt. Eine Versteuerung des
Veräußerungserlöses ist nur über die **§§ 17 und 23 EStG sowie über
die §§ 20, 21 UmwStG** möglich.[4] Die Übertragung ist zur Ermittlung der

---

1 Vgl. 318 ff.
2 A. A. auch Paus, INF 1992, 7, 9.
3 BMF v. 13.1.1993, BStBl I 1993, 80, Tz. 23.
4 Zur Verlustrealisierung durch Übertragung einer wertlosen wesentlichen Beteiligung ohne Ge-
    genleistung vgl. BFH, U. v. 5.3.1991 VIII R 163/86, BStBl II 1991, 630; zum Vorrang des § 17
    EStG vor §§ 22 Nr. 2, 23 EStG vgl. BFH, U. v. 4.11.1992 X R 33/90, BStBl II 1993, 292, m.
    Anm. Lempenau, KFR F. 3 EStG § 17, 2/93, 133; Nichtanwendungserlaß, BMF v. 15.4.1993,
    BStBl I 1993, 300.

steuerpflichtigen Einkünfte nach dem Verhältnis des Veräußerungsentgelts zum Verkehrswert des übertragenen Wirtschaftsguts aufzuteilen.[1]

372   V erzielt bei einer Barzahlung bzw. bei einer Schuldübernahme (**Abwandlung**, Variante 1) ein Veräußerungsentgelt von 60.000 DM. Nach dem Verhältnis des Veräußerungsentgelts zum Verkehrswert ist die Beteiligung zu 1/2 entgeltlich übertragen worden. Der Veräußerungsgewinn wird nach § 17 Abs. 3 EStG nur insoweit zur Einkommensteuer herangezogen, als er den Teil von 20.000 DM übersteigt, der dem Nennwert des entgeltlich übertragenen Anteils (1/2 von 30.000 DM = 15.000 DM) entspricht.

373   Der steuerpflichtige Veräußerungsgewinn i. S. von § 17 EStG beträgt:

Veräußerungspreis		60.000 DM
./. 1/2 Anschaffungskosten des V		47.000 DM
		13.000 DM
./. Freibetrag nach § 17 Abs. 3 EStG		
15/100 von 20.000 DM =		3.000 DM
Kürzung des Freibetrags		
Veräußerungsgewinn	13.000 DM	
./. 15/100 von 80.000 DM =	12.000 DM	1.000 DM
verbleibender Freibetrag	2.000 DM	2.000 DM
		11.000 DM

374   In den Fällen des § 17 EStG ist bei einer **späteren Veräußerung** des unentgeltlich übertragenen Anteils durch den Übernehmer § 17 Abs. 1 Satz 5 EStG zu beachten.[2]

(2) Zurückbehalt von Schulden

375   Wenn V die Schulden zurückbehält (**Abwandlung, Variante 2**), wirken sich die Schuldzinsen **einkommensteuerrechtlich nicht** mehr aus. Korn[3] schlägt hierfür einen Nießbrauchsvorbehalt vor, der die Erträge weiterhin

---

1   BFH, U. v. 17.7.1980 IV R 15/76, BStBl II 1981, 11; BMF v. 13.1.1993, BStBl I 1993, 80, Tz. 23.
2   BMF v. 13.1.1993, BStBl I 1993, 80, Tz. 23.
3   In KÖSDI 1993, 9331, 9336.

dem Übergeber beläßt, der daraus die Kredite bedient. Nach dem Nießbrauchserlaß[1] versteuert der Nießbraucher die Erträge. Dies ist jedoch nicht unstreitig.[2]

bb) Spekulationsgeschäft (§ 23 EStG)

Literatur: *Speich*, Die Besteuerung der Spekulationsgeschäfte, NWB F. 3, 7995.

Fall

V verkauft seiner Tochter T eine 1980 angeschaffte Wohnung (Verkehrswert 400.000 DM) 1992 um 200.000 DM. 1993 erzielt T einen Kaufpreis von 500.000 DM.

Die Rechtsprechungsänderung zur vorweggenommenen Erbfolge führt   **376** auch dazu, daß ein teilentgeltlicher Erwerb (Verkauf) ein Anschaffungs-(Veräußerungs-) geschäft i. S. von § 23 EStG darstellt. Auch bei § 23 EStG ist die Übertragung nach dem Verhältnis der tatsächlichen Gegenleistung zum Verkehrswert der übertragenen Wirtschaftsgüter in eine voll entgeltliche und eine voll unentgeltliche Übertragung aufzuteilen.[3]

T erwirbt zur Hälfte entgeltlich. Den Anschaffungskosten von 200.000 DM   **377** ist der Teil des Veräußerungserlöses gegenüberzustellen, der auf den entgeltlich erworbenen Teil entfällt. Er beträgt 250.000 DM (1/2 von 500.000 DM). Der Spekulationsgewinn entsteht in Höhe von 50.000 DM. Der auf den unentgeltlich erworbenen Teil entfallende Teil des Veräußerungserlöses ist steuerrechtlich irrelevant, da es insoweit auf den Kauf durch V (1980) ankommt.[4]

(Einstweilen frei)   **378-400**

E. Vorweggenommene Erbfolge über Betriebsvermögen

Literatur: *Hiller*, Die Hofübergabe im Spiegel der neuen BFH-Rechtsprechung, INF 1991, 145; *Halbig*, Rechtsfolgen der BFH-Rechtsprechung zur vorweggenommenen Erbfolge von Betrieben, Teilbetrieben und Mitunternehmeranteilen, INF 1991, 529; *Schoor*, Veräußerung und Aufgabe eines Gewerbebetriebs, BuW 1992, 15; *Paus*, Übertragung

---

1 BMF v. 23.11.1983, BStBl I 1983, 508.
2 Vgl. BFH, U. v. 22.8.1990 I R 69/89, BStBl II 1991, 38; KÖSDI 1991, 8383.
3 Obermeier, DStR 1993, 77, 82.
4 Speich, NWB F. 3, 7995, 7999; zum unentgeltlichen Erwerb vgl. Anm. 143 ff.

eines Betriebs gegen laufende Bezüge, INF 1992, 275; *ders.*, Vorweggenommene Erbfolge bei überschuldeten Betrieben, DStZ 1992, 404; Schoor, Betriebsübertragung gegen wiederkehrende Bezüge, DStZ 1993, 225; *Hiller*, Die Hofübergabe, INF 1993, 217, 245.

Verwaltungsanweisung: BMF v. 20.11.1986, Bilanzsteuerrechtliche Behandlung des Geschäfts- oder Firmenwerts, des Praxiswerts und sog. firmenwertähnlicher Wirtschaftsgüter, BStBl I 1986, 532.

Vgl. auch Literatur vor Anm. 1 und zu den einzelnen Anm.

I. Übertragung eines Gegenstandes des Betriebsvermögens (insbesondere Betriebsgrundstücks)

1. Allgemeines

401   Für die Frage, ob es sich um eine unentgeltliche, entgeltliche oder teilentgeltliche Übertragung eines Gegenstandes des Betriebsvermögens (insbesondere Grundstücks) handelt, gelten die Grundsätze zu den **Übertragungen im Privatvermögen** entsprechend.[1] Bei der Übertragung von Teilen des Betriebsvermögens sind jedoch Besonderheiten zu beachten, da der Buchwert und der Verkehrswert des Betriebsvermögens regelmäßig auseinanderfallen und bei einer Entnahme bzw. Veräußerung die **stillen Reserven aufzudecken** sind.

2. Unentgeltliche Übertragung eines Betriebsgrundstücks

a) Entnahme

> **Fall**
>
> V überträgt S ein Betriebsgrundstück (Buchwert 200.000 DM, davon Grund und Boden 100.000 DM). Der Verkehrswert beträgt 500.000 DM (davon Grund und Boden 300.000 DM).

402   Die unentgeltliche Übertragung eines Betriebsgrundstücks führt beim Übergeber V zu einer **Entnahme**. Dies gilt selbst dann, wenn das Grundstück

---

1   BMF v. 13.1.1993, BStBl I 1993, 80, Tz. 24, 3 bis 10.

auf einen künftigen Erben, der nicht Mitunternehmer des Betriebs ist, übertragen wird. Es ist unbeachtlich, ob sich die vorweggenommene Erbfolge auf einen Hof i. S. der HöfeO oder auf andere Vermögensgegenstände bezieht.[1]

Wird nur ein **Grundstücksteil** (z.B. durch Nutzung zu eigenen Wohn- **403** zwecken) entnommen, so ist der Buchwert des Wirtschaftsguts eigenbetrieblich genutztes Gebäude wie das Wirtschaftsgut eigenbetrieblich genutzter Grund und Boden nach dem Verhältnis der Nutzflächen auf den ausscheidenden und den verbleibenden Teil aufzuteilen.[2]

Das Grundstück befindet sich bei der Übertragung auf S im Privatvermögen **404** des V. Der Übernehmer S schreibt daher regelmäßig vom Entnahmewert des Übergebers V (200.000 DM für Gebäude) ab (§ 11 d EStDV).[3]

b) Einräumung eines Nießbrauchs- oder Erbbaurechts

Verwaltungsanweisungen: OFD Nürnberg v. 10.6.1991, Entnahmemöglichkeit nach § 52 Abs. 15 Satz 10 EStG, DStR 1991, 1220; OFD München v. 5.11.1992, Entgeltliche Bestellung eines Erbbaurechts auf Grundstücken des land- und forstwirtschaftlichen Betriebsvermögens, FR 1993, 26.

Die Bestellung eines **entgeltlichen Nießbrauchs- oder Erbbaurechts** an **405** einem Grundstück des Betriebsvermögens zugunsten eines nahen Angehörigen führt nicht zu einer Entnahme[4]; selbst dann nicht, wenn dieser das Grundstück mit einem für seine eigenen Wohnzwecke bestimmten und später genutzten Gebäude bebaut.[5] Bei einer **unentgeltlichen** Nießbrauchs- oder Erbbaurechtsbestellung wird das Grundstück aber entnommen.[6]

---

1 BFH, U. v. 27.8.1992 IV R 89/90, BStBl II 1993, 225.
2 FG Baden-Württemberg, Außensenate Stuttgart, U. v. 30.11.1990 rkr., EFG 1991, 372.
3 BMF v. 13.1.1993, BStBl I 1993, 80, Tz. 33; zu den Anschaffungsnebenkosten vgl. Anm. 36.
4 BFH, U. v. 26.11.1987 IV R 171/85, BStBl II 1988, 490; vgl. OFD München v. 5.11.1992, FR 1993, 26.
5 OFD Nürnberg v. 10.6.1991, DStR 1991, 1220; vgl. BFH, U. v. 10.12.1992 IV R 115/91, BStBl II 1993, 342, zur Überlassung an Fremde; v. 10.4.1990 VIII R 133/86, BStBl II 1990, 961, zur Bestellung eines Erbbaurechts zugunsten eines Gesellschafters, m. Anm. L. Schmidt, FR 1990, 676, auch zur teilentgeltlichen Überlassung, unter Heranziehung des Rechtsgedankens aus § 21 Abs. 2 Satz 2 EStG.
6 Zur umsatzsteuerlichen Behandlung vgl. Anm. 1402.

c) Grundsatz: Entnahme steuerpflichtig

406 Entnahmen sind mit dem **Teilwert** anzusetzen (§ 6 Abs. 1 Nr. 5 EStG). Die in Grund und Boden liegenden stillen Reserven (Teilwert abzüglich Buchwert) sind beim Betriebsvermögen grundsätzlich der **Besteuerung** zu unterwerfen (zu Ausnahmen vgl. § 52 Abs. 15 Sätze 6 bis 9, 11, Abs. 15 Satz 15 Sätze 10 und 11 und § 6 Abs. 1 Nr. 4 Sätze 4 und 5 EStG; im land- und forstwirtschaftlichen Bereich vgl. § 14 a Abs. 4 EStG). Der Entnahmegewinn ist nicht nach § 6 b EStG begünstigt.[1]

3. Entgeltliche Grundstücksübertragung

407 Die durch die Veräußerung realisierten stillen Reserven sind zu versteuern.

4. Teilentgeltliche Grundstücksübertragung

Fall

V überträgt ein bebautes Betriebsgrundstück auf seinen Sohn S. Der Teilwert beträgt 2.000.000 DM (davon Gebäude 1.000.000 DM), der Buchwert 200.000 DM (davon Gebäude 100.000 DM). S muß an V eine Abstandszahlung von 500.000 DM zahlen.

Abwandlung

S übernimmt anstelle einer Abstandszahlung die auf dem Betriebsgrundstück liegenden Schulden von 500.000 DM.

408 Die Übertragung ist teilentgeltlich. In Höhe des unentgeltlich übertragenen Teils handelt es sich um eine **Entnahme**, die mit dem anteiligen Teilwert zu bewerten ist, in Höhe des entgeltlich übertragenen Teils um eine **Veräußerung**.

409 **Behandlung des Übernehmers S:** Entscheidend ist für den Übernehmer S nur das Gebäude, da er grundsätzlich auch nur insoweit eine AfA in Anspruch nehmen kann. Nach dem Verhältnis Veräußerungsentgelt zum Teilwert hat V das Gebäude zu 3/4 entnommen (anteiliger Teilwert 750.000 DM) und zu 1/4 veräußert (Veräußerungserlös 250.000 DM). S hat, soweit das Gebäude von V entnommen wurde, seine AfA nach dem Entnahmewert des V in Höhe von 750.000 DM (3/4 von 1.000.000 DM) und, soweit er

---

1   BFH, U. v. 27.8.1992 IV R 89/90, BStBl II 1993, 225.

das Gebäude entgeltlich erworben hat, nach seinen Anschaffungskosten von 250.000 DM zu bemessen.[1]

Behandlung des Übergebers V: Im entnommenen Grundstück liegen stille   **410**
Reserven von 1.800.000 DM (Teilwert ./. Buchwert). Dieser Betrag ist als laufender Gewinn zu versteuern.

Er verteilt sich folgendermaßen: **411**

Entnahmegewinn	1.500.000 DM (3/4)
./.	150.000 DM (3/4 Buchwert)
	1.350.000 DM
Veräußerungsgewinn	500.000 DM (1/4)
./.	50.000 DM (1/4 Buchwert)
	450.000 DM

Die **Übernahme betrieblicher Verbindlichkeiten** führt zu einem Ver-   **412**
äußerungsentgelt und zu Anschaffungskosten, wenn sie mit der Übertragung einzelner Wirtschaftsgüter des Betriebsvermögens zusammenhängen.[2] Wenn jedoch der ganze Betrieb, Teilbetrieb oder Mitunternehmeranteil einschließlich der Schulden übergeht, liegt in der Übernahme der Schulden weder Veräußerungsentgelt noch Anschaffungskosten.[3]

(Einstweilen frei)   **413-420**

II. Unentgeltliche Betriebsübertragung

1. Fälle unentgeltlicher Betriebsübertragung

Die unentgeltliche Übertragung eines Betriebs setzt voraus, daß das (wirt-   **421**
schaftliche) Eigentum an den wesentlichen Betriebsgrundlagen[4] in einem einheitlichen Vorgang und unter Aufrechterhaltung des geschäftlichen Organismus unentgeltlich auf einen Nachfolger übertragen wird.[5] Außerdem muß der Übergeber seine bisherige (gewerbliche) Tätigkeit aufgeben; denn

---

1   BMF v. 13.1.1993, BStBl I 1993, 80, Tz. 34.
2   BMF v. 13.1.1993, BStBl I 1993, 80, Tz. 28; Korn, KÖSDI 1993, 9336.
3   Vgl. Anm. 425.
4   Vgl. Anm. 526 f.
5   BFH, U. v. 29.10.1992 III R 5/92, BFH/NV 1993, 233.

der Begriff Betrieb ist nicht nur gegenstands-, sondern auch tätigkeitsbezogen zu verstehen.[1]

a) Keine Pflichten des Übernehmers

422   Es handelt sich um ein unentgeltliches Rechtsgeschäft, wenn der Übernehmer des Betriebs keine Pflichten gegenüber dem Übergeber übernehmen muß (**Schenkung**).

b) Übernahme betrieblicher Verbindlichkeiten

Fall

V überträgt seinem Sohn S den Betrieb unentgeltlich. S muß nur die Betriebsschulden übernehmen.

423   Die Grundsätze, die der Große Senat des BFH in seinem B. v. 5.7.1990[2] zur **vorweggenommenen Erbfolge im Privatvermögen** aufgestellt hat, gelten **auch für die Übertragung von Betriebsvermögen im Rahmen einer vorweggenommenen Erbfolge.** Darauf hat der Große Senat in seinem Beschluß ausdrücklich hingewiesen.[3]

424   Somit sind Versorgungsleistungen, die vom Betriebsübernehmer zugesagt werden, weder Veräußerungsentgelt noch Anschaffungskosten. Die Zusage sogenannter Gleichstellungsgelder an Angehörige, die Übernahme von Verbindlichkeiten und die Zusage einer Abstandszahlung führen jedoch zu einem Veräußerungsentgelt und zu Anschaffungskosten.[4]

425   Eine abweichende Beurteilung ist jedoch geboten, wenn ein Betrieb oder ein Mitunternehmeranteil übertragen wird und zum Betriebsvermögen, wie es regelmäßig der Fall ist, Verbindlichkeiten gehören. Vereinbaren Übergeber und Übernehmer keine weiteren Leistungen, so handelt es sich um eine unentgeltliche Betriebsübertragung. Im **Übergang von betrieblichen Verbindlichkeiten ist daher kein Entgelt** zu sehen.[5]

---

1   BFH, U. v. 2.9.1992 XI R 26/91, BFH/NV 1993, 161; zur Abgrenzung zu einer Betriebsaufgabe vgl. BFH, U. v. 5.6.1991 XI R 19/90, BFH/NV 1992, 97; FG Baden-Württemberg, Außensenate Freiburg, U. v. 15.4.1991 11 K 224/87 rkr., EFG 1991, 613; zur entgeltlichen Betriebsübertragung vgl. Anm. 491 ff.
2   GrS 4-6/89, BStBl II 1990, 847.
3   Ebenso BMF v. 13.1.1993, BStBl I 1993, 80, Tz. 24, 3 bis 10.
4   BMF v. 13.1.1993, BStBl I 1993, 80, Tz. 24, 3 bis 10; vgl. im einzelnen Anm. 234 ff.
5   BFH, B. v. 5.7.1990 GrS 4-6/89, BStBl II 1990, 847; BMF v. 13.1.1993, BStBl I 1993, 80, Tz. 29; anders bei der Umsatzsteuer, vgl. Anm. 1404 und 1444 ff.

Um ein unentgeltliches Rechtsgeschäft handelt es sich auch bei der Über-   426
tragung eines Betriebs, Teilbetriebs oder Mitunternehmeranteils, dessen
steuerliches **Kapitalkonto negativ** ist; denn das Vorhandensein eines
negativen Kapitalkontos steht einer unentgeltlichen Betriebsübertragung
nicht entgegen.[1] Muß der Übernehmer aber zusätzlich zum übertragenen
negativen Kapitalkonto noch weitere Leistungen (z. B. Gleichstellungsgeld, Abstandszahlung) erbringen, so bestehen Veräußerungsgewinn und
Anschaffungskosten aus dem negativen Kapitalkonto und den zusätzlichen
Leistungen.[2]

c) Versorgungsleistungen

Literatur: *Paus*, Weiterverkauf eines Betriebs nach Erwerb gegen Versorgungsleistungen, DStZ 1993, 246; *Reiss*, Die Betriebsübertragung gegen Versorgungsbezüge als
teilentgeltliches Rechtsgeschäft, FR 1990, 381; *Jansen*, Betriebliche Veräußerungsrente
oder private Versorgungsrente beim Ausscheiden eines Gesellschafters, NWB F. 3,
8329.

Vgl. auch vor Anm. 1, 41 und 401.

aa) Rechtsprechung des Großen Senats des BFH

Die Zusage von Versorgungsleistungen führt zu einer unentgeltlichen Be-   427
triebsübertragung.[3]

bb) Abgrenzung der Renten

(1) Abgrenzung zu Kaufpreisraten

Im Gegensatz zu Kaufpreisraten sind die Renten durch das mit den Zahlun-   428
gen verbundene **Wagnis** oder den **Versorgungscharakter** der Leistungen
für den Übergeber charakterisiert. Ein Wagnis ist regelmäßig dann anzunehmen, wenn durch die Vereinbarung die laufenden Bezüge der Höhe nach
nicht eindeutig vorab bestimmt bzw. bestimmbar sind, wobei das Wagnis
nicht nur in der Person des Übergebers, sondern auch in der Leistungsfä-

---

1 BFH, U. v. 23.4.1971 IV 201/65, BStBl II 1971, 686; v. 24.8.1972 VIII R 36/66, BStBl II 1973,
    111; a.A. Paus, DStZ 1992, 404; Wacker, NWB F. 3, 8647.
2 Vgl. Anm. 584.
3 BMF v. 13.1.1993, BStBl I 1993, 80, Tz. 24 f., 4; a.A. Paus, DStZ 1993, 246, insbesondere zum
    Weiterverkauf eines Betriebs nach Erwerb gegen Versorgungsleistungen; ausführlich Anm. 22 ff.;
    41 ff.; anders bei der Umsatzsteuer, vgl. Anm.1404 und 1447.

higkeit des Übernehmers gesehen werden muß.[1] Das Rentenwagnis kann sich aus einer ungewöhnlich langen Laufzeit (jedenfalls bei 25 Jahren; bei nicht offenkundigem Versorgungscharakter deutlich über 10 Jahren) oder einer Sicherung der Leistungen durch eine Sachwertklausel ergeben.[2]

(2) Betriebliche Veräußerungs- und Versorgungsrenten

429   Bei den Renten sind betriebliche Veräußerungsrente von betrieblicher Versorgungsrente und außerbetrieblicher Versorgungsrente bzw. Unterhaltsrente abzugrenzen. Eine **betriebliche Veräußerungsrente** liegt vor, wenn ein Betrieb gegen Zahlung einer Rente übertragen wird und die Beteiligten sich überwiegend vom Gedanken der Gegenleistung für die erworbenen Wirtschaftsgüter leiten lassen (Leistungsaustausch).[3]

430   Für eine **betriebliche Versorgungsrente** ist hingegen kennzeichnend, daß ihr Rechtsgrund überwiegend durch das betrieblich veranlaßte Bestreben (z.B. Fürsorgeleistungen an den früheren Betriebsinhaber oder Rücksichtnahme auf geschäftliches Ansehen des Betriebsübernehmers) bestimmt wird, den Rentenberechtigten zu versorgen, ihn insbesondere vor materieller Not zu schützen. Kennzeichnend für eine solche Rente ist, daß „der Gedanke der Entlohnung der früher für den Betrieb geleisteten Dienste im Vordergrund" steht. Eine Versorgungsrente ist auch dann anzunehmen, wenn sie nach dem Tod des Gesellschafters an dessen Witwe zu leisten ist.[4] Wird der Witwe eines Gesellschafters einer Familienpersonengesellschaft aber erst einige Zeit nach dessen Tod von der Gesellschaft eine Rentenzusage erteilt, so liegt keine betriebliche Versorgungsrente vor.[5]

431   Die Annahme einer betrieblichen Versorgungsrente ist auch möglich, wenn sich die **Leistungen objektiv gleichwertig** gegenüberstehen.

432   Kann nicht endgültig geklärt werden, ob sich die Vertragsparteien primär vom Gedanken des Leistungsaustausches oder der betrieblichen Fürsorge

---

1   Theisen, StuW 1986, 354, 358, m.w.N.
2   Vgl. BFH, U.v. 14.12.1988 I R 44/83, BStBl II 1989, 323: „. . . das den laufenden, ihrer Höhe nach ungewissen Preissteigerungen in einer Branche oder bei einem bestimmten Stoff oder Erzeugnis durch Erhöhung des Nennbetrags der Geldzahlungen Rechnung getragen wird"; Korn, StVj 1993, 133, 135.
3   BMF v. 13.1.1993, BStBl I 1993, 80, Tz. 26.
4   BFH, U. v. 27.6.1989 VIII R 337/83, BStBl II 1989, 888; v. 7.7.1992 VIII R 36/90, BStBl II 1993, 26.
5   BFH, U. v. 8.4.1992 XI R 46/89, BFH/NV 1992, 728.

leiten ließen, so ist bei **Verträgen zwischen Fremden** von einer betrieblichen Veräußerungsrente auszugehen; denn der Betriebserwerber wird zu Leistungen nur nach Maßgabe der erlangten oder erwarteten Gegenleistung bereit sein.[1]

(3) Private Versorgungs- und Unterhaltsrenten

Eine private Versorgungsrente bzw. eine Unterhaltsrente ist anzunehmen,   **433** wenn die Sicherstellung der Versorgung des Leistungsempfängers im Vordergrund steht.[2] Bei Betriebsübertragungen zwischen **nahen Angehörigen** spricht eine nur schwer widerlegbare **Vermutung für eine private Versorgungsrente**.[3] Das gilt auch, wenn der Übernehmer Versorgungsleistungen an Angehörige des Übergebers zusagt.[4] Diese Vermutung ist jedoch **ausgeräumt**, wenn die übertragenen Vermögenswerte und die Rentenverpflichtung sich gleichwertig gegenüberstehen[5] und die Beteiligten durch eindeutige und klare Vereinbarungen zum Ausdruck bringen, daß tatsächlich ein auf gleichwertigen Leistungen beruhendes Geschäft abgeschlossen werden soll.[6] Zur Abgrenzung der dauernden Last von der Leibrente vgl. Anm. 457 ff.

(Einstweilen frei)   **434-440**

d) Vorbehaltene dingliche Rechte

Auch der Wert der **vorbehaltenen dinglichen Rechte** kann nicht als   **441** Anschaffungskosten angesetzt werden.[7] Die **Ablösung** durch die Einmal-

---

1 Zur Abgrenzung zwischen betrieblicher Veräußerungsrente und betrieblicher Versorgungsrente BFH, U. v. 20.12.1988 VIII R 121/83, BStBl II 1989, 585.
2 Vgl. Niedersächsisches FG, U. v. 14.9.1989 rkr., NWB-EN Nr. 633/91, zur privaten Versorgungsrente.
3 BFH, U. v. 26.3.1987 IV R 58/85, BFH/NV 1987, 770; v. 9.10.1985 I R 149/82, BStBl II 1986, 51; B. v. 5. 7. 1990 GrS 4-6/89, BStBl II 1990, 847, 850; U. v. 18. 12. 1991 XI R 2/88, BFH/NV 1992, 382, v. 23. 1. 1992 XI R 6/87, BStBl II 1992, 526; v. 3.6.1992 X R 14/89, BStBl II 1993, 23.
4 BMF v. 13.1.1993, BStBl I 1993, 80, Tz. 26.
5 BFH, U. v. 21.1.1986 VIII R 238/81, BFH/NV 1986, 597.
6 BFH, U. v. 11. 9. 1991 XI R 20/89, 32, 33/89, 4/90, BFH/NV 1992, 166, 168, 169; v. 29. 1. 1992 X R 193/87, BStBl II 1992, 465, m. Anm. Jansen, NWB F. 3, 8329; v. 3.6.1992 X R 14/89, BStBl II 1993, 23; zur Abgrenzung der Renten vgl. Obermeier, DStR 1993, 77, 82 f.
7 BFH, B. v. 5. 7. 1990 GrS 4-6/89, BStBl II 1990, 847; U. v. 11.9.1991 XI R 4/90, BFH/NV 1992, 169; v. 18.12.1991 XI R 18/88, BFH/NV 1992, 383; a.A. B.Janssen, StVj 1992, 170.

zahlung führt zu nachträglichen Anschaffungskosten.[1] Bei Ablösung durch wiederkehrende Bezüge liegen dauernde Lasten oder Leibrenten vor[2], selbst wenn die Ablösung erst später vereinbart wird.[3]

e) Sachleistungen aus übernommenem Vermögen

442   Unentgeltlich sind auch **Sachleistungen aus übernommenen Vermögen**.[4] Die unentgeltliche Übertragung eines Betriebsgrundstücks führt aber zu einer Entnahme, die grundsätzlich der Besteuerung zu unterwerfen ist.[5]

443   Die Leistung ist jedoch nur dann unentgeltlich, wenn sie hinreichend bestimmt ist und entsprechend erfüllt wird. Wenn lediglich der Wert der Abfindung genannt ist, kommt es auf die Wahl der Abfindung an. Sachleistungen aus übernommenem Vermögen führen dann zu einem unentgeltlichen Erwerb, Geldleistungen oder Sachleistungen aus eigenem Vermögen zu einem entgeltlichen Erwerb.[6]

f) Erb- und Pflichtteilsverzicht

Literatur: *Felix*, Keine Gewinnrealisierung bei Erbverzicht gegen Abfindung mit Mitunternehmeranteil, KÖSDI 1991, 8513.

Fall

V übergibt seinen Betrieb dem S, der dafür auf seine Erb- und Pflichtteilsansprüche verzichtet.

444   Die Abfindung ist einkommensteuerrechtlich als **Schenkung** anzusehen.[7]

---

1 BFH, U. v. 28.11.1991 XI R 2/87, BStBl II 1992, 381, m. Anm. Kanzler, KFR F. 3 EStG § 7, 2/92, 143; vgl. Obermeier, Das selbstgenutzte Wohneigentum, Anm. 147.
2 BFH, U. v. 3.6.1992 X R 14/89, BStBl II 1993, 23.
3 BFH, U. v. 3.6.1992 X R 147/88, BStBl II 1993, 98; zur Ablösung bei Privatvermögen vgl. Anm. 29 f.
4 BFH, U. v. 10.4.1991 XI R 7, 8/84, BStBl II 1991, 791; BMF v. 13.1.1993, BStBl I 1993, 80, Tz. 8.
5 Zu Ausnahmen vgl. Anm. 406.
6 Vgl. Anm. 585.
7 Felix, KÖSDI 1991, 8513; vgl. ausführlich Anm. 32 ff.

g) Veräußerungsentgelt bis zur Höhe des Kapitalkontos

Fall
V übergibt seinem Sohn S den Betrieb (Verkehrswert 2.000.000 DM, steuerliches Kapitalkonto 800.000 DM). S muß seiner Schwester T 300.000 DM zahlen.

Es liegt auch dann ein unentgeltlicher Erwerb vor, wenn der Übernehmer **445** Anschaffungskosten aufwendet, die nicht höher als das steuerliche Kapitalkonto sind.[1] Auch bei einer **Hofübergabe** ist das in der Steuerbilanz stehende Kapitalkonto zugrunde zu legen. Es ist nicht zuvor um die nach § 55 Abs. 6 EStG nicht abziehbaren Verluste zu vermindern.[2]

(Einstweilen frei) **446-450**

2. Steuerrechtliche Behandlung der unentgeltlichen Betriebsübertragung

a) Bilanzierung, Gewinnermittlung

Bei unentgeltlichem Erwerb des Betriebs gilt § 7 **EStDV**. Bei der Ermitt- **451** lung des Gewinns des bisherigen Betriebsinhabers sind die Wirtschaftsgüter mit den Werten anzusetzen, die sich nach den Vorschriften über die Gewinnermittlung ergeben. „Vorschriften über die Gewinnermittlung" sind dabei die Vorschriften über die laufende Gewinnermittlung.[3] Der **Rechtsnachfolger** ist an diese Werte gebunden. Er **führt die Buchwerte[4] und die Abschreibungen des Übergebers** fort.[5] Die sich nach § 7 Abs. 1 und 2 EStDV ergebenden Werte sind bei Gewinnermittlung nach § 4 Abs. 3 EStG als Anschaffungskosten zugrunde zu legen (§ 7 Abs. 3 EStDV).

Ist bei einer **Hofübergabe** der Grund und Boden beim Übergeber mit den pauschalen Werten nach § 55 Abs. 1 bis 4 EStG bewertet worden, so gehen auch diese Werte unverändert auf den Hofübernehmer über. Die **Verlustausschlußklausel** des § 55 Abs. 6 EStG trifft dann den Hofübernehmer.[6]

Der Übernehmer hat auch dann die Buchwerte fortzuführen, wenn er **452**

---

1 BMF v. 13.1.1993, BStBl I 1993, 80, Tz. 38; Halbig, INF 1991, 529; anders bei der Umsatzsteuer, vgl. Anm. 1434.
2 Hiller, INF 1993, 217, Tz. 2.1.3.
3 BFH, U. v. 12.4.1989 I R 105/85, BStBl II 1989, 653; v. 2.9.1992 XI R 26/91, BFH/NV 1993, 161.
4 BMF v. 13.1.1993, BStBl I 1993, 80, Tz. 29.
5 BMF v. 13.1.1993, BStBl I 1993, 80, Tz. 39.
6 Hiller, INF 1993, 217; zur Verlustausschlußklausel beim teilentgeltlichen Erwerb vgl. Anm. 638 ff.

Anschaffungskosten bis zur Höhe des steuerlichen Kapitalkontos aufwendet.[1]

b) Behandlung des Übernehmers

aa) Betriebliche Versorgungsrente

453 Die betriebliche Versorgungsrente ist **nicht zu passivieren.**[2] Der Rentenverpflichtete darf die einzelnen **Rentenzahlungen** – ohne Verrechnung mit dem Kapitalkonto – sofort als Betriebsausgaben absetzen. Der Erwerber hat nach § 7 Abs. 1 EStDV die bisherigen Buchwerte fortzuführen.[3]

bb) Außerbetriebliche Versorgungsrente

454 Vor allem zwischen nahen Angehörigen (Hauptfall: Eltern/Kinder) wird der Betrieb häufig gegen Versorgungsleistungen an den Übergeber oder an Dritte (z.B. Eltern des Übergebers, Geschwister des Übernehmers) übertragen. Ein solcher Vertrag wird zivilrechtlich als **Übergabevertrag** bezeichnet. Die Besonderheit eines Übergabevertrags ist darin zu sehen, daß er der nachfolgenden Generation unter Vorwegnahme des Erbfalls das Nachrücken in eine die Existenz wenigstens teilweise begründende Wirtschaftseinheit ermöglicht und gleichzeitig die Versorgung des Übergebers oder anderer Personen aus dem Betrieb zumindest zu einem Teil sichert.

455 Ein Übergabevertrag zwischen nahen Angehörigen wird jedenfalls nur dann anerkannt, wenn die gegenseitigen **Rechte und Pflichten im vornherein** – d.h. zu Beginn des maßgeblichen Rechtsverhältnisses oder bei Änderung für die Zukunft – sowie **klar und eindeutig vereinbart** sind.[4] Rückwirkend vereinbarte Rentenzahlungen können nicht abgezogen werden.[5]

456 Die **Versorgungsleistungen** sind daher weder Anschaffungskosten noch Betriebsausgaben, sondern **Sonderausgaben** gemäß § 10 Abs. 1 Nr. 1 a EStG.[6] Die Höhe der Erträge und die wirtschaftliche Lage des Empfängers

---

1 BMF v. 13.1.1993, BStBl I 1993, 80, Tz. 38, mit Beispiel.
2 BFH, U. v. 20.12.1988 VIII R 121/83, BStBl II 1989, 585; zur Rückstellungsbildung bis einschließlich 31.12.1985 vgl. BFH, U. v. 24.7.1990 VIII R 39/84, BStBl II 1992, 229; v. 7.7.1992 VIII R 36/90, BStBl II 1993, 26.
3 BFH, U. v. 27.4.1977 I R 12/74, BStBl II 1977, 603.
4 BFH, U. v. 29.11.1988 VIII R 83/82, BStBl II 1989, 281; v. 12.9.1991 X R 199/87, BFH/NV 1992, 233; v. 4.12.1991 X R 9/84, BFH/NV 1992, 306.
5 Vgl. BFH, U. v. 3.6.1992 X R 38/89, BFH/NV 1993, 98.
6 Vgl. BFH, B. v. 5.7.1990 GrS 4-6/89, BStBl II 1990, 847, der zwar zur vorweggenommenen Erbfolge im Privatvermögen ergangen, aber auch auf den betrieblichen Bereich übertragen

sind grundsätzlich unbedeutend.[1] **Pflegeverpflichtungen** sind allenfalls dann als Sonderausgaben abziehbar, wenn in Erfüllung dieser Verpflichtung Aufwendungen entstanden sind.[2]

cc) Leibrente oder dauernde Last

Versorgungsleistungen können Leibrente (§ 10 Abs. 1 Nr. 1 a Satz 2, § 22 Nr. 1 Satz 3 Buchstabe a EStG) oder dauernde Last (§ 10 Abs. 1 Nr. 1 a Satz 1 EStG) sein. Versorgungsleistungen in Geld sind als **dauernde Lasten** abziehbar, wenn sich ihre Abänderbarkeit entweder aus einer ausdrücklichen Bezugnahme auf § 323 ZPO oder in anderer Weise aus dem Vertrag ergibt[3]; z.b. bei typischem Versorgungsvertrag.[4]   457

Da die Versorgungsleistungen als vorbehaltene Vermögenserträge zu charakterisieren sind, stellen sie auch **keine Gegenleistung des Übernehmers** dar. Sie müssen daher auch nicht vorab mit dem Wert des übertragenen Vermögens verrechnet werden.[5]   458

▷ *Gestaltungshinweis*

Am günstigsten wäre die Vereinbarung einer dauernden Last und der Umzug des Übergebers ins Ausland; denn nach § 49 Abs. 1 Nr. 7 EStG werden Versorgungsleistungen bei der beschränkten Einkommensteuerpflicht nicht erfaßt (ausführlich Paus, INF 1992, 275, 277).   459

dd) Abgrenzung zur Unterhaltsrente

Die außerbetriebliche Versorgungsrente ist zur **Unterhaltsrente** (vgl. § 12 Nr. 2 EStG) abzugrenzen. Von einer Unterhaltsrente ist auszugehen, wenn   460

(Fortsetzung von Fußnote 6 auf Seite 124)
worden ist; ebenso BFH, U. v. 24.4.1991 XI R 9/84, BStBl II 1991, 794; v. 5.6.1991 XI R 1/88, BFH/NV 1991, 678; v. 11.9.1991 XI R 12/85, BFH/NV 1992, 35; a.A. Reiss, FR 1990, 381, keine Sonderausgaben; B. Janssen, StVj 1992, 170; FG des Saarlandes, U. v. 27.8.1991 rkr., EFG 1992, 253.

1 BFH, U. v. 23.1.1992 XI R 6/87, BStBl II 1992, 526.
2 Vgl. Anm. 50.
3 BFH, B. v. 15.7.1991 GrS 1/90, BStBl II 1992, 78, m. Anm. Kanzler, KFR F. 3 EStG § 10, 1/92, 15; List, NWB F. 3, 8143; Söffing, DB 1992, 61; Paus, FR 1992, 33; Fischer, DStR Beiheft zu Heft 17/1992, 1.
4 BFH, U. v. 11.3.1992 X R 141/88, BStBl II 1992, 499, m. Anm. Obermeier, KFR F. 3 EStG § 10, 1/92, 181; BFH, U. v. 25.3.1992 X R 155/88, 15/89, 147/90, BFH/NV 1992, 654, 655; v. 8.4.1992 X R 52/89, BFH/NV 1992, 657; Richter, DStR 1992, 812.
5 BFH, B. v. 5.7.1990 GrS 4-6/89, BStBl II 1990, 847, Tz. C. II. 1. c; U. v. 11.9.1991 XI R 20/98, BFH/NV 1992, 166; zur Wertverrechnung vgl. z.B. BFH, U. v. 3.6.1986 IX R 2/79, BStBl II 1986, 674; B. v. 15.7.1991 GrS 1/90, BStBl II 1992, 78; vgl. auch Anm. 197 ff.

die Versorgungszusage ohne nennenswerten Gegenwert gegeben würde. Das wäre der Fall, wenn der **Wert des Betriebs** bei überschlägiger und großzügiger Berechnung **weniger als die Hälfte des Wertes der Gegenleistung** ausmachen würde.[1] Dieses Problem stellt sich bei der Übernahme eines Betriebs in der Regel nicht, da in diesen Fällen eher der Wert des übertragenen Vermögens überwiegt.[2] Beträgt der Wert des Betriebs mehr als das Doppelte des kapitalisierten Werts der Gegenleistung, ergibt sich keine Änderung, da die entsprechende Anwendung der 50 %-Grenze nicht in Betracht kommt.[3]

461   Die Übernahme eines **überschuldeten Betriebs** führt zu einer Unterhaltsrente. Im Verwandtenbereich können die Aufwendungen jedoch nach § 33 a Abs. 1 EStG abziehbar sein.[4]

ee) Leistungen in Sachwerten

462   Die Entnahme eines Wirtschaftsguts aus dem Betriebsvermögen führt zur Aufdeckung der stillen Reserven. Der Entnahmegewinn zählt zum laufenden Gewinn.[5]

ff) Veräußerungsentgelt bis zur Höhe des Kapitalkontos

Fall

V übergibt seinem Sohn S den Betrieb (Verkehrswert 2.000.000 DM, steuerliches Kapitalkonto 800.000 DM). S muß seiner Schwester T 300.000 DM zahlen, für die er einen Kredit aufnimmt.

463   Obwohl es sich um eine unentgeltliche Betriebsübertragung handelt[6], führt der **Kredit** zu einer Betriebsschuld, die zu passivieren ist.[7] Die **Schuldzinsen** sind daher Betriebsausgaben.[8]

---

1   BFH, U. v. 28.7.1983 IV R 174/80, BStBl II 1984, 97, unter Hinweis auf Abschn. 123 Abs. 3 EStR; BFH, B. v. 15.7.1991 GrS 1/90, BStBl II 1992, 78, Tz. C. I. 6; vgl. Dornbusch, AnwBl 1986, 496, auch zur Berechnung.
2   Vgl. z.B. BFH, U. v. 30.10.1984 IX R 2/84, BStBl II 1985, 610.
3   Vgl. BFH, U. v. 22.1.1992 X R 205/87, BFH/NV 1992, 513; Obermeier, Das selbstgenutzte Wohneigentum, Anm. 150.
4   Paus, DStZ 1992, 404.
5   Zur Frage, wem der Entnahmegewinn zuzurechnen ist, vgl. Anm. 474.
6   Vgl. Anm. 445.
7   BMF v. 13.1.1993, BStBl I 1993, 80, Tz. 38, mit Beispiel.
8   Halbig, INF 1991, 529; vgl. aber Anm. 1275 ff. und Hiller, INF 1993, 217, Tz. 2.1.4.

Die Beurteilung als unentgeltliche Betriebsübertragung schlägt auch auf 464
die Frage der **Verbleibensfristen und Vorbesitzzeiten** (z. B. § 6 b EStG,
§ 3 Zonenrandförderungsgesetz, § 5 Abs. 6 Investitionszulagengesetz 1986,
§ 2 Fördergebietsgesetz) durch. Bei einem Veräußerungsentgelt bis zur
Höhe des Kapitalkontos sind demnach – anders als beim teilentgeltlichen
Erwerb[1] – die Verbleibensfristen beim Rechtsvorgänger und beim Rechtsnachfolger zusammenzurechnen. Es tritt auch keine teilweise Unterbrechung ein.[2]

(Einstweilen frei) 465-470

c) Behandlung des Übergebers

aa) Betriebliche Versorgungsrente

Bei einer betrieblichen Versorgungsrente sind die laufenden Bezüge als 471
nachträgliche Einkünfte aus Gewerbebetrieb (§§ 15, 24 Nr. 2 EStG) im
Zeitpunkt des Zuflusses in voller Höhe zu versteuern. Eine Minderung um
das Kapitalkonto ist nicht möglich.

bb) Außerbetriebliche Versorgungsrente

Fall
V überträgt seinen land- und forstwirtschaftlichen Betrieb auf S gegen
Altenteilsleistungen zugunsten von V und dessen Ehefrau E.

Außerbetriebliche Versorgungsrenten stellen **wiederkehrende Bezüge** (§ 22 472
Nr. 1 EStG) dar.[3] V und E sind Gesamtberechtigte. Beide Ehegatten verwirklichen den Tatbestand der Einkünfteerzielung.[4]

cc) Unterhaltsrente

Zahlungen aufgrund einer Unterhaltsrente führen beim Berechtigten zu 473
nichtsteuerbaren Einnahmen.

---

1 Vgl. Anm. 608 ff.
2 Korn, KÖSDI 1993, 9331, 9338; Hiller, INF 1993, 217, Tz. 2.1.5; a.A. noch Obermeier, DStR
  1993, 77, 85; an dieser Meinung wird nicht mehr festgehalten.
3 Vgl. BFH, B. v. 5.7.1990 GrS 4-6/89, BStBl II 1990, 847; vgl. i.e. Anm. 454 ff.
4 Niedersächsisches FG, U. v. 5.2.1992 XIII 432/89 Rev., EFG 1992, 531, Az. des BFH: X R
  48/92; R. Meier, INF 1993, 109; a.A. OFD Kiel v. 6.7.1992 S 2230 A – St 142 – S 2255 A –
  St 116, n.v.

dd) Sachleistungen aus übernommenem Vermögen

Fall

V überträgt S den Betrieb. Er hält ein Grundstück zurück, das er mit einem Mehrfamilienhaus bebauen und dann veräußern will.

Abwandlung 1

S soll sofort nach Erhalt des Betriebs das Grundstück seiner Schwester T übertragen.

Abwandlung 2

T soll das Grundstück erst drei Jahre später erhalten.

474 Die unentgeltliche Übertragung eines Betriebsgrundstücks führt zu einer Entnahme. Diese ist **dem Übergeber zuzurechnen**, wenn dieser das Grundstück zurückbehält oder der Übernehmer aufgrund einer Verpflichtung gegenüber dem Übergeber das Grundstück in unmittelbarem Anschluß – m. E. innerhalb eines Monats – an die Übertragung seiner Schwester übereignet (**Abwandlung 1**).[1] Ist aber der Übernehmer S verpflichtet, das Grundstück zu einem späteren Zeitpunkt auf einen Dritten zu übertragen (**Abwandlung 2**), entnimmt regelmäßig der **Übernehmer**, der den durch die Entnahme realisierten Gewinn zu versteuern hat.[2] Die **AfA** richtet sich nach dem Entnahme- oder Aufgabegewinn.[3]

▷ *Gestaltungshinweis*

475 *Wenn die Verpflichtung zur Übertragung eine wesentliche Betriebsgrundlage betrifft (im Regelfall bei mehr als 10 % der Gesamtfläche des Betriebs), stellt die unmittelbare Erfüllung der Verpflichtung eine Betriebsaufgabe dar.[4] Für diesen Fall ist anzuraten, Nutzen und Lasten hinsichtlich des zu entnehmenden Grundstücks erst zu einem späteren Zeitpunkt übergehen zu lassen; denn die Entnahme ist erst bewirkt, wenn Nutzen und Lasten auf den Dritten übergehen.[5]*

---

1 Problematisch unter dem Gesichtspunkt der Entnahmehandlung, vgl. BFH, U. v. 9.8.1989 X R 20/86, BStBl II 1990, 128; v. 7.12.1989 IV R 1/88, BStBl II 1990, 317; a.A. Hiller, INF 1993, 217, 245, Tz. 3.1.2, Entnahmegewinn stets dem Übernehmer zuzurechnen.
2 BMF v. 13.1.1993, BStBl I 1993, 80, Tz. 32.
3 BFH, U. v. 29.4.1992 XI R 5/90, BStBl II 1992, 969, auch zur nachträglichen Geltendmachung eines niedrigen Entnahme- oder Aufgabegewinns.
4 BFH, U.v. 1.2.1990 IV R 8/89, BStBl II 1990, 428.
5 BFH, U.v. 26.11.1987 IV R 171/85, BStBl II 1988, 490; Hiller, INF 1993, 217, 245, Tz. 3.1.2.

ee) Veräußerungsentgelt bis zur Höhe des Kapitalkontos

Fall

V übergibt seinem Sohn S den Betrieb (Verkehrswert 2.000.000 DM, steuerliches Kapitalkonto 800.000 DM). S muß seiner Schwester T 300.000 DM zahlen.

Es handelt sich um einen unentgeltlichen Erwerb.[1] Ein **Veräußerungsver-**   476
lust liegt beim Übergeber V **nicht** vor.[2] Bei Gewinnermittlung nach § 4 Abs. 3 EStG ist keine Übergangsbesteuerung nach Abschn. 19 EStR erforderlich, solange das Teilentgelt den für diese Zwecke ermittelten Buchwert nicht überschreitet. Die Übergangsbesteuerung ist jedoch durchzuführen, wenn das Teilentgelt den „Buchwert" übersteigt.[3]

(Einstweilen frei)   477-490

III. Entgeltliche Betriebsübertragung

1. Fälle entgeltlicher Betriebsübertragung

a) Barzahlung

Es handelt sich nur dann um einen entgeltlichen Erwerb, wenn die bei-   491
derseitigen Leistungen nach **kaufmännischen Gesichtspunkten** gegeneinander abgewogen sind[4], ein **Anspruch des Übergebers** entsteht, dieser nicht auf die Leistung verzichtet[5] und die Leistung auch tatsächlich zu erbringen ist.[6] Die Tilgung der Kaufpreisschuld durch **Aufrechnung mit einer Geldschenkung** ist ein Umgehungsgeschäft.[7]

---

1   Vgl. Anm. 445.
2   BMF v. 13.1.1993, BStBl I 1993, 80, Tz. 38.
3   Korn, KÖSDI 1993, 9331, 9337.
4   Vgl. BFH, U. v. 11.9.1991 XI R 20/89, BFH/NV 1992, 166; Anm. 181 ff.
5   Vgl. BFH, U. v. 20.12.1990 XI R 4/86, BFH/NV 1991, 384; v. 30.1.1991 XI R 6/84, BFH/NV 1991, 453.
6   BFH, U. v. 20.12.1990 XI R 1/83, BFH/NV 1991, 309; v. 18.9.1991 XI R 18/89, BFH/NV 1992, 36.
7   Vgl. BFH, U. v. 10.10.1991 XI R 1/86, BStBl II 1992, 239; XI R 16/89, BFH/NV 1992, 448; vgl. auch Anm. 181 bis 194.

b) Kaufpreisraten, Veräußerungsrente, Gewinn- oder Umsatzbeteiligung

492   Um einen entgeltlichen Erwerb handelt es sich auch bei Vereinbarung von **Kaufpreisraten** und einer **Veräußerungsrente**[1] sowie bei einer an kaufmännischen Maßstäben orientierten **Gewinn- oder Umsatzbeteiligung.**

2. Steuerrechtliche Behandlung der entgeltlichen Betriebsübertragung

a) Behandlung des Erwerbers

Literatur: *Paus*, Rentenerhöhungen im Rahmen einer Gewinnermittlung nach § 4 Abs. 3 EStG, KFR F. 3 EStG § 4, 15/91, 317; *Bordewin*, Wertgesicherte Veräußerungsrenten bei der Überschußrechnung, NWB F. 3, 8103; *ders.*, Das Fremdwährungsdarlehen in der Überschußrechnung, DStR 1992, 244; *Paus*, Veräußerungs- und Einbringungsgewinne, NWB F. 3, 8203; *Bordewin*, Die Wertsicherungsklausel in der Überschußrechnung des Betriebserwerbers, FR 1992, 236.

Vgl. auch vor Anm. 1 und 401.

aa) Bilanzierung

493   Bei entgeltlichem Erwerb eines Betriebs sind die **einzelnen Wirtschaftsgüter** mit dem **Teilwert**, höchstens jedoch mit den Anschaffungs- oder Herstellungskosten anzusetzen (§ 6 Abs. 1 Nr. 7 EStG). Teilwert ist nach § 6 Abs. 1 Nr. 1 Satz 3 EStG der Betrag, den ein Erwerber des ganzen Betriebs im Rahmen des Gesamtkaufpreises für das einzelne Wirtschaftsgut ansetzen würde; dabei ist davon auszugehen, daß der Erwerber den Betrieb fortführt.

494   Der **Gesamtkaufpreis** ist dazu auf die einzelnen erworbenen Wirtschaftsgüter **aufzuteilen**. Haben Käufer und Verkäufer im Vertrag bereits eine Aufteilung vorgenommen, so ist dieser im allgemeinen zu folgen. Entspricht sie jedoch nicht den wirtschaftlichen Gegebenheiten, so ist der Gesamtkaufpreis im Verhältnis der Teilwerte aufzuteilen (vgl. § 6 Abs. 1 Nr. 1 und 2 EStG); dabei ist beim Erwerber des Betriebs ein **Geschäftswert** nur insoweit anzusetzen, als das gezahlte Entgelt die Summe der Teilwerte der anderen (materiellen oder immateriellen) Wirtschaftsgüter übersteigt.[2]

---

1   Zur Abgrenzung zu Versorgungs- und Unterhaltsrenten vgl. Anm. 428 ff.
2   Vgl. BFH, U. v. 17.9.1987 III R 272/83, BStBl II 1988, 441, m.w.N.; Obermeier, DStR 1993, 77, 84.

▷ **Gestaltungshinweis**

Tendenziell sollte man bei Gewerbebetrieben versuchen, den anderen Wirt-   **495**
schaftsgütern einen möglichst hohen Wert beizumessen; denn der Firmen-
wert kann nur in 15 Jahren abgesetzt werden[1], während die meisten übri-
gen Wirtschaftsgüter (z.B. Einrichtung) eine kürzere Nutzungsdauer haben
und damit eher abgesetzt werden können. Bei Erwerb einer Praxis, die
einem freien Beruf dient (z.b. Arzt- oder Rechtsanwaltspraxis), besteht
eine unterschiedliche Rechtslage, da der Kaufpreis in erster Linie durch
den Praxiswert bestimmt wird. Er kann in drei bis fünf Jahren abgesetzt
werden.[2]

bb) Kaufpreisraten

Die Berechnung ist unproblematisch, wenn neben dem Kaufpreis die Zins-   **496**
zahlungen festgelegt sind. Schwierig wird es, wenn die **Zinszahlungen
in den Raten enthalten** sind. In diesem Fall muß der Zinsanteil herausgerechnet werden. Der Barwert (Gegenwartswert der Summe aller Raten)
stellt die Anschaffungskosten dar.[3] Zur weiteren Behandlung (Verteilung
der Anschaffungskosten) vgl. Anm. 494.

cc) Veräußerungsrente

**(1) Passivierung mit jeweiligem versicherungsmathematischen
Barwert**

Die Veräußerungsrente ist mit dem **jeweiligen versicherungsmathema-**   **497**
tischen Barwert zu passivieren.[4] In dieser Höhe hat der Erwerber **An-**
schaffungskosten.[5] Die jährliche Rentenleistung ist Aufwand, die jährliche
Barwertminderung Ertrag. Gewinnmindernd bzw. gewinnerhöhend wirkt

---

1   Auch bei personenbezogenen Gewerbebtrieben, FG Düsseldorf, U. v. 16.10.1992 16 K 8055/91
    E Rev., EFG 1993, 216.
2   Ehlers, NWB F. 3, 7455, 7463, m.w.N.; vgl. BMF v. 20.11.1986, BStBl I 1986, 532.
3   Zur Berechnung des Barwerts vgl. §§ 1 Abs. 2, 14 BewG und Hilfstafeln 1 a und 2; FG Köln, U.
    v. 11.7.1985 rkr., EFG 1986, 561; Jansen/Wrede, Renten, Raten, Dauernde Lasten, RdNr. 244,
    Beispiele 32 bis 34; Abschn. 139 Abs. 12 Sätze 4 und 14 EStR; a.A. Schmidt, § 16 Anm. 50d,
    versicherungsmathematische Grundsätze; vgl. Hessisches FG, U. v. 3.1.1990 rkr., EFG 1990,
    308, zweifelhaft.
4   BFH, U. v. 20.12.1988 VIII R 121/83, BStBl II 1989, 585; v. 12.11.1985 VIII R 286/81, BStBl
    II 1986, 55; vgl. aber BFH, U. v. 31.1.1980 IV R 126/76, BStBl II 1980, 491 und Abschn. 32 a
    Abs. 2 Satz 2 EStR, auch zum Zinsfuß.
5   Zur weiteren Behandlung vgl. Anm. 494.

sich also nur die Differenz zwischen Rentenzahlung und Barwertminderung aus.[1]

498 Eine **Wertsicherungsklausel** berührt den Barwert erst dann, wenn der Fall der Rentenerhöhung eingetreten ist. Somit ist der durch die Wertsicherungsklausel bedingte Erhöhungsbetrag der Rente in vollem Umfang als Betriebsausgabe abziehbar; die ursprünglichen Anschaffungskosten bleiben unberührt.[2] Bei **Tod des Rentenberechtigten** ist der vorhandene Rentenbarwert gewinnerhöhend aufzulösen.[3]

499 Diese Grundsätze gelten auch bei **Gewinnermittlung nach § 4 Abs. 3 EStG.**[4] Die nachträgliche Korrektur eines fehlerhaft fortgeschriebenen Rentenbarwerts ist – anders als bei § 4 Abs. 1 EStG – bei § 4 Abs. 3 EStG nicht zulässig.[5]

(2) Buchhalterische Methode

500 Aus Vereinfachungsgründen läßt es die Finanzverwaltung zu, die jährliche Neubewertung und Neupassivierung der Rentenverbindlichkeit zu unterlassen und die laufenden Rentenzahlungen mit der ursprünglich versicherungsmathematisch festgestellten Rentenschuld zu verrechnen (**buchhalterische Methode**, Abschn. 17 Abs. 4 Satz 6 EStR).[6]

dd) Gewinn- oder Umsatzbeteiligung

501 Nach der Rechtsprechung des BFH[7] ist zu unterscheiden, ob es sich um ein Entgelt für schwer bewertbare immaterielle (z.B. Geschäftswert) oder andere Wirtschaftsgüter handelt:

---

1 BFH, U. v. 24.10.1990 X R 64/89, BStBl II 1991, 358.
2 Vgl. BFH, U. v. 29.11.1983 VIII R 231/80, BStBl II 1984, 109; v. 24.10.1990 X R 64/89, BStBl II 1991, 358; bei privater Veräußerungsrente nur Ertragsanteil abziehbar, BFH, U. v. 10.7.1990 IX R 138/86, BFH/NV 1991, 227.
3 BFH, U. v. 24.10.1990 X R 64/89, BStBl II 1991, 358, m. Anm. Müller, KFR F. 5 GewStG § 7, 1/91, 197, auch Erfassung beim Gewerbeertrag.
4 BFH, U. v. 23.2.1984 IV R 128/81, BStBl II 1984, 516; FG Köln, U. v. 20.2.1990, EFG 1990, 513, aufgehoben durch BFH, U. v. 23.5.1991 IV R 48/90, BStBl II 1991, 796, im AdV-Verfahren, m. Anm. Paus, KFR F. 3 EStG § 4, 15/91, 317; Weber- Grellet, DStZ A 1992, 120; Bordewin, NWB F. 3, 8193; Korn, StVj 1993, 133, 146 ff.; a.A. auch Richter, DB 1984, 2322: nur zusätzliche Rentenzahlungen als Betriebsausgaben abziehbar.
5 BFH, U. v. 23.5.1991 IV R 48/90, BStBl II 1991, 796.
6 Jansen/Wrede, a.a.O., RdNr. 296; str.; a.A. Schmidt, § 16 Anm. 44c; vgl. BFH, U. v. 23.5.1991 IV R 48/90, BStBl II 1991, 796, im AdV-Verfahren.
7 U. v. 2.2.1967, BStBl III 1967, 366; vgl. auch U. v. 18.1.1989 X R 10/86, BStBl II 1989, 549.

Bei **schwer bewertbaren immateriellen Wirtschaftsgütern** habe der Er- **502**
werber ein Wahlrecht, ob er die Verbindlichkeit sofort mit dem geschätzten
Zeitwert passiviert und das immaterielle Wirtschaftsgut entsprechend aktiviert oder ob er erst die laufenden Zahlungen als Anschaffungskosten
dieses Wirtschaftsguts behandelt. Soweit die Gewinn- oder Umsatzbeteiligung auf **andere Wirtschaftsgüter** entfällt, müsse der Erwerber die
Verbindlichkeit sofort passivieren und den entsprechenden Betrag als Anschaffungskosten aktivieren.

Diese Lösung ist sehr **umstritten**. So tritt Schmidt[1] dafür ein, zunächst die **503**
Buchwerte der erworbenen Wirtschaftsgüter (erfolgsneutral) fortzuführen
und originäre immaterielle Wirtschaftsgüter mangels entgeltlichen Erwerbs
zunächst nicht zu aktivieren. M.E. ist jedoch der Auffassung von Jan-
sen/Wrede[2] zu folgen, die mit überzeugenden Gründen eine **Aktivierung
aller** (also auch der immateriellen) **Wirtschaftsgüter** – in der Regel mit
dem Teilwert – und eine entsprechende Passivierung der Gewinn- oder
Umsatzbeteiligungslast fordern.

Die **Behandlung der jährlichen Zahlungen an den Veräußerer** ist **504**
umstritten. Folgt man der hier vertretenen Meinung (Aktivierung mit
dem Teilwert und entsprechende Passivierung), so kommt eine jährliche
Neubewertung des Passivpostens oder dessen Minderung nach der buch-
halterischen Methode in Betracht.[3] Würde man mit der abweichenden
Meinung von sofortiger Aktivierung und Passivierung absehen, so wären
die Zahlungen so lange ohne Auswirkung auf den Gewinn zu aktivieren,
bis die angemessenen Werte für die Wirtschaftsgüter erreicht sind; spätere
Zahlungen wären in voller Höhe Betriebsausgaben.

Vorstehende Ausführungen gelten bei Gewinnermittlung nach § 4 Abs. 3 **505**
EStG entsprechend.[4]

ee) Finanzierung

Finanziert der Erwerber den Kaufpreis, so sind die **Schuldzinsen** im Jahr **506**
der Belastung (bei Gewinnermittlung durch Betriebsvermögensvergleich)
bzw. des Abflusses (bei Gewinnermittlung durch Überschußrechnung) als

---

1 § 16 Anm. 44c.
2 Renten, Raten, Dauernde Lasten, RdNr. 258 ff.
3 Für letzteres z.B. Jansen/Wrede, a.a.O., RdNr. 264 ff. mit Rechenbeispiel in RdNr. 268.
4 Vgl. Anm. 500.

Betriebsausgaben abziehbar; ebenso Kursverluste bei **Fremdwährungs-darlehen.**[1] Demgegenüber führen Kursgewinne zu Betriebseinnahmen.

Die Schuldzinsen sind selbst bei **privat veranlaßten Verbindlichkeiten des Übergebers** Betriebsausgaben, wenn sie der Erwerber übernehmen mußte, um überhaupt Einkünfte erzielen zu können.[2] Die Zinsen sind aber dann nicht zu berücksichtigen, wenn das **Darlehen steuerrechtlich nicht anzuerkennen** ist.[3]

507-520   *(Einstweilen frei)*

b) Behandlung des Veräußerers

aa) Begriff der Betriebsveräußerung

Literatur: *Theisen*, Grundstück als eine wesentliche Betriebsgrundlage, KFR F. 3 EStG § 15, 6/92, 97; *Jungbecker*, Veräußerung von Mitunternehmeranteilen durch Beschränkung von Gesellschaftsrechten, KFR F. 3 EStG § 16, 4/92, 155; *Schulze zur Wiesche*, Rechtsprechung des BFH zur Betriebsveräußerung und zum Gesellschafterwechsel, DStR 1992, 1077; *ders.*, Tarifbegünstigte Übertragung von Mitunternehmeranteilen und Sonderbetriebsvermögen, StVj 1992, 359; *Binz/Freudenberg/Sorg*, Die „wesentliche Betriebsgrundlage" im Ertragsteuerrecht, DStR 1993, 3; *Heidemann*, Sachliche Verflechtung bei Betriebsaufspaltung, INF 1993, 75; *Richter*, Zur neuen 10%-Grenze bei tarifbegünstigter Praxisveräußerung, DStR 1993, 561; *Plewka*, Anforderungen an das Vorliegen einer freiberuflichen Teilbetriebsveräußerung, KFR F. 3 EStG § 18, 1/93, 135; *Dehmer*, Betriebsaufspaltung/Grundstück als wesentliche Betriebsgrundlage/Kriterien für untergeordnete wirtschaftliche Bedeutung, KFR F. 3 EStG § 15, 3/93, 131.

Vgl. auch vor Anm. 1 und 401.

521   Zu den Einkünften aus Gewerbebetrieb gehört auch der Gewinn, der bei der Veräußerung des ganzen Betriebs oder eines Teilbetriebs oder des Anteils eines Gesellschafters, der als Unternehmer (Mitunternehmer) des Betriebs anzusehen ist, erzielt wird (§ 16 Abs. 1 Nr. 1 und 2 EStG). Wird der gesamte Betrieb oder ein Teilbetrieb veräußert, so wird ein Freibetrag gewährt (§ 16 Abs. 4 EStG). Außerdem unterliegt der Veräußerungsgewinn dem ermäßigten Steuersatz (§ 34 Abs. 2 Nr. 1 EStG). Entsprechendes gilt

---

1   BFH, U. v. 15.11.1990 IV R 103/89, BStBl II 1991, 228; Bordewin, DStR 1992, 244; zum Werbungskostenbereich vgl. FG München, U. v. 18. 6. 1991 16 K 4505/88 Rev., EFG 1992, 66, Az. des BFH: IX R 75/91.
2   BFH, U. v. 8.11.1990 IV R 73/87, BStBl II 1991, 450.
3   BFH, U. v. 10.10.1991 XI R 1/86, BStBl II 1992, 239.

bei Veräußerung einer freiberuflichen Praxis (§ 18 Abs. 3 EStG). Steuerbegünstigt ist auch die Ausgleichszahlung bei einer Realteilung.[1]

Veräußerung in diesem Sinn ist die entgeltliche oder teilentgeltliche[2] Übertragung des wirtschaftlichen Eigentums an den veräußerten Wirtschaftsgütern des Betriebsvermögens[3], nicht jedoch die unentgeltliche Übertragung.[4] Bei letzterer sind für die Ermittlung des Gewinns des bisherigen Betriebsinhabers die Wirtschaftsgüter mit den Werten anzusetzen, die sich nach den Vorschriften über die Gewinnermittlung ergeben (§ 7 Abs. 1 EStDV).   522

Die Veräußerung eines Mitunternehmeranteils ist aber nicht nach den §§ 16, 34 EStG begünstigt, wenn gleichzeitig Wirtschaftsgüter des Sonderbetriebsvermögens zum Buchwert in einen anderen Betrieb des Mitunternehmers überführt werden; denn der Mitunternehmeranteil des Gesellschafters besteht aus dem Gesellschaftsanteil und dem Sonderbetriebsvermögen des Mitunternehmers. Dabei bedeutet „gleichzeitig", daß zwischen der Veräußerung und der Überführung ein zeitlicher und wirtschaftlicher Zusammenhang besteht.[5]   523

Verzichtet ein Gesellschafter in einem Einzelfall gegen Entgelt **auf die Ausübung gesellschaftsrechtlicher Befugnisse** (z. B. Ausübung eines Kündigungsrechts), so liegt darin nicht die Veräußerung eines Teils seines Mitunternehmeranteils.[6]   524

Die **Veräußerung eines Betriebs oder Teilbetriebs** setzt folgendes voraus[7]:   525

- Entgeltliche Übertragung der wesentlichen Grundlagen des Betriebs oder Teilbetriebs (Organisationseinheit).[8]
- in einem einheitlichen Vorgang
- auf einen Erwerber und dadurch
- Beendigung der Tätigkeit des Veräußerers mit den veräußerten Betriebsgrundlagen.

---

1   FG Münster, U. v. 11.6.1991 6 K 7101/88 F rkr., EFG 1992, 74.
2   Vgl. dazu BFH, B. v. 5.7.1990 GrS 4-6/89, BStBl II 1990, 847.
3   BFH, B. v. 26.3.1991 VIII R 55/86, BStBl II 1992, 479; VIII R 315/84, BStBl II 1992, 472; U. v. 17.10.1991 IV R 97/89, BStBl II 1992, 392, m. Anm. Hardt, KFR F. 3 EStG § 16, 3/92, 123; Bordewin, NWB F. 3, 8295, auch zur Auflösung der Rücklage für Ersatzbeschaffung.
4   Obermeier, DStR 1993, 77, 83 f.
5   BFH, U. v. 19.3.1991 VIII R 76/87, BStBl II 1991, 635, m. Anm. LS, DStR 1991, 872; kritisch hierzu Schulze zur Wiesche, DStR 1992, 1077; ders., StVj 1992, 359.
6   BFH, U. v. 6.11.1991 XI R 41/88, BStBl II 1992, 335, m. Anm. Jungbecker, KFR F. 3 EStG § 16, 4/92, 155.
7   BFH v. 9.8.1989 X R 62/87, BStBl II 1989, 973, m.w.N.
8   Zur Teilbetriebsveräußerung vgl. BFH, U. v. 29.10.1992 IV R 16/91, BStBl II 1993, 182, m. Anm. Plewka, KFR F. 3 EStG § 18, 1/93, 135; v. 25.2.1993 V R 35/89, BStBl II 1993, 641.

526   **Wesentliche Betriebsgrundlagen** sind diejeingen Wirtschaftsgüter, die zur Erreichung des Betriebszwecks erforderlich sind und die ein besonderes Gewicht für die Betriebsführung haben. Das ist vor allem für Wirtschaftsgüter anzunehmen, die für den Betriebsablauf unerläßlich sind, so daß ein Erwerber des Betriebs nur mit ihrer Hilfe den Betrieb in der bisherigen Form fortführen kann.[1]

527   Zu den wesentlichen Grundlagen des Betriebs gehört jedenfalls der **Geschäftswert**. Bei **anderen Wirtschaftsgütern** (z.B. Forderungen, Büroausstattung, Grundstücken) kommt es darauf an, ob sie für den Betrieb von besonderer Bedeutung sind, was tendenziell eher zu verneinen ist.[2] Der BFH hat zwar im Urteil v. 26.4.1979[3] ein Wirtschaftsgut mit erheblichen stillen Reserven als wesentliche Betriebsgrundlage behandelt, dies im Urteil v. 1.10.1986[4] dahingehend eingeschränkt, daß dies nicht für ein funktional unbedeutendes Wirtschaftsgut gelte.[5]

528   **Einer Betriebsveräußerung im Sinn von § 16 Abs. 1 EStG steht es nicht entgegen,** wenn

- der Veräußerer eine andere Tätigkeit ergreift, z.B. in einem anderen Ort einen Betrieb eröffnet, oder

- (ggf. für eine Übergangszeit) bei seinem Nachfolger mitarbeitet bzw.

- eine (freiberufliche) Nebentätigkeit fortführt, wenn diese Nebentätigkeit nur in geringem Umfang (weniger als 10 % der gesamten Einnahmen der letzten drei Jahre) ausgeübt wird[6] oder

- bei einer Praxisveräußerung einige Mandate zurückbehält.[7]

---

1   BFH, U. v. 29.7.1992 I R 114/91, BStBl II 1993, 180.
2   Zu Grundstücken vgl. BFH, U. v. 12.11.1985 VIII R 342/82, BStBl II 1986, 299, v. 12.9.1991 IV R 8/90, BStBl II 1992, 347; v. 29.10.1991 VIII R 77/87, BStBl II 1992, 334, m. Anm. Theisen, KFR F. 3 EStG § 15, 6/92, 97; VIII R 78/87, BFH/NV 1992, 247; v. 29.10.1992 III R 5/92, BFH/NV 1993, 233; v. 4.11.1992 XI R 1/92, BStBl II 1993, 245; v. 17.11.1992 VIII R 36/91, BStBl II 1993, 233, m. Anm. Dehmer, KFR F. 3 EStG § 15, 3/93, 131; Blümich/Obermeier, § 2 GewStG, Rz. 465 ff., m.w.N.
3   IV R 119/76, BStBl II 1979, 557.
4   I R 96/83, BStBl II 1987, 113.
5   Zum Begriff der wesentlichen Betriebsgrundlage vgl. Binz/Freudenberg/Sorg, DStR 1993, 3; Heidemann, INF 1993, 75.
6   BFH, U. v. 7.11.1990 IV R 14/90, BStBl II 1992, 457; zur Erstreckung der 10 %-Grenze auf die Veräußerung eines Mitunternehmeranteils vgl. Richter, DStR 1993, 561.
7   BFH, U. v. 7.11.1990 IV R 14/90, BStBl II 1992, 457; FG Hamburg, U. v. 8.11.1991 V 179/89 rkr., EFG 1992, 334; FG Rheinland-Pfalz, U. v. 31.1.1992 3 K 1638/91 Rev., Az. des BFH: IV R 57/92.

Eine **Betriebsverlegung** ist keine Betriebsveräußerung. Bei verschiedenen   **529**
Betrieben spielt aber diese Abgrenzung keine Rolle, da der Erwerber des
Betriebs gleichzeitig ein Wettbewerbsverbot vereinbaren wird.

bb) Veräußerungsgewinn

Literatur: *Wismeth,* Der Ausfall einer Kaufpreisforderung nach Veräußerung eines
Betriebs, DStR 1991, 1513; *Theisen,* Besteuerung nachträglich geänderter Veräußerungsgewinne, KFR F. 3 EStG § 16, 2/92, 99; *Plewka,* Übertragungen im Schnittpunkt zweier
Wirtschaftsjahre, KFR F. 3 EStG § 18, 3/92, 217; *G. Söffing,* Veräußerung eines Perso-
nengesellschaftsanteils zum Jahreswechsel, NWB F. 3, 8627; *Dietrich,* Zum Zeitpunkt
der Veräußerung eines Mitunternehmeranteils mit Wirkung „vom 1. Januar", KFR F. 3
EStG § 16, 1/93, 159.

Vgl. auch vor Anm. 1 und 401.

Veräußerungsgewinn ist der Betrag, **um den der Veräußerungspreis nach**   **530**
Abzug der Veräußerungskosten den Wert des Betriebsvermögens oder
den Wert des Anteils am Betriebsvermögen **übersteigt.** Zum Veräußerungspreis im weiteren Sinne gehören auch Leistungen, die der Veräußerer nicht
als Gegenleistung, aber in unmittelbarem wirtschaftlichen Zusammenhang
mit der Veräußerung erhält, sei es vom Erwerber oder, ohne daß dies
der Erwerber veranlaßt hat, von dritter Seite. Dazu gehören insbesondere
Entschädigungen für entfallende Gewinnaussichten oder Prämien, die dem
Veräußerer dafür gezahlt werden, daß der Betrieb an einen bestimmten
Dritten veräußert wird.[1] Der Wert des Betriebsvermögens oder des Anteils
ist für den Zeitpunkt der Veräußerung (in der Regel Übergabe des Betriebs)[2]
nach § 4 Abs. 1 oder § 5 EStG zu ermitteln (§ 16 Abs. 2 EStG), selbst wenn
der laufende Gewinn nach § 4 Abs. 3 EStG ermittelt wird.

Für das Jahr der Veräußerung ist daher zunächst der **laufende Gewinn** zu   **531**
ermitteln, der nicht steuerbegünstigt ist. Aufgrund der Schlußbilanz, die
für den Veräußerungstag aufzustellen ist, ist dann der **steuerbegünstigte**
Veräußerungsgewinn zu errechnen.

Da der Wert des Betriebsvermögens für den Zeitpunkt der Veräußerung   **532**
nach § 4 Abs. 1 EStG zu ermitteln ist, muß der Unternehmer, der den
Gewinn nach **§ 4 Abs. 3 bzw. § 13 a EStG** ermittelt, fiktiv zur Gewinnermittlung nach § 4 Abs. 1 EStG übergehen.[3] Der dadurch entstehende

---

1 BFH, U. v. 7.11.1991 IV R 14/90, BStBl II 1992, 457.
2 BFH, B. v. 26.3.1991 VIII R 55/86, BStBl II 1992, 479; VIII R 315/84, BStBl II 1992, 472; U.
   v. 23.1.1992 IV R 88/90, BStBl II 1992, 525.
3 BFH, U. v. 16.3.1989 IV R 153/86, BStBl II 1989, 557; v. 15.5.1986 IV R 146/84, BFH/NV
   1988, 84; Abschn. 17 Abs. 8 EStR; zur Berechnung vgl. Abschn. 19 EStR und EStR Anlage 3.

Gewinn zählt zum laufenden Gewinn.[1] Eine Verteilung auf drei Jahre kommt nicht in Betracht.[2]

▷ *Hinweis:*

533   *Durch den fiktiven Übergang zur Gewinnermittlung nach § 4 Abs. 1 EStG und die Versteuerung des Veräußerungsgewinns kommt es in der Regel für das Veräußerungsjahr zu einer hohen Progression. Es empfiehlt sich daher, den Betrieb möglichst zu Beginn des nächsten Veranlagungszeitraums zu veräußern.[3] Für diesen Fall ist durch eindeutige Vereinbarungen klarzustellen, daß der Gewinn nicht bereits im vergangenen (Wirtschafts-)Jahr anfällt.[4]*

534   Ob **nachträgliche Änderungen von Veräußerungsgewinnen** durch Konkurs oder Zahlungsunfähigkeit des Erwerbers zu einer nachträglichen Änderung der Bemessungsgrundlage führen, ist sehr umstritten. Die bisherige BFH-Rechtsprechung verneint diese Frage. Von dieser Rechtsprechung möchte der VIII. BFH-Senat abweichen. Er hat deshalb die Rechtsfrage dem Großen Senat des BFH zur Entscheidung vorgelegt. In seinen Vorlagebeschlüssen vertritt er die Auffassung, daß die teilweise oder ganze Uneinbringlichkeit einer gestundeten Kaufpreisforderung[5] ebenso wie die nachträgliche Inanspruchnahme aus einem betriebsbedingt bestellten Grundpfandrecht ein Ereignis mit steuerlicher Rückwirkung auf den Zeitpunkt der Veräußerung darstelle (§ 175 Abs. 1 Satz 1 Nr. 2 AO).[6]

cc) Steuerbegünstigung des Veräußerungsgewinns (§ 16 Abs. 4, 34 Abs. 2 Nr. 1 EStG)

Literatur: *Schoor*, Der einkommensteuerliche Freibetrag für Veräußerungs- und Aufgabegewinne, BuW 1993, 315.

Fall
Der Veräußerungsgewinn beträgt 110.000 DM.

---

1   BFH, U. v. 17.4.1986 IV R 151/85, BFH/NV 1987, 759.
2   BFH, U. v. 3.8.1967, BStBl III 1967, 755.
3   Assmann/Burhoff/Obermeier, Besteuerung der Apotheker, Rdnr. 884 ff.
4   Vgl. BFH, U. v. 23.1.1992 IV R 88/90, BStBl II 1992, 525, m. Anm. Plewka, KFR F. 3 EStG § 18, 3/92, 217; v. 22.9.1992 VIII R 7/90, BStBl II 1993, 228, m. Anm. Dietrich, KFR F. 3 EStG § 16, 1/93, 159; G. Söffing, NWB F. 3, 8627; v. 14.3.1991 IV R 88/89, BFH/NV 1992, 92; alle zur Klausel „mit Wirkung vom 1.1.".
5   BFH, B. v. 26.3.1991 VIII R 55/86, BStBl II 1992, 479.
6   BFH, B. v. 26.3.1991 VIII R 315/84, BStBl II 1992, 472, m. zustimmender Anm. Theisen, KFR F. 3 EStG § 16, 2/92, 99; Wismeth, DStR 1991, 1513.

Der Veräußerungsgewinn wird zur Einkommensteuer nur herangezogen, **535** soweit er bei der Veräußerung des ganzen Betriebs **30.000 DM** und bei der Veräußerung eines Teilbetriebs oder eines Anteils am Betriebsvermögen den entsprechenden Teil von 30.000 DM übersteigt. Der Freibetrag **ermäßigt sich** um den Betrag, um den der Veräußerungsgewinn bei der Veräußerung des ganzen Betriebs 100.000 DM und bei der Veräußerung eines Teilbetriebs oder eines Anteils am Betriebsvermögen den entsprechenden Teil von 100.000 DM übersteigt (§ 16 Abs. 4 Sätze 1 und 2 EStG). Bei einem Veräußerungsgewinn von 110.000 DM, der auf den ganzen Betrieb entfällt, beträgt der Freibetrag 20.000 DM.[1] Auch die Auflösung von Rücklagen führt zu einem tarifbegünstigten Veräußerungsgewinn.[2]

Wird der Veräußerungsgewinn in verschiedenen Veranlagungszeiträumen **536** verwirklicht, so wird der Freibetrag trotzdem nur einmal gewährt. Er ist nach dem Verhältnis der in den einzelnen Veranlagungszeiträumen erzielten Teile des Gesamtgewinns aufzuteilen.[3]

Wird ein Teilbetrieb veräußert, so bestimmt sich der „entsprechende Teil" **537** des Freibetrags grundsätzlich nach dem Verhältnis des bei der Veräußerung des Teilbetriebs tatsächlich entstandenen Gewinns zu dem bei einer Veräußerung des ganzen Betriebs erzielbaren Gewinn.[4]

Fall

V ist 55 Jahre alt und verkauft seinen Betrieb zum Preis von 600.000 DM. Sein Kapitalkonto beträgt 245.000 DM, die Veräußerungskosten 5.000 DM.

Wenn V **nach Vollendung seines 55. Lebensjahrs oder wegen dauernder** **538** **Berufsunfähigkeit** seinen Betrieb veräußert, so tritt an die Stelle des Betrags von 30.000 DM der Betrag von 120.000 DM und an die Stelle des Betrags von 100.000 DM der Betrag von 300.000 DM (§ 16 Abs. 4 Satz 3 EStG). Der Freibetrag von 120.000 DM wird um den Betrag gemindert, um den der Veräußerungsgewinn (350.000 DM) den Betrag von 300.000 DM übersteigt. Der Freibetrag wird daher in Höhe von 70.000 DM gewährt.

---

1 Zur Berechnung des Freibetrags bei Personengesellschaften und Mitunternehmeranteilen vgl. Schoor, BuW 1993, 315, Tz. X.
2 Vgl. BFH, U.v. 17.10.1991 IV R 97/89, BStBl II 1992, 392, m. Anm. Bordewin, NWB F. 3, 8295; Schoor, BuW 1993, 315, Tz. IX.1.
3 Schoor, BuW 1993, 315, Tz. IV., mit Beispiel.
4 BFH, U. v. 17.4.1980 IV R 99/78, BStBl II 1980, 642; FG München, U. v. 15.7.1992 1 K 4205/89 Rev., EFG 1993, 78, Az. des BFH: VIII B 102/92; Schoor, BuW 1993, 315, Tz. VI.1., mit Beispiel.

539 **Dauernde Berufsunfähigkeit** liegt vor, wenn der Betriebsinhaber infolge Krankheit, anderer Gebrechen oder Schwäche der geistigen oder körperlichen Fähigkeiten (Invaliditätsfall) unfähig ist, die bisher in seinem Betrieb ausgeübten Funktionen wahrzunehmen.[1] Zum Nachweis der Berufsunfähigkeit reicht die Vorlage eines Bescheides des Rentenversicherungsträgers aus, wonach Berufsunfähigkeit i.s. von § 1246 RVO oder Erwerbsunfähigkeit i.s. von § 1247 RVO vorliegt. Im übrigen können auch private Gutachten und Bescheinigungen den Nachweis ermöglichen (Abschn. 139 Abs. 15 Sätze 7 und 8 EStR).

540 Dauernde Berufsunfähigkeit muß **in der Person des Veräußerers[2] oder des Erben** vorliegen.[3] Der Tod des Praxisinhabers ist keine Berufsunfähigkeit i.s. von § 16 Abs. 4 EStG[4]; ebenso nicht ein (befristetes) Berufsverbot.[5]

541 Der – ggf. gemäß § 16 Abs. 4 EStG geminderte – Veräußerungsgewinn unterliegt einem **ermäßigten Steuersatz** (§ 34 Abs. 1, 2 Nr. 1 EStG; Rechenbeispiel vgl. Abschn. 198 EStR).

▷ *Gestaltungshinweis*

542 *In geeigneten Fällen empfiehlt sich die Aufspaltung eines Betriebs in mehrere selbständige Betriebe. Der Freibetrag wird dann mehrfach gewährt.[6]*

543-550   *(Einstweilen frei)*

dd) Barzahlung

551 **Veräußerungspreis** (Gesamtkaufpreis) ist die Gegenleistung, die der Veräußerer für die Betrieb erhält, insbesondere der Kaufpreis, ebenso der Wert der hingegebenen Wirtschaftsgüter oder – bei Stundung – der begründeten Geldforderung[7]; bei Zahlung des Kaufpreises an einen Bevollmächtigten der gemeine Wert der Herausgabeforderung im Zeitpunkt der Übergabe des

---

1 Vgl. Abschn. 139 Abs. 15 Satz 4 EStR und BFH, U. v. 18.8.1981 VIII R 25/79, BStBl II 1982, 293.
2 Vgl. BFH, U. v. 12.6.1980 IV R 124/77, BStBl II 1980, 645.
3 BFH, U. v. 19.5.1981 VIII R 143/78, BStBl II 1981, 665; v. 3.7.1991 X R 26/90, BFH/NV 1991, 813.
4 BFH, U. v. 29.4.1982 IV R 116/79, BStBl II 1985, 204.
5 Zinn, StBp 1990, 66.
6 Paus, INF 1992, 275, 276.
7 BFH, U. v. 19.1.1978 IV R 61/73, BStBl II 1978, 295.

Betriebs[1]; die Übernahme von (privaten) Verbindlichkeiten, nicht aber von Verbindlichkeiten, die zum Betriebsvermögen gehören.[2]

▷ **Gestaltungshinweis**

Bei hohen Zinsen kann die Vereinbarung einer Barzahlung günstiger sein   552
als die Vereinbarung von Kaufpreisraten bzw. Veräußerungsrenten. Die Barzahlung kann zum Marktzins angelegt werden, die Zinsen sind bis zu 6.100 DM, bei Zusammenveranlagung bis zu 12.200 DM steuerfrei. Der in Kaufpreisraten bzw. Veräußerungsrenten enthaltene Zinsanteil beträgt grundsätzlich lediglich 5,5 %.

ee) Kaufpreisraten

Auch bei Kaufpreisraten steht der Veräußerungspreis fest. Sind **in den Ra-**   553
ten die Zinszahlungen enthalten, so muß der Zinsanteil herausgerechnet werden. Veräußerungspreis ist in diesem Fall der **Barwert** (Gegenwartswert der Summe aller Raten; zur Berechnung vgl. §§ 1 Abs. 2, 14 BewG und Hilfstafeln 1 a und 2).[3]

Die in den Ratenzahlungen enthaltenen **Zinsen** sind nach § 20 Abs. 1 Nr. 7   554
EStG zu versteuern. Diese sind im Rahmen des Sparerfreibetrags von 6.000 DM (Einzelveranlagung) bzw. 12.000 DM (Zusammenveranlagung) steuerfrei.

ff) Veräußerungsrente

Literatur: *Dornbusch*, Die einkommensteuerliche Behandlung des Erwerbs einer Praxis 1986, AnwBl 1986, 496; *Theisen*, Entscheidungsalternativen und steuerliche Wahlrechte bei der Betriebsveräußerung, StuW 1986, 354; *Dirrigl*, Unternehmensveräußerung gegen wiederkehrende Bezüge, DB 1988, 453; *Richter*, Betriebsveräußerung gegen Leibrente, DStR 1988, 178; *Hiller*, Betriebsveräußerung auf Rentenbasis, INF 1989, 277; *Felix*, Barpreis – Bestandteil der „gemischten Abfindung" eines Mitunternehmers als außerordentliche Einkünfte (§ 34 Abs. 1, 2 EStG), DStZ 1991, 629; *Katterbe*, Tarifbegünstigung für die Ablösung einer betrieblichen Veräußerungsrente, KFR F. 3 EStG § 24, 1/92, 25.

Vgl. auch vor Anm. 1 und 401.

---

1   BFH, U. v. 16.3.1989 IV R 153/86, BStBl II 1989, 557.
2   Vgl. BFH, B. v. 5.7.1990 GrS 4-6/89, BStBl II 1990, 847.
3   FG Köln, U. v. 11.7.1985 rkr., EFG 1986, 561; Jansen/Wrede, Renten, Raten, Dauernde Lasten, RdNr. 282 ff., Beispiele 38 bis 40; Abschn. 139 Abs. 12 Sätze 4 und 14 EStR; a.A. Schmidt, § 16 Anm. 50d, versicherungsmathematische Grundsätze; vgl. Hessisches FG, B. v. 3.1.1990 rkr., EFG 1990, 308, zweifelhaft.

555 Bei einer Veräußerungsrente[1] hat der Berechtigte zunächst zwei Möglichkeiten, wobei er das **Wahlrecht bis zum Ende der mündlichen Verhand-
lung** vor dem FG ausüben kann.[2]

556 • Er kann sich für eine **Besteuerung bei Zufluß** der Zahlungen entscheiden. Sie sind in voller Höhe nachträgliche Einkünfte aus Gewerbebetrieb (§§ 15, 24 Nr. 2 EStG), sobald die Zahlungen das Kapitalkonto
und die Veräußerungskosten übersteigen. Freibetrag nach § 16 Abs. 4
EStG und Tarifbegünstigung nach § 34 EStG sind nicht zu gewähren.[3]

557 • Der Veräußerer kann aber auch eine **Sofortbesteuerung** wählen. Veräußerungspreis ist der versicherungsmathematische Barwert.[4] Der Veräußerungsgewinn ist nach den §§ 16 Abs. 4, 34 Abs. 2 Nr. 1 EStG
begünstigt.[5] Die laufenden Rentenzahlungen sind mit dem Ertragsanteil
nach § 22 Nr. 1 Satz 3 Buchst. a EStG als Kapitaleinkünfte gemäß § 20
Abs. 1 Nr. 7 EStG zu versteuern.[6]

558 • Hat sich der Veräußerer zunächst für die erste Möglichkeit (Zuflußbesteuerung) entschieden, so bleibt es ihm dennoch nicht verwehrt, bei
einer **Ablösung** der Rente durch eine Einmalzahlung **in einem späteren Veranlagungszeitraum** die zweite Möglichkeit (Einmalbesteuerung) zu wählen. Die Tarifbegünstigung der §§ 16 Abs. 2, 34 Abs. 2
Nr. 1 EStG wird jedoch für den Teil des Ablösungsbetrags, der dem
Gesamtvolumen des mit den wiederkehrenden Bezügen verrechneten
Buchwertes entspricht, nicht gewährt.[7]

559 Die aufgrund einer **Wertsicherungsklausel** zu zahlenden erhöhten Renten
sind bei der Zuflußversteuerung anzusetzen. Bei der Sofortversteuerung
führen sie jedoch nicht zu einer Erhöhung des Veräußerungspreises.[8] Der

---

1 Zu den Voraussetzungen vgl. Anm. 428 ff.
2 Vgl. BFH, U. v. 21.9.1990 VI R 97/86, BStBl II 1991, 262; a.A. Herrmann/Heuer/Raupach, § 16
   EStG, Anm. 205 a.E., bis zur Bestandskraft der Veranlagung; Schmidt, § 16 Anm. 44a: Spätestens
   mit Abgabe der Einkommensteuererklärung.
3 BFH, B. v. 21.12.1988 III B 15/88, BStBl II 1989, 409, m.w.N.; U. v. 10.7.1991 X R 79/90,
   DStR 1991, 1381, DB 1991, 2368, m. Anm. Katterbe, KFR F. 3 EStG § 24, 1/92, 25; Abschn.
   139 Abs. 12 EStR; zur Bindung an Zuflußbesteuerung vgl. BFH, B. v. 16.8.1991 X B 7/91,
   BFH/NV 1991, 819.
4 Vgl. Anm. 497.
5 BFH, B. v. 21.12.1988 III B 15/88, BStBl II 1989, 409, m.w.N.; Abschn. 139 Abs. 12 EStR.
6 BFH, U. v. 19.5.1992 VIII R 37/90, BFH/NV 1993, 87.
7 BFH, U. v. 10.7.1991 X R 79/90, DStR 1991, 1381, DB 1991, 2368, m. Anm. Katterbe, KFR
   F. 3 EStG § 24, 1/92, 25.
8 Jansen, NWB F. 3, 6473, 6475; a.A. Theisen, StuW 1986, 354, 365.

Erhöhungsbetrag ist in voller Höhe den Einnahmen aus Kapitalvermögen zuzurechnen.[1]

Veräußert der Unternehmer seinen Betrieb gegen ein **festes Entgelt und**   560
eine Rente, so besteht das Wahlrecht zwischen der Zufluß- und Sofortversteuerung hinsichtlich der wiederkehrenden Bezüge[2], selbst wenn diese
von dritter Seite erbracht werden.[3] Auf das feste Entgelt ist, soweit es den
Buchwert des Kapitalkontos und die Veräußerungskosten übersteigt, der
ermäßigte Steuersatz des § 34 Abs. 1 EStG anzuwenden.[4]

▷ *Gestaltungshinweis*

*Eine allgemeine Aussage, ob die **Zufluß- oder Sofortversteuerung** gün-*   561
stiger ist, kann nicht gemacht werden. Tendenziell ist jedoch bei einer
voraussichtlich kurzen Rentenlaufzeit und hohem Einkommensteuersatz die
Sofortversteuerung, bei langer Zahlungsdauer und niedrigem Einkommen-
steuersatz die Zuflußversteuerung vorzuziehen.[5] Entscheidend könnte auch
sein, ob dem Unternehmer der erhöhte Freibetrag des § 16 Abs. 4 Satz 3
EStG[6] zusteht.[7]

Da bei der Sofortbesteuerung die laufenden Zahlungen als Kapitaleinkünfte   562
nach § 20 Abs. 1 Nr. 7 EStG zu versteuern sind, kommt auch der Sparerfrei-
betrag von 6.000 DM (Einzelveranlagung) bzw. 12.000 DM (Zusammenver-
anlagung) in Betracht.

gg) Gewinn- oder Umsatzbeteiligung

Bei Gewinn- oder Umsatzbeteiligung besteht – ebenso wie bei der Veräu-   563
ßerungsrente – ein Wahlrecht zwischen Zufluß- und Sofortversteuerung.[8]

(Einstweilen frei)   564-580

---

1   BFH, U. v. 19.5.1992 VIII R 37/90, BFH/NV 1993, 87; vgl. FG Baden-Württemberg, Außense-
    nate Stuttgart, U. v. 19.8.1992 12 K 378/87 NZB, EFG 1993, 229, Az. des BFH: VIII B 104/92;
    a. A. Jansen, a.a.O., mit dem Ertragsanteil zu versteuern, maßgebend sei der ursprüngliche
    Vomhundertsatz.
2   BFH, U. v. 29.12.1988 VIII R 110/82, BFH/NV 1989, 630.
3   BFH, U. v. 7.11.1991 IV R 14/90, BStBl II 1992, 457.
4   BFH, U. v. 10.7.1991 X R 79/90, DStR 1991, 1381, DB 1991, 2368; vgl. Felix, DStZ A 1991,
    629.
5   Vgl. i.e. Dirrigl, DB 1988, 453.
6   Vgl. Anm. 538 ff.
7   Vgl. Rechenbeispiel bei Dornbusch, AnwBl 1989, 26.
8   Vgl. Anm. 555 ff.

IV. Teilentgeltliche Betriebsübertragung

Literatur: *Pape*, Auswirkungen der Teilentgeltlichkeit bei Betriebsübertragungen im Wege der vorweggenommenen Erbfolge, INF 1991, 221, 245; *Obermüller*, Teilentgeltliche Veräußerung von Betrieben, Teilbetrieben und Mitunternehmeranteilen unter Buchwert, INF 1991, 409; *Stephan*, Zum teilentgeltlichen Erwerb eines Betriebs oder Mitunternehmeranteils bei Erbauseinandersetzung und vorweggenommenen Erbregelung, DB 1991, 2051.

Vgl. auch vor Anm. 1 und 401.

1. Fälle teilentgeltlicher Betriebsübertragungen

Fall

V überträgt seinen Gewerbebetrieb (Verkehrswert 600.000 DM, Aktiva 400.000 DM, Passiva 500.000 DM) auf S. S muß seiner Schwester T ein Gleichstellungsgeld von 200.000 DM zahlen.

Abwandlung

S muß anstelle der Geldleistung eine Eigentumswohnung, die sich in seinem Privatvermögen befindet, übereignen.

581   Wenn die gegenseitigen Leistungen nicht nach kaufmännischen Gesichtspunkten gegeneinander abgewogen sind, das Entgelt das Kapitalkonto übersteigt, und es sich nicht um Versorgungsleistungen handelt, liegt eine **teilentgeltliche Betriebsübertragung** vor. Die Bezeichnung – z.B. als Kaufvertrag – ist unbedeutend.[1]

582   Anschaffungskosten können neben **Zahlungen an den Übergeber auch Ausgleichszahlungen an Dritte** (z.B. Geschwistergelder; selbst bei Zahlungen aufgrund eines Erbverzichts)[2], und die **Übernahme (privater) Verbindlichkeiten** sein.[3] Die Verbindlichkeiten sind, soweit sich aus ihrer

---

1   Vgl. BFH, U. v. 26.6.1991 XI R 3/89, BFH/NV 1991, 682.
2   Vgl. BFH, U. v. 5.6.1991 XI R 3/84, BFH/NV 1991, 679; auch bei Erwerb vom Vorerben, vgl. BFH, U. v. 20.12.1990 XI R 4/83, BFH/NV 1991, 449; zur Abzinsung vgl. BFH, U. v. 24.4.1991 XI R 5/83, BStBl II 1991, 793; v. 5.6.1991 XI R 8/85, BFH/NV 1992, 23.
3   Vgl. BFH, B. v. 5.7.1990 GrS 4-6/89, BStBl II 1990, 847, der zwar zur vorweggenommenen Erbfolge bei Privatvermögen ergangen, aber auch auf den betrieblichen Bereich übertragen worden ist; vgl. auch BFH, U. v. 10.4.1991 XI R 7, 8/84, BStBl II 1991, 791.

Übernahme Anschaffungskosten ergeben, als Betriebsschulden zu **passivieren**.[1] Zahlungen in Hinblick auf die Einsetzung als Vertragserbe sind aber mangels Gegenleistung steuerrechtlich nicht zu berücksichtigen.[2]

Der Übernehmer muß **zivilrechtlich wirksam** verpflichtet sein, entweder   583 durch den Übergabevertrag oder eine gesonderte Vereinbarung. Das Schenkungsversprechen ist notariell zu beurkunden (§ 518 Abs. 1 BGB). Eine Heilung durch Bewirken der versprochenen Leistung ist möglich (§ 518 Abs. 2 BGB). Wenn der Übernehmer eine Leistung erbringt, ohne dazu verpflichtet zu sein, handelt es sich um eine private Zuwendung, in der kein Entgelt zu sehen ist.

Im Übergang der Verbindlichkeiten des übernommenen Betriebs, Teilbe-   584 triebs oder Mitunternehmeranteils sind jedoch weder Veräußerungsentgelt noch Anschaffungskosten zu sehen, selbst wenn das Kapitalkonto negativ ist.[3] Muß der Übernehmer S **zusätzlich zum übernommenen negativen Kapitalkonto noch weitere Leistungen** (z. B. Gleichstellungsgeld, Abstandszahlung) erbringen, so bestehen Veräußerungsgewinn und Anschaffungskosten aus dem negativen Kapitalkonto und den zusätzlichen Leistungen[4], im Fall also 300.000 DM.

Um ein Veräußerungs- und Anschaffungsgeschäft handelt es sich auch   585 dann, wenn der Übernehmer verpflichtet ist, ein bisher in seinem Vermögen stehendes **Wirtschaftsgut auf Dritte zu übertragen (Abwandlung)**, oder wenn er zunächst zu einer Ausgleichszahlung verpflichtet war und diese Verpflichtung später durch Hingabe eines Wirtschaftsguts erfüllt.[5] Befand sich das Wirtschaftsgut im Privatvermögen, so hat der Übernehmer Anschaffungskosten in Höhe des gemeinen Werts des hingegebenen Wirtschaftsguts. Entnimmt er das Wirtschaftsgut aus seinem Betriebsvermögen, so ist der Teilwert maßgebend.[6] Die Entnahme führt zur Aufdeckung der stillen Reserven. Der Entnahmegewinn zählt zum laufenden Gewinn.[7]

---

1   BMF v. 13.1.1993, BStBl I 1993, 80, Tz. 27; vgl. BFH, U. v. 8.11.1990 IV R 73/87, BStBl II 1991, 450.
2   FG Münster, U. v. 4. 6. 1991 1 K 2505/91 rkr., EFG 1992, 126.
3   Vgl. Anm. 426.
4   BFH, U. v. 16.12.1992 XI R 34/92, BStBl II 1993, 436; BMF v. 13.1.1993, BStBl I 1993, 80, Tz. 31; Korn, KÖSDI 1993, 9331, 9336 f.
5   BMF v. 13.1.1993, BStBl I 1993, 80, Tz. 7.
6   BMF v. 13.1.1993, BStBl I 1993, 80, Tz. 12.
7   Obermeier, DStR 1993, 77, 80.

586 Die **Übertragung** von Teilen des **übernommenen Betriebsvermögens** an Angehörige oder Dritte führt nicht zu einem entgeltlichen Rechtsgeschäft.[1]

587-600   *(Einstweilen frei)*

2. Steuerrechtliche Behandlung der teilentgeltlichen Betriebsübertragung

a) Bedingung, Befristung, Betagung; Abzinsung

Fall
V überträgt seinen land- und forstwirtschaftlichen Betrieb auf seinen Sohn S gegen Gleichstellungsgelder für T. Gleichzeitig bestimmt V, daß T von Veräußerungen aus dem Betriebsvermögen (insbesondere Baugrundstücke) 1/3 des Veräußerungsgewinns erhalten soll.

601 Zu Bedingung, Befristung, Betagung und Abzinsung vgl. Anm. 261 ff.

602 In diesem Fall handelt es sich um eine sog. **Spekulationsklausel**, also eine aufschiebende Bedingung, die bei ihrem Eintritt zu nachträglichen Anschaffungskosten für den Übernehmer und nachträglichen Einnahmen des Übergebers aus Land- und Forstwirtschaft darstellen. Der Freibetrag nach § 13 Abs. 3 EStG ist zu gewähren, nicht aber die Ermäßigungen des § 34 Abs. 1 EStG bzw. nach § 34 e EStG.

▷ *Gestaltungshinweis*

603 *Um die Belastung des Übergebers zu vermeiden, empfiehlt es sich, daß der Hofübernehmer auch die auf die Veräußerungen entfallende Einkommensteuer übernimmt. Dies führt zu einer Erhöhung der nachträglichen Anschaffungskosten.*

604 *(Einstweilen frei)*

b) Behandlung des Erwerbers

Literatur: *Hörger/Stobbe*, Die Zuordnung stiller Reserven beim Ausscheiden eines Gesellschafters einer Personengesellschaft, DStR 1991, 1230; *Siegel*, Stille Reserven beim Unternehmens- oder Anteilsverkauf, Geschäftswert und Teilwert, DStR 1991, 1477; *gf*, Praxisverkauf und gleichzeitige Schenkung des Betriebsgrundstücks, KÖSDI 1991, 8730.

Vgl. auch vor Anm. 1 und 401.

---

1   BMF v. 13.1.1993, BStBl I 1993, 80, Tz. 8; vgl. auch Anm. 442.

Fall

V überträgt seinen Betrieb auf seinen Sohn S, der der Schwester T ein Gleichstellungsgeld von 600.000 DM zahlen muß. Zum Zeitpunkt der Übertragung stellt V folgende Schlußbilanz (31.12.1992) auf (Verkehrswerte in Klammern) – auch erforderlich bei Gewinnermittlung nach § 4 Abs. 3 EStG bzw. § 13 a EStG[1] –:

Geschäfts- oder Firmenwert	0 DM	(600.000 DM)
Grund und Boden	180.000 DM	(580.000 DM)
Gebäude	200.000 DM	(300.000 DM)
Wirtschaftgüter des Umlaufvermögens	400.000 DM	(500.000 DM)
Bank, Kasse	20.000 DM	(20.000 DM)
	800.000 DM	(2.000.000 DM)
Verbindlichkeiten	320.000 DM	
Kapital	480.000 DM	
	800.000 DM	

Liegt das **Entgelt über dem steuerlichen Kapitalkonto des Übergebers,** so ist von einem (teil-)entgeltlichen Erwerb des Betriebs, Teilbetriebs oder Mitunternehmeranteils auszugehen.[2] Wenn das Entgelt das steuerliche Kapitalkonto nur erreicht, ist der Erwerb unentgeltlich.[3]   605

Zunächst muß festgestellt werden, in welchen Buchwerten **stille Reserven** enthalten sind und wieviel sie insgesamt betragen. Diese stillen Reserven sind dann gleichmäßig um den Prozentsatz aufzulösen, der dem Verhältnis des aufzustockenden Betrags (Unterschied zwischen dem Buchwert des übertragenen Betriebsvermögens und dem Veräußerungspreis) zum Gesamtbetrag der vorhandenen stillen Reserven des beim Veräußerer ausgewiesenen Betriebsvermögens entspricht.[4] Zu einer Aufdeckung der stillen Reserven, die auf einen vom Übergeber selbst geschaffenen **Geschäfts- oder Firmenwert** entfallen, kommt es erst nach vollständiger Aufdeckung   606

---

1   Vgl. Anm. 532.
2   BMF v. 13.1.1993, BStBl I 1993, 80, Tz. 35.
3   BMF v. 13.1.1993, BStBl I 1993, 80, Tz. 38, mit Beispiel; vgl. Anm. 445.
4   Halbig, INF 1991, 529, 533; zum Praxisverkauf bei gleichzeitiger Schenkung des Betriebsgrundstücks vgl. gf, KÖSDI 1991, 8730.

der stillen Reserven, die in den übrigen Wirtschaftsgütern des Betriebsvermögens enthalten sind.[1]

607   Den Anschaffungskosten von 600.000 DM steht ein Kapitalkonto von 480.000 DM gegenüber. Von den stillen Reserven – ohne Geschäfts- oder Firmenwert – in Höhe von 600.000 DM müssen also **120.000 DM aufgedeckt** werden. Dies entspricht einem Anteil von **20 %**. S stellt folgende Eröffnungsbilanz (1.1.1993) auf:

608   Grund und Boden

bisheriger Wertansatz	180.000 DM	
aufgedeckte stille Reserven 20 % von 400.000 DM		
	80.000 DM	260.000 DM

Gebäude

bisheriger Wertansatz	200.000 DM	
aufgedeckte stille Reserven 20 % von 100.000 DM		
	20.000 DM	220.000 DM

Umlaufvermögen

bisheriger Wertansatz	400.000 DM	
aufgedeckte stille Reserven 20 % von 100.000 DM		
	20.000 DM	420.000 DM

Bank, Kasse		20.000 DM 920.000 DM

Verbindlichkeiten	320.000 DM	

Kapital	600.000 DM	920.000 DM

---

1   BMF v. 13.1.1993, BStBl I 1993, 80, Tz. 35, Stufentheorie; a. A. Hörger/Stobbe, DStR 1991, 1230: Einbeziehung auch des Geschäftswerts, proportionale Verteilung der stillen Reserven; a. A. Siegel, DStR 1991, 1477: Aufteilung grundsätzlich im Verhältnis sämtlicher Teilwerte, unabhängig von den Buchwerten, modifizierte Stufentheorie.

In Höhe des **unentgeltlichen Erwerbs** tritt S in die Rechtsposition seines 609
Vaters V ein. Er führt die AfA des V fort[1], die Vorbesitzzeiten i. S. von
§ 6 b Abs. 4 EStG bzw. i. V. mit § 6 c EStG werden angerechnet[2], die
Verbleibensvoraussetzungen des § 3 Zonenrandförderungsgesetz[3], des § 5
Abs. 6 InvZulG 1986[4] und des § 2 Nr. 2 Fördergebietsgesetz[5] sind gewahrt.
Diese Frage ist jedoch beim InvZulG 1991 bedeutungslos, da diese Begünstigungen nur voraussetzen, daß die Wirtschaftsgüter im Anlagevermögen
irgendeines Betriebs oder irgendeiner Betriebsstätte im Fördergebiet verbleiben.[6]

In den anderen bereits geschilderten Fällen ist der tatsächliche Anteil des 610
unentgeltlichen Erwerbs – einschließlich der stillen Reserven – festzustellen. Nach Auffassung der Finanzverwaltung bestimmt sich der entgeltlich und der unentgeltlich erworbene Teil der einzelnen Wirtschaftsgüter
nach dem **Verhältnis der gesamten Anschaffungskosten zum Verkehrswert** des Betriebs, Teilbetriebs oder Mitunternehmeranteils – ohne Ge-
schäfts- oder Firmenwert –.[7] Im Beispielsfall würde der unentgeltliche Teil
57,142 % (800.000 DM : 1.400.000 DM) betragen.

M. E. ist jedoch der **Einzelbetrachtung** der Vorzug zu geben. Von den 611
Buchwerten erwirbt S 60 % entgeltlich, da von seinen Anschaffungskosten
(600.000 DM) 480.000 DM auf die Buchwerte von 800.000 DM entfallen.

---

1 BMF v. 13.1.1993, BStBl I 1993, 80, Tz. 39.
2 Vgl. BFH, U. v. 24.3.1992 VIII R 48/90, BStBl II 1993, 93, m. Anm. G. Söffing, NWB F. 3,
  8457; Abschn. 41 c Abs. 7 EStR; a.A. Hiller, INF 1993, 217, Tz. 2.2.2.
3 Vgl. BMF v. 27.12.1989, BStBl I 1989, 518, Tz. 13 f.
4 Vgl. BMF v. 31.12.1986, BStBl I 1987, 51, Tz. 42 ff.
5 BMF v. 13.1.1993, BStBl I 1993, 80, Tz. 41.
6 BMF v. 28.8.1991, BStBl I 1991, 768, Tz. 44.
7 BMF v. 13.1.1993, BStBl I 1993, 80, Tz. 37.

612	unentgeltlich	entgeltlich
Grund und Boden		
Buchwert	72.000 DM	108.000 DM
stille Reserven	320.000 DM	80.000 DM
Summe	392.000 DM	188.000 DM
Anteil	67,586 %	32,414 %
Gebäude		
Buchwert	80.000 DM	120.000 DM
stille Reserven	80.000 DM	20.000 DM
Summe	160.000 DM	140.000 DM
Anteil	53,333 %	46,67 %
Umlaufvermögen		
Buchwert	160.000 DM	240.000 DM
stille Reserven	80.000 DM	20.000 DM
Summe	240.000 DM	260.000 DM
Anteil	48 %	52 %

▷ *Hinweis*

613 *Die Ermittlung des entgeltlichen bzw. unentgeltlichen Teils nach der Rechts-*
auffassung der Finanzverwaltung ist wesentlich einfacher. Sie führt bei
den Wirtschaftsgütern zu günstigeren Ergebnissen, bei denen die stillen
Reserven größer sind als bei anderen Wirtschaftsgütern.

614 Aus Vereinfachungsgründen behandelt die Finanzverwaltung die **Auf-**
stockungsbeträge wie nachträgliche Anschaffungskosten.[1] Bei Wirtschaftsgütern, die nach der individuellen Nutzungsdauer abgeschrieben
werden, erhöht sich der Restbuchwert. Die neue AfA-Bemessungsgrundlage ist auf die neu ermittelte Restnutzungsdauer zu verteilen. Bei Wirtschaftsgütern mit gesetzlich festgelegter AfA erhöhen sich die ursprünglichen Anschaffungs- oder Herstellungskosten. Der AfA-Zeitraum verlängert
sich über 25, 40 bzw. 50 Jahre hinaus.[2]

615-620 *(Einstweilen frei)*

---

1 BMF v. 13.1.1993, BStBl I 1993, 80, Tz. 37.
2 Korn, KÖSDI 1993, 9331, 9337; vgl. Abschn. 44 Abs. 11 EStR; Schmidt, § 7 Anm. 6 d.

c) Behandlung des Veräußerers

aa) Ermittlung des Veräußerungsgewinns

Fall

Das Kapitalkonto von V beträgt 100.000 DM, der Verkehrswert des Betriebs 600.000 DM. V überträgt den Betrieb gegen Zahlung von 300.000 DM auf seinen Sohn S.

Ein Veräußerungsgewinn kann auch entstehen, wenn der Veräußerungspreis **621** hinter dem Verkehrswert zurückbleibt. Auch in diesem Fall wird der Veräußerungsgewinn nach folgender Formel ermittelt: **Veräußerungspreis ./. Veräußerungskosten ./. Wert des Betriebsvermögens (= sog. Einheitstheorie).**[1] Er beträgt also in diesem Fall 200.000 DM. Dem steht nicht entgegen, daß der Erwerber die AfA vom entgeltlichen und vom unentgeltlichen Teil beanspruchen kann.[2]

Würde man der sog. **Trennungstheorie**[3] folgen, so wäre die Gegenleistung **622** dem tatsächlichen Wert des Betriebs gegenüberzustellen. Der sich hiernach ergebende %-Satz würde dann der Ermittlung des Veräußerungsgewinns zugrunde gelegt.

▷ *Gestaltungshinweis*

Die steueroptimale Gestaltung ist nur ein Rechenexempel. Wenn der Über- **623** *nehmer – ohne Belastung des Übergebers – ein möglichst hohes AfA-Volumen erreichen will, ist als Entgelt ein Betrag in Höhe des Kapitalkontos zuzüglich des steuerfreien Veräußerungsgewinns zu vereinbaren.*

Durch die Berechnung nach der sog. Einheitstheorie gehen die **nicht** **624** **realisierten stillen Reserven** auf den Übernehmer über. Wenn die stillen Reserven jedoch in Zukunft nicht der Besteuerung unterliegen würden (z. B. bei einer dauerhaften Verpachtung).[4], müssen auch die auf den unentgeltlichen Teil entfallenden stillen Reserven aufgedeckt werden.[5]

---

1 BMF v. 13.1.1993, BStBl I 1993, 80, Tz. 35; vgl. BFH, U. v. 10.7.1986 IV R 12/81, BStBl II 1986, 811; Groh, DB 1990, 2187, 2190; auch bei negativem Kapitalkonto, BFH, U. v. 10.12.1992 XI R 34/92, BStBl II 1993, 436.

2 Vgl. Anm. 609 ff.

3 BFH, U. v. 17.7.1980 IV R 15/76, BStBl II 1981, 11, zu § 17 EStG: Aufteilung in eine voll entgeltliche Veräußerung und eine voll unentgeltliche Übertragung; LS, DStR 1990, 668.

4 Vgl. BFH, U. v. 20.4.1989 IV R 95/87, BStBl II 1989, 863.

5 Hiller, INF 1993, 217, Tz. 2.2.1.

bb) Steuerfreiheit des Veräußerungsgewinns

Literatur: *Richter*, Betriebsübertragung in vorweggenommener Erbfolge und steuerfreier Veräußerungsgewinn, FR 1991, 349; *Schoor*, Der einkommensteuerliche Freibetrag für Veräußerungs- und Aufgabegewinne, BuW 1993, 315.

Vgl. auch vor Anm. 1 und 401.

Fall

V, der das 55. Lebensjahr vollendet hat, überträgt seinen Betrieb auf seinen Sohn S. Das Kapitalkonto beträgt 100.000 DM, der Verkehrswert 400.000 DM. S soll seiner Schwester T 200.000 DM zahlen.

625　V erzielt durch die (teil-)entgeltliche Übertragung seines Betriebs einen Veräußerungsgewinn von 100.000 DM, der **nach den §§ 16, 34 EStG begünstigt** ist.[1]

626　In den Fällen, in denen das Entgelt den Verkehrswert des Betriebs, Teilbetriebs oder Mitunternehmeranteils nicht erreicht, bestimmt sich der Freibetrag nach § 16 Abs. 4 EStG nur im **Verhältnis des** bei der Veräußerung **tatsächlich entstandenen Gewinns** zu dem bei einer unterstellten Veräußerung des ganzen Betriebs **erzielbaren Gewinn**.[2]

627　Der Freibetrag beträgt im Regelfall 120.000 DM, wenn der Veräußerungsgewinn 300.000 DM nicht übersteigt. Das Verhältnis des tatsächlich entstandenen Gewinns (100.000 DM) zum erzielbaren Gewinn (300.000 DM) ist 1:3. Der Freibetrag wird also in Höhe von 40.000 DM (1/3 von 120.000 DM) gewährt, da der Veräußerungsgewinn 100.000 DM (1/3 von 300.000 DM) nicht übersteigt.

d) Finanzierungskosten

628　Die Zinsen sind **Betriebsausgaben**, wenn sie für eine Verbindlichkeit geleistet werden, die durch den Betrieb veranlaßt ist und deshalb zum Betriebsvermögen gehört.[3] Dies ist zu bejahen, wenn die Schuld eingegangen wird, um z.B. sogenannte Gleichstellungsgelder oder eine Abfindung als Entgelt für die Übertragung eines Betriebs zu bezahlen.[4] Die Schuldzinsen

---

1　BMF v. 13.1.1993, BStBl I 1993, 80, Tz. 35.
2　BFH, U. v. 17.4.1980 IV R 99/78, BStBl II 1980, 642; BMF v. 13.1.1993, BStBl I 1993, 80, Tz. 36; Schoor, BuW 1993, 315, Tz. V., mit Beispiel.
3　BFH, B. v. 4.7.1990 GrS 2-3/88, BStBl II 1990, 817.
4　Zur Aufnahme eines Disagios vgl. Anm. 345.

sind auch dann Betriebsausgaben, wenn sie auf einer vom Rechtsvorgänger übernommenen privat veranlaßten Verbindlichkeit beruhen.[1]

(Einstweilen frei)   629,630

V. Übertragung von land- und forstwirtschaftlichem Vermögen

Literatur: *Felix*, Hofübergabe und Einkommensteuer, FR 1991, 656; *Kanzler*, Der Wirtschaftsüberlassungsvertrag – Rettungskonstruktion oder Gestaltungsmöglichkeit zur gleitenden Hofnachfolge, FR 1992, 239.

Vgl. auch vor Anm. 1 und 401.

Die vorstehenden Grundsätze gelten für die Übertragung land- und forst-   **631** wirtschaftlichen Vermögens im Wege einer vorweggenommenen Erbfolge entsprechend.[2] Es sind jedoch folgende Besonderheiten zu beachten:

1. Freibetrag nach § 14 a Abs. 4 EStG

Fall

V überträgt seinen land- und forstwirtschaftlichen Betrieb (negatives Kapitalkonto 500.000 DM) auf S. S muß seine Schwester T mit einem Grundstück abfinden.

Abwandlung 1

S muß T eine Abfindung von 50.000 DM zahlen. Er muß dafür ein Grundstück des Betriebs veräußern. T erhält den Veräußerungserlös.

Abwandlung 2

S bzw. T kann wählen: Abfindung oder Grundstück.

Abwandlung 3

S muß ein Gleichstellungsgeld von 50.000 DM zahlen. Er vereinbart mit T, daß sie anstelle der Zahlung ein Grundstück erhält.

---

1 BFH, U. v. 8.11.1990 IV R 73/87, BStBl II 1991, 450; BMF v. 13.1.1993, BStBl I 1993, 80, Tz. 40; vgl. auch Tz. 27; dazu Anm. 582.

2 BMF v. 13.1.1993, BStBl I 1993, 80, Tz. 42; Felix, FR 1991, 656; zum Wirtschaftsüberlassungsvertrag vgl. BFH, U. v. 18.2.1993 IV R 106/92, BStBl II 1993, 546; IV R 50/92, BStBl II 1993, 548; Kanzler, FR 1992, 239; kk, KÖSDI 1993, 9426.

632 Wenn weichende Erben abgefunden werden, kommt der **Freibetrag** bei Vorliegen der übrigen Voraussetzungen des § 14 a Abs. 4 EStG[1] in folgenden Fällen in Betracht:

- Übertragung eines Grundstücks an weichende Erben im Zuge der Hofübergabe;

- Veräußerung von Grund und Boden, um mit dem Veräußerungserlös weichende Erben abzufinden[2];

- Übertragung eines Grundstücks an weichende Erben anstelle eines Gleichstellungsgeldes.[3]

633 Während eine Grundstücksübertragung aus dem übernommenen Betriebsvermögen nicht zu **Anschaffungskosten** führt[4], ist in der Abfindungszahlung ein Entgelt zu sehen. Für diese Fälle ist zugleich § 14 a Abs. 4 EStG anzuwenden.[5]

634 **Fall**: Entnahmegewinn[6]; unentgeltliches Rechtsgeschäft[7]; ggf. § 14 a Abs. 4 EStG.

Abwandlung 1: Veräußerungsgewinn durch Verkauf; (teil-)entgeltliches Rechtsgeschäft durch Gleichstellungsgeld[8]; ggf. § 14 a Abs. 4 EStG.

Abwandlung 2: Entscheidend ist, wie das Wahlrecht ausgeübt wird. Wenn Grundstück gewählt wird, vgl. „Fall", wenn Abfindung gewählt wird, vgl. „Abwandlung 1".

Abwandlung 3: Wenn im Übergabevertrag kein Wahlrecht eingeräumt worden ist, ist die Übertragung des Grundstücks nicht als Weiterleitung empfangenen Vermögens anzusehen. S tilgt mit der Hingabe des Grundstücks eine Schuld der T gegenüber. Es handelt sich um einen Veräußerungsgewinn; (teil-)entgeltliches Rechtsgeschäft[9]; ggf. § 14 a Abs. 4 EStG.

---

1 Vgl. im einzelnen Herrmann/Heuer/Raupach, § 14 a EStG.
2 Vgl. Abschn. 133 b Abs. 3 EStR; BMF v. 13.1.1993, BStBl I 1993, 80, Tz. 43.
3 Kanzler/Obermeier, Fachseminar 1991, Aktuelle Probleme bei der Besteuerung der Land- und Forstwirte, S. 76 ff.
4 Vgl. Anm. 586.
5 Herrmann/Heuer/Raupach, § 14 a Abs. 4 EStG Anm. 171; Begründung zum Gesetzentwurf einer weiteren Änderung des EStG durch das Standortsicherungsgesetz; a. A. Felsmann, D 296; Littmann/Bitz/Meincke, § 14 a Rdn. 35e.
6 Vgl. Anm. 442.
7 Vgl. Anm. 586.
8 Vgl. Anm. 581 f., 491.
9 Vgl. Anm. 585, 581, 491.

2. Abfindungen nach der Höfeordnung

Auf Abfindungen und Ergänzungsabfindungen, die der Übernehmer eines   **635**
land- und forstwirtschaftlichen Betriebs nach den §§ 12, 13, 17 Abs. 2
HöfeO an andere Abkömmlinge des Übergebers zahlen muß, sind die
Grundsätze der ertragsteuerlichen Behandlung der Erbauseinandersetzung
anzuwenden.[1]

Für die Übertragung von hofesfreiem Vermögen gelten die Grundsätze der   **636**
vorweggenommenen Erbfolge.[2]

3. Gutabstandsgelder

Bei der Hofübergabe neben Altenteilsleistungen vereinbarte unverzinsliche   **637**
Geldansprüche des Übergebers, die nur auf sein Verlangen zu erbringen
sind und die mit seinem Tod erlöschen (Gutabstandsgelder), führen erst
bei ihrer Entstehung zu Veräußerungsentgelten des Übergebers und Anschaffungskosten des Übernehmers[3]; denn es handelt sich hierbei um eine
bedingte Verpflichtung.[4]

4. Nach § 55 EStG pauschal bewerteter Grund und Boden

Fall

V überträgt seinen land- und forstwirtschaftlichen Betrieb mit einem
Verkehrswert von 800.000 DM (steuerliches Kapitalkonto 300.000 DM)
auf seinen Sohn S, der an seine Schwester T ein Gleichstellungsgeld
von 400.000 DM zahlen muß. Zum Übertragungszeitpunkt ergeben sich
folgende Werte (Verkehrswerte in Klammern):

---

1   BMF v. 11.1.1993, BStBl I 1993, 62, Tz. 89; Felix, FR 1991, 656, 657; vgl. Anm. 929 ff.
2   BMF v. 13.1.1993, BStBl I 1993, 80, Tz. 44.
3   BMF v. 13.1.1993, BStBl I 1993, 80, Tz. 45.
4   Vgl. BMF v. 13.1.1993, BStBl I 1993, 80, Tz. 11, 19 bis 21; vgl. Anm. 262 ff.

Pauschal bewerteter Grund und Boden	390.000 DM	(260.000 DM)
sonstige Aktiva	60.000 DM	(690.000 DM)
	450.000 DM	(950.000 DM)
Kapital	300.000 DM	(800.000 DM)
Verbindlichkeiten	150.000 DM	(150.000 DM)
	450.000 DM	(950.000 DM)

Die Lösung dieses Falls ist umstritten.

a) Meinung des BMF

638 Wenn Grund und Boden nach § 55 Abs. 1 EStG bewertet wurde, und der Teilwert des Grund und Bodens niedriger als der Buchwert ist, will der BMF bei einem teilentgeltlichen Erwerb[1] den **Grund und Boden anteilig abstocken**[2] und den Veräußerungserlös um die Differenz aus pauschalem Wert und Entgelt für den entgeltlich übertragenen Teil des Grund und Bodens erhöhen.[3] Der BMF begründet dieses Ergebnis mit der **Verlustausschlußklausel** des § 55 Abs. 6 EStG.[4]

639 Rechnerisch stellt sich die Lösung folgendermaßen dar: Mit dem Gleichstellungsgeld von 400.000 DM erwirbt S 100.000 DM stille Reserven (400.000 DM Gleichstellungsgeld ./. 300.000 DM Kapital). Er hat damit 1/5 der gesamten stillen Reserven aufzudecken (500.000 DM gesamte stille Reserven zu 100.000 DM entgeltlich erworbene stille Reserven). Die sonstigen Aktiva sind somit um 126.000 DM (1/5 von 630.000 DM) aufzustocken, der Grund und Boden ist um 26.000 DM (1/5 von 130.000 DM) abzustocken. Der Betrag von 26.000 DM fällt unter das Verlustausgleichsverbot des § 55 Abs. 6 EStG.[5]

b) Eigene Meinung

640 Dieses Ergebnis ist nicht zwingend. **M.E. unterbleibt die Abstockung**, da der Betrieb und nicht das Wirtschaftsgut Grund und Boden veräußert wird. Hierbei ist der Buchwert des Betriebs (das Kapitalkonto) dem Veräußerungsentgelt gegenüberzustellen. Diese Lösung widerspricht nicht

---

1   Vgl. Anm. 581 ff.; zum unentgeltlichen Erwerb – auch bei Veräußerungsentgelt bis zur Höhe des Kapitalkontos, Anm. 445 – vgl. Anm. 451.
2   Felix, FR 1991, 656, 657.
3   Hiller, INF 1993, 217, Tz. 2.2.1
4   BMF v. 13.1.1993, BStBl I 1993, 80, Tz. 46.
5   A.A. Hiller, INF 1993, 217, Tz. 2.2.3.

dem Zweck der Verlustausschlußklausel des § 55 Abs. 6 EStG[1]; denn das Verlustabzugsverbot überträgt sich damit auf den Erwerber.[2]

5. Steuerfreier Veräußerungsgewinn

Fall

V, der das 55. Lebensjahr vollendet hat, überträgt seinen land- und forstwirtschaftlichen Betrieb auf S. Die Schlußbilanz weist nachstehende Werte aus (Verkehrswerte in Klammern):

Wohnhaus mit Grund und Boden	70.000 DM	(140.000 DM)
Übriger Grund und Boden	400.000 DM	(310.000 DM)
Sonstiges Anlagevermögen	100.000 DM	(250.000 DM)
Umlaufvermögen	20.000 DM	(200.000 DM)
	590.000 DM	(900.000 DM)
Eigenkapital	90.000 DM	
Verbindlichkeiten	500.000 DM	
	590.000 DM	

Der Grund und Boden ist ausschließlich nach § 55 Abs. 1 EStG bewertet worden. S hat ein Altenteil zu gewähren (Wert: 200.000 DM), die Schulden (500.000 DM) zu übernehmen sowie Abstandszahlungen und Gleichstellungsgelder zu zahlen (200.000 DM). V hatte die Nutzungswertbesteuerung noch nicht abgewählt.[3]

a) Behandlung des Veräußerers

Entgelt sind nur Abstandszahlungen und Gleichstellungsgelder (200.000   **641** DM), nicht Versorgungsleistungen und die Übernahme betrieblicher Schulden. Der Veräußerungsgewinn beträgt 110.000 DM (200.000 DM ./. Kapitalkonto 90.000 DM).

---

1 BFH, U. v. 8.8.1985 IV R 129/83, BStBl II 1986, 6.
2 Kanzler/Obermeier, Fachseminar 1991, Aktuelle Probleme bei der Besteuerung der Land- und Forstwirte, S. 81; Obermüller, INF 1991, 409, 411; Halbig, INF 1991, 529, 533; vgl. auch Pape, INF 221 ff., 245 ff.
3 Vgl. Kanzler/Obermeier, a.a.O., S. 80.

642   Da der **Veräußerungsgewinn**, der auf das **Wohnhaus** entfällt, nach § 52 Abs. 15 Satz 8 Nr. 1 EStG **steuerfrei** bleibt, sind die aufgelösten stillen Reserven den einzelnen Wirtschaftsgütern zuzuordnen. Die stillen Reserven betragen – nach der hier vertretenen Ansicht ohne Berücksichtigung des übrigen Grund und Bodens[1] – insgesamt 400.000 DM (Wohnhaus mit Grund und Boden 70.000 DM, sonstiges Anlagevermögen 150.000 DM, Umlaufvermögen 180.000 DM). Aufgedeckt sind 110.000 DM, also 27,5 %. Der auf das Wohnhaus entfallende Veräußerungsgewinn von 19.250 DM (27,5 % von 70.000 DM) bleibt steuerfrei, so daß V nur noch 90.750 DM (110.000 DM ./. 19.250 DM) zu versteuern hat. Darauf sind die Ermäßigungen der §§ 16 Abs. 4, 34 Abs. 1 EStG anzuwenden.

643   Der **Freibetrag nach § 16 Abs. 4 EStG** bestimmt sich nur im Verhältnis des bei der Veräußerung tatsächlich entstandenen Gewinns zu dem bei einer unterstellten Veräußerung des ganzen Betriebs erzielbaren Gewinn.[2] Steuerfreie Gewinnteile sind jeweils auszuscheiden. Steuerpflichtig realisierbar wären daher nur 330.000 DM (150.000 DM im Anlagevermögen und 180.000 DM im Umlaufvermögen).

644   Der Freibetrag beträgt bei Vollendung des 55. Lebensjahres im Regelfall 120.000 DM, wenn der Veräußerungsgewinn 300.000 DM nicht übersteigt. Das Verhältnis des tatsächlich entstandenen Gewinns (90.750 DM) zum erzielbaren Gewinn (330.000 DM) ist 27,5 %. Es ergibt sich daher folgende Berechnung[3]:

Tatsächlich entstandener steuerpflichtiger Gewinn		90.750 DM
Freibetrag 27,5 % von 120.000 DM		33.000 DM
Gesamtgewinn	90.750 DM	
./. 27,5 % von 300.000 DM	82.500 DM	
Minderung des Freibetrags	8.250 DM	8.250 DM
restlicher Freibetrag		24.750 DM 24.750 DM
zu versteuern nach Abzug von § 16 Abs. 4 EStG		66.000 DM

---

1   Vgl. Anm. 648 ff.
2   BFH, U. v. 17.4.1980 IV R 99/78, BStBl II 1980, 642, BMF v. 13.11.1993, BStBl I 1993, 80, Tz. 36; vgl. Anm. 625 ff.
3   Vgl. Kanzler/Obermeier, a.a.O., S. 80 ff.

b) Behandlung des Erwerbers

aa) Wohnhaus

Literatur: *Obermeier*, Abzugsbetrag nach § 10 e EStG und Nutzungswertbesteuerung, NWB F. 3, 8349; *ders.*, Abzugsbetrag nach § 10 e Abs. 2 EStG und Nutzungswertbesteuerung, NWB F. 3, 8447.

Vgl. auch vor Anm. 1 und 401.

Bei einer **unentgeltlichen Betriebsübertragung** nach § 7 Abs. 1 EStDV   645
tritt der Rechtsnachfolger in die Rechtsposition des Rechtsvorgängers ein.
Hat der Nutzungswert beim Rechtsvorgänger im Veranlagungszeitraum
1986 oder im Fall des § 52 Abs. 15 Satz 3 EStG[1] im Veranlagungszeitraum
der Fertigstellung zu den Einkünften aus Land- und Forstwirtschaft gehört,
ist auch auf den Rechtsnachfolger die Übergangsregelung anzuwenden.[2]

S hat jedoch den Betrieb nicht unentgeltlich, sondern **teilentgeltlich** er-   646
worben. Wenn man nach allgemeinen Grundsätzen für den teilentgeltlichen
Erwerb vorgehen würde, könnte S nur insoweit, als er unentgeltlich erwor-
ben hat, die Überschußrechnung fortführen. Soweit er entgeltlich erworben
hat, könnte er den Abzugsbetrag des § 10 e Abs. 1 EStG von seinen eigenen
Anschaffungskosten in Anspruch nehmen.[3] Eine Kürzung des § 10 e Abs. 1
EStG käme, da es sich um einen teilentgeltlichen Erwerb handelt, nicht in
Betracht.[4]

Diese Frage wird durch BFH, U. v. 25.3.1993[5] beeinflußt. In diesem Urteil   647
hat der BFH ausgeführt, den Steuerpflichtigen stehe **kein Abzugsbetrag**
nach § 10 e Abs. 1 EStG zu, **solange** sie mit der zu eigenen Wohnzwecken
genutzten Wohnung der **Nutzungswertbesteuerung** unterliegen. In seinem
U. v. 5.8.1992[6] hat der BFH diesen Grundsatz auf die nachträgliche Erstellung von Ausbauten und Erweiterungen (§ 10 e Abs. 2 EStG) erstreckt.
Wenn man diese Rechtsprechung auf die teilentgeltliche Betriebsübertragung anwendet, scheidet auch in diesem Fall § 10 e EStG aus. Ebenso wie
bei einem Anbau die zusätzlichen Räume in die Nutzungswertbesteuerung
einzubeziehen sind, umfaßt bei der teilentgeltlichen Betriebsübertragung

---

1 Vgl. Obermeier, Das selbstgenutzte Wohneigentum, Anm. 383.
2 BMF v. 12.11.1986, BStBl I 1986, 528, Tz. A. II. 7.
3 Stephan, DB 1991, 2051, 2053 f.
4 Vgl. Anm. 312 ff.
5 X R 30/90, BStBl II 1992, 801, m. Anm. Obermeier, NWB F. 3, 8349.
6 X R 8/91, BStBl II 1993, 30, m. Anm. Obermeier, NWB F. 3, 8447.

die Nutzungswertbesteuerung neben dem unentgeltlichen Teil auch den entgeltlichen Teil. Die auf den entgeltlichen Teil entfallenden Aufwendungen sind nachträgliche Anschaffungskosten.

▷ *Gestaltungshinweis*

648   *Bei einem Verzicht auf die Nutzungswertbesteuerung sind die auf das Wohnhaus entfallenden Anschaffungskosten nach § 10 e Abs. 1 EStG begünstigt. Wenn es sich um ein Altobjekt handelt, ist nach dem Gesetz zur Umsetzung des Föderalen Konsolidierungsprogramms bei einem Erwerb nach dem 31.12.1993 die Förderung nach § 10 e Abs. 1 EStG eingeschränkt (§ 10 e Abs. 1 Satz 4 EStG).*

bb) Bilanzierung

649   Soweit S unentgeltlich erwirbt, tritt er in die Rechtsposition des V ein. In Höhe des unentgeltlichen Erwerbs bleibt das Wohnhaus Betriebsvermögen.[1] Nach der hier vertretenen Ansicht entfallen von den Anschaffungskosten (200.000 DM) 90.000 DM auf Buchwerte von 590.000 DM. S erwirbt also **von den Buchwerten 15,25 % entgeltlich.**[2]

	unentgeltlich	entgeltlich
Buchwert Wohnhaus	59.325 DM	10.675 DM
stille Reserven	50.750 DM	19.250 DM
Summe	110.075 DM	29.925 DM
	= 78,625 %	= 21,375 %[3]

650   Wenn das Wohnhaus in vollem Umfang im Betriebsvermögen bleiben würde, müßte der neue Buchwert 89.250 DM betragen (bisheriger Wert: 70.000 DM, Aufdeckung der stillen Reserven 19.250 DM). Da das **Wohnhaus** aber **in Höhe des entgeltlichen Erwerbs aus dem Betriebsvermögen ausscheidet,** ist dieser Wert um den entgeltlichen Teil (29.925 DM) zu mindern. Er beträgt nunmehr 59.325 DM.

---

1   A.A. Kanzler in Kanzler/Obermeier, Fachseminar 1991, Aktuelle Probleme bei der Besteuerung der Land- und Forstwirte, S. 82.
2   Vgl. Anm. 610.
3   A. A. BMF v. 13.1.1993, BStBl I 1993, 80, Tz. 37: Verhältnis der Anschaffungskosten – 200.000 DM – zum Verkehrswert des Betriebs – 900.000 DM – = 22,22 %; vgl. Anm. 609.

Die **übernommenen Verbindlichkeiten** sind im Verhältnisse der Verkehrs-   **651**
werte des Betriebsvermögens und des Privatvermögens **aufzuteilen.**[1] Von
den gesamten Verkehrswerten (900.000 DM) entfallen 29.925 DM auf
den privaten Wohnhausteil. Das entspricht 3,325 %. Somit sind von den
Verbindlichkeiten (500.000 DM) 3,325 %, also 16.625 DM, dem Privatvermögen und 483.375 DM dem Betriebsvermögen zuzuordnen.
Die Bilanz sieht somit wie folgt aus: **652**

Wohnhausteil	59.325 DM
übriger Grund und Boden	400.000 DM
sonstiges Anlagevermögen	141.250 DM
Umlaufvermögen	69.500 DM
	670.075 DM
Eigenkapital	186.700 DM
Verbindlichkeiten	483.375 DM
	670.075 DM

▷ *Gestaltungshinweis*

Wenn man vermeiden will, daß von den betrieblichen Schulden ein Teil in   **653**
den Privatbereich überführt werden muß, sollte man das Wohnhaus zunächst
unentgeltlich und dann mit zeitlichem Abstand den Betrieb übertragen.
Dann besteht kein Mischvermögen, bei dem eine Aufteilung vorzunehmen
ist.

(Einstweilen frei)   **654-658**

F. Vorweggenommene Erbfolge über Mischvermögen

Fall
V überträgt S einen Gewerbebetrieb (Verkehrswert 2.000.000 DM,
Buchwert 200.000 DM) und ein Mehrfamilienhaus (Verkehrswert
1.000.000 DM), das mit Grundschulden in Höhe von 300.000 DM
belastet ist. Die Verbindlichkeiten hängen mit dem Erwerb des Mehrfamilienhauses zusammen. S ist verpflichtet, seiner Schwester T einen
Betrag von 1.200.000 DM zu zahlen.[2]

---

1   Vgl. Anm. 659 ff.
2   BMF v. 13.1.1993, BStBl I 1993, 80, Tz. 47.

659   Die Gesamtaufwendungen sind ebenso wie die übernommenen Verbindlich-keiten **im Verhältnis der Verkehrswerte des Betriebsvermögens und des Privatvermögens aufzuteilen.** Korn[1] will es unter Hinweis auf das U. des BFH v. 18.3.1980[2] steuerrechtlich anerkennen, wenn einzelne Gegenstände entgeltlich und andere unentgeltlich bzw. teilentgeltlich übertragen werden. Diese Meinung ist abzulehnen, da es sich bei einer Übertragung im Rahmen einer vorweggenommenen Erbfolge um ein einheitliches Rechtsgeschäft handelt, das auch nur insgesamt – als unentgeltlich, entgeltlich oder teil-entgeltlich – beurteilt werden kann.

660   Die Anschaffungskosten betragen insgesamt 1.500.000 DM (Gleichstel-lungsgelder 1.200.000 DM, Verbindlichkeiten 300.000 DM). Das Verhältnis der Verkehrswerte der übernommenen Wirtschaftsgüter beträgt 2/3 (Be-triebsvermögen = 2.000.000 DM) zu 1/3 (Privatvermögen = 1.000.000 DM). Auf den Betrieb entfallen Anschaffungskosten von 1.000.000 DM (2/3 von 1.500.000 DM), auf das Mehrfamilienhaus 500.000 DM (1/3 von 1.500.000 DM). Das Haus erwirbt S daher zur Hälfte entgeltlich und zur Hälfte unentgeltlich. Die auf den Betriebserwerb entfallenden Verbindlichkeiten in Höhe von 200.000 DM (2/3 von 300.000 DM) sind betriebliche Verbindlichkeiten des S.[3]

▷ *Gestaltungshinweis*

661   *Wenn eine teilweise entgeltliche und eine teilweise unentgeltliche Übertra-gung gewünscht wird, ist zu empfehlen, die Wirtschaftsgüter in getrennten Verträgen zu übertragen.*

G. Übergangsregelung

Literatur: *Felix,* „Altfälle" vorweggenommener und auseinandergesetzter Erbfolgen: Einkommensteuer und Ausgleichsansprüche wegen wesentlicher Änderung der „Steu-ergrundlage" als Wegfall der Geschäftsgrundlage, KÖSDI 1992, 9008.

I. Allgemeines

662   Die Grundsätze des BMF-Schreibens v. 13.1.1993[4] sind in allen noch offenen Fällen anzuwenden. Für Vermögensübertragungen, die **vor dem**

---

1   In KÖSDI 1993, 9331, 9333.
2   VIII R 148/78, BStBl II 1981, 794.
3   BMF v. 13.1.1993, BStBl I 1993, 80, Tz. 47.
4   BStBl I 1993, 80; zur Problemstellung vor Abfassung dieses Schreibens vgl. Felix, KÖSDI 1992, 9008.

1.1.1991 rechtlich bindend festgelegt[1] und bis spätestens 31.12.1993 vollzogen[2] worden sind, gilt jedoch folgende großzügige Übergangsregelung[3]:

- Der **Übergeber** kann auf Antrag nach der früheren Rechtsprechung behandelt werden, die bei einem Erwerb durch vorweggenommene Erbfolge eine Schenkung unter Auflage und damit einen unentgeltlichen Erwerb angenommen hat.[4] Veräußerungsgewinne, die sich aufgrund der neuen Rechtsprechung ergeben, sind nicht zu versteuern.[5] **Gewinne**, die nach der bisherigen Rechtsprechung der Besteuerung unterlagen (z.b. Entnahmegewinne aus der Zurückbehaltung von Grundstücken, aus der Eigentumsübertragung an weichende Erben, Ersatzerben, Pflichtteilsberechtigte und Vermächtnisnehmer sowie Veräußerungsgewinne zur Aufbringung von Geldleistungen), sind jedoch zu versteuern.[6]   663

- Selbst wenn sich der Übergeber für die Anwendung der früheren Rechtsprechung entscheidet, kann der **Übernehmer** nach der neuen Rechtslage besteuert werden.[7] Durch die Annahme von Anschaffungskosten ergibt sich ein (höheres) AfA-Volumen.   664

(Einstweilen frei)   665

II. Nachholung unterbliebener AfA

1. Keine Änderung bestandskräftiger Einkommensteuerbescheide

Bestandskräftige Veranlagungen, bei denen die AfA oder der Abzugsbetrag nach § 10 e EStG zu niedrig angesetzt worden ist, können nicht mehr geändert werden. Auch die Voraussetzungen für eine Änderung nach § 173 Abs. 1 Nr. 2 AO sind nicht gegeben, da das Finanzamt bei ursprünglicher Kenntnis des Sachverhalts nicht anders entschieden hätte.[8]   666

---

1 Vgl. Anm. 1324.
2 Vgl. Anm. 1325.
3 Obermeier, DStR 1993, 77, 87.
4 BFH, U. v. 26.11.1985 IX R 64/82, BStBl II 1986, 161; ausführlich zur früheren Rechtslage Obermeier, Das selbstgenutzte Wohneigentum ab 1987, 2. Aufl., Anm. 145.
5 Vgl. §§ 163, 176 AO; BMF v. 13.1.1993, BStBl I 1993, 80, Tz. 48.
6 Hiller, INF 1993, 217, 245, Tz. 5.2.2.
7 BMF v. 13.1.1993, BStBl I 1993, 80, Tz. 49.
8 BFH, B. v. 23.11.1987 GrS 1/86, BStBl II 1988, 180; BMF v. 13.1.1993, BStBl I 1993, 80, Tz. 50 f.

2. Gebäude-AfA

a) AfA nach § 7 Abs. 4 Satz 1 EStG

Fall

V übertrug mit Wirkung zum 1.1.1980 ein bebautes Grundstück (Verkehrswert 1.000.000 DM, davon Gebäude 800.000 DM) auf seinen Sohn S. V hatte das Grundstück zum 1.1.1970 für 600.000 DM (davon Gebäude 480.000 DM) erworben. S übernahm auf dem Grundstück lastende Verbindlichkeiten von 400.000 DM und hatte an seine Schwester T 300.000 DM zu zahlen. Das Gebäude hatte am 1.1.1980 eine tatsächliche Nutzungsdauer von 50 Jahren. S hat seitdem die AfA des V, der das Gebäude nach § 7 Abs. 4 Nr. 2 a EStG abgeschrieben hat, unverändert fortgeführt. Die Einkommensteuerbescheide für S bis einschließlich 1989 sind bestandskräftig.[1]

667   Die weiteren AfA können von der ermittelten Bemessungsgrundlage mit dem für den entgeltlich erworbenen Teil des Gebäudes maßgebenden Vomhundersatz vorgenommen werden. Die AfA können bis zu dem Betrag abgezogen werden, der von der Bemessungsgrundlage nach Abzug der bisherigen AfA, erhöhten AfA und Sonder-AfA verbleibt. In den Fällen des § 7 Abs. 4 Satz 1 EStG **verlängert sich der Abschreibungszeitraum** über 25, 40 bzw. 50 Jahre hinaus.[2]

668   S hat zum Erwerb des Grundstücks insgesamt 700.000 DM (Abfindungszahlung 300.000 DM und übernommene Verbindlichkeiten von 400.000 DM) aufgewendet. Nach dem Verhältnis der Verkehrswerte entfallen auf das Gebäude 560.000 DM und auf den Grund und Boden 140.000 DM. Eine Gegenüberstellung der Anschaffungskosten und des Verkehrswerts des Gebäudes ergibt, daß S das Gebäude zu 3/10 unentgeltlich und zu 7/10 entgeltlich für Anschaffungskosten in Höhe von 560.000 DM erworben hat.[3]

---

1   BMF v. 13.1.1993, BStBl I 1993, 80, Tz. 52.
2   BFH, U. v. 3.7.1984 IX R 45/84, BStBl II 1984, 709; BMF v. 13.1.1993, BStBl I 1993, 80, Tz. 52.
3   BMF v. 13.1.1993, BStBl I 1993, 80, Tz. 52.

Ab 1990 berechnen sich die AfA wie folgt: **669**

	unentgeltlich	entgeltlich
	erworbener Teil des Gebäudes	
Bemessungsgrundlage ab 1990	144.000 DM (3/10 von 480.000 DM)	560.000 DM
./. AfA 1970 bis 1989 für den unentgeltlich erworbenen Teil: 20 Jahre x 2 % = 40 % von 144.000 DM	57.600 DM	
./. AfA 1980 bis 1989 für den entgeltlich erworbenen Teil, die S nach § 11 d EStDV bemessen hat: 10 Jahre x 2 % = 20 % von 336.000 DM (= 7/10 von 480.000 DM)	67.200 DM	
insgesamt verbleibende AfA ab 1990	86.400 DM	492.800 DM
jährliche AfA ab 1990 2 %	2.880 DM	11.200 DM
verbliebener AfA-Zeitraum ab 1990	30 Jahre	44 Jahre
bis einschließlich	2019	2033

Die AfA betragen daher in der Jahren 1990 bis 2019 insgesamt 14.080 DM   **670**
jährlich und in den Jahren 2020 bis 2033 11.200 DM jährlich.[1]

b) AfA nach § 7 Abs. 4 Satz 2 EStG

In den Fällen des § 7 Abs. 4 Satz 2 EStG ist das restliche AfA-Volumen   **671**
auf die Restnutzungsdauer des Gebäudes zu verteilen.[2]

c) AfA nach § 7 b EStG

Hier besteht die Besonderheit, daß die erhöhte AfA nach § 7 b Abs. 1 Satz 1   **672**
EStG nur im Jahr der Fertigstellung bzw. Anschaffung und in den sieben

---

1 BMF v. 13.1.1993, BStBl I 1993, 80, Tz. 52 f.
2 BMF v. 13.1.1993, BStBl I 1993, 80, Tz. 54.

folgenden Jahren in Anspruch genommen werden kann. Dieser Zeitraum verlängert sich nicht. Eine Nachholung der erhöhten AfA nach § 7 b Abs. 1 Satz 1 EStG ist nur innerhalb der Frist des § 7 b Abs. 3 EStG, also innerhalb der ersten vier Jahre, möglich.

3. AfA für bewegliche Wirtschaftsgüter

673 Bei beweglichen Wirtschaftsgütern führt die Erhöhung des restlichen AfA-Volumens ebenso wie in der Fällen des § 7 Abs. 4 Satz 2 EStG zu höheren AfA-Beträgen.[1] AfA können aber nicht mehr vorgenommen werden, wenn die Wirtschaftsgüter nicht mehr vorhanden sind. Bei Betriebsvermögen ist eine Teilwertabschreibung möglich.[2]

4. Anschaffungsnaher Aufwand

674 Die Finanzverwaltung hat bisher Vermögensübertragungen im Zuge vorweggenommener Erbfolge als unentgeltliche Rechtsgeschäfte behandelt. Sie hat darin auch keine Anschaffung gesehen, so daß sie die Grundsätze des anschaffungsnahen Aufwands nicht angewendet hat. Nach der neuen Rechtslage ist eine teilentgeltliche Vermögensübertragung im Rahmen einer vorweggenommenen Erbfolge eine Anschaffung. Es stellt sich daher die Frage nach der Behandlung der anschaffungsnahen Aufwendungen. In bestandskräftig veranlagten Fällen **verzichtet die Finanzverwaltung** – auch für die Zukunft im Wege einer möglichen Saldierung – **auf** die Anwendung der in Abschn. 157 Abs. 5 EStR niedergelegten **Grundsätze zu den anschaffungsnahen Aufwendungen.**[3]

III. Nachholung von § 10 e EStG

Fall
S erwarb 1988 im Rahmen einer vorweggenommenen Erbfolge von V ein Haus gegen Zahlung von 400.000 DM (davon Gebäude 300.000 DM), das er seitdem zu eigenen Wohnzwecken nutzt. Die Veranlagungen bis einschließlich 1990 sind bestandskräftig.

---

1 BMF v. 13.1.1993, BStBl I 1993, 80, Tz. 54.
2 Korn, KÖSDI 1993, 9331, 9339 f.
3 BMF v. 13.1.1993, BStBl I 1993, 80, Tz. 55; Obermeier, DStR 1993, 77, 87; kritisch Korn, KÖSDI 1993, 9331, 9340.

Die Bemessungsgrundlage beträgt 350.000 DM, der jährliche Abzugsbe- 675
trag (höchstens) 15.000 DM. Der Abzugsbetrag wird nicht gekürzt.[1] Eine
Nachholung ist nur **im Rahmen des § 10 e Abs. 3 EStG** möglich. Für
Anschaffungen des Jahres 1988 galt noch der vierjährige Nachholungszeitraum. Somit kann S im Jahr 1991 insgesamt 60.000 DM (4 x 15.000 DM)
wie Sonderausgaben abziehen.

IV. Hinweis für die Praxis

Durch dieses BMF-Schreiben vom 13.1.1993[2], das weitestgehend der BFH- 676
Rechtsprechung folgt, wird viel Arbeit auf den steuerberatenden Beruf
zukommen. Der steuerliche Vertreter wird bei teilentgeltlichen Verträgen,
die unter die **Übergangsregelung** fallen, zu prüfen haben, wie hoch das
zusätzliche AfA-Volumen bzw. die Nachholung des § 10 e EStG beim
Übernehmer ist. Ich kann mir nicht vorstellen, daß das Finanzamt von
sich aus das AfA-Volumen erhöht. Bei **zukünftigen Verträgen** wird zu
untersuchen sein, ob eine entgeltliche oder eine unentgeltliche Vermögensübertragung gewünscht ist. Es bestehen jedenfalls umfangreiche Gestaltungsmöglichkeiten.

(Einstweilen frei)   677-700

---

1 Vgl. Anm. 313 ff.
2 BStBl I 1993, 80.

Teil 2:
Erbfall, Erbengemeinschaft und Erbauseinandersetzung im Einkommensteuerrecht

Literatur: *Groh,* Die Erbauseinandersetzung im Einkommensteuerrecht, DB 1990, 2135; *Felix,* Der BFH und die Geschichte von den vier Brüdern, BB 1990, 2085; *Hardt,* Erbauseinandersetzung, KFR F. 3 EStG § 16, 6/90, 365; *Felix,* 25 Fall-Beispiele zur Einführung in die neue Einkommensbesteuerung der Erbauseinandersetzung, KÖSDI 1990, 8279; *List,* Erbauseinandersetzungen in einkommensteuerrechtlicher Sicht, NWB F. 3, 7579; *Felix,* Steuerberaterpraxis und Erbauseinandersetzung, DStZ 1990, 620; *gf,* Veräußerungssteuerpflichtige Erbauseinandersetzung und ihre Vermeidung, KÖSDI 1991, 8369; *ders.,* Steuerorientierte Abfindungszahlung bei Erbauseinandersetzung, KÖSDI 1991, 8369; *Costede,* Erbauseinandersetzung und vorweggenommene Erbfolge, StVj 1991, 16; *Meincke,* Erbauseinandersetzung und vorweggenommene Erbfolge im Einkommensteuerrecht, NJW 1991, 198; *Paus,* Übernahme von Verbindlichkeiten bei Erbfällen und ähnlichen Vorgängen, FR 1991, 69; *Obermeier,* Erbregelung und Erbauseinandersetzung über Betriebs- und Privatvermögen, NWB F. 3, 7661; *Beiser,* Das Prinzip der Einmalbesteuerung bei der Erbfolge in der Einkommensteuer, DStR 1991, 333; *Paus,* Was gehört zur Erbmasse?, FR 1991, 164; *Söffing,* Erbauseinandersetzung in einkommensteuerrechtlicher Sicht, DB 1991, 773, 828; *Paus,* Ist die Behandlung der Erbauseinandersetzungen durch den Großen Senat des BFH sachgerecht?, DStZ 1991, 225; *ders.,* Gestaltung der Erbauseinandersetzungen, NWB F. 3, 7791; *Graf,* Einführende Fälle zur neuen Rechtsprechung des BFH zur Erbauseinandersetzung und vorweggenommenen Erbfolge, DStZ 1991, 609; *Felix,* Streitfragen zur neuen Einkommensteuer-Rechtslage beim Erbfall, KÖSDI 1991, 8526; *ders.,* Überholte und weiter geltende Einkommensteuer-Rechtsprechung zur Erbauseinandersetzung, KÖSDI 1991, 8673; *Biergans,* Die Entgeltlichkeit von Vermögensübertragungen im Wege der vorweggenommenen Erbfolge oder von Todes wegen, StuW 1991, 381; *Kanzler,* Nachträgliche Anschaffungskosten durch Wohnrechtsablösung, KFR F. 3 EStG § 7, 2/92, 143.

Literatur nach BMF v. 11.1.1993 (BStBl I 1993, 62): *Hörger,* Ertragsteuerliche Behandlung der Erbengemeinschaft und ihrer Auseinandersetzung, DStR 1993, 37; *Obermeier,* Ertragsteuerliche Behandlung der Erbengemeinschaft und ihrer Auseinandersetzung, NWB F. 3, 8517; *Wacker/Franz,* Zur ertragsteuerlichen Behandlung der Erbengemeinschaft und ihrer Auseinandersetzung, BB Beil. 5 zu Heft 8/1993; *Sell,* Ertragsteuerliche Aspekte der Erbauseinandersetzung, BuW 1993, 220; *Felix,* Erbauseinandersetzungs-Erlaß und Einkommensteuerberatung, KÖSDI 1993, 9366; *Spiegels,* Vorweggenommene Erbfolge sowie Erbfall und Erbauseinandersetzung, Beilage 3/1993 zu NWB Heft 23/1993.

Verwaltungsanweisungen: BMF v. 31.12.1988, Ertragsteuerliche Behandlung der Erbauseinandersetzung über Wirtschaftsgüter des Privatvermögens, BStBl 1988, 546; BMF v. 11.1.1993, Ertragsteuerliche Behandlung der Erbengemeinschaft und ihrer Auseinandersetzung, BStBl I 1993, 62.

Vgl. auch zu den einzelnen Anm.

A. Einführung

Der Beschluß des Großen Senats des BFH v. 5.7.1990[1] befaßt sich mit der einkommensteuerrechtlichen Behandlung des Erbfalls und der Erbauseinandersetzung, also mit den Fällen, in denen der **Erblasser seine Nachfolge nicht geregelt** hat, und die Erben sich nach dem Erbfall aufgrund einer Vereinbarung auseinandersetzen. Handelt es sich beim Erbe um Betriebsvermögen, und liegen darin hohe stille Reserven, so ist die vom Erblasser nicht gesteuerte Erbauseinandersetzung für den weichenden Miterben sehr ungünstig.[2]

701

Im Gefolge der Entscheidung des Großen Senats des BFH ist eine Vielzahl von weiteren Entscheidungen der einzelnen BFH-Senate ergangen, die eine weitere Klärung gebracht haben. Diese Entscheidungen und der Beschluß des Großen Senats werden in dem neuen **BMF-Schreiben vom 11.1.1993**[3] erläutert. Darin folgt der BMF im wesentlichen der BFH-Rechtsprechung und nimmt auch zu weiteren, damit zusammenhängenden Fragen Stellung. Die Praxis wird durch eine äußerst großzügige Übergangsregelung für die zwischenzeitlich eingetretene Unsicherheit entschädigt.

702

Wenn sich der Inhaber von Vermögen noch nicht zu Lebzeiten von seinen Vermögenswerten trennen kann[4], können durch eine **testamentarische Erbregelung** die verschiedenen Interessen ausreichend berücksichtigt werden.

703

Neben den einkommensteuerrechtlichen Gründen können – ebenso wie bei einer vorweggenommenen Erbregelung – auch **wirtschaftliche Gründe** für eine testamentarische Erbregelung sprechen. Sie kann dazu beitragen, Vermögen zu erhalten und Streitigkeiten zu vermeiden, da sie gut vorbereitet werden kann.

704

Die einkommensteuerrechtlichen Auswirkungen einer Erbregelung hängen vor allem davon ab, ob es sich um Betriebs- oder Privatvermögen handelt. Während bei der entgeltlichen Übertragung von **Betriebsvermögen** grundsätzlich die stillen Reserven aufzudecken sind (als Ausnahme vgl. § 6 b EStG), ist ein Veräußerungsgewinn bei Privatvermögen nur ausnahmsweise zu versteuern (§§ 17, 23 EStG, § 21 UmwStG).[5] Im Regelfall wird daher

705

---

1 GrS 2/89, BStBl II 1990, 837; ausführlich dazu Obermeier, NWB F. 3, 7661.
2 Vgl. z.B. Felix, BB 1990, 2085.
3 BStBl I 1993, 62.
4 Vgl. zur vorweggenommenen Erbfolge i.e. Obermeier, NWB F. 3, 7591; ders., DStR 1993, 77.
5 BMF v. 11.1.1993, BStBl I 1993, 62, Tz. 28, 46, 58.

das Interesse bei Betriebsvermögen darin bestehen, die Übertragung unentgeltlich zu gestalten, während bei Privatvermögen eine (teil-)entgeltliche Übertragung vorteilhaft sein kann, z.b. wenn abnutzbare Wirtschaftsgüter (Hauptfall: Gebäude) zur Erzielung von Einkünften oder Wohnungen zu eigenen Wohnzwecken (vgl. § 10 e EStG) genutzt werden.

B. Bisherige Rechtsprechung

706 Die Rechtsprechung zur einkommensteuerrechtlichen Behandlung der Erbauseinandersetzung war einem steten Wandel unterworfen. Zuletzt unterschied der BFH zwischen einer Auseinandersetzung von Betriebs- und Privatvermögen.

I. Betriebsvermögen

707 Der BFH nahm an, daß sich **Erbfall und Erbauseinandersetzung** zeitgleich vollzögen und für das Einkommensteuerrecht eine **Einheit** bildeten. Der Miterbe erlange das Vermögen durch die Erbauseinandersetzung unmittelbar vom Erblasser, so daß in der Erbauseinandersetzung weder ein Veräußerungs- noch ein Anschaffungsgeschäft zu sehen sei. Abfindungszahlungen an die weichenden Miterben seien wie der Erbfall der Privatsphäre zuzurechnen.[1]

708 Die **Veräußerung von Erbteilen** unter den Miterben sei wie eine Erbauseinandersetzung zu beurteilen.[2]

709 Ein etwaiger **Entnahmegewinn** sei in der Person des empfangenden Erben zu erfassen, weil er die Gegenstände behaftet mit der Eigenschaft als Betriebsvermögen unmittelbar vom Erblasser erhalten habe.[3] Dies gelte auch für den Empfänger eines Sachvermächtnisses.[4]

710 Wenn die Miterben jedoch die Auseinandersetzung ausgeschlossen oder den Nachlaßbetrieb über längere Zeit fortgeführt hatten, sah die Rechtsprechung

---

1 Z.B. BFH, U. v. 26.7.1963 VI 334/61 U, BStBl III 1963, 480; v. 19.5.1983 IV R 138/79, BStBl II 1983, 380.
2 BFH, U. v. 29.5.1969 IV R 238/66, BStBl II 1969, 614; v. 8.9.1971 I R 191/69, BStBl II 1972, 12.
3 BFH, U. v. 29.5.1969 IV R 238/66, BStBl II 1969, 614; v. 7.2.1980 IV R 178/76, BStBl II 1980, 383.
4 BFH, U. v. 5.8.1971 IV 243/65, BStBl II 1972, 114; v. 1.7.1982 IV R 152/79, BStBl II 1982, 646.

die **Miterben als Mitunternehmer** an. Die nachfolgende Erbauseinandersetzung sei als selbständiger betrieblicher Vorgang zu verstehen, der für die beteiligten Miterben in derselben Weise wie die Auseinandersetzung über das Vermögen einer gewerblich tätigen Personengesellschaft zu Anschaffungskosten und Veräußerungsgewinn führen könne.[1]

II. Privatvermögen

Der BFH hat zunächst diese Grundsätze auch auf das Privatvermögen übertragen[2], ist aber davon wieder abgerückt.[3] Er war der Auffassung, daß die **Erbauseinandersetzung ein selbständiges Rechtsgeschäft** sei. Die Auseinandersetzung sei **unentgeltlich**, soweit der Miterbe im Wege der Realteilung Nachlaßgegenstände erhalte, die dem Wert seiner Erbquote entsprächen; wende er darüber hinaus eigene Mittel außerhalb der Erbquote auf, handle es sich insoweit um ein **entgeltliches** Anschaffungsgeschäft. Bei **Teilauseinandersetzungen** könnten Abfindungszahlungen an den Miterben aber nur berücksichtigt werden, soweit sie die Beteiligung des übernehmenden Miterben am noch nicht auseinandergesetzten Nachlaß überschritten.[4]

711

C. Entscheidung des Großen Senats des BFH

Dem Vorlagebeschluß des VIII. Senats des BFH[5], der zur Entscheidung des Großen Senats des BFH geführt hat, lag folgender **Sachverhalt** zugrunde: Der Erblasser, der ein Bestattungsunternehmen betrieb, wurde von seiner Ehefrau zu 1/2 und seinen Töchtern zu je 1/4 beerbt. Diese veräußerten ihre Erbteile an einen Dritten. Die Ehefrau übte daraufhin gemäß den §§ 2034, 2035 BGB ihr Vorkaufsrecht aus.

712

Nach der Entscheidung des Großen Senats v. 5.7.1990 GrS 2/89[6] ist für das Einkommensteuerrecht grundsätzlich davon auszugehen, daß **Erbfall und**

713

---

1 BFH, U. v. 17.2.1965 I 400/62 U, BStBl III 1965, 354; v. 2.12.1976 IV R 115/75, BStBl II 1977, 209.
2 Z.B. U. v. 7.10.1980 VIII R 111/78, BStBl II 1981, 157.
3 U. v. 9.7.1985 IX R 49/83, BStBl II 1985, 722.
4 Ebenso: BFH, U. v. 22.9.1987 IX R 15/84, BStBl II 1988, 250; v. 6.2.1987 III R 203/83, BStBl II 1987, 423; v. 28.1.1987 I R 85/80, BStBl II 1987, 616.
5 V. 18.10.1988 VIII R 172/85, BFH/NV 1989, 487, m. Anm. Hardt, KFR F. 3 EStG § 16, 2/89, 203; Obermeier, NWB F. 3, 7661.
6 BStBl II 1990, 837, m. Anm. Felix, FR 1990, 641; Hardt, KFR F. 3 EStG § 16, 6/90, 365; List, NWB F. 3, 7579.

Erbauseinandersetzung selbständige Rechtsvorgänge darstellen und keine Einheit bilden.[1] Abfindungszahlungen eines Erben im Rahmen der Erbauseinandersetzung und Aufwendungen für den Erwerb des Erbteils eines Miterben führen beim Leistenden grundsätzlich zu Anschaffungskosten; in gleicher Höhe entsteht beim weichenden Miterben ein Veräußerungsgewinn. Hierauf hat keinen Einfluß, ob die Leistungen aus dem erlangten Nachlaßvermögen erbracht werden.

714   Die Entscheidung des Großen Senats des BFH v. 5.7.1990 GrS 2/89[2] die nicht zu einem Fall der Erbauseinandersetzung ergangen ist[3], bringt endlich Klarheit darüber, wie Erbauseinandersetzungen über **Betriebsvermögen**[4] im Einkommensteuerrecht zu behandeln sind. Zu begrüßen ist zudem, daß der Große Senat auch zur Erbauseinandersetzung über **Privatvermögen**[5] und **Mischnachlässe**[6] Stellung nimmt und den Begriffen Anschaffungskosten und Veräußerungserlös im betrieblichen und privaten Bereich keine unterschiedliche Bedeutung beimißt.

715-720   *(Einstweilen frei)*

D. Erbfall, Erbengemeinschaft, Erbauseinandersetzung über Betriebsvermögen

Literatur: *Flume*, Die Nachfolge von Todes wegen in ein Vermögen mit Betriebsvermögen und die Einkommensteuer bei der Übernahme von Ausgleichsverpflichtungen durch den Nachfolger in ein Einzelunternehmen oder die Beteiligung an einer Personengesellschaft, DB 1990, 2390; *Felix*, Die Einmann-Betriebsaufspaltung sowie die Beteiligung an der Besitz-GmbH & Co KG und der Betriebs-GmbH in der Erbauseinandersetzung, GmbHR 1990, 561; *Märkle*, Erbauseinandersetzung über Betriebsvermögen, Wpr 1990, 674; *Ruban*, Erbauseinandersetzung über Betriebsvermögen nach dem Beschluß des Großen Senats vom 5.7.1990, DStR 1991, 65; *Felix*, Tarifbegünstigte Teilanteilsveräußerung bei Sozietäten, KÖSDI 1991, 8387; *gf*, Niemals voller Veräußerungsfreibetrag von 30.000 DM für vererbten Gewerbebetrieb bei Abfindung an einen Miterben, KÖSDI 1991, 8407; *Söffing*, Die ertragsteuerrechtliche Beurteilung der Erbauseinandersetzung im unternehmerischen Bereich, DStR 1991, 201; *Felix*, Das „Miterben-Unternehmen" in der Steuerberatung, KÖSDI 1991, 8436; *ders.*, Wertausgleich bei qualifizierter Personengesellschafts-Nachfolge und Einkommensteuer, KÖSDI 1991,

---

1   Ebenso BMF v. 11.1.1993, BStBl I 1993, 62, Tz. 2.
2   BStBl II 1990, 837.
3   Flume, DB 1990, 2390.
4   Vgl. i.e. Anm. 721 ff.
5   Vgl. i.e. Anm. 1001 ff.
6   Vgl. i.e. Anm. 1231 ff.

8475; *Groh*, Mitunternehmeranteile in der Erbauseinandersetzung, DB 1991, 724; *Paus*, Mitunternehmeranteile in der Erbauseinandersetzung, KFR F. 3 EStG § 15, 7/91, 167; *Felix*, Keine Gewinnrealisierung bei Erbverzicht gegen Abfindung mit Mitunternehmeranteil, KÖSDI 1991, 8513; *Bordewin*, Steuerfolgen beim Gesellschafterwechsel in Personengesellschaften, NWB F. 3, 3139; *Elsner u. a.*, Überprüfung von Unternehmertestamenten und Nutzung von Übergangsregelungen bei Umsetzung des Beschlusses des Großen Senats zur Erbauseinandersetzung und vorweggenommenen Erbfolge, JbFSt 1991/92, 389; *Stephan*, Zum teilentgeltlichen Erwerb eines Betriebs oder Mitunternehmeranteils bei Erbauseinandersetzung und vorweggenommener Erbregelung, DB 1991, 2051; *Preißer*, Die vier Stationen der Unternehmensnachfolge bei mehreren Miterben, DStZ 1991, 678; *Spiegelberger*, Nachfolge von Todes wegen bei Einzelunternehmen und Gesellschaftsanteilen, DStR 1992, 548, 618; *Groh*, Erben als „Durchgangsunternehmer“, DB 1992, 1312.

Vgl. auch vor Anm. 701 und zu den einzelnen Anm.

I. Laufender Gewinn bis zur Erbauseinandersetzung

Literatur: *Märkle*, Rückwirkende Zurechnung laufender Einkünfte aus dem Nachlaßvermögen bei zeitnaher Erbauseinandersetzung oder Sachvermächtniserfüllung, DStR 1993, 506.

Vgl. auch vor Anm. 701 und oben.

1. Zurechnung des Gewinns

Fall

Der Erblasser, der zu Lebzeiten eine Eisenwarenhandlung betrieb, wird von seinem Sohn S und seiner Tochter T zu gleichen Teilen beerbt. 1991 entsteht bis zur Erbauseinandersetzung ein Gewinn von 100.000 DM.

Abwandlung 1

S und T vereinbaren einen Tag nach dem Tod des A, daß im Vorgriff auf eine spätere Erbauseinandersetzung S den Betrieb allein – auf eigene Rechnung und Gefahr – fortführt.

Abwandlung 2

S und T vereinbaren im Rahmen der Erbauseinandersetzung, daß die zwischenzeitlich erwirtschafteten Gewinne dem S zuzurechnen sind.

Abwandlung 3

Den Betrieb erhält die Ehefrau E des Erblassers als Vermächtnisnehmerin.

a) Allgemeines

721   Mit dem **Tod des Erblassers** geht dessen Vermögen auf den Erben über
(§ 1922 Abs. 1 BGB). Der Erbe führt gemäß § 7 Abs. 1 EStDV die Buchwerte fort, selbst wenn das Kapitalkonto negativ ist, da sich durch den
Erbfall das negative Kapitalkonto nicht gewinnrealisierend auflöst.[1]

722   Hinterläßt der Erblasser **mehrere Erben**, so wird der Nachlaß gemeinschaftliches Vermögen der Erben (§ 2032 Abs. 1 BGB). Sie verwalten
den Nachlaß gemeinsam (§ 2038 Abs. 1 BGB) und können über Nachlaßgegenstände auch nur gemeinschaftlich verfügen (§ 2040 Abs. 1 BGB).[2]
Die Miterben stehen somit in einer **Gesamthandsgemeinschaft**. Ein zum
Nachlaß gehörendes gewerbliches Unternehmen wird Gesamthandsvermögen der Erben; nach dem Erbfall ist die Erbengemeinschaft Träger des
Unternehmens.

b) Grundsatz: Miterben als Mitunternehmer

Literatur: *Paus*, Einkommensteuerpflicht des Erben auch bei Nachlaßverwaltung, DStZ
1993, 82.

Vgl. auch vor Anm. 701 und 721.

723   Die **Miterben sind grundsätzlich Mitunternehmer** i.S. von § 15 Abs. 1
Satz 1 Nr. 2 EStG.[3] Da das Unternehmen nunmehr für ihre Rechnung
und Gefahr geführt wird, sie Gewinn und Verlust tragen sowie für die
Unternehmensschulden haften, tragen sie ein Unternehmerrisiko[4]; aufgrund
ihres erbrechtlichen Mitwirkungsrechts können sie seit dem Erbfall auch
Mitunternehmerinitiative ausüben. Ruban[5] bezeichnet die Miterben daher
als „geborene" Mitunternehmer.

724   Hierbei ist es **nicht entscheidend, wie lange** sich die **Auseinandersetzung
hinzieht.**[6] Selbst wenn die Erben das Unternehmen alsbald nach dem
Erbfall abwickeln, einstellen oder auf einen anderen übertragen, haben sie
zunächst doch die Stellung von Mitunternehmern erlangt. Sie verwirklichen
selbst den Tatbestand der Einkünfteerzielung; daher beziehen sie ihre

---

1   Felix, KÖSDI 1991, 8526; a. A. Beiser, DStR 1991, 333, 337.
2   BMF v. 11.1.1993, BStBl I 1993, 62, Tz. 2.
3   BMF v. 11.1.1993, BStBl I 1993, 62, Tz. 1 und 3; zu den Ausnahmen vgl. Anm. 726 ff. und
     Anm. 741 f.; BMF v. 11.1.1993, BStBl. I 1993, 62, Tz. 78 bis 95 und Anm. 894 ff.
4   Zur Haftung vgl. Anm. 1248.
5   DStR 1991, 65.
6   BMF v. 11.1.1993, BStBl I 1993, 62, Tz. 2 und 3.

Einkünfte nicht aus einer ehemaligen Tätigkeit des Erblassers i.S. von § 24 Nr. 2 EStG.[1]

Der **laufende Gewinn** der Erbengemeinschaft wird nicht anders als der **725** Gewinn einer gewerblich tätigen Personengesellschaft entsprechend den §§ 4, 5 EStG für die Gemeinschaft ermittelt, nach den Erbanteilen auf die Miterben aufgeteilt und von ihnen als Mitunternehmern entsprechend § 15 Abs. 1 Satz 1 Nr. 2 EStG versteuert.[2] Es ist daher eine einheitliche und gesonderte Feststellung durchzuführen und der Gewinn zur Hälfte (je 50.000 DM) S und T zuzurechnen. Der Bescheid ist an die Erben zu richten, auch im Fall der Nachlaßverwaltung[3] und im Fall der Testamentsvollstreckung.[4]

c) Ausnahmen: Wirtschaftliches Eigentum; rückwirkende Auseinandersetzung (Abwandlung 1 und 2)

Der **Gewinn** ist jedoch – abweichend von den §§ 2038 Abs. 2, 743 Abs. 1, **726** 748 BGB – **nur dem S zuzurechnen,** wenn er unter Ausschluß der T wirtschaftlicher Eigentümer (§ 39 Abs. 2 Nr. 1 AO) des ungeteilten Vermögens und Unternehmer des Betriebs der Erbengemeinschaft geworden ist (**Abwandlung 1**). Rückwirkende Auseinandersetzungsvereinbarungen (**Abwandlung 2**) sind steuerrechtlich nur dann anzuerkennen, wenn die Rückwirkung sich nur über eine kurze Zeit erstreckt und den Umständen des Falles nach vertretbar erscheint, insbesondere wenn mit der Rückwirkung kein steuerlicher Vorteil erstrebt wird.[5] Damit wird jedoch nicht in Frage gestellt, daß zunächst alle Miterben Mitberechtigte und bei Vorhandensein eines Gewerbebetriebs auch Mitunternehmer geworden sind.[6]

Die Finanzverwaltung erkennt in der Regel eine **rückwirkende Zurech- 727 nung** laufender Einkünfte an, wenn die Auseinandersetzung **innerhalb von sechs Monaten** nach dem Erbfall vereinbart wird (im ursprünglichen Entwurf des BMF sollte die Frist nur sechs Wochen betragen). In diesen Fällen können die laufenden Einkünfte ohne Zwischenrechnung ab dem

---

1 BMF v. 11.1.1993, BStBl I 1993, 62, Tz. 3.
2 BMF v. 11.1.1993, BStBl I 1993, 62, Tz. 3; vgl. BFH, B. v. 5.7.1990 GrS 2/89, BStBl II 1990, 837, Tz. C. I. 2. b, c, II. 1. a.
3 BFH, U. v. 5.6.1991 XI R 26/89, BStBl II 1991, 820; FG Münster, U. v. 24.1.1991 14 K 783/88 AO, EFG 1991, 579, bestätigt durch BFH, U. v. 28.4.1992 VII R 33/91, BStBl II 1992, 781; zur Frage eines Erlasses aus sachlichen Gründen vgl. Paus, DStZ 1993, 82.
4 BFH, U. v. 16.4.1980 VII R 81/79, BStBl II 1980, 605; vgl. §§ 2205, 2211 BGB.
5 BFH, U. v. 18.9.1984 VIII R 119/81, BStBl II 1985, 55.
6 BFH, B. v. 5.7.1990 GrS 2/89, BStBl II 1990, 837, Tz. C. II. 4. a.E.

Erbfall ungeschmälert dem die Einkunftsquelle übernehmenden Miterben zugerechnet werden. Dies gilt auch bei Teilauseinandersetzungen. Soweit laufende Einkünfte rückwirkend zugerechnet werden, ist die Auseinandersetzung steuerlich so zu behandeln, als ob sich die Erbengemeinschaft unmittelbar nach dem Erbfall auseinandergesetzt hätte.[1]

728 Nach Auffassung der Finanzverwaltung reicht es allerdings nicht aus, wenn die Miterben innerhalb der Sechsmonatsfrist lediglich den Beschluß fassen, sich auseinanderzusetzen. Vielmehr muß innerhalb der Frist von sechs Monaten eine **klare und rechtlich bindende Vereinbarung** über die Auseinandersetzung und ihre Modalitäten vorliegen. Diese Auseinandersetzungsvereinbarung muß den Übergang von Nutzungen und Lasten für die von dieser Auseinandersetzung betroffenen Wirtschaftsgüter auf den Zeitpunkt des Erbfalls festlegen. Sie muß auch tatsächlich entsprechend durchgeführt werden. Soweit noch eine Wertfindung erforderlich ist, kann diese jedoch auch außerhalb der Sechsmonatsfrist geschehen.[2]

729 Diese Sechsmonatsfrist, die der Frist in Einbringungsfällen nach dem UmwStG (vgl. § 20 Abs. 7 Satz 2 UmwStG), erscheint für den Regelfall großzügig bemessen und ausreichend. Ausnahmsweise ist es jedoch – worauf Hörger[3] zutreffend hinweist – möglich, daß selbst diese Frist nicht eingehalten werden kann, z. B. wenn die Testamentseröffnung nicht innerhalb der Frist erfolgt oder die Erbausschlagfrist noch läuft.[4] Für solche oder ähnliche Fälle erscheint es gerechtfertigt, die Sechsmonatsfrist nicht starr zu handhaben, sondern auch **Ausnahmen** zuzulassen.[5] Eine weitere Ausnahme dürfte bereits nach Auffassung der Finanzverwaltung[6] dann anzuerkennen sein, wenn eine nach Ablauf der Sechsmonatsfrist vorgenommene Wertfindung (z.B. durch Gutachter) Ausgleichszahlungen erforderlich macht. Selbst in diesem Fall müssen aber innerhalb der Sechsmonatsfrist die übrigen Auseinandersetzungsvereinbarungen feststehen.

730-740 *(Einstweilen frei)*

---

1 Durchgangserwerb der Erbengemeinschaft; BMF v. 11.1.1993, BStBl I 1993, 62, Tz. 8.
2 BMF v. 11.1.1993, BStBl I 1993, 62, Tz. 9; Märkle, DStR 1993, 506.
3 DStR 1993, 37.
4 Vgl. IDW, FN 1992, 391.
5 Vgl. BMF v. 11.1.1993, BStBl I 1993, 62, Tz. 9: „in der Regel".
6 BMF v. 11.1.1993, BStBl I 1993, 62, Tz. 9.

d) Vermächtnis (Abwandlung 3)

Literatur: *G. Söffing*, Zurechnung von Einkünften bei Vermächtnis eines Betriebs, NWB
F. 3, 8313; *Hardt*, Unternehmereigenschaft bei Betriebsvermächtnis, KFR F. 3 EStG § 15,
9/92, 215.

Vgl. auch vor Anm.701 und 721.

Ist ein Gewerbebetrieb (Einzelunternehmen) aufgrund eines Sachvermächt-   741
nisses an einen der Miterben oder einen Dritten (Vermächtnisnehmer)
herauszugeben, so sind die nach dem Erbfall bis zur Erfüllung des Vermächtnisses erzielten gewerblichen **Einkünfte** grundsätzlich **den Miterben**
als Mitunternehmern **zuzurechnen**.[1] Abweichend von diesem Grundsatz
sind die zwischen Erbfall und Erfüllung des Vermächtnisses angefallenen
Einkünfte dem **Vermächtnisnehmer** zuzurechnen, wenn dieser schon vor
Erfüllung des Vermächtnisses als Inhaber des Gewerbebetriebs (Unternehmer) anzusehen ist. Dies setzt voraus, daß der Vermächtnisnehmer die
Erbengemeinschaft auf Dauer von der Einwirkung auf den Betrieb aus-
schließen kann, das Unternehmen nicht in wirtschaftlichem Interesse (für
Rechnung) der Erben, sondern auf eigene Gefahr führt und den gesamten
Ertrag beanspruchen kann.[2]

▷ *Gestaltungshinweis*

Anders als bei rückwirkenden Auseinandersetzungsvereinbarungen gilt bei   742
*der Zurechnung eines Vermächtnisses die **Sechsmonatsfrist**[3] nicht. Wenn*
die Miterben vermeiden wollen, daß ihnen die bis zur Erfüllung des Ver-
mächtnisses erzielten Einkünfte zugerechnet werden, müssen sie – ähnlich
wie bei Abwandlung 1[4] *– mit der Vermächtnisnehmerin E vereinbaren,*
daß sie den Betrieb allein, also auf eigene Rechnung und Gefahr, weiter-
führt. E trägt dann Unternehmerrisiko und Unternehmerinitiative, ist wirt-
schaftliche Eigentümerin des Unternehmens und erzielt allein die Einkünfte
bis zur Erfüllung des Vermächtnisses.

2. Qualifizierung des Gewinns; Betriebsaufgabe

Verwaltungsanweisung: FM Sachsen v. 6.7.1992, Ärztliche Apparate- und Laborge-
meinschaften und Zuordnung der Einkünfte, DB 1992, 1654.

---

1   A.A. Groh, DB 1992, 1312; Märkle, DStR 1993, 506; grundsätzlich auch Paus, DStZ 1993, 53.
2   BFH, U. v. 24.9.1991 VIII R 349/83, BStBl II 1992, 330, m. Anm. G. Söffing, NWB F. 3, 8313;
    Hardt, KFR F. 3 EStG § 15, 9/92, 215; Paus, DStZ 1993, 53; zu einem Sonderfall; zur weiteren
    Behandlung der Vermächtnisnehmerin E vgl. Anm. 1283.
3   Vgl. Anm. 727.
4   Vgl. Anm. 726.

Fall

Der Erblasser betrieb eine internistische Praxis. Er hat sich außerdem mit einem Kollegen zu einer Laborgemeinschaft zusammengeschlossen, die die Untersuchungen nicht selbst durchführt, sondern durch ein Krankenhaus erbringen läßt und demnach gewerbliche Einkünfte erzielt.[1] Erben sind die Ehefrau E, die bisher als Sprechstundenhilfe gearbeitet hat, und S, der selbst Internist ist. E vereinbart mit S innerhalb der Sechsmonatsfrist[2], daß dieser die Praxis einschließlich der Beteiligung an der Laborgemeinschaft übernimmt und ihm rückwirkend sämtliche Einnahmen zuzurechnen sind.

Abwandlung 1

E und S können sich über die Verteilung des Gewinns bis zur Auseinandersetzung nicht einigen.

Abwandlung 2

Die Miterben verkaufen die Praxis, ohne sie vorher für eine Übergangszeit fortgeführt zu haben.

Abwandlung 3

S studiert Medizin. Da er beabsichtigt, die Praxis seines verstorbenen Vaters zu übernehmen, verpachten E und S die Praxis für drei Jahre.

a) Weiterführung einer freiberuflichen Praxis und Abfärberegelung des § 15 Abs. 3 Nr. 1 EStG

743   Nach § 15 Abs. 3 Nr. 1 EStG gilt als Gewerbebetrieb in vollem Umfang die mit Einkunfterzielung unternommene Tätigkeit einer OHG, einer KG oder einer anderen Personengesellschaft, wenn die Gesellschaft auch eine gewerbliche Tätigkeit i. S. des § 15 Abs. 1 Nr. 1 EStG ausübt. Es genügt nach dem klaren Gesetzeswortlaut auch eine gewerbliche Tätigkeit von geringer Bedeutung.[3] Die sog. **Abfärberegelung** des § 15 Abs. 3 Nr. 1 EStG findet jedoch bei Gesamthandsgemeinschaften in Form der **Erbengemeinschaft keine Anwendung.**[4]

---

1   Vgl. z. B. BFH, U. v. 1.2.1990 IV R 140/88, BStBl II 1990, 507; FM Sachsen v. 6.7.1992, DB 1992, 1654; zur Ausgliederung eines gewerblichen Teils aus freiberuflicher Tätigkeit vgl. Blümich/Obermeier, § 2 GewStG Rz. 375.
2   Vgl. Anm. 726 ff.
3   Z. B. BFH, U. v. 11.5.1989 IV R 43/88, BStBl II 1989, 797; FG Baden-Württemberg, U. v. 17.7.1991 12 K 51/86 rkr., EFG 1992, 71; a.A. z. B. Schmidt, § 15 Anm. 42 b bb.
4   Vgl. BFH, U. v. 23.10.1986 IV R 214/84, BStBl II 1987, 120; BMF v. 11.1.1993, BStBl I 1993, 62, Tz. 4; ausführlich zu § 15 Abs. 3 Nr. 1 EStG Blümich/Obermeier, § 2 GewStG Rz. 601 ff.

Entsprechendes gilt, wenn zu einem Nachlaß neben einem Gewerbebe-   744
trieb ein **land- und forstwirtschaftlicher Betrieb oder Privatvermögen**
gehört.[1]

b) Berufsfremder Miterbe

War der Erblasser Freiberufler, so erzielt die Erbengemeinschaft nur dann   745
Einkünfte aus selbständiger Arbeit (§ 18 EStG), wenn **keine berufsfremden Erben** an der Erbengemeinschaft beteiligt sind.[2] Berufsfremd ist, wer
nicht die erforderliche freiberufliche Qualifikation besitzt.[3] Es reicht aus,
wenn die Erben die Qualifikation eines ähnlichen sozietätsfähigen freien
Berufs haben, z. B. Rechtsanwalt/Steuerberater; nicht jedoch, wenn der Erblasser Rechtsanwalt war, die Erben aber Architekten sind.[4] Ist **zumindest
ein Miterbe berufsfremd**, so erzielt die Erbengemeinschaft grundsätzlich
Einkünfte aus Gewerbebetrieb[5], selbst wenn ein Fachmann die Praxis
betreut.[6] Wird die Praxis durch den Erben lediglich abgewickelt (vgl. z. B.
§ 70 StBerG), so handelt es sich um nachträgliche Einkünfte gemäß § 24
Nr. 2, § 18 EStG.[7]

Wenn sich jedoch die Miterben innerhalb von sechs Monaten nach dem   746
Erbfall dahingehend auseinandersetzen, daß dem **Berufsträger die Ein-
künfte** aus selbständiger Arbeit **rückwirkend zuzurechnen** sind, ist diese
Vereinbarung auch steuerrechtlich anzuerkennen.[8]

---

1 BMF v. 11.1.1993, BStBl I 1993, 62, Tz. 4.
2 Vgl. BFH, U. v. 7.11.1991 IV R 17/90, BStBl II 1993, 324; v. 12.3.1992 IV R 29/91, BStBl 1993, 36; vgl. FG Schleswig-Holstein, U. v. 7.8.1991 IV 1053/87 rkr., EFG 1993, 329; a.A. Felix, DStZ 1990, 620; Paus, DStZ A 1986, 120, der auf die Tätigkeit der Gemeinschaft abstellt.
3 Vgl. IDW, FN 1992, 391.
4 Mitschke, FR 1993, 149.
5 FG Rheinland-Pfalz, U. v. 3.4.1992 3 K 2473/89 NZB, EFG 1992, 599; BMF v. 11.1.1993, BStBl I 1993, 62, Tz. 5, unter Hinweis auf Abschn. 136 Abs. 9 Satz 2 EStR.
6 Für Steuerbevollmächtigtenpraxis BFH, U. v. 15.4.1975 VIII R 43/70, BStBl II 1977, 539; zu den Konsequenzen vgl. Schick, StRK-Anm. EStG § 18 R. 488; für Arztpraxis BFH, U. v. 19.5.1981 VIII R 143/78, BStBl II 1981, 665.
7 BFH, B. v. 27.11.1992 IV B 109/91, BFH/NV 1993, 293, zu Honoraransprüchen für Nach-lieferungen oder Neuauflagen, die nicht vom Erblasser, sondern von einem nachfolgenden Autor verfaßt worden sind; Blümich/Obermeier, § 2 GewStG Rz. 370; Glanegger/Güroff, § 2 GewStG Rz. 90; vgl. Schulze zur Wiesche, BB 1984, 1612; zu weitgehend Costede, DStR 1981, 303, der unter gewissen Voraussetzungen auch bei Treuhandverwaltung freiberufliche Einkünfte annehmen will; a.A. Blümich/Hutter, § 18 EStG Rz. 30, m.w.N.: gewerbliche Einkünfte; a.A. Schmidt/Seeger, § 18 Anm. 7: Erlaß der GewSt.
8 BMF v. 11.1.1993, BStBl I 1993, 62, Tz. 5, 8 ff.; Märkle, DStR 1993, 506; vgl. auch Anm. 726 ff.; a. A.. Felix, DStZ 1990, 620: Frist von einem Jahr.

c) Betriebsaufgabe (Abwandlung 1)

747   Wenn die Einkünfte als gewerbliche zu qualifizieren sind, wird das der selbständigen Arbeit dienende Betriebsvermögen zu gewerblichem Betriebsvermögen. Es kommt **nicht** zu einer **Betriebsaufgabe**.[1] Hier ergibt sich eine ähnliche Rechtslage wie beim Strukurwandel in der Land- und Forstwirtschaft.[2]

d) Veräußerung der Praxis (Abwandlung 2)

748   Veräußern die Miterben die Praxis, ohne diese vorher für eine Übergangsfrist fortgeführt zu haben, so gehört der Gewinn zu den Einkünften aus selbständiger Arbeit. Der BFH hat es in diesen Fällen offengelassen, ob der **Veräußerungsgewinn** in der Person des Erblassers oder des Erben entstanden ist.[3] M. E. ist der Veräußerungsgewinn **der Erbengemeinschaft zuzurechnen**.[4]

e) Verpachtung (Abwandlung 3)

Literatur: *Hardt*, Vererbung eines verpachteten Betriebs, KFR F. 3 EStG § 16, 3/92, 123; *Bordewin*, Entstehung des Betriebsaufgabegewinns; Auflösung der Rücklage für Ersatzbeschaffung, NWB F. 3, 8295.

Verwaltungsanweisung: OFD Münster v. 28.1.1993, Wesentliche Betriebsgrundlagen bei der Verpachtung eines landwirtschaftlichen Betriebs, FR 1993, 244.

Vgl. auch vor Anm. 701 und 721.

749   Bei einer Betriebsverpachtung (das ist die Verpachtung aller wesentlichen Betriebsgrundlagen[5]) besteht grundsätzlich ein **Wahlrecht**, ob der Unternehmer den Betrieb aufgeben oder ob er ihn als fortbestehend betrachten will. Dieses Wahlrecht setzt jedoch voraus, daß der Verpächter oder bei einem unentgeltlichen Erwerb (z. B. im Erbweg) der Rechtsvorgänger den Betrieb selbst geführt und bewirtschaftet hat.[6]

---

1   BFH, U. v. 12.3.1992 IV R 29/91, BStBl II 1993, 36; BMF v. 11.1.1993, BStBl I 1993, 62, Tz. 5.
2   Vgl. BFH, U. v. 14.6.1988 VIII R 387/83, BStBl II 1989, 187; Abschn. 13 a Abs. 1 EStR; ausführlich Blümich/Obermeier, § 2 GewStG Rz. 265.
3   BFH, U. v. 29.4.1982 IV R 116/79, BStBl II 1985, 204.
4   Vgl. Anm. 813.
5   Vgl. BFH, U. v. 29.10.1992 III R 5/92, BFH/NV 1993, 233.
6   BFH, U. v. 17.10.1991 IV R 97/85, BStBl II 1992, 392, m. Anm. Hardt, KFR F. 3 EStG § 16, 3/92, 123; Bordewin, NWB F. 3, 8295; kritisch Paus, DStZ 1993, 279; ausführlich zum Erwerb eines verpachteten Betriebs vgl. Assmann/Burhoff/Obermeier, Besteuerung der Apotheker, Rdnr. 1483, m.w.N.

Es ist nur dann ein **fortbestehender Betrieb** (also eine bloße Betriebs-   750
unterbrechung) anzunehmen, wenn der Verpächter die Absicht und die
Möglichkeit hat, die (gewerbliche) Tätigkeit eines Tages selbst oder durch
seine Erben (wieder) aufzunehmen und dies nach den gegebenen Verhältnissen als möglich erscheint.[1] Bei einer Betriebsfortführung erhält er
weiterhin Einkünfte aus der bisherigen Einkunftsart. Bei Einkünften aus
Gewerbebetrieb ist er jedoch nicht mehr gewerbesteuerpflichtig.[2]

Entsprechendes gilt bei **Einkünften aus Land- und Forstwirtschaft**.[3]   751
Das Wahlrecht, einen land- und forstwirtschaftlichen Betrieb fortzuführen,
kann einer Erbengemeinschaft auch dann zustehen, wenn der Miterbe,
der den ererbten Hof laut testamentarischer Anordnung ohne besonderes
Entgelt bewirtschaften darf, das lebende und tote Inventar veräußert, die
Hofgebäude weiter selbst nutzt und die landwirtschaftlichen Nutzflächen
nach und nach an verschiedene Pächter mit unterschiedlicher Pachtdauer
verpachtet.[4]

In der Abwandlung 3 besteht die Besonderheit, daß die Weiterführung   752
einer Praxis durch einen Berufsfremden zwar zu gewerblichen Einkünften
führt, die **Verpachtung einer Praxis** jedoch keine Verpachtung eines
Gewerbebetriebs ist[5], sondern es sich nach wie vor um eine freiberufliche
Praxis handelt.[6] Dieses Urteil weist darauf hin, daß Finanzverwaltung[7] und
Literatur[8] bei der Verpachtung einer Praxis in der Regel eine Betriebsaufgabe annehmen. Etwa vorhandene stille Reserven seien dann aufzulösen. Der
BFH läßt zwar diese Rechtsfrage offen, lehnt aber eine Betriebsaufgabe
ab, wenn der Rechtsnachfolger im Zeitpunkt des unentgeltlichen Erwerbs
zwar die freiberufliche Qualifikation noch nicht besitzt, jedoch im Begriffe
ist, sie zu erwerben, mit einer entsprechenden Ausbildung bereits begonnen

---

1 BFH, U. v. 27.2.1985 I R 235/80, BStBl II 1985, 456; vgl. auch BFH, U. v. 26.4.1989 I R
   163/85, BFH/NV 1991, 357; v. 26.3.1991 VIII R 104/87, BFH/NV 1991, 671.
2 Vgl. BFH, U. v. 17.4.1986 IV R 100/84, BStBl II 1986, 527; v. 20.3.1990 VIII R 47/86, BFH/NV
   1990, 799.
3 Zu den wesentlichen Betriebsgrundlagen bei der Verpachtung eines landwirtschaftlichen Betriebs
   vgl. OFD Münster v. 28.1.1993, FR 1993, 244.
4 BFH, U. v. 28.11.1991 IV R 58/91, BStBl II 1992, 521, m. Anm. Behrle, KFR F. 3 EStG
   § 14, 1/92, 277, auch zur vergleichbaren Rechtslage bei Wirtschaftsüberlassungsverträgen; zur
   AfA-Berechtigung des Überlassenden vgl. FG Baden-Württemberg, Außensenate Stuttgart, U. v.
   13.7.1990 IX K 75/84 rkr., EFG 1991, 191.
5 So aber FG Rheinland-Pfalz, U. v. 3.4.1992 3 K 2473/89 NZB, EFG 1992, 599, Az. des BFH:
   VIII B 80/92.
6 So wohl BFH, U. v. 12.3.1992 IV R 29/91, BStBl II 1993, 36.
7 Vgl. Abschn. 147 Abs. 2 Satz 2 EStR.
8 Vgl. z. B. Blümich/Hutter, § 18 Rz. 186, 31.

und die Absicht bekundet hat, die Ausbildung abzuschließen und danach die Praxis fortzuführen.[1]

753   Geklärt ist die Rechtslage jedenfalls für die Fälle nicht, in denen die mögliche **Übernahme der Praxis nicht unmittelbar bevorsteht,** z. B. wenn zwar ein erbberechtigter Abkömmling vorhanden ist, aber sich noch in Schulausbildung befindet. In diesen Fällen erscheint es m. E. vertretbar, von einer Betriebsaufgabe abzusehen, wenn die Übernahme der Praxis aufgrund des eingeschlagenen Ausbildungsgangs möglich ist, die Praxis als bestehender Organismus erhalten bleibt und die Besteuerung der stillen Reserven gewährleistet ist.[2]

754-770   *(Einstweilen frei)*

II. Übertragung eines Erbanteils, Finanzierung durch Darlehen

1. Unentgeltliche Übertragung

771   Wird ein Erbteil verschenkt, so entstehen weder Anschaffungskosten noch Veräußerungserlöse.[3] Der Beschenkte führt die Buchwerte des Schenkers fort.[4]

2. Veräußerung

Literatur: *Hörger/Stobbe,* Die Zuordnung stiller Reserven beim Ausscheiden eines Gesellschafters einer Personengesellschaft, DStR 1991, 1230; *Schult/Richter,* Wider den Teilwert – eine Schimäre des Steuerrechts, DStR 1991, 1261; *Siegel,* Stille Reserven beim Unternehmens- oder Anteilsverkauf, Geschäftswert und Teilwert, DStR 1991, 1477.

Vgl. auch vor Anm. 701 und 721.

Fall
Erblasser B wird von S und T zu gleichen Teilen beerbt. Der Buchwert des Betriebs (das Kapitalkonto) beträgt 800.000 DM, der Verkehrswert 2.000.000 DM. T überträgt ihren Erbanteil gegen Zahlung von 1.000.000 DM auf S.

---

1   Vgl. Schmidt/Seeger, § 18 Anm. 37.
2   Vgl. Nieland in Littmann/Bitz/Meincke, § 18 Rdn. 396; zu dieser Problematik auch Hörger, DStR 1993, 37 f.
3   BMF v. 11.1.1993, BStBl I 1993, 62, Tz. 40.
4   § 7 Abs. 1 EStDV; BMF v. 11.1.1993, BStBl I 1993, 62, Tz. 41.

Abwandlung 1

S kauft den Betrieb von der Erbengemeinschaft um 2.000.000 DM. Der Kaufpries wird zwischen S und T geteilt.

Abwandlung 2

T überträgt den Erbanteil auf D.

Abwandlung 3

S entnimmt den Kaufpreis dem Betrieb.

Abwandlung 4

S finanziert den Kaufpreis durch ein Darlehen.

Abwandlung 5

S muß den Kaufpreis erst nach zwei Jahren zahlen.

---

a) Allgemeines

Die durch § 2033 Abs. 1 BGB mögliche Übertragung des Erbanteils an 772
einer gewerblich tätigen Erbengemeinschaft bedeutet die **Veräußerung eines Mitunternehmeranteils** i.S. von § 16 Abs. 1 Nr. 2 EStG, und zwar auch dann, wenn der Erwerber ein Miterbe ist. Anschaffungskosten und Veräußerungsgewinn errechnen sich wie bei der Übertragung eines Gesellschaftsanteils.[1] Diese Grundsätze gelten auch dann, wenn der Miterbe die Erbanteile nicht aufgrund eines Kaufvertrags mit den übrigen Miterben, sondern durch Ausübung des Vorkaufsrechts gegenüber einem Dritten (§ 2035 BGB) erwirbt.[2] Nach Auffassung der Finanzverwaltung steht die **Ausschlagung der Erbschaft gegen eine Abfindung** der (entgeltlichen) Veräußerung des Erbteils gleich.[3] Diese Meinung ist im Ergebnis richtig.[4]

b) Erwerb durch Miterben

Der Betriebsübernehmer S erwirbt durch Erbschaft einen Anteil am Buch- 773
wert von 400.000 DM und einen Anteil am Verkehrswert von 1.000.000

---

1 BFH, B. v. 5.7.1990 GrS 2/89, BStBl II 1990, 837, Tz. C. II. 1. b; BMF v. 11.1.1993, BStBl I 1993, 62, Tz. 42, mit Beispiel 18.
2 BFH, U. v. 26.3.1991 VIII R 172/85, BFH/NV 1991, 738.
3 BMF v. 11.1.1993, BStBl I 1993, 62, Tz. 40.
4 Vgl. auch Anm. 1296 ff.

DM. S kann daher **insoweit die Buchwerte fortführen, da** ein **unentgelt-licher Erwerb** vorliegt (§ 7 Abs. 1 EStDV). In Höhe seiner Ausgleichs-zahlung (1.000.000 DM) hat S **Anschaffungskosten.**[1] Das Entgelt ist im Verhältnis der Teilwerte auf die einzelnen erworbenen Wirtschaftsgüter aufzuteilen. Ein Firmenwert ist nur insoweit anzusetzen, als das gezahlte Entgelt die Hälfte der Summe der Teilwerte der anderen Wirtschaftsgüter übersteigt.[2]

c) Erwerb von Erbengemeinschaft (Abwandlung 1)

774   Dieser Fall ist wie der Erwerb von der Miterbin T zu behandeln. S entstehen nur insoweit Anschaffungskosten, als die Aufwendungen den ihm zustehenden Anteil am Verkaufserlös übersteigen.[3]

d) Erwerb durch Dritten (Abwandlung 2)

775   Wenn der Übernehmer ein fremder Dritter ist, hat dieser **Anschaffungs-kosten** von 1.000.000 DM, mit denen er seinen Anteil in der Bilanz ausweisen muß. Das geschieht in Höhe von 400.000 DM in der Hauptbilanz (Fortführung des Kapitalkontos des Erblassers) und in Höhe von 600.000 DM in einer für D aufzustellenden positiven Ergänzungsbilanz.[4]

e) Finanzierung des Kaufpreises (Abwandlung 3 und 4)

776   Wenn es zwischen den Miterben zu einem Anschaffungs- und Veräu-ßerungsgeschäft kommt, ist es **unbedeutend, aus welchen Mitteln** der erwerbende Miterbe das vereinbarte Entgelt entrichtet[5]; sie können auch aus dem Nachlaß gewonnen werden (**Abwandlung 3**). So kann ein Erbe, der die Erbanteile seiner Miterben erwirbt, das Entgelt durch Verwertung oder Belastung des Nachlasses erlangen (**Abwandlung 4**).[6] Damit folgt der Große Senat nicht der Auffassung des IX. Senats[7], der ein entgeltli-

---

1   BMF v. 11.1.1993, BStBl I 1993, 62, Tz. 40.
2   Vgl. BFH, U. v. 17.9.1987 III R 272/83, BStBl II 1988, 441; zu den Stufentheorien vgl. Hör-ger/Stobbe, DStR 1991, 1230; Siegel, DStR 1991, 1477 und Anm. 606; vgl. auch Schult/Richter, DStR 1991, 1261.
3   Vgl. auch Anm. 851 ff.
4   BMF v. 11.1.1993, BStBl I 1993, 62, Tz. 42, mit Beispiel 18.
5   Vgl. BMF v. 11.1.1993, BStBl I 1993, 62, Tz. 28.
6   Zur Schaffung von Privatvermögen und Realteilung vgl. Anm. 1246 ff.
7   U. v. 9.7.1985 IX R 49/83, BStBl II 1985, 722.

ches Geschäft nur angenommen hat, soweit der Miterbe für den Erwerb Vermögenswerte außerhalb der Erbmasse einsetzt.[1]

Bei einer Finanzierung des Kaufpreises durch **Darlehen** werden die   777
Verbindlichkeit zur **Betriebsschuld**[2], die Schuldzinsen zu Betriebsausgaben.[3]

f) Abzinsung (Abwandlung 5)

Werden die Ausgleichszahlungen erst **zu einem späteren Zeitpunkt fällig,**   778
so sind Anschaffungskosten des Erwerbers nicht das vereinbarte Entgelt, sondern dessen Barwert im Zeitpunkt des Erwerbs.[4]

g) Behandlung des Veräußerers

Die Abfindungszahlung (Kaufpreis) von 1.000.000 DM führt unter Be-   779
rücksichtigung des anteiligen Kapitalkontos von 400.000 DM zu einem
Veräußerungsgewinn von 600.000 DM[5], der von T zu versteuern ist.
Der Veräußerungsgewinn ist **tarifbegünstigt**[6] (zwar nicht nach § 16 Abs. 4
EStG, da die Grenzen überschritten sind, wohl aber nach § 34 EStG). Wenn
§ 16 Abs. 4 EStG anzuwenden wäre, könnte T nur in Höhe ihrer Beteiligung
(also zu 1/2) den Freibetrag in Anspruch nehmen.[7]

Vorstehende Grundsätze gelten auch dann, wenn zunächst die Miterbenstel-   780
lung streitig war, es aber nach einem Rechtsstreit zum Vergleich kommt, in
dem die Beteiligten von der Miterbenstellung des Veräußerers ausgehen.[8]

---

1   BFH, B. v. 5.7.1990 GrS 2/89, BStBl II 1990, 837, Tz. C. II. 5.
2   Vgl. BFH, B. v. 5.7.1990 GrS 2/89, BStBl II 1990, 837, Tz. C. II. 3.; BMF v. 11.1.1993, BStBl
    I 1993, 62, Tz. 36.
3   BFH, U. v. 6.2.1987 III R 203/83, BStBl II 1987, 423, Tz. 5.; vgl. auch BFH, U. v. 9.7.1985
    IX R 49/83, BStBl II 1985, 722, zur Erbauseinandersetzung über Privatvermögen.
4   BFH, U. v. 20.12.1990 XI R 1/85, BFH/NV 1991, 382; ausführlich zur Abzinsung vgl.
    Anm. 268 ff.
5   BMF v. 11.1.1993, BStBl I 1993, 62, Tz. 40.
6   BMF v. 11.1.1993, BStBl I 1993, 62, Tz. 42, mit Beispiel 18.
7   Gf, KÖSDI 1991, 8407.
8   BFH, U. v. 14.3.1991 IV R 88/89, BFH/NV 1992, 92.

h) Unterschiedliche Erbteile

Fall

Der Erblasser hinterläßt einen Betrieb (Buchwert 800.000 DM, Verkehrswert 2.000.000 DM). Er wird von S zu 3/4 und von T zu 1/4 beerbt. T überträgt ihren Erbanteil gegen Zahlung von 500.000 DM auf S.

781   S führt zu 3/4 den Buchwert fort (600.000 DM). Seine Anschaffungskosten betragen 500.000 DM, sein gesamtes Kapitalkonto somit 1.100.000 DM. T hat einen Veräußerungsgewinn von 300.000 DM zu versteuern (500.000 DM ./. 200.000 DM – Anteil am Kapitalkonto). Der Veräußerungsgewinn ist steuerbegünstigt.[1]

782-790   *(Einstweilen frei)*

III. Ausscheiden eines Miterben; Übernahme des Betriebs durch einen Erben

1. Ausscheiden bzw. Übernahme ohne Abfindung

791   Scheidet ein Miterbe ohne Abfindung aus der Erbengemeinschaft aus bzw. übernimmt ein Miterbe den Betrieb ohne Ausgleichszahlung, so finden die Grundsätze über die Schenkung eines Erbteils Anwendung.[2] Es entstehen **weder Anschaffungskosten noch Veräußerungserlöse**. Der Betriebsübernehmer führt die Buchwerte fort (§ 7 Abs. 1 EStDV).[3]

2. Ausscheiden gegen Barabfindung

Fall

Der Erblasser wird von S und T zu gleichen Teilen beerbt. Der Buchwert des Betriebs (das Kapitalkonto) beträgt 600.000 DM, der Verkehrswert 3.000.000 DM. T scheidet gegen eine Barabfindung von 1.500.000 DM aus der Erbengemeinschaft aus.

---

1   Vgl. Anm. 779.
2   BMF v. 11.1.1993, BStBl I 1993, 62, Tz. 52.
3   Zur Anwachsung des Anteils vgl. Anm. 792.

Abwandlung 1

Die Erbengemeinschaft überträgt den Betrieb auf S, der T mit 1.500.000 DM abfindet.

Abwandlung 2

Es erben S, T und U zu gleichen Teilen. S und T zahlen U je 500.000 DM, damit er aus der Erbengemeinschaft ausscheidet.

Ein Miterbe kann gegen eine Barabfindung aus der Erbengemeinschaft **792** ausscheiden. Sein Anteil am Gemeinschaftsvermögen wächst den verbliebenen Miterben – hier dem S – zu. Die Anwachsung eines Erbteils für den Fall, daß mehrere Erben unter Ausschluß der gesetzlichen Erbfolge eingesetzt sind, und einer der Erben vor oder nach dem Eintritt des Erbfalls wegfällt, ist in § 2094 BGB geregelt.[1] Das Ausscheiden aus der Erbengemeinschaft gegen Barabfindung führt steuerrechtlich zu demselben Ergebnis wie der Erwerb des Erbanteils (der Erbteile) des (der) Miterben[2] oder die Übernahme des Betriebs durch einen Miterben gegen Abfindungszahlung (**Abwandlung 1**). Für den verbleibenden Erben stellt die Abfindung **Anschaffungskosten** dar, während sich für den (die) abgefundenen Miterben ein **Veräußerungsentgelt** ergibt.[3] Die Finanzierungskosten sind Betriebsausgaben. Der Veräußerungsgewinn ist nach den §§ 16 und 34 EStG begünstigt.[4]

Wenn S und T den U mit insgesamt 1.000.000 DM abfinden (**Abwand- 793 lung 2**), muß das Betriebsvermögen um 800.000 DM aufgestockt werden. Es ist keine Ergänzungsbilanz erforderlich, weil beide Gesellschafter um denselben Betrag aufstocken müssen.

3. Ausscheiden gegen Sachwertabfindung

Fall

Erben sind S und T zu gleichen Teilen. Der Buchwert des Betriebs (das Kapitalkonto) beträgt 800.000 DM, der Verkehrswert 2.000.000 DM. In diesem Wert sind zwei Grundstücke mit Verkehrswerten von

---

1 BMF v. 11.1.1993, BStBl I 1993, 62, Tz. 51.
2 BMF v. 11.1.1993, BStBl I 1993, 62, Tz. 3; vgl. Anm. 772 ff.
3 BFH, B. v. 5.7.1990 GrS 2/89, BStBl II 1990, 837, Tz. C. II. 1. b, d a.E.; G. Söffing, DStR 1991, 201 f.
4 Vgl. Anm. 779.

je 1.000.000 DM und einem Buchwert von 200.000 DM (Grundstück 1) bzw. 600.000 DM (Grundstück 2) enthalten. T scheidet aus der Erbengemeinschaft aus und erhält Grundstück 1. Sie verwendet es zur Erzielung von Einnahmen aus Vermietung und Verpachtung.

Abwandlung

T nutzt das Grundstück in ihrem eigenen Gewerbebetrieb.

a) Aufdeckung der stillen Reserven

794 Die Bilanz des Betriebs sieht zunächst folgendermaßen aus (Verkehrswerte in Klammern):

Grundstück 1	200.000 DM (1.000.000 DM)	Kapital S	400.000 DM
Grundstück 2	600.000 DM (1.000.000 DM)	Kapital T	400.000 DM
	800.000 DM		800.000 DM

795 Wenn Grundstück 1 das Betriebsvermögen verläßt, entsteht ein Veräußerungsgewinn von 800.000 DM. Da T jedoch aus dem Betrieb ausscheidet, ist zunächst ihr steuerpflichtiger Veräußerungsgewinn festzustellen (1. Stufe) und sodann der Veräußerungsgewinn des verbleibenden Miterben zu errechnen (2. Stufe). **Nach Ausscheiden der T** ergibt sich folgende Bilanz:

Grundstück 1	200.000 DM			
+	400.000 DM	600.000 DM	Kapital S	400.000 DM
Grundstück 2	600.000 DM		Ausgleichs-	
+	200.000 DM	800.000 DM	anspruch T	1.000.000 DM
		1.400.000 DM		1.400.000 DM

796 Für T ist ein **tarifbegünstigter Veräußerungsgewinn** von 600.000 DM (1.000.000 DM ./. 400.000 DM) entstanden. S muß die Buchwerte der Grundstücke entsprechend aufstocken. Die Buchwerte erhöhen sich um 600.000 DM (Anschaffungskosten 1.000.000 DM ./. Buchwert 400.000 DM), also um die Hälfte der stillen Reserven.

Wenn T das Grundstück 1 (Buchwert nunmehr 600.000 DM) zur Tilgung   797
ihrer Ausgleichsforderung von 1.000.000 DM erhält, muß S dieses Grundstück aus dem Betrieb nehmen. Da es 1.000.000 DM wert ist, entsteht
dadurch ein **Veräußerungsgewinnn** von 400.000 DM, den S als laufenden
Gewinn versteuern muß.[1] Der Gewinn ist ein Veräußerungsgewinn und kein
Entnahmegewinn, weil die Hingabe des Sachwerts zum Wegfall der Schuld
führt. Darin ist keine Entnahme, sondern eine Veräußerung, verbunden mit
einer Gewinnrealisierung hinsichtlich des den Buchwert des Grundstücks
übersteigenden Schuldenteils (Ausgleichsanspruch der T) zu sehen.[2]

▷ *Hinweis*

Im Bereich der Land- und Forstwirtschaft kommt § 14 a Abs. 4 EStG in   798
Betracht, obwohl es sich nicht um einen Entnahmegewinn, sondern um einen
Veräußerungsgewinn handelt (Änderung des § 14 a Abs. 4 EStG durch das
Standortsicherungsgesetz).

b) Buchwertfortführung (Abwandlung)

Gelangt die **Sachwertabfindung** beim Miterben **in ein Betriebsvermögen,**   799
so daß eine spätere Versteuerung der stillen Reserven gesichert ist, so kann
der **Buchwert** des Erblassers (200.000 DM) durch T **fortgeführt** werden.[3]
Für T entsteht weder ein Entnahme- noch ein Veräußerungsgewinn. Auch
für S ergeben sich keine Gewinnauswirkungen.[4]

(Einstweilen frei)   800-810

IV. Auseinandersetzung der Erbengemeinschaft

Fall

Der Erblasser, der ein Handelsgewerbe betrieb, wird von S und T zu
gleichen Teilen beerbt. Der Buchwert des Betriebs (das Kapitalkonto)
beträgt 800.000 DM, der Verkehrswert 2.000.000 DM. Die Erbengemeinschaft setzt sich auseinander.

---

1   Felix, KÖSDI 1990, 8279, Tz. 19; a.A. noch Obermeier, NWB F. 3, 7661, 7665.
2   BMF v. 11.1.1993, BStBl I 1993, 62, Tz. 54, mit Beispiel 20; Hiller, INF 1991, 100 f., unter
    Hinweis auf BFH, U. v. 24.5.1973 IV R 64/70, BStBl II 1973, 655.
3   BFH, B. v. 5.7.1990 GrS 2/89, BStBl II 1990, 837, Tz. C. 1.b a.E.
4   BMF v. 11.1.1993, BStBl I 1993, 62, Tz. 55.

1. Allgemeine Grundsätze

811   Die Auseinandersetzung der Erbengemeinschaft vollzieht sich nach den §§ 2046 ff. BGB und ergänzend nach den Vorschriften über die Auflösung der Gemeinschaft (§§ 2042 Abs. 2, 752 ff. BGB). Danach werden zunächst die Nachlaßverbindlichkeiten berichtigt (§ 2046 Abs. 1 BGB), zu denen als Erbfallschulden insbesondere Verbindlichkeiten aus Pflichtteilen, Vermächtnissen und Auflagen gehören. Wird ein **Sachvermächtnis** aus dem Betriebsvermögen der Erbengemeinschaft erfüllt, tätigen die Miterben gesamthänderisch eine Entnahme.

812   Zur Berichtigung von Geldschulden muß die Erbengemeinschaft ggf. Vermögen versilbern (§ 2046 Abs. 3 BGB); ein hierbei entstehender **Gewinn** ist von allen Miterben zu versteuern. Das Restvermögen wird nach dem Verhältnis der Erbteile aufgeteilt (§ 2047 Abs. 1 BGB). Da eine Naturalteilung eines Gewerbebetriebs bei der Auseinandersetzung der Erbengemeinschaft nach dem BGB durchweg nicht möglich ist, muß das gemeinschaftliche Vermögen veräußert und der Erlös geteilt werden. Bei Grundstücken findet eine Zwangsversteigerung statt (§ 753 BGB).

813   Der hierbei entstehende Gewinn (1.200.000 DM) ist der Erbengemeinschaft zuzurechnen und nach dem Verhältnis der Erbteile auf S und T, also je 600.000 DM, zu verteilen.[1] Bei dem Gewinn handelt es sich bei einer Betriebsaufgabe (vgl. Abschn. 139 Abs. 2 EStR) um einen Aufgabegewinn i.S. von § 16 Abs. 3 EStG, bei Übertragung des gesamten Betriebs auf einen Erwerber um einen Veräußerungsgewinn i.S. von § 16 Abs. 1 EStG. Der Gewinn ist nach § 34 Abs. 1, Abs. 2 Nr. 1 EStG **steuerbegünstigt**[2].

814   Eine Betriebsaufgabe liegt nicht vor, wenn die Wirtschaftsgüter nach und nach im Lauf mehrerer Wirtschaftsjahre an Dritte veräußert oder in das Privatvermögen überführt werden. Der Veräußerungsgewinn zählt dann zum **laufenden Gewinn**.

2. Besondere Verfahren

815   Bei Anordnung der **Testamentsvollstreckung** durch den Erblasser sind die §§ 2197 ff. BGB zu beachten. Der Testamentsvollstrecker hat die letztwilligen Verfügungen des Erblassers auszuführen (§ 2203 BGB). Wenn mehrere Erben vorhanden sind, muß der Testamentsvollstrecker einen Aus-

---

1   BMF v. 11.1.1993, BStBl I 1993, 62, Tz. 56.
2   BMF v. 11.1.1993, BStBl I 1993, 62, Tz. 57.

einandersetzungsplan aufstellen und die Erben vor der Ausführung hören (§ 2204 BGB). Bei Vollzug der Erbauseinandersetzung sind die allgemeinen Formvorschriften zu beachten (§ 313 BGB, § 15 GmbHG).

Zur **Vermittlung der Auseinandersetzung** kann auch das **Nachlaßgericht**   816
angerufen werden. Antragsberechtigt ist jeder Miterbe, der Erwerber eines Erbteils sowie derjenige, welchem ein Pfandrecht oder ein Nießbrauch an einem Erbteil zusteht (§ 86 FGG). Es kann auch ein **Notar** eingeschaltet werden (vgl. Art. 38 BayAGGVG; Art. 14 Nds. FGG; Art. 24 Hess. FGG).

Bei einer Anordnung des Erblassers und teilungsreifem Nachlaß kommt   817
eine **Auseinandersetzungsklage** in Betracht. Wenn in der letztwilligen Verfügung des Erblassers eine Vermächtnis- oder Teilungsanordnung enthalten ist, besteht die Möglichkeit der Leistungsklage.[1]

(Einstweilen frei)   818-830

V. Realteilung

Literatur: *Brandenberg*, Erbauseinandersetzung durch Realteilung, Aufgabegewinn auch bei Übernahme des gesamten Betriebs?, DB 1991, 405; *App*, Bilanzierungswahlrecht bei der Realteilung einer Personengesellschaft durch Übertragung von Teilbetrieben, INF 1992, 52; *Jakob/Hörmann/Wittmann*, Die Realteilung von Mitunternehmerschaften – Ein Gestaltungsauftrag an den Gesetzgeber, DStR 1992, 1149; *Paus*, Zur steuerlichen Beurteilung der Realteilung, DStZ 1993, 204.

Vgl. auch vor Anm. 701 und 721.

Fall

Der Erblasser betrieb einen gewerblichen Grundstückshandel. Er wird von S und T zu gleichen Teilen beerbt. Der Buchwert des Betriebs (das Kapitalkonto) beträgt 800.000 DM, der Verkehrswert 2.000.000 DM.

Das Betriebsvermögen besteht aus zwei Grundstücken. Die Miterben setzen sich dahingehend auseinander, daß S ein Grundstück mit einem Verkehrswert von 1.000.000 DM (Buchwert 300.000 DM), T ein Grundstück mit einem Verkehrswert von ebenfalls 1.000.000 DM (Buchwert 500.000 DM) erhält. S und T nutzen ihre Grundstücke zu privaten Zwecken.

---

1 Zum Verfahren vgl. Spiegelberger, DStR 1992, 584 f.; Koller/Franz, NWB F. 19, 1817.

Abwandlung 1

S übernimmt sein Grundstück in sein Betriebsvermögen.

Abwandlung 2

Es handelt sich nicht um zwei Grundstücke, sondern um zwei (Teil-) Betriebe.

1. Unentgeltliches Rechtsgeschäft

831   Einkommensteuerrechtlich ist eine Realteilung ohne Ausgleichsleistung weder Tausch von (Miteigentums-) Anteilen an den einzelnen Wirtschaftsgütern des Nachlasses noch Tausch eines Gesamthandsanteils gegen Alleineigentum an den zugeteilten Wirtschaftsgütern, sondern die Erfüllung des durch die Auseinandersetzungsvereinbarung konkretisierten gesetzlichen Auseinandersetzungsanspruchs. Die Realteilung ist **kein entgeltlicher Vorgang**; es können also weder Anschaffungskosten noch Veräußerungserlöse entstehen.[1]

2. Gewinnrealisierung nach den Grundsätzen über die Betriebsaufgabe

832   Die einkommensteuerrechtlichen Folgen entsprechen denjenigen der Liquidation einer Personengesellschaft (Betriebsaufgabe).[2] Wird das Betriebsvermögen des Erblassers nach der Realteilung zu Privatvermögen der Erben S und T, so entsteht ein **Aufgabegewinn**[3] von 1.200.000 DM, der zu 700.000 DM auf S und zu 500.000 DM auf T zu verteilen ist. Der Aufgabegewinn ist **tarifbegünstigt** (§ 16 Abs. 3, § 34 EStG).[4] Hierbei ist im Regelfall kein Geschäftswert anzusetzen.[5] Für die künftige Gebäude-AfA müssen S und T jeweils von den Entnahmewerten ausgehen (Abschn. 43 Abs. 6, Abschn. 44 Abs. 12 EStR).[6]

---

1   BMF v. 11.1.1993, BStBl I 1993, 62, Tz. 10.
2   BMF v. 11.1.1993, BStBl I 1993, 62, Tz. 11; kritisch Hörger, DStR 1993, 37, 39 f.
3   BFH, B. v. 5.7.1990 GrS 2/89, BStBl II 1990, 837, Tz. C. II. 1. d; BFH, U. v. 10.12.1991 VIII R 69/86, BStBl II 1992, 385.
4   BFH, U. v. 1.12.1992 VIII R 57/90, DB 1993, 1328, unter IV. 2.
5   BFH, U. v. 1.12.1992 VIII R 57/90, DB 1993, 1328, unter IV. 2. d; v. 19.1.1982 VIII R 21/77, BStBl II 1982, 456; ebenso bei Verpachtung nach Betriebsaufgabe, BFH, U. v. 4.4.1989 X R 49/87, BStBl II 1989, 606; vgl. Assmann/Burhoff/Obermeier, Rdnr. 920; a.A. Schmidt, § 16 Anm. 51b; a.A. Hörger, DStR 1993, 37, 40, für den Fall, daß der Geschäftswert beim übernehmenden Unternehmen aktiviert werden kann.
6   BMF v. 11.1.1993, BStBl I 1993, 62, Tz. 11.

3. Wahlrecht für Buchwertfortführung (Abwandlung 1 und 2)

Gelangen aber die **Vermögenswerte in ein Betriebsvermögen,** so haben   833
die Erben ein **Wahlrecht,** entweder einen Aufgabegewinn der Erbengemeinschaft zu versteuern und dann in ihren Bilanzen den Teilwert der
ihnen zugeteilten Wirtschaftsgüter anzusetzen oder – wenn die Besteuerung der stillen Reserven sichergestellt ist – den Buchwert dieser Wirtschaftsgüter fortzuführen.[1] Der BFH paßt also die Kapitalkonten an die
Buchwerte an (sog. Kapitalkontenanpassungsmethode im Gegensatz zur
Buchwertanpassungsmethode – umgekehrter Fall). Demgegenüber schlagen
Jakob/Hörmann/Wittmann[2] die Ergänzungsbilanzmethode vor, die aber nur
der Gesetzgeber verwirklichen kann.[3] Das Wahlrecht ist von den Miterben
einheitlich in der Realteilungs(schluß)bilanz der Miterbengemeinschaft auszuüben (Abschn. 139 Abs. 8 EStR; str.). Es besteht nicht nur bei der Fortführung von **Teilbetrieben** durch die Miterben (**Abwandlung 2**)[4], sondern
auch bei der Realteilung durch Übertragung einzelner Wirtschaftsgüter des
Betriebsvermögens auf die Miterben.[5]

▷ *Gestaltungshinweis*

Wenn sich S und T für die Buchwertfortführung entscheiden, ist S mit laten-   834
ten stillen Reserven von 700.000 DM (1.000.000 DM ./. 300.000 DM), T mit
latenten stillen Reserven von nur 500.000 DM (1.000.000 DM ./. 500.000
DM) belastet. S und T werden daher eine Ausgleichsleistung der T verein-
baren, die zu einem Teilentgelt führt (Realteilung mit Ausgleichsleistung).[6]
Diese Rechtsfolge kann vermieden werden, wenn andere Wirtschaftsgüter
zur Verfügung stehen, die in die Realteilung einbezogen werden können.[7]

Der BMF äußert sich nicht dazu, ob auch ein Wahlrecht zum Ansatz   835
von **Zwischenwerten** besteht. M. E. ist diese Frage zu bejahen[8], da die

---

1 BFH, U. v. 10.12.1991 VIII R 69/86, BStBl II 1992, 385; v. 1.12.1992 VIII R 57/90, DB 1993,
   1328; vgl. BFH, B. v. 5.7.1990 GrS 2/89, BStBl II 1990, 837, Tz. C. II. 1. d, unter Hinweis auf
   BFH, U. v. 19.1.1982 VIII R 21/77, BStBl II 1982, 456.
2 DStR 1992, 1149.
3 Vgl. auch Paus, DStZ 1993, 204.
4 Groh, DB 1990, 2135, 2138; App, INF 1992, 52.
5 BFH, U. v. 10.12.1991 VIII R 69/86, BStBl II 1992, 385; v. 1.12.1992 VIII R 57/90, DB 1993,
   1328; BMF v. 11.1.1993, BStBl I 1993, 62, Tz. 12; a.A. Paus, DStZ 1993, 204.
6 Vgl. Anm. 851 ff.
7 Zur Schaffung verteilungsfähiger Ausgleichsmasse vgl. Anm. 1246 ff.
8 Vgl. App, INF 1992, 52; a.A. Abschn. 139 Abs. 8 Satz 2 EStR.

Realteilung einer Personengesellschaft der Umkehrfall einer Einbringung nach § 24 UmwStG ist.[1]

836   In der **Abwandlung 1** kann dieses Wahlrecht nur hinsichtlich des Grundstücks ausgeübt werden, das S erhält, so daß das Wahlrecht nicht für alle Grundstücke gleichermaßen ausgeübt werden kann.[2] Die Buchwertfortführung bei diesem Grundstück führt zu einem Aufgabegewinn der Erbengemeinschaft von 500.000 DM für das andere Grundstück, der – wie die Aufgabe eines Teilbetriebs – nach den §§ 16 Abs. 4, 34 Abs. 1, Abs. 2 EStG steuerbegünstigt[3] und allein T zuzurechnen ist.

4. Kein Wahlrecht für Buchwertfortführung

837   Werden durch Realteilung übertragene Wirtschaftsgüter, die zu den **wesentlichen Betriebsgrundlagen** gehören[4], von den Miterben ganz oder teilweise ins **Privatvermögen** überführt, liegt dagegen zwingend eine Betriebsaufgabe vor. Werden aber nur Wirtschaftsgüter ins Privatvermögen überführt, die nicht zu den wesentlichen Betriebsgrundlagen gehören und werden im übrigen die Buchwerte fortgeführt, liegt eine Entnahme vor. Ein etwaiger Entnahmegewinn ist allen Miterben zuzurechnen.[5]

5. Übernahme ganzer Betriebe (Abwandlung 2)

a) Meinung des BMF

838   Werden im Rahmen der Realteilung des Betriebsvermögens der Erbengemeinschaft (= Realteilung des Nachlasses) von den einzelnen Miterben nicht lediglich einzelne Wirtschaftsgüter oder Teilbetriebe, sondern ganze Betriebe übernommen, so ist nach **BMF** eine Betriebsaufgabe zu verneinen. Die Betriebe blieben auch nach der Realteilung der Erbengemeinschaft bestehen und würden in dieser unveränderten Form auf die jeweiligen Miterben übertragen. Diese hätten kein Wahlrecht zwischen Gewinnrealisierung und Buchwertfortführung. Sie müßten die **Buchwerte** des Erblassers gemäß § 7 Abs. 1 EStDV **übernehmen**[6], selbst wenn (einzelne)

---

1   BFH, U. v. 10.12.1991 VIII R 69/86, BStBl II 1992, 385; v. 1.12.1992 VIII R 57/90, DB 1993, 1328, unter III. 3. e.
2   Bordewin, DStZ 1992, 353, 357.
3   BFH, U. v. 1.12.1992 VIII R 57/90, DB 1993, 1328, unter IV. 2. b; BMF v. 11.1.1993, BStBl I 1993, 62, Tz. 11.
4   Ausführlich Anm. 526 f. und Blümich/Obermeier, § 2 GewStG Rz. 462 ff.
5   BMF v. 11.1.1993, BStBl I 1993, 62, Tz. 12.
6   BMF v. 11.1.1993, BStBl I 1993, 62, Tz. 13, mit Beispiel 2; Söffing, DStR 1991, 201, 203; Mitschke, FR 1993, 149, 150.

nicht wesentliche Betriebsgrundlagen nicht auf den Betriebsübernehmer übergingen.[1]

b) Eigene Meinung

M. E. gelten auch hier die Grundsätze der Liquidation einer Personen- 839
gesellschaft[2], da § 7 Abs. 1 EStDV nicht einschlägig ist. Es besteht ein
Wahlrecht, die Buchwerte fortzuführen oder einen Aufgabegewinn zu
versteuern. Dem entspricht ein Wahlrecht bei der Fortführung von Teilbetrieben, bei der § 7 Abs. 1 EStDV auch nicht angewendet wird.[3]

(Einstweilen frei) 840-850

VI. Realteilung mit Ausgleichsleistung

Literatur: *Fellmeth*, Spitzenausgleich bei der Realteilung einer Personengesellschaft im
Bilanzsteuerrecht, BB 1991, 2184; *Martinek/Ittenbach*, Die Erbengemeinschaft und das
Vorkaufsrecht in der Teilungsversteigerung, BB 1993, 519.

Vgl. auch vor Anm. 701 und 721.

1. Ausgleichsleistung als entgeltlicher Vorgang

a) Nur Ausgleichsleistungen als Anschaffungskosten und Veräußerungserlös

Fall
Der Erblasser betrieb einen gewerblichen Grundstückshandel. Er wird
von S und T zu gleichen Teilen beerbt. Der Buchwert des Betriebs
(das Kapitalkonto) beträgt 800.000 DM, der Verkehrswert 2.000.000
DM. Das Betriebsvermögen besteht aus zwei Grundstücken. Das erste
Grundstück (Verkehrswert 1.200.000 DM, Buchwert 600.000 DM) erhält
S, das zweite Grundstück (Verkehrswert 800.000 DM, Buchwert 200.000
DM) T. Zum Ausgleich zahlt S an T 200.000 DM. Die Grundstücke
werden von S und T privat genutzt.

Für den übernehmenden Miterben S stellen die Leistungen **Anschaffungs-** 851
kosten für den Mehrempfang, für die weichende Erbin T ein einem
Veräußerungserlös gleichkommendes Entgelt für aufgegebenes Vermögen

---

1 Hörger, DStR 1993, 37, 41; Wacker/Franz, BB Beil. 5 zu Heft 8/1993, 6.
2 Vgl. Anm. 832.
3 Brandenberg, DB 1991, 405; vgl. Anm. 833.

dar.[1] Die Vereinbarung ist bei der Berechnung des Anteils der Miterben am Aufgabegewinn zu berücksichtigen.[2]

852 Während die Realteilung ohne Ausgleichsleistung nur die Erfüllung des gesetzlichen Auseinandersetzungsanspruchs ist, handelt es sich bei der Ausgleichsleistung um einen Akt der **Erbauseinandersetzung**, der als entgeltliches Rechtsgeschäft selbständig neben der Realteilung steht.[3] Die Ausgleichsleistung kann ihren **Rechtsgrund** in einer Vereinbarung der Beteiligten, einer Teilungsanordnung oder einer vom Erblasser angeordneten Testamentsvollstreckung haben.[4] Insoweit ergibt sich ein Unterschied zu teilentgeltlichen Rechtsgeschäften im Rahmen einer vorweggenommenen Erbfolge, bei der in einem Vorgang, der teilweise entgeltlich und teilweise unentgeltlich ist, Vermögen übergeht.

853 Der Aufgabegewinn der Erbengemeinschaft beträgt 1.200.000 DM, der zu 400.000 DM auf S und 800.000 DM auf T zu **verteilen** ist. Der Aufgabegewinn ist nach den §§ 16, 34 EStG steuerbegünstigt.[5]

b) Entsprechend bei Zwangsversteigerung

854 Die vorstehenden Grundsätze gelten auch, soweit sich die Erbengemeinschaft gemäß § 2042 Abs. 2, § 753 Abs. 1 BGB durch Zwangsversteigerung zum Zwecke der Aufhebung der Gemeinschaft auseinandersetzt.[6] Dem Miterben, der Nachlaßgegenstände ersteigert, entstehen nur insoweit **Anschaffungskosten**, als seine Bargebote den ihm zustehenden Anteil am Versteigerungserlös aller Grundstücke übersteigen. Die in der Zwangsversteigerung vom Ersteher gemäß § 49 Abs. 2 ZVG zu entrichtenden Zinsen gehören nicht zu den Anschaffungskosten, sondern zu den Werbungskosten oder Betriebsausgaben, wenn die Gegenstände zur Einkunftserzielung verwendet werden.[7]

---

1 BMF v. 11.1.1993, BStBl I 1993, 62, Tz. 14.
2 BFH, B. v. 5.7.1990 GrS 2/89, BStBl II 1990, 837, Tz. C. II. 1. d, unter Hinweis auf BFH, U. v. 19.1.1982 VIII R 21/77, BStBl II 1982, 456; BFH, U. v. 1.12.1992 VIII R 57/90, DB 1993, 1328, unter III. 3. h cc, „Forderungskauf"; BMF v. 11.1.1993, BStBl I 1993, 62, Tz. 15; FG München, U. v. 6.11.1990 8 K 3084/89 rkr., EFG 1991, 537; a.A. Fellmeth, BB 1991, 2184.
3 Vgl. BMF v. 11.1.1993, BStBl I 1993, 62, Tz. 15; vgl. auch BFH, U. v. 10.12.1991 VIII R 69/86, BStBl II 1992, 385; v. 1.12.1992 VIII R 57/90, DB 1993, 1328, unter III. 1.
4 BMF v. 11.1.1993, BStBl I 1993, 62, Tz. 15.
5 BFH, U. v. 1.12.1992 VIII R 57/90, DB 1993, 1328, unter IV.
6 BMF v. 11.1.1993, BStBl I 1993, 62, Tz. 14; zum Vorkaufsrecht in der Teilungsversteigerung vgl. Martinek/Ittenbach, BB 1993, 519.
7 BFH, U. v. 29.4.1992 XI R 3/85, BStBl II 1992, 727.

c) Ausgleichsleistung bei Übertragung von Betrieben

Fall

S und T sind Miterben zu je 1/2. Zum Nachlaß gehören zwei gewerbliche Betriebe. Betriebsvermögen 1 hat einen Wert von 2.000.000 DM und einen Buchwert von 200.000 DM. Betriebsvermögen 2 hat einen Wert von 1.600.000 DM und einen Buchwert von 160.000 DM. Im Wege der Erbauseinandersetzung erhält S das Betriebsvermögen 1 und T das Betriebsvermögen 2. Außerdem zahlt S an T eine Abfindung von 200.000 DM.[1]

Die Ausgleichszahlung ist bei der Übertragung von Betrieben oder Teilbetrieben dem Wert des Kapitalkontos gegenüberzustellen, der dem **Verhältnis von Abfindungszahlungen zum Wert des übernommenen Betriebsvermögens** entspricht (insoweit überholt Abschn. 139 Abs. 8 Satz 7 EStR).[2]   855

Der gesamte Nachlaß hat einen Wert von 3.600.000 DM, so daß auf S wertmäßig 1.800.000 DM entfallen. Er erhält aber 2.000.000 DM, also 200.000 DM mehr. Diesen Betrag zahlt er für 1/10 des Betriebsvermögens 1. S erwirbt daher 9/10 des Betriebsvermögens 1 unentgeltlich und 1/10 entgeltlich. Auf diese 1/10 entfällt ein Buchwert von 20.000 DM, so daß S die Aktivwerte um 180.000 DM aufstocken muß und T einen tarifbegünstigten[3] Veräußerungsgewinn von 180.000 DM (200.000 DM ./. 20.000 DM) zu versteuern hat.[4]   856

Ein **Wahlrecht**, die Realteilung als Betriebsaufgabe zu behandeln, besteht nach **BMF** für S und T **nicht**; denn eine Betriebsaufgabe sei zu verneinen, da jeder der beiden Betriebe nach der Realteilung der Erbengemeinschaft von dem jeweiligen Miterben fortgeführt werde.[5] M.E. ist auch dieser Fall nach den Grundsätzen der Liquidation einer Personengesellschaft zu behandeln, so daß S und T die Realteilung als Betriebsaufgabe behandeln können.[6]   857

---

1 BMF v. 11.1.1993, BStBl I 1993, 62, Beispiel 3.
2 BMF v. 11.1.1993, BStBl I 1993, 62, Tz. 16.
3 BMF v. 11.1.1993, BStBl I 1993, 62, Tz. 22.
4 Zur Rücklage nach § 6 b EStG vgl. Anm. 876 ff.
5 BMF v. 11.1.1993, BStBl I 1993, 62, Tz. 16; vgl. auch BMF v. 11.1.1993, BStBl I 1993, 62, Tz. 13; Groh, DB 1990, 2135, 2138; Bordewin, DStZ 1992, 353, 356; Wacker/Franz, BB Beil. 5 zu Heft 8/1993, 7.
6 Vgl. Anm. 838.

d) Keine Ausgleichsleistung bei Übernahme von Verbindlichkeiten

Fall
Wie Fall vor Anm. 855. S zahlt keine Abfindung, sondern übernimmt
Schulden in Höhe von 200.000 DM.[1]

858   Eine Übernahme von Schulden über die Erbquote hinaus führt **nicht**
zu **Anschaffungskosten.** Deshalb entsteht auch **kein Veräußerungserlös,**
soweit ein Miterbe Verbindlichkeiten über die Erbquote hinaus übernimmt,
selbst wenn sich die Verbindlichkeiten nicht eindeutig einem Betrieb,
Teilbetrieb oder Mitunternehmeranteil zuordnen lassen. S erhält wertmäßig
nur 1.800.000 DM und braucht an T keine Abfindung zu zahlen. Es liegt
dann eine (unentgeltliche) Realteilung ohne Ausgleichsleistung vor.[2]

859-870   *(Einstweilen frei)*

2. Wahlrecht für Buchwertfortführung

a) Aufstockung der Buchwerte

Fall
Wie Fall vor Anm. 851. S und T bringen die Grundstücke zu Buchwerten
in ihnen gehörende Betriebsvermögen ein.

871   Bei Leistung von Abfindungszahlungen haben die Miterben, abgesehen
von der notwendigen teilweisen Gewinnrealisierung nach Maßgabe der
Abfindung, wiederum ein **Wahlrecht** zwischen voller Gewinnrealisierung
(Betriebsaufgabe) und Buchwertfortführung, soweit die zugeteilten Wirtschaftsgüter oder Teilbetriebe Betriebsvermögen bleiben.[3]

872   Dem S stehen an dem Nachlaß wertmäßig 1.000.000 DM zu. Da er aber
das Grundstück 1 im Wert von 1.200.000 DM erhält, also 200.000 DM
mehr, zahlt er diesen Betrag für 1/6 des Grundstücks 1, das er erhält.
S erwirbt also 5/6 des Grundstücks 1 unentgeltlich und 1/6 entgeltlich.
Auf dieses 1/6 entfällt ein Buchwert von 100.000 DM, so daß S den
Grundstücksbuchwert in seiner Bilanz um 100.000 DM aufstocken muß und

1   BMF v. 11.1.1993, BStBl I 1993, 62, Beispiel 4.
2   BFH, U. v. 10.12.1991 VIII R 69/86, BStBl II 1992, 385, unter A. I. 2. d; v. 1.12.1992 VIII R
      57/90, DB 1993, 1328, unter III.1.; BMF v. 11.1.1993, BStBl I 1993, 62, Tz. 17.
3   BFH, U. v. 10.12.1991 VIII R 69/86, BStBl II 1992, 385; v. 1.12.1992 VIII R 57/90, DB 1993,
      1328; vgl. auch Anm. 832 ff.

T einen nicht nach §§ 16, 34 EStG begünstigten[1] Veräußerungsgewinn von
100.000 DM (200.000 DM ./. 100.000 DM) zu versteuern hat.

S und T könnten die Realteilung auch nach Meinung des BMF als Betriebs-   873
aufgabe behandeln, da keine ganzen Betriebe, sondern lediglich einzelne
Wirtschaftsgüter übertragen werden.[2]

b) Errechnung der AfA

Fall
Wie Fall vor Anm. 871. Der Grundstücksanteil des von S übernommenen
bebauten Grundstücks beträgt 20 %. S erhält eine AfA nach § 7 Abs. 4
Satz 1 Nr. 1 EStG.

Bei **Gebäuden** gelten grundsätzlich zwei AfA-Reihen: Auf den entgeltlich   874
erworbenen Teil (200.000 DM) entfällt ein Gebäudeanteil von 160.000 DM
(80 % von 200.000 DM). Die AfA beträgt 4 %, also 6.400 DM jährlich.
Hinsichtlich des unentgeltlich erworbenen Teils führt S die Buchwerte der
Erbengemeinschaft fort (§ 7 Abs. 1 EStDV).

Bei Übernahme eines **beweglichen Wirtschaftsguts** stimmt die Nutzungs-   875
dauer des entgeltlich erworbenen Teils des Wirtschaftsguts regelmäßig
mit der Restnutzungsdauer des unentgeltlich erworbenen Teils des Wirtschaftsguts überein.[3] Der auf den unentgeltlich erworbenen Teil entfallende
Restbuchwert und die Anschaffungskosten bilden zusammen die AfA-Bemessungsgrundlage, die auf die restliche Nutzungsdauer zu verteilen ist.

3. Auswirkungen auf § 6 b EStG

Fall
S und T sind Miterben zu je 1/2. Zum Nachlaß gehört ein Betrieb,
dessen Betriebsvermögen aus zwei Grundstücken besteht. Grundstück
1 hat einen Verkehrswert von 2.000.000 DM und einen Buchwert von
200.000 DM. Grundstück 2 besitzt einen Wert von 1.600.000 DM und
einen Buchwert von 160.000 DM. Im Wege der Erbauseinandersetzung
erhält S Grundstück 1 und T Grundstück 2. Außerdem zahlt S an T eine

---

1   BFH, U. v. 1.12.1992 VIII R 57/90, DB 1993, 1328, unter III. 4.; a. A. z. B. FG Münster, U. v.
    11.6.1991 6 K 7101/88 F rkr., EFG 1992, 74.
2   BMF v. 11.1.1993, BStBl I 1993, 62, Tz. 18, mit Beispiel 5; vgl. BMF v. 11.1.1993, BStBl I
    1993, 62, Tz. 13.
3   BMF v. 11.1.1993, BStBl I 1993, 62, Tz. 19.

Abfindung von 200.000 DM.[1] S und T legen die Grundstücke in ihr Betriebsvermögen ein. Nach drei Jahren veräußert S Grundstück 1 um 2.500.000 DM.

a) Entgeltlicher Teil

876 Da in einer Ausgleichsleistung ein gegenüber der Realteilung selbständiges Rechtsgeschäft zu sehen ist, ergeben sich hinsichtlich des entgeltlichen Teils folgende Auswirkungen:

877 • Es handelt sich um eine **Veräußerung**. Der Veräußerungsgewinn ist nach **§ 6 b EStG** begünstigt.[2] Diese Vorschrift setzt u.a. voraus, daß die veräußerten Wirtschaftsgüter im Zeitpunkt der Veräußerung mindestens sechs Jahre ununterbrochen zum Anlagevermögen einer inländischen Betriebsstätte gehört haben.

878 • Auf die durch die Ausgleichsleistungen entstandenen Anschaffungskosten kann eine **Rücklage** nach § 6 b EStG übertragen werden.[3] Dies gilt nicht bei einer Einlage, die keine Anschaffung i.S. von § 6 b EStG ist.[4]

879 Der gesamte Nachlaß hat einen Wert von 3.600.000 DM, so daß auf S wertmäßig 1.800.000 DM entfallen. Er erhält aber 2.000.000 DM, also 200.000 DM mehr. Diesen Betrag zahlt er für 1/10 des Grundstücks 1. S erwirbt daher 9/10 des Grundstücks 1 unentgeltlich und 1/10 entgeltlich. Auf dieses 1/10 entfällt ein Buchwert von 20.000 DM, so daß S die Aktivwerte um 180.000 DM aufstocken muß und T einen Veräußerungsgewinn von 180.000 DM (200.000 DM ./. 20.000 DM) zu versteuern hat. Diesen Gewinn kann sie einer Rücklage nach § 6 b EStG zuführen. In diesem Fall scheidet aber die Vergünstigung des § 34 EStG aus (§ 34 Abs. 1 Satz 4 EStG).

880 Wenn S **Grundstück 1** nach drei Jahren wieder **verkauft**, ist hinsichtlich des entgeltlichen Teils § 6 b EStG nicht anzuwenden. Insoweit beträgt der Veräußerungsgewinn 50.000 DM (250.000 DM ./. 200.000 DM), der sofort zu versteuern ist.

---

1 Vgl. Fall vor Anm. 855.
2 Schmidt/Glanegger, § 6 b Anm. 9b; keine Äußerung des BMF.
3 BMF v. 11.1.1993, BStBl I 1993, 62, Tz. 20.
4 Hörger, DStR 1993, 37, 41 f.; a.A. Bordewin, DStZ 1992, 353, 357.

b) Unentgeltlicher Teil

Hinsichtlich des unentgeltlich erworbenen Teils des Wirtschaftsguts ist im **881** Falle einer späteren Veräußerung die **Besitzzeit der Erbengemeinschaft und des Erblassers** für die Besitzzeit i. S. des § 6 b EStG zu berücksichtigen.[1]

S hat 9/10 des Grundstücks 1 unentgeltlich erworben. Dem entsprechenden **882** Buchwert von 180.000 DM (9/10 von 200.000 DM) ist ein Veräußerungsentgelt von 2.250.000 DM (9/10 von 2.500.000 DM) gegenüberzustellen. Der Veräußerungsgewinn beträgt daher 2.070.000 DM. Er kann einer Rücklage nach § 6 b EStG zugeführt werden.[2]

VII. Teilauseinandersetzung

Fall

Der Erblasser, der ein Handelsgewerbe betrieb, wird von S und T zu gleichen Teilen beerbt. Der Buchwert des Betriebs (das Kapitalkonto) beträgt 800.000 DM, der Verkehrswert 2.000.000 DM. T erhält zunächst zu Lasten ihrer Beteiligung am Restnachlaß ein Grundstück (Buchwert 300.000 DM, Verkehrswert 500.000 DM), das sie privat nutzt.

Abwandlung

Das Grundstück wird von T in ihr Betriebsvermögen überführt.

Es entsteht ein **Entnahmegewinn** unabhängig davon, ob die Miterben am **883** Restnachlaß beteiligt bleiben.[3] Ob dieser Gewinn allen Miterben oder allein dem entnehmenden Miterben zugerechnet wird, hat der BFH in seinem Beschluß v. 5.7.1990[4] offengelassen. Für erstere Möglichkeit spricht, daß die Miterben nur gemeinsam – gesamthänderisch – die Entnahme tätigen können, und beide am Betriebsergebnis zur Hälfte beteiligt sind.[5] Für die zweite – m. E. abzulehnende – Möglichkeit spricht, daß die Aufdeckung der stillen Reserven nur der T zugute kommt, während S mit seinem nun erhöhten Restnachlaß die stillen Reserven dann allein versteuern muß,

---

1 BMF v. 11.1.1993, BStBl I 1993, 62, Tz. 20; vgl. Abschn. 41 c Abs. 6 EStR; a.A. Schmidt/Glanegger, § 6 b Anm. 9b, wonach die Besitzzeit einheitlich nur dann unterbrochen wird, wenn das Entgelt den Buchwert des Veräußerers überschreitet.

2 Wacker/Franz, BB Beil. 5 zu Heft 8/1993, 9.

3 BMF v. 11.1.1993, BStBl I 1993, 62, Tz. 59, mit Beispiel 21; zur folgenden Endauseinandersetzung vgl. Anm. 1202 ff.

4 GrS 2/89, BStBl II 1990, 837, Tz. C. II. 1. e.

5 BMF v. 11.1.1993, BStBl I 1993, 62, Tz. 60; vgl. Anm. 811.

wenn er später den Betrieb allein fortführt oder die auf ihn entfallenden Vermögenswerte in ein Betriebsvermögen überführt.

884 Bei einer Überführung in das Betriebsvermögen der T (**Abwandlung**) besteht ein **Wahlrecht** für eine Buchwertfortführung.[1]

885-890 *(Einstweilen frei)*

VIII. Beteiligung an einer Personengesellschaft

Literatur: *Felix*, Personengesellschaftsvertragliche Nachfolgeklauseln, Erbauseinandersetzung und Einkommensteuer, KÖSDI 1991, 8355; *Groh*, Mitunternehmeranteile in der Erbauseinandersetzung, DB 1991, 724; *Söffing*, Vererbung eines Mitunternehmeranteils mittels einfacher und qualifizierter Nachfolgeklausel in zivil- und steuerrechtlicher Sicht, DStR 1991, 798; *Märkle/Franz*, Die Erbauseinandersetzung eines Nachlasses mit Gesellschaftsanteilen, BB 1991, 2494; *Jestädt*, GmbH & Co GbR – Steuerverstrickungsmodell, DStR 1992, 349; *Söffing*, Erbauseinandersetzung und Vererbung eines Mitunternehmeranteils, NWB F. 3, 8263; *Plewka*, Vererbung von Personengesellschaftsanteilen/Übertragung von Sonderbetriebsvermögen auf atypisch still Unterbeteiligten, KFR F. 3 EStG § 15, 8/92, 149; *Schoor*, Steuerfolgen bei Vererbung eines Gesellschaftsanteils, INF 1992, 265; *Dötsch*, Die einkommensteuerliche Beurteilung aufgrund einfacher und qualifizierter Nachfolgeklauseln vererbter Anteile an Personengesellschaften, Festschrift für Ludwig Schmidt.

Vgl. auch vor Anm. 701 und 721.

Fall
Gesellschafter einer OHG sind A, B und C. A stirbt. Erben sind S und T je zur Hälfte. Zum Nachlaß gehören ein OHG-Anteil (Verkehrswert 2.000.000 DM, Buchwert 200.000 DM) sowie ein Privatgrundstück (Verkehrswert 2.000.000 DM).
Abwandlung
Der Wert des OHG-Anteils beträgt 1.200.000 DM, der Wert des Sonderbetriebsvermögens 800.000 DM.[2]

1. Allgemeines

891 Wenn ein Kommanditist oder ein stiller Gesellschafter stirbt, wird nach der gesetzlichen Regelung die **Gesellschaft** unverändert mit dem (den) Erben **fortgesetzt**. Bei mehreren Erben geht die Beteiligung entsprechend der Erbquote geteilt auf die Erben über.[3]

---

1 BMF v. 11.1.1993, BStBl I 1993, 62, Tz. 61.
2 Vgl. BMF v. 11.1.1993, BStBl I 1993, 62, Tz. 81, mit Beispiel 26; Tz. 82, mit Beispiel 27.
3 Schoor, INF 1992, 265.

Wenn jedoch ein Gesellschafter einer BGB-Gesellschaft, einer OHG, der **892**
Komplementär einer KG oder bei der atypischen stillen Gesellschaft der
Inhaber des Handelsgeschäfts stirbt, wird die **Gesellschaft** nach den ge-
setzlichen Regelungen **aufgelöst** (vgl. § 727 Abs. 1 BGB, §§ 131 Nr. 4,
161 Abs. 2 HGB). Es entsteht zunächst eine Liquidationsgesellschaft, deren
Mitglied der Erbe des verstorbenen Gesellschafters wird. Miterben erhalten
den Gesellschaftanteil zur gesamten Hand. Die Erbengemeinschaft wird
Mitglied der Abwicklungsgesellschaft.[1]

Die **Auflösung** und Abwicklung der Gesellschaft führt zu einem Auf- **893**
gabegewinn bzw. -verlust, der der Erbengemeinschaft und den übrigen
Gesellschaftern anteilig zuzurechnen ist. Bei einer **Veräußerung** ist ein
dabei entstehender Gewinn bzw. Verlust ebenfalls der Erbengemeinschaft
und den übrigen Gesellschaftern anteilig zuzurechnen. Aufgabegewinn
bzw. Veräußerungsgewinn sind steuerbegünstigt (§§ 16, 34 EStG).

In den Fällen, in denen die Gesellschaft nach den gesetzlichen Regelungen **894**
aufgelöst würde, kann die **Erbfolge geregelt** werden, und zwar durch

* Fortsetzungsklausel,
* Eintrittsklausel,
* einfache Nachfolgeklausel oder
* qualifizierte Nachfolgeklausel.

2. Fortsetzungsklausel

Bei einer sog. Fortsetzungsklausel setzen die überlebenden Gesellschafter **895**
die Gesellschaft fort und finden die Erben des verstorbenen Gesellschafters
ab. Hierbei geht der Gesellschaftsanteil zivilrechtlich nicht auf die Erben
über. Diese erlangen lediglich einen privaten Abfindungsanspruch gegenüber den verbleibenden Gesellschaftern. Steuerlich realisiert der **Erblasser**
durch Aufgabe seines Mitunternehmeranteils unter Anwachsung bei den
verbliebenen Gesellschaftern einen **tarifbegünstigten Veräußerungsgewinn** in Höhe des Unterschieds zwischen dem Abfindungsanspruch und
dem Buchwert seines Kapitalkontos.[2] Die Gesellschafter stocken die Buchwerte um die realisierten stillen Reserven auf. Der steuerbegünstigte Veräußerungsgewinn beträgt 1.800.000 DM. Würde ein Miterbe gleichzeitig
auch Gesellschafter sein, würde ihm entsprechend seiner Erbquote der

---

1 Groh, DB 1991, 724 ff.; Schoor, INF 1992, 265; vgl. BFH, B. v. 18.10.1988 VIII R 172/85,
   BFH/NV 1989, 487.
2 BFH, U. v. 26.3.1981 IV R 130/77, BStBl II 1981, 614, 617; BMF v. 11.1.1993, BStBl I 1993,
   62, Tz. 78; Felix, KÖSDI 1991, 8355; Schoor, INF 1992, 265, 266, mit Beispiel.

Gesellschaftsanteil anwachsen. Da der Erwerb insoweit unentgeltlich wäre, könnte er die Buchwerte des Erblassers fortführen (§ 7 Abs. 1 EStDV).

896 Ist die **Abfindung auf den Buchwert begrenzt**, so entsteht kein Veräußerungsgewinn. Die verbleibenden Gesellschafter führen die Buchwerte ihres Kapitalkontos unverändert fort.[1]

897 Eine **Abfindung unter dem Buchwert** führt zu einem Veräußerungsverlust des Erblassers. Die Gesellschafter stocken die Buchwerte ab.[2]

898 **Sonderbetriebsvermögen des Erblassers (Abwandlung)** geht mit dem Tod in das Privatvermögen des Erblassers und damit in den gesamthänderisch gebundenen Nachlaß über.[3] Der Erblasser realisiert einen steuerbegünstigten Entnahmegewinn[4], unabhängig davon, ob die Miterben das Sonderbetriebsvermögen in ein anderes Betriebsvermögen überführen.[5]

3. Eintrittsklausel

899 Bei einer sog. Eintrittsklausel ist im Gesellschaftsvertrag vereinbart worden, daß ein oder mehrere Erben mit dem Tod eines Gesellschafters das Recht haben, in die Gesellschaft einzutreten. Die Gesellschaft wird zunächst mit den verbleibenden Gesellschaftern fortgesetzt. Der Gesellschaftsanteil des verstorbenen Gesellschafters wächst mithin den übrigen Gesellschaftern an, und die eintrittsberechtigten Erben erben lediglich das Eintrittsrecht. Der Erblasser erzielt – wie bei der Fortsetzungsklausel – im Fall des Nichteintritts der Erben einen tarifbegünstigten Veräußerungsgewinn, wenn die Gesellschafter eine **Abfindung** zahlen. Dies gilt auch dann, wenn die Erben bzw. der Erbe erst nach Ablauf von sechs Monaten in die Gesellschaft eintreten.[6] Wird das Eintrittsrecht innerhalb von sechs Monaten nach dem Erbfall ausgeübt, so gelten, wenn **alle Erben** von ihrem **Eintrittsrecht** Gebrauch machen, die Ausführungen über die einfache Nachfolgeklausel[7], wenn nur **einer oder einige Erben** von ihrem Eintrittsrecht Gebrauch machen, die Ausführungen über die qualifizierte Nachfolgeklausel[8] entsprechend.[9]

---

1 Schoor, INF 1992, 265, 267.
2 Vgl. BFH, U. v. 11.7.1973 I R 126/71, BStBl II 1974, 50.
3 Söffing, DB 1991, 828, 838.
4 BFH, U. v. 24.4.1975 IV R 115/73, BStBl II 1975, 580.
5 A.A. Schoor, INF 1992, 265, 266.
6 Schoor, INF 1992, 265, 269.
7 Vgl. Anm. 901 ff.
8 Vgl. Anm. 903 ff.
9 BMF v. 11.1.1993, BStBl I 1993, 62, Tz. 79; Wacker/Franz, BB Beil. 5 zu Heft 8/1993, 26; vgl. Felix, KÖSDI 1991, 8355, 8359: Dreimonatsfrist.

4. Einfache Nachfolgeklausel

Im Fall der sog. einfachen Nachfolgeklausel wird die Gesellschaft beim Tod **900** eines Gesellschafters mit allen Erben dieses Gesellschafters fortgesetzt. Da eine Erbengemeinschaft gesellschaftsrechtlich nicht Gesellschafterin sein kann, führt der Erbfall dazu, daß die **Miterben Gesellschafter** werden. Der Gesellschaftsanteil geht also geteilt auf die Miterben über. Schoor[1] spricht hierbei von einer quotalen Sonderrechtsnachfolge. **Mitunternehmeranteile**, die vom Erblasser gesondert auf die Miterben übergegangen sind, können jedoch steuerrechtlich **in die Erbauseinandersetzung einbezogen und abweichend aufgeteilt werden.**[2] Ausgleichszahlungen an die weichenden Miterben führen auch in diesem Fall zu Anschaffungskosten.[3]

Somit können die Miterben durch die Einbeziehung von Mitunternehmer- **901** anteilen in die Erbauseinandersetzung im Fall der sog. einfachen Nachfolgeklausel eine gewinneutrale **Realteilung** eines Nachlasses erreichen. Wenn nun S den OHG-Anteil und T das Grundstück erhalten, entstehen keine Anschaffungskosten und keine Veräußerungsgewinne.[4]

In die Realteilung können die Miterben auch **Sonderbetriebsvermögen** **902** einbeziehen. Wenn in der **Abwandlung** S den Anteil und das Sonderbetriebsvermögen und T das Grundstück bekommen, ist das Rechtsgeschäft auch unentgeltlich.[5] Wird das Sonderbetriebsvermögen in die Aufteilung nicht einbezogen, so wird der auf die ausscheidenden Miterben entfallende Teil in das Privatvermögen der Erbengemeinschaft entnommen. Der Entnahmegewinn der ausscheidenden Miterben ist steuerbegünstigt, wenn die Auseinandersetzung über den Gesellschaftsanteil entgeltlich erfolgte (Auflösung aller anteiligen stillen Reserven) bzw. ein laufender, nicht begünstigter Gewinn, wenn die Auseinandersetzung über den Gewinnanteil unentgeltlich (Realteilung) ist.[6]

---

1 INF 1992, 265, 267.
2 Groh, DB 1991, 724; Bordewin, NWB F. 18, 3139, 3143 f.; Felix, FR 1991, 613, 617; ders., DStZ 1991, 757; a. A. Felix, KÖSDI 1991, 8355 f.; Söffing, DB 1991, 773; ders., DStR 1991, 798; LS, DStR 1991, 456; Dötsch in Festschrift für Ludwig Schmidt.
3 BFH, U. v. 13.12.1990 IV R 107/89, BStBl II 1992, 510, m. Anm. Paus, KFR F. 3 EStG § 15, 7/91, 167; v. 29.10.1991 VIII R 51/84, BStBl II 1992, 512, m. Anm. Plewka, KFR F. 3 EStG § 15, 8/92, 149; Söffing, NWB F. 3, 8263; BMF v. 11.1.1993, BStBl I 1993, 62, Tz. 80.
4 BMF v. 11.1.1993, BStBl I 1993, 62, Tz. 81, mit Beispiel 26; problematisch für den Fall, daß die Erben die Gewinnansprüche als eigene behandeln, vgl. L. Schmidt, DStR 1991, 457.
5 BMF v. 11.1.1993, BStBl I 1993, 62, Tz. 82, mit Beispiel 27.
6 Müller/Ohland, Gestaltung der Erb- und Unternehmensnachfolge in der Praxis, Rz. D 61.

5. Qualifizierte Nachfolgeklausel

903   Bei der sog. qualifizierten Nachfolgeklausel des Gesellschaftsvertrags folgen nicht alle Miterben, sondern nur einer oder einzelne von mehreren Miterben dem Erblasser in seiner Gesellschafterstellung nach. Somit sind nur die **qualifizierten Miterben,** nicht dagegen die nicht qualifizierten Miterben als **Mitunternehmer** anzusehen (kein Durchgangserwerb). Werden von den qualifizierten Miterben an die nicht qualifizierten Miterben Abfindungen geleistet, entstehen deshalb weder Veräußerungsgewinne noch Anschaffungskosten.[1]

904   Mit dem Erbfall kommt es zu einer anteiligen **Entnahme etwaigen Sonderbetriebsvermögens,** soweit dieses auf nicht qualifizierte Miterben entfällt (§ 39 Abs. 2 Nr. 2 AO); denn das Sonderbetriebsvermögen geht – im Gegensatz zum Gesellschaftsanteil – zivilrechtlich auf die Erbengemeinschaft als Ganzes über.[2] Dies gilt auch, wenn bei einer zeitnahen Auseinandersetzung das Sonderbetriebsvermögen auf den qualifizierten Miterben übergeht.[3] Der Entnahmegewinn, der zum laufenden Gewinn zählt, ist **dem Erblasser zuzurechnen,** da der nicht qualifizierte Erbe nicht Mitunternehmer geworden ist.[4]

905   Nach Dötsch[5] bedarf eine Entnahme stets einer darauf gerichteten, objektbezogenen Handlung.[6] Daher führe das Ausscheiden eines Mitunternehmers aus der Gesellschaft nicht zu einem Zwangsübergang des Sonderbetriebsvermögens in das Privatvermögen. Wenn der Miterbe seinen Anteil am Sonderbetriebsvermögen in einen eigenen Betrieb einlegt, komme es nicht zu einer Realisierung der darin enthaltenen stillen Reserven. Wenn der Miterbe seinen Anteil jedoch miet- oder pachtweise der Gesellschaft überläßt, liege darin eine konkludente Entnahme der ihm zuzurechnenden Grundstücksanteile. Somit habe der weichende Miterbe den Entnahmegewinn zu versteuern.

906   Eine **Entnahme scheidet** jedoch insoweit **aus,** als ein Wirtschaftsgut des Sonderbetriebsvermögens eines Mitunternehmers ganz oder teilweise unentgeltlich in das Sonderbetriebsvermögen eines anderen Mitunternehmers **derselben Personengesellschaft** übertragen wird; denn das übereignete

---

1   BFH, U. v. 29.10.1991 VIII R 51/84, BStBl II 1992, 512, m. Anm. Plewka, KFR F. 3 EStG § 15, 8/92, 149; Söffing, NWB F. 3, 8263; ; BMF v. 11.1.1993, BStBl I 1993, 62, Tz. 83; Felix, KÖSDI 1991, 8355, 8357 f.; Söffing, DStR 1991, 798, 802 ff.; Dötsch in Festschrift für Ludwig Schmidt; a.A. Groh, DB 1992, 1312.
2   BFH, U. v. 29.10.1991 VIII R 51/84, BStBl II 1992, 512; anders aber bei wirtschaftlichem Eigentum des qualifizierten Miterben – Teilungsanordnung; Jestädt, DStR 1992, 349, 351.
3   BMF v. 11.1.1993, BStBl I 1993, 62, Tz. 84; a. A. Groh, DB 1992, 1312; Felix, KÖSDI 1993, 9366, 9369.
4   BMF v. 11.1.1993, BStBl I 1993, 62, Tz. 85; Schoor, INF 1992, 265, 268.
5   In Festschrift für Ludwig Schmidt.
6   Hierzu vgl. BFH, U. v. 6.11.1991 XI R 27/90, BStBl II 1993, 391.

Wirtschaftsgut steht auch nach dem Eigentumswechsel bei wirtschaftlicher Betrachtung als Beitrag zur Förderung des Gesellschaftszwecks zur Verfügung und bleibt dadurch dem Betrieb verhaftet, so daß eine Gewinnrealisierung nicht erforderlich ist. Dieser Beitragsgedanke paßt jedoch nicht, wenn ein Mitunternehmer ein Wirtschaftsgut seines Sonderbetriebsvermögens auf den an seinem Gesellschaftsanteil **atypisch still Unterbeteiligten** überträgt. Dieser ist nämlich regelmäßig nicht Mitunternehmer der Gesellschaft, an der die Hauptbeteiligung besteht, sondern nur Mitunternehmer der davon zu unterscheidenden Unterbeteiligungsgesellschaft.[1]

▷ *Gestaltungshinweis*

Die Erbfolge bei der Beteiligung an einer Personengesellschaft ist oft **907** *nicht (nur) von steuerrechtlichen, sondern (auch) von gesellschaftsrechtlichen und erbrechtlichen (familienrechtlichen) Gesichtspunkten bestimmt. Im* **Regelfall** *wird das Interesse des Erblassers darin bestehen, seinem(n) Erben die Mitunternehmerstellung zu übertragen, so daß eine* **Nachfolgeklausel** *in Betracht kommt.*

Wenn eine **Aufdeckung der stillen Reserven nicht gewünscht** *ist, bewegt* **908** *sich der Erblasser aufgrund der Rechtsprechung des IV. BFH-Senats[2] bei der einfachen Nachfolgeklausel auf sicherem Boden, da die Mitunternehmeranteile in die Realteilung mit einbezogen werden können. Problemlos ist auch die* **qualifizierte Nachfolgeklausel**, *wenn kein Sonderbetriebsvermögen besteht. Bei Vorhandensein von Sonderbetriebsvermögen sind nach der bisherigen Rechtsprechung[3] die stillen Reserven aufzudecken. Über eine evtl. Änderung der Rechtsprechung kann nur spekuliert werden. Die Hoffnung von Groh[4], der BMF werde verfügen, daß der qualifizierte Miterbe das Sonderbetriebsvermögen zum Buchwert übernehmen kann, hat sich nicht erfüllt. Die diskutierten Ausweichmöglichkeiten[5] sind nicht tragfähig. Eine Möglichkeit bietet jedoch die* **Schenkung des Sonderbetriebsvermögens auf den Todeszeitpunkt**. *Gleichzeitig muß auch das dingliche Rechtsgeschäft abgeschlossen sein (vgl. § 163 BGB). Diese Gestaltung scheitert bei Grundstücken daran, daß eine Auflassung, die unter einer Bedingung oder Zeitbestimmung erfolgt, unwirksam ist (§ 925 Abs. 2 BGB). Auch bei*

---

1 BFH, U. v. 29.10.1991 VIII R 51/84, BStBl II 1992, 512.
2 U. v. 13.12.1990 IV R 107/89, BStBl II 1992, 510.
3 BFH, U. v. 29.10.1991 VIII R 51/84, BStBl II 1992, 512.
4 In DB 1992, 1312, 1316.
5 Vgl. Groh, DB 1992, 1312, 1316; Hörger, DStR 1993, 37, 41 f.; Wacker/Franz, BB Beil. 5 zu Heft 8/1993, 25 f.

*beweglichen Wirtschaftsgütern scheidet eine Schenkung auf den Todeszeitpunkt aus, wenn sie davon abhängig gemacht wird, daß der Beschenkte den Schenker überlebt (§ 2301 BGB); denn bei Einzelwirtschaftsgütern ist das formgebundene Schenkungsversprechen als Vermächtnis zu behandeln.[1] Aus steuerlichen Gründen bietet sich die Lösung an, den als Gesellschafternachfolger vorgesehenen Miterben zum **Alleinerben** zu machen und im übrigen nur Vermächtnisse auszusetzen.[2] Eine Entnahme kann also nur vermieden werden, wenn derjenige, der das Sonderbetriebsvermögen erhalten soll, auch Gesellschafter wird, oder wenn er das Sonderbetriebsvermögen in ein anderes Betriebsvermögen überführt.[3] Eine einfache Nachfolgeklausel würde zum gewünschten Ergebnis führen, wäre aber schlecht aus gesellschaftsrechtlichen Gründen. Man sieht aus diesen Erwägungen, daß es keine Patentlösung gibt.*

909-920	*(Einstweilen frei)*

IX. Besonderheiten bei der Land- und Forstwirtschaft

1. Zivilrechtliche Ausgangslage

> **Fall**
>
> Landwirt A verstirbt, ohne testiert zu haben. Das Vermögen besteht u.a. in einem landwirtschaftlichen Betrieb. Gesetzliche Erben sind Sohn S und Tochter T. Welche Möglichkeiten haben S und T?

921	Im Bereich der Land- und Forstwirtschaft gelten Besonderheiten, da es im öffentlichen Interesse liegt, **leistungsfähige Höfe** zu erhalten. Nach dem Erbrecht erhält nur einer der Erben den Hof. Der Hoferbe muß hierfür dem oder den weichenden Erben eine Abfindung zahlen, die sich aber nicht am Verkehrswert, sondern am Ertragswert des Hofes orientiert.

922	In der BRD bestehen **regionale Unterschiede**. Es gelten i.e. folgende Bestimmungen[4]:

1	Palandt/Edenhofer, § 2301 Rn. 6.
2	Vgl. Anm. 1272 ff.; schlecht aus familienrechtlichen Gründen.
3	Gf, KÖSDI 1992, 9127.
4	Vgl. BMF v. 11.1.1993, BStBl I 1993, 62, Tz. 86, 87; insgesamt zu Tz. IX. (Anm. 921 bis 938): Kanzler/Obermeier, Aktuelle Probleme bei der Besteuerung der Land- und Forstwirte, S. 54 f.; Obermeier, DStR 1993, 77, 86.

- In Hamburg, Niedersachsen, Nordrhein-Westfalen und Schleswig-Holstein die HöfeO v. 26.7.1976[1]; **923**

- in Baden-Württemberg im Regierungsbezirk Freiburg das Badische **924** Gesetz über geschlossene Hofgüter v. 20.8.1898 i.d.F. v. 12.7.1949[2], zuletzt geändert v. 30.6.1970[3]; in den Regierungsbezirken Stuttgart und Karlsruhe das Württembergische Gesetz über das Anerbenrecht v. 14.2.1930 i.d.F. der Bekanntmachung v. 30.7.1948[4], zuletzt geändert durch Gesetz v. 30.6.1970[5]; ebenso im Regierungsbezirk Tübingen[6];

- in Bremen das Bremische Höfegesetz v. 18.7.1899 i.d.F. der Bekannt **925** machung v. 19.7.1948[7], zuletzt geändert durch Gesetz v. 13.2.1971[8];

- in Hessen die Hessische LandgüterO i.d.F. der Bekanntmachung v. **926** 13.8.1970[9];

- in Rheinland-Pfalz das Landesgesetz über die HöfeO v. 17.10.953 **927** i.d.F. v. 18.4.1967[10], zuletzt geändert durch Art. 3 des Gesetzes v. 18.12.1981[11];

- in Bayern, im Saarland, in West-Berlin und den neuen Bundesländern **928** ausschließlich und in den übrigen Gebieten ergänzend das Recht über die Übernahme eines Landgutes (z.B. §§ 2049, 2312 BGB) und die Vorschriften über das Zuweisungsverfahren nach dem Grundstücksverkehrsgesetz v. 28.7.1961[12], zuletzt geändert am 8.12.1986.[13]

---

1 BGBl I 1976, 1933.
2 GVBl 1949, 288.
3 GBl 1970, 289.
4 Württemberg-Baden, RegBl. 1948, 165.
5 GBl 1970, 289.
6 Gesetz v. 25.11.1985, GBl 1985, 385.
7 Brem. GBl 1948, 124.
8 Brem. GBl. 1971, 14.
9 GVBl I 1970, 548.
10 GVBl 1967, 138.
11 GVBl 1981, 331.
12 BGBl I 1961, 1091, ber. BGBl I 1961, 1652 und 2000.
13 BGBl I 1986, 2191.

2. Übergang des Hofes nach der HöfeO

a) Gesetzliche Hoferbfolge

Fall

Der Erblasser hinterläßt einen Hof und ein Baugrundstück (hofesfreies Vermögen), ohne testiert zu haben. Gesetzliche Erben sind S und T. T erhält das Baugrundstück, S ein Hoffolgezeugnis nach der HöfeO. Er muß an T eine Abfindung von 30.000 DM zahlen, die er durch Darlehensaufnahme finanziert. Bis zur Erteilung des Hoffolgezeugnisses wird ein Gewinn von 10.000 DM erzielt.

Abwandlung

Zwei Jahre nach dem Erbfall verkauft S landwirtschaftliche Grundstücke als Bauland. Er muß daher der T eine weitere Abfindung nach § 13 HöfeO zahlen.

aa) Bei HöfeO Sondernachfolge (Spezialsukzession)

929 Nach § 4 Satz 1 HöfeO fällt der Hof als Teil der Erbschaft kraft Gesetzes nur einem der Erben (dem Hoferben) zu. Es handelt sich bei der Erbfolge nach der HöfeO daher nicht um eine Universalsukzession (§ 1922 Abs. 1 BGB), sondern um eine gesetzliche **Sondernachfolge** (Spezialsukzession) des Anerben in den Erbhof.[1]

930 Aufgrund der Sondernachfolge **scheidet eine Mitunternehmerschaft** auch dann **aus**, wenn sich die Beteiligten über die Person des zum Hoferben Berufenen uneinig sind und für eine Übergangszeit (bis zur Erteilung des Hoffolgezeugnisses für den Hoferben) beschließen, den landwirtschaftlichen Betrieb gemeinsam fortzuführen.[2] In diesem Fall sind daher die bis zur Erteilung des Hoffolgezeugnisses erzielten Einkünfte allein dem S zuzurechnen.

bb) Bei Hof keine Erbauseinandersetzung, sondern Vermächtnis

931 Die Sondernachfolge nach der HöfeO schließt also eine Erbengemeinschaft hinsichtlich des **Hofes** aus, vielmehr tritt an dessen Stelle im Verhältnis der

---

1 BFH, U. v. 26.3.1987 IV R 20/84, BStBl II 1987, 561; Niedersächsisches FG, U. v. 14.6.1990 II 322/87 rkr., EFG 1991, 105, zu § 45 AO; jeweils m.w.N. zum Streitstand; Kempermann, FR 1991, 585; Felix, FR 1991, 613 f.; a. A. Felsmann/Pape, Anm. D 117.

2 BFH, U. v. 26.3.1987 IV R 20/84, BStBl II 1987, 561.

Miterben zueinander der Hofeswert. Die weichenden Miterben erhalten statt des Erbteils schuldrechtliche Abfindungsansprüche in Geld (§§ 12, 13 HöfeO) gegen den Hoferben, die nach BGH, U. v. 7.10.1958[1] als auf Gesetz beruhende Vermächtnisse anzusehen sind.[2]

cc) Bei hofesfreiem Vermögen Erbauseinandersetzung

Neben dem Hof stehen Wirtschaftsgüter des Betriebsvermögens, die nicht   **932** an der Sonderrechtsnachfolge teilnehmen (sog. **hofesfreies Vermögen**), für das im Rahmen eines gespaltenen Nachlasses eine Erbengemeinschaft besteht.[3] Soweit diese Wirtschaftsgüter nicht anteilig dem Hoferben zuzurechnen sind, liegt eine **Entnahme** durch den Erblasser vor.[4] Diese Rechtslage ist der bei der qualifizierten Nachfolgeklausel vergleichbar[5], wobei dem Sonderbetriebsvermögen bei der qualifizierten Nachfolgeklausel das hofesfreie Vermögen entspricht.[6] Im übrigen gelten die allgemeinen Regeln über die Behandlung der Erbauseinandersetzung.[7]

Für den Entnahmegewinn ist der **Freibetrag des § 14 a Abs. 4 EStG** zu   **933** gewähren. T ist weichende Erbin i. S. von § 14 a Abs. 4 Satz 5 EStG und sie erhält das Grundstück „zur Abfindung" (§ 14 a Abs. 4 Satz 2 Nr. 1 EStG); denn dieser Begriff ist weit auszulegen. Es genügt, daß der weichende Erbe einen Vermögensvorteil erhält, den er sich auf seinen Erbteil anrechnen lassen muß.[8]

dd) Unentgeltliches Rechtsgeschäft

S wird also hinsichtlich des Hofes so behandelt, als sei er Alleinerbe ge- **934** worden. Er erwirbt unentgeltlich und **führt die Buchwerte** des Rechtsvorgängers B **fort** (§ 7 Abs. 1 EStDV). Vermächtnisse, Abfindungszahlungen nach § 12 HöfeO, Pflichtteile, Erbersatzansprüche und Auflagen sind kein Entgelt für den Hoferwerb.[9]

---

1 BGHZ 28, 194, 200.
2 BFH, U. v. 26.3.1987 IV R 20/84, BStBl II 1987, 561.
3 BMF v. 11.1.1993, BStBl I 1993, 62, Tz. 89.
4 A.A. Kempermann, FR 1991, 585: Entnahme durch Erben.
5 Vgl. Anm. 903 ff.
6 Mitschke, FR 1993, 149, 153 f.
7 BMF v. 11.1.1993, BStBl I 1993, 62, Tz. 91.
8 Kempermann, FR 1991, 585, unter Hinweis auf Leingärtner/Zaisch, Rdnr. 1602 und BFH, U. v. 13.9.1990 IV R 191/89, BStBl II 1991, 79.
9 BMF v. 11.1.1993, BStBl I 1993, 62, Tz. 89.

935 Wenn **Wirtschaftsgüter des Privatvermögens** an der Sonderrechtsnachfolge teilnehmen (z. B. Wohnung des Betriebsinhabers), ist der Erwerb auch insoweit unentgeltlich. Es entstehen weder Veräußerungserlös noch Anschaffungskosten.[1]

ee) Ebenso Nachabfindungsansprüche (Abwandlung)

936 Entsprechendes gilt für die Nachabfindungsansprüche des § 13 HöfeO.[2] S muß den **Veräußerungsgewinn versteuern,** wenn nicht § 14 a Abs. 4 EStG (Steuerfreiheit bei Abfindung weichender Erben) unter den dort genannten Voraussetzungen Anwendung findet.[3]

937 Die auf den Veräußerungsgewinn entfallende Einkommensteuer mindert die Berechnungsgrundlage für die Nachabfindungsansprüche des § 13 HöfeO nicht. Nach § 13 Abs. 5 Satz 1 HöfeO sind zwar öffentliche Abgaben vom erzielten Erlös abzuziehen. Die Einkommensteuer gehört jedoch nicht dazu.[4]

ff) Darlehen

938 Wenn die Abfindung durch Darlehensaufnahme finanziert wird, sind die Schuldzinsen Betriebsausgaben[5]; denn es besteht eine entsprechende Rechtslage wie bei einem Vermächtnis.[6] Zu diesem Problem hat der BMF nicht Stellung genommen.

939-950 *(Einstweilen frei)*

b) Testamentarische Hoferbfolge

Literatur: *Obermeier*, Testamentarische Erbfolge und HöfeO, HLBS-Report Nr. 4193, 7.

Fall

Der Erblasser setzt Sohn S und Tochter T testamentarisch zu Erben ein. S soll Hoferbe nach der HöfeO werden. Das vom Erblasser genutzte

---

1 BMF v. 11.1.1993, BStBl I 1993, 62, Tz. 92.
2 BMF v. 11.1.1993, BStBl I 1993, 62, Tz. 89.
3 Hiller, INF 1991, 100 f.
4 Vgl. BT-Drucks. 7/1443 S. 27 zu Nr. 9; a. A. Felix, FR 1991, 613, 616, m. w. N. in FN 28.
5 Kanzler/Obermeier, Aktuelle Probleme bei der Besteuerung der Land- und Forstwirte, S. 55 ff.; str.
6 Vgl. Anm. 1274 ff.

Einfamilienhaus soll T erhalten. S und T sind mit der Aufteilung zufrieden. S führt den Hof sofort allein weiter. Bis zur Erteilung des Hoffolgezeugnisses wird ein Gewinn von 10.000 DM erzielt.

Abwandlung 1

T hält die Verteilung für unbillig. Sie beantragt beim Gericht ebenso wie S die Erteilung eines Hoffolgezeugnisses.

Abwandlung 2

S muß außerdem der T eine Abfindung von 30.000 DM zahlen, die i.S. der HöfeO angemessen ist (vgl. §§ 16 Abs. 1 Satz 1, 12 Abs. 5 HöfeO).

aa) Teilungsanordnung

In diesem Fall geht der Hof nicht nach dem Gesetz, sondern aufgrund einer **Verfügung von Todes wegen** auf S über (§§ 7 Abs. 1, 18 Abs. 2 Satz 1 HöfeO). Die Bestimmung, daß S den Hof und T das Grundstück erhalten soll, ist dem rechtlichen Gehalt nach eine Teilungsanordnung, die grundsätzlich für die Erben verbindlich ist (§ 2048 BGB).[7]   **951**

bb) Keine Sondernachfolge, sondern Erbauseinandersetzung

Wenn es sich aber um eine Teilungsanordnung handelt, findet keine Sondernachfolge statt. Die Teilungsanordnung ist nur für die **Auseinandersetzung der Miterben** von Bedeutung und nur schuldrechtlicher Natur. Ihr kommt somit nur Verpflichtungswirkung unter den Miterben für den Fall der Auseinandersetzung zu. Die Rechtsfolge, daß S und T Miterben werden, ist auch dem BFH–U. v. 13.9.1990[8] zu entnehmen, dessen Sachverhalt dieser Fall nachgebildet wurde. In diesem U. führt der BFH aus, daß auch der Erbe die Begünstigung des § 14 a Abs. 4 EStG in Anspruch nehmen kann.[9] Er geht also davon aus, daß derjenige, der nicht den landwirtschaftlichen Betrieb erhält, auch Erbe wird.   **952**

---

7   Ausführlich vgl. Anm. 1265 ff.; zur Erbschaftsteuer vgl. BFH, U. v. 1.4.1992 II R 21/89, BStBl II 1992, 669; Anm. 1982.

8   IV R 101/89, BStBl II 1991, 79, m. Anm. Kanzler, FR 1991, 177.

9   Im Ergebnis wohl a.A. Hiller, INF 1991, 100 f.; vgl. Anm. 954.

cc) Mitunternehmerschaft

953   Die Miterben sind Mitunternehmer i.S. von § 13 Abs. 5 i.V. mit § 15 Abs. 1 Satz 1 Nr. 2 EStG.[1] Dies hat zur Folge, daß der Freibetrag des § 13 Abs. 3 EStG mehrfach gewährt wird. Der laufende Gewinn der Erbengemeinschaft wird nach der für den landwirtschaftlichen Betrieb geltenden Gewinnermittlungsart (§§ 4 Abs. 1, Abs. 3, 13 a EStG) errechnet, nach den Erbanteilen auf die Miterben aufgeteilt und von ihnen als Mitunternehmer versteuert. Es ist daher grundsätzlich eine einheitliche und gesonderte Feststellung durchzuführen, der **Gewinn S und T zuzurechnen** und nach § 4 a EStG anteilig auf die entsprechenden Kalenderjahre zu verteilen. Wenn jedoch S wirtschaftlicher Eigentümer des Hofes wird, ist der Gewinn **ausnahmsweise** nur S zuzurechnen.[2]

954   Obwohl es sich um eine Mitunternehmerschaft handelt, kann der scheidende Mitunternehmer den **Freibetrag des § 14 a Abs. 4 EStG** in Anspruch nehmen; denn eine Stellung als Mitunternehmer des Betriebs bis zur Auseinandersetzung steht einer Behandlung als weichender Miterbe nicht entgegen, wenn sich die Erben innerhalb von zwei Jahren nach dem Erbfall auseinandersetzen (§ 14 a Abs. 4 Satz 5, letzter Halbsatz EStG in der Fassung durch das Standortsicherungsgesetz; zur Rückwirkung vgl. § 52 Abs. 17 letzter Satz EStG).

dd) Abfindungszahlungen als Entgelt (Abwandlung 2)

955   Wenn T zusätzlich zum Grundstück noch eine Abfindung erhält, handelt es sich um eine **Realteilung mit Ausgleichsleistung.** Für den übernehmenden Miterben S stellen die Leistungen Anschaffungskosten für den Mehrempfang, für die weichende Miterbin T ein einem Veräußerungserlös gleichkommendes Entgelt für aufgegebenes Vermögen dar.[3]

---

1   Vgl. ausführlich Anm. 721 ff.
2   Ausführlich und zu weiteren Ausnahmen vgl. Anm. 726 ff., 741 f.
3   Vgl. i.e. Anm. 851 ff.; vgl. Kanzler/Obermeier, Aktuelle Probleme bei der Besteuerung der Land- und Forstwirte, S. 57 ff.; Obermeier, HLBS-Report Nr. 4193, 7.

c) Nachträgliche Bestimmung eines anderen Hoferben

Fall

Hoferbe nach dem verstorbenen Erblasser wird der noch minderjährige Sohn S 1. Der Erblasser hat seiner überlebenden Ehefrau testamentarisch die Befugnis erteilt, unter den Abkömmlingen den Hoferben neu zu bestimmen. Einige Jahre später bestimmt sie den gemeinsamen Sohn S 2 zum neuen Hoferben (vgl. § 14 Abs. 3 HöfeO).

Der neu bestimmte Hoferbe S 2 tritt mit dem Zugang der Erklärung beim   **956** Landwirtschaftsgericht in die Rechtsstellung des bisherigen Hoferben ein (§ 14 Abs. 3 Satz 4 HöfeO). Es handelt sich dabei um eine kraft Gesetzes eintretende, durch Willenserklärung ausgelöste **Gesamtrechtsnachfolge**. S 2 erwirbt daher unentgeltlich. Er ist zwar Rechtsnachfolger des Erblassers, führt jedoch die durch den bisherigen Hoferben erzielten Buchwerte fort (§ 7 Abs. 1 EStDV). Abfindungszahlungen an den bisherigen Hoferben sind einkommensteuerrechtlich irrelevant.[4]

3. Übergang des Hofes nach Landesgesetzen

Fall

Der Erblasser verstirbt, ohne testiert zu haben. Er hinterläßt einen landwirtschaftlichen Betrieb. Gesetzliche Erben sind S und T. Nach einer Vereinbarung zwischen den Miterben erhält S den Betrieb und muß seiner Schwester T eine Abfindung zahlen.

a) Abgrenzung Sondernachfolge – Gesamtrechtsnachfolge

Im Einzelfall ist die Entscheidung schwierig, ob es sich um eine Sonder-   **957** nachfolge oder um eine Gesamtrechtsnachfolge handelt. Man bewegt sich dann auf sicherem Boden, wenn man darauf abstellt, zu welchem Zeitpunkt der landwirtschaftliche Betrieb auf den Nachfolger übergeht. Erwirbt dieser den Betrieb unmittelbar vom Altbauern, so liegt eine Sondernachfolge vor. Erwirbt er von der Erbengemeinschaft (Durchgangserwerb), so ist von einer Gesamtrechtsnachfolge auszugehen.[5]

---

4 Vgl. Anm. 934; vgl. Kanzler/Obermeier, a.a.O., S. 59 f.
5 BMF v. 11.1.1993, BStBl I 1993, 62, Tz. 88.

b) Sondernachfolge

958 Zur Sondernachfolge führen die Landesgesetze, die der HöfeO vergleichbare **Höferechte** haben.[1] Darunter fällt auch das Bremische Höfegesetz, obwohl danach der Anerbe das Eigentum am Hof nicht bereits ab Erbfall, sondern erst mit der Annahme der Erbschaft erwirbt. Die Sondernachfolge ergibt sich ausdrücklich aus den Art. 3 und 9 des **Württembergischen Gesetzes** über das Anerbenrecht und § 14 des **Rheinland-Pfälzischen Landesgesetzes** über die Höfeordnung. Nach diesen Bestimmungen erwirbt der Anerbe das Eigentum an dem Hof mit dem Erbfall.[2]

c) Gesamtrechtsnachfolge

959 Zur Gesamtrechtsnachfolge führen nach Auffassung der Finanzverwaltung insbesondere das Badische Hofgütergesetz und die Hessische Landgüterordnung.[3] Das **Badische Gesetz** regelt zwar, wer gesetzlicher Hoferbe wird (§ 7), sowie den Verzicht auf das Anerbenrecht (§ 13), jedoch nicht, wann das Eigentum auf den Hoferben übergeht. Die **Hessische Landgüterordnung** bestimmt den Hoferben nicht genau. Die Beteiligten können sich vielmehr über die Person des Übernehmers einigen (§ 13). Ohne eine Einigung der Miterben bestimmt das Landwirtschaftsgericht den Übernehmer und die Bedingungen der Übernahme (§ 14). Das Eigentum an dem Landgut geht mit der Rechtskraft der gerichtlichen Entscheidung auf den Übernehmer über, es sei denn, daß das Gericht einen späteren Zeitpunkt bestimmt (§ 20). Die Aufteilung ist Erbauseinandersetzung.[4]

4. Übergang des Hofes durch Übertragung des Erbanteils bzw. Zuweisung nach den §§ 13 ff. Grundstücksverkehrsgesetz gegen Abfindung

Fall

Der Erblasser wird von S und T zu gleichen Teilen beerbt. Der Buchwert des landwirtschaftlichen Betriebs (das Kapitalkonto) beträgt 800.000 DM, der Verkehrswert 1.200.000 DM. Im Buchwert sind auch über dem

---

1 BMF v. 11.1.1993, BStBl I 1993, 62, Tz. 93.
2 Felix, FR 1991, 613, 616, unter 3.; zu den Rechtsfolgen der Sondernachfolge vgl. ausführlich Anm. 931 ff.
3 BMF v. 11.1.1993, BStBl I 1993, 62, Tz. 93; Felix, FR 1991, 613 f.; bisher noch a. A. Kanzler/Obermeier, a.a.O., S. 60.
4 Vgl. Anm. 960 f.

Verkehrswert liegende Buchwerte für den Grund und Boden enthalten (vgl. § 55 Abs. 1 EStG). S und T einigen sich dahingehend, daß T ihren Erbanteil gegen Zahlung einer am Ertragswert orientierten Abfindung von 100.000 DM auf S überträgt; denn T würde auch bei einer gerichtlichen Entscheidung nach den §§ 13 ff. Grundstücksverkehrsgesetz keine höhere Zahlung erhalten (vgl. auch § 2049 BGB, nach dem sich die Abfindung der Miterben auch dann nach dem Ertragswert richtet, wenn der Erblasser den Hoferben bestimmt hat).

Abwandlung 1

S und T einigen sich nicht. S erhält den Hof nach den §§ 13 ff. Grundstücksverkehrsgesetz und muß T eine Abfindung von 100.000 DM zahlen.

Abwandlung 2

Nach zehn Jahren muß S an T aufgrund von Grundstücksverkäufen eine weitere Abfindung von 50.000 DM zahlen.

In der Übertragung des Erbanteils ist die **Veräußerung eines Mitunter-** 960 **nehmeranteils** i. S. des § 14 EStG zu sehen. Wenn aufgrund der geringen Ertragsfähigkeit des Betriebs der Ertragswert unter dem Buchwert liegt, erhält die weichende Erbin T nach erbrechtlichen Regelungen eine geringere Abfindung, als ihrem Kapitalkonto (gemessen an der Erbquote) entspricht. Abfindungen, die das Kapitalkonto nicht überschreiten, sind ertragsteuerlich wie ein unentgeltlicher Erwerb zu behandeln. Der Betriebsübernehmer S führt die Buchwerte fort (§ 7 Abs. 1 EStDV). Die **Buchwerte sind nicht abzustocken,** die weichenden Erben erleiden keinen Veräußerungsverlust.[1] Somit ergibt sich eine ähnliche Rechtslage wie bei der vorweggenommenen Erbfolge.[2]

Bei der **Zuweisung nach den §§ 13 ff. Grundstückstücksverkehrsgesetz** 961 (**Abwandlung 1**) ergeben sich die selben Rechtsfolgen.[3]

Nachabfindungsansprüche (Abwandlung 2) erhöhen die ursprüngliche 962 Abfindung (vgl. § 17 Abs. 1 Satz 1 Grundstücksverkehrsgesetz). Wenn

---

1 BMF v. 11.1.1993, BStBl I 1993, 62, Tz. 95, „........., die das Kapitalkonto unterschreiten"; a.A. bisher Obermeier in Kanzler/Obermeier, a.a.O., S. 61 ff.; Felix, FR 1991, 613, 619 f.; Hiller, INF 1991, 100 f., mit Ausnahme der doppelten Ausgangsbeträge nach § 55 Abs. 1 bis 4 EStG.
2 Obermeier, DStR 1993, 77, 86; a.A. BMF v. 13.1.1993, BStBl I 1993, 80, Tz. 46.
3 Felix, FR 1991, 613 f.

sämtliche Abfindungen nur das anteilige Kapitalkonto erreichen, handelt es sich um einen unentgeltlichen Erwerb.[1]

963-980 *(Einstweilen frei)*

X. Tarifbegünstigung des Veräußerungs- bzw. Entnahmegewinns – Zusammenfassung

981 Eine **Tarifbegünstigung** nach § 16, § 34 EStG tritt in folgenden Fällen ein:

- Veräußerung eines Erbanteils[2];

- Ausscheiden gegen Barabfindung bzw. Übernahme des Betriebs durch Erben[3];

- Ausscheiden gegen Sachwertabfindung zugunsten des ausscheidenden, nicht zugunsten des verbleibenden Miterben[4];

- Auseinandersetzung der Erbengemeinschaft bei Betriebsausgabe oder Betriebsveräußerung; nicht bei Sachvermächtnis[5];

- Betriebsaufgabe bei Realteilung[6];

- Zuteilung von Betrieben oder Teilbetrieben durch Realteilung mit Ausgleichsleistung[7];

- bei Mischnachlaß Zuteilung eines Betriebs gegen Ausgleichsleistung[8];

- Fortsetzungsklausel bei Beteiligung an einer Personengesellschaft[9];

- Eintrittsklausel bei Beteiligung an einer Personengesellschaft und Nichteintritt des (der) Erben;[10]

- Zuteilung von 100 %igen Beteiligungen an Kapitalgesellschaften (§ 16 Abs. 1 Nr. 1 EStG), Mitunternehmeranteilen (§ 16 Abs. 1 Nr. 2 EStG)

---

1 Vgl. Anm. 960; a.A. Märkle/Hiller, Rdnr. 437, 442, nachträgliche Betriebseinnahmen; a.A. Felix, FR 1991, 613, 621, Teil eines tarifbegünstigten Veräußerungsgewinns.
2 Vgl. Anm. 772 ff. und 781.
3 Vgl. Anm. 792 f.
4 Vgl. Anm. 794 ff.
5 Vgl. Anm. 811 ff.
6 Vgl. z.B. Anm. 831 ff. und 851 ff.
7 Vgl. Anm. 855 ff.; BMF v. 11.1.1993, BStBl I 1993, 62, Tz. 21, 22.
8 Vgl. Anm. 1261 ff.; BMF v. 11.1.1993, BStBl I 1993, 62, Tz. 21.
9 Vgl. Anm. 895 ff.
10 Vgl. Anm. 899.

oder des Anteils eines persönlich haftenden Gesellschafters eines KG aA (§ 16 Abs. 1 Nr. 3 EStG).[1]

Nicht begünstigt ist eine Realteilung, durch die lediglich einzelne be-   982
trieblich genutzte Wirtschaftsgüter zugeteilt werden; denn die Übertragung einzelner Wirtschaftsgüter ist auch sonst nicht tarifbegünstigt.[2] § 34 EStG ist auch nicht anzuwenden, wenn der Steuerpflichtige auf die außerordentlichen Einkünfte § 6 b EStG oder § 6 c EStG in Anspruch nimmt.

XI. Zusammenfassung, Gestaltungsmöglichkeiten

Literatur: *Paus*, Gestaltung der Erbauseinandersetzungen, NWB F. 3, 7791.

Vgl. auch vor Anm. 701 und 721.

Vorstehende Beispiele zeigen deutlich, daß in den Fällen, in denen nur   983
ein Betrieb mit hohen stillen Reserven vererbt wird, **im Regelfall bei der Teilung des Vermögens** die – grundsätzlich nicht gewünschte – **Versteuerung der stillen Reserven** eintritt.[3] In Einzelfällen kann ausnahmsweise die Versteuerung der stillen Reserven **vorteilhaft** sein, da

• die Aufdeckung der stillen Reserven steuerbegünstigt sein kann (§§ 16, 34 EStG)[4];

• insoweit keine Gewerbesteuer anfällt[5];

• sich das erhöhte AfA-Volumen im Rahmen der Progression und

• hinsichtlich der Gewerbesteuer voll auswirkt;

• bei Freiberuflern der erworbene Praxiswert innerhalb von zwei bis fünf Jahren abgeschrieben werden kann;

• unter gewissen Voraussetzungen die Erbschaftsteuer nach § 35 EStG angerechnet werden kann.[6]

(Einstweilen frei)   984-1000

---

1   Hörger, DStR 1993, 37, 42.
2   BMF v. 11.1.1993, BStBl I 1993, 62, Tz. 22; Mitschke, FR 1993, 149, 151.
3   Zur Gestaltung eines unentgeltlichen Erwerbs vgl. Anm. 1272 ff.
4   Vgl. Anm. 981.
5   Vgl. BFH, U. v. 17.4.1986, BStBl II 1986, 527; Blümich/Obermeier, § 2 GewStG Rz. 770 ff., 791 ff.
6   Vgl. Anm. 2151 ff.; ausführlich zur Frage, ob eine entgeltliche oder unentgeltliche Übertragung vorzuziehen ist, Paus, NWB F. 3, 7791.

E. Erbfall, Erbengemeinschaft und Erbauseinandersetzung bei Privatvermögen

Literatur: *Obermeier*, Unentgeltliche Einzelrechtsnachfolge: Grundstücksanschaffungskosten des Rechtsvorgängers, KFR F. 3 EStG § 10e, 2/90, 287; *Stephan*, Erbauseinandersetzung und vorweggenommene Erbfolge bei selbstbewohntem Wohneigentum, DB 1991, 1038, 1090; *Paus*, Erwerb einer eigengenutzten Wohnung durch Erbfolge, Erbauseinandersetzung und vorweggenommene Erbregelung, INF 1992, 7; *Obermeier*, Wohneigentumsförderung bei unentgeltlicher und teilentgeltlicher Rechtsnachfolge, DStR 1992, 209; *Koller/Franz*, Erbteilungsverträge über Haus- und Grundbesitz, NWB F. 19, 1817; *B. Meyer*, Neues zum Vorkostenabzug gemäß § 10 e Abs. 6 EStG, FR 1993, 181; *Paus*, Erbauseinandersetzung über Privatvermögen, INF 1993, 169.

Verwaltungsanweisungen: BMF v. 25.10.1990, Steuerbegünstigung der zu eigenen Wohnzwecken genutzten Wohnung im eigenen Haus nach § 10 e EStG, BStBl I 1990, 626; OFD Münster v. 19.1.1993, Zweifelsfragen zur Anwendung des Wohneigentumsförderungsgesetzes, FR 1993, 311.

Vgl. auch vor Anm. 701.

I. Laufender Überschuß bzw. Abzugsbeträge nach § 10 e EStG und Vorkosten nach § 10 e Abs. 6 EStG (bis zur Erbauseinandersetzung)

1. Überschuß

1001   Wenn nur **ein Erbe** vorhanden ist, tritt dieser in die Rechtsposition des Erblassers ein (§ 1922 BGB). Er führt dessen Überschußermittlung fort (§ 11 d EStDV).

1002   Die **Erbengemeinschaft** wird von der Finanzverwaltung bis zu ihrer Auseinandersetzung (§ 2042 BGB) steuerlich bei den Überschußeinkünften wie eine Bruchteilsgemeinschaft (§ 39 Abs. 2 Nr. 2 AO) behandelt[1], obwohl die Erbengemeinschaft eine Gesamthandsgemeinschaft ist. Wird das Vermögen zur Erzielung von Einkünften genutzt (z.B. Kapitalvermögen, Grundstücke), so ist für die Zeit bis zur Erbauseinandersetzung eine einheitliche und gesonderte Feststellung durchzuführen und der **Überschuß entsprechend den Erbanteilen** auf die Miterben zu verteilen (§ 2038 Abs. 2, § 743 Abs. 1 BGB).[2]

---

1   BMF v. 11.1.1993, BStBl I 1993, 62, Tz. 1.
2   BMF v. 11.1.1993, BStBl I 1993, 62, Tz. 6; vgl. Anm. 721 ff., auch zur rückwirkenden Zurechnung der laufenden Einkünfte.

Eine vom zivilrechtlichen Beteiligungsverhältnis **abweichende Vereinbarung** wird steuerrechtlich jedoch nur dann anerkannt, wenn in ihr keine Verwendung des Einkommens zu sehen ist, sondern ihren Grund im Gemeinschaftsverhältnis hat. Derartige Vereinbarungen zwischen Angehörigen müssen in Gestaltung und Durchführung dem zwischen Fremden Üblichen entsprechen.[1] **1003**

2. Abzugsbeträge nach § 10 e EStG

a) Eintritt in die Rechtsposition des Erblassers

Fall
V, der bei seiner 1992 erworbenen, zu eigenen Wohnzwecken genutzten Wohnung § 10 e EStG in Anspruch genommen hat, stirbt. Er wird von S beerbt. S will § 10 e EStG fortführen.
Abwandlung
S erbt ein Grundstück, das er bebauen will.

aa) Fortführung der Abzugsbeträge des § 10 e EStG

Der Gesamtrechtsnachfolger S tritt nach § 1922 BGB in vollem Umfang in die Rechtsposition des Rechtsvorgängers V ein. Er kann daher die Steuerbegünstigung des § 10 e EStG fortführen.[2] **1004**

▷ *Gestaltungshinweis*

Erfüllen für den Veranlagungszeitraum des Erbfalls sowohl der Erblasser **1005** *als auch der Erbe die Voraussetzungen für die Inanspruchnahme des § 10 e EStG, kann der* **Erbe wählen**, *in welchem Umfang der Abzugsbetrag für dieses Jahr beim Erblasser und bei ihm zu berücksichtigen ist.[3]*

Der **Abzugszeitraum** *des § 10 e EStG* **beginnt** *im Jahr der Herstellung bzw.* **1006** *im Jahr der Anschaffung. Jahre, die beim Erblasser bereits verbraucht*

---

1 BFH, U. v. 31.3.1992 IX R 245/87, BStBl II 1992, 890.
2 BMF v. 25.10.1990, BStBl I 1990, 626, Abs. 5 Satz 1 und Abs. 25; weitaus herrschende Meinung in der Literatur, z. B. Blümich/Erhard, § 10 e EStG Rz. 181; Herrmann/Heuer/Raupach, § 10 e EStG Anm. 36; Obermeier, NWB F. 3, 7661, 7670; im Ergebnis ebenso Schmidt/Drenseck, § 10 e Anm. 6c; vgl. auch FG München, U. v. 30.5.1990 13 K 4675/89 rkr., EFG 1991, 190, m. Anm. Obermeier, KFR F. 3 EStG § 10e, 2/90, 287; a. A. Biergans, Steuervorteile durch selbstgenutztes Wohneigentum, S. 31; Handzik, Wohneigentumsförderung nach § 10 e EStG, S. 50.
3 BMF v. 25.10.1990, BStBl I 1990, 626, Abs. 25 Satz 2; Obermeier, Das selbstgenutzte Wohneigentum, Anm. 150 e.

sind, stehen auch dem Erben nicht mehr zu. Im Beispielsfall beginnt der Abzugszeitraum 1992. Er endet 1999. Wenn der Erbfall erst zum Ende des Abzugszeitraums eintritt, empfiehlt es sich also nicht, die Abzugsbeträge des § 10 e EStG fortzuführen; denn die Inanspruchnahme des § 10 e EStG auch nur in einem Jahr führt zum Objektverbrauch.

bb) Einbeziehung der Grundstückskosten des Erblassers (Abwandlung)

1007   Bei unentgeltlichem Erwerb eines unbebauten Grundstücks sind die Anschaffungskosten, die der Erblasser für den Grund und Boden aufgewendet hat, **in die Bemessungsgrundlage einzubeziehen**[1]; auch Aufwendungen des Erblassers für das Gebäude[2].

cc) Fortführung der Übergangsregelung

1008   Außerdem kann der Erbe die Übergangsregelung nach § 52 Abs. 21 Satz 2 EStG fortführen[3] bzw. die Beträge des § 52 Abs. 21 Sätze 4 ff. EStG in Anspruch nehmen.[4]

▷ *Gestaltungshinweis*

1009   *Erfüllen im Veranlagungszeitraum des Erbfalls der Erblasser und der Erbe gleichzeitig die Voraussetzungen für die entsprechenden Begünstigungen, so kann der Erbe wählen, in welchem Umfang die Beträge bei ihm und beim Erblasser zu berücksichtigen sind (vgl. Abschn. 160 a Abs. 4 EStR).*

b) Objektverbrauch des Erblassers

Fall

Der Erblasser V konnte § 10 e EStG nicht in Anspruch nehmen, weil beim ihm aufgrund eines früheren Objekts bereits Objektverbrauch eingetreten war. Erbe S macht § 10 e EStG geltend.

---

1   BMF v. 25.10.1990, BStBl I 1990, 626, Abs. 20; Obermeier, DStR 1992, 209.
2   Obermeier, Das selbstgenutzte Wohneigentum, Anm. 150 b.
3   Obermeier, Das selbstgenutzte Wohneigentum, Anm. 361.
4   BMF v. 19.9.1986, BStBl I 1986, 480, Tz. III. 2.; Obermeier, Das selbstgenutzte Wohneigentum, Anm. 150 c.

Die Frage, ob die Steuerbegünstigung des **§ 10 e EStG für den Gesamt-** **1010**
rechtsnachfolger ausgeschlossen ist, wenn dem Rechtsvorgänger die Abzugsbeträge des § 10 e EStG wegen Objektsverbrauchs nicht zustanden, ist
sehr **umstritten**.[1] Die Versagung des Abzugsbetrags kann damit begründet
werden, daß dem Erben, der in die Rechtsposition des Erblassers eintritt,
nicht mehr Rechte als diesem zustehen können.

Zur **unentgeltlichen Einzelrechtsnachfolge** bei § 7 b EStG hat der BFH in   **1011**
seinen U. v. 4.9.1990[2] und v. 9.4.1991[3] entschieden, daß der Rechtsnachfolger die erhöhten Absetzungen auch dann in Anspruch nehmen kann, wenn
sie dem Rechtsvorgänger wegen der nur bei diesem eingetretenen Objektbeschränkung nicht zustanden. Er hat dies aus der Personenbezogenheit der
Objektbeschränkung gefolgert.

Diese Grundsätze können – wie es ein obiter dictum in BFH, U. v.   **1012**
4.9.1990[4] tut – auch auf § 10 e EStG übertragen werden. Jedenfalls ergeben
sich weder aus dem Wortlaut noch aus Sinn und Zweck des § 10 e EStG
Anhaltspunkte, die Problematik anders als bei § 7 b EStG zu lösen. Es
ist daher für die Abzugsberechtigung beim Gesamtrechtsnachfolger **irrele-**
vant, ob beim Erblasser bereits Objektverbrauch eingetreten ist.[5] Eine
Nachholung gemäß § 10 e Abs. 3 EStG ist aber ausgeschlossen.[6]

(Einstweilen frei) **1013-1020**

c) Zweifamilienhaus – Miteigentum

Fall
V, seit 1992 Eigentümer eines Zweifamilienhauses mit zwei gleich-
großen Wohnungen (Grundstückskosten 200.000 DM, Gebäudeherstel-
lungskosten 700.000 DM) nutzt eine Wohnung zu eigenen Wohnzwecken. Er nimmt § 10 e EStG in Anspruch (Bemessungsgrundlage
800.000 DM). Der Abzugsbetrag beträgt 1992 19.800 DM (Höchstbetrag). Nach seinem Tod im Jahr 1993 wird er von S und T zu gleichen

---

1 Bejahend z. B. BMF v. 25.10.1990, BStBl I 1990, 626, Abs. 25; Herrmann/Heuer/Raupach, § 10 e
   EStG Anm. 312.
2 IX R 197/87, BStBl II 1992, 69.
3 IX R 88/86, BFH/NV 1991, 598.
4 IX R 197/87, BStBl II 1992, 69.
5 So z. B. auch Richter, NWB F. 3, 6574; Paus, INF 1992, 7, 8; vgl. Obermeier, DStR 1991, 341,
   343 f.; a. A. BFH, U. v. 20.12.1990 XI R 2/85, BFH/NV 1991, 383.
6 Vgl. BFH, U. v. 8.10.1991 IX R 46/89, BStBl II 1992, 547; Obermeier, Das selbstgenutzte
   Wohneigentum, Anm. 150 d.

Teilen beerbt. S nutzt vereinbarungsgemäß eine Wohnung zu eigenen Wohnzwecken, T vermietet vereinbarungsgemäß die andere Wohnung auf eigene Rechnung. Die Erbengemeinschaft bleibt bestehen.

Abwandlung 1

Auch T nutzt ihre Wohnung zu eigenen Wohnzwecken.

Abwandlung 2

Die von S zu eigenen Wohnzwecken genutzte Wohnung ist 150 qm, die andere Wohnung 50 qm groß. Das Wertverhältnis der Wohnungen entspricht der qm-Zahl.

Abwandlung 3

T nutzt die 50 qm große Wohnung zu eigenen Wohnzwecken.

aa) Problem: Miteigentum (§ 10 e Abs. 1 Satz 6 EStG)

1021   Gemäß § 10 e Abs. 1 Satz 1 EStG kann der Steuerpflichtige im Jahr der Fertigstellung (Anschaffung) und in den folgenden drei Jahren jeweils bis zu 6 % der Bemessungsgrundlage, höchstens jeweils bis zu 19.800 DM, und in den vier darauffolgenden Jahren jeweils bis zu 5 %, höchstens jeweils bis zu 16.500 DM, wie Sonderausgaben abziehen. Nach § 10 e Abs. 1 Satz 6 EStG kann der Steuerpflichtige bei einem **Anteil** an der zu eigenen Wohnzwecken genutzten Wohnung nur den entsprechenden Teil der Abzugsbeträge nach § 10 e Abs. 1 Satz 1 EStG wie Sonderausgaben abziehen. Es ist umstritten, ob bei **Gesamthandseigentum** an einem anderen Gebäude als einem Einfamilienhaus (insbesondere an einem Zweifamilienhaus) § 10 e Abs. 1 Satz 6 EStG anzuwenden ist.

bb) BMF und h. M.

(1) Teilung der Rechtszuständigkeit

1022   Der **BMF** hat bei **Miteigentum** früher auf § 10 e Abs. 1 Satz 6 EStG abgestellt.[1] Er hat sich nunmehr[2] der wohl **h. M.** in der Literatur angeschlossen, die dies grundsätzlich nicht für einen Fall des § 10 e Abs. 1 Satz 6 EStG hält. Sie begründet das mit der Arbeitszimmerentscheidung[3],

---

1   BMF v. 15.5.1987, BStBl I 1987, 434, Abs. 21, mit Beispiel.
2   BMF v. 25.10.1990, BStBl I 1990, 626, Abs. 27.
3   BFH, U. v. 12.2.1988 VI R 141/85, BStBl II 1988, 764.

die ausführt, bei gemeinschaftlichem Bruchteilseigentum werde die Sache selbst weder real noch ideell, sondern lediglich die **Rechtszuständigkeit am gemeinschaftlichen Gegenstand geteilt.**[1]

Stephan[2] hat diese Grundsätze auch auf das **Gesamthandseigentum** nach Erbfall, also auf die nicht auseinandergesetzte Erbengemeinschaft, übertragen. Die Gleichbehandlung von Miteigentum und Gesamthandseigentum halte ich insoweit für zutreffend, da auch § 2042 BGB (Auseinandersetzung bei Erbengemeinschaft) auf die Vorschriften der Auseinandersetzung bei Miteigentümergemeinschaft (§ 749 Abs. 2, 3, §§ 750 bis 758 BGB) verweist.   **1023**

(2) Nutzung je einer Wohnung zu eigenen Wohnzwecken (Abwandlung 1)

Wenn man der Rechtsauffassung der „geteilten Rechtszuständigkeit" folgt, muß man konsequenterweise auch **beiden Erben die Abzugsbeträge des § 10 e EStG** zubilligen. Ebenso wie es bei der Frage des Objektverbrauchs nicht auf die Person des Erblassers V ankommt[3], ist bei jeweiliger Nutzung zu eigenen Wohnzwecken das Verbot des doppelten Abzugs für zwei in räumlichem Zusammenhang belegene Objekte (vgl. § 10 e Abs. 4 Satz 2 EStG) nicht zu beachten. Im übrigen gilt diese Vorschrift auch nur für Ehegatten.   **1024**

(3) Erbteil entspricht dem Wert der Wohnung

Nach BMF[4] ist **§ 10 e Abs. 1 Satz 6 EStG nicht anzuwenden,** wenn der Miteigentumsanteil dem Wert der zu eigenen Wohnzwecken genutzten Wohnung einschließlich des dazugehörenden Grund und Bodens entspricht. Dies ist in der Regel der Fall, wenn die Nutzfläche der Wohnung im Verhältnis zur Gesamtnutzfläche dem Miteigentumsanteil entspricht. Weicht der Wert der Nutzfläche vom Miteigentumsanteil ab, so spricht eine widerlegbare Vermutung dafür, daß der Wert der Wohnung dem   **1025**

---

1   Hessisches FG, U. v. 3.4.1989 12 K 3597/88 rkr., EFG 1989, 410, m. Anm. Bergmann, KFR F. 3 EStG § 10e, 1/89, 287; ebenso, z. T. mit anderer Begründung z. B. Breidecker, FR 1989, 295; Herrmann/Heuer/Raupach, § 10 e EStG Anm. 159; Märkle/Franz, BB 1989, 258, 267 ff.; Paus, DStZ 1989, 113; Schmidt/Drenseck, § 10 e Anm. 6i; Stephan, DB 1988, 2477, 2483; Traxel, DStZ 1991, 737; Unvericht, DStR 1988, 627.
2   DB 1991, 1038.
3   Vgl. Anm. 1010 ff.
4   V. 25.10.1990, BStBl I 1990, 626, Abs. 27.

Miteigentumsanteil entspricht, wenn keine Ausgleichsleistung vereinbart ist. Sind die Miteigentümer Angehörige, gilt dies nur, wenn auch Fremde auf Ausgleichszahlungen verzichten würden.

1026   Bei Übertragung dieser Rechtsmeinung auf die Erbengemeinschaft[1] entfällt auf jeden Erben eine Bemessungsgrundlage von 400.000 DM. Die Abzugsbeträge werden daher 1993 (wenn keine Inanspruchnahme beim Erblasser) bis 1995 in Höhe von bis zu je 19.800 DM, 1996 bis 1999 in Höhe von bis zu je 16.500 DM (jeweils Höchstbeträge) gewährt.

(4) Erbteil geringer als Wert der Wohnung (Abwandlung 2)

1027   Nach BMF[2] ist **§ 10 e Abs. 1 Satz 6 EStG anzuwenden**, wenn der Miteigentumsanteil geringer ist als der Wert der zu eigenen Wohnzwecken genutzten Wohnung im Verhältnis zum Wert des Gebäudes oder wenn mehrere Miteigentümer – mit Ausnahme von zusammen zur Einkommensteuer veranlagten Ehegatten – eine Wohnung nutzen.

1028   S nutzt 100 qm (= 2/3 der Wohnung) als Eigentümer, die darüber hinausgehenden 50 qm (= 1/3 der Wohnung) aufgrund einer Überlassung. Bei Übertragung der Rechtsmeinung des BMF auf die Erbengemeinschaft[3] sind die Abzugsbeträge für 1993 bis 1995 (wenn keine Inanspruchnahme beim Erblasser) nach § 10 e Abs. 1 Sätze 1 und 6 EStG wie folgt zu berechnen[4]:

1029   6 % der auf S entfallenden Bemessungsgrundlage
von 400.000 DM   24.000 DM
höchstens jedoch entsprechend dem Erbteil
an der Wohnung (2/3 von 19.800 DM)   13.200 DM.

1030   Die Abzugsbeträge 1996 bis 1999 betragen je 11.000 DM (2/3 von 16.500 DM).

(5) Erbteil größer als Wert der Wohnung

1031   Ist der Miteigentumsanteil größer als der Wert der zu eigenen Wohnzwecken genutzten Wohnung, ist dies nach BMF[5] **bei der Ermittlung der Bemessungsgrundlage zu berücksichtigen.**

---

1 Vgl. Anm. 1033 ff.
2 V. 25.10.1990, BStBl I 1990, 626, Abs. 27.
3 Vgl. Anm. 1033 ff.
4 Ebenso Unvericht, DStR 1988, 627, 630; a. A. Grundschok, FR 1989, 523 f.
5 V. 25.10.1990, BStBl I 1990, 626, Abs. 27.

Von der der T zuzurechnenden Bemessungsgrundlage von 400.000 DM **1032**
entfallen 200.000 DM auf die zu eigenen Wohnzwecken genutzte Wohnung.
Bei Übertragung der Rechtsmeinung des BMF auf die Erbengemeinschaft[1]
werden die Abzugsbeträge 1993 (wenn keine Inanspruchnahme beim Erblasser) bis 1995 daher bis zu je 12.000 DM (6 % der Bemessungsgrundlage
von 200.000 DM), 1996 bis 1999 bis zu je 10.000 DM (5 % der Bemessungsgrundlage von 200.000 DM) gewährt. Die Höchstbeträge von 19.800
DM (16.500 DM) dürfen nicht überschritten werden.

cc) Stellungnahme

Der Rechtsmeinung der „geteilten Rechtszuständigkeit" vermag ich nicht **1033**
zu folgen. Der Nachlaß wird **gemeinschaftliches Vermögen der Erben**
(§ 2032 BGB). Eine gedankliche **Aufteilung** dergestalt, daß die Gesamt-
handseigentümer S und T so behandelt werden, als seien sie Alleineigentümer je einer Wohnung, ist daher **nicht möglich**.[2] Die Gegenmeinung würde
außerdem darauf hinauslaufen, daß § 10 e Abs. 1 Satz 6 EStG in einem
Kernbereich, für den er auch konzipiert war und seinem Wortlaut nach –
wenn auch zivilrechtlich nicht korrekt[3] – gilt – ausgehebelt wäre. Der
noch verbleibende Restbereich wäre so gering, daß auf die entsprechende
Regelung ganz verzichtet werden könnte.[4] Die einzelnen Fälle sind daher
m. E. wie folgt zu lösen:

(1) Erbteil entspricht dem Wert der Wohnung

§ 10 e Abs. 1 Satz 6 EStG ist anzuwenden. Die auf die Wohnung entfallende **1034**
Bemessungsgrundlage beträgt 400.000 DM. Die anteiligen Abzugsbeträge
sind in Höhe von bis zu je 9.900 DM (für 1993 bis 1995) und bis zu je
8.250 DM (für 1996 bis 1999) zu gewähren (jeweils Höchstbeträge).

---

1 Vgl. Anm. 1033 ff.
2 Ebenso zu Miteigentum Palandt/Thomas, § 752 Rn. 3; FG München, U. v. 12.2.1990 13 K
   13283/85 rkr., EFG 1990, 516; zur Kritik an der Arbeitszimmerentscheidung vgl. noch Obermeier, Das selbstgenutzte Wohneigentum, Anm. 61d; zum Einfluß des BFH, U. v. 20.9.1990 IV
   R 300/84, BStBl II 1991, 82, sowie zu Sonderfällen vgl. Meyer, FR 1991, 677 und Obermeier,
   a.a.O., Anm. 62.
3 Vgl. Grundschok, FR 1989, 523.
4 Obermeier, a.a.O., Anm. 90.

(2) Erbteil geringer als Wert der Wohnung

1035   § 10 e Abs. 1 Satz 6 EStG ist anzuwenden. Die S zustehende, auf dessen Wohnung entfallende Bemessungsgrundlage beträgt 400.000 DM. Lösung wie Anm. 1034.

(3) Erbteil größer als Wert der Wohnung

1036   § 10 e Abs. 1 Satz 6 EStG ist anzuwenden. Die T zustehende, auf deren Wohnung entfallende Bemessungsgrundlage beträgt 200.000 DM. Die anteiligen Abzugsbeträge sind in Höhe von bis zu je 6.000 DM (für 1993 bis 1995) und bis zu je 5.000 DM (für 1996 bis 1999) zu gewähren.

▷ *Gestaltungshinweis*

1037   *Vor allem bei neueren Objekten ist es im Regelfall – unabhängig vom vorstehend beschriebenen Meinungsstreit – günstiger, wenn die* **Erbengemeinschaft** *die Wohnungen an S und T* **vermietet.** *Bei der Erbengemeinschaft entstehen Einkünfte aus Vermietung und Verpachtung, die im Rahmen einer einheitlichen und gesonderten Feststellung zu ermitteln sind.[1] Den Mieteinnahmen können sämtliche Aufwendungen einschließlich AfA gegenübergestellt werden. Besondere Steuersparmöglichkeiten ergeben sich bei Vereinbarung eines verbilligten Mietpreises. Der volle Werbungskostenabzug setzt allerdings voraus, daß die Miete mindestens 50 % der ortsüblichen Marktmiete beträgt (§ 21 Abs. 2 Satz 2 EStG).[2] Eine Vermietung schließt die Anwendung des § 10 e EStG aus.[3]*

d) Rückwirkende Zurechnung der Abzugsbeträge des § 10 e EStG

Fall

Der Erblasser stirbt im Dezember 1992. Er war Eigentümer eines zu eigenen Wohnzwecken genutzten Einfamilienhauses und eines Mietwohngrundstücks. Im April kommen die Miterben S und T überein, daß S das Mietwohngrundstück erhält und die zwischenzeitlich erwirtschafteten Einkünfte ihm zuzurechnen sind. T erhält das Einfamilienhaus, das sie zu eigenen Wohnzwecken nutzt. Sie soll die Abzugsbeträge ab dem Erbfall erhalten.

---

1   Vgl. Anm. 1001 ff.
2   Ausführlich dazu Obermeier, Das selbstgenutzte Wohneigentum, Anm. 80 ff., mit Beispielen.
3   Vgl. Meyer-Scharenberg, DStR 1991, 1309.

Zunächst ist festzuhalten, daß eine Realteilung so behandelt wird, als hätten S und T ihre im Rahmen der Auseinandersetzung erworbenen Objekte unmittelbar vom Erblasser geerbt. Der Höchstbetrag des § **10 e EStG** wird daher bei T **nicht gekürzt**.[1] Der BMF läßt bei einer Auseinandersetzung **innerhalb von sechs Monaten** die rückwirkende Zurechnung der Einkünfte zu. Entsprechendes muß auch für die rückwirkende Zurechnung der Abzugsbeträge des § 10 e EStG gelten.[2]

(Einstweilen frei)

1038

1039-1050

3. Vorkosten nach § 10 e Abs. 6 EStG

Fall

V ist seit 1980 Eigentümer einer vermieteten Eigentumswohnung. Nach seinem Tod will Erbe S die Wohnung zu eigenen Wohnzwecken nutzen. S kündigt dem Mieter und zahlt diesem eine Abstandszahlung von 10.000 DM. Dann renoviert er die Wohnung (20.000 DM). Nach dem Auszug des Mieters und vor der erstmaligen Nutzung zu eigenen Wohnzwecken fallen Schuldzinsen für das durch eine Grundschuld gesicherte übernommene Darlehen an (4.000 DM).

Abwandlung 1

V hat die Wohnung zu eigenen Wohnzwecken genutzt.

Abwandlung 2

Die Erbschaft besteht in einem Zweifamilienhaus, von dem V eine Wohnung zu eigenen Wohnzwecken genutzt hat. S will auch eine Wohnung zu eigenen Wohnzwecken nutzen.

Abwandlung 3

Erben sind S und T.

a) Voraussetzungen des § 10 e Abs. 6 EStG

Nach § 10 e Abs. 6 Satz 1 EStG können Aufwendungen, die bis zum Beginn der erstmaligen Nutzung einer Wohnung i.S. von § 10 e Abs. 1 EStG zu

1051

---

1 Vgl. Anm. 1123.
2 Felix, DStZ 1990, 620.

eigenen Wohnzwecken entstehen, wie Sonderausgaben abgezogen werden (sog. **Vorkosten**).

1052   Dies setzt voraus, daß die Aufwendungen unmittelbar mit der Herstellung oder Anschaffung des Gebäudes oder der Eigentumswohnung oder der Anschaffung des dazugehörenden Grund und Bodens zusammenhängen. Sie dürfen außerdem nicht zu den Herstellungs- oder Anschaffungskosten der Wohnung oder den Anschaffungskosten des Grund und Bodens gehören und müssen im Fall der Vermietung oder Verpachtung der Wohnung als Werbungskosten abgezogen werden können.

b) Unmittelbarer Zusammenhang mit Herstellung oder Anschaffung

1053   Nach BFH, U. v. 13.1.1993[1] ist unter **Anschaffung i.S. von § 10 e Abs. 6 EStG nur der entgeltliche Erwerb** zu verstehen; denn der Eigentumsübergang, der sich nicht auf ein Rechtsgeschäft gründe, sondern ohne Zutun des Erben vollziehe, könne auch bei weitester Auslegung nicht mehr unter den Begriff Anschaffung subsumiert werden.[2] Da jedoch der Gesamtrechtsnachfolger S in die Rechtsposition des Rechtsvorgängers V eintritt (§ 1922 BGB), ist auf die Herstellung bzw. Anschaffung durch den Erblasser V abzustellen. Die Aufwendungen des S sind also nur dann als Vorkosten nach § 10 e Abs. 6 EStG abziehbar, wenn sie auch bei V Vorkosten gewesen wären.[3]

1054   Demnach können die Aufwendungen nur dann Vorkosten i.S. von § 10 e Abs. 6 EStG sein, wenn **V die Wohnung nicht zu eigenen Wohnzwecken genutzt** hat; denn die Nutzung zu eigenen Wohnzwecken durch V ist S zuzurechnen, so daß dessen Einzug nicht mehr als erstmaliger Bezug behandelt werden kann.[4] In **Abwandlung 1** (Nutzung zu eigenen Wohnzwecken durch V) sind sämtliche Aufwendungen nicht als Vorkosten abziehbar, in **Abwandlung 2** (Teilvermietung) ebenso hinsichtlich des auf die zu eigenen Wohnzwecken genutzte Wohnung entfallenden Anteils, wenn S die Nutzungsverhältnisse des V fortsetzt.

---

1   X R 53/91, BStBl II 1993, 346; a.A. bisher Obermeier, Das selbstgenutzte Wohneigentum, Anm. 240 f., m.w.N.
2   Zur unentgeltlichen Einzelrechtsnachfolge vgl. Anm. 108.
3   BMF v. 25.10.1990, BStBl I 1990, 626, Abs. 49; Herrmann/Heuer/Raupach, § 10 e EStG Anm. 521; offengelassen in BFH, U. v. 13.1.1993 X R 53/91, BStBl II 1993, 346.
4   BFH, U. v. 13.1.1993 X R 53/91, BStBl II 1993, 346, OFD Münster v. 19.1.1993, FR 1993, 311, Tz. VIII.7.; Biergans, Steuervorteile durch selbstgenutztes Wohneigentum, S. 95; Leu, DStZ 1991, 141, 142.

▷ **Gestaltungshinweis**

*In **Abwandlung 2** ist die Nutzung zu eigenen Wohnzwecken durch V nicht schädlich, wenn S diese Wohnung vermietet und die bisher vermietete Wohnung zu eigenen Wohnzwecken nutzt.[1]* 1055

Wenn § 10 e Abs. 6 EStG nicht wegen einer Nutzung zu eigenen Wohn- 1056 zwecken durch V ausgeschlossen ist, ist nach der Art der Aufwendungen zu unterscheiden. Von den geschilderten Aufwendungen hängen nur die **Finanzierungskosten** mit der ursprünglichen Herstellung bzw. Anschaffung durch V zusammen.[2] Sie sind daher bei S als Vorkosten abziehbar. Wenn S jedoch das übernommene Darlehen (mit Disagio) umschulden würde, wäre der Zusammenhang mit der Herstellung oder Anschaffung unterbrochen. Die Aufwendungen wären dann keine Vorkosten.

c) Ungeteilte Erbengemeinschaft (Abwandlung 3)

Vorstehende Grundsätze gelten auch bei ungeteilter Erbengemeinschaft. S 1057 und T können in diesem Fall nur die Finanzierungskosten als Vorkosten abziehen, wenn V die Wohnung noch nicht zu eigenen Wohnzwecken genutzt hat.[3]

(Einstweilen frei) 1058-1060

II. Übertragung eines Erbanteils

1. Unentgeltliche Übertragung

Wird ein Erbteil verschenkt, so entstehen weder Anschaffungskosten noch 1061 Veräußerungserlöse.[4] Die anteilige AfA bemißt sich nach der AfA-Bemessungsgrundlage der Erbengemeinschaft (§ 11 d EStDV).

2. Veräußerung

a) Mehrere Wirtschaftsgüter im Nachlaß

Wird ein Erbteil entgeltlich erworben und gehören mehrere Wirtschafts- 1062 güter zum Nachlaß, so sind die Anschaffungskosten für den Erbteil auf

---

1   Stephan, DB 1991, 1038, 1045.
2   Vgl. BMF v. 25.10.1990, BStBl I 1990, 626, Abs. 50.
3   B. Meyer, FR 1993, 181, 189.
4   BMF v. 11.1.1993, BStBl I 1993, 62, Tz. 40.

alle zum Nachlaß gehörenden Wirtschaftsgüter nach dem Verhältnis der Verkehrswerte zu verteilen. Das erfordert eine Bewertung aller zum Nachlaß gehörenden Wirtschaftsgüter auf den Zeitpunkt des Erbteilskaufs.[1]

b) Einziges Vermögen: Vermietetes Haus

aa) Weitervermietung durch den Übernehmer; Finanzierung durch Darlehen

Fall

Der Erblasser stirbt am 1.7.1992. Er hinterläßt ein vermietetes Haus, das er am 1.7.1988 fertiggestellt hat (Baukosten 800.000 DM, Anschaffungskosten für das Grundstück 200.000 DM), und das einen Verkehrswert von 2.000.000 DM besitzt (davon Grundstück 600.000 DM). K hat eine AfA nach § 7 Abs. 5 EStG gewählt (jährlicher AfA-Betrag in den ersten acht Jahren 5 % von 800.000 DM = 40.000 DM). Erben sind S und T zu je 1/2. T überträgt ihren Erbanteil im Juli 1992 auf S und erhält dafür 1.000.000 DM. S vermietet das Haus weiterhin.

Abwandlung 1

S kauft das Haus von der Erbengemeinschaft um 2.000.000 DM. Der Erlös wird geteilt.

Abwandlung 2

Der Kaufpreis wird durch Darlehen finanziert.

Abwandlung 3

Vor der Weitervermietung renoviert S das Haus für 250.000 DM bzw. 500.000 DM.

(1) Unentgeltlich erworbener Teil

1063   Durch den **Erbfall** erwirbt S zur Hälfte **unentgeltlich**. Dies gilt auch dann, wenn er das Haus von der Erbengemeinschaft erwirbt (**Abwandlung 1**).[2] Hinsichtlich des unentgeltlichen Teils kann er die AfA des Rechtsvorgängers fortführen (§ 11 d EStDV). Die AfA-Beträge sind jedoch auf den Zeitraum der jeweiligen Nutzung zeitanteilig aufzuteilen. Dies ergibt sich aus dem Grundsatz, das die AfA nach § 7 Abs. 5 EStG aufgrund des

---

1   BMF v. 11.1.1993, BStBl I 1993, 62, Tz. 45; Koller/Faust, NWB F. 19, 1817.
2   Vgl. auch Anm. 772 ff. und 851 ff.

Eintretens in die Rechtsposition des Übergebers insgesamt nur einmal in einem Jahr in Anspruch genommen werden kann. Hätte der Erblasser § 7 Abs. 4 EStG gewählt, so würde sich die Aufteilung bereits aus dem Gesetz ergeben.

▷ *Gestaltungshinweis*

Ist § 7 Abs. 5 EStG anwendbar, so kann der Erbe wählen, in welchem Umfang die für dieses Jahr zulässige AfA beim Erblasser und bei ihm zu berücksichtigen ist.[1]   1064

(2) Entgeltlich erworbener Teil

In Höhe von 1.000.000 DM hat S **eigene Anschaffungskosten**, von denen   1065
er eine AfA beanspruchen kann, soweit sie auf das Gebäude entfallen.[2] Entsprechendes würde gelten, wenn S kein Miterbe, sondern ein fremder Dritter wäre.[3] Bei Gebäuden wird sich im Regelfall für den unentgeltlich und den entgeltlich erworbenen Teil eine **unterschiedliche Abschreibungsdauer** ergeben.[4] Der erworbene Gebäudeteil ist über 50 Jahre abzuschreiben, wenn S nicht nachweist, daß die Nutzungsdauer kürzer ist (§ 7 Abs. 4 Satz 2 EStG).[5]

(3) Berechnung der höchstmöglichen AfA

Hälfte der ursprünglichen AfA	
für unentgeltlichen Erwerb	20.000 DM
Von eigenen Anschaffungskosten entfallen	
700.000 DM auf das Gebäude; anteilige AfA 1 %, also	7.000 DM
Gesamte AfA	27.000 DM

1066

(4) Veranlagung des Erblassers

Für die Veranlagung des Erblassers bleibt noch die Hälfte der ursprünglichen AfA in Höhe von 20.000 DM, da insoweit kein Konkurrenzverhältnis   1067
besteht. Die Erben könnten aber auch bestimmen, daß der Erblasser die

---

1 Vgl. BMF v. 25.10.1990, BStBl I 1990, 626, Abs. 25, zu § 10 e EStG.
2 BFH, B. v. 5.7.1990 GrS 2/89, BStBl II 1990, 837, C. II. 2. a.
3 BMF v. 11.1.1993, BStBl I 1993, 62, Tz. 44, mit Beispiel 19.
4 Vgl. BMF v. 11.1.1993, BStBl I 1993, 62, Tz. 32, mit Beispiel 14.
5 BMF v. 11.1.1993, BStBl I 1993, 62, Tz. 44.

volle AfA von 40.000 DM erhält. Würden sich S und T erst 1992 auseinandersetzen, so könnten sie bestimmen, daß sie je 20.000 DM AfA erhalten,
und bei der Veranlagung des Erblassers keine AfA berücksichtigt wird.

(5) Finanzierung durch Darlehen (Abwandlung 2)

1068   Wird der Kaufpreis durch Darlehen finanziert, so sind die Schuldzinsen
Werbungskosten aus Vermietung und Verpachtung.[1]

(6) Renovierungskosten

1069   Da es sich hinsichtlich des unentgeltlich und des entgeltlich erworbenen
Teils um zwei selbständige Rechtsvorgänge handelt[2], sind die Renovierungskosten **für die Frage des anschaffungsnahen Aufwands aufzuteilen.**[3] Auf den entgeltlichen Teil entfällt die Hälfte, bei Kosten von 250.000
DM also 125.000 DM. Die Aufwendungen sind daher sofort abziehbare
Werbungskosten. Betragen die Aufwendungen jedoch 500.000 DM, sind
sie hinsichtlich des unentgeltlichen Teils sofort abziehbar (250.000 DM),
hinsichtlich des entgeltlichen Teils erhöhen sie die AfA-Bemessungsgrundlage, wenn es sich um Herstellungskosten handelt.[4]

bb) Nutzung zu eigenen Wohnzwecken durch den Übernehmer; Finanzierung durch Darlehen

Fall

Wie Fall vor Anm. 1063; S nutzt das Haus (Einfamilienhaus) zu eigenen
Wohnzwecken.

Abwandlung 1

Der Kaufpreis wird durch Darlehen finanziert. S kündigt dem Mieter
und zahlt diesem eine Abfindung von 10.000 DM. Dann renoviert
er das Haus (20.000 DM). Nach dem Auszug des Mieters und vor
der erstmaligen Nutzung des Hauses zu eigenen Wohnzwecken fallen

---

1   Vgl. Anm. 777 und BFH, U. v. 26.11.1985 IX R 64/82, BStBl II 1986, 161; v. 9.7.1985 IX R
    49/83, BStBl II 1985, 722; v. 25.7.1991 XI R 6/85, BFH/NV 1992, 231.
2   Vgl. Anm. 713.
3   Zur Problematik des anschaffungsnahen Aufwands vgl. Anm. 322.
4   Wacker/Franz, BB Beil. 5 zu Heft 8/1993, 12.

Schuldzinsen für ein übernommenes, durch Grundschuld gesichertes Darlehen (4.000 DM) sowie laufende Grundstückskosten von 1.000 DM an.

Abwandlung 2

Es handelt sich um ein teilvermietetes Zweifamilienhaus, für das V die Übergangsregelung angewendet hat. S möchte das Entgelt der vermieteten Wohnung zuordnen.

(1) Allgemeines

In diesem Fall stellt sich die Frage, wie hoch der **Abzugsbetrag des** **§ 10 e EStG** ist. Hierbei ist zu beachten, daß nach BFH, B. v. 5.7.1990[1] der Erbfall und die Erbauseinandersetzung grundsätzlich zwei selbständige Rechtsvorgänge sind, die keine rechtliche Einheit bilden. Dies ist vor allem in Hinblick auf § 10 e Abs. 1 Satz 6 EStG für S ungünstig, weil er bei einem Anteil an der zu eigenen Wohnzwecken genutzten Wohnung nur den entsprechenden Teil der Abzugsbeträge nach § 10 e Abs. 1 Satz 1 EStG wie Sonderausgaben abziehen kann.

1070

(2) Geerbter Anteil und § 10 e EStG

Mit dem **Erbfall** erwirbt S unentgeltlich die Hälfte der Wohnung. Er tritt gemäß § 1922 BGB in vollem Umfang in die Rechtsposition des Rechtsvorgängers ein. Somit kann er **anteilig**

1071

* die **Abzugsbeträge des § 10 e EStG fortführen**, wenn er die entsprechenden Voraussetzungen erfüllt[2];

1072

* bei unentgeltlichem Erwerb eines unbebauten Grundstücks die **Anschaffungskosten des Rechtsvorgängers** für den Grund und Boden in die Bemessungsgrundlage einbeziehen[3]; auch Aufwendungen für das Gebäude;

1073

* die **Übergangsregelung** nach § 52 Abs. 21 Satz 2 EStG fortführen[4] bzw.

1074

---

1 GrS 2/89, BStBl II 1990, 837.
2 BMF v. 25.10.1990, BStBl I 1990, 626, Abs. 5 Satz 1 und Abs. 25; vgl. FG München, U. v. 30.5.1990 13 K 4675/89 rkr., EFG 1991, 190, m.Anm. Obermeier, KFR F. 3 EStG § 10e, 2/90, 287.
3 BMF v. 25.10.1990, BStBl I 1990, 626, Abs. 20; Obermeier, DStR 1992, 209.
4 Obermeier, Das selbstgenutzte Wohneigentum, Anm. 361; Anm. 1090.

1075   •   die Beträge gem. § 52 Abs. 21 Sätze 4 ff. EStG in Anspruch nehmen.[1]

1076   Für die Abzugsberechtigung beim Gesamtrechtsnachfolger ist es unbedeutend, ob beim Erblasser bereits **Objektverbrauch** eingetreten ist.[2]

1077   Der geerbte Miteigentumsanteil stellt ein **Objekt i. S. des § 10 e EStG** dar, wenn S als Erbe die Abzugsbeträge fortführt.[3] Da S durch die Gesamtrechtsnachfolge nur den Hälfteanteil an der Wohnung erwirbt, kann er auch nur insoweit (also in Höhe von 7.500 DM jährlich) die Abzugsbeträge ansetzen.

1078   Es besteht noch die Besonderheit, daß der Erblasser die Wohnung vermietet hat und damit **§ 10 e EStG nicht anwendbar** war. Bei einem Übergang von der Vermietung zur Nutzung zu eigenen Wohnzwecken kann S die Abzugsbeträge des § 10 e EStG beanspruchen, wenn im übrigen dessen Voraussetzungen gegeben sind. Bemessungsgrundlage für § 10 e EStG sind die ursprünglichen Anschaffungs- bzw. Herstellungskosten.

1079   Im Todesjahr besteht ein Konkurrenzverhältnis zwischen der Inanspruchnahme der AfA nach § 7 Abs. 5 EStG und des Abzugsbetrags nach § 10 e EStG. Zunächst muß beim Erblasser **§ 7 Abs. 5 EStG zeitanteilig gekürzt** werden.[4]

1080   Die nur **zeitanteilige Nutzung zu eigenen Wohnzwecken** darf nicht unberücksichtigt bleiben. Der Fall, daß eine Wohnung nicht das ganze Jahr zu eigenen Wohnzwecken genutzt wird, ist dem Fall vergleichbar, daß ein Teil einer Wohnung nicht zu eigenen Wohnzwecken genutzt wird[5] (Beispiel: Arbeitszimmer). Für letzteren Fall bestimmt § 10 e Abs. 1 Satz 7, daß die Bemessungsgrundlage des § 10 e EStG zu kürzen ist. Es tritt aber durch die nur zeitanteilige Nutzung zu eigenen Wohnzwecken keine weitere Minderung des Abzugsbetrags des § 10 e EStG ein.

▷ *Hinweis*

1081   *Diese Rechtsmeinung ist nicht unumstritten. So treten einige Autoren dafür ein, den Abzugsbetrag unabhängig von einer zeitanteiligen Vermietung zu gewähren; denn § 10 e EStG stelle keine AfA-Möglichkeit dar, sondern führe*

---

1   BMF v. 19.9.1986, BStBl I 1986, Tz. III. 2.
2   Paus, INF 1992, 7, 8; Obermeier, Das selbstgenutzte Wohneigentum, Anm. 150 d; vgl. BFH, U. v. 4.9.1990 IX R 197/87, BStBl II 1992, 69; a.A. BFH, U. v. 20.12.1990 XI R 2/85, BFH/NV 1991, 383; BMF v. 25.10.1990, BStBl I 1990, 626, Abs. 25.
3   BMF v. 25.10.1990, BStBl I 1990, 626, Abs. 39 Satz 1.
4   Vgl. Anm. 1063.
5   Obermeier, DStR 1989, 764, 766 f., m.w.N.

zu einem Abzug wie Sonderausgaben, so daß kein Konkurrenzverhältnis zu den AfA-Vorschriften bestehe.[1] Der Ansicht, den Erben den vollen Abzugs-betrag zu gewähren, scheint auch der BMF zuzuneigen.[2] Es ist daher zu empfehlen, den ungekürzten Abzugsbetrag geltend zu machen.

(3) Entgeltlich erworbener Anteil und § 10 e EStG

Hinsichtlich des **entgeltlichen Teils** gilt folgendes: S hat Anschaffungs-kosten, die in Höhe von 700.000 DM auf das Gebäude und von 300.000 DM auf das Grundstück entfallen. Da S jedoch nur einen Anteil an der Wohnung erwirbt, kann er auch nur den entsprechenden Teil – also die Hälfte – des Abzugsbetrags (9.900 DM jährlich bis einschließlich 1995, 8.250 DM jährlich bis einschließlich 1998) wie Sonderausgaben abziehen (§ 10 e Abs. 1 Satz 6 EStG). — 1082

(4) Vergleich mit vorweggenommener Erbfolge

Hier ergibt sich eine andere Rechtslage als bei einem teilentgeltlichen Erwerb im Rahmen einer vorweggenommenen Erbfolge, bei dem der **Höchstbetrag** des § 10 e Abs. 1 Satz 1 EStG **ungekürzt** zugrunde zu legen ist[3]; denn bei der vorweggenommenen Erbfolge handelt es sich um einen einheitlichen Anschaffungsvorgang[4], während – wie bereits unter Anm. 713 ausgeführt – Erbfall und Erbauseinandersetzung selbständige Rechtsvorgänge darstellen und keine Einheit bilden. Der vom Miterben hinzuerworbene Anteil ist selbst dann ein selbständiges Objekt i. S. von § 10 e Abs. 5 Satz 1 EStG, wenn der Anteilserwerber Alleineigentümer der Wohnung geworden ist.[5] — 1083

(5) Zusammenfassung

S hat zwei Möglichkeiten: Er kann **§ 10 e EStG aufgrund unentgeltlichen Erwerbs** in Anspruch nehmen[6], kann dies aber letztmals 1995, da die — 1084

---

1   Vgl. die Nachweise bei Obermeier, DStR 1989, 764, in FN 35; a.A. auch Schmidt/Drenseck, § 10 e Anm. 8g: zeitanteilige Aufteilung.
2   BMF v. 25.10.1990, BStBl I 1990, 626, Abs. 24.
3   Vgl. ausführlich Anm. 313 ff.; Obermeier, NWB F. 3, 7591, Lösung Fall 16; ders., DStR 1993, 77, 81.
4   Zur Frage der Anschaffung bei teilentgeltlichen Rechtsgeschäften vor Ergehen des Beschlusses des BFH v. 5.7.1990 GrS 2/89, BStBl II 1990, 837, vgl. Obermeier, DStR 1990, 132.
5   BMF v. 25.10.1990, BStBl I 1990, 626, Abs. 39, unter Hinweis auf BFH, U. v. 20.7.1982 VIII R 207/80, BStBl II 1982, 735; Obermeier, Das selbstgenutzte Wohneigentum, Anm. 156 D.
6   A. A. Stuhrmann, FR 1992, 287, der in der Erbauseinandersetzung einen Erwerb des gesamten Objekts von der Erbengemeinschaft sieht.

Wohnung 1988 hergestellt wurde. Aufgrund seiner **Anschaffung** im Jahr 1992 kann er stattdessen vier Jahre lang einen Abzugsbetrag von je 9.900 DM und weitere vier Jahre lang einen Abzugsbetrag von je 8.250 DM beanspruchen. Eine gleichzeitige Inanspruchnahme beider Möglichkeiten durch S und seine Ehefrau, die im übrigen zu einem doppelten Objektverbrauch führen würde, scheidet aus, da die Objekte in räumlichem Zusammenhang belegen sind (§ 10 e Abs. 4 Satz 2 EStG). S wird daher die zweite Möglichkeit wählen, zumal das sog. Baukindergeld (§ 34 f EStG) nunmehr 1.000 DM je Kind und Jahr beträgt.[1] Eine anteilsbezogene Kürzung des Baukindergeldes sieht § 34 f EStG nicht vor.

(6) Gestaltungsmöglichkeit

1085   Dieses ungünstige Ergebnis ist zu vermeiden, wenn der **Ehegatte des S die Erbteile entgeltlich erwerben** würde. Dies wäre nicht durch § 10 e Abs. 1 Satz 8 EStG ausgeschlossen, da es sich bei der Miterbengemeinschaft nicht um eine Bruchteilsgemeinschaft, sondern um eine Gesamthandsgemeinschaft handelt (§ 2032 BGB).[2] Diese Sachverhaltsgestaltung wird die Finanzverwaltung nur anerkennen, wenn kein Gestaltungsmißbrauch vorliegt (§ 42 AO). Eine Anerkennung würde z.B. scheitern, wenn der erwerbende Ehegatte die Mittel von S ohne Verzinsungs- und Tilgungsregelung erhalten würde.

(7) Vorkosten nach § 10 e Abs. 6 EStG (Abwandlung 1)

1086   Die bis zum Beginn der erstmaligen Nutzung des Hauses zu eigenen Wohnzwecken sind wie Sonderausgaben abziehbar (sog. Vorkosten nach § 10 e Abs. 6 EStG).[3] Anders als bei der vorweggenommenen Erbfolge, bei der es sich um einen einheitlichen Anschaffungsvorgang handelt[4], ist hier strikt **zwischen Erbfall** (unentgeltliches Rechtsgeschäft) **und Erbauseinandersetzung** (entgeltliches Rechtsgeschäft) **zu unterscheiden.**

---

1 Zur Begrenzung des Baukindergeldes auf die Höhe der Bemessungsgrundlage der Abzugsbeträge nach § 10 e Abs. 1 oder Abs. 2 EStG vgl. Obermeier, Anm. 323, mit Beispiel.
2 Zweifelnd Stephan, DB 1991, 1038, 1042.
3 Zu weiteren Voraussetzungen vgl. Anm. 1052.
4 Zu den Rechtsfolgen vgl. Anm. 313.

- **Finanzierungskosten für übernommenes Darlehen**: Diese Aufwen-   **1087**
dungen gehören in vollem Umfang zum unentgeltlichen Rechtsgeschäft. Sie hängen mit der ursprünglichen Herstellung bzw. Anschaffung zusammen und sind als Vorkosten nach § 10 e Abs. 6 EStG
abziehbar, wenn der Erblasser das Haus noch nicht zu eigenen Wohnzwecken genutzt hat.[1]

- **Finanzierungskosten für Zahlung an T**: Die Aufwendungen gehören   **1088**
in vollem Umfang zum entgeltlichen Erwerb. Sie sind auch dann nach
§ 10 e Abs. 6 EStG abziehbar, wenn das Haus zunächst vermietet war.
Außerdem ist es unerheblich, ob der Erblasser das Haus zu eigenen
Wohnzwecken genutzt hat.

- **Übrige Aufwendungen** (Abfindung an Mieter, Renovierungskosten,   **1089**
laufende Grundstückskosten): Diese Aufwendungen sind nur insoweit
abziehbar, als sie auf den entgeltlichen Teil entfallen, also in Höhe
von 15.500 DM (Hälfte der Aufwendungen).[2] Hinsichtlich des unentgeltlichen Teils hängen sie nämlich nicht mit der Herstellung oder
Anschaffung des Objekts zusammen.[3]

(8) Übergangsregelung (§ 52 Abs. 21 Satz 2 EStG)

S kann die Überschußrechnung nur **in Höhe des unentgeltlichen Erwerbs**   **1090**
fortführen.[4] Er kann nicht den entgeltlichen Erwerb ausschließlich auf die
vermietete Wohnung beziehen und die selbstbewohnte Wohnung als vollun-
entgeltlich erworben behandeln mit der Folge, daß auf das gesamte Haus die
Überschußrechnung anzuwenden ist; denn die Anschaffungskosten sind im
Verhältnis der Verkehrswerte auf beide Wohnungen aufzuteilen. Es besteht
kein Wahlrecht.[5]

(Einstweilen frei)   **1091-1100**

---

1 Vgl. Anm. 1053 ff.
2 Zum Problem des anschaffungsnahen Aufwands vgl. Anm. 1069.
3 Vgl. Anm. 1056.
4 Vgl. Anm. 1071, 1074.
5 Vgl. BMF v. 11.1.1993, BStBl I 1993, 62, Tz. 30; Anm. 1182; a.A. Stephan, DB 1991, 1038,
   1046; früher BMF v. 31.12.1988, BStBl I 1988, 546, Tz. 9.

c) Einziges Vermögen: Zu eigenen Wohnzwecken genutztes Haus

aa) Nutzung zu eigenen Wohnzwecken durch den Übernehmer

Fall

Wie Fall vor Anm. 1063; K hat das Haus jedoch zu eigenen Wohnzwecken genutzt und den Abzugsbetrag gemäß § 10 e Abs. 1 EStG in Höhe von je 15.000 DM in Anspruch genommen. S nutzt das Haus auch zu eigenen Wohnzwecken.

1101   Es besteht die Möglichkeit, § 10 e EStG aufgrund **unentgeltlichen Erwerbs** hinsichtlich des Hälfteanteils (7.500 DM jährlich bis 1995) oder aufgrund **entgeltlichen Erwerbs** hinsichtlich des zweiten Hälfteanteils zu beanspruchen (9.900 DM jährlich bis 1995, 8.250 DM jährlich bis 1998). Bei dieser Sachverhaltsgestaltung wird S die zweite Variante wählen und bei der Veranlagung des Erblassers für 1992 den vollen Abzugsbetrag nach § 10 e EStG ansetzen.[1]

bb) Vermietung durch den Übernehmer

Fall

Wie Fall vor Anm. 1063; der Erblasser hat die Wohnung zu eigenen Wohnzwecken genutzt. S vermietet die Wohnung.

(1) Veranlagung des Erblassers

1102   Nach der hier vertretenen Ansicht besteht ein **Konkurrenzverhältnis** zwischen der AfA nach § 7 Abs. 4 bzw. Abs. 5 EStG und dem Abzugsbetrag gemäß § 10 e EStG. Somit ist bei der Veranlagung des Erblassers die Bemessungsgrundlage des § 10 e EStG zu kürzen.[2]

(2) AfA beim geerbten Anteil

1103   S erwirbt zur einen Hälfte **unentgeltlich** und zur anderen Hälfte entgeltlich. Hinsichtlich des unentgeltlichen Erwerbs kann S die AfA – entsprechend

---

1   Zu den Einzelheiten dieser Lösung vgl. Anm. 1070 ff., auch zu einer möglichen Gestaltung.
2   Str., zum Streitstand vgl. i.e. Anm. 1079 ff.

§ 11 d EStDV – auf der Grundlage der Anschaffungs- oder Herstellungskosten des Rechtsvorgängers in Anspruch nehmen. Eine Fortführung der Abzugsbeträge des § 10 e EStG als AfA kommt nicht in Betracht, da in die Bemessungsgrundlage auch die Hälfte der Anschaffungskosten des Grundstücks einzubeziehen sind. Dies führt auch dazu, daß die Abzugsbeträge des § 10 e EStG nicht als verbrauchte AfA anzusehen sind. Im übrigen wäre der Ansatz der Beträge des § 10 e EStG wesentlich ungünstiger als der Ansatz der AfA nach § 7 Abs. 4 bzw. Abs. 5 EStG.

Bemessungsgrundlage für die AfA bilden die ursprünglichen Anschaffungs- oder Herstellungskosten (Abschn. 43 Abs. 6 Satz 3 Nr. 2 a EStR). Das Volumen der AfA ist um die Beträge zu kürzen, die während der Zeit der Anwendbarkeit des § 10 e EStG hätten abgezogen werden müssen, wenn der Steuerpflichtige das Objekt im Rahmen einer Einkunftsart genutzt hätte (fiktive AfA).[1] Diese Grundsätze hat der BFH nunmehr auch für den Fall des unentgeltlichen Erwerbs bestätigt.[2] Die Höhe der fiktiven – verlorenen – AfA hängt von der gewählten AfA-Vorschrift ab (Abschn. 44 Abs. 12 EStR). **1104**

• **Berechnung der AfA bei Anwendung von § 7 Abs. 4 EStG:**

Herstellungskosten 800.000 DM insgesamt, bezogen auf den unentgeltlich erworbenen Hälfteanteil 400.000 DM; jährliche AfA 2 %, also 8.000 DM. Verbraucht sind 8 % (1988 und 1992 jeweils die Hälfte der Jahres-AfA, 1989 bis 1991 jeweils die volle Jahres-AfA), also 32.000 DM. Die AfA 1992 beträgt 1 %, also 4.000 DM. **1105**

• **Berechnung der AfA bei Anwendung von § 7 Abs. 5 EStG:**

Auf den unentgeltlich erworbenen Teil entfallende Herstellungskosten 400.000 DM; AfA in den ersten acht Jahren jeweils 5 %, 6 Jahre je 2,5 % und 36 Jahre je 1,25 %. Verbraucht sind 22,5 % (1988 bis 1991 je 5 %, 1992 die Hälfte, damit 2,5 %), also 90.000 DM. Die AfA 1992 beträgt 2,5 %, also 10.000 DM. **1106**

▷ *Gestaltungshinweis*

Diese Berechnung zeigt, daß die Wahl der AfA nach § 7 Abs. 4 EStG günsti- **1107** *ger erscheint, weil vom gesamten AfA-Volumen nur 32.000 DM verbraucht*

---

1 Vgl. BFH, U. v. 14.2.1989 IX R 109/84, BStBl II 1989, 922, m. Anm. Obermeier, KFR F. 3 EStG § 7, 1/89, 351; ders., DStR 1989, 764, 767; vgl. auch BFH, U. v. 2.2.1990 VI R 22/86, BStBl II 1990, 684; Abschn. 44 Abs. 3 Sätze 7 und 8 LStR; kritisch v. Bornhaupt, BB 1989, 1534; vgl. auch Leu, DStZ A 1988, 486.
2 Vgl. BFH, U. v. 16.2.1990 VI R 85/87, BStBl II 1990, 883, zur Schenkung von Arbeitsmitteln.

sind. Es ist jedoch zu empfehlen, als AfA-Vorschrift § 7 Abs. 5 EStG zu wählen, wenn die Nutzung zu eigenen Wohnzwecken durch den Erblasser nur kurz angedauert hat oder wenn S einen baldigen Verkauf bezweckt.

(3) AfA beim entgeltlich erworbenen Anteil

1108   Soweit S entgeltlich erwirbt, kann er die AfA von seinen eigenen Anschaffungskosten beanspruchen, soweit sie auf das Gebäude entfallen. Die AfA beträgt nach § 7 Abs. 4 EStG 2 % jährlich, für 1992 also die Hälfte, daher 7.000 DM.

d) Mittelherkunft bedeutungslos

1109   Ebenso wie bei der Übertragung eines Erbanteils an einer gewerblich tätigen Erbengemeinschaft ist es bei der Übertragung eines Erbanteils am Privatvermögen ohne Bedeutung, aus welchen Mitteln der erwerbende Miterbe das vereinbarte Entgelt entrichtet. So kann ein Erbe, der die Erbanteile seiner Miterben erwirbt, das Entgelt durch **Verwertung oder Belastung des Nachlasses** erlangen.[1]

e) Veräußerungsgewinn steuerfrei

1110   Der beim weichenden Miterben entstehende **Veräußerungsgewinn** ist, wenn das einzige Vermögen in einem Grundstück besteht, nur unter den Voraussetzungen des **§ 23 EStG** zu versteuern. Da es sich um eine Gesamtrechtsnachfolge handelt, wird ein eventueller Spekulationsgewinn beim Erben so erfaßt, als habe der Erblasser selbst das Grundstück veräußert.[2] Ebenso wie in den Fällen der Übertragung eines Erbanteils wird auch in folgenden Beispielen davon ausgegangen, daß kein Spekulationsgeschäft i.S. von § 23 EStG vorliegt.

1111-1120   *(Einstweilen frei)*

III. Ausscheiden gegen Barabfindung

1121   Ein Ausscheiden aus der Erbengemeinschaft gegen eine Barabfindung führt zu den selben einkommensteuerrechtlichen Folgen wie die Übertragung

---

1   Vgl. i.e. Anm. 776.
2   BFH, U. v. 21.3.1969 VI R 208/67, BStBl II 1969, 520.

eines Erbanteils gegen eine Abfindung. Es ist daher auf die Ausführungen unter Anm. 1061 ff. zu verweisen.

IV. Realteilung

1. Unentgeltliches Rechtsgeschäft

Fall

Erben sind S und T zu gleichen Teilen. Zum Nachlaß gehören zwei Grundstücke; beide Grundstücke besitzen einen Verkehrswert von je 1.000.000 DM. Die Anschaffungskosten haben beim ersten Grundstück 500.000 DM, beim zweiten 300.000 DM betragen. Die Miterben kommen überein, daß S Grundstück 1 und T Grundstück 2 erhält. Die Grundstücke sind vermietet. Auch S und T vermieten die Grundstücke.

Abwandlung

Beide Miterben nutzen die Grundstücke zu eigenen Wohnzwecken.

a) Vermietete Objekte

In der Erfüllung des erbrechtlichen Auseinandersetzungsanspruchs durch Realteilung liegt **kein Anschaffungs- und Veräußerungsgeschäft**[1]. Die übernehmenden Miterben S und T treten entsprechend § 11 d EStDV in die Anschaffungs- und Herstellungskosten des Erblassers ein und führen dessen AfA fort. Damit folgt der Große Senat insoweit dem IX. Senat des BFH[2], der sich für eine Fortführung der Wertansätze des Erblassers ausgesprochen hat, weil für die Miterben in Höhe ihres Anteils am Nachlaßwert ein unentgeltlicher Erwerb gegeben sei.

1122

b) Zu eigenen Wohnzwecken genutzte Objekte

Ebenso wie bei den vermieteten Objekten treten S und T in die Anschaffungs- und Herstellungskosten des Erblassers ein.[3] Somit kann jeder Miterbe § 10 e EStG in Anspruch nehmen. Der Fall wird also so behandelt, als hätten S und T jeweils ihre Gesamtobjekte **unmittelbar vom Erblasser**

1123

---

1 BMF v. 11.1.1993, BStBl I 1993, 62, Tz. 23.
2 U. v. 9.7.1985 IX R 49/83, BStBl II 1985, 722 und v. 22.9.1987 IX R 15/84, BStBl II 1988, 250.
3 Vgl. Anm. 1122.

geerbt, unabhängig davon, ob sich die Miterben unmittelbar nach dem Erbfall oder erst später (ggf. nach mehreren Jahren) auseinandersetzen. Die Realteilung wird somit unter dem Gesichtspunkt der **Gesamtrechts-nachfolge**[1] und nicht unter dem Gesichtspunkt der Einzelrechtsnachfolge (Erwerb von der Erbengemeinschaft)[2], bei der § 10 e EStG ausgeschlossen wäre[3], abgewickelt. Der Höchstbetrag des § 10 e EStG wird nicht gekürzt. Hierbei macht es keinen Unterschied, ob die Miterben die Zuweisung der Rechtszuständigkeit schon während der ungeteilten Erbengemeinschaft vorgenommen[4] oder sich ohne vorhergehende Rechtszuweisung auseinandergesetzt bzw. eine solche Vereinbarung im Rahmen der Auseinandersetzung wieder rückgängig gemacht haben oder sich der Anteil ausweitet.[5] Es ergibt sich daher eine andere Rechtslage als bei ungeteilter Erbengemeinschaft (m.E. nur anteilige Förderung nach § 10 e EStG; str.)[6] bzw. bei Veräußerung des Erbanteils bzw. Ausscheiden gegen Barabfindung (unentgeltlich und entgeltlich erworbene Anteile als selbständige Objekte).[7] Der Abzugszeitraum beginnt im Jahr der Herstellung bzw. Anschaffung durch den Erblasser.

c) Einräumung eines Nutzungsrechts

1124   Eine Erbauseinandersetzung kann auch in der Weise durchgeführt werden, daß einem Miterben ein **Nutzungsrecht** an einem zum Nachlaß gehörenden Wirtschaftsguts eingeräumt wird (z. B. Wohnrecht an einem Gebäude). Dieses Nutzungsrecht ist nicht gegen Entgelt bestellt. Die Ablösung des Nutzungsrechts durch den Miterben führt zu nachträglichen Anschaffungskosten.[8]

d) Umwandlung in Bruchteilseigentum

1125   Das Rechtsgeschäft ist grundsätzlich auch dann **unentgeltlich**, wenn Gesamthandseigentum in Bruchteilseigentum umgewandelt wird und ein Miterbe Anteile an der Bruchteilsgemeinschaft von einem anderen Miterben

---

1   B. Meyer, FR 1992, 181, 189; Mitschke, FR 1993, 149, 150 f.
2   So Stuhrmann, FR 1992, 287; Paus, INF 1992, 7, 11.
3   Vgl. Anm. 106.
4   Vgl. Anm. 1021 ff.
5   Ausführlich Stephan, DB 1991, 1038, 1039 ff., mit Beispielen.
6   Vgl. Anm. 1033 ff.
7   Vgl. Anm. 1070 ff.
8   BFH, U. v. 28.11.1991 XI R 2/87, BStBl II 1992, 381, m. Anm. Kanzler, KFR F. 3 EStG § 7, 2/92, 143; v. 12.2.1992 XI R 8/89, BFH/NV 1992, 460; BMF v. 11.1.1993, BStBl I 1993, 62, Tz. 23.

im Tauschwege gegen eigene Anteile erwirbt.[1] Es besteht keine zeitliche Grenze.[2] Nach BMF v. 31.12.1988[3] wurde Unentgeltlichkeit grundsätzlich nur dann angenommen, wenn sich Umwandlung in Bruchteilseigentum und Anteilserwerb innerhalb von drei Jahren vollzogen. Eine **spätere Veräußerung** der durch Realteilung erworbenen Anteile an dem – ursprünglich gemeinschaftlichen – Nachlaßgegenstand an einen der Miterben gehört nicht mehr zur Erbauseinandersetzung. Die Anschaffungskosten entsprechen dem tatsächlich gezahlten Entgelt.[4]

2. Übernahme von Verbindlichkeiten der Erbengemeinschaft

Fall

S und T sind Miterben zu je 1/2. S erhält Grundstück 1, T Grundstück 2. Das erste Grundstück ist schuldenfrei und besitzt einen Verkehrswert von 1.200.000 DM, das zweite Grundstück mit einem Verkehrswert von 800.000 DM ist mit 400.000 DM belastet. Als Ausgleich übernimmt S die auf dem zweiten Grundstück lastenden Schulden. S vermietet das Grundstück

Abwandlung 1

S nutzt das Grundstück zu eigenen Wohnzwecken.

Abwandlung 2

Beide Grundstücke sind schuldenfrei. Um eine (unentgeltliche) Realteilung zu ermöglichen (vgl. § 23 EStG), nehmen S und T ein Darlehen zu Lasten von S auf.

Wie sich das den Miterben S und T entsprechend ihrer Erbquote zugeteilte   1126 Nachlaßvermögen zusammensetzt, hat dagegen keine Bedeutung. Die **wertmäßige Angleichung** kann auch dadurch bewirkt werden, daß ein Miterbe Verbindlichkeiten der Erbengemeinschaft übernimmt; ob dabei sein rechnerischer Anteil an den Verbindlichkeiten überschritten wird, ist ebenfalls ohne Belang.[5] Dabei kommt es nicht darauf an, ob die übernommenen

---

1   BMF v. 11.1.1993, BStBl I 1993, 62, Tz. 24.
2   Wacker/Franz, BB Beil. 5 zu Heft 8/1993, 9.
3   BStBl I 1988, 546, Tz. 3 Satz 2.
4   FG Rheinland-Pfalz, U. v. 24.9.1991 2 K 1677/90 rkr., EFG 1992, 125.
5   BFH, B. v. 5.7.1990 GrS 2/89, BStBl II 1990, 837, Tz. C. II. 2. a; U. v. 10.4.1991 XI R 7, 8/84, BStBl 1991, 791, m. kritischer Anm. Paus, DStZ 1991, 730; BMF v. 11.1.1993, BStBl I 1993, 62, Tz. 25; Wacker/Franz, BB Beil. 5 zu Heft 8/1993, 10; anders noch BMF v. 31.12.1988, BStBl I 1988, 546, Tz. 7.

Verbindlichkeiten in einem Finanzierungszusammenhang mit zugeteilten Nachlaßgegenständen stehen.

1127 Der Wert der Erbschaft beträgt unter Berücksichtigung der Schulden 1.600.000 DM, so daß auf S und T rechnerisch je 800.000 DM entfallen. Der wertmäßige Ausgleich zwischen den Miterben wird dadurch erreicht, daß S als Übernehmer des höherwertigen Grundstücks in Höhe der Wertdifferenz zum anderen Grundstück Schulden übernimmt.[1] Die Miterben S und T erhalten unter Berücksichtigung der von S übernommenen Schulden je 800.000 DM. Sie führen entsprechend § 11 d EStDV die AfA des Erblassers fort. Die auf die übernommenen Verbindlichkeiten entfallenden **Schuldzinsen** sind Werbungskosten aus Vermietung und Verpachtung, wenn das Grundstück zur Erzielung entsprechender Einnahmen genutzt wird.[2] Zur Übernahme von Verbindlichkeiten bei einer Nutzung zu eigenen Wohnzwecken (**Abwandlung 1**) vgl. Anm. 1087.

1128 Eine (unentgeltliche) Realteilung durch Übernahme von Schulden setzt voraus, daß es sich um **Verbindlichkeiten der Erbengemeinschaft** handelt, die entweder bereits zum Zeitpunkt des Erbfalls bestanden haben (Nachlaßverbindlichkeiten) oder erst durch die Verwaltung des Nachlasses begründet wurden. Eine Darlehensaufnahme in engem zeitlichen Zusammenhang mit der Erbauseinandersetzung ist jedoch rechtsmißbräuchlich (§ 42 AO), wenn damit die Entgeltlichkeit vermieden werden soll (**Abwandlung 2**).[3]

1129-1140 *(Einstweilen frei)*

---

1 Ebenso BMF v. 11.1.1993, BStBl I 1993, 62, Tz. 25, Beispiel 6.
2 Paus, FR 1991, 69; B. Meyer, FR 1993, 181, 190, unter Hinweis auf BMF v. 11.1.1993, BStBl I 1993, 62, Tz. 37; vgl. Anm. 1249; sehr problematisch; a.A. Felix, KÖSDI 1993, 9366, 9367; vgl. auch Anm. 1068.
3 BMF v. 11.1.1993, BStBl I 1993, 62, Tz. 27.

V. Realteilung mit Ausgleichsleistung

1. Ausgleichszahlungen als Anschaffungskosten

Fall

Der Erblasser hinterläßt zwei vermietete Grundstücke mit aufstehenden Häusern. Das erste Grundstück besitzt einen Verkehrswert von 1.200.000 DM, das zweite einen Verkehrswert von 800.000 DM. Erben sind S und T zu gleichen Teilen. S erhält Grundstück 1 und zahlt an T 200.000 DM.

Der Wert der Erbschaft beträgt insgesamt 2.000.000 DM. Auf S und T entfallen daher Erbanteile von je 1.000.000 DM. Die **Ausgleichszahlung** des S an T führt zu **Anschaffungskosten**.[1] Zu den Anschaffungskosten rechnen auch die Notariats- und Grundbuchkosten. Sie sind trotz der Teilentgeltlichkeit des Rechtsgeschäfts nicht aufzuteilen; denn sie werden neben dem Kaufpreis gezahlt, um das Eigentum am Grundstück zu erwerben.[2]

1141

Die vorstehenden Grundsätze gelten auch, soweit sich die Erbengemeinschaft durch **Zwangsversteigerung** zum Zwecke der Aufhebung der Gemeinschaft auseinandersetzt.[3] Wird S das Grundstück gegen eine Geldzahlung an den Testamentsvollstrecker übertragen, die dieser an S und T gleichmäßig verteilt, so gehört der bei der Verteilung auf S entfallende Anteil nicht zu den Anschaffungskosten des Grundstücks.[4] Ebenso gehört der **an die Erbengemeinschaft gezahlte Kaufpreis** nur insoweit zu den Anschaffungskosten, als er nicht an den Erwerber zurückgezahlt wird.[5]

1142

Wird ein Wirtschaftsgut gegen **Abfindungszahlung** erworben, so berechnen sich der entgeltlich und der unentgeltlich erworbene Teil des Wirtschaftsguts nach dem Verkehrswert.[6] In der Regel kann davon ausgegangen werden, daß der Verkehrswert dem Wert entspricht, den die Miterben der Erbauseinandersetzung zugrunde legen (Anrechnungswert).[7]

1143

---

1 BFH, B. v. 5.7.1990 GrS 2/89, BStBl II 1990, 837, Tz. C. II. 2. a a.E., unter Hinweis auf BFH, U. v. 22.9.1987 IX R 15/84, BStBl II 1988, 250.
2 BFH, U. v. 25.7.1991 XI R 6/85, BFH/NV 1992, 231.
3 Vgl. Anm. 854.
4 BFH, U. v. 26.6.1991 XI R 5/85, BFH/NV 1992, 24.
5 BFH, U. v. 25.7.1991 XI R 6/85, BFH/NV 1992, 231.
6 Vgl. BFH, U. v. 29.10.1991 VIII R 51/84, BStBl II 1992, 512.
7 BMF v. 11.1.1993, BStBl I 1993, 62, Tz 28.

1144 Während T in vollem Umfang unentgeltlich erwirbt und die AfA des Erblassers fortführt, erwirbt S – bezogen auf den übernommenen Wert von 1.200.000 DM – zu 5/6 unentgeltlich und zu 1/6 entgeltlich. S kann also zu 5/6 die AfA des Erblassers M fortführen und die AfA von seinen eigenen Anschaffungskosten beanspruchen.[1]

2. Vorkosten nach § 10 e Abs. 6 EStG

Fall

V stirbt. Er hinterläßt zwei vermietete Grundstücke mit aufstehenden Einfamilienhäusern. Das erste Grundstück (Erwerb 1980) mit einem Verkehrswert von 1.200.000 DM ist mit Grundschulden von 400.000 DM belastet. Das zweite Grundstück mit einem Verkehrswert von 400.000 DM ist lastenfrei. Erben sind S und T zu je 1/2. S erhält Grundstück 1 und die Schulden und zahlt an T 200.000 DM, die er finanziert. S will sein Haus zu eigenen Wohnzwecken nutzen. Er kündigt dem Mieter und renoviert das Haus (12.000 DM). Vor der erstmaligen Nutzung zu eigenen Wohnzwecken fallen Schuldzinsen für die übernommene Grundschuld (6.000 DM) und Finanzierungskosten (insbesondere Disagio) von 21.000 DM an.

1145 Wie im Fall vor Anm. 1141 erwirbt S zu 5/6 unentgeltlich und zu 1/6 entgeltlich. Die **Schuldzinsen für die übernommenen Verbindlichkeiten** hängen jedoch in vollem Umfang mit der ursprünglichen Herstellung oder Anschaffung zusammen und sind, da S die Schulden vollständig übernommen hat, auch mit dem Gesamtbetrag abziehbar.[2]

1146 Die **Finanzierungskosten für die Zahlung** an T gehören zum entgeltlichen [3]Teil und sind insgesamt (in Höhe von 21.000 DM) Vorkosten i.S. von § 10 e Abs. 6 EStG.

1147 Die **Renovierungskosten** sind nur insoweit als Vorkosten abziehbar, als sie auf den entgeltlichen Teil entfallen, also in Höhe von 2.000 DM (1/6 von 12.000 DM).[3]

1148-1160 *(Einstweilen frei)*

---

1   Ebenso BMF v. 11.1.1993, BStBl I 1993, 62, Tz. 28, mit Beispiel 9; vgl. zur Berechnung Anm. 1063 ff.
2   Vgl. auch Anm. 1056.
3   B. Meyer, FR 1993, 181, 190; vgl. Anm. 1089.

3. Steuerpflicht des Veräußerungsgewinns

a) Allgemeines

Fall

Der Erblasser wird von S und T zu gleichen Teilen beerbt. Der Nachlaß besteht aus einer Einmann-GmbH mit einem Stammkapital von 1.000.000 DM (= Anschaffungskosten) und einem Verkehrswert von 4.000.000 DM sowie aus Wertpapieren mit einem Kurswert von 800.000 DM. S erhält die Beteiligung gegen Zahlung von 1.600.000 DM, T zusätzlich die Wertpapiere.

Der Veräußerungsgewinn ist nur steuerpflichtig, wenn die Voraussetzungen des **§ 17 EStG** (wesentliche Beteiligung an einer Kapitalgesellschaft), des **§ 23 EStG** (Spekulationsgeschäft)[1] oder des **§ 21 UmwStG** (einbringungsgeborene Anteile) vorliegen. **1161**

Die Übertragung ist nach dem Verhältnis der tatsächlichen Gegenleistung zum Verkehrswert der übertragenen Anteile **in eine voll entgeltliche Anteilsübertragung** (Veräußerung i. S. von § 17 Abs. 1 Satz 1 und Abs. 2 Satz 1 EStG) und eine **voll unentgeltliche Anteilsübertragung** (i. S. von § 17 Abs. 1 Satz 4 und Abs. 2 Satz 2 EStG) aufzuteilen.[2] Rechnerisch stehen S und T je 2.000.000 DM Wert der Beteiligung und 400.000 DM Wertpapiere zu. Wenn T die gesamten Wertpapiere erhält, muß sie auf S unentgeltlich von dem Wert ihrer Beteiligung 400.000 DM (= 20 %) übertragen. Auf die unentgeltliche Übertragung entfällt ein Stammkapital von 100.000 DM (Stammkapital der T insgesamt 500.000 DM, davon 20 %). Dem Entgelt von 1.600.000 DM ist das restliche Stammkapital von 400.000 DM gegenüberzustellen. Der Veräußerungsgewinn der T beträgt 1.200.000 DM. Er ist nach den §§ 17, 34 EStG tarifbegünstigt.[3] **1162**

---

1 Vgl. hierzu Anm. 143 ff.; zur Aufteilung auf den entgeltlichen und den unentgeltlichen Teil vgl. Anm. 377.

2 BFH, U. v. 17.7.1980 IV R 15/76, BStBl II 1981, 11, „Quotentheorie" oder „Aufspaltungstheorie"; nicht „Einheitstheorie".

3 Vgl. Felix, DStZ 1991, 50, der statt einer Erbauseinandersetzung eine Ausschlagung der Erbschaft gegen eine Abfindung vorschlägt; sehr problematisch, vgl. Anm. 1296 ff.

b) § 17 EStG

Literatur: *Felix,* Steuerberater als Nachfolgeberater: Vinkulierung von GmbH-Geschäftsanteilen?, KÖSDI 1991, 8445; *gf,* Zustimmungspflicht der Gesellschafter bei Erbteilung von GmbH-Geschäftsanteilen?, KÖSDI 1991, 8479.

Fall

Der Erblasser, zu dessen ertragsteuerlichem Privatvermögen eine 50 %ige Beteiligung an einer GmbH gehörte, wird von S und T beerbt. Im Zuge der Erbauseinandersetzung erhält S die gesamte 50 %ige Beteiligung gegen Ausgleichszahlung an T für deren hälftigen Anteil, und zwar bezogen auf den Erbfall
a) innerhalb von fünf Jahren bzw.
b) nach Ablauf von fünf Jahren.[1]

Abwandlung 1

Vor dem Tod des V waren V und S zu je 25 % an einer GmbH beteiligt. Gestaltung?

Abwandlung 2

Es handelt sich um eine Familien-GmbH. Nach deren Satzung ist die Nachfolge von Todes wegen durch Abkömmlinge nicht eingeschränkt, im übrigen jedoch zustimmungspflichtig.

aa) Vererbung einer wesentlichen Beteiligung

1163   Erbfall und Erbauseinandersetzung sind getrennte Rechtsgeschäfte. S erlangt daher die Beteiligung zur Hälfte (25 %) in Erfüllung seines erbrechtlichen Auseinandersetzungsanspruchs entsprechend § 11 d EStDV, zur anderen Hälfte aufgrund seiner Ausgleichszahlung von T. T erzielt in Höhe der Ausgleichszahlung einen Veräußerungserlös.[2] Da die **Beteiligung** an der Kapitalgesellschaft nach dem Erbfall **den Miterben** S und T **jeweils zur Hälfte** gemäß § 39 Abs. 2 Nr. 2 AO **zuzurechnen** ist[3], überträgt T eine nicht wesentliche Beteiligung gegen Entgelt auf S. Dies gilt auch dann, wenn die Erbengemeinschaft die Beteiligung auf S überträgt; ebenso, wenn sich die Miterben zunächst real auseinandersetzen.

---

1   BMF v. 11.1.1993, BStBl I 1993, 62, Tz. 28, Beispiel 10.
2   Anders früher BMF v. 31.12.1988, BStBl I 1988, 546, Tz. 27, unentgeltlicher Vorgang.
3   BFH, U. v. 7.4.1976 I R 75/73, BStBl II 1976, 557; Abschn. 140 Abs. 3 Satz 9 EStR.

Bei einer **Veräußerung innerhalb von fünf Jahren** kommt allerdings   **1164**
aufgrund der wesentlichen Beteiligung des Erblassers der erweiterte Besteuerungstatbestand des § 17 Abs. 1 Satz 5 EStG zum Zuge. S führt hier die Anschaffungskosten des Erblassers zur Hälfte, nämlich für die auf ihn entfallende 25%ige Beteiligung, fort; im übrigen ist die Zahlung des S als Anschaffungskosten für die von T erhaltene 25%ige Beteiligung anzusehen. Bei einer Veräußerung **nach Ablauf von fünf Jahren** greift der erweiterte Besteuerungstatbestand des § 17 Abs. 1 Satz 5 EStG nicht mehr ein mit der Folge, daß die Veräußerung von § 17 EStG nicht erfaßt wird.[1]

Dieses Ergebnis wird durch das BFH-U. v. 24.10.1990[2] nicht beeinflußt.   **1165**
Dieses Urteil betrifft die Frage, ob die Veräußerung einer Beteiligung an einem geschlossenen Immoblienfonds über § 39 Abs. 2 Nr. 2 AO in eine Veräußerung von Grundstücken oder grundstücksgleichen Rechten i. S. von § 23 Abs. 1 Nr. 1 EStG umzuqualifizieren ist. In diesem Fall geht es jedoch um die Frage, ob für die Anwendung des § 17 EStG auf die Erbengemeinschaft oder die einzelnen Miterben abzustellen ist. Würde man (entgegen BMF v. 11.1.1993[3]) auf die Erbengemeinschaft abstellen, so würde in beiden Varianten des Falles die Ausgleichszahlung gemäß § 17 EStG steuerpflichtig sein.[4]

bb) Wesentliche Beteiligung durch Erbschaft (Abwandlung 1)

Wenn bei S keine wesentliche Beteiligung entstehen soll, muß V seine   **1166**
Tochter T zur Alleinerbin einsetzen und evtl. vorhandenes übriges Vermögen im Rahmen eines Vermächtnisses dem S zuweisen. Wenn S Allein- oder Miterbe würde, würden sich in seiner Person die Anteile zu einer wesentlichen Beteiligung vereinigen.[5]

cc) Vinkulierung von GmbH-Geschäftsanteilen (Abwandlung 2)

Wenn die Geschäftsanteile nicht ohne Zustimmung der Gesellschaft oder   **1167**
der Gesellschafter übertragbar sind, sind sie vinkuliert (gefesselt). Problematisch sind daher folgende Fälle:

---

1 BMF v. 11.1.1993, BStBl I 1993, 62, Tz. 28, mit Beispiel 10; Wacker/Franz, BB Beil. 5 zu Heft 8/1993, 31 f.
2 X R 148/88, BStBl II 1992, 211; Nichtanwendungserlaß durch BMF v. 27.2.1992, BStBl I 1992, 125; wie BMF Mitschke, FR 1993, 149, 152.
3 BStBl I 1993, 62, Tz. 28, Beispiel 10.
4 Vgl. Hörger, DStR 1993, 37, 44.
5 Vgl. Felix, DStZ 1991, 144.

- Die Erbengemeinschaft überträgt den Geschäftsanteil auf einen Miterben aufgrund einer Teilungsanordnung des Erblassers bzw.

- aufgrund der Erbaueinandersetzung ohne Teilungsanordnung;

- der Alleinerbe überträgt den Geschäftsanteil aufgrund eines Vermächtnisses;

- ein Miterbe erwirbt den Erbteil des anderen Miterben durch entgeltlichen Anteilserwerb.

Aufgrund der freien Vererblichkeit des Geschäftsanteils nach § 15 Abs. 1 GmbHG ist in sämtlichen Fällen **keine Zustimmung erforderlich** (sehr str. hinsichtlich der ersten drei Varianten).[1]

▷ *Gestaltungshinweis*

1168 *Um zivilrechtliche Probleme auszuschließen, ist zu empfehlen, von der Zustimmungspflicht insbesondere die vorstehenden ersten drei Varianten auszunehmen.*[2]

1169-1180   *(Einstweilen frei)*

4. Aufteilung von Ausgleichszahlungen

a) Nur ein Miterbe erhält Wirtschaftsgüter

Fall

Erben sind S und T je zur Hälfte. Zum Nachlaß gehören Grundstück 1 (Verkehrswert 800.000 DM) und Grundstück 2 (Verkehrswert 400.000 DM). S übernimmt beide Grundstücke und zahlt an T 600.000 DM.[3]

1181 Erhält ein Miterbe alle oder mehrere Wirtschaftsgüter des Nachlasses gegen Leistung einer Abfindung an die übrigen Miterben, so ist die Abfindung **nach dem Verhältnis der Verkehrswerte** der Wirtschaftsgüter aufzuteilen. Die Abfindungszahlungen sind Anschaffungskosten, die mit 400.000 DM dem Grundstück 1 und mit 200.000 DM dem Grundstück 2 zuzuordnen sind.[4] Es besteht kein Wahlrecht, die Abfindung anders zu verteilen.[5]

1 Felix, KÖSDI 1991, 8445, zum Streitstand.
2 Gf, KÖSDI 1991, 8479.
3 BMF v. 11.1.1993, BStBl I 1993, 62, Tz. 29, Beispiel 11.
4 BMF v. 11.1.1993, BStBl I 1993, 62, Tz. 29.
5 Wacker/Franz, BB Beil. 5 zu Heft 8/1993, 11; vgl. Anm. 1182.

b) Mehrere Erben erhalten Wirtschaftsgüter

Fall

Erben sind S und T je zur Hälfte. Zum Nachlaß gehören Grundstück 1 (Verkehrswert 800.000 DM), Grundstück 2 (Verkehrswert 600.000 DM) und Grundstück 3 (Verkehrswert 400.000 DM). S erhält Grundstück 1, T die Grundstücke 2 und 3. T zahlt an S eine Abfindung von 100.000 DM.[1]

Erhalten bei einer Erbauseinandersetzung mit Abfindungszahlungen mehrere Miterben Wirtschaftsgüter des Nachlasses, so sind die **Anschaffungskosten** ebenfalls **im Verhältnis der Verkehrswerte** auf die erlangten Nachlaßgegenstände zu **verteilen**. Ein Wahlrecht besteht nicht.[2] **1182**

Die Abfindung von 100.000 DM stellt für T Anschaffungskosten dar. T muß diese Abfindung im Verhältnis der Verkehrswerte (6 : 4) auf Grundstück 2 und 3 verteilen. Dann erwirbt sie jedes Grundstück zu 1/10 entgeltlich und zu 9/10 unentgeltlich. **1183**

5. Behandlung liquider Mittel des Nachlasses

Fall

Ein Nachlaß besteht aus einem Grundstück (Verkehrswert 2.000.000 DM) und aus Bankguthaben (Verkehrswert 2.000.000 DM). Miterben sind S und T zu je 1/2. S erhält das Grundstück und das Bankguthaben und zahlt an T eine Abfindung von 2.000.000 DM.[3]

Nach Auffassung der Finanzverwaltung sind insoweit keine Anschaffungskosten anzunehmen, als eine Abfindungszahlung dem Wert übernommener liquider Mittel des Nachlasses (z. B. Bargeld, Bankguthaben, Schecks, nicht Wertpapiere) entspricht, weil es sich wirtschaftlich um einen Leistungsaustausch „Geld gegen Geld" handele, der einer Rückzahlung der Ausgleichszahlung gleichstehe. Es sei steuerlich davon auszugehen, daß der Nachlaß im Wege der **Naturalteilung** verteilt werde, bei der S das **1184**

---

1 BMF v. 11.1.1993, BStBl I 1993, 62, Tz. 30, Beispiel 12.
2 BMF v. 11.1.1993, BStBl I 1993, 62, Tz. 30; anders früher BMF v. 31.12.1988, BStBl I 1988, 546, Tz. 9; Stephan, DB 1991, 1038, 1041 f.
3 BMF v. 11.1.1993, BStBl I 1993, 62, Tz. 31, Beispiel 13.

Grundstück und B das Bankguthaben erhalten habe. S habe deshalb keine Anschaffungskosten.[1]

1185   Dieser Fall bewegt sich im **Grenzbereich zwischen Entgeltlichkeit und Unentgeltlichkeit**.[2] Einerseits führt der Große Senat des BFH in seinem B. v. 5.7.1990[3] aus, bei einem Anschaffungsgeschäft sei es unbedeutend, aus welchen Mitteln der erwerbende Miterbe das vereinbarte Entgelt entrichte. Es kann daher auch aus dem Nachlaß gewonnen werden. Andererseits darf die rechtlich mögliche Gestaltung nicht zu einem Mißbrauch führen (§ 42 AO). In diesem besonderen Fall ist die Konstruktion einer Abfindungszahlung unter keinem wirtschaftlich vernünftigen Grund gerechtfertigt, so daß der Auffassung der Finanzverwaltung grundsätzlich zuzustimmen ist. Anders wäre es jedoch – auch nach Auffassung der Finanzverwaltung –, wenn es sich beim sonstigen Vermögen nicht um Bankguthaben, sondern um Wertpapiere handeln würde.

1186-1200   *(Einstweilen frei)*

VI. Teilauseinandersetzung und anschließende Endauseinandersetzung

Fall

Der Erblasser hinterläßt zwei Grundstücke mit Verkehrswerten von 1.200.000 DM und 800.000 DM. Erben sind S und T zu gleichen Teilen. Im Rahmen einer Teilauseinandersetzung erhält S das Grundstück 1 gegen Zahlung von 600.000 DM an T. Die Zahlung wird finanziert. Grundstück 2 bleibt gesamthänderisches Vermögen der Erbengemeinschaft.

Abwandlung 1

Ein Jahr später erhält T Grundstück 2 gegen Zahlung von 400.000 DM, die ebenfalls finanziert wird.

Abwandlung 2

Die Endauseinandersetzung findet erst sechs Jahre nach der Teilauseinandersetzung statt.

---

1   BMF v. 11.1.1993, BStBl I 1993, 62, Tz. 31; G. Söffing, DStR 1991, 201, 204; Wacker/Franz, BB Beil. 5 zu Heft 8/1993, 11.
2   Vgl. auch Anm. 1215 ff.
3   GrS 2/89, BStBl II 1990, 837, Tz. C. II. 5.

1. Teilauseinandersetzung

Abfindungsleistungen bilden auch dann **Anschaffungskosten**, wenn sie im Rahmen einer gegenständlichen Auseinandersetzung über einen Teil des Vermögens der Erbengemeinschaft erbracht werden.[1] Es ist daher **auf die einzelne Teilauseinandersetzung abzustellen** und die Abfindung nicht nur insoweit zu berücksichtigen, als sie den Wert des Anteils des Miterben am Restnachlaß überschreitet.[2] S erwirbt also zur Hälfte unentgeltlich und führt insoweit die AfA des Erblassers fort. In Höhe von 600.000 DM hat er eigene Anschaffungskosten.[3] Die Finanzierungskosten sind Werbungskosten, wenn das Grundstück vermietet oder verpachtet wird.

1201

2. Endauseinandersetzung bzw. weitere Teilauseinandersetzung

a) Einheit mit Teilauseinandersetzung

aa) Fünfjahresfrist

Die Endauseinandersetzung bildet aber mit der vorangegangenen Teilauseinandersetzung eine Einheit, wenn die Miterben eine weitere Auseinandersetzung im Auge hatten, bei der es zu umgekehrten Abfindungen kommt.[4] Nach Auffassung der Finanzverwaltung besteht dieser Zusammenhang, wenn seit der vorausgegangenen Teilauseinandersetzung **nicht mehr als fünf Jahre** vergangen sind.[5] Es ist auf den schuldrechtlichen Vertrag abzustellen.[6] Die Fünfjahresfrist bedeutet nur eine **widerlegbare Vermutung** für eine Einheit der Erbauseinandersetzung.[7]

1202

bb) Rückgängigmachung der Teilauseinandersetzung

Setzen sich die Miterben nach einem Jahr hinsichtlich des weiteren Grundstücks auseinander (**Abwandlung 1**), so ist in der Zahlung des Betrags von 400.000 DM eine **Rückzahlung und eine Minderung der früheren Anschaffungskosten** zu sehen.[8] S und T sind also rückwirkend (§ 175

1203

---

1 BMF v. 11.1.1993, BStBl I 1993, 62, Tz. 59.
2 So noch der IX. Senat des BFH, U. v. 9.7.1985 IX R 49/83, BStBl II 1985, 722.
3 Zur Berechnung der AfA vgl. Anm. 874 f.
4 BFH, U. v. 25.7.1991 XI R 6/85, BFH/NV 1992, 231.
5 BMF v. 11.1.1993, BStBl I 1993, 62, Tz. 62.
6 Wacker/Franz, BB Beil. 5 zu Heft 8/1993, 20.
7 Paus, INF 1993, 172.
8 Vgl. BFH, B. v. 5.7.1990 GrS 2/89, BStBl II 1990, 837, Tz. C. II. 2. b a.E., unter Hinweis auf BFH, U. v. 6.2.1987 III R 203/83, BStBl II 1987, 423, 426.

Abs. 1 Nr. 2 AO) so zu behandeln, als habe lediglich S an T 200.000 DM gezahlt.[1] Wenn T die Zahlung **finanzieren** muß, sind die Schuldzinsen Werbungskosten, wenn das Grundstück vermietet oder verpachtet wird (sehr str.).[2]

cc) Schuldzinsen für ursprüngliche Zahlung

1204 Schuldzinsen für die ursprüngliche Zahlung von 600.000 DM sind **bis zur Endauseinandersetzung** Werbungskosten, wenn das Grundstück vermietet oder verpachtet wird. **Ab Rückzahlung** der 400.000 DM können die Schuldzinsen nur für einen Betrag von 200.000 DM als Werbungskosten abgezogen werden, selbst wenn die Zahlung von 400.000 DM nicht zur Schuldentilgung verwendet wird. Ob in den Finanzierungskosten für das Darlehen von 400.000 DM Betriebsausgaben oder Werbungskosten zu sehen ist, wenn die umgekehrte Abfindung zur Erzielung von Einkünften verwendet wird[3], ist anhand der Umschuldungsrechtsprechung zu entscheiden.

dd) Umschuldung

1205 Nach BFH, U. v. 5.6.1985[4] war es möglich, die Umschuldung eines privaten in einen betrieblichen Kredit durch eine Änderung des Darlehensverwendungszwecks zu vollziehen. Diese Umschuldung war danach steuerrechtlich anzuerkennen, wenn die Umschuldungsabsicht des Steuerpflichtigen durch entsprechende Buchungen[5] hinreichend klar nach außen in Erscheinung trat. Dem sind Finanzverwaltung[6] und der Große Senat des BFH[7] nicht gefolgt.[8] Die **Umschuldung ist** aber **der Besteuerung**

---

1 BMF v. 11.1.1993, BStBl I 1993, 62, Tz. 64 ff., mit Beispiel 22; a.A. Paus, INF 1993, 169, 172, keine Rückwirkung; anders noch BMF v. 31.12.1988, BStBl I 1988, 546, Tz. 14; Obermeier, NWB F. 3, 7661, 7675; vgl. Anm. 1141 ff.
2 Vgl. Anm. 1274 ff.; a.A. Wacker/Franz, BB Beil. 5 zu Heft 8/1993, 31, die einen Finanzierungszusammenhang mit der ursprünglichen Abfindung von 600.000 DM sehen.
3 So Wacker/Franz, BB Beil. 5 zu Heft 8/1993, 30 f.
4 I R 189/81, BStBl II 1985, 619.
5 Vgl. xx, KÖSDI 1987, 6873.
6 BMF v. 27.7.1987, BStBl I 1987, 508.
7 BFH, B. v. 5.7.1990 GrS 2-3/88, BStBl I 1990, 817.
8 Ebenso BFH, U. v. 26.6.1991 XI R 22/88, BFH/NV 1992, 25; v. 21.11.1989 IX R 10/84, BStBl II 1990, 213, m. Anm. Meilicke, KFR F. 3 EStG § 9, 3/90, 113, zur Umschuldung eines betrieblichen Kredits in ein Darlehen bei den Einkünften aus Vermietung und Verpachtung; zur Umschuldungsmöglichkeit bei einer Leibrente vgl. BFH, U. v. 23.1.1991 X R 37/86, BStBl II 1991, 398, m. Anm. L. Fischer, KFR F. 3 EStG § 9, 3/91, 187 und Paus, DStZ 1991, 536.

zugrunde zu legen, sofern das überlassene Kapital im Einvernehmen mit dem Darlehensgeber dem neuen Zweck dienen soll.[1]

▷ *Gestaltungshinweis*

Diese Problematik kann umgangen werden, wenn zwischen Teil- und End- 1206
auseinandersetzung mehr als fünf Jahre liegen[2] oder wenn T die umgekehrte Abfindung aus der ursprünglichen Abfindung zahlen kann und S mit der umgekehrten Abfindung das ursprüngliche Darlehen teilweise zurückführt.

b) Keine Einheit mit Teilauseinandersetzung

Liegen zwischen den Teilauseinandersetzungen bzw. zwischen Teil- und 1207
Endauseinandersetzung **mehr als fünf Jahre,** so sind sämtliche Auseinandersetzungen wie selbständige Auseinandersetzungen zu behandeln.[3]

(Einstweilen frei) 1208-1210

VII. Zusammenfassung, Gestaltungsmöglichkeiten

1. Gestaltung: Entgeltlicher Erwerb

Bei der Erbauseinandersetzung über Privatvermögen besteht im Gegen- 1211
satz zur Erbauseinandersetzung über Betriebsvermögen eine unterschiedliche Interessenlage. Während man bei der Erbauseinandersetzung über **Betriebsvermögen** im Regelfall keine Versteuerung der stillen Reserven wünscht[4], was durch einen unentgeltlichen Erwerb erreicht wird, erstrebt man bei der Erbauseinandersetzung über **Privatvermögen** wegen eines zusätzlichen AfA-Volumens bzw. eines originären Abzugsbetrags nach § 10 e EStG einen **entgeltlichen Erwerb.**

2. Fälle entgeltlichen Erwerbs

a) Allgemeines

Ein solcher entgeltlicher Erwerb hinsichtlich der fremden Erbanteile wird 1212
bei der Übertragung dieser Erbanteile gegen Zahlung eines Geldbetrages

---

1 BFH, U. v. 7.8.1990 VIII R 67/86, BStBl II 1991, 14, m. Anm. Plewka, KFR F. 3 EStG § 9, 1/91, 15; v. 18.12.1990 VIII R 101/87, BFH/NV 1991, 734; a.A. Weber-Grellet, DStZ 1991, 321, Zustimmung des Gläubigers sei nur ein Beweisanzeichen.
2 Vgl. Anm. 1207.
3 BMF v. 11.1.1993, BStBl I 1993, 62, Tz. 63, 59.
4 Vgl. aber Anm. 983.

oder beim Ausscheiden aus der Erbengemeinschaft gegen Abfindungszahlung angenommen, nicht aber bei einer Realteilung des Vermögens. Es
bestehen außerdem noch weitere Möglichkeiten, zu einem **entgeltlichen
Erwerb** zu kommen.

b) Erwerb durch Ehegatten

1213   Die Ehegatten der Miterben könnten die Grundstücke von der Erbengemeinschaft erwerben. Der Erwerb wäre **in vollem Umfang entgeltlich.**
Diese Rechtsfolge wäre bei zu eigenen Wohnzwecken genutztem Wohneigentum nicht durch § 10 e Abs. 1 Satz 8 EStG ausgeschlossen[1], da es
sich bei der Miterbengemeinschaft nicht um eine Bruchteilsgemeinschaft,
sondern um eine Gesamthandsgemeinschaft handelt (§ 2032 BGB).[2] Bei
einer anschließenden Vermietung besteht die Problematik des § 10 e Abs. 1
Satz 8 EStG nicht.

1214   Diese Sachverhaltsgestaltung wird die Finanzverwaltung nur anerkennen,
wenn **kein Gestaltungsmißbrauch** vorliegt (§ 42 AO). Eine Anerkennung
würde z.B. scheitern, wenn der erwerbende Ehegatte die Mittel vom
anderen Ehegatten ohne Verzinsungs- und Tilgungsregelung erhalten oder
wenn der Kaufpreis durch Wertverrechnung beglichen würde.[3]

c) Abfindung anstelle der Verteilung von Verbindlichkeiten

aa) Finanzierungszusammenhang zwischen Wirtschaftsgut und Schuld bleibt erhalten

Fall

S und T sind Miterben zu je 1/2. S erhält Grundstück 1, T Grundstück
2. Das erste Grundstück ist schuldenfrei und besitzt einen Verkehrswert
von 1.200.000 DM, das zweite Grundstück mit einem Verkehrswert von
800.000 DM ist mit 400.000 DM belastet. Als Ausgleich zahlt S an T
400.000 DM.

---

1   A.A. Paus, INF 1992, 7, 12.
2   Vgl. Anm. 1002.
3   Vgl. Märkle/Franz, INF 1986, 83, 85.

S hat Anschaffungskosten, T einen Veräußerungserlös in Höhe von 400.000 **1215**
DM. S und T hätten zwar[1] eine Realteilung ohne Ausgleichsleistung
vereinbaren können, wenn sie die Schulden anders verteilt hätten. Diese
Möglichkeit, die der BFH in seinem B. v. 5.7.1990[2] anbietet, bedeutet
jedoch **keine Verpflichtung** für die Miterben, die Schuld der Erbengemeinschaft in jedem Fall so zu verteilen, daß sich ein unentgeltliches
Rechtsgeschäft ergibt.[3]

Demgegenüber geht die **Finanzverwaltung** von einem unentgeltlichen **1216**
Rechtsgeschäft aus, wenn durch die Art der Verteilung von Verbindlichkeiten zusätzlicher Abfindungsbedarf geschaffen wird.[4] Würde man
dieser Auffassung folgen, so würde in allen Fällen, in denen sich auch
Verbindlichkeiten im Nachlaß befinden (das dürfte die Regel sein), zur
Ermittlung etwaiger steuerrelevanter Ausgleichsleistungen eine (fiktive)
Verrechnung des übernommenen Aktivvermögens mit Verbindlichkeiten
der Erbengemeinschaft vorzunehmen sein. Wird die Abfindung **finanziert**,
dürften auch nach Meinung der Finanzverwaltung die Finanzierungskosten
zu den Werbungskosten gehören, wenn das Grundstück zur Einkunftserzielung verwendet wird.[5]

bb) **Finanzierungszusammenhang zwischen Wirtschaftsgut und Schuld bleibt nicht erhalten**

Fall

Grundstück 1 (Verkehrswert 1.200.000 DM) ist mit 400.000 DM belastet, das unbelastete Grundstück 2 hat einen Verkehrswert von 800.000
DM. S erhält Grundstück 1, T Grundstück 2 und übernimmt zusätzlich
die Schulden von 400.000 DM. S zahlt 400.000 DM an T.

Abwandlung

T tilgt mit der Ausgleichszahlung die Schulden.

---

1 Wie in Anm. 1126 ff.
2 GrS 2/89, BStBl II 1990, 837.
3 Ebenso Hörger, DStR 1993, 37, 44; G. Söffing, DStR 1991, 201, 204; Stephan, DB 1991, 1038,
  1043; Paus, INF 1993, 169, 171.
4 BMF v. 11.1.1993, BStBl I 1993, 62, Tz. 26, Beispiel 8; ebenso Mitschke, FR 1993, 149, 151 f.;
  Märkle/Franz, BB Beil. 5 zu Heft 5/1991, 9, Beispiel 20; Wacker/Franz, BB Beil. 5 zu Heft
  8/1993, 10.
5 Wacker/Franz, BB Beil. 5 zu Heft 8/1993, 30.

1217   Auch in diesem Fall hat S **Anschaffungskosten** von 400.000 DM.[1] Dient die Gestaltung jedoch der Umgehung (vgl. **Abwandlung**), so kann § 42 AO anzuwenden sein.

d) Tilgung von Nachlaßverbindlichkeiten vor Erbauseinandersetzung

Fall

S und T sind Miterben zu je 1/2. Zum Nachlaß gehören ein Haus (Verkehrswert 800.000 DM), das mit einer valutierten Grundschuld über 400.000 DM belastet ist, sowie ein Bankguthaben von 400.000 DM. S soll das Haus erhalten.

1218   Wenn nun S das belastete Haus und T das Sparguthaben erhalten, handelt es sich um eine Realteilung, die unentgeltlich ist.

▷ *Gestaltungshinweis*

1219   *Wenn die Erbengemeinschaft mit dem Bankguthaben das Darlehen abdeckt, verbleibt für die Erbauseinandersetzung nur noch das lastenfreie Haus über 800.000 DM. Übernimmt S das Haus, so muß er an T 400.000 DM zahlen. Der Erwerb in Höhe des erworbenen Anteils **entgeltlich**. Es führt zu Anschaffungskosten, die auf Grund und Boden und Gebäude zu verteilen sind.[2] Dieser Fall (Tilgung von Nachlaßverbindlichkeiten vor Erbauseinandersetzung) weicht von dem Sachverhalt ab, bei dem liquide Mittel des Nachlasses in die Auseinandersetzung einbezogen werden.[3] Er ist vielmehr dem Fall – allerdings mit einer anderen Interessenlage – vergleichbar, bei dem im Zeitpunkt des Erbfalls noch kein Mischnachlaß bestanden hat, ein solcher aber gebildet werden soll, um eine Realteilung zu ermöglichen.[4]*

1220-1230   *(Einstweilen frei)*

---

1   Vgl. Anm. 1215 f.; a.A. BMF v. 11.1.1993, BStBl I 1993, 62, Tz. 26, Beispiel 7; Mitschke, FR 1993, 149, 151 f.; Wacker/Franz, BB Beil. 5 zu Heft 8/1993, 10.
2   Stephan, DB 1991, 1038, 1044.
3   Vgl. Anm. 1184 f.
4   Vgl. Anm. 1246 ff.

F. Erbfall, Erbengemeinschaft und Erbauseinandersetzung bei Mischnachlaß

I. Laufender Gewinn bzw. Überschuß bis zur Erbauseinandersetzung

Wenn zu einem Nachlaß sowohl Betriebs- als auch Privatvermögen ge-   1231
hören, so können diese Vermögensarten in einer Erbengemeinschaft un-
geachtet der Vorschrift des § 15 Abs. 3 Nr. 1 EStG nebeneinander bestehen.[1] Eine Erbengemeinschaft kann daher **nebeneinander Gewinn- und
Überschußeinkünfte** erzielen. Für die Zeit bis zur Erbauseinandersetzung
ist somit eine einheitliche und gesonderte Feststellung durchzuführen und
Gewinn sowie Überschuß entsprechend den Erbanteilen auf die Miterben
zu verteilen.[2]

In der Literatur ist umstritten, ob sämtliche Einkunftsarten in einer einheitli-   1232
chen Feststellung zusammenzufassen sind.[3] Aus Zweckmäßigkeitsgründen
empfiehlt es sich jedoch, nur einen Bescheid zu erlassen und auf die Aufteilung hinsichtlich der einzelnen Einkunftsarten zu verzichten.[4] Getrennte
Feststellungen sind aber erforderlich, wenn verschiedene Finanzämter für
die Feststellungen zuständig sind.[5]

II. Übertragung eines Erbanteils, Ausscheiden gegen Abfindung

1. Unentgeltliche Übertragung

Wird ein Erbteil verschenkt, so entstehen weder Anschaffungskosten noch   1233
Veräußerungserlöse. Der Erwerber führt im betrieblichen Bereich die anteiligen Buchwerte der Erbengemeinschaft (§ 7 Abs. 1 EStDV), im privaten
Bereich die anteilige AfA der Erbengemeinschaft (§ 11 d Abs. 1 EStDV)
fort.[6]

---

1 BFH, B. v. 5.7.1990 GrS 2/89, BStBl II 1990, 837, Tz. C. II. 3., unter Hinweis auf BFH, U. v.
   23.10.1986 IV R 214/84, BStBl II 1987, 120; BMF v. 11.1.1993, BStBl I 1993, 62, Tz. 4, 50;
   vgl. auch Anm. 743 f.
2 Vgl. i.e. Anm. 721 ff.
3 Vgl. die Nachweise bei Ruban, DStR 1991, 65, FN 20.
4 Ruban, DStR 1991, 65 f.
5 Vgl. auch Tipke/Kruse, § 180 AO Tz. 15, der auch bei unterschiedlichen Beteiligungsverhältnis-
   sen getrennte Bescheide für angezeigt hält.
6 BMF v. 11.1.1993, BStBl I 1993, 62, Tz. 48.

2. Veräußerung

Fall

Der Erblasser hinterläßt einen Betrieb (Buchwert 800.000 DM, Verkehrswert 2.000.000 DM) und vermietete Immobilien mit einem Verkehrswert von 2.000.000 DM. Erben sind S und T zu gleichen Teilen. S erwirbt den Erbanteil der T gegen Zahlung von 2.000.000 DM bzw. T scheidet aus der Erbengemeinschaft gegen Zahlung von 2.000.000 DM aus.

Abwandlung

Die Zahlung wird durch Darlehen finanziert.

1234 Hierbei handelt es sich um einen **Veräußerungsvorgang**, der Betriebs- und Privatvermögen betrifft und daher beiden Bereichen zuzuordnen ist.[1] Dabei ist der Veräußerungserlös im Verhältnis der Verkehrswerte des Mitunternehmeranteils und der anteiligen Verkehrswerte der Wirtschaftsgüter des Privatvermögens zu **verteilen**.[2] Der Kaufpreis ist beim Erbschaftskäufer entsprechend aufzuteilen.[3] Übertragung eines Erbanteils gegen Ausgleichszahlung und Ausscheiden aus der Erbengemeinschaft gegen Abfindung sind gleich zu behandeln.

1235 Wird die Zahlung durch **Darlehen** finanziert (**Abwandlung**), so ist die Verbindlichkeit im Verhältnis der Werte (hier: je zur Hälfte) dem betrieblichen und privaten Bereich zuzuordnen. Entsprechend sind die Schuldzinsen Betriebsausgaben oder Werbungskosten.[4]

1236-1240   *(Einstweilen frei)*

III. Realteilung

Literatur: *Paus*, Was gehört zur Erbmasse?, FR 1991, 164; *Felix*, Steuergestaltung durch gezielte Erhaltung der Rest-Erbengemeinschaft, DStZ 1991, 757.

Vgl. auch vor Anm. 701 und 1001.

---

1   BFH, B. v. 5.7.1990 GrS 2/89, BStBl II 1990, 837, Tz. C. II. 3.; vgl. i.e. Anm. 772 ff. und 1063 ff.
2   Vgl. Plewka, KFR F. 3 EStG § 15, 8/92, 149, unter Hinweis auf BFH, U. v. 29.10.1991 VIII R 51/84, BStBl II 1992, 512; vgl. Wacker/Franz, BB Beil. 5 zu Heft 8/1993, 14.
3   BMF v. 11.1.1993, BStBl I 1993, 62, Tz. 49.
4   Vgl. BMF v. 11.1.1993, BStBl I 1993, 62, Tz. 36; Anm. 777 und 1068.

1. Unentgeltliche Rechtsgeschäfte

Fall

Wie Fall vor Anm. 1234; S erhält den Betrieb und T die Immobilien.

Abwandlung

Die Miterben setzen sich erst nach Ablauf einer fortgesetzten Erbengemeinschaft (§ 2042 BGB) auseinander.

Es handelt sich um eine Realteilung, bei der es in beiden Bereichen **1241** **nicht zu Anschaffungs- und Veräußerungsgeschäften** kommt. Dieses Ergebnis ist damit zu begründen, daß das Betriebsvermögen zunächst in der Erbengemeinschaft verbleibt und danach – ohne in das Vermögen der T gelangt zu sein – unmittelbar bei S Betriebsvermögen wird.[1] S führt die Buchwerte im übernommenen Gewerbebetrieb entsprechend § 7 Abs. 1 EStDV, T die Steuerwerte im erhaltenen Privatvermögen entsprechend § 11 d Abs. 1 EStDV fort.[2]

S hat **ein Wahlrecht zwischen Gewinnrealisierung und Buchwertfort** **1242** **führung.**[3]

Dies hat zur Folge, daß T den Wertzuwachs steuerfrei erhält, während **1243** S mit einer **latenten Besteuerung des Veräußerungsgewinns** belastet ist. Ein Ausgleich dieser latenten Steuerlast könnten die Miterben über eine Ausgleichszahlung der T an den S erreichen.[4] Die Ausgleichsleistung wäre, da sie für die Hingabe von Privatvermögen gezahlt wird, bei S nicht steuerbar, würde aber bei T Anschaffungskosten für die Immoblien darstellen.

Die vorstehend beschriebenen Rechtsfolgen treten auch dann ein, wenn sich **1244** die **Erbengemeinschaft erst nach einer langen Zeit auseinandersetzt** **(Abwandlung),** da nach BFH, B. v. 5.7.1990[5] die Dauer der Erbengemeinschaft bedeutungslos ist.[6] Es ist auch unerheblich, ob die stillen Reserven vom Erblasser oder von der Erbengemeinschaft geschaffen worden sind.[7]

---

1 Felix, FR 1990, 641, spricht insoweit von „Miterbenvermögen".
2 BFH, B. v. 5.7.1990 GrS 2/89, BStBl II 1990, 837, Tz. C. II. 3.
3 Vgl. Anm. 839; a. A. BMF v. 11.1.1993, BStBl I 1993, 62, Tz. 33, 13, Tz. 34; Söffing, DStR 1991, 201, 203.
4 Vgl. Anm. 834.
5 GrS 2/89, BStBl II 1990, 837, Tz. C. I. 2. d.
6 Ebenso BMF v. 11.1.1993, BStBl I 1993, 62, Tz. 33; a.A. Paus, FR 1991, 164.
7 Zur Steuergestaltung durch gezielte Erhaltung eines Rest-Erbengemeinschaft vgl. Felix, DStZ 1991, 757.

▷ *Gestaltungshinweis*

1245 *Wenn die Anteilsübertragung später entgeltlich gestaltet werden soll, können die Miterben zunächst im Rahmen einer Teilauseinandersetzung entweder den Betrieb – durch Gründung einer OHG bzw. KG – oder das Grundstück – durch Vereinbarung von Bruchteilseigentum – aus der Erbengemeinschaft herauslösen.[1] Es darf jedoch keine Einheit zwischen Teilauseinandersetzung und Endauseinandersetzung bestehen.[2]*

2. Schaffung von Privatvermögen

Fall

S und T sind Miterben zu je 1/2. Der Nachlaß besteht in einem Betrieb. S und T kommen überein, den Betrieb zwei Jahre lang weiterzuführen, in dieser Zeit privates Nachlaßvermögen zu bilden und dann eine Realteilung vorzunehmen.

1246 Bei einer Realteilung kommt es nicht darauf an, ob bereits im Zeitpunkt des Erbfalls ein Mischnachlaß bestanden hat oder ob sich im Zuge der Verwaltung des Nachlasses **privates Nachlaßvermögen gebildet** hat.[3] Entsprechendes gilt, wenn eine **Entnahme liquider Mittel** eine gewinnneutrale Realteilung ermöglicht.[4] Nach Auffassung des BMF ist eine solche Gestaltung nach § 42 AO nicht anzuerkennen, wenn in engem zeitlichen Zusammenhang – m.E. innerhalb von höchstens sechs Monaten[5] – mit der Auseinandersetzung Privatvermögen geschaffen wird.[6] Dieser Fall ist zu der Gestaltung abzugrenzen, daß der Betriebsübernehmer eine Ausgleichszahlung leisten muß, die er durch Entnahme aus dem Betriebsvermögen begleicht.[7]

▷ *Gestaltungshinweis*

1247 *Auch wenn man der Meinung des BMF folgt, dürfte es nicht schwer sein, trotzdem zu einer Realteilung zu kommen; denn man muß entweder ande-*

---

1 Vgl. Paus, FR 1991, 164.
2 Vgl. Anm. 1207.
3 BMF v. 11.1.1993, BStBl I 1993, 62, Tz. 35; gf, KÖSDI 1991, 8369.
4 G. Söffing, DStR 1991, 201, 204; ders., DB 1991, 831; Spiegelberger, DStR 1992, 584, 585 f.; Wacker/Franz, BB Beil. 5 zu Heft 8/1993, 13.
5 Mitschke, FR 1993, 149, 152.
6 BMF v. 11.1.1993, BStBl I 1993, 62, Tz. 35; Wacker/Franz, BB Beil. 5 zu Heft 8/1993, 10 f.
7 Vgl. Anm. 776.

re Wirtschaftsgüter als liquide Mittel übertragen oder die Halbjahresfrist verstreichen lassen.

Wenn der Betrieb von den Miterben zunächst gemeinsam weitergeführt wird, um privates Nachlaßvermögen zu bilden, besteht ein Haftungsproblem; denn der Erbe haftet nach § 27 HGB i. V. mit § 25 HGB für alle im Betrieb des Geschäfts begründeten Verbindlichkeiten des früheren Inhabers. Eine abweichende Vereinbarung ist einem Dritten gegenüber wirksam, wenn sie in das Handelsregister eingetragen und bekanntgemacht oder vom Erwerber dem Dritten mitgeteilt worden ist (§ 25 Abs. 2 HGB).[1] **1248**

3. Behandlung von Nachlaßverbindlichkeiten, insbesondere Schuldzinsenabzug

Fall

S und T sind Miterben zu je 1/2. Zum Nachlaß gehören ein Betrieb (Wert 3.000.000 DM) sowie ein privates Grundstück (Wert 2.000.000 DM), das mit einer Hypothek von 1.000.000 DM belastet ist. S übernimmt den Betrieb und die Verbindlichkeit, T erhält das Grundstück.

Wertgleichheit zwischen den zugeteilten Vermögen kann dadurch erreicht werden, daß ein Miterbe Verbindlichkeiten der Erbengemeinschaft übernimmt. Die Zuordnung dieser Verbindlichkeiten hängt davon ab, mit welchem Vermögen sie in Zusammenhang stehen und wie dieses Vermögen nach der Auseinandersetzung beim übernehmenden Miterben verwendet wird. So kann Privatvermögen der Erbengemeinschaft beim Miterben Betriebsvermögen und die damit zusammenhängende Verbindlichkeit Betriebsschuld werden.[2] Die von S übernommene Verbindlichkeit wird also bei S Betriebsvermögen. Trotz fehlender Anschaffungskosten sind in diesem Fall die **Schuldzinsen** als Betriebsausgaben abziehbar.[3] **1249**

(Einstweilen frei) **1250-1260**

---

1 Zu dieser Problematik vgl. Felix, KÖSDI 1991, 8436.
2 BFH, B. v. 5.7.1990 GrS 2/89, BStBl II 1990, 837, unter Hinweis auf BFH, U. v. 6.2.1987 III R 203/83, BStBl II 1987, 423; BMF v. 11.1.1993, BStBl I 1993, 62, Tz. 36.
3 BMF v. 11.1.1993, BStBl I 1993, 62, Tz. 37, mit Beispiel 16.

IV. Realteilung mit Ausgleichszahlung

Fall

Der Erblasser hinterläßt einen Betrieb (Buchwert 800.000 DM, Verkehrswert 2.000.000 DM) und vermietete Immobilien im Verkehrswert von 1.000.000 DM. Erben sind S und T zu gleichen Teilen. S erhält den Betrieb gegen Zahlung von 500.000 DM, T die Immobilien.

1261　Der auf S entfallende Anteil am Nachlaß beträgt 50 %, also 1.500.000 DM. Er kann daher insoweit (also zu 3/4) die Buchwerte fortführen (§ 7 Abs. 1 EStDV). In Höhe von 500.000 DM hat er **Anschaffungskosten**, so daß die Buchwerte nunmehr 1.100.000 betragen (= Aufstockung um 300.000 DM). Dieser Berechnung des IX. Senats[1] zur Auseinandersetzung über Privatvermögen hat der GrS zugestimmt. Es ist davon auszugehen, daß er diese Grundsätze auch bei der Erbauseinandersetzung über Betriebsvermögen anwenden will.[2]

1262　T erhält für ihren Anteil am Betrieb, den sie hingibt (1/4 des Kapitalkontos, also 200.000 DM), 500.000 DM. Nach der **Quotentheorie** beträgt ihr Veräußerungsgewinn 300.000 DM.[3] Wenn man eine Berechnung nach der Einheitstheorie vornehmen würde, so müßte man dem Entgelt (500.000 DM) das aufgegebene Kapitalkonto (400.000 DM) gegenüberstellen, so daß nur ein Gewinn von 100.000 DM entstehen würde. Eine solche Lösung wäre aber mit BFH, B. v. 5.7.1990[4] nicht zu vereinbaren.

1263　Der von T erzielte **Veräußerungsgewinn** ist grundsätzlich nach den §§ 16, 34 EStG **tarifbegünstigt**.[5]

V. Zusammenfassung

1264　Bei einem Vergleich der Vor- und Nachteile einer entgeltlichen Erbauseinandersetzung ist im Regelfall davon auszugehen, daß allgemein die

---

1　U. v. 22.9.1987 IX R 15/84, BStBl II 1988, 250.
2　Ebenso Groh, DB 1990, 2135, 2138; Ruban, DStR 1991, 65, 67 f.; a. A. – vor der Entscheidung des GrS – Schmidt, § 16 Anm. 101.
3　BFH, U. v. 29.11.1991 VIII R 51/84, BStBl II 1992, 512, m. Anm. Plewka, KFR F. 3 EStG § 15, 8/92, 149; Söffing, NWB F. 3, 8263; ebenso BMF v. 11.1.1993, BStBl I 1993, 62, Tz. 38, mit Beispiel 17; gf, KÖSDI 1991, 8369 f.; Söffing, DStR 1991, 201, 203.
4　GrS 2/89, BStBl II 1990. 837, Tz. C. II. 1. d.
5　BMF v. 11.1.1993, BStBl I 1993, 62, Tz. 39, 21 f.; vgl. auch Anm. 856.

Aufdeckung der stillen Reserven schwerer wiegt als ein zusätzliches AfA-Volumen.[1] Es ist daher zu empfehlen, bei der **Erbauseinandersetzung über Mischnachlässe eine Unentgeltlichkeit anzustreben, wenn das Betriebsvermögen überwiegt.** Hier werden neben den bereits beschriebenen Gestaltungen folgende Möglichkeiten diskutiert:

1. Teilungsanordnung

Fall

Der Erblasser V hinterläßt einen Betrieb (Verkehrswert 2.000.000 DM, Kapitalkonto 700.000 DM bzw. 500.000 DM) und Immobilien im Wert von 1.800.000 DM. Er testiert, daß Miterben zur Hälfte S und T sind. Durch Teilungsanordnung bestimmt er, daß S den Betrieb und T die Grundstücke erhält.

Abwandlung

Die Immobilien haben nur einen Wert von 800.000 DM. V bestimmt, daß S den Betrieb erhält und der T eine Abfindung von 600.000 DM zahlen muß.

a) Teilungsanordnung ohne Ausgleichsleistung

Durch eine Teilungsanordnung (§ 2048 BGB) wird lediglich die Art und Weise der **Erbauseinandersetzung** durch den Erblasser festgelegt. Deshalb gehen zunächst alle Nachlaßgegenstände auf die Erbengemeinschaft über. Der durch die Teilungsanordnung begünstigte Miterbe erhält die einzelnen Nachlaßgegenstände von der Erbengemeinschaft. Dies gilt auch bei Anordnung einer Testamentsvollstreckung. Die entsprechend der Teilungsanordnung durchgeführte Erbauseinandersetzung wird daher nach den allgemeinen Grundsätzen zur Erbauseinandersetzung behandelt.[2]   1265

Die Teilungsanordnung ist bindend (§ 2048 BGB). Eine einverständliche andere Aufteilung ist aber möglich und dinglich wirksam.[3] Die Rechtsfolgen entsprechen in der Regel denen einer **Realteilung** (unentgeltlicher Erwerb).[4]   1266

---

1 Vgl. aber Anm. 983.
2 BMF v. 11.1.1993, BStBl I 1993, 62, Tz. 76; Söffing, DB 1991, 776; a.A. Flume, DB 1990, 2390; Spiegelberger, DStR 1992, 584, 587 f.
3 BMF v. 11.1.1993, BStBl I 1993, 62, Tz. 76; Felix, KÖSDI 1991, 8673.
4 Zur Teilungsanordnung ausführlich Flume, DB 1990, 2390.

b) Abgrenzung zu Vorausvermächtnis

1267   Die Teilungsanordnung ist zu einem Vorausvermächtnis abzugrenzen. Die Teilungsanordnung bestimmt die Zuweisung bestimmter Nachlaßgegenstände zugunsten eines Erben im Rahmen des Erbteils. Das **Vorausvermächtnis** besteht in der Zuweisung bestimmter Nachlaßgegenstände außerhalb des Erbteils, d. h. über den Erbteil hinaus. Mit dem Vorausvermächtnis will der Erblasser einem der Erben einen zusätzlichen Vermögensvorteil zuwenden. Bei der Teilungsanordnung fehlt ein derartiger Begünstigungswille, sie beschränkt sich auf die Verteilung der Nachlaßgegenstände bei der Erbauseinandersetzung. Bei der Abgrenzung zwischen Teilungsanordnung und Vorausvermächtnis kommt es nicht auf die formale Bezeichnung, sondern auf das tatsächlich Gewollte an.[1]

c) Teilungsanordnung mit Ausgleichsleistung (Abwandlung)

1268   Wenn aufgrund einer Teilungsanordnung eine Ausgleichszahlung zu leisten ist, ist entscheidend, ob S den Betrieb unmittelbar vom Erblasser oder von der Erbengemeinschaft erhält.

1269   Nach **Flume**[2] gilt der B. des BFH zur Erbauseinandersetzung[3] nicht für Teilungsanordnungen. Der Miterbe S erwerbe daher den Betrieb direkt vom Erblasser. Die Teilungsanordnung sei **wie eine vorweggenommene Erbfolge** zu behandeln. Bei einem Veräußerungsentgelt bis zur Höhe des Kapitalkontos liege ein unentgeltlicher Erwerb vor.[4] Ein Entgelt über dem Kapitalkonto führe zu Anschaffungskosten und einem Veräußerungsgewinn.[5] Dieser sei dem Erblasser zuzurechnen, die entsprechende Einkommensteuer sei Nachlaßverbindlichkeit.

1270   **Spiegelberger**[6] schlägt vor, nach bisheriger Praxis unabhängig von der Höhe der Ausgleichszahlung die **Buchwerte fortzuführen**.[7]

1271   Nach der hier vertretenen Ansicht wird der von der Teilungsanordnung erfaßte Gegenstand Gesamthandseigentum der Miterben (§ 1922 BGB). Die

---

1   Zur Abgrenzung vgl. auch FG München, U. v. 28.6.1990 10 K 10070/87 rkr., EFG 1991, 28; Spiegelberger, DStR 1992, 584, 587.
2   DB 1990, 2390.
3   V. 5.7.1990 GrS 2/89, BStBl II 1990, 837.
4   Vgl. Anm. 445.
5   Vgl. Anm. 605.
6   DStR 1992, 584, 587 f.
7   Hinweis auf BFH, U. v. 7.2.1980 IV R 178/76, BStBl II 1980, 383.

Erfüllung der Teilungsanordnung ist **Erbauseinandersetzung.**[1] Anzuwenden sind die Grundsätze, die für die Realteilung mit Ausgleichsleistung gelten.[2]

2. Alleinerbe und Vermächtnis; Pflichtteil; Erbersatzanspruch

Literatur: *Schirmer*, Führt der Ausgleich von Pflichtteils- und ähnlichen Ansprüchen zu Anschaffungskosten?, FR 1991, 484; *Paus*, Einkommensteuerliche Fragen der Vermächtnisse, FR 1991, 586; *Wismeth*, Die steuerliche Abzugsfähigkeit von wiederkehrenden Leistungen, die auf einem Vermächtnis beruhen, DStR 1991, 1340; *Paus*, Barvermächtnisse als Gestaltungsempfehlung, INF 1993, 85.

Vgl. auch vor Anm. 701 und 1001.

Fall

Der Erblasser V hat in seinem Testament geregelt, daß S sein Alleinerbe sein soll. T soll als Vermächtnis 1.000.000 DM erhalten. Im Zeitpunkt des Todes des Erblassers ist als einziges Vermögen ein Betrieb (Buchwert 800.000 DM, Verkehrswert 2.000.000 DM) vorhanden.

Abwandlung 1

Das Vermächtnis wird mit Darlehen finanziert.

Abwandlung 2

T soll als Vermächtnis ein Betriebsgrundstück erhalten (Buchwert 200.000 DM, Verkehrswert 1.000.000 DM), das sie in ihren eigenen Betrieb überführt.

Abwandlung 3

Im Nachlaß befinden sich noch weitere Vermögenswerte. T soll als Vermächtnis den Betrieb erhalten.

a) Geldleistung

Diesen Fall behandelt der Beschluß des Großen Senats v. 5.7.1990[3] nicht. Allgemein ist aber zu sagen, daß der Erbe S in vollem Umfang in die Rechtsposition des Erblassers eintritt und dessen Buchwerte fortführen kann (§ 7 Abs. 1 EStDV). S (Erbe) ist der T (Vermächtnisnehmerin) gegenüber obligatorisch verpflichtet, das Vermächtnis zu erfüllen (§ 2174 BGB).   1272

---

1   Ebenso Söffing, DB 1991, 776.
2   Vgl. Anm. 1141 ff.
3   GrS 2/89, BStBl II 1990, 837.

Das **Vermächtnis ist ertragsteuerlich kein Entgelt** für den Betrieb. Es entstehen weder Anschaffungskosten noch ein Veräußerungs- oder Entnahmegewinn[1], selbst dann nicht, wenn der Erbe S eigenes Vermögen zur Vermächtniserfüllung einsetzen muß.[2] Der Vorgang ist jedoch **ausnahmsweise entgeltlich**, wenn der Vermächtnisnehmer für den Erwerb des vermachten Gegenstandes eine **Gegenleistung** zu erbringen hat.[3] Den Veräußerungsgewinn erzielt S, nicht V.[4]

1273   **Wiederkehrende Leistungen** (Renten und dauernde Lasten), die der Erbe aufgrund eines Vermächtnisses an einen Dritten zahlen muß, sind mit dem Wert des empfangenen Vermögens zu verrechnen. Davon ausgenommen sind wiederkehrende Leistungen, die bei einer Vermögensübergabe im Wege vorweggenommener Erbfolge nach § 10 Abs. 1 Nr. 1 a EStG abziehbar wären, in der Regel also bei Leistungen zugunsten des überlebenden Ehegatten und zugunsten der erbberechtigten Geschwister des Übernehmers, nicht aber bei Leistungen zugunsten der nicht erbberechtigten Geschwister des Übergebers.[5] Von einer Wertverrechnung ist auch bei Leistungen an Erbersatzanspruchsberechtigte und an Enkelkinder des Erblassers zu Lebzeiten der Kinder abzusehen.[6]

1274   Auch die **Ablösung** eines vermächtnisweise eingeräumten Nießbrauchs oder Wohnrechts durch laufende[7] oder einmalige Leistungen[8] ist steuerrechtlich irrelevant.[9]

b) Finanzierung durch Darlehen (Abwandlung 1)

Literatur: *Biergans*, Schuldzinsenabzug bei der Einkunftsermittlung, NWB F. 3, 8175; *Groh*, Betriebsschulden aus Privatvorgängen?, DB 1992, 444; *Kupfer*, Neue Erkenntnisse zum Schuldzinsenabzug, KÖSDI 1993, 9431.

---

1   BFH, U. v. 26.6.1991 XI R 4/85, BFH/NV 1991, 681; U. v. 27.2.1992 X R 139/88, BStBl II 1992, 612; FG Hamburg, U. v. 18.12.1989 V 437/87 Rev., EFG 1991, 657, Az. des BFH: IX R 27/91; BMF v. 11.1.1993, BStBl I 1993, 62, Tz. 67; Felix, KÖSDI 1990, 8280; Märkle/Franz, BB Beil. 5 zu Heft 5/1991, 10; Söffing, DStR 1991, 201, 205; a.A. Schirmer, FR 1991, 484; Paus, FR 1991, 586; ders., DStZ 1993, 280 f.
2   Kritisch hierzu Wacker/Franz, BB Beil. 5 zu Heft 8/1993, 20.
3   BMF v. 11.1.1993, BStBl I 1993, 62, Tz. 71; Wacker/Franz, BB Beil. 5 zu Heft 8/1993, 23.
4   Felix, KÖSDI 1991, 8526, 8528; a.A. Beiser, DStR 1991, 333, 338; zur Berechnung des Veräußerungsgewinns bei wesentlicher Beteiligung vgl. Anm. 1162.
5   BFH, U. v. 27.2.1992 X R 139/88, BStBl II 1992, 612; a. A. Seithel, BB 1993, 473, 475; Wismeth, DStR 1991, 1340.
6   Wacker/Franz, BB Beil. 5 zu Heft 8/1993, 23.
7   BFH, U. v. 9.8.1990 X R 140/88, BStBl II 1990, 1026.
8   FG Münster, U. v. 10.8.1990 XVI – I 1156/87 E NZB, EFG 1991, 184, Az. des BFH: IX B 187/90; a.A. FG Düsseldorf, B. v. 11.12.1989 5 V 243/89 A (E) rkr., EFG 1990, 169, Werbungskosten.
9   Zur Ablösung eines vorbehaltenen Rechts bei vorweggenommener Erbfolge vgl. Anm. 29 f.

Vgl. auch vor Anm. 701 und 1001.

Zur Finanzierung einer Vermächtnisschuld durch Darlehen werden unterschiedliche Auffassungen vertreten:

aa) Neuere Rechtsprechung des BFH

Nach BFH, U. v. 28.4.1992[1] sind Darlehenszinsen wegen einer Vermächtnisschuld **keine Werbungskosten**. Schuldzinsen seien nur dann Werbungskosten, wenn ein Zusammenhang mit einer bestimmten Einkunftsart bestehe. Entscheidend sei, ob die Schuldzinsen für eine Verbindlichkeit geleistet werden, die durch die Einkunftserzielung veranlaßt sei, also der Darlehensverwendungszweck.[2] Da die Erfüllung eines Vermächtnisses ein privater Vorgang sei[3], sei dessen Erfüllung nicht dem Bereich der Einkunftserzielung zuzurechnen. Außerdem handele es sich nicht um ein entgeltliches Anschaffungsgeschäft. Die Zahlung von Gleichstellungsgeldern im Rahmen der vorweggenommenen Erbfolge lasse sich nicht mit einem Vermächtnis vergleichen. Während der Vermögensübernehmer Gleichstellungsgelder aufwende, um das Vermögen im Wege der vorweggenommenen Erbfolge zu erwerben, sei auf den mit einem Vermächtnis beschwerten Erben der Nachlaß bereits unmittelbar aufgrund des Erbfalls übergegangen. Ebenso hat der BFH zu Verzugszinsen entschieden, die ein Erbe wegen der verspäteten Erfüllung einer Pflichtteilsverbindlichkeit an den Pflichtteilsberechtigten zu entrichten hat.[4] Entsprechend kann auch bei **Betriebsausgaben**[5] und bei **§ 10 e Abs. 6 EStG** argumentiert werden.[6]

1275

bb) Auffassung des BMF

Nach BMF v. 11.1.1993[7] ist ein **Betriebsausgaben- oder Werbungskostenabzug** aber nur möglich, soweit das Vermächtnis zur **Abdeckung eines Pflichtteilsanspruchs** dient, wenn also der Vermächtnisnehmer Pflichtteilsberechtigter ist und ihm ein Geldvermächtnis bis zur Höhe des Pflichtteils vermacht ist (vgl. § 2307 BGB).

1276

---

1   IX R 178/88, BFH/NV 1992, 658.
2   BFH, B. v. 4.7.1990 GrS 2-3/88, BStBl II 1990, 817, zur Abziehbarkeit der Kontokorrentzinsen.
3   Zum Sachvermächtnis vgl. BFH, B. v. 5.7.1990 GrS 2/89, BStBl II 1990, 837.
4   BFH, U. v. 14.4.1992 VIII R 6/87, BStBl II 1993, 275, m. abl. Anm. LS, DStR 1993, 354.
5   Vgl. BFH, U. v. 2.3.1993 VIII R 47/90, DB 1993, 1398, DStR 1993, 1016.
6   Wie BFH Biergans, NWB F. 3, 8175; Groh, DB 1992, 444; vgl. auch Kupfer, KÖSDI 1993, 9431, 9440 f.; kk, KÖSDI 1993, 9421, für Übergangsregelung bei Anwendung dieser Rechtsprechung durch Finanzverwaltung.
7   BStBl I 1993, 62, Tz. 70.

cc) Eigene Meinung

1277 Wenn S das Vermächtnis durch Darlehensaufnahme finanziert, gehören die Schulden zum Betriebsvermögen, die **Zinsen** zu den **Betriebsausgaben**. Entsprechendes gilt für den **Werbungskostenabzug und § 10 e Abs. 6 EStG.** Dies ergibt sich aus dem B. zur Erbauseinandersetzung.[1] In diesem B. führt der BFH aus, daß ein Miterbe Verbindlichkeiten der Erbengemeinschaft übernehmen kann, um zu einem unentgeltlichen Erwerb zu kommen. Wie sich derartige Schulden in der Folge bei den Miterben auswirken, entscheide sich danach, mit welchem Vermögen sie zusammenhingen und wie dieses Vermögen beim Erben verwendet werde. So könne Privatvermögen der Erbengemeinschaft beim Miterben Betriebsvermögen und die damit zusammenhängende Verbindlichkeit Betriebsschuld werden. Wenn aber bei einem unentgeltlichen Erwerb die Übernahme von privaten Schulden zu einer Betriebsschuld und damit die Schuldzinsen Betriebsausgaben werden, muß Entsprechendes auch bei einem unentgeltlichen Erwerb und der Finanzierung des Vermächtnisses durch Darlehen gelten; denn auch in diesem Fall nimmt S das Darlehen auf, um den Betrieb zu erhalten.

1278 Vorstehende Grundsätze werden durch BFH, U. v. 8.11.1990[2] bestätigt. In diesem U. führt hat der BFH aus, beim Übergang eines land- und forstwirtschaftlichen Betriebs im Wege der vorweggenommenen Erbfolge seien die auf übernommene, privat veranlaßte Verbindlichkeiten des Übergebers gezahlten Schuldzinsen als Betriebsausgaben abziehbar, wenn der Übernehmer die Verbindlichkeiten übernehmen mußte, um überhaupt Einkünfte erzielen zu können. Wie Kanzler in seiner Anm.[3] hierzu bemerkt, wird der Schuldzinsenabzug nicht dadurch in Frage gestellt, daß es sich um einen unentgeltlichen Erwerb handelt.[4]

▷ *Gestaltungshinweis*

1279 *Da der BMF das BFH-U. v. 14.4.1992[5] im BStBl veröffentlicht hat, ist davon auszugehen, daß er es anwenden wird. Dies dürfte auch Auswir-*

---

1 BFH, B. v. 5.7.1990 GrS 2/89, BStBl II 1990, 837, Tz. C. II. 3.
2 IV R 73/87, BStBl II 1991, 450.
3 In FR 1991, 356.
4 BFH, U. v. 2.4.1987 IV R 92/85, BStBl II 1987, 621; v. 28.4.1989 III R 4/87, BStBl II 1989, 618; beide zur Kreditfinanzierung eines Pflichtteilsanspruchs; v. 17.10.1991 IV R 97/89, BStBl II 1992, 392, zu Schuldzinsen zur Erfüllung eines Vermächtnis-, Pflichtteils- oder Erbersatzanspruchs; v. 22.1.1991 VIII R 310/84, BFH/NV 1991, 594, zu Finanzierungskosten eines Zugewinnausgleichs; zur Änderung der Rechtsprechung hinsichtlich der Abziehbarkeit von Aufwendungen im Zusammenhang mit der Regelung des Zugewinnausgleichs vgl. BFH, U. v. 8.12.1992 IX R 68/89, BStBl II 1993, 434.
5 VIII R 6/87, BStBl II 1993, 275.

kungen auf BMF v. 11.1.1993[1] haben. Man sollte deshalb daran denken, **sichere Gestaltungen** *zu wählen.* **Es bieten sich folgende Möglichkeiten** *an:*

- **Umschuldung nach dem Zwei-Konten-Modell:** *Der Steuerpflichtige überweist regelmäßig seine auf dem betrieblichen Konto gutgeschriebenen Betriebseinnahmen auf das private Schuldkonto. Die Betriebsausgaben kann er in vollem Umfang von dem betrieblichen Konto bestreiten. In dem Maß, in dem sich das private Schuldkonto abbaut, wächst das betriebliche Schuldkonto.[2]*

- **Spätere Fälligkeit des Vermächtnisses:** *Dies bietet den Vorteil, daß der Steuerpflichtige bis zur Fälligkeit des Vermächtnisses Zeit hat, um Betriebseinnahmen für die Zahlung des Vermächtnisses bereitzustellen. Wenn die Laufzeit unverzinslicher Schulden mehr als ein Jahr beträgt, ist eine Abzinsung vorzunehmen.[3]*

- **Stille Beteiligung an dem Betrieb.**

- *Zeitlich beschränktes, ggf. auf einen bestimmten Prozentsatz befristetes* **Nießbrauchsrecht.[4]**

(Einstweilen frei) **1280**

c) Pflichtteil, Erbersatzanspruch

Literatur: *Gothe,* Die Erfüllung eines Erbersatzanspruchs als Anschaffungskosten, FR 1991, 591; *Hardt,* Vererbung eines verpachteten Betriebs, KFR F. 3 EStG § 16, 3/92, 123.

Vgl. auch vor Anm. 701 und 1001.

Die Begleichung von Erbfallschulden (Pflichtteil, § 2303 BGB; Erbersatzanspruch, § 1934 a BGB) führt **nicht** zu **Anschaffungskosten.[5]** Entsprechendes gilt bei Pflichtteilsergänzungsanspruch[6] und bei Übertragung eines
Miteigentumsanteils an einem Nachlaßgrundstück gegen Verzicht auf den **1281**

---

1 BStBl I 1993, 62, Tz. 70.
2 Ausführlich BFH, B. v. 4.7.1990 GrS 2-3/88, BStBl II 1990, 817; Obermeier, Das selbstgenutzte Wohneigentum, Anm. 94; FG Bremen, U. v. 18.8.1992 292 033 K 4 NZB, EFG 1993, 139, Az. des BFH: VIII B 105/92; Obermeier, Das selbstgenutzte Wohneigentum, Anm. 94.
3 Vgl. Anm. 268 ff.
4 Paus, INF 1993, 85, 88.
5 BFH, U. v. 17.10.1991 IV R 97/89, BStBl II 1992, 392, m. Anm. Hardt, KFR F. 3 EStG § 16, 3/92, 123; Felix, KÖSDI 1991, 8526; a.A. Schirmer, FR 1991, 484; Gothe, FR 1991, 591; a.A. Beiser, DStR 1991, 333, 336 f., Entnahme.
6 FG Düsseldorf, B. v. 11.12.1989 5 V 243/89 A (E) rkr., EFG 1990, 169.

Pflichtteilsanspruch.[1] Aufwendungen für deren **Finanzierung** sind jedoch Betriebsausgaben, Werbungskosten oder Aufwendungen nach § 10 e Abs. 6 EStG.[2]

d) Sachvermächtnis (Abwandlung 2)

1282   Die Erfüllung eines Sachvermächtnisses hinsichtlich eines Wirtschaftsguts des Betriebsvermögens durch den beschwerten Erben stellt **kein Entgelt** für den Erwerb des Erbteils dar und führt daher bei ihm nicht zu Anschaffungskosten.[3] Die stillen Reserven sind aufzudecken, wenn das Vermächtnis in einem betrieblichen Wirtschaftsgut (z. B. einem Betriebsgrundstück) besteht. Hier entsteht ein Entnahmegewinn von 800.000 DM, der zum laufenden Gewinn zählt und demnach die schlechteste Gestaltung darstellt. Der **Entnahmegewinn** ist dem Erben S zuzurechnen.[4] Eine Entnahme liegt auch dann vor, wenn das Grundstück bei T Betriebsvermögen wird.[5] T legt das Grundstück grundsätzlich zum Teilwert in ihr Betriebsvermögen ein (§ 6 Abs. 1 Nr. 5 Satz 1, 1. Halbsatz EStG); zur Begrenzung auf den Entnahmewert vgl. § 6 Abs. 1 Nr. 5 Satz 3 i.V. mit Satz 1 Buchst. a und Satz 2 EStG.

e) Betrieb als Vermächtnis (Abwandlung 3)

1283   Betrifft das Sachvermächtnis einen ganzen Betrieb, so erzielt S **keinen Veräußerungs- oder Aufgabegewinn**. Die Vermächtnisnehmerin T führt nach § 7 Abs. 1 EStDV die Buchwerte des Erben fort.[6]

---

1   FG Nürnberg, U. v. 27.2.1991 V 64/87 rkr., EFG 1991, 462.
2   BFH, U. v. 17.10.1991 IV R 97/89, BStBl II 1992, 392, m.w.N. unter Tz. III. 1.; v. 2.3.1993 VIII R 47/90, DB 1993, 1398, DStR 1993, 1016; BMF v. 11.1.1993, BStBl I 1993, 62, Tz. 37; Felix, KÖSDI 1991, 8526; a.A. BFH, U. v. 14.4.1992 VIII R 6/87, BStBl II 1993, 275; zum Streitstand vgl. auch Anm. 1275 ff.
3   BMF v. 11.1.1993, BStBl I 1993, 62, Tz. 67.
4   FG Hamburg, U. v. 31.8.1992 V 181/90 rkr., EFG 1993, 293; Felix, KÖSDI 1991, 8526 f.; a.A. Beiser, DStR 1991, 333, 337 f.
5   BMF v. 11.1.1993, BStBl I 1993, 62, Tz. 67, mit Beispiel 23; Wacker/Franz, BB Beil. 5 zu Heft 8/1993, 20 f.; anders bei Vorausvermächtnis, vgl. BMF v. 11.1.1993, BStBl I 1993, 62, Tz. 74 und Fall 42; zur Steuerfreiheit des Entnahmegewinns bei der Land- und Forstwirtschaft vgl. § 14 a Abs. 4 EStG.
6   BFH, U. v. 7.12.1990 X R 72/89, BStBl II 1991, 350; v. 12.3.1992 IV R 29/91, BStBl II 1993, 36; BMF v. 11.1.1993, BStBl I 1993, 62, Tz. 68; zur Zurechnung der Einkünfte bis zur Erfüllung des Vermächtnisses vgl. Anm. 741 f.

f) Übergangsregelung (§ 52 Abs. 21 Satz 2 EStG)

Fall

V stirbt 1993. Er hat in seinem Testament geregelt, daß S Erbe sein soll. Das Vermächtnis für T besteht in einem in vollem Umfang zu eigenen Wohnzwecken genutzten Zweifamilienhaus, das V 1980 erworben und bei dem er die Überschußrechnung angewendet hat. T nutzt das Zweifamilienhaus ebenfalls zu eigenen Wohnzwecken.

Abwandlung 1

T vermietet eine Wohnung.

Abwandlung 2

V stirbt 1986. T vermietet eine Wohnung.

Die Überschußrechnung kann nur fortgeführt werden, wenn sie 1986 angewendet worden ist.[1] Sie kommt, da in der Person der T 1986 die Voraussetzungen für die Überschußrechnung nicht gegeben waren, nur in Betracht, wenn die Voraussetzungen des § 21 a Abs. 7 Satz 1 Nr. 2 EStG vorliegen. Nach dieser Vorschrift ist selbst bei einer Nutzung einer Wohnung eines Zweifamilienhauses oder des ganzen Zweifamilienhauses zu eigenen Wohnzwecken die Überschußrechnung anzuwenden, wenn das Gebäude nach dem 29.7.1981 im Wege der Erbfolge erworben worden ist. Diese Vorschrift ist jedoch auf andere unentgeltliche Erwerbsvorgänge nicht anzuwenden.[2] Da T das Zweifamilienhaus nicht im Wege der Erbfolge direkt von V, sondern vom Erben S erwirbt, kann sie die **Überschußrechnung nicht fortführen**, wenn nicht ausnahmsweise ein Fall des § 176 Abs. 1 Satz 1 Nr. 3 AO vorliegt. Dies gilt auch dann, wenn sie eine Wohnung vermietet (**Abwandlung 1**).

▷ *Gestaltungshinweis*

T kann jedoch die Überschußrechnung fortführen, wenn sie Erbin ist und das Zweifamilienhaus im Rahmen der Realteilung erwirbt.[3]

Wenn in der Person der T die Voraussetzungen für die Überschußrechnung vorgelegen haben (**Abwandlung 2**), kann sie diese bis einschließlich 1998 fortsetzen.

1284

1285

1286

---

1 Vgl. i.e. Obermeier, Das selbstgenutzte Wohneigentum, Anm. 352 ff.
2 Vgl. BFH, U. v. 5.5.1992 IX R 168/87, BStBl II 1992, 824; v. 26.5.1992 IX R 13/86, BFH/NV 1992, 738; beide zur vorweggenommenen Erbfolge; vgl. Anm. 27.
3 Vgl. Anm. 1123.

g) Vermächtnisnießbrauch

Fall

V stirbt 1993. Er hat in seinem Testament geregelt, daß S Alleinerbe wird, dieser aber seiner Mutter E einen Vermächtnisnießbrauch am vererbten Einfamilienhaus einräumen muß. E vermietet das Haus.

Abwandlung

V hat § 10 e Abs. 1 EStG in Anspruch genommen. E nutzt das Haus ebenfalls zu eigenen Wohnzwecken.

aa) Einräumung durch Erben

1287   Da Erbfall und Einräumung eines Nießbrauchs selbständige Rechtsvorgänge darstellen, leitet die Nießbraucherin E ihr dingliches Recht vom Erben ab. Der E sind also die Herstellungs- bzw. Anschaffungskosten des V nicht zuzurechnen.

bb) Vermietung durch Nießbraucher

1288   Bei Vermietung des Einfamilienhauses durch E ergibt sich die mißliche Lage, daß E die Einkünfte erzielt, aber keine AfA abziehen kann. S als Eigentümer des Grundstücks wäre zwar grundsätzlich abschreibungsberechtigt, kann aber keine AfA in Anspruch nehmen, weil er keine Einkünfte erzielt.

▷ *Gestaltungshinweis*

1289   *Es empfiehlt sich, anstelle eines Vermächtnisnießbrauchs zugunsten von E* **wiederkehrende Leistungen** *in Höhe der Nettomieterträge zu vereinbaren.[1] Da die Leistungen der Höhe nach abänderbar sind, handelt es sich um eine dauernde Last.[2]*

1290   *Die Erfüllung der Zahlungen kann über eine Reallast (§§ 1105 ff. BGB) oder eine Grundschuld (§§ 1191 ff. BGB) dinglich abgesichert werden. Bei Leibrenten kommt eine dingliche Absicherung über eine Rentenschuld (§§ 1199 ff. BGB) in Betracht.*

---

1   Vgl. BFH, U. v. 27.2.1992 X R 139/88, BStBl II 1992, 612.
2   Vgl. Anm. 63 ff.; zur Ablösung eines Vermächtnisnießbrauchs vgl. aber Anm. 1274.

cc) Nutzung zu eigenen Wohnzwecken durch Nießbraucher (Abwandlung)

Wenn E das Haus zu eigenen Wohnzwecken nutzt, stehen ihr die Abzugsbe-   **1291**
träge des § 10 e Abs. 1 EStG nicht zu.[1] S als Erbe könnte zwar grundsätzlich
§ 10 e Abs. 1 EStG in Anspruch nehmen; es fehlt jedoch die Nutzung zu
eigenen Wohnzwecken.

▷ *Gestaltungshinweis*

*Auch in diesem Fall ist die Vereinbarung **wiederkehrender Leistungen***   **1292**
anzuraten.[2] Das Haus kann S an E vermieten. Diese Gestaltung ist für E
insoweit problematisch, als die Nutzung des Hauses dinglich nicht abgesi-
chert ist.

3. Vorausvermächtnis

Fall

S und T sind Erben zu je 1/2. Im Nachlaß befinden sich ein Betrieb und
mehrere Grundstücke. T erhält als Vorausvermächtnis

• den Betrieb bzw.

• Wirtschaftsgüter des Betriebsvermögens, die sie betrieblich nutzt.

Abwandlung

T erhält ein Grundstück des Privatvermögens.

Betrifft das Vorausvermächtnis[3] einen **Betrieb**, so erzielt die Erbengemein-   **1293**
schaft keinen Veräußerungs- oder Aufgabegewinn. Die Vermächtnisneh-
merin führt nach § 7 Abs. 1 EStDV die Buchwerte der Erbengemeinschaft
fort.[4] Das Vorausvermächtnis kann als anrechnungspflichtiges und nicht
anrechnungspflichtiges Vorausvermächtnis ausgestaltet sein.

Wird ein **Einzelwirtschaftsgut des Betriebsvermögens** in Erfüllung eines   **1294**
Vorausvermächtnisses auf einen der Miterben übertragen, so liegt eine
Entnahme durch die Erbengemeinschaft (nicht durch den Erblasser) vor.
Der Entnahmegewinn ist den Miterben S und T hälftig zuzurechnen.[5]

---

1 Anders bisher Obermeier, Das selbstgenutzte Wohneigentum, Anm. 100 D.
2 Vgl. Anm. 1289 f.
3 Zur Abgrenzung zu einer Teilungsanordnung vgl. Anm. 1267.
4 BMF v. 11.1.1993, BStBl I 1993, 62, Tz. 73; vgl. Anm. 1284.
5 BMF v. 11.1.1993, BStBl I 1993, 62, Tz. 73, mit Beispiel 24.

Gelangt das Wirtschaftsgut jedoch in ein Betriebsvermögen, so besteht ein Wahlrecht zur Buchwertfortführung.[1]

1295   Besteht das Vorausvermächtnis darin, daß dem Bedachten ein **privates Wirtschaftsgut** zu übertragen ist, so ist er nach § 11 d Abs. 1 EStDV an die bisher für die Erbengemeinschaft maßgebenden Steuerwerte gebunden.[2]

4. Ausschlagen der Erbschaft und Verlangen des Pflichtteils

Literatur: *Felix*, Ausschlagung statt Erbauseinandersetzung zur Vermeidung der Einkommensteuer, DStZ 1991, 50.

Vgl. auch vor Anm. 701 und 1001.

Fall
Der Erblasser hat nicht testiert. Erben sind S und T je zur Hälfte. Einziges Vermögen ist ein Gewerbebetrieb (Buchwert 800.000 DM, Verkehrswert 2.000.000 DM). T schlägt die Erbschaft aus und verlangt den Pflichtteil.

1296   Nach § 1947 BGB ist die **Ausschlagung der Erbschaft** ein **bedingungsfeindliches** Rechtsgeschäft, da klare Verhältnisse geschaffen werden sollen. Auch können Annahme und Ausschlagung der Erbschaft nicht auf einen Teil der Erbschaft beschränkt werden. Die Annahme oder Ausschlagung eines Teils ist unwirksam (§ 1950 BGB). Die Ausschlagung der Erbschaft unter Vorbehalt des Pflichtteils wird daher grundsätzlich als unwirksam angesehen.[3] Wenn T aber die Erbschaft wirksam ausgeschlagen hat, geht grundsätzlich auch der Pflichtteilsanspruch verloren.[4]

1297   **Ausnahmen** bestehen in den Fällen des § 1371 Abs. 3 BGB (bei Zugewinngemeinschaft) und des § 2306 Abs. 1 Satz 2 BGB. Nach dieser Vorschrift kann der Pflichtteilsberechtigte bei Ausschlagung der Erbschaft den Pflichtteil verlangen, wenn er durch die Einsetzung eines Nacherben, die Ernennung eines Testamentsvollstreckers oder eine Teilungsanordnung beschränkt oder mit einem Vermächtnis oder einer Auflage beschwert ist, und der hinterlassene Erbteil größer als die Hälfte des gesetzlichen Erbteils ist.

---

1   BMF v. 11.1.1993, BStBl I 1993, 62, Tz. 74, mit Beispiel 25; anders bei „normalem" Vermächtnis, vgl. Anm. 1282.
2   BMF v. 11.1.1993, BStBl I 1993, 62, Tz. 75.
3   Palandt/Edenhofer, § 1950 Rn. 1, m.w.N.; a.A. Felix, DStZ 1991, 50.
4   Palandt/Edenhofer, Rn. 2 vor § 2308.

Wenn diese Voraussetzungen gegeben sind, wird S Alleinerbe des Betriebs **1298** und erwirbt daher unentgeltlich (§ 1922 BGB; Rechtsfolge: § 7 Abs. 1 EStDV). Der **Pflichtteil ist kein Entgelt;** er zählt zu den Erbfallschulden und somit zu den Nachlaßverbindlichkeiten (§ 1967 BGB).

5. Ausschluß der Ausgleichungspflicht von Vorempfängen

Fall

Zu Lebzeiten hat S eine Ausstattung von 200.000 DM erhalten. T fordert im Rahmen der Auseinandersetzung 100.000 DM von S.

Das auf § 2050 BGB gestützte Ausgleichsverlangen führt zu Anschaffungs- **1299** kosten.[1] Ein Abbedingen der Ausgleichungspflicht führt **nicht zu einem Anschaffungs- und Veräußerungsgeschäft.**[2]

(Einstweilen frei) **1300-1320**

G. Übergangsregelung

Literatur: *Felix,* „Altfälle" vorweggenommener und auseinandergesetzter Erbfolgen: Einkommensteuer und Ausgleichsansprüche wegen wesentlicher Änderung der „Steuergrundlage" als Wegfall der Geschäftsgrundlage, KÖSDI 1992, 9008.

Vgl. auch vor Anm. 701 und 1001.

I. Allgemeines

Fall

Erbfall und Erbauseinandersetzung waren im Jahr 1975. Der Betriebsübernehmer will nun nach der Rechtsprechung des Großen Senats behandelt werden.

Die Grundsätze von BMF v. 11.1.1993[3] sind in allen noch offenen Fällen **1321** anzuwenden. Für Erbauseinandersetzungen, die **vor dem 1.1.1991 recht-**

---

1 Zur Berechnung des Veräußerungsgewinns vgl. Anm. 1261 ff.
2 Felix, KÖSDI 1990, 8279, Tz. 4; ders., KÖSDI 1993, 9366, 9371.
3 BStBl I 1993, 62; zur Problemstellung vor Abfassung dieses Schreibens vgl. Felix, KÖSDI 1992, 9008.

lich bindend festgelegt[1] **und bis spätestens 31.12.1993 vollzogen** worden sind[2], gilt jedoch folgende großzügige Übergangsregelung:

1322 • Auf Antrag sind die Rechtsgrundsätze der **früheren Rechtsprechung**[3] anzuwenden, für Wirtschaftsgüter des Privatvermögens auch das BMF-Schreiben v. 31.12.1988[4]. Ein Veräußerungsgewinn ist nicht zu versteuern (vgl. §§ 163, 176 AO).[5] **Unterschiede** zur früheren Rechtslage ergeben sich bei Umwandlung in Bruchteilseigentum[6], der Übernahme von Nachlaßverbindlichkeiten[7], der Auseinandersetzung bei wesentlicher Beteiligung[8] und sog. einbringungsgeborener Anteile an Kapitalgesellschaften (§§ 20, 21 UmwStG), der Zuordnung von Abfindungen[9] und der Behandlung der umgekehrten Abfindungen[10].

1323 • Selbst wenn sich der weichende Miterbe für die Anwendung der früheren Rechtsprechung entscheidet, kann der **übernehmende Miterbe nach der neuen Rechtslage** behandelt werden.[11] Durch die Annahme von Anschaffungskosten ergibt sich ein (höheres) AfA-Volumen.

Diese Übergangsregelung gilt also auch für **Altfälle**.

1324 **Rechtlich bindende Festlegung:** Der **Auseinandersetzungvertrag** ist grundsätzlich formfrei möglich, aus Nachweisgründen ist aber Schriftform anzuraten. Formvorschriften sind einzuhalten, z. B. notarielle Beurkundung bei Übertragung von Grundstücken (§ 313 Abs. 1 BGB) und von GmbH-Anteilen (§ 15 GmbHG). Bei **Testamentsvollstreckung**[12] muß der Aufteilungsplan endgültig festgestellt sein. Im **FGG-Verfahren**[13] müssen die Bestätigungsbeschlüsse nach den §§ 91, 93 FGG rechtskräftig geworden sein. Bei einer **Auseinandersetzungsklage**[14] muß das Urteil rechtskräftig sein.[15]

---

1 Vgl. Anm. 1324.
2 Vgl. Anm. 1325.
3 Vgl. Anm. 706 ff.
4 BStBl I 1988, 546; BMF v. 11.1.1993, BStBl I 1993, 62, Tz. 96.
5 BMF v. 11.1.1993, BStBl I 1993, 62, Tz. 97.
6 Vgl. Anm. 1125.
7 Vgl. Anm. 1126.
8 Vgl. Anm. 1163.
9 Vgl. Anm. 1182.
10 Vgl. Anm. 1203.
11 BMF v. 11.1.1993, BStBl I 1993, 62, Tz. 97; zur korrespondierenden Behandlung beim weichenden und übernehmenden Miterben und evtl. Berichtigungsmöglichkeiten vor Erlaß der Übergangsregelung und damit überholt dt, DB 1990, 2449.
12 Vgl. Anm. 815.
13 Vgl. Anm. 816.
14 Vgl. Anm. 817.
15 Vgl. Wacker/Franz, BB Beil. 5 zu Heft 8/1993, 34.

Vollzug der Erbauseinandersetzung: Hierbei dürfte auch der Übergang des wirtschaftlichen Eigentums genügen. Bei Vollzug einer Teilauseinandersetzung vor dem 1.1.1994 ist auch die Endauseinandersetzung nach der Übergangsregelung zu beurteilen. Bei einem teilweisen Vollzug ist m.E. die Übergangsregelung nicht anzuwenden.[1]

1325

▷ **Gestaltungshinweis**

Da die Übergangsregelung Vorteile bringt, ist darauf zu achten, daß die Erbauseinandersetzung bis spätestens 31.12.1993 vollständig vollzogen wird.

1326

II. Nachholung unterbliebener AfA

1. Keine Änderung bestandskräftiger Einkommensteuerbescheide

Bestandskräftige Veranlagungen, bei denen die AfA oder der Abzugsbetrag nach § 10 e EStG zu niedrig angesetzt worden sind, können nicht mehr geändert werden. Auch die Voraussetzungen für eine Änderung nach § 173 Abs. 1 Nr. 2 AO sind nicht gegeben, da das Finanzamt bei ursprünglicher Kenntnis des Sachverhalts nicht anders entschieden hätte.[2]

1327

2. Gebäude-AfA

a) AfA nach § 7 Abs. 4 Satz 1 EStG

Fall

S und T waren seit dem 30. Juni 1978 zu gleichen Teilen Miterben. Der Nachlaß bestand aus einem gewerblichen Betrieb, zu dessen Betriebsvermögen ein bebautes Grundstück gehört, das der Erblasser zum 1.1.1974 erworben hatte. Der Erblasser hatte nach § 7 Abs. 4 Satz 1 Nr. 2 a EStG als AfA jährlich 2 % der Anschaffungskosten des Gebäudes von 300.000 DM abgezogen. S übernahm den Betrieb zum 1.1.1979 gegen Zahlung einer Abfindung, wovon 200.000 DM auf das Gebäude entfiel. Das Gebäude hatte am 1.1.1979 eine tatsächliche Nutzungsdauer von mindestens 50 Jahren. S hatte aufgrund der bisherigen BFH-Rspr. die AfA des Erblassers unverändert fortgeführt. Die Einkommensteuerbescheide

---

1 A.A. Wacker/Franz, BB Beil. 5 zu Heft 8/1993, 35.
2 BFH, B. v. 23.11.1987 GrS 1/86, BStBl II 1988, 180.

für S sind bis einschließlich 1990 bestandskräftig. 1991 unterrichtet S das Finanzamt über die Abfindung.[1]

1328 Die weiteren AfA können von der ermittelten Bemessungsgrundlage mit dem für den entgeltlich erworbenen Teil des Gebäudes maßgebenden Vomhundertsatz vorgenommen werden. Die AfA können bis zu dem Betrag abgezogen werden, der von der Bemessungsgrundlage nach Abzug der bisherigen AfA, erhöhten AfA und Sonder-AfA verbleibt. In den Fällen des § 7 Abs. 4 Satz 1 EStG **verlängert sich der Abschreibungszeitraum** über 25, 40 bzw. 50 Jahre hinaus.[2]

1329 Ab 1991 berechnen sich die AfA wie folgt:

	unentgeltlich	entgeltlich
	erworbener Teil des Gebäudes	
Bemessungsgrundlage ab 1991	150.000 DM	200.000 DM
./. AfA 1974 bis 1990 für den unentgeltlich erworbenen Teil: 17 x 2 % = 34 % von 150.000 DM	51.000 DM	
./. AfA 1979 bis 1990 für den durch Erbauseinandersetzung entgeltlich erworbenen Teil, die A nach damaliger Rechtslage nach § 7 Abs. 1 EStDV bemessen hat: 12 x 2 % = 24 % von 150.000 DM	36.000 DM	
insgesamt verbleibende AfA ab 1991	99.000 DM	164.000 DM
jährliche AfA ab 1991 2 %	3.000 DM	4.000 DM
verbliebener AfA-Zeitraum ab 1991 bis einschließlich	33 Jahre 2023	41 Jahre 2031

---

1 BMF v. 11.1.1993, BStBl I 1993, 62, Tz. 99, Beispiel 28.
2 BFH, U. v. 3.7.1984 IX R 45/84, BStBl II 1984, 709.

Die AfA betragen mithin in den Jahren 1991 bis 2023 insgesamt 7.000 DM **1330**
und in den Jahren 2024 bis 2031 4.000 DM.[1]

b) AfA nach § 7 Abs. 4 Satz 2 EStG

In den Fällen des § 7 Abs. 4 Satz 2 EStG ist das restliche AfA-Volumen **1331**
auf die Restnutzungsdauer des Gebäudes zu verteilen.[2]

c) AfA nach § 7 b EStG

Hier besteht die Besonderheit, daß die erhöhte AfA nach § 7 b Abs. 1 Satz 1 **1332**
EStG nur im Jahr der Fertigstellung bzw. Anschaffung und in den sieben
folgenden Jahren in Anspruch genommen werden kann. Dieser Zeitraum
verlängert sich nicht. Eine Nachholung der erhöhten AfA nach § 7 b Abs. 1
Satz 1 EStG ist nur innerhalb der Frist des 7 b Abs. 3 EStG, also innerhalb
der ersten vier Jahre, möglich.

3. AfA für bewegliche Wirtschaftsgüter

Bei beweglichen Wirtschaftsgütern führt die Erhöhung des restlichen AfA- **1333**
Volumens ebenso wie in den Fällen des § 7 Abs. 4 Satz 2 EStG zu höheren
AfA-Beträgen.[3]

III. Nachholung von § 10 e EStG

Fall

S erwarb 1988 im Rahmen der Erbauseinandersetzung von T den
Hälfteanteil eines Einfamilienhauses gegen Zahlung von 200.000 DM,
das er seitdem zu eigenen Wohnzwecken nutzt. Die Veranlagungen bis
einschließlich 1990 sind bestandskräftig.

Da S nur den Hälfteanteil erwarb, hätte er auch nur den entsprechenden **1334**
Teil – also die Hälfte – des Abzugsbetrags (für 1988: 7.500 DM) wie
Sonderausgaben abziehen können (§ 10 e Abs. 1 Satz 6 EStG). Eine Nach-
holung ist – ebenso wie bei § 7 b EStG – nur **im Rahmen des § 10 e
Abs. 3 EStG** möglich. Für Anschaffungen des Jahres 1988 galt noch der

---

1 BMF v. 11.1.1993, BStBl I 1993, 62, Tz. 99.
2 BMF v. 11.1.1993, BStBl I 1993, 62, Tz. 100.
3 BMF v. 11.1.1993, BStBl I 1993, 62, Tz. 100.

vierjährige Nachholungszeitraum. Somit kann S im Jahr 1991 insgesamt 30.000 DM (4 x 7.500 DM) wie Sonderausgaben abziehen[1].

IV. Hinweis für die Praxis

1335   Wenn der steuerliche Vertreter für seine Mandanten alle Möglichkeiten ausschöpfen will, wird viel Arbeit auf ihn zukommen. Bei **Altfällen** wird er zu prüfen haben, ob die Übergangsregelung vorteilhaft ist und ggf. wie hoch das zusätzliche AfA-Volumen beim übernehmenden Miterben ist. Das Finanzamt wird sicherlich nicht von sich aus die Prüfung übernehmen.

1336   Für **zukünftig eintretende Erbfälle** wird er zusammen mit seinen Mandanten nach der besten Lösung suchen, um bereits zu Lebzeiten die Nachfolge zu regeln. Die neue Rechtslage wird sicher dazu führen, daß viele Unternehmertestamente umgeschrieben oder errichtet werden müssen.[2]

1337-1400   *(Einstweilen frei)*

---

1   Obermeier, NWB F. 3, 8517, 8558.
2   Vgl. auch Spiegelberger, DStR 1992, 584, 618, 620 f.

Teil 3:
Vorweggenommene Erbfolge, Erbfall, Erbengemeinschaft und Erbauseinandersetzung im Umsatzsteuerrecht

Literatur: *Widmann*, Fiktiontheorie hin, Realakttheorie her – der Eigenverbrauch bedarf der gesetzgeberischen Umgestaltung!, UR 1988, 10; *Probst*, Umsatzsteuerrecht und Erbgang, UR 1988, 272; *Welzel*, Unentgeltliche Betriebsübertragung im Blickwinkel der Einkommen- und Umsatzbesteuerung, DStZ 1989, 159; *Reiß*, Rechtsnachfolge im Umsatzsteuerrecht, StVj 1989, 103; *Birkenfeld*, Beginn, Abwicklung und Ende des Unternehmens, UR 1992, 29; *Carlé*, Gesellschafterwechsel bei Personengesellschaften im Zivil- und Steuerrecht, KÖSDI 1992, 8868; *Probst*, Zur Nachfolge von Todes wegen im Umsatzsteuerrecht, UR 1992, 221; *Hoelscher*, Vorlage an den EuGH: Aufspaltung eines Grundstücks in unternehmerisch und nichtunternehmerisch genutzten Teil, KFR F. 7 UStG § 15a, 2/92, 293 *Korn*, Vorweggenommene Erbfolgen im Umsatzsteuerrecht, KÖSDI 1993, 9399; *ders.*, Vermögensübertragungen gegen Renten, Raten und Nutzungsrechte, StVj 1993, 133.

Verwaltungsanweisungen: OFD Saarbrücken v. 2.5.1984, Gesamtrechtsnachfolge ohne eigene unternehmerische Tätigkeit (§ 2 Abs. 1 UStG), UR 1984, 240; OFD Saarbrücken v. 14.3.1991, Unentgeltliche Übertragung eines Unternehmens im ganzen (§ 1 Abs. 1 Nr. 2 a UStG), UR 1991, 267; OFD Saarbrücken v. 16.8.1991, Unentgeltliche Übertragung eines Unternehmens im Rahmen der vorweggenommenen Erbfolge und Firmenwert, DStR 1991, 1351, UR 1991, 327.

A. Vorweggenommene Erbfolge

I. Einführung

Im Umsatzsteuerrecht spielt die Abgrenzung der entgeltlichen von den unentgeltlichen Vermögensübertragungen nur dann eine Rolle, wenn ein **Unternehmer** (grundsätzlich nicht bei Übertragung von Kapitalvermögen und von Gesellschaftsanteilen[1]) Vermögensgegenstände **liefert und** wenn er für diese Lieferung und die vorherige Nutzung des Vermögens **keine Steuerbefreiung** genießt. In diesem Bereich sollte man die **Unentgeltlichkeit vermeiden,** weil sie beim Übergeber zu einer Umsatzsteuer auf den Eigenverbrauch führt. Der Übernehmer kann diesen Betrag nicht als Vorsteuer abziehen; denn der Übergeber darf die von ihm geschuldete Umsatzsteuer dem Übernehmer zum Zwecke des Vorsteuerabzugs nur in

1401

---

1 BFH, U. v. 28.9.1988 X R 6/82, BStBl II 1989, 122; B. v. 9.3.1989 V B 48/88, BStBl II 1989, 580; Abschn. 18 Abs. 1 UStR; Korn, KÖSDI 1993, 9394, Tz. 5, 6.

Rechnung stellen, wenn er von diesem eine entgeltliche Gegenleistung erhält.

II. Unentgeltliche Übertragung von Privat- und Betriebsvermögen

1. Fälle unentgeltlicher Übertragung

1402 Das Rechtsgeschäft ist unentgeltlich, wenn der Übernehmer des Betriebs oder des einzelnen Wirtschaftsguts keine Pflichten gegenüber dem Übergeber übernehmen muß (**Schenkung**). Umsatzsteuerrechtliche Folgen sind aber nicht nur bei unentgeltlicher Übertragung des gesamten Betriebs oder einzelner Wirtschaftsgüter, sondern auch bei Bestellung eines lebenslänglichen **unentgeltlichen Nießbrauchs**[1] und der **unentgeltlichen Übertragung eines Erbbaurechts**[2] zu ziehen. Insoweit besteht Gleichklang mit dem Einkommensteuerrecht, nach dem das Grundstück bei einer unentgeltlichen Nießbrauchs- oder Erbbaurechtsbestellung entnommen wird.[3]

1403 Unentgeltlich ist auch eine Vermögensübertragung **unter Anrechnung auf den Erb- und Pflichtteil**[4] bzw. gegen Erb- und Pflichtteilsverzicht.[5]

1404 Im Gegensatz zum Einkommensteuerrecht handelt es sich jedoch bei der **Übernahme betrieblicher Verbindlichkeiten**[6] und bei der **Zusage von Versorgungsleistungen**[7] **um** entgeltliche Rechtsgeschäfte.

1405-1410 *(Einstweilen frei)*

---

1 BFH, U. v. 16.9.1987 X R 51/81, BStBl II 1988, 205; vgl. aber Korn, StVj; 1993, 133, 158.
2 BFH, B. v. 26.2.1987 V S 4/86, UR 1988, 150.
3 Vgl. Anm. 405.
4 BFH, U. v. 2.10.1986 V R 91/78, BStBl II 1987, 44.
5 FG Münster, U. v. 13.11.1990 XV 212/90 Rev., EFG 1991, 571, Az. des BFH: V R 26/91; zur Einkommensteuer vgl. Anm. 32 ff.
6 Vgl. Anm. 1444 ff.; zur Einkommensteuer vgl. Anm. 423 ff.
7 Vgl. Anm. 1447; zur Einkommensteuer vgl. Anm. 427 ff.

2. Steuerrechtliche Behandlung der unentgeltlichen Übertragung

a) Übertragung eines Gegenstandes des Betriebsvermögens (ohne Grundstück)

Fall

V, der ein Hochbauunternehmen betreibt, schenkt seinem Sohn S, der einen eigenen Betrieb eröffnen will, einen Bagger (Wiederbeschaffungspreis: 30.000 DM ohne USt), den er sechs Jahre zuvor erworben hat.

aa) Entnahmeeigenverbrauch (§ 1 Abs. 1 Nr. 2 Buchst. a UStG)

Die unentgeltliche Übertragung des für die Zwecke des V erworbenen 1411 Baggers auf S ist **Eigenverbrauch des V durch Entnahme** nach § 1 Abs. 1 Nr. 2 Buchst. a UStG. Eigenverbrauch i.s. dieser Vorschrift liegt vor, wenn ein Unternehmer im Inland Gegenstände aus seinem Unternehmen für Zwecke entnimmt, die außerhalb des Unternehmens liegen. Gekennzeichnet ist dieser Vorgang durch das Fehlen der Entgeltlichkeit sowie die Bestimmung der Entnahme für Zwecke, die außerhalb des Unternehmens liegen. Die Besteuerung erfaßt in diesen Fällen die unentgeltliche, vom Willen des Unternehmers gesteuerte Wertabgabe aus dem Unternehmen für unternehmensfremde Zwecke.[1]

bb) Folgen des Entnahmeeigenverbrauchs

Der Eigenverbrauch ist **grundsätzlich umsatzsteuerpflichtig** (§ 1 Abs. 1 1412 Nr. 2 Buchst. a UStG). Die Steuerbefreiungen des § 4 UStG bleiben erhalten (wichtig bei Grundstücksübertragung: § 4 Nr. 9 a UStG). Für diesen Fall kommt jedoch ein Verzicht auf die Steuerbefreiung nach § 9 UStG nicht in Betracht. Der **Vorsteuerabzug** ist ggf. nach § 15 a Abs. 4 UStG zu **berichtigen**.[2]

cc) Bemessungsgrundlage (§ 10 Abs. 4 Nr. 1 UStG)

Der Umsatz wird grundsätzlich nach dem Einkaufspreis zuzüglich der 1413 Nebenkosten für den Gegenstand oder für einen gleichartigen Gegenstand

---

1 BFH, U. v. 2.10.1986 V R 91/78, BStBl II 1987, 44, m. Anm. Weiß, UR 1987, 17; zur wünschenswerten Änderung der Eigenverbrauchsbesteuerung de lege ferenda vgl. Widmann, UR 1988, 10 und Birkenfeld, UR 1992, 29, 33, m.w.N. in FN 66.
2 BFH, U. v. 2.10.1986 V R 91/78, BStBl II 1987, 44.

zum Zeitpunkt der Entnahme bemessen. Der Einkaufspreis entspricht in der Regel dem **Wiederbeschaffungspreis**. Kann ein Einkaufspreis nicht ermittelt werden, so sind die Selbstkosten anzusetzen. Diese umfassen alle durch den betrieblichen Leistungsprozeß bis zum Zeitpunkt der Entnahme entstandenen Kosten. Die Umsatzsteuer gehört nicht zur Bemessungsgrundlage (§ 10 Abs. 4 Satz 1 Nr. 1, Satz 2 UStG; Abschn. 155 Abs. 1 UStR). Die Umsatzsteuer auf den Eigenverbrauch beträgt in diesem Fall also 4.500 DM (15 % von 30.000 DM).

dd) Vorsteuerabzug

1414   Mit dem Eigenverbrauch zusammenhängende, von einem anderen Unternehmer in Rechnung gestellte Umsatzsteuer kann V als Vorsteuer abziehen. V kann jedoch die **Umsatzsteuer auf den Eigenverbrauch** seinem Sohn S **nicht in Rechnung stellen**. Somit bleibt die Übertragung des Baggers mit Umsatzsteuer belastet.

▷ *Gestaltungshinweis*

1415   *Die beschriebene Gestaltung ist umsatzsteuerrechtlich äußerst ungünstig. Es ist daher anzuraten, die Übertragung zumindest teilentgeltlich zu gestalten.[1]*

1416-1420   *(Einstweilen frei)*

b) Übertragung eines steuerfrei vermieteten Grundstücks

Fall

V überträgt seiner Tochter T ein vermietetes Grundstück. V hat nicht zur Umsatzsteuer optiert.

1421   Vgl. zunächst Anm. 1411 ff.

1422   Es handelt sich um einen Entnahmeeigenverbrauch des V, der steuerfrei ist (§ 4 Nr. 9 Buchst. a UStG). Eine Option für die Steuerpflicht ist nicht möglich. Die Übertragung ist nicht steuerbar. Die Belastung mit der ursprünglichen Umsatzsteuer bleibt, auch wenn T das Grundstück zur Erzielung umsatzsteuerpflichtiger Umsätze verwendet.

---

1   Vgl. Anm. 1442 ff.

c) Übertragung eines Betriebsgrundstücks

Fall

V überträgt seiner Tochter T ein Betriebsgrundstück mit aufstehendem Gebäude (Einkaufspreis zuzüglich Nebenkosten 2.000.000 DM). Er hat fünf Jahre zuvor Vorsteuerbeträge von 200.000 DM aus Rechnungen über Herstellungskosten abgezogen. Aufgrund eines Pachtvertrages darf V das Grundstück weiterhin für betriebliche Zwecke nutzen.

Vgl. zunächst Anm. 1411 ff.   1423

Es handelt sich auch in diesem Fall um einen **Entnahmeeigenverbrauch**,   1424
obwohl das Grundstück nach dem Pachtvertrag weiterhin für Zwecke des Unternehmens des V verwendet wird. Der Eigenverbrauch ist bei V steuerfrei (§ 4 Nr. 9 Buchst. a UStG). Der Verzicht auf die Steuerbefreiung nach § 9 UStG ist ausgeschlossen. Der Vorsteuerabzug ist nach § 15 a Abs. 4 UStG zu berichtigen.[1] V muß also für den Voranmeldungszeitraum der Entnahme 100.000 DM Vorsteuern an das Finanzamt zurückzahlen.

Die Übertragung des Grundstücks ist nicht steuerbar. V kann keine Um-   1425
satzsteuer in Rechnung stellen. Da T also keinen Vorsteuerabzug hat, bleibt das **Grundstück mit der anteiligen Umsatzsteuer belastet**, selbst wenn T zur Umsatzsteuer optiert (§ 9 UStG).

▷ *Gestaltungshinweis*

Auch in diesem Fall ist eine (teil-)entgeltliche Übertragung anzuraten.   1426

(Einstweilen frei)   1427-1430

d) Übertragung eines Betriebs

Fall

V überträgt seinen schuldenfreien Betrieb unentgeltlich auf seinen Sohn S.

---

1 BFH, U. v. 2.10.1986 V R 91/78, BStBl II 1987, 44.

1431   Vgl. zunächst Anm. 1411 ff.

1432   Ein steuerbarer **Entnahmeeigenverbrauch** liegt auch dann vor, wenn V
den gesamten Betrieb auf S überträgt.[1] Der Eigenverbrauch erfaßt nicht
die Übertragung des Unternehmens als Ganzes, sondern die Übertragung
der **einzelnen Wirtschaftsgüter** des Betriebsvermögens (vgl. Abschn. 5
UStR). Daher ist für jedes Wirtschaftsgut zu prüfen, ob eine Steuerbefreiung in Betracht kommt.[2]

1433   Die Überlassung eines etwa vorhandenen originären **Firmen-, Geschäfts-
oder Praxiswerts** kann zwar eine nach § 4 Nr. 28 Buchst. a UStG steuerfreie Lieferung eines Gegenstandes sein.[3] Ein Firmen-, Geschäfts- oder
Praxiswert kann aber nicht aus einem Unternehmen entnommen werden,
da er außerhalb des Unternehmens nicht denkbar ist.[4]

▷ *Gestaltungshinweis*

1434   *Der geschilderte Sachverhalt dürfte die absolute Ausnahme sein, da im
Regelfall der Übernehmer betriebliche Verbindlichkeiten übernehmen muß,
was bei der Umsatzsteuer zu einem (teil-)entgeltlichen Erwerb führt.[5] Sollte
aber ein solcher Ausnahmefall vorliegen, sollte die Übertragung (teil-)
entgeltlich gestaltet werden. Ein **Entgelt bis zur Höhe des steuerlichen Kapitalkontos** ist Entgelt i.S. des Umsatzsteuerrechts, führt aber einkommensteuerrechtlich zu einem – in der Regel anzustrebenden – unentgeltlichen
Erwerb[6], bei dem § 7 EStDV gilt.[7]*

1435   *Der Vorsteuerabzug kann auch gerettet werden, wenn V sein Unternehmen gegen Gesellschaftsrechte auf eine mit seinem Sohn gegründete
Gesellschaft überträgt und später aus der Gesellschaft ausscheidet[8].*

1436-1440   *(Einstweilen frei)*

---

1   BFH, U. v. 25.6.1987 V R 92/78, BStBl II 1987, 655; Birkenfeld, UR 1992, 29, 33; Abschn. 8
    Abs. 5 UStR; a.A. Reiß, StVj 1989, 103, 121; Korn, KÖSDI 1993, 9399, Tz. 13.
2   OFD Saarbrücken v. 14.3.1991, UR 1991, 267.
3   BFH, U. v. 21.12.1988 V R 24/87, BStBl II 1989, 430.
4   OFD Saarbrücken v. 16.8.1991, DStR 1991, 1351, UR 1991, 327; Birkenfeld, UR 1992, 29, 33;
    Korn, KÖSDI 1993, 9399, Tz. 14; vgl. BFH, U. v. 4.4.1989 X R 49/87, BStBl II 1989, 606.
5   Vgl. Anm. 1444 ff.
6   Vgl. Anm. 445.
7   Vgl. Anm. 451; vgl. aber Birkenfeld, UR 1992, 29, 33.
8   Korn, KÖSDI 1993, 9407, Tz. 21, m.w.N.

III. Entgeltliche Übertragung von Privat- und Betriebsvermögen

Bei entgeltlicher Vermögensübertragung bestehen umsatzsteuerrechtlich keine Besonderheiten.   **1441**

IV. Teilentgeltliche Übertragung von Privat- und Betriebsvermögen

1. Fälle teilentgeltlicher Übertragung

a) Abstandsgelder, Gleichstellungsgelder, Übernahme (privater) Verbindlichkeiten

Fall

V überträgt seinen Gewerbebetrieb (Wiederbeschaffungspreise 600.000 DM, Aktiva 400.000 DM, Passiva 300.000 DM) auf S. S muß seiner Schwester T ein Gleichstellungsgeld von 200.000 DM zahlen.

Abwandlung

S muß lediglich 50.000 DM zahlen.

Wenn die gegenseitigen Leistungen nicht nach kaufmännischen Gesichts-   **1442** punkten abgewogen sind, liegt eine teilentgeltliche Betriebsübertragung vor. Als **Entgelt** kommen neben Zahlungen an den Übergeber auch Ausgleichszahlungen an Dritte (z.B. Geschwistergelder) und die Übernahme (privater) Verbindlichkeiten in Betracht.[1]

Umsatzsteuerrechtliches Entgelt kann auch eine Zahlung sein, die das   **1443** steuerliche Kapitalkonto nicht erreicht, was einkommensteuerrechtlich zu einem unentgeltlichen Erwerb führt.[2] Die **Unangemessenheit des Entgelts** beeinträchtigt die Steuerbarkeit nicht[3], solange nur feststeht, daß Leistung und Gegenleistung miteinander innerlich verbunden sind.[4]

---

1   Zur Einkommensteuer vgl. Anm. 582.
2   Vgl. Anm 445.
3   BFH, U. v. 25.11.1987 X R 12/81, BStBl II 1988, 210.
4   BFH, U. v. 10.2.1988 X R 16/82, BStBl II 1988, 640; v. 22.6.1989 V R 37/84, BStBl II 1989,
    913, 917; Birkenfeld, UR 1992, 29, 32; Probst, UR 1992, 222; Abschn. 1 Abs. 1 Satz 7 UStR;
    a.A. Hartmann/Metzenmacher, § 1 Abs. 1 Nr. 2, Tz. 24.

b) Übernahme betrieblicher Verbindlichkeiten

Fall

V überträgt ein Betriebsgrundstück (Wiederbeschaffungspreis 1.000.000 DM) gegen Übernahme der darauf lastenden Schulden von 50.000 DM auf seinen Sohn S.

Abwandlung 1

V überträgt seinen Betrieb (Wiederbeschaffungspreise 1.000.000 DM) gegen Übernahme betrieblicher Schulden von 50.000 DM auf seinen Sohn S.

Abwandlung 2

S übernimmt die Schulden nur im Außenverhältnis, erhält aber im Innenverhältnis einen Ausgleich.

1444   Bei der **Übertragung eines einzelnen Wirtschaftsguts** ist in der Übernahme der Schulden umsatzsteuerrechtlich ein Entgelt zu sehen. Der von S zugewendete Vermögenswert besteht darin, daß V durch die Schuldübernahme von seiner Leistungsverpflichtung gegenüber dem Darlehensgeber befreit wird.[1] Insoweit besteht Übereinstimmung mit der Behandlung im Einkommensteuerrecht.[2]

1445   Auch die **Betriebsübertragung (Abwandlung 1)** ist steuerbar, weil sie gegen Entgelt (Schuldübernahme) durchgeführt wird (Abschn. 158 Abs. 1 Beispiel 3 Satz 3 UStR).[3] Anders als bei der Einkommensteuer, bei der für die Frage der Entgeltlichkeit der ganze Betrieb betrachtet wird[4], ist bei der Umsatzsteuer auf die Übertragung der einzelnen Wirtschaftsgüter abzustellen.[5] Auf die Wertverhältnisse kommt es nicht an.

---

1   BFH, U. v. 2.10.1986 V R 91/78, BStBl II 1987, 44, m. Anm. Weiß, UR 1987, 17; Abschn. 154 Abs. 5 UStR; a.A. FG Münster, U. v. 13.11.1990 XV 212/90 Rev., EFG 1991, 571, Az. des BFH: V R 212/90.
2   Vgl. Anm. 412.
3   Weiß, UR 1987, 17; Welzel, DStZ 1989, 159; Birkenfeld, UR 1992, 29, 32; so nun auch Korn, KÖSDI 1993, 9399, Tz. 16, der angesichts des Meinungsstreits vorschlägt, vom Finanzamt eine verbindliche Auskunft einzuholen; zweifelnd Probst, UR 1992, 221, 222 f.; vgl. auch Reiß, StVj 1989, 103, 121.
4   Vgl. Anm. 425.
5   Für den Entnahmeeigenverbrauch vgl. Anm. 1432.

Wenn jedoch die **Schuldübernahme nur im Außenverhältnis** – also 1446
gegenüber dem Darlehensgeber vorbehaltlich dessen Genehmigung (vgl.
§§ 415, 416 BGB) – wirkt (**Abwandlung 2**), im Innenverhältnis aber die
Schuld bei V bleibt, ist darin grundsätzlich keine Gegenleistung des S zu
sehen. Ausnahmsweise ist aber in diesem Fall von einer Entgeltlichkeit
auszugehen, wenn der im Innenverhältnis vereinbarte Ausgleichsanspruch
keine wirtschaftliche Bedeutung besitzt, z.b. dann, wenn der Übergeber
aufgrund seiner Vermögenslage der Ausgleichsverpflichtung nicht nach-
kommen kann.[1]

c) Versorgungsleistungen

Fall

V überträgt seinen Betrieb gegen monatliche Zahlung von 5.000 DM auf
seinen Sohn S. Die Zahlung ist nicht nach kaufmännischen Grundsätzen
berechnet und orientiert sich am monatlichen Bedarf des V.

Hierbei handelt es sich um Versorgungsleistungen (Leibrente oder dauernde 1447
Last), die im Einkommensteuerrecht zu einem unentgeltlichen Rechtsgeschäft führen.[2] **Umsatzsteuerrechtlich** sind Versorgungsleistungen **Entgelt**
für die Betriebsübertragung bzw. die Übertragung einzelner Wirtschaftsgüter. Das Entgelt ist nach dem Kapitalwert der Zahlungen, der nach § 14
BewG[3] zu ermitteln ist, zuzüglich der ggf. übernommenen Schulden, zu
berechnen (Abschn. 154 Abs. 4 Satz 3 UStR).[4]

(Einstweilen frei) 1448-1460

---

1 BFH, U. v. 2.10.1986 V R 91/78, BStBl II 1987, 44.
2 Vgl. Anm. 427 ff.
3 Zur Berechnung vgl. Anm. 195.
4 Birkenfeld, UR 1992, 29, 33, unter Hinweis auf BFH, U. v. 28.2.1991 V R 12/85, BStBl II 1991,
  649; Korn, KÖSDI 1993, 9399, Tz. 20; StVj 1993, 133, 157 f.

2. Steuerrechtliche Behandlung der teilentgeltlichen Übertragung

a) Übertragung eines Gegenstandes des Betriebsvermögens (ohne Grundstück)

Fall

V, der ein Hochbauunternehmen betreibt, übereignet seinem Sohn S, der einen eigenen Betrieb eröffnen will, einen Bagger (Wiederbeschaffungspreis: 30.000 DM ohne Umsatzsteuer), den er sechs Jahre zuvor erworben hat, gegen Übernahme der restlichen Verbindlichkeiten aus dem Kauf (5.000 DM).

aa) Lieferung (§ 1 Abs. 1 Nr. 1 UStG)

1461   Bei der Übertragung des Baggers auf S handelt es sich um eine **Lieferung** i.S. von § 1 Abs. 1 Nr. 1 UStG. Das Entgelt besteht in der Schuldübernahme.[1] Die Unangemessenheit des Entgelts beeinträchtigt die Steuerbarkeit nicht.[2] Ein Eigenverbrauch liegt (auch teilweise) nicht vor.[3]

bb) Folgen

1462   Die teilentgeltliche Übertragung ist grundsätzlich **umsatzsteuerpflichtig**. Die Steuerbefreiungen des § 4 UStG bleiben erhalten. Ein Verzicht auf die Steuerbefreiung nach § 9 UStG kommt in Betracht.

cc) Bemessungsgrundlage (§ 10 Abs. 5 Nr. 1, Abs. 4 Nr. 1 UStG)

1463   Der Umsatz wird nach dem **Entgelt** bemessen. Entgelt ist alles, was der Leistungsempfänger aufwendet, um die Leistung zu erhalten, auch Aufwendungen an Dritte (z.B. Geschwistergelder). Zum Entgelt gehört auch, was ein anderer als der Leistungsempfänger dem Unternehmer für die Leistung gewährt (§ 10 Abs. 1 UStG).

1464   Bei Übertragungen gegen Versorgungsleistungen ist das Entgelt nach § 14 BewG zu ermitteln[4], bei Schuldübernahme besteht das Entgelt in den übernommenen Schulden.

---

1   Vgl. Anm. 1444.
2   Vgl. Anm. 1443.
3   Birkenfeld, UR 1992, 29, 32.
4   Vgl. Anm. 1447.

Bemessungsgrundlage ist nicht der Betrag der Schuldübernahme (5.000 **1465** DM), sondern die **Mindestbemessungsgrundlage**, d.h., der Einkaufspreis, der im Regelfall dem Wiederbeschaffungspreis entspricht.[1] Die Umsatzsteuer gehört nicht zur Bemessungsgrundlage (§ 10 Abs. 5 Nr. 1, Abs. 4 Nr. 1 UStG). Bemessungsgrundlage ist demnach ein Betrag von 30.000 DM. Die Umsatzsteuer beträgt also 4.500 DM (15 % von 30.000 DM).

dd) Vorsteuerabzug

Mit der Lieferung zusammenhängende, von einem anderen Unternehmer **1466** in Rechnung gestellte Umsatzsteuer kann **V als Vorsteuer** abziehen.

V erteilt dem S gemäß § 14 Abs. 1 Satz 3 UStG folgende **Rechnung:** **1467**

Mindestbemessungsgrundlage	30.000 DM
15 % USt	4.500 DM
	34.500 DM (Abschn. 187 a Abs. 1 UStR)

S kann die in Rechnung gestellte Umsatzsteuer **in voller Höhe als Vor-** **1468** **steuer abziehen**, sofern der Vorsteuerabzug nicht nach § 15 Abs. 2 EStG ausgeschlossen ist, z.B. bei einer steuerfreien Vermietung.

Dies bedeutet für **V:** **1469**

Rechnungsbetrag	34.500 DM
tatsächliches Entgelt	5.000 DM
auf V entfällt ein Betrag von	29.500 DM

▷ *Gestaltungshinweis*

Diese Verfahren ist für S nachteilig, weil er die in Rechnung gestellte **1470** *Umsatzsteuer zahlen muß, während S den Betrag als Vorsteuer abziehen kann. Es empfiehlt sich daher, daß S zusätzlich zu den Verbindlichkeiten auch den Umsatzsteuerbetrag übernimmt. Ertragsteuerrechtlich ist in der Übernahme der Umsatzsteuerzahlung kein Entgelt zu sehen.[2]*

(Einstweilen frei) **1471-1480**

---

1 Zur Sonderregelung für Pauschallandwirte vgl. Anm. 1513.
2 Welzel, DStZ 1989, 159, 161.

b) Übertragung eines steuerfrei vermieteten Grundstücks

Fall

V überträgt seiner Tochter T fünf Jahre nach der Anschaffung ein Mietwohngrundstück (Einkaufspreis zuzüglich Nebenkosten 2.000.000 DM; Umsatzsteuerbeträge auf Herstellungskosten 200.000 DM), für das er keinen Vorsteuerabzug in Anspruch genommen hat. Der Wiederbeschaffungspreis beträgt 1.800.000 DM. T zahlt 500.000 DM.

aa) Kein Verzicht auf Steuerbefreiung

1481   Es handelt sich um eine Lieferung, die nach § 4 Nr. 9 Buchst. a UStG steuerfrei ist. Bei einer Lieferung besteht im Gegensatz zum Entnahmeeigenverbrauch[1] die Möglichkeit, auf die Umsatzsteuerbefreiung zu verzichten (§ 9 UStG). Wenn V nicht auf die Befreiung verzichtet, kann er keine Umsatzsteuer in Rechnung stellen. T hat daher **keinen Vorsteuerabzug**, so daß das Grundstück mit der Umsatzsteuer belastet bleibt, selbst wenn T zur Umsatzsteuer optiert.

bb) Verzicht auf Steuerbefreiung (§ 9 UStG)

1482   Wenn **V** auf die Steuerbefreiung nach § 9 UStG verzichtet, ist bei ihm die **Vorsteuer zu berichtigen**. Berichtigungsvorschrift ist § 15 a UStG; denn durch diese Vorschrift wird der Vorsteuerabzug so ausgeglichen, daß er den Verhältnissen entspricht, die sich für den gesamten, im Einzelfall maßgeblichen Berichtigungszeitraum ergeben (Abschn. 214 Abs. 1 Satz 3 UStR). Auch der Wortlaut des § 15 a UStG erfaßt nicht nur die Fälle, in denen zunächst der Vorsteuerabzug gegeben war, sondern auch die Fälle, in denen die Vorsteuer nicht abgezogen werden konnte, und sich später die Verhältnisse ändern (Abschn. 214 Abs. 6, Abschn. 217 Abs. 2 UStR).[2] Das Finanzamt muß also dem V die anteilige Vorsteuer (100.000 DM) zahlen.

1483   V erteilt der T aufgrund der Mindestbemessungsgrundlage (1.800.000 DM) eine **Rechnung** mit einer Umsatzsteuer von 270.000 DM. Diesen Betrag kann **T** als **Vorsteuer** abziehen, wenn sie das Grundstück zur Ausführung

---

1   Vgl. Anm. 1412.
2   Vgl. BFH, U.v. 3.12.1992 V R 87/90, BStBl II 1993, 411; a.A. Birkenfeld, UR 1992, 29, 34, unter Hinweis auf BFH, U. v. 27.6.1991 V R 106/86, BStBl II 1991, 860, für Berichtigung nach den Vorschriften der AO.

steuerpflichtiger Umsätze verwendet. Wird das Grundstück weiterhin steuerfrei vermietet, entfällt der Vorsteuerabzug.

▷ *Gestaltungshinweis*

V wird nur dann auf die Steuerbefreiung nach § 9 UStG verzichten, wenn **1484**
T das Grundstück zur Ausführung steuerpflichtiger Umsätze verwendet.
Vorteile ergeben sich in einem solchen Fall durch die Berichtigung des
Vorsteuerabzugs nach § 15 a UStG. Um V nicht zu belasten, empfiehlt sich,
daß T zusätzlich zur Zahlung der 500.000 DM auch die Umsatzsteuer
übernimmt.[1]

(Einstweilen frei) **1485-1490**

c) Übertragung eines Betriebsgrundstücks

Fall

Wie Fall vor Anm. 1481. Es handelt sich aber um ein Betriebsgrundstück. V hat die in Rechnung gestellte Umsatzsteuer auf Herstellungskosten (200.000 DM) als Vorsteuer abgezogen.

aa) Kein Verzicht auf Steuerbefreiung

Die Lieferung ist nach § 4 Nr. 9 Buchst. a UStG steuerfrei. V kann **1491**
nach § 9 UStG auf die Steuerbefreiung verzichten. Wenn V nicht auf die
Befreiung verzichtet, muß er die **anteilige Vorsteuer** (100.000 DM) an das
Finanzamt **zurückzahlen**. V kann keine Umsatzsteuer in Rechnung stellen,
so daß **T keinen Vorsteuerabzug** hat. In Höhe von 100.000 DM bleibt
das Grundstück mit Umsatzsteuer belastet, selbst wenn T das Grundstück
steuerpflichtig vermietet.

bb) Verzicht auf Steuerbefreiung (§ 9 UStG)

Die Vorsteuer ist nicht zu berichtigen. V erteilt der T aufgrund der **1492**
Mindestbemessungsgrundlage eine Rechnung mit einer Umsatzsteuer von
270.000 DM. Diesen Betrag kann **T** als **Vorsteuer** abziehen, wenn sie das
Grundstück weiterhin zur Ausführung steuerpflichtiger Umsätze verwendet.
Wird das Grundstück steuerfrei vermietet, entfällt der Vorsteuerabzug.

---

1 Vgl. Anm. 1470.

▷ *Gestaltungshinweis*

1493   *V wird nur dann auf die Steuerbefreiung nach § 9 UStG verzichten, wenn T das Grundstück weiterhin zur Ausführung steuerpflichtiger Umsätze verwendet. In einem solchen Fall bleibt das Grundstück weiterhin von Umsatzsteuer entlastet. Um V nicht zu belasten, ist anzuraten, daß T neben der Zahlung von 500.000 DM noch die Umsatzsteuer übernimmt.[1]*

1494, 1495   *(Einstweilen frei)*

d) Übertragung eines gemischtgenutzten Grundstücks

Fall

V überträgt seiner Tochter T ein Grundstück, auf dem sich sein Betrieb und seine Privatwohnung befindet.

Abwandlung

Auf dem Grundstück befindet sich der Betrieb und eine bisher steuerfrei vermietete Wohnung.

Hier ergeben sich folgende **Fragen**:

1496   • Ist der unternehmerisch genutzte Teil des Grundstücks ein selbständiger Gegenstand einer Lieferung?

1497   • Muß dem Unternehmen auch der privat genutzte Grundstücksteil zugeordnet werden?

1498   • Kann die Berichtigung des Vorsteuerabzugs nach § 15 a UStG auf den unternehmerisch genutzten Grundstücksteil beschränkt werden?

1499   Diese Fragen hat der **BFH dem EuGH zur Entscheidung vorgelegt.**[2] Die weitere Entwicklung bleibt abzuwarten.

1500   Eine ähnliche Interessenlage ist dann anzunehmen, wenn der Wohnteil steuerfrei vermietet wird (**Abwandlung**).

1501   Zur weiteren Lösung vgl. Anm. 1481 ff. und 1491 ff.

---

1   Vgl. Anm. 1470.
2   BFH, B. v. 28.4.1992 V R 38/87, BFHE 167, 572, DB 1992, 1612, m. Anm. Hoelscher, KFR F. 7 UStG § 15a, 2/92, 293.

▷ **Gestaltungshinweis**

Die Aufspaltung eines Grundstücks in einen unternehmerisch und einen   1502
nichtunternehmerisch genutzten Teil wäre für den Steuerpflichtigen gün-
stiger. Die Finanzverwaltung lehnt jedoch eine Aufteilung ab. Angesichts
der Unsicherheit der Rechtslage sollte man einen entsprechenden Bescheid
nicht bestandskräftig werden lassen.

Diese Problematik kann vermieden werden, wenn das Grundstück erst nach   1503
Ablauf des Zehnjahreszeitraums übertragen wird.

Außerdem besteht die Möglichkeit, vor der Übertragung das Grundstück   1504
in Wohnungs- und Teileigentum aufzuteilen. Umsatzsteuerrechtlich liegen
dann zwei Liefergegenstände vor.[1]

(Einstweilen frei)   1505-1510

e) Übertragung eines Betriebs

Fall

V überträgt seinen Betrieb (Wiederbeschaffungspreise 2.000.000 DM)
auf seinen Sohn S, der dafür 500.000 DM zahlen muß.

Bei einer Geschäftsveräußerung ist Bemessungsgrundlage das **Entgelt** für   1511
die auf den Erwerber übertragenen Gegenstände (Besitzposten). Die Befrei-
ungsvorschriften bleiben unberührt. Die übernommenen Schulden können
nicht abgezogen werden (§ 10 Abs. 3 UStG).

Auch in diesem Fall ist Entgelt die **Mindestbemessungsgrundlage** des   1512
§ 10 Abs. 5 Nr. 1, Abs. 4 Nr. 1 UStG.[2]

---

1   Hoelscher, KFR F. 7 UStG § 15a, 2/92, 293.
2   Vgl. Anm. 1465.

f) Sonderregelung für Pauschallandwirte

Fall

V ist Landwirt und versteuert die Umsätze nach Durchschnittssätzen (§ 24 UStG). Er überträgt einen Gegenstand des Betriebsvermögens auf seinen Sohn S (Wiederbeschaffungspreis 20.000 DM) um 5.000 DM.

Abwandlung

V überträgt seinen gesamten Betrieb auf S.

1513   V darf auch in Fällen der teilentgeltlichen Übertragung einzelner Wirtschaftsgüter des Betriebsvermögens in seiner Rechnung nur das **tatsächlich erhaltene Entgelt** ansetzen (§ 14 Abs. 1 Satz 4 UStG). Er ist nicht berechtigt, Umsatzsteuer auf die Mindestbemessungsgrundlage in Rechnung zu stellen.

1514   Wenn V seinen **gesamten Betrieb** auf S **überträgt** (**Abwandlung**), sind die Umsätze nicht steuerbar (§ 24 Abs. 1 Satz 2 UStG). V darf in seiner Rechnung keine Umsatzsteuer ausweisen. Der Vorsteuerabzug bei S entfällt, selbst wenn S für die normale Besteuerung optiert (§ 24 Abs. 4 UStG)[1].

1515-1520   *(Einstweilen frei)*

B. Erbfall, Erbengemeinschaft und Erbauseinandersetzung

I. Erbfall

Fall

V stirbt und hinterläßt einen Gewerbebetrieb. V hat nicht testiert. Er wird von seinem Sohn S beerbt. S verwendet einen betrieblichen PKW zu privaten Zwecken bzw. verkauft ihn.

Abwandlung 1

V hat S zu seinem Alleinerben bestimmt.

Abwandlung 2

V belastet S mit einem Vermächtnis.

---

1 Vgl. Korn, KÖSDI 1993, 9399, Tz. 30.

Es ist streitig, ob der Erbfall umsatzsteuerbar ist oder ob der Erbe S auch **1521** umsatzsteuerrechtlich in die Rechtsposition des Erblassers V eintritt.

1. Meinung 1: Unterschied zwischen gesetzlicher und testamentarischer Erbfolge

Nach dieser Auffassung gilt folgendes: Es ist zwischen gesetzlicher Erb- **1522** folge und Erbfolge durch letztwillige Verfügung zu unterscheiden. Bei **gesetzlicher Erbfolge** liegt weder ein Leistungsaustausch (kein Entgelt) noch Eigenverbrauch (keine willentliche Wertabgabe) vor. Da der Erbe nur Unternehmer wird, wenn er selbst Umsätze ausführt, kann er Leistungen zum privaten Verbrauch ohne umsatzsteuerrechtliche Folgen selbst dann in Anspruch nehmen, wenn der Erblasser die Vorsteuer abgezogen hat. Auch der Verkauf des PKW ist nicht steuerbar.[1]

Wenn der Erblasser jedoch die **testamentarische Erbfolge (Abwandlung** **1523** **1)** mit einer – ggf. schon zu Lebzeiten erfüllbaren – Gegenleistung ver- knüpft (z.b. Vermächtnis, Auflage; vgl. **Abwandlung 2)**, leistet er gegen Entgelt. Fehlt eine Gegenleistung, so verwirklicht der Erblasser einen Eigenverbrauch.[2]

Diese Meinung ist vor allem deswegen abzulehnen, weil der Erbe bei **1524** gesetzlicher Erbfolge als Letztverbraucher nicht mit Umsatzsteuer bela- stet wäre. Das würde dem System des Umsatzsteuerrechts widersprechen. Bei testamentarischer Erbfolge dürfte die Eigenverbrauchsbesteuerung die absolute Ausnahme sein.[3]

2. Meinung 2: Eintritt in Rechtsposition des Erblassers

Der **Erbfall** ist als solcher **nicht steuerbar,** weil der Erblasser keine ent- **1525** geltlichen Leistungen erbringt und mangels willentlicher Wertabgabe auch kein Eigenverbrauch in Betracht kommt. Nach § 1922 BGB **tritt der Erbe S in die Rechtsposition des Erblassers V ein** (Abschn. 215 Abs. 2 Satz 2 UStR). Der Erbe übernimmt den Betrieb in dem Zustand, in dem er im Zeitpunkt des Erbfalls war.[4] Wenn S Gegenstände des Betriebsvermögens für private Zwecke verwendet, liegt somit Eigenverbrauch vor.

Diese Rechtsmeinung entspricht der Behandlung im **Einkommensteuer-** **1526** **recht.** Auch danach tritt der Erbe in die Rechtsposition des Erblassers ein.

---

1 OFD Saarbrücken v. 2.5.1984, UR 1984, 240.
2 So Birkenfeld, UR 1992, 29, 35 f., m.w.N.
3 Vgl. Anm. 1434.
4 Probst, UR 1992, 221 f., m.w.N.

Er führt nach § 7 Abs. 1 EStDV die Buchwerte fort[1], das Betriebsvermögen bleibt weiterhin verstrickt.[2]

1527-1530 *(Einstweilen frei)*

II. Erbengemeinschaft

1531 Bei der Erbengemeinschaft ergibt sich der selbe Meinungsstreit wie bei einem Alleinerben. Nach der hier vertretenen Ansicht wird in der Regel die **Erbengemeinschaft Unternehmer**.[3] Ausnahmsweise wird jedoch ein Miterbe Unternehmer, wenn sich die Miterben innerhalb eines halben Jahres rückwirkend auseinandersetzen.[4]

1532-1535 *(Einstweilen frei)*

III. Erbauseinandersetzung

1. Übertragung eines Erbanteils

1536 Die Übertragung des Erbanteils an einer Erbengemeinschaft entspricht der Veräußerung eines Gesellschaftsanteils.[5] Der Vorgang kann **umsatzsteuerbar** sein, wenn der Ausscheidende bei der Übertragung als Unternehmer handelt. In diesem Fall greift jedoch die **Befreiungsvorschrift** des § 4 Nr. 8 Buchst. f UStG ein.[6]

2. Ausscheiden eines Miterben; Übernahme des Betriebs durch einen Erben

1537 Das Ausscheiden eines Miterben ist nur dann **steuerbar**, wenn er seine Gesellschaftsrechte gegen Entgelt im Rahmen seines Unternehmens auf die Miterbengemeinschaft überträgt (Abschn. 6 Abs. 3 UStR).[7] Es tritt jedoch

---

1 Vgl. Anm. 721.
2 Zum Sachvermächtnis vgl. Anm. 1282.
3 Reiß, StVj 1989, 103, 119; a.A. Niedersächsisches FG, U. v. 17.1.1989 V 650/87 Rev., UR 1990, 385, Az. des BFH: V R 7/90; Birkenfeld, UR 1992, 29, 32; vgl. i.e. Anm. 1522 ff.; zur Einkommensteuer vgl. Anm. 723.
4 Zur Einkommensteuer vgl. Anm. 727 ff.
5 Probst, UR 1992, 221, 224, unter Hinweis auf Hartmann/Metzenmacher, § 1 Abs. 1 Nr. 1 Tz. 112.
6 Carlé, KÖSDI 1992, 8868, 8874.
7 Hartmann/Metzenmacher, § 1 Abs. 1 Nr. 1 Tz. 113; vgl. auch BFH, U. v. 20.7.1988 X R 46/81, BFH/NV 1989, 327.

Steuerfreiheit ein (§ 4 Nr. 8 Buchst. f UStG). In der Anwachsung beim verbleibenden Miterben liegt kein steuerbarer Vorgang (Abschn. 6 Abs. 4 Satz 1 UStR).

3. Auseinandersetzung der Erbengemeinschaft

Die Gesellschaft bleibt bis zur Beendigung der Liquidation Unternehmerin. Die Versilberung ihres Vermögens ist daher **umsatzsteuerbar**.[1]

1538

4. Realteilung ohne Ausgleichsleistung

Eine Realteilung ohne Ausgleichsleistung ist umsatzsteuerrechtlich weder Tausch von (Miteigentums-) Anteilen an den einzelnen Wirtschaftsgütern des Nachlasses noch Tausch eines Gesamthandsanteils gegen Alleineigentum an den zugeteilten Wirtschaftsgütern, sondern die Erfüllung des durch die Auseinandersetzungsvereinbarung konkretisierten gesetzlichen Auseinandersetzungsanspruchs. Die Realteilung ist kein entgeltlicher Vorgang und daher **nicht steuerbar**.[2]

1539

5. Realteilung mit Ausgleichsleistung

Eine **steuerbare** Leistung gegen Entgelt ist anzunehmen, wenn die Erbengemeinschaft einen Gegenstand des Betriebsvermögens gegen einen Spitzenausgleich überträgt.[3]

1540

6. Testamentsvollstreckung

Führt der Testamentsvollstrecker das Unternehmen fort, so ist grundsätzlich der Erbe bzw. die Erbengemeinschaft und nicht der Testamentsvollstrecker Unternehmer. Handelt der Testamentsvollstrecker aber als Treuhänder der Erben in eigenem Namen, so ist er der Unternehmer.[4]

1541

(Einstweilen frei)

1542-1600

---

1   RFH, U. v. 13.7.1923 V A 531/22, RStBl 1923, 348; v. 29.1.1926 V A 344/25, RStBl 1926, 128.
2   Birkenfeld, UR 1992, 29, 37; a.A. Abschn. 6 Abs. 4 Satz 4 UStR; Probst, UR 1992, 221, 223; Hartmann/Metzenmacher, § 1 Abs. 1 Nr. 1 Tz. 109; zur Einkommensteuer vgl. Anm. 831.
3   Birkenfeld, UR 1992, 29, 37; Probst, UR 1992, 221, 224; zur Einkommensteuer vgl. Anm. 851 ff.
4   BFH, U. v. 11.10.1990 V R 75/85, BStBl II 1991, 191; Birkenfeld, UR 1992, 29, 37.

Teil 4:
Vorweggenommene Erbfolge, Erbfall, Erbengemeinschaft und Erbauseinandersetzung bei der Erbschaft- und Schenkungsteuer

Literatur: *Moench*, Grundstücke bei Erbschaft und Schenkung, DStR 1991, 169, 206; *Klein-Blenkers*, Steuerentstehung und Verfügungsmöglichkeit im Erbschaftsteuer- und Schenkungsteuerrecht, DStR 1991, 1549, 1581; *Felix*, Neuere Erkenntnisse zur Minimierung der Erbschaft- und Schenkungsteuer, KÖSDI 1992, 8902; *Klein-Blenkers*, Zur Besteuerung nach den §§ 7 Abs. 7; 3 Abs. 1 Nr. 2 Satz 2 ErbStG, DStR 1992, 1577; *Viskorf*, Erbschaft- und Schenkungsteuer bei Tod oder Ausscheiden eines Gesellschafters aus einer Gesellschaft, NWB F. 10, 655; *Schmitz*, Übertragung privaten Grundvermögens unter Nießbrauchsvorbehalt in vorweggenommener Erbfolge, DStR 1993, 497; *Odenthal*, Aus der Rechtsprechung des BFH und der Finanzgerichte zur Erbschaft- und Schenkungsteuer im Jahre 1992, DStR 1993, 865; *Moench*, Der Preis längeren Lebens – Eine neue „Sterbetafel" zur Vermögensteuer und Erbschaftsteuer, DStR 1993, 898.

Verwaltungsanweisungen: Koordinierter Ländererlaß v. 10.3.1976, Zweifelsfragen bei Anwendung des neuen Erbschaftsteuer- und Schenkungsteuergesetzes, BStBl I 1976, 145.

Vgl. auch zu den einzelnen Anm.

A. Vorweggenommene Erbfolge

Literatur: *Christner*, Gestaltungsempfehlungen zur Schenkungsteuer, INF 1992, 248.

Vgl. auch zu den einzelnen Anm.

I. Steuerpflicht

1. Allgemeines (§§ 1 Abs. 1 Nr. 2, 7 ErbSt)

1601   Der Schenkungsteuer unterliegen die **Schenkungen unter Lebenden** (§ 1 Abs. 1 Nr. 2 ErbStG).

1602   Als Schenkungen unter Lebenden gelten nach **§ 7 Abs. 1 ErbStG**

- jede freigebige Zuwendung unter Lebenden, soweit der Bedachte durch sie auf Kosten des Zuwendenden bereichert wird;

- was infolge Vollziehung einer von dem Schenker angeordneten Auflage oder infolge Erfüllung einer einem Rechtsgeschäft unter Lebenden beigefügten Bedingung ohne entsprechende Gegenleistung erlangt wird, es sei denn, daß eine einheitliche Zweckzuwendung vorliegt;

- was jemand dadurch erlangt, daß bei Genehmigung einer Schenkung Leistungen an andere Personen angeordnet oder zur Erlangung der Genehmigung freiwillig übernommen werden;

- die Bereicherung, die ein Ehegatte bei Vereinbarung der Gütergemeinschaft (§ 1415 BGB) erfährt;

- was als Abfindung für einen Erbverzicht (§§ 2346, 2352 BGB) gewährt wird;

- was durch vorzeitigen Erbausgleich (§ 1934 d BGB) erworben wird;

- was ein Vorerbe dem Nacherben mit Rücksicht auf die angeordnete Nacherbschaft vor ihrem Eintritt herausgibt;

- der Übergang von Vermögen aufgrund eines Stiftungsgeschäfts unter Lebenden;

- was bei Aufhebung einer Stiftung oder bei Auflösung eines Vereins, dessen Zweck auf die Bindung von Vermögen gerichtet ist, erworben wird;

- was als Abfindung für aufschiebend bedingt, betagt oder befristet erworbene Ansprüche, soweit es sich nicht um einen Fall des § 3 Abs. 2 Nr. 5 ErbStG handelt, vor dem Zeitpunkt des Eintritts der Bedingung oder des Ereignisses gewährt wird.

Weitere Einzelheiten für eine Schenkung unter Lebenden finden sich in § 7 Abs. 2 bis Abs. 7 ErbStG, insbesondere zur Schenkung bei Beteiligung an einer Personengesellschaft.[1]   **1603**

2. Freigebige Zuwendungen

Literatur: *Oswald*, Zur Frage der Schenkungsteuerpflicht bei Zinslosigkeit eines Darlehens, DStZ 1980, 15.

Vgl. auch vor Anm. 1601.

Besondere Bedeutung für die Schenkungsteuer hat der Begriff der freigebigen Zuwendung in § 7 Abs. 1 Nr. 1 ErbStG. Hierzu müssen folgende Voraussetzungen erfüllt sein[2]:   **1604**

---

1 Vgl. Anm. 1611 ff.
2 BFH, U. v. 14.7.1982 II R 125/79, BStBl II 1982, 714.

• Objektive Bereicherung des Beschenkten auf Kosten des Schenkers und

• Wille des Schenkers, die Zuwendung unentgeltlich vorzunehmen.

a) Objektive Bereicherung des Beschenkten auf Kosten des Schenkers

Fall

V räumt seiner Tochter T ein zinsloses Darlehen über 1.000.000 DM zum Kauf eines Hauses ein.

1605   Es liegt **keine objektive Bereicherung** vor, wenn der Bedachte auf die Leistung einen gesetzlichen oder bürgerlich-rechtlichen **Anspruch** hat, z.B. bei gesetzlichem Unterhalt, Arbeitslohn, Schadensersatz, Zugewinnausgleich.[1]

1606   Die Bereicherung muß nicht aus dem Vermögen des Schenkers stammen. Sie ist auch zu bejahen bei **Gleichstellungsgeldern**[2] und einer **mittelbaren Zuwendung**, bei der der Schenker Geld mit der Zweckbestimmung gibt, einen bestimmten Gegenstand[3] oder eine Beteiligung[4] zu erwerben. Gegenstand einer Schenkung kann auch eine **Nutzungsmöglichkeit** sein. Der Jahreswert der Nutzung eines zinslosen Darlehens ist mit 5,5 % anzunehmen (§ 23 Abs. 1 ErbStG i.V. mit § 15 BewG), bei einem Darlehen auf unbestimmte Zeit ist der Kapitalwert mit dem Neunfachen des Jahreswertes anzusetzen (§ 23 Abs. 1 ErbStG i.V. mit § 13 Abs. 2 BewG).[5] Bei einem niedrig verzinslichen Darlehen ist eine freigebige Zuwendung nur insoweit anzunehmen, als der Zinssatz 5,5 % unterschreitet. Auch eine zinslose Stundung des Restkaufgeldes bei einer Grundstücksveräußerung löst grundsätzlich Schenkungsteuer aus.[6]

1607   Während die Frage der Bereicherung grundsätzlich nach **Zivilrecht** zu beantworten ist, ist die Wertermittlung nach § 10 ErbStG vorzunehmen.

---

1   Christner, INF 1992, 248.
2   FG Rheinland-Pfalz, U. v. 7.2.1992 4 K 2987/90 rkr., EFG 1992, 469.
3   Zur mittelbaren Grundstücksschenkung vgl. Anm. 1691 ff.
4   Vgl. Anm. 1808.
5   BFH, U. v. 12.7.1979 II R 26/78, BStBl II 1979, 631; II R 41/77, BStBl II 1979, 740; a.A. Oswald, DStZ 1980, 15.
6   FG Berlin, U. v. 29.10.1991 V 428/89 Rev., EFG 1992, 285, Az. des BFH: II R 7/92.

b) Wille des Schenkers, die Zuwendung unentgeltlich vorzunehmen

Nach gesicherter BFH-Rechtsprechung zielt das subjektive Tatbestands- 1608
merkmal der freigebigen Zuwendung nicht auf die Bereicherung des Bedachten ab, sondern bezieht sich auf die **Unentgeltlichkeit der Zuwendung**, nämlich darauf, ob die Zuwendung in rechtlichem Zusammenhang
mit einer Gegenleistung (oder einem Gemeinschaftszweck) steht oder zur
Erfüllung einer bestehenden Verbindlichkeit (sei es auch einer Naturalobli-
gation) erfolgt.[1]

(Einstweilen frei) 1609,1610

3. Anwachsung und Übertragung von Gesellschaftsanteilen

Literatur: *Viskorf*, Schenkungsteuer bei einer Übertragung von Anteilen an einer Personengesellschaft, KFR F. 3 ErbStG § 7, 2/92, 331; *Bolz*, Schenkweise Übertragung eines
Gesellschaftsanteils; *Viskorf*, Schenkungsteuerrechtliche Beurteilung der Anwachsung
von Gesellschaftanteilen bei Ausscheiden eines Gesellschafters, KFR F. 10 ErbStG § 7,
1/93, 27.

Vgl. auch vor Anm. 1601.

Fall

V und sein Sohn S sind Gesellschafter der V & S OHG. Der Wert des
Anteils nach § 12 ErbStG beträgt 700.000 DM, der Buchwert 300.000
DM. V scheidet entsprechend dem Gesellschaftsvertrag zum Buchwert
aus. S führt das Unternehmen fort.

Abwandlung

V überträgt seinen Anteil gegen Zahlung von 300.000 DM auf S.

a) Anwachsung von Gesellschaftsanteilen

Soll eine Personengesellschaft durch Kündigung (§ 723 Abs. 1 Satz 1 1611
BGB), durch Tod (§ 727 Abs. 1 BGB) oder durch Konkurs eines Gesellschafters nicht aufgelöst und gemäß §§ 730 bis 735 BGB liquidiert
werden, so kann der Gesellschaftsvertrag bestimmen, daß die Gesellschaft
unter den übrigen Gesellschaftern fortbestehen soll (Fortsetzungklausel,
§ 736 BGB). In diesen Fällen scheidet der betreffende Gesellschafter aus
der Gesellschaft aus (§ 736 BGB). **Der Anteil des Ausscheidenden** am

---

1 BFH, U. v. 1.7.1992 II R 70/88, BStBl II 1992, 921; II R 12/90, BStBl II 1992, 925.

Gesellschaftsvermögen **wächst den übrigen Gesellschaftern zu** (§ 738 Abs. 1 Satz 1 BGB). Dies gilt über § 105 Abs. 2 und § 161 Abs. 2 HGB auch für die OHG und die KG. Der Ausscheidende erhält gemäß §§ 738 Abs. 1 Satz 2, 740 BGB eine Abfindung, wenn das Gesellschaftsvermögen nicht durch Verluste verbraucht ist.

1612 Der Übergang des Gesellschaftsanteils auf die anderen Gesellschafter in Form der Anwachsung **beruht** danach stets i.S. des § 7 Abs. 7 ErbStG **auf dem Gesellschaftsvertrag**; denn er tritt nur dann ein, wenn im Gesellschaftsvertrag eine Fortsetzungsklausel (ggf. eine Übernahmeklausel) vereinbart ist. Übersteigt der Anteilswert des ausscheidenden Gesellschafters – nach Maßgabe des § 12 ErbStG – den Abfindungsanspruch, so ist § 7 Abs. 7 ErbStG anzuwenden.[1]

1613 Diese Grundsätze gelten auch dann, wenn bei einer **aus zwei Personen bestehenden Personengesellschaft** die Übernahme des Gesellschaftsvermögens durch einen Gesellschafter vereinbart wird; denn in diesem Fall geht der Anteil des ausscheidenden auf den anderen Gesellschafter nach den gleichen Regeln wie bei der mehrgliedrigen Personengesellschaft analog § 142 HGB, § 138 Abs. 1 Satz 1 BGB über. Eine Differenzierung zwischen mehr- und zweigliedrigen Personengesellschaften ist daher nicht gerechtfertigt. Auch Abweichungen vom Gesellschaftsvertrag hinsichtlich Höhe und Auszahlung des Abfindungsguthabens des ausscheidenden Gesellschafters können zur Anwendung des § 7 Abs. 7 ErbStG führen.[2]

1614 Das subjektive Tatbestandsmerkmal des **Bewußtseins der Unentgeltlichkeit** gehört **nicht** zum gesetzlichen Tatbestand des § 7 Abs. 7 ErbStG.[3]

b) Übertragung eines Gesellschaftsanteils (Abwandlung)

1615 Überträgt V seinen Gesellschaftsanteil auf S, so ist **§ 7 Abs. 7 ErbStG grundsätzlich nicht** anzuwenden. Die Möglichkeit der Übertragung von Gesellschaftsanteilen ergibt sich nicht aus dem Gesellschaftsvertrag. Vielmehr steht den Gesellschaftern das – durch den Gesellschaftsvertrag allerdings einschränkbare – Recht zu, über ihren Anteil zu verfügen. Aus einem evtl. Zustimmungserfordernis im Gesellschaftsvertrag kann nicht

---

1 BFH, U. v. 1.7.1992 II R 12/90, BStBl II 1992, 925, m. Anm. Viskorf, KFR F. 10 ErbStG § 7, 1/93, 27, unter Aufhebung von FG Münster, U. v. 20.11.1989 III 7541/86 Erb, EFG 1990, 321.
2 BFH, U. v. 1.7.1992 II R 12/90, BStBl II 1992, 925; Viskorf, NWB F. 10, 655; kritisch Klein-Blenkers, DStR 1992, 1577.
3 BFH, U. v. 1.7.1992 II R 12/90, BStBl II 1992, 925; Kapp, § 7 Rz. 193; Viskorf, NWB F. 10, 655; a.A. Meincke/Michel, § 7 Anm. 151; Troll, § 7 Tz. 67; Klein-Blenkers, DStR 1992, 1577.

abgeleitet werden, daß die Rechtsbeziehungen zwischen Anteilsveräußerer oder Anteilserwerber gesellschaftsvertraglicher Art seien oder auf dem Gesellschaftsvertrag i.S. des § 7 Abs. 7 ErbStG beruhten. Das gilt auch, wenn die Zustimmung bereits im Gesellschaftsvertrag erteilt ist.[1]

Die Übertragung des Gesellschaftsanteils kann jedoch eine **freigebige** **Zuwendung** i.S. von § 7 Abs. 1 Nr. 1 ErbStG sein. Bei der Frage der **Unentgeltlichkeit** der Zuwendung kommt es auf die Rechtsbeziehungen zwischen dem Alt- und Neugesellschafter, nicht auf die Verpflichtungen des Neugesellschafters S durch den Gesellschaftsvertrag an. Verpflichtungen, die S durch seine Gesellschafterstellung entstehen, wie z.B. Übernahme der Haftung und des Verlustrisikos sowie Einsatz der vollen Arbeitskraft für die Gesellschaft, sind daher keine Gegenleistung für die Anteilsübertragung.[2] Auch bei einem auffälligen Mißverhältnis zwischen Leistung und Gegenleistung – wie bei der Abwandlung – ist davon auszugehen, daß die Zuwendung im Umfang der Bereicherung unentgeltlich ist.[3] Dies setzt jedoch – anders als bei § 7 Abs. 7 ErbStG – das **Bewußtsein der Unentgeltlichkeit**[4] voraus.[5]

1616

(Einstweilen frei) **1617-1620**

4. (Unbenannte) Zuwendungen an Ehegatten und Lebensgefährten

Literatur: *Meincke*, Güterstandsvereinbarungen aus einkommen- und erbschaftsteuerlicher Sicht, DStR 1986, 135; *Moench*, Eheliche Güterstände und Erbschaftsteuer, DStR 1989, 299; *Sosnitza*, Schenkungsteuer bei unbenannten Zuwendungen unter Ehegatten, UVR 1989, 108; *Schotten*, Die ehebedingte Zuwendung – ein überflüssiges Rechtsinstitut?, NJW 1990, 2841; *Grziwotz*, Schenkungsteuerpflicht durch Vereinbarungen in Partnerschaftsverträgen?, DStR 1993, 149.

Verwaltungsanweisungen: BMF v. 3.1.1084, Zuwendungen zwischen Partnern einer nichtehelichen Lebensgemeinschaft, DB 1984, 327; koordinierter Ländererlaß v. 10.11.1988, Zur schenkungsteuerlichen Behandlung von „unbenannten" Zuwendungen unter Ehegatten, BStBl I 1988, 513.

---

1 BFH, U. v. 1.7.1992 II R 70/88, BStBl II 1992, 921, m. Anm. Viskorf, KFR F. 10, ErbSt G § 7, 2/92, 331.
2 BFH, U. v. 1.7.1992 II R 108/88, BStBl II 1992, 923, m. Anm. Bolz, KFR F. 10 ErbStG § 7, 3/92, 333; v. 1.7.1992 II R 107/88, BFH/NV 1993, 54.
3 BFH, U. v. 10.9.1986 II R 81/84, BStBl II 1987, 80.
4 Vgl. Anm. 1608.
5 BFH, U. v. 1.7.1992 II R 70/88, BStBl II 1992, 921.

Fall

V schenkt seinem Ehegatten E einen Kommanditanteil.

Abwandlung

E ist der Lebensgefährte.

a) (Unbenannte) Zuwendungen an Ehegatten

1621 Nach **BFH**, U. v. 28.11.1984[1] ist den **Umständen des Einzelfalls** zu entnehmen, ob eine Zuwendung zwischen Ehegatten **entgeltlich oder unentgeltlich** ist. In diesem U. folgt der BFH der Rechtsprechung der Zivilgerichte, nach der jeder Ehegatte in angemessener Weise an den Früchten des ehelichen Zusammenwirkens zu beteiligen ist (sog. unbenannte Zuwendung).[2] Übersteigt die Zuwendung eine Grenze, über die hinaus sie nicht mehr als Ausgleich für geleistete Mitarbeit oder als angemessene Beteiligung an den Früchten des ehelichen Zusammenlebens aufgefaßt werden kann, so wird in der Regel eine unentgeltliche Zuwendung anzunehmen sein. Damit weicht der BFH von seiner bisherigen Rechtsprechung ab, nach der bei Geld- und Sachleistungen zwischen Ehegatten eine tatsächliche Vermutung für eine freigebige Zuwendung bestehe.

1622 Die **Finanzverwaltung** folgt im Grundsatz der Rechtsprechung des BFH, hält jedoch nur folgende Fälle für **nicht steuerbar:**

* Gemeinsamer Erwerb eines Familienwohnheimes aus den Mitteln nur eines Ehegatten,

* Hingabe von Mitteln zum alsbaldigen Erwerb eines Familienwohnheimes und

* Übertragung des Eigentums oder Miteigentums an einem Familienwohnheim.

Die Angemessenheit sei auch dann **nicht zu prüfen**, wenn die Zuwendung zur Abgeltung künftiger Leistungen bereits bei Eheschließung vorgenommen werde. Auf den Güterstand komme es nicht an.

▷ *Hinweis*

1623 *Wird der Güterstand der Zugewinngemeinschaft in anderer Weise als durch den Tod eines Ehegatten beendet oder wird der Zugewinn nach § 1371*

---

1   II R 133/83, BStBl II 1985, 159.
2   BGH, U. v. 7.1.1972 IV ZR 231/69, NJW 1972, 580; v. 24.3.1983 IX ZR 62/82, BGHZ 87, 145.

Abs. 2 BGB ausgeglichen, so gehört die Ausgleichsforderung (§ 1378 BGB)
nicht zum Erwerb i.s. des § 7 ErbStG (§ 5 Abs. 2 ErbStG). Unterlag die
*unbenannte Zuwendung der Schenkungsteuer, so muß die gezahlte **Erb-***
***schaftsteuer wieder erstattet** werden, soweit in den Fällen des § 5 Abs. 2*
ErbStG unentgeltliche Zuwendungen auf die Ausgleichsforderung angerech-
net worden sind (§ 1380 Abs. 1 BGB; § 29 Abs. 1 Nr. 3 ErbStG).[1]

Bei **anderen Zuwendungen** sei von **Unentgeltlichkeit** auszugehen, auch   1624
wenn sie zum Ausgleich für geleistete Mitarbeit oder als angemessene
Beteiligung an den Früchten des ehelichen Zusammenwirkens gedacht sind.
Das gelte insbesondere für Zuwendungen zur Alterssicherung, die allein
im Erbfall durch den besonderen Freibetrag des § 17 ErbStG zusätzlich
begünstigt seien.[2]

Die Einschränkung der Finanzverwaltung auf die Anschaffung oder Über-   1625
tragung eines Familienwohnheimes erscheint angesichts der neueren BGH-
Rechtsprechung als zu eng. Nach BGH, U. v. 15.2.1989[3] können auch
andere Beweggründe wie der Einsatz von Kapital zur Alterssicherung
oder Vermögensbildung in der Hand des begünstigten Ehegatten zu einer
unbenannten Zuwendung führen. Wesentliches Merkmal sei nur, daß die
Leistungen des einen Ehegatten nicht auf einem bestimmten schuldrechtlichen Grund (z.B. Gesellschaft, Darlehen, Schenkung, Auftrag) beruhen,
sondern der Verwirklichung der ehelichen Lebensgemeinschaft zu dienen
bestimmt sind.[4]

b) (Unbenannte) Zuwendungen an Lebensgefährten

Bei Partnern einer nichtehelichen Lebensgemeinschaft dürften im Regelfall   1626
gegensätzliche wirtschaftliche Interessen bestehen. Zuwendungen der Partner sind daher nur dann **steuerbar**, wenn ein Partner durch seine Leistung
nicht zur Verwirklichung der Lebensgemeinschaft beitragen, sondern die
eigene Vermögensbildung des anderen bewußt fördern will.[5]

---

1 Koordinierter Ländererlaß v. 10.3.1976, BStBl I 1976, 145, Tz. 2.3.
2 Koordinierter Ländererlaß v. 10.11.1988, BStBl I 1988, 513.
3 IV b ZR 105/87, NJW 1989, 1986.
4 FG Münster, U. v. 7.11.1991 3 K 6332/89 Erb Rev., EFG 1992, 468, Az. des BFH: II R 6/92,
   zur Übertragung eines Kommanditanteils; FG München, U. v. 11.9.1991 4 K 1352/91 Rev.,
   UVR 1991, 338; Felix, KÖSDI 1992, 8902, 8904, Tz. 11; Sosnitza, UVR 1989, 108, 111;
   Klein-Blenkers, Die Bedeutung subjektiver Elemente,109 ff.; Meincke, § 7 Anm. 85.
5 BMF v. 3.1.1984, DB 1984, 327; Grziwotz, DStR 1993, 149; vgl. aber BFH, U. v. 5.4.1989 II
   R 51/86, BFH/NV 1990, 234.

1627-1630 *(Einstweilen frei)*

5. Rückgängigmachung der Schenkung

Literatur: *Troll*, Zur Wertermittlung bei Erstattung der Schenkungsteuer wegen Rückgabe der Schenkung, DB 1990, 498.

Vgl. auch vor Anm. 1601.

1631 Die Steuer **erlischt** u.a. nach § 29 Abs. 1 ErbStG mit Wirkung für die Vergangenheit,

- soweit ein Geschenk wegen eines Rückforderungsrechts herausgegeben werden mußte (vgl. §§ 527 ff. 1301 f., 2113, 2287 f., 2329 ff., 119, 123 BGB);

- soweit die Herausgabe gemäß § 528 Abs. 1 Satz 2 BGB abgewendet worden ist;

- soweit in den Fällen des § 5 Abs. 2 ErbStG unentgeltliche Zuwendungen auf die Ausgleichsforderung angerechnet worden sind (§ 1380 Abs. 1 BGB).

1632 Nur die **tatsächliche Rückgabe** führt zur Erstattung der Steuer. Behauptet der Empfänger einer Zuwendung, daß er diese zurückgewähren mußte, so trifft ihn die Feststellungslast für die Tatsachen, die den Tatbestand der zur Rückgewähr verpflichtenden Rechtsnorm ausfüllen.[1] Zur Wertermittlung vgl. § 29 Abs. 2 ErbStG.[2]

1633 Die Zuwendung ist auch dann schenkungsteuerpflichtig, wenn eine (vollzogene) Schenkung unter **freiem Widerrufsvorbehalt** steht oder auch dem Zuwendenden eine Verfügungsvollmacht des Zuwendungsempfängers erteilt wird.[3] Bei einem Widerruf erlischt die zunächst festgesetzte Steuer[4] ebenso wie bei anderen Rechtsinstituten, die zur Rückgewähr der Schenkung führen.[5]

1634,1635 *(Einstweilen frei)*

---

1 Vgl. BFH, U. v. 5.4.1989 II R 51/86, BFH/NV 1990, 234.
2 Troll, DB 1990, 498.
3 BFH, U. v. 13.9.1989 II R 67/86, BStBl II 1989, 1034, unter Aufhebung von FG Rheinland-Pfalz, U. v. 7.2.1986 6 K 116/84, EFG 1986, 456, m.w.N. zum Streitstand in der Literatur.
4 Moench, § 29 Rz. 15 f., m.w.N.
5 Zum Wegfall der Geschäftsgrundlage vgl. BFH, U. v. 19.10.1977 II R 89 – 92/71, BStBl II 1978, 217.

6. Entstehung der Steuer (§ 9 Abs. 1 Nr. 2 ErbStG)

Literatur: *Bolz*, Zeitpunkt der Ausführung einer Grundstücksschenkung/Gegenstand der Schenkungsabrede, KFR F. 10 ErbStG § 9, 1/91, 141.

Verwaltungsanweisungen: FM Nordrhein-Westfalen v. 28.1.1991, Zeitpunkt der Ausführung einer Grundstücksschenkung, DB 1991, 783; FM des Saarlandes v. 12.2.1991, Zeitpunkt der Ausführung einer Grundstücksschenkung, DStR 1991, 384; FM Baden-Württemberg v. 7.5.1992, Zeitpunkt der Ausführung einer genehmigungsbedürftigen Grundstücksschenkung, DStR 1992, 790.

Vgl. auch vor Anm. 1601.

Fall

V überträgt seinem minderjährigen Sohn S ein Grundstück. S muß seiner Schwester T ein Gleichstellungsgeld zahlen.

Bei Schenkungen unter Lebenden entsteht die Steuer mit dem Zeitpunkt der **Ausführung der Zuwendung** (§ 9 Abs. 1 Nr. 2 ErbStG). Bei beweglichen Sachen ist in der Regel die Übergabe der Sache und die Einigung über den Eigentumsübergang erforderlich.   **1636**

Eine **Grundstücksschenkung** ist ausgeführt, wenn Schenker und Beschenkter in gehöriger Form über den Eigentumsübergang einig sind und der Schenker die Eintragung der Rechtsänderung in das Grundbuch bewilligt hat. Es müssen also Auflassung i.S. des § 925 BGB sowie die Eintragungsbewilligung vorliegen. Es ist nicht erforderlich, daß der Beschenkte den Antrag auf Rechtsänderung beim Grundbuchamt gestellt hat.[1]   **1637**

Entsprechendes gilt für **genehmigungsbedürftige Grundstücksschenkungen**. Als Genehmigungen kommen z.B. die vormundschaftsgerichtliche Genehmigung nach den §§ 1643, 1821 BGB, die Genehmigung der Veräußerung land- und forstwirtschaftlicher Grundstücke nach § 2 GrdstVG und die Genehmigungspflicht für den Bodenverkehr nach § 19 BauGB in Betracht. Mit der Erteilung der Genehmigung werden der Schenkungsvertrag und (oder) die Auflassung wirksam. Die Genehmigung wirkt auf den   **1638**

---

1 BFH, U. v. 26.9.1990 II R 150/88, BStBl II 1991, 320, m. Anm. Bolz, KFR F. 10 ErbStG § 9, 1/91, 141; FM Nordrhein-Westfalen v. 28.1.1991, DB 1991, 783; FM des Saarlandes v. 12.2.1991, DStR 1991, 384; a.A. Klein-Blenkers, DStR 1991, 1549, 1551 ff., erforderlich seien zusätzlich noch die Eintragung einer Vormerkung sowie ein Eintragungsantrag beim Grundbuch; a.A. Kaefer/Röse, Übergang des wirtschaftlichen Eigentums; zur Ausführung der Schenkung bei Übernahme der Baukosten und Tod des Schenkers vor Fertigstellung des Gebäudes vgl. Anm. 1712 ff.

Tag des Vertragsabschlusses zurück (§ 184 BGB). Auf den Zeitpunkt der Genehmigung kommt es nicht an.[1]

1639-1650   *(Einstweilen frei)*

II. Berechnung der Steuer

1. Freibeträge

1651

Steuerklasse	Verwandtschaftsgrad	Persönliche Freibeträge	Sachliche Freibeträge a) Hausrat b) sonstiges
I	Ehegatte	250.000 DM	
	Kinder, Stiefkinder; Kinder verstorbener Kinder und Stiefkinder	90.000 DM	a) 40.000 DM b) 5.000 DM
II	Enkel, Urenkel	50.000 DM	a) 40.000 DM b) 5.000 DM
III	Eltern und Voreltern; Geschwister; Neffen und Nichten; Stiefeltern; Schwiegerkinder; Schwiegereltern; geschiedener Ehegatte	10.000 DM	a) 10.000 DM b) 2.000 DM
IV	alle übrigen Erwerber, auch Lebensgefährten	3.000 DM	a) 10.000 DM b) 2.000 DM

Lebensgefährten sind auch dann nicht wie Ehegatten zu besteuern, wenn sie sich nach der Scheidung wieder versöhnen und einen gemeinsamen Haushalt führen.[2]

---

1   FM Baden-Württemberg v. 7.5.1992, DStR 1992, 790.
2   FG Münster, U. v. 30.8.1990 III 3832/90 Erb NZB, EFG 1991, 200.

Die **Befreiung für Hausrat und andere bewegliche körperliche Gegen-** **1652**
stände in Höhe von 2.000 DM bis 40.000 DM (siehe Tabelle) gilt nicht
für Gegenstände, die zum land- und forstwirtschaftlichen Vermögen, zum
Grundvermögen oder zum Betriebsvermögen gehören, für Zahlungsmittel,
Wertpapiere, Münzen, Edelmetalle, Edelsteine und Perlen (§ 13 Abs. 1
Satz 2 ErbStG). Weitere Freibeträge sind in § 13 Abs. 1 Nr. 2 ff. ErbStG
geregelt.

Nach § 13 Abs. 2 a Nr. 2 ErbStG i.d.F. des **Standortsicherungsgesetzes** gilt **1653**
folgende Freibetragsregelung: Beim Erwerb im Rahmen der vorweggenommenen Erbfolge bleibt **Betriebsvermögen** (§ 12 Abs. 5 ErbStG) insgesamt
bis zu einem Wert von 500.000 DM außer Ansatz, wenn der Schenker dem
Finanzamt unwiderruflich erklärt, daß der Freibetrag für diese Schenkung
in Anspruch genommen wird. Dabei hat der Schenker, wenn zum selben
Zeitpunkt mehrere Erwerber bedacht werden, den für jeden Bedachten
maßgebenden Teilbetrag von 500.000 DM zu bestimmen. Für weiteres,
innerhalb von zehn Jahren nach dem Erwerb von derselben Person anfallendes Betriebsvermögen kann ein Freibetrag weder vom Bedachten noch
von anderen Erwerbern in Anspruch genommen werden.

Die **Steuerbefreiung fällt** mit Wirkung für die Vergangenheit **weg**, soweit **1654**
innerhalb von fünf Jahren nach dem Erwerb ein Gewerbebetrieb oder
ein Teilbetrieb, ein Anteil an einer Gesellschaft i. S. des § 15 Abs. 1
Nr. 2 EStG, ein Anteil eines persönlich haftenden Gesellschafters einer
Kommanditgesellschaft auf Aktien oder ein Anteil daran veräußert wird;
als Veräußerung gilt auch die Aufgabe des Gewerbebetriebs. Vorstehender
Satz gilt auch, wenn die wesentlichen Betriebsgrundlagen eines Gewerbebetriebs veräußert oder in das Privatvermögen übergeführt oder anderen betriebsfremden Zwecken zugeführt werden oder wenn Anteile an
einer Kapitalgesellschaft veräußert werden, die der Veräußerer durch eine
Sacheinlage (§ 20 Abs. 1 des Gesetzes über steuerliche Maßnahmen bei
Änderung der Unternehmensform) aus dem begünstigten Betriebsvermögen
erworben hat.

Schulden und Lasten, die mit dem nach vorstehenden Ausführungen **1655**
befreiten Betriebsvermögen zusammenhängen, sind bei der Berechnung
der Schenkungsteuer in vollem Umfang abziehbar (§ 10 Abs. 6 Satz 4
ErbStG).

Die Gesetzesänderung ist erstmals auf Erwerbe anzuwenden, für die die **1656**
Steuer **nach dem 31.12.1993** entsteht (§ 37 Abs. 10 ErbStG).

2. Steuersätze

1657

Wert des steuerpflichtigen Erwerbs (§ 10 ErbStG) bis einschließlich DM	% in der Steuerklasse			
	I	II	III	IV
50.000	3	6	11	20
75.000	3,5	7	12,5	22
100.000	4	8	14	24
125.000	4,5	9	15,5	26
150.000	5	10	17	28
200.000	5,5	11	18,5	30
250.000	6	12	20	32
300.000	6,5	13	21,5	34
400.000	7	14	23	36
500.000	7,5	15	24,5	38
600.000	8	16	26	40
700.000	8,5	17	27,5	42
800.000	9	18	29	44
900.000	9,5	19	30,5	46
1.000.000	10	20	32	48
2.000.000	11	22	34	50
3.000.000	12	24	36	52
4.000.000	13	26	38	54
6.000.000	14	28	40	56
8.000.000	16	30	43	58
10.000.000	18	33	46	60
25.000.000	21	36	50	62
50.000.000	25	40	55	64
100.000.000	30	45	60	67
über 100.000.000	35	50	65	70

1658-1660   *(Einstweilen frei)*

III. Allgemeine Gestaltungsmöglichkeiten

1. Kettenschenkungen

Fall

V schenkt seiner Tochter T einen Betrag von 90.000 DM und seiner Ehefrau E einen Betrag von 180.000 DM. E schenkt noch am selben Tag der T 90.000 DM.

Wenn die Besteuerung nach den abgeschlossenen Verträgen durchgeführt würde, würde für T keine Steuer anfallen, da die Freibeträge nicht überschritten sind. In diesem Fall stellt sich aber das Problem des § 42 AO. Nach BFH, U. v. 14.3.1962[1] ist zur Annahme einer **rechtsmißbräuchlichen** Kettenschenkung eine – den Beschenkten nicht bindende – Willensäußerung des Schenkers erforderlich, durch die der Beschenkte zur Weitergabe der Zuwendung an einen Dritten veranlaßt wird. Bloßes Wissen, selbst Einverständnis des Schenkers damit, daß der Beschenkte seinerseits mit Mitteln der Schenkung eine Zuwendung ausführen wird, genügt nicht.[2]   1661

Wann eine Veranlassung des Beschenkten in diesem Sinn zu bejahen ist, ist nach den **Umständen des Einzelfalls** zu entscheiden. Das FG Münster hat in seinem U. v. 7.3.1991[3] eine rechtsmißbräuchliche Gestaltung selbst in dem aufgeworfenen Fall verneint.   1662

▷ *Gestaltungshinweis*

Weitere Aufklärung des Problems der Kettenschenkung wird das Revisionsverfahren II R 92/91 bringen. Wenn ein Ehegatte einem Kind aus den vom anderen Ehegatten geschenkten Betrag eine Geldsumme schenken will, ist zur Sicherheit jedoch anzuraten, die Schenkungen nicht an einem Tag auszuführen, sondern einen **zeitlichen Spielraum** *zu lassen. Hierbei dürfte grundsätzlich ein Zeitraum von mindestens einem Monat genügen, wenn der Schenker seinen Ehegatten nicht zur Weiterschenkung an das Kind veranlaßt hat.*   1663

---

1 II 218/59 U, BStBl III 1962, 206.
2 Kritisch hierzu Meincke/Michel, § 7 Anm. 34; Kapp, § 7 Tz. 396 Punkt 2.
3 3 K 8178/88 Erb Rev., EFG 1991, 737; Az. des BFH: II R 92/91.

2. Schenkungen in Etappen (§ 14 ErbStG)

Literatur: *Meincke*, Für eine Revision des § 37 a ErbStG, DStR 1991, 503; *Weinmann*, Erbschaftsteuer im vereinigten Deutschland – Pladoyer für § 37 a ErbStG, DStR 1991, 899; *Meincke*, Nochmals: Für eine Revision des § 37 a ErbStG, DStR 1991, 900.

Vgl. auch vor Anm. 1601.

a) Allgemeines

1664 Mehrere innerhalb von **zehn Jahren** von derselben Person angefallene Vermögensvorteile werden in der Weise **zusammengerechnet**, daß dem letzten Erwerb die früheren Erwerbe nach ihrem früheren Wert zugerechnet werden und von der Steuer für den Gesamtbetrag die Steuer abgezogen wird, welche für die früheren Erwerbe zur Zeit des letzten zu erheben gewesen wäre (§ 14 Abs. 1 Satz 1 ErbStG). Für die **Fristberechnung** gilt immer das Datum der Zuwendung, nicht das Ende des betreffenden Kalenderjahres.[1]

1665 Als frühere Erwerbe i.S. des § 14 ErbStG gelten auch solche, die vor dem 1.1.1991 dem Erbschaftsteuerrecht der DDR unterlegen haben (§ 37 a ErbStG).[2]

▷ *Gestaltungshinweis*

1666 *Im Regelfall ist aus erbschaft- und schenkungsteuerrechtlichen Gründen anzuraten, sein Vermögen in Etappen zu verschenken, da die **Freibeträge** **mehrfach** in Anspruch genommen werden können, wenn zwischen den Schenkungen zehn Jahre liegen.*

b) Steuer bei Vorschenkung innerhalb von zehn Jahren

Fall
V hat seinem Sohn S 1984 100.000 DM geschenkt. 1993 schenkt er wieder 100.000 DM.

---

1   Christner, INF 1992, 248, 249.
2   Weinmann, DStR 1991, 899; kritsch hierzu Meincke, DStR 1991, 503, 900.

Schenkung 1984	100.000 DM	**1667**
abzüglich Freibetrag	90.000 DM	
steuerpflichtiger Erwerb	10.000 DM	
Steuerklasse I 3 %	300 DM	
Schenkung 1993	100.000 DM	
zuzüglich Vorschenkung	100.000 DM	
Gesamterwerb	200.000 DM	
abzüglich Freibetrag	90.000 DM	
steuerpflichtiger Erwerb	110.000 DM	
Steuerklasse I 4,5 %	4.950 DM	
abzüglich anrechenbare Steuer	300 DM	
zu zahlende Steuer	4.650 DM	

Bei der Zusammenrechnung mehrerer innerhalb von zehn Jahren von **1668** derselben Person anfallender Vermögensvorteile mit dem letzten Erwerb sind die früheren Erwerbe mit den ihnen (damals) zukommenden **richtigen Werten** und nicht mit den (falschen) Werten anzusetzen, die den vorangegangenen Steuerfestsetzungen für diese Erwerbe zugrunde gelegt worden sind.[1]

c) Steuer mit Vorschenkung vor zehn Jahren

Fall

V hat seinem Sohn 1982 100.000 DM geschenkt. 1993 schenkt er weitere 100.000 DM.

Die Steuer beträgt 1993 300 DM, da der frühere Erwerb nicht dazugerech- **1669** net wird.

▷ *Gestaltungshinweis*

Ein Verschenken in Etappen ist auf jeden Fall günstiger, wenn nur Beträge **1670** *geschenkt werden, die die Freibeträge nur geringfügig überschreiten.*

---

1 BFH, U. v. 17.4.1991 II R 121/88, BStBl II 1991, 522.

d) Vorteile bei Übertragung höheren Vermögens

Fall

V will seinem Sohn S 1.000.000 DM schenken. Er will wissen, ob eine Schenkung in Etappen günstiger ist.

aa) Steuerbelastung bei Übertragung nach zehn Jahren

1671   Schenkung   1.000.000 DM
       abzüglich Freibetrag   90.000 DM
       _____
       steuerpflichtiger Erwerb   910.000 DM
       Steuerklasse I 10 %   91.000 DM

1672   Da bei einer Übertragung in Etappen ein Zinsnachteil entsteht, ist die Steuerbelastung, die in zehn Jahren entsteht, auf den gegenwärtigen Zeitpunkt abzuzinsen. Bei einem Diskontsatz von 8 % ist folgende Formel anzuwenden:

$$91.000 \text{ DM} \times \frac{1}{(1 + 0,08)^{10}} = \textbf{42.151 DM}$$

bb) Steuerbelastung bei Übertragung in Etappen

1673   Folgende Tabelle enthält einige Varianten[1]:

1. Teil DM	Steuer DM	2. Teil DM	Steuer DM	abgez. DM	gesamt DM
100.000	300	900.000	76.950	35.643	35.943
250.000	8.800	750.000	56.100	25.985	34.785
500.000	30.750	500.000	30.750	14.243	44.933
750.000	56.100	250.000	8.800	4.076	60.176

▷ *Gestaltungshinweis*

1674   *Unter Berücksichtigung der mehrfachen Gewährung des allgemeinen Freibetrags und des Zinsnachteils ist eine Übertragung größeren Vermögens in*

---

1   Vgl. Moench, Münchner Steuerfachtagung 1989, unter Hinweis auf Schild, Erbschaftsteuer und Erbschaftsteuerpolitik bei der Unternehmensnachfolge, 242 ff.

Etappen nur dann vorteilhaft, wenn ein geringer Teil des Vermögens vorab übertragen wird.[1]

(Einstweilen frei) **1675-1680**

3. Grundstücks- statt Geldschenkung

Literatur: *Martin*, Geldzuwendung zum Erwerb eines bestimmten Grundstücks und zur Reparatur desselben als mittelbare Grundstücksschenkung, DStR 1986, 682; *Schuhmann*, Die mittelbare Grundstücksschenkung aus der Sicht der BFH-Rechtsprechung, UVR 1989, 143; *Moench*, Telefonberatung zur mittelbaren Grundstücksschenkung, DStR 1990, 335; *Troll*, Mittelbare Grundstücksschenkung und Einheitsbewertung, DB 1990, 2233; *Neufang*, Geld- oder Grundstücksschenkung, INF 1990, 540; *Dickgießer*, Schenkung von „gebundenen" Geldbeträgen zum Erwerb eines bestimmten Grundstücks, INF 1991, 10; *M. R.*, Schenkung eines Grundstücks, das verkauft wird, DStR 1991, 452; *Bolz*, Zeitpunkt der Ausführung einer Grundstücksschenkung/Gegenstand der Schenkungsabrede, KFR F. 10 ErbStG § 9, 1/91, 141; *Kaefer/Röse*, Ausgewählte Fragen der mittelbaren Grundstücksschenkung bei der Erbschaft- und Schenkungsteuer, der Einkommen- und Vermögensteuer, DStR 1992, 737, 779; *Breitenbach*, Streit über die Erbschaftsteuer, DB 1992, 1321; *Gebel*, Die Beteiligung der Gesamthand an einem der Erbschaftsteuer unterliegenden Erwerbsvorgang, BB 1993, 706; *Wolf*, Der Weg zu neuen Einheitswerten oder ihren Alternativen, DStR 1993, 541.

Verwaltungsanweisungen: Koordinierter Ländererlaß v. 2.11.1989, Gegenstand der Schenkung bei Geldhingabe zum Erwerb eines Grundstücks oder zur Errichtung eines Gebäudes, BStBl I 1989, 443; v. 22.1.1991, Zur Anwendung des § 37 a EStG, BStBl I 1991, 142.

Vgl. auch vor Anm. 1601 und 1636.

a) Vorteile einer Grundstücksschenkung

Fall

V schenkt ein Grundstück in den alten Bundesländern mit einem Verkehrswert von 1.000.000 DM und einem Einheitswert von 100.000 DM (Steuerwert 140.000 DM) seiner Tochter bzw. Enkelin bzw. seinem Bruder bzw. seinem Freund.

Abwandlung

V schenkt 1.000.000 DM in bar.

---

1 Weitere Rechenbeispiele bei Moench, § 14 Rz. 11 ff.

1681 Während bei der Geldschenkung der Nennbetrag zugrunde zu legen ist, gelten bei den **Grundstücksschenkungen** folgende Werte:

- In den **alten Bundesländern 140 % des festgestellten Einheitswerts** (§ 121 a BewG);[1]
- in den **neuen Bundesländern** bei
Mietwohngrundstücken 100 % des Einheitswerts 1935
Geschäftsgrundstücken 400 % des Einheitswerts 1935
gemischtgenutzten Grundstücken, Einfamilienhäusern und sonstigen bebauten Grundstücken 250 % des Einheitswerts 1935 und bei
unbebauten Grundstücken 600 % des Einheitswerts 1935[2].

1682

Steuerklasse	Gegenstand	Wert DM	Wert ./. Freibetrag DM	Steuersatz %	Schenkungsteuer DM
I	Grundstück	140.000	50.000	3	1.500
	Geld	1.000.000	910.000	10	91.000
II	Grundstück	140.000	90.000	8	7.200
	Geld	1.000.000	950.000	20	190.000
III	Grundstück	140.000	130.000	17	22.100
	Geld	1.000.000	990.000	32	316.800
IV	Grundstück	140.000	137.000	28	38.360
	Geld	1.000.000	997.000	48	478.560

▷ _Gestaltungshinweis_

1683 _Da die Grundstücksschenkung derzeit noch mit 140 % des Einheitswerts angesetzt wird[3], empfiehlt sich vor einer Schenkung die Umschichtung von Geldvermögen in Grundstücke oder eine mittelbare Grundstücksschenkung.[4]_

---

1 Zur verfassungsrechtlichen Problematik vgl. Vorlageb. des FG Hamburg v. 30.6.1988 II 331/85, EFG 1988, 586, Az. des BVerfG: 1 BvL 25/88; FG Rheinland-Pfalz, B. v. 4.11.1991 5 K 2464/91, EFG 1992, 165; zur Aussetzung des Klageverfahrens vgl. BFH, B. v. 7.2.1992 III B 24, 25/91, BStBl II 1992, 408; FG Rheinland-Pfalz, B. v. 6.2.1992 5 K 2578/90, EFG 1992, 288, aufgehoben durch BFH, B. v. 5.8.1992 II B 75/92, BStBl I 1992, 967; Breitenbach, DB 1992, 1321.
2 § 37 a EStG i.V. mit koordiniertem Ländererlaß v. 22.1.1991, BStBl I 1991, 142, Tz. 1.2.
3 Zu einer evtl. bevorstehenden Erhöhung der Einheitswerte vgl. Wolf, DStR 1993, 541; BT-Drucks. 12/4438, für differenzierte Zuschlagsmethode.
4 Vgl. Anm. 1691 ff.

b) Grundstücksschenkung und anschließender Verkauf

Fall
V schenkt seinem Sohn S ein Grundstück. Es ist von vornherein geplant, daß S das Grundstück verkauft, um Schenkungsteuer zu sparen.

Es stellt keinen Mißbrauch von Gestaltungsmöglichkeiten nach § 42 AO **1684** dar, wenn die Parteien die bedeutenden Bewertungsunterschiede beim Grundbesitz und dem übrigen Vermögen für die Gestaltung ihrer Schenkungsverträge nutzen. Ergibt sich aus dem übereinstimmenden Willen der Beteiligten und dem eindeutigen Wortlaut der notariellen Beurkundungen, daß ein **Grundstück geschenkt** sein soll[1], so ist das Motiv des Schenkers unbeachtlich, dem Beschenkten durch den Verkauf des Grundstücks Geld zu verschaffen. Wenn die Auflassung erklärt ist, und V die Eintragungsbewilligung erteilt hat, ist grundsätzlich eine Grundstücksschenkung anzunehmen.[2] Die Grenze zu einer mittelbaren Geldschenkung ist erst dann überschritten, wenn der Beschenkte den Weiterverkauf des Grundstücks zu bereits festgelegten Bedingungen nicht vermeiden kann.[3]

Kann der Beschenkte im Verhältnis zum Schenker tatsächlich und rechtlich **1685** nur über den Erlös aus dem Verkauf eines Grundstücks frei verfügen, handelt es sich um eine **Geldschenkung**. Der Wille der Parteien des Schenkungsvertrages, daß nicht der Verkaufserlös, sondern das Grundstück geschenkt sein soll, für die Erhebung der Schenkungsteuer unerheblich.[4]

▷ *Gestaltungshinweis*

Wenn ein geschenktes Grundstück verkauft werden soll, ist darauf zu ach- **1686** *ten, daß der Beschenkte weder rechtlich noch tatsächlich aufgrund einer bestimmten Zwangssituation zum Verkauf verpflichtet ist. Schenkungs- und Kaufvertrag dürfen **nicht** derart miteinander verknüpft sein, daß sie sich als **einheitliches Vertragswerk** darstellen. Schädlich wäre z.B., wenn die Auflassung nicht auf den Beschenkten, sondern auf den Käufer des Grundstücks erklärt würde.[5]*

(Einstweilen frei) **1687-1690**

---

1 Zur Grunderwerbsteuer vgl. Anm. 2301 ff.
2 M. R., DStR 1991, 452; vgl. Anm. 1637 f., zur Ausführung einer Grundstücksschenkung.
3 BFH, U. v. 26.9.1990 II R 150/88, BStBl II 1991, 320, m. Anm. Bolz, KFR F. 10 ErbStG § 9, 1/91, 141.
4 BFH, U. v. 26.9.1990 II R 50/88, BStBl II 1991, 32, m. Anm. Stöcker, DStZ 1991, 90.
5 BFH, U. v. 6.3.1985 II R 114/82, BStBl II 1985, 380.

c) Mittelbare Grundstücksschenkung

aa) Voraussetzungen

Fall

V schenkt seinem Sohn S 500.000 DM, das S zum Kauf eines Grundstücks verwenden soll.

1691 Hier ist die Schenkung eines Geldbetrages unter einer Auflage von der mittelbaren Grundstücksschenkung abzugrenzen. Entscheidend ist, was dem Bedachten nach dem erkennbaren Willen des Zuwendenden verschafft werden soll.

1692 In der Hingabe zum Erwerb eines Grundstücks – sei es in Höhe der vollen oder eines Teils der Anschaffungskosten – ist eine **Geldschenkung unter einer Auflage** zu sehen, wenn der Schenker dem Beschenkten lediglich zum Ausdruck bringt, daß dieser für den zugewendeten Geldbetrag im eigenen Namen und für eigene Rechnung ein Grundstück erwerben soll, ohne daß dabei schon feststeht, um welches Grundstück es sich genau handelt. Entsprechendes gilt, wenn der Schenker den Beschenkten lediglich verpflichtet, auf einem diesem gehörenden Grundstück nach eigenen Vorstellungen ein Gebäude zu errichten bzw. den Geldbetrag für die Errichtung eines solchen Gebäudes mit zu verwenden (= Baukostenzuschuß), ohne daß bereits bei Ausführung der Zuwendung ein konkretes Bauvorhaben besteht.[1]

1693 In der Hingabe von Geld ist aber eine **mittelbare Grundstücksschenkung** zu sehen, wenn der Wille des Schenkers auf eine Grundstücksschenkung gerichtet ist. In dem Schenkungsvertrag muß der Verwendungszweck, das zu erwerbende Grundstück oder die durchzuführende Baumaßnahme genau bezeichnet sein. Die Vereinbarungen müssen entsprechend dem Vertrag durchgeführt werden. Außerdem muß ein möglichst enger zeitlicher Zusammenhang zwischen der Zuwendung des Geldes und seiner bestimmungsgemäßen Verwendung bestehen.[2]

1694 Das Grundstück ist auch bei einer mittelbaren Grundstücksschenkung erst dann zugewendet, wenn Auflassung und Eintragungsbewilligung vorliegen.[3]

---

1 Koordinierter Ländererlaß v. 2.11.1989, BStBl I 1989, 443, Tz. I.
2 Moench, § 7 Rz. 34, 34a.
3 Vgl. Anm. 1637.

▷ **Gestaltungshinweis**

Eine mittelbare Grundstücksschenkung setzt zwar keinen schriftlichen Ver- **1695**
trag voraus. Aus Nachweisgründen ist jedoch die Schriftform anzuraten.

bb) Erwerb eines Grundstücks

Fall

T will ihr Grundstück (Kaufpreis 450.000 DM) folgendermaßen finanzieren: Darlehen 350.000 DM, Eigenkapital 80.000 DM, Schenkung
Vater 20.000 DM.

Abwandlung

V und seine Ehefrau E schenken der Tochter T jeweils 150.000 DM
zum Erwerb einer bestimmten Eigentumswohnung (Kaufpreis 450.000
DM). Der Einheitswert beträgt 60.000 DM.

Bei einer mittelbaren Grundstücksschenkung ist das **Grundstück** als zuge- **1696**
wendet anzusehen.[1] Übernimmt der Schenker die Kosten für den Erwerb
eines bestimmten Grundstücks mit einem **Gebäude im Zustand der Bebauung** (z.B. einem Rohbau), ohne auch die Kosten für die endgültige
Fertigstellung des Gebäudes zu tragen, so ist die Zuwendung mit dem
Steuerwert für ein Grundstück im Zustand der Bebauung anzusetzen (§ 91
Abs. 2 BewG; § 12 Abs. 4 ErbStG).[2]

Wenn der Schenker nur einen nicht unbedeutenden **Teil des Kaufpreises** **1697**
für das Grundstück übernimmt, so gilt der Teil des Grundstücks als zugewendet, der dem Verhältnis des zugewendeten Geldbetrags zum Gesamtkaufpreis entspricht. Bei einem unbedeutenden Teil des Kaufpreises (bis
10 % des im übrigen vom Beschenkten aufgebrachten Kaufpreises) ist im
Regelfall von einem Geldzuschuß auszugehen.[3] Der Satz von 10 % bezieht
sich nicht auf die Gesamtkosten, sondern auf die Eigenkapitalquote.[4] Bei
einem erforderlichen Eigenkapital von 100.000 DM ist ein Betrag von
20.000 DM nicht von untergeordneter Bedeutung.

Entsprechendes gilt bei **mehreren Schenkern.** Von jedem Schenker gilt
der Teil des Steuerwertes des Grundstücks als zugewendet, der dem

---

1   Zum Zeitpunkt der Ausführung der Schenkung vgl. Anm. 1694, 1637.
2   Koordinierter Ländererlaß v. 2.11.1989, BStBl I 1989, 443, Tz. II. 1.1.
3   Koordinierter Ländererlaß v. 2.11.1989, BStBl I 1989, 443, Tz. II. 1.2; Moench, DStR 1990,
    335.
4   Kaefer/Röse, DStR 1992, 737, 740.

Verhältnis des von ihm zugewendeten Geldbetrags zum Gesamtkaufpreis entspricht.[1]

1698   **Abwandlung**: Der Steuerwert des Grundstücks beträgt 60.000 DM x 140 %, also 84.000 DM. Der anteilige Steuerwert für die Schenkungen von V und E beträgt je 1/3 davon, nämlich je 28.000 DM, der steuerpflichtige Erwerb 0 DM.

▷ *Gestaltungshinweis*

1699   *Im Schenkungsvertrag muß das zu erwerbende Grundstück genau bezeichnet sein.[2]*

cc) Errichtung eines Gebäudes

(1)   Schenkung der gesamten Grundstücks- und Gebäudekosten

> **Fall**
>
> V schenkt seinem Sohn S zunächst 500.000 DM zum Erwerb eines bestimmten Grundstücks. Außerdem übernimmt V von den Baukosten (700.000 DM) 400.000 DM. Das Grundstück hat einen Einheitswert von 150.000 DM.

1700   Bei Übernahme der **gesamten Grundstücks- und Gebäudekosten** handelt es sich um eine einheitliche Zuwendung eines bebauten Grundstücks. Das gleiche gilt, wenn der Schenker die Kosten des Erwerbs eines Grundstücks im Zustand der Bebauung und die Restkosten für die Fertigstellung des Gebäudes übernimmt. **Übersteigen** die zur Verfügung gestellten **Beträge die Baukosten** (einschließlich Nebenkosten) und verzichtet der Schenker auf die Rückzahlung, so liegt hinsichtlich des überschießenden Betrags eine mit dem Nennwert zu erfassende Schenkung vor.

Zahlt der Schenker zwar die vollen Kosten des Erwerbs eines Grundstücks, aber nur einen **Teil der Kosten** der Errichtung bzw. Fertigstellung **des Gebäudes**, so ist vom Steuerwert des bebauten Grundstücks der Teil anzusetzen, der dem Verhältnis des insgesamt hingegebenen Geldbetrags für Grundstückserwerb und Gebäudeerrichtung entspricht.[3]

---

1   Koordinierter Ländererlaß v. 2.11.1989, Tz. II. 1.3.
2   Vgl. Anm. 1693.
3   Koordinierter Ländererlaß v. 2.11.1989, BStBl I 1989, 443, Tz. II. 2.1.

Steuerwert des Grundstücks (140 % des Einheitswerts)	210.000,00 DM	1701
Schenkung 3/4 der Gesamtkosten	157.500,00 DM	
abzüglich Freibetrag	90.000,00 DM	
steuerpflichtiger Erwerb	67.500,00 DM	
Steuerklasse I 3,5 %	2.362,50 DM	
abgerundet (§ 8 Abs. 1 KBV)	2.362,00 DM	

(2) Schenkung (eines Teils) der Gebäudekosten

Fall

S ist Eigentümer eines Grundstücks, das er mit einem Einfamilienhaus bebaut. Die Baukosten von 800.000 DM übernimmt Vater V. Das Grundstück liegt in einer Gemeinde, die am 1.1.1964 50.000 Einwohner hatte. Die maßgebliche Jahresrohmiete (zum 1.1.1964) beträgt 8.000 DM, der Einheitswert des bebauten Grundstücks 94.400 DM.

Abwandlung

V zahlt 400.000 DM.

Wenn der Schenker die Kosten der Errichtung eines Gebäudes auf einem   1702
dem Beschenkten bereits gehörenden oder von ihm noch zu erwerbenden Grundstück übernimmt, gilt der Teil des Steuerwerts des bebauten Grundstücks als zugewendet, der auf das Gebäude entfällt. Als **Gebäudewertanteil** gilt

- bei Ermittlung des Einheitswerts nach dem **Ertragswertverfahren**   1703
  der Einheitswert des bebauten Grundstücks (vgl. § 80 BewG i.V. mit Anlage 3 bis 8) abzüglich des Bodenwertanteils gemäß Abschn. 20 BewRG;

- bei Ermittlung des Einheitswerts nach dem **Sachwertverfahren** der   1704
  Teil des Einheitswerts, der dem Anteil des Gebäudewerts (§ 85 BewG) und ggf. der Außenanlagen (§ 89 BewG) am Ausgangswert (§ 83 BewG) entspricht.

Entsprechend ist zu verfahren, wenn der Schenker die Kosten der Errich-   1705
tung eines Gebäudes auf einem **fremden Grundstück** übernimmt, das nach Fertigstellung des Gebäudes auf den Beschenkten übertragen werden soll und tatsächlich übertragen wird.[1] Unterbleibt die Grundstücksübertragung,

---

1 Vgl. BFH, U. v. 6.3.1985 II R 19/84, BStBl II 1985, 382.

so ist Gegenstand der Schenkung ein Gebäude auf fremdem Grund und Boden (§ 94 BewG).

1706   Trägt der Schenker einen nicht nur unbedeutenden **Teil der Baukosten** (mindestens über 10 % der vom Beschenkten selbst aufgebrachten Herstellungskosten)[1], so gilt der diesem Teilbetrag entsprechende Teil des Gebäudes zugewendet. Bei **mehreren Schenkern** gilt jeweils von dem einzelnen Schenker der Teil des Steuerwerts des Gebäudes als zugewendet, der dem Verhältnis des von ihm zugewendeten Geldbetrags zu den gesamten Gebäudekosten entspricht.[2]

1707 | | |
|---|---:|
| Grundstückswert 8.000 DM x 11,8 | 94.400 DM |
| abzüglich Bodenwertanteil 8.000 DM x 2,22 | 17.760 DM |
| | |
| Gebäudeanteil | 76.640 DM |
| Steuerwert: 140 % des Gebäudewerts | 107.296 DM |
| Abrundung (§ 10 Abs. 1 Satz 4 ErbStG) | 107.200 DM |
| abzüglich Freibetrag | 90.000 DM |
| | |
| steuerpflichtiger Erwerb | 17.200 DM |

Es fällt damit keine Schenkungsteuer an.

1708   Wenn V lediglich die halben Baukosten übernimmt (**Abwandlung**), beträgt der Steuerwert der Zuwendung nur 8.600 DM.

▷ *Gestaltungshinweis*

1709   *Im Schenkungsvertrag muß die durchzuführende Baumaßnahme genau bezeichnet werden.[3] Ausreichend ist eine Bezugnahme auf den Bauplan.[4]*

(3) Mehrere Beschenkte

Fall

Schenker V gibt einer Gesellschaft Geld mit der Zweckbestimmung, ein Grundstück zu kaufen. An der Gesellschaft sind die Tochter T (Steuerklasse I) und der Neffe N (Steuerklasse III) beteiligt.

---

1   Vgl. Anm. 1697.
2   Koordinierter Ländererlaß v. 2.11.1989, BStBl I 1989, 443, Tz. II. 2.2.
3   Vgl. Anm. 1693.
4   Neufang, INF 1990, 540, Sachverhalt 8.

Die freigebige Zuwendung an eine Gesellschaft führt zur Anwendung der **1710**
Steuerklasse IV, da **Erwerber** und damit Steuerschuldner i.S. von § 20
Abs. 1 ErbStG auch eine **Gesellschaft** zur gesamten Hand sein kann.[1] Der
BFH wird sich nochmals mit dieser Frage beschäftigen müssen, weil das
FG Rheinland-Pfalz in seinem U. v. 15.10.1992[2] die Schenkung an die
Gesamthänder als Vertrag zugunsten Dritter gewertet hat, der zu einem
Erwerb der Gesellschafter führt[3].

▷ *Gestaltungshinweis*

Bei Zuwendungen an Verwandte sollte jedem Beschenkten ein Miteigentums- **1711**
anteil übertragen werden, den die Erwerber in eine Gesellschaft einbringen
können.[4]

(4) Ausführung der Schenkung; Tod des Schenkers vor Fertigstellung des Gebäudes

Fall

V sagt seinem Sohn S zu, neben dem Kaufpreis für ein bestimmtes
Grundstück auch die Herstellungskosten für das Gebäude zu zahlen.
Nach Erstellung des Rohbaus stirbt V.

Die Schenkung ist bei Übernahme der Gesamtkosten oder eines Anteils **1712**
an den Gesamtkosten des zu errichtenden Bauwerks im Zeitpunkt des **Ab-
schlusses der Baumaßnahmen** bzw. bei **Bezugsfertigkeit** des Gebäudes
ausgeführt[5]; bei Übernahme der Kosten eines Teilbauwerks (z.B. Rohbau)
ist auf die Vollendung des Teilabschnitts abzustellen.[6]

Wenn der Schenker dem Beschenkten die gesamte Bausumme in einem **1713**
Betrag vor Baubeginn zur Verfügung stellt, stehen die **Zinsen** einkommensteuerrechtlich dem Beschenkten zu. Der Zinsfluß unterliegt nicht der
Schenkungsteuer, selbst wenn die Zinsen nicht für den Bau verwendet
werden, da der Schenker zivilrechtlich das Geld bereits weggegeben hat.[7]

---

1 BFH, U. v. 7.12.1988 II R 150/85, BStBl II 1989, 237; a.A. – abzulehnen – FG Düsseldorf, B.
  v. 26.2.1991 4 V 464-465/91 Erb rkr., EFG 1991, 333, im AdV-Verfahren; Schmitz, DStR 1993,
  497, Tz. 4.1.3.
2 4 K 2913/90 Rev., EFG 1993, 390, Az. des BFH: II R 95/92.
3 Zustimmend Gebel, BB 1993, 706; kk, KÖSDI 1993, 9430.
4 Kaefer/Röse, DStR 1992, 737, 741; Felix, KÖSDI 1992, 8902, 8909 f., Tz. 39.
5 Martin, DStR 1986, 682 f.; Schuhmann, UVR 1989, 143.
6 Kaefer/Röse, DStR 1992, 737, 740.
7 Kaefer/Röse, DStR 1992, 737, 780 f.; problematisch.

▷ *Gestaltungshinweis*

1714   *Im Schenkungsvertrag sollte daher festgeschrieben sein, daß auch die Zinsen zur Finanzierung des Baus verwendet werden müssen.*

1715   Wenn der **Beschenkte nicht der Erbe** des Schenkers ist, gehören die noch nicht gezahlten Beträge zu den Nachlaßverbindlichkeiten (§ 1967 Abs. 2 BGB). Gegenstand der Schenkung ist auch in diesen Fällen das bebaute Grundstück.

1716   Ist der **Beschenkte der Erbe des Schenkers**, so sind Grundstück und verbautes Geld mit dem Einheitswert zu erfassen (Grundstück im Zustand der Bebauung, § 91 Abs. 2 BewG)[1]. Das noch nicht verbrauchte Geld ist mit dem Nennwert anzusetzen.[2]

1717-1720   *(Einstweilen frei)*

dd) Um-, Aus- oder Anbauten sowie Reparaturmaßnahmen u.ä. an einem Grundstück bzw. Gebäude

Fall

N ist Eigentümer eines Grundstücks mit einem aufstehenden renovierungsbedürftigen Einfamilienhaus. O, der Onkel von N, erklärt sich bereit, die Renovierungskosten zu übernehmen. Das Grundstück liegt in einer Stadt mit über 500.000 Einwohnern. Die Renovierungskosten betragen 400.000 DM. Die Baumaßnahme führt zu einer Erhöhung des Einheitswerts um 50.000 DM.

(1) Rechtsauffassung der Finanzverwaltung

1721   Wenn der Schenker die Kosten für Um-, Aus- oder Anbauten, für Maßnahmen zur Reparatur, Modernisierung, Renovierung oder Sanierung an einem Grundstück bzw. Gebäude übernimmt, sei eine **mittelbare Grund-**

---

1   Für Grundbesitz im Beitrittsgebiet vgl. FM Sachsen v. 17.3.1993, BuW 1993, 402.
2   Kaefer/Röse, DStR 1992, 737, 741; vgl. BFH, B. v. 23.1.1991 II B 46/90, BStBl II 1991, 310; vgl. auch BFH, U. v. 27.11.1991 II R 12/89, BStBl II 1992, 298.

stücksschenkung nur dann anzunehmen, wenn diese Zuwendung mit der Zuwendung eines bestimmten Grundstücks oder Gebäudes wirtschaftlich zusammenhängt und somit ein **einheitliches Rechtsgeschäft** angenommen werden kann.[1] Maßgebend sei der Steuerwert des Grundstücks nach Durchführung der genannten Maßnahme.

Nach dieser Rechtsansicht beträgt die Steuer   **1722**

Schenkung	400.000 DM
abzüglich Freibetrag	10.000 DM
steuerpflichtiger Erwerb	390.000 DM
Steuerklasse III 23 %	89.700 DM

(2) Eigene Meinung

Die Rechtsauffassung der Finanzverwaltung kann m.E. **dem U. des BFH** v.   **1723** 5.2.1986[2] **nicht entnommen** werden. In diesem U. führt der BFH lediglich aus, Gegenstand der Schenkung könne ein Grundstück mit repariertem Gebäude sein, wenn das Geld auch für die Reparatur eines Gebäudes verwendet werden solle.

Nach der hier vertretenen Auffassung kann es sich auch bei Übernahme   **1724** der Kosten für Um-, Aus- oder Anbauten sowie Reparaturmaßnahmen o.ä. selbst dann um eine mittelbare Grundstücksschenkung handeln, wenn nur diese Kosten zugewendet werden. Dies setzt jedoch eine **Wertfortschreibung** des Einheitswerts voraus.

Da der Wertzuwachs nur den Gebäudewertanteil betrifft, muß der Unter-   **1725** schiedsbetrag auf den Gebäude- und Bodenwertanteil aufgeteilt werden. Der **Gebäudewertanteil** läßt sich im Regelfall anhand folgender Tabelle ermitteln[3]:

---

1 Koordinierter Ländererlaß v. 2.11.1989, BStBl I 1989, 443, Tz. II. 3., unter Hinweis auf BFH, U. v. 5.2.1986 II R 188/83, BStBl II 1986, 460; ebenso Neufang, INF 1990, 541, Sachverhalt 9.
2 II R 188/83, BStBl II 1986, 460.
3 Troll, DB 1990, 2233, 2235, unter Hinweis auf BT-Drucks. VI/3418.

1726

Einwohnerzahl der Gemeinden	Einfamilienhaus	Zweifamilienhaus	Mietwohnhaus	Gemischtgenutztes Grundstück		Geschäftsgrundstück
bis				bis 50 % gewerblich	über 50 % gewerblich	
2.000	91,46	91,23	90,71	91,62	91,98	98,98
5.000	91,05	90,91	90,62	91,35	91,72	91,72
10.000	90,75	90,57	90,42	90,98	91,35	91,35
50.000	81,19	80,95	89,89	81,65	82,70	82,70
100.000	81,19	80,95	89,89	81,45	82,30	82,30
500.000	91,19	80,95	89,89	81,45	73,75	73,75
über 500.000	72,02	71,48	80,00	72,33	73,75	73,75

1727 Danach beträgt die Steuer:

Erhöhung des Einheitswerts	50.000 DM
Gebäudewertanteil 72,02 %	36.010 DM
Steuerwert 140 % des Gebäudewerts	50.414 DM
Abrundung (§ 10 Abs. 1 Satz 4 ErbStG)	50.400 DM
abzüglich Freibetrag	10.000 DM
steuerpflichtiger Erwerb	40.400 DM
Steuerklasse III 11 %	4.444 DM

ee) Weitere Fälle

Auch in folgenden Fällen ist eine mittelbare Grundstücksschenkung anzunehmen:

1728 • **Schenkung von Baustoffen** zur Errichtung eines Gebäudes[1] und

1729 • **Tilgung eines Baudarlehens** nach Fertigstellung des Gebäudes aufgrund eines vor der Gebäudeerrichtung abgegebenen Schenkungsversprechens.[2]

1730-1740 *(Einstweilen frei)*

---

1   Moench, DStR 1990, 325.
2   FG Rheinland-Pfalz, U. v. 28.8.1992 4 K 2942/90 Rev., EFG 1993, 43, Az. des BFH: II R 87/92; vgl. auch Moench, DStR 1991, 169, 206, 208.

4. Übernahme der Schenkungsteuer durch Schenker

Literatur: *Buciek*, Gestaltungsüberlegungen zu § 10 Abs. 2 ErbStG, DStR 1990, 228; *Voss*, Der Tarifverlauf der Erbschaft- und Schenkungsteuer und seine Wirkungen auf § 10 Abs. 2 ErbStG, DB 1990, 2557; *Fromm*, Rückerstattung der übernommenen Schenkungsteuer – eine Gestaltungschance?, DStR 1993, 390.

Vgl. auch vor Anm. 1601.

Fall

Onkel O beabsichtigt, seinem Neffen N 500.000 DM zu schenken. Er möchte wissen, ob es günstiger ist, wennn er die Steuer übernimmt.

Abwandlung

N soll O die von O gezahlte Schenkungsteuer erstatten.

Hat der Schenker die Entrichtung der vom Erwerber geschuldeten Steuer selbst übernommen oder einem anderen auferlegt, so gilt als Erwerb der Betrag, der sich bei einer **Zusammenrechnung des Erwerbs mit der aus ihm errechneten Steuer** ergibt (§ 10 Abs. 2 ErbStG).   1741

a) Zahlung der Steuer durch den Beschenkten

Schenkung	500.000 DM	500.000 DM	1742
abzüglich Freibetrag	10.000 DM		
steuerpflichtiger Erwerb	490.000 DM		
Steuerklasse III 24,5 %	120.050 DM	120.050 DM	
N verbleiben		379.950 DM	

b) Zahlung der Steuer durch den Schenker

Schenkung	379.950 DM	379.950 DM	1743
Abrundung (§ 10 Abs. 1 Satz 4 ErbStG)	379.900 DM		
abzüglich Freibetrag	10.000 DM		
steuerpflichtiger Erwerb	369.900 DM		
Steuerklasse III 23 %	85.077 DM		

Schenkung i.S. von		
§ 10 Abs. 2 ErbStG	454.977 DM	
Abrundung	454.900 DM	
abzüglich Freibetrag	10.000 DM	
steuerpflichtiger Erwerb	444.900 DM	
Steuerklasse III 24,5 %		
Abrundung nach		
§ 8 Abs. 1 KBV	109.000 DM	109.000 DM
Gesamtbelastung O		488.950 DM

1744   Die Ersparnis beträgt in diesem Beispiel 11.270 DM.[1]

▷ *Gestaltungshinweis*

1745   *Die Übernahme der Steuer durch den Schenker führt im Regelfall zu einer Steuerersparnis, da nur die aus der Schenkung errechnete Steuer dem steuerpflichtigen Erwerb hinzugerechnet wird. Es wird also nicht – wie bei der Lohnsteuer nach § 40 Abs. 1 EStG – eine Steuer auf die übernommene Steuer berechnet.*

c) Erstattung der übernommenen Steuer durch den Beschenkten (Abwandlung)

1746   Wenn der Beschenkte die vom Schenker übernommene Steuer erstattet[2], liegt darin ein **Gestaltungsmißbrauch** nach § 42 AO.[3]

1747-1750   *(Einstweilen frei)*

IV. Gemischte Schenkung und Schenkung unter Auflage

Literatur: *Binz/Sorg*, Nießbrauchsvorbehalt als Instrument vorweggenommener Erbfolge im Unternehmensbereich, BB 1989, 1521; *Kapp/Oltmanns*, Wertermittlungsmethode oder Saldomethode bei Auflagenschenkung?, DB 1989, 2351; *Ebeling*, Zur Abgrenzung von gemischten und Aufalegnschenkungen in der höchstrichterlichen Rechtsprechung, BB 1989, 2368; *Reiff*, Unternehmensnachfolge durch Schenkung unter Nießbrauchsvorbehalt, BB 1990, 968; *Wieser*, Noch einmal: Grundstücke bei Erbschaft und Schenkung, DStR 1991, 769.

---

1   Weitere Rechenbeispiele vgl. bei Buciek, DStR 1990, 228; Voss, DB 1990, 2557; Fromm, DStR 1993, 390; Moench, § 10 Rz. 41.
2   Vgl. Voss, DB 1990, 2557, 2562.
3   Moench, § 10 Rz. 41; kritisch zu dieser Gestaltung auch Fromm, DStR 1993, 390, 392.

Verwaltungsanweisungen: Koordinierter Ländererlaß v. 10.2.1983, Zur schenkungsteuerrechtlichen Behandlung von gemischten Schenkungen sowie von Schenkungen unter einer Auflage, BStBl I 1983, 238; koordinierter Ländererlaß v. 9.11.1989, Zur schenkungsteuerrechtlichen Behandlung von gemischten Schenkungen sowie von Schenkungen unter einer Auflage, BStBl I 1989, 445.

Vgl. auch vor Anm. 1601.

1. Allgemeines

Der BFH hat in seinem U. v. 12.4.1989[1] seine bisherige Rechtsprechung **1751** modifiziert. Er ist nunmehr der Auffassung, daß **Leistungsauflagen wie Gegenleistungen bei der gemischten Schenkung** zu behandeln sind. Soweit es sich um Nutzungs- oder Duldungsauflagen handelt, bleibt es bei der bisherigen Rechtsprechung zur Auflagenschenkung. Die Finanzverwaltung folgt dieser Rechtsprechung[2] für Schenkungen, für welche die Steuer nach dem 11.7.1989 entstanden ist oder entsteht. Auf frühere Schenkungen ist die neue Rechtsprechung ebenfalls anzuwenden, wenn nicht vom Steuerpflichtigen beantragt wird, die Veranlagung entsprechend den Grundsätzen des bisherigen koordinierten Ländererlasses v. 10.2.1983[3] durchzuführen.[4]

Im folgenden wird die **ab 12.7.1989 geltende Rechtslage** dargestellt. Als **1752** **Bereicherung** gilt

• bei einer **gemischten Schenkung** der Unterschied zwischen dem Ver **1753** kehrswert der Leistung des Schenkers und dem Verkehrswert der Gegenleistung des Beschenkten und

• bei einer **Schenkung unter einer Leistungsauflage** der Unterschied **1754** zwischen dem Verkehrswert des zugewendeten Vermögens und dem Verkehrswert der vom Schenker abgeordneten Auflage sowie ggf. der vom Beschenkten übernommenen Verbindlichkeiten.[5]

Als **Verkehrswerte** der Leistung des Schenkers, der Gegenleistung des Be **1755** schenkten, der vom Beschenkten übernommenen Verbindlichkeiten und der vom Schenker angeordneten Auflage gelten die gemeinen Werte i.S. von § 9 BewG. Die Finanzverwaltung ermittelt die Verkehrswerte von Anteilen an einer Personengesellschaft nach den Grundsätzen der Abschn. 18 Abs. 1,

---

1 II R 37/87, BStBl II 1989, 524; ebenso BFH, U. v. 16.12.1992 II R 114/89, BFH/NV 1993, 298; kritisch hierzu Kapp/Oltmanns, DB 1991, 2351.
2 Koordinierter Ländererlaß v. 9.11.1989, BStBl I 1989, 445.
3 BStBl I 1983, 238.
4 Koordinierter Ländererlaß v. 9.11.1989, BStBl I 1989, 445, Tz. 7.
5 Koordinierter Ländererlaß v. 9.11.1989, BStBl I 1989, 445, Tz. 2.

2 und 4, 19 VStR, die Verkehrswerte für Einzelbetriebe durch entsprechende Anwendung der Unternehmensbewertungsgrundsätze des Abschn. 18 Abs. 4 VStR, die Verkehrswerte von nichtnotierten Aktien und Anteilen nach den Grundsätzen der Abschn. 74 ff. VStR und die Verkehrswerte von Betriebsgrundstücken nach den Grundsätzen des Abschn. 77 Abs. 3 VStR. Mineralgewinnungsrechte können mit dem zuletzt für Vermögensteuerzwecke festgestellten Wert angesetzt werden. In der Regel übernimmt das Finanzamt die in der Schenkungsteuererklärung angegebenen Verkehrswerte. Nur in Zweifelsfällen werden die Verkehrswerte beim Grundeigentum durch die zuständigen Bewertungsstellen überprüft.[1]

2. Gemischte Schenkung und Schenkung unter Leistungsauflage

a) Übertragung eines Vermögensgegenstandes

Fall

V überträgt seinem Sohn S ein Grundstück. Der Einheitswert beträgt 100.000 DM (Steuerwert 140.000 DM), der Verkehrswert 1.000.000 DM. S muß eine Hypothekenschuld von 200.000 DM übernehmen bzw. seiner Schwester T 200.000 DM zahlen.

Abwandlung

S muß dem V eine Rente mit einem Kapitalwert von 200.000 DM zahlen.

aa) Rechenformel

1756 Der Steuerwert der gemischten Schenkung und der Schenkung unter Leistungsauflage ist nach folgender **Formel** zu berechnen[2]:

$$\frac{\text{Steuerwert der Leistung des Schenkers} \times \text{Verkehrswert der Bereicherung des Beschenkten}}{\text{Verkehrswert der Leistung des Schenkers}} = \text{Steuerwert der freigebigen Zuwendung}$$

---

1 Koordinierter Ländererlaß v. 9.11.1989, BStBl I 1989, 445, Tz. 4.
2 Koordinierter Ländererlaß v. 9.11.1989, BStBl I 1989, 445, Tz. 3.1; Ebeling, BB 1989, 2368, 2369 f., Beispiele 1 bis 3; Neufang, INF 1990, 540, 542, Sachverhalt 10.

Diese Berechnungmethode ist in den Fällen ungünstig, in denen der Steu-   1757
erwert größer als der Verkehrswert ist, also in der Regel beim Ansatz von
Einheitswerten.

$$\text{Berechnung:} \quad \frac{140.000 \text{ DM} \times 800.000 \text{ DM}}{1.000.000 \text{ DM}} = 112.000 \text{ DM}$$

Der Steuerwert beträgt in diesem Fall 112.000 DM.

▷ *Gestaltungshinweis*

Die Berechnung bei gemischter Schenkung und bei der Schenkung unter   1758
Leistungsauflage ist gegenüber der Behandlung der Erbschaft ungünstiger,
da bei der Erbschaft die Verbindlichkeiten vom Steuerwert abgezogen wer-
den können. Es ergäbe sich daher keine Erbschaftsteuer.

bb) Leistungsauflage zugunsten des Schenkers oder dessen
Ehegatten (Abwandlung)

Der Erwerb von Vermögen, dessen Nutzungen dem Schenker oder dessen   1759
Ehegatten zustehen oder das mit einer Rentenverpflichtung oder mit der
Verpflichtung zu sonstigen wiederkehrenden Leistungen zugunsten dieser
Personen belastet ist, wird ohne Berücksichtigung dieser Belastungen
besteuert (§ 25 Abs. 1 Satz 1 ErbStG). Bei gemischter Schenkung und
Schenkung unter Leistungsauflage unterliegt nur die Nettobereicherung der
Schenkungsteuer. Aus diesem Grund ist **§ 25 ErbStG** auf die Schenkung
unter Leistungsauflage **nicht anzuwenden.**[1]

b) Übertragung mehrerer Vermögensgegenstände

Fall

V überträgt seinem Sohn S ein Grundstück (Einheitswert 100.000 DM,
Steuerwert 140.000 DM, Verkehrswert 1.000.000 DM) und Kapital-
vermögen (Steuerwert und Verkehrswert 800.000 DM). S muß seiner
Schwester T 700.000 DM zahlen.

---

1 Koordinierter Ländererlaß v. 9.11.1989, BStBl I 1989, 445, Tz. 5; Ebeling, BB 1989, 2370,
   Beispiel 3.

Abwandlung

V schenkt zunächst das lastenfreie Grundstück. Am nächsten Tag oder später überträgt V das Kapitalvermögen mit der Zahlungsverpflichtung gegenüber der T.

aa) Gleichzeitige Übertragung

1760   Beruhen Schenkungen mehrerer Vermögensgegenstände auf einem einheitlichen Schenkungsvertrag, so sind beide Schenkungen **zusammenzurechnen.**[1] Nach vorstehender Formel ergibt sich für S folgender Steuerwert:

$$\frac{940.000 \text{ DM} \times 1.100.000 \text{ DM}}{1.800.000 \text{ DM}} = 574.444 \text{ DM}$$

1761   Die Leistung an T ist mit einem Steuerwert von 700.000 DM anzusetzen.[2]

bb) Zeitlich versetzte Übertragung (Abwandlung)

1762   Wenn V Grundstück und Kapitalvermögen zeitlich versetzt überträgt, ergibt sich bei S ein Steuerwert von 240.000 DM (Grundstück 140.000 DM, Kapitalvermögen 100.000 DM). Der Steuerwert der Leistung an T beträgt auch in diesem Fall 700.000 DM.

▷ *Gestaltungshinweis*

1763   *Sollen mehrere Vermögensgegenstände unter Leistungsauflage übertragen werden, wobei bei einem Gegenstand der Steuerwert kleiner als der Verkehrswert ist, ist zu empfehlen, die Gegenstände zeitlich versetzt zu übertragen und die Leistungsauflage dem Vermögensgegenstand zuzuordnen, dessen Steuerwert dem Verkehrswert entspricht. Wenn die Leistungsauflage einem Dritten (z.B. einer Schwester des Beschenkten) zukommen soll, kann auch daran gedacht werden, jedem Abkömmling einen Vermögensgegenstand (ggf. mit Auflage) zu schenken.*

1764-1770   *(Einstweilen frei)*

---

1   BFH, U. v. 18.3.1981 II R 11/79, BStBl II 1981, 532.
2   Koordinierter Ländererlaß v. 9.11.1989, BStBl I 1989, 445, Tz. 6.

3. Schenkung unter Nutzungs- oder Duldungsauflage

a) Nutzungs- und Duldungsauflagen zugunsten Dritter

Fall

V überträgt auf seinen Sohn S ein Grundstück (Einheitswert 100.000 DM, Steuerwert 140.000 DM, Verkehrswert 1.000.000 DM), das mit einem lebenslangen Wohnrecht bzw. Nießbrauch zugunsten der Tochter T (Kapitalwert 80.000 DM) belastet ist.

Die **Auflage** ist als Last mit ihrem Kapitalwert gemäß §§ 13 bis 16 BewG vom Steuerwert der Zuwendung **abzuziehen**. Der Erwerb ist daher mit 60.000 DM (140.000 DM ./. 80.000 DM) zu erfassen.[1] **1771**

▷ *Gestaltungshinweis*

Der Vergleich von gemischter Schenkung und Schenkung unter Leistungs-auflage einerseits mit Schenkung unter Nutzungs- oder Duldungsauflage andererseits ergibt, daß durch die unterschiedlichen Berechnungsmodalitä-ten eine Schenkung unter Nutzungs- oder Duldungsauflage günstiger ist.[2] **1772**

b) Nutzungs- oder Duldungsauflage zugunsten des Schenkers oder dessen Ehegatten

Fall

V überträgt auf seinen Sohn S ein Grundstück mit einem Steuerwert von 140.000 DM, das mit einem lebenslangen Wohnrecht (Kapitalwert 80.000 DM) zu seinen Gunsten belastet ist.

Der Schenkung ist ein Wert von 140.000 DM zugrunde zu legen, da S die **Belastung nicht abziehen** kann.[3] Die Steuer, die auf den Kapitalwert dieser Belastung entfällt, ist jedoch bis zu deren Erlöschen **zinslos zu stunden**. Die gestundete Steuer kann auf Antrag des Erwerbers jederzeit **1773**

---

1 Koordinierter Ländererlaß v. 9.11.1989, BStBl I 1989, 445, Tz. 3.2; Ebeling, BB 1989, 2368, 2370, Beispiele 4 und 5; Kapp/Oltmanns, DB 1989, 2351; Reiff, DStR 1990, 231; Buciek, DStR 1990, 228; Neufang, INF 1990, 540, 542, Sachverhalt 11.
2 Kapp/Oltmanns, DB 1989, 2351, 2352, Tz. IV. 1.; Neufang, INF 1990, 540, 545.
3 BFH, U. v. 12.4.1989 II R 37/87, BStBl II 1989, 524; koordinierter Ländererlaß v. 9.11.1989, BStBl I 1989, 445, Tz. 5; Reiff, BB 1990, 968; Neufang, INF 1990, 540, 543, Sachverhalt 12; Ebeling, BB 1989, 2368, 2370, Beispiel 6; zum früheren Rechtszustand vgl. Binz/Sorg, BB 1989, 1521.

mit ihrem Barwert nach § 12 Abs. 3 BewG **abgelöst** werden. Ab dem 1.1.1993 gilt eine neue Berechnung durch die neue Sterbetafel.[1] Veräußert der Erwerber das belastete Vermögen vor dem Erlöschen der Belastung ganz oder teilweise, so endet insoweit die Stundung mit dem Zeitpunkt der Veräußerung (§ 25 ErbStG).

▷ *Gestaltungshinweis*

1774 *Wenn § 25 ErbStG anzuwenden ist, steht diesem Nachteil – gegenüber der gemischten Schenkung und der Schenkung unter Leistungsauflage – der Vorteil der niedrigeren Bemessungsgrundlage für die Steuer gegenüber. Welche Gestaltung günstiger ist, kann nur ein **Belastungsvergleich** ergeben.[2]*

1775 *Ergibt eine solche Vergleichsberechnung, daß eine Schenkung unter Nutzungs- oder Duldungsauflage ungünstiger ist, kann § 25 ErbStG durch folgende Gestaltungen **umgangen** werden:*

- *Belastung des Grundstücks mit einer Amortisationshypothek;*

- *Kapitalforderung mit Annuitätentilgung oder mit Rentenoption[3];*

- *zunächst Vereinbarung einer Rente, nach Ablauf von einem Jahr Umwandlung in Nießbrauch.[4]*

1776 *Vor einem **Verkauf** des belasteten Vermögens sollte die Belastung nach § 25 Abs. 1 Satz 3 ErbStG abgelöst werden, da in diesem Fall nur der Barwert angesetzt wird.*

1777-1780   *(Einstweilen frei)*

4. Mischfälle

Fall

V überträgt seinem Sohn S ein Grundstück (Einheitswert 100.000 DM, Steuerwert 140.000 DM, Verkehrswert 1.000.000 DM), das mit einer Grundschuld bzw. einer Leistungsauflage von 200.000 DM belastet ist. Zusätzlich besteht eine Duldungsauflage zugunsten der Tochter T im Wert von 80.000 DM.

---

1 Moench, DStR 1993, 898.
2 Vgl. Moench, § 25 ErbStG Rz. 27; Kapp/Oltmanns, DB 1989, 2351, 2353.
3 Moench, § 25 Rz. 23 ff.
4 Vgl. Kapp/Oltmanns, DB 1989, 2351, 2353.

Bei Schenkungen, die sowohl Elemente der gemischten Schenkung bzw. **1781**
Schenkung unter Leistungsauflage als auch der Schenkung unter Nut-
zungs- oder Duldungsauflage enthalten, ist von dem unter Berücksichtigung
der Gegenleistung/Leistungsauflage ermittelten Steuerwert der freigebigen
Zuwendung der **Kapitalwert der Nutzungs- oder Duldungsauflage als
Last abzuziehen**, soweit § 25 Abs. 1 ErbStG dem nicht entgegensteht. Der
Kapitalwert ist nach den §§ 13 bis 16 BewG zu ermitteln.[1]

Der **Steuerwert** der Schenkung errechnet sich wie folgt[2]: **1782**

$$\frac{140.000 \text{ DM} \times (1.000.000 \text{ DM} ./. 200.000 \text{ DM})}{1.000.000 \text{ DM}} ./. 80.000 \text{ DM} = 32.000 \text{ DM}$$

V. Schenkung eines mit einem Erbbaurecht belasteten Grundstücks

Fall

V bestellt ein Erbbaurecht zugunsten seiner Ehefrau E. Im Anschluß daran überträgt V das Grundstück seinem Sohn S.

Der zugewendete Grundbesitz ist mit dem **Einheitswert** anzusetzen. Für **1783**
den Umfang des durch den Einheitswert erfaßten Grundbesitzes sind die
Vorschriften des BewG maßgebend. Somit wird wegen § 92 Abs. 5 BewG
der **Anspruch auf den Erbbauzins** durch den Einheitswert nicht erfaßt;
er ist vielmehr – nach Ermittlung gemäß § 12 Abs. 4 ErbStG – **gesondert
anzusetzen**.[3] Die genannte Vorschrift verbietet es, den Erbbauzinsanspruch
nach den Grundsätzen über die steuerrechtliche Behandlung schwebender
Geschäfte außer Ansatz zu lassen.

Der Erbbauzinsanspruch ist mit seinem **Kapitalwert** (§ 13 Abs. 1 BewG **1784**
i.V. mit Hilfstafel 2 zum BewG) zu bewerten. Der Jahreswert ist nicht
auf 1/18 des auf den Grund und Boden entfallenden Einheitswertanteils
beschränkt.[4]

---

1   Koordinierter Ländererlaß v. 9.11.1989, BStBl I 1989, 445, Tz. 3.3; Moench, § 12 Rz. 85 ff.;
    Neufang, INF 1990, 540, 543, Sachverhalt 14; a.A. – gegen Anwendung des § 16 BewG –
    Niedersächsisches FG, U. v. 18.12.1991 III 540/85 Rev., EFG 1993, 89, Az. des BFH: II R
    18/93.
2   Weitere Beispiele bei Moench, DStR 1991, 169, 206, 209; Neufang, INF 1990, 540, 543,
    Sachverhalt 13.
3   BFH, U. v. 26.11.1986 II R 32/83, BStBl II 1987, 101; II R 190/81, BStBl II 1987, 175.
4   BFH, U. v. 8.4.1987 II R 175/82, BFH/NV 1988, 568.

▷ *Gestaltungshinweis*

1785   *Es ist ratsam, das Erbbaurecht erst nach Schenkung des Grundstücks zu übertragen. In diesem Fall unterliegt der Anspruch auf den Erbbauzins nicht der Schenkungsteuer.*

1786-1790   *(Einstweilen frei)*

VI. Schenkung von Betriebsvermögen und GmbH-Anteilen

Literatur: *Neufang*, Die Aufteilung des Einheitswerts einer Personengesellschaft, INF 1986, 73; *Moench*, Schenkungsteuer und Erbschaftsteuer bei der Unternehmensnachfolge, DStR 1989, 595; *Halaczinsky*, Die Änderungen des Bewertungs- und Vermögensteuergesetzes durch das Steueränderungsgesetz 1992, NWB F. 9, 2553; *Rödder*, Die Übernahme der Steuerbilanzwerte in die Vermögensaufstellung, DStR 1992, 965.

Verwaltungsanweisung: FM Nordrhein-Westfalen v. 21.11.1991, Ableitung des Steuerwerts des Betriebsvermögens aus dem zuletzt festgestellten Einheitswert, DStR 1992, 31.

Vgl. auch vor Anm. 1601.

1. Allgemeines

Fall

V verschenkt am 30.6.1993 seinen Betrieb an seinen Sohn S. Auf den 1.1.1993 wurde ein Einheitswert für den Betrieb von 500.000 DM festgestellt. Der Gewinn 1993 beträgt 80.000 DM, die Einlagen 30.000 DM, die Entnahmen 70.000 DM. Im April 1993 erwarb er ein Betriebsgrundstück um 300.000 DM mit einem Einheitswert von 60.000 DM.

a) Ableitung aus dem zuletzt festgestellten Einheitswert

1791   Für den Bestand und die Bewertung von Betriebsvermögen mit Ausnahme der Bewertung der Betriebsgrundstücke und der Mineralgewinnungsrechte sind die **Verhältnisse zur Zeit der Entstehung der Steuer maßgebend** (§ 12 Abs. 5 ErbStG). Die Bewertung des Betriebsvermögens ist auch dann auf den Schenkungstag durchzuführen, wenn gegenüber dem zuletzt festgestellten Einheitswert die Grenzen für eine Wertfortschreibung (§ 22 Abs. 1 Nr. 2 BewG) nicht erreicht werden. Grundbesitz (§ 19 BewG) und

Mineralgewinnungsrechte (§ 100 BewG) sind mit dem Einheitswert anzusetzen, der nach dem BewG auf den Zeitpunkt festgestellt ist, der der Entstehung der Steuer vorangegangen ist oder mit ihr zusammenfällt (§ 12 Abs. 2 ErbStG).

Nehmen die Beteiligten, insbesondere beim Übergang von Anteilen an Personengesellschaften, keine besondere Wertermittlung auf den maßgebenden Stichtag vor, werden die Stichtagswerte aus Vereinfachungsgründen vielfach **aus dem zuletzt festgestellten Einheitswert** nach folgender Formel **abgeleitet**[1]: 1792

Einheitswert 1793
+ Gewinn bis zum Schenkungstag
+ Einlagen bis zum Schenkungstag
./. Verlust bis zum Schenkungstag
./. Einnahmen bis zum Schenkungstag.

b) Wertermittlung auf den Stichtag

Diese vereinfachte Berechnung kann **in bedeutenden Fällen** zu Ungenauigkeiten führen. Ergibt sich bei überschlägigen Berechnungen ein Betriebsvermögen von 500.000 DM oder mehr, ein Rohvermögen von mehr als 1.000.000 DM oder eine einzelne Steuerforderung von mehr als 50.000 DM, so ist eine **differenziertere Wertermittlung** erforderlich. 1794

Zunächst ist der **Einheitswert** auf den der Übertragung zeitnächsten Bilanzstichtag zu ermitteln. Als **Korrekturen** kommen insbesondere in Betracht: 1795

- Vermögensänderungen infolge zwischenzeitlichem Erwerb oder der Veräußerung von Betriebsgrundstücken;

- zusätzliche Erfassung ausländischen Betriebsstättenvermögens, das aufgrund vermögensteuerlicher Doppelbesteuerungsabkommen außer Ansatz geblieben ist;

- Änderungen des Gewinns/Verlustes um z.B. die AfA für Betriebsgebäude, AfA für Substanzverringerungen bei Mineralgewinnungsrechten und andere Aufwendungen, die zwar ertragsteuerlich Betriebsausgaben sind, sich jedoch auf die Höhe des Einheitswerts des Betriebsvermögens nicht auswirken.

---

1 FM Nordrhein-Westfalen v. 21.11.1991, DStR 1992, 31.

1796 Die Finanzämter sollen bei der Bearbeitung bedeutender Steuerfälle stets auch die **Ertragsteuer-, Vermögensteuer- und die Einheitswertakten des Betriebsvermögens** heranziehen. Ggf. werden die Prüfungsdienste mit der abschließenden Wertermittlung beauftragt bzw. die Amtshilfe der für die Einheitsbewertung des Betriebsvermögens zuständigen Finanzämter in Anspruch genommen.[1]

c) Berechnung

1797 Obwohl es sich im aufgeworfenen Fall nicht um einen bedeutenden Steuerfall handelt, wird der Steuerpflichtige folgende Berechnung durchführen:

Zuletzt festgestellter Einheitswert		500.000 DM
+ anteiliger Gewinn 1/2 von 80.000 DM		40.000 DM
+ Einlagen		30.000 DM
./. Entnahmen		70.000 DM
Kaufpreis Betriebsgrundstück	300.000 DM	
Steuerwert Betriebsgrundstück		
(140 % des Einheitswerts)	84.000 DM	
./. Differenz Betriebsgrundstück	216.000 DM	216.000 DM
schenkungsteuerlicher Wert des Betriebsvermögens		284.000 DM

1798 Zum Freibetrag vgl. Anm. 1653.

d) Neue Bundesländer

1799 Da in den neuen Bundesländern eine Ableitung aus einem Einheitswert nicht möglich ist, kommt nur eine **Stichtagsbewertung** in Betracht.

2. Wertermittlung bis 1992 und ab 1993

1800 Die Wertermittlung richtet sich nach den §§ 95 bis 100, 103 und 104 sowie 109 Abs. 1, 2 und 4 Satz 2 und 137 **BewG**. Zum Betriebsvermögen gehörende Wertpapiere, Anteile und Genußscheine von Kapitalgesellschaften sind mit dem nach § 11 oder § 12 BewG ermittelten Wert anzusetzen (§ 12 Abs. 5 Sätze 2 und 3 ErbStG). Ist der gemeine Wert von Anteilen an

---

1 FM Nordrhein-Westfalen v. 21.11.1991, DStR 1992, 31.

einer Kapitalgesellschaft zu schätzen (§ 11 Abs. 2 Satz 2 BewG), wird das Vermögen abweichend von § 11 Abs. 2 Satz 3 BewG mit dem Einheitswert des Gewerbebetriebs angesetzt, der für den Feststellungszeitpunkt maßgebend ist, der der Entstehung der Steuer vorangegangen ist oder mit ihr zusammenfällt. Kann für den Gewerbebetrieb kein Einheitswert festgestellt werden, so ist der Wert im Zeitpunkt der Entstehung der Steuer maßgebend; § 12 Abs. 5 ErbStG gilt entsprechend (§ 12 Abs. 1 a ErbStG).

Durch das **StÄndG 1992** v. 25.2.1992[1] wurden ab dem 1.1.1993 die **1801** §§ 95 ff. BewG und damit auch das ErbStG geändert. Kernstück der Änderung ist die **weitgehende Übernahme der Steuerbilanzwerte**, die zu einer Entlastung der Betriebe führt.

3. Tabellarische Übersicht

Die unterschiedliche Bewertung bis 1992 und ab 1993 kann aus folgender **1802** Tabelle entnommen werden[2]:

Besitzposten	Bewertung bis 1992	Bewertung ab 1993	**1803**
Betriebsgrundstücke nach § 99 Abs. 1 Nr. 1 BewG (wie Grundvermögen)	Einheitswert + 40 %	Einheitswert + 40 %	
Betriebsgrundstücke nach § 99 Abs. 1 Nr. 2 BewG (wie land- und forstwirtschafter Betrieb)	Einheitswert	Einheitswert	
Auslandsgrundstücke	gemeiner Wert/Teilwert	gemeiner Wert/Teilwert	
Bodenschatz (früher Mineralgewinnungsrecht)	Einheitswert	Einheitswert	
bewegliches Sachanlagevermögen	Teilwert	Steuerbilanzwert	
immaterielle Wirtschaftsgüter	Teilwert	Steuerbilanzwert	
Beteiligungen an Personengesellschaften	Anteil am Einheitswert	Anteil am Einheitswert	

---

1 BGBl I 1992, 297, BStBl I 1992, 146.
2 Halaczinsky, NWB F. 9, 2553, 2558; Rödder, DStR 1992, 965, 968.

Besitzposten	Bewertung bis 1992	Bewertung ab 1993
Beteiligungen an Kapitalgesellschaften, deren Anteile nicht notiert sind	gemeiner Wert (Verkaufspreis, Stuttgarter Verfahren)	gemeiner Wert (Verkaufspreis, Stuttgarter Verfahren)
Beteiligungen an Kapitalgesellschaften, deren Anteile notiert sind	Kurswert, ggfs. Paketzuschlag	Kurswert, ggfs. Paketzuschlag
Beteiligungen an ausländischen Kapitalgesellschaften	Kurswert, gemeiner Wert (Verkaufspreis, Stuttgarter Verfahren)	Kurswert, gemeiner Wert (Verkaufspreis, Stuttgarter Verfahren entsprechend)
Vorratsvermögen	Teilwert	Steuerbilanzwert
Kapitalforderungen	Steuerbilanzwert	Steuerbilanzwert
Ansprüche auf wiederkehrende Nutzungen oder Leistungen	Kapitalwert	Steuerbilanzwert
Erbbauzinsanspruch	Kapitalwert	Kapitalwert
Sachleistungsansprüche	„Steuerwert" der Sachleistung oder gemeiner Wert	Steuerbilanzwert

1804   **Schuldposten**

Schuldposten		
normalverzinsliche Kapitalschulden	Nennwert	Steuerbilanzwert
unverzinsliche, über- und unterverzinsliche Kapitalschulden	Gegenwartswert (Barwert)	Steuerbilanzwert
Sachleistungsverpflichtungen	„Steuerwert" der Sachleistung oder gemeiner Wert	Steuerbilanzwert
Verpflichtung zu wiederkehrenden Nutzungen und Leistungen	Kapitalwert	Steuerbilanzwert
Pensionsverpflichtungen	Steuerbilanz- oder Tabellenwert	Steuerbilanzwert
Rückstellungen	Teilwert	Steuerbilanzwert

▷ *Gestaltungsmöglichkeiten*

- *Die **Schenkung von Beteiligungen an Personengesellschaften** ist bei* **1805**
  *hohen Erträgen **günstiger** als die Schenkung von Beteiligungen an*
  Kapitalgesellschaften; denn bei Personengesellschaften ist der Ein-
  heitswert, bei Kapitalgesellschaften der gemeine Wert (vgl. Stuttgarter
  Verfahren, Abschn. 76 bis 90 VStR[1]) bzw. der Kurswert entscheidend. Im
  *übrigen besteht bei Personengesellschaften eine **Stundungsmöglichkeit***
  nach § 28 Abs. 1 ErbStG. Es ist daher bei hohen Erträgen nicht zu
  empfehlen, vor der Schenkung eine Personengesellschaft in eine Ka-
  pitalgesellschaft umzuwandeln.

- *Bei Schenkung von GmbH-Anteilen ist ein **Wertansatz durch Verkäufe*** **1806**
  *(vgl. § 11 Abs. 2 BewG) **zu vermeiden**.*

- *Das Betriebsvermögen einer **Personengesellschaft** ist nach BFH, U. v.* **1807**
  24.6.1981[2] grundsätzlich nach dem Verhältnis der Unternehmenswert-
  *anteile der Beteiligten **aufzuteilen**. Abweichend davon läßt die Finanz-*
  verwaltung auch eine andere Aufteilung zu, wenn die Gesellschafter
  übereinstimmend einen wirtschaftlich vertretbaren anderen Aufteilungs-
  maßstab vorschlagen.[3]

- *Auch eine **mittelbare Beteiligungsschenkung** kann zu Steuerersparnis-* **1808**
  sen führen.[4]

- *Die Schenkung einer **typisch stillen Einlage** ist mit dem Nennwert anzu-* **1809**
  setzen, wenn sie innerhalb von fünf Jahren gekündigt werden kann. Es
  ist daher zu empfehlen, eine kurze Kündigungsfrist zu vereinbaren, wenn
  die Bewertung nicht nach der – ungünstigeren – Zinsdifferenzmethode
  durchgeführt werden soll (Abschn. 56 Abs. 7 VStR).[5]

(Einstweilen frei) **1810-1900**

---

1 Zur Änderung dieser Bewertung ab 1993 vgl. Moench, DStR 1992, 936, 938 f.
2 III R 49/78, BStBl II 1982, 2.
3 Vgl. dazu Neufang, INF 1986, 73; Moench, DStR 1989, 595.
4 Vgl. BFH, U. v. 7.4.1976 II R 87-89/70, BStBl II 1976, 632; Hessisches FG, U. v. 7.3.1990 10 K 377/84 rkr., EFG 1990, 433; zur mittelbaren Grundstücksschenkung vgl. Anm. 1691 ff.
5 Zur Prüfungsmöglichkeit der Finanzverwaltung vgl. BFH, U. v. 10.2.1982 II R 3/80, BStBl II 1982, 351; Moench, § 12 Rz. 68.

B. Erbfall, Erbengemeinschaft und Erbauseinandersetzung

I. Steuerpflicht

1. Allgemeines (§§ 1 Abs. 1 Nr. 1, 3 ErbStG)

Fall

S wurde durch gemeinschaftliches Testament seiner Eltern V und E zum Alleinerben des Überlebenden eingesetzt. Zu diesem Zeitpunkt waren V und E Miteigentümer eines Grundstücks. Nach dem Tod der E überträgt V das Grundstück auf D, die sich verpflichtet, V zu pflegen. Nach dem Tode des V fordert S das Grundstück. S und D vereinbaren eine Abstandszahlung.

1901 Der Erbschaftsteuer unterliegt der **Erwerb von Todes wegen** (§ 1 Abs. 1 Nr. 1 ErbStG).

1902 Als Erwerb von Todes wegen gelten nach **§ 3 Abs. 1 ErbStG**

- der Erwerb durch Erbanfall (§ 1922 BGB), aufgrund Erbersatzanspruchs (§§ 1934 a ff. BGB), durch Vermächtnis (§§ 2147 ff. BGB) oder aufgrund eines geltend gemachten Pflichtteilsanspruchs (§§ 2303 ff. BGB);

- der Erwerb durch Schenkung auf den Todesfall (§ 2301 BGB). Als Schenkung auf den Todesfall gilt auch der auf einem Gesellschaftsvertrag beruhende Übergang des Anteils oder des Teils eines Anteils eines Gesellschafters bei dessen Tod auf die anderen Gesellschafter oder die Gesellschaft, soweit der Wert, der sich für seinen Anteil zur Zeit seines Todes nach § 12 ErbStG ergibt, Abfindungsansprüche Dritter übersteigt;

- die sonstigen Erwerbe, auf die die für Vermächtnisse geltenden Vorschriften des BGB Anwendung finden;

- jeder Vermögensvorteil, der aufgrund eines vom Erblasser geschlossenen Vertrages bei dessen Tod von einem Dritten unmittelbar erworben wird.

1903 Als vom Erblasser zugewendet gilt nach **§ 3 Abs. 2 ErbStG** auch

- der Übergang von Vermögen auf eine vom Erblasser angeordnete Stiftung;

- was jemand infolge Vollziehung einer vom Erblasser angeordneten Auflage oder infolge Erfüllung einer vom Erblasser gesetzten Bedingung erwirbt, es sei denn, daß eine einheitliche Zweckzuwendung vorliegt;

- was jemand dadurch erlangt, daß bei Genehmigung einer Zuwendung des Erblassers Leistungen an andere Personen angeordnet oder zur Erlangung der Genehmigung freiwillig übernommen werden;

- was als Abfindung für einen Verzicht auf den entstandenen Pflichtteilsanspruch oder für die Ausschlagung einer Erbschaft, eines Erbersatzanspruchs oder eines Vermächtnisses gewährt wird;

- was als Abfindung für ein aufschiebend bedingtes, betagtes oder befristetes Vermächtnis, für das die Ausschlagungsfrist abgelaufen ist, vor dem Zeitpunkt des Eintritts der Bedingung oder des Ereignisses gewährt wird;

- was als Entgelt für die Übertragung der Anwartschaft eines Nacherben gewährt wird;

- was als Vertragserbe aufgrund beeinträchtigender Schenkungen des Erblassers (§ 2287 BGB) von dem Beschenkten nach den Vorschriten über die ungerechtfertigte Bereicherung erlangt.

Nach BFH, U. v. 6.3.1991[1] unterliegt der Erwerb des Erben aufgrund eines **Anspruchs nach § 2287 BGB** nicht der Erbschaftsteuer. Diese Rechtsprechung ist durch einen durch das StÄndG 1992 neu eingeführten Steuertatbestand (§ 3 Abs. 2 Nr. 7 ErbStG) überholt. Diese Vorschrift findet erstmals auf Erwerbe Anwendung, für die die Steuer nach § 9 Abs. 1 Nr. 1 Buchst. j nach dem 28.2.1992 entstanden ist oder entsteht (§ 37 Abs. 7 ErbStG). **1904**

(Einstweilen frei) **1905-1910**

2. Nacherbschaft

Literatur: *Bolz*, Unentgeltliche Übertragung eines Nacherbenanwartschaftsrechts, KFR F. 10 EStG § 6, 1/93, 169.

Fall

V bestimmt seine Tochter T zur Vorerbin und seine Enkelkinder E1, E2 und E3 zu Nacherben. E1 überträgt die Hälfte seines Nacherbenanwartschaftsrechts auf seine Ehefrau F.

---

1 II R 69/87, BStBl II 1991, 1103.

a) Tod des Erblassers

1911 Mit dem Tod des V erlangt der **Nacherbe** E1 nach den §§ 2113 ff. BGB eine Rechtsstellung, die ihm eine gesicherte Aussicht auf die Erbschaft gewährt. Dieses **Anwartschaftsrecht** ist im Zweifel vererblich (vgl. § 2108 Abs. 2 BGB) und übertragbar (vgl. § 3 Abs. 2 Nr. 6 ErbStG).

1912 Der Erwerb des Anwartschaftsrechts des Nacherben durch diesen anläßlich des Todes des V löst ebensowenig Erbschaftsteuer aus wie der Erwerb des Nacherbenanwartschaftsrechts durch einen Dritten, sei es von Todes wegen oder durch freigebige Zuwendung unter Lebenden. Der **Steuer unterliegt** vielmehr erst der Vermögenserwerb mit Eintritt des **Nacherbfalls**.[1]

b) Übertragung des Nacherbenanwartschaftsrechts

1913 Die **unentgeltliche Übertragung** des Nacherbenanwartschaftsrechts löst erbschaftsteuerrechtlich keine Rechtsfolgen aus. Ein für die Übertragung der Anwartschaft gewährtes **Entgelt** ist jedoch als vom Erblasser stammend der Steuer zu unterwerfen (§ 3 Abs. 2 Nr. 6 ErbStG); denn in diesem Fall mehrt sich das Vermögen des Übertragenden unmittelbar durch Verwertung der infolge des Todes des V gewonnenen Rechtsposition.

c) Eintritt des Nacherbfalls

1914 Nach § 6 Abs. 2 Satz 1 ErbStG hat die Erwerberin F den **Erwerb** als **von der Vorerbin** T stammend zu versteuern, obwohl nach dem Zivilrecht das Vermögen von V herrührt (vgl. § 2100 BGB). **Auf Antrag** ist aber der Versteuerung das Verhältnis der Erwerberin E zu V zugrunde zu legen (§ 6 Abs. 2 Satz 2 ErbStG). Für die Bestimmung der Steuerklasse und damit auch für die Höhe des Freibetrags sowie die Höhe des Steuersatzes ist also für F als Anwartschaftserwerberin nicht auf das Verhältnis zum Nacherben E1 abzustellen.[2]

1915 Im Fall der **entgeltlichen Übertragung** kann die Anwartschaftserwerberin das von ihr für den Erwerb aufgewendete und vom Nacherben E1 gemäß § 3 Abs. 2 Nr. 6 ErbStG versteuerte Entgelt nach § 10 Abs. 5 Nr. 3 ErbStG von ihrem Erwerb absetzen.[3]

---

1   BFH, U. v. 28.10.1992 II R 21/92, BStBl II 1993, 158, m. Anm. Bolz, KFR F. 10 EStG § 6, 1/93, 169.
2   BFH, U. v. 28.10.1992 II R 21/92, BStBl II 1993, 158.
3   BFH, U. v. 28.10.1992 II R 21/92, BStBl II 1993, 158.

(Einstweilen frei)   **1916-1920**

3. Schenkung auf den Todesfall

Literatur: *M. R.*, Schenkung auf den Todesfall und Erbschaftsteuer, DStR 1991, 377; *Petzoldt*, Zur Schenkung auf den Todesfall, KFR F. 10 ErbStG § 3, 1/91, 139.

Fall

V ist Eigentümer eines Grundstücks. Er überträgt dieses mit Wirkung ab seinem Todestag auf seinen Sohn S, der dafür 200.000 DM in den Nachlaß zu zahlen hat.

Eine Schenkung auf den Todesfall ist eine Schenkung unter der Bedingung,   **1921** daß der Beschenkte den Schenker überlebt (vgl. § 2301 BGB). Dieser Tatbestand ist auch erfüllt, wenn die Rechtsfolgen des Erfüllungsgeschäftes mit dem Tode des Schenkers (Erblassers) **ohne weitere Rechtshandlungen** eintreten.[1]

Nach BFH, U. v. 5.12.1990[2] muß in der Schenkung auf den Todesfall eine   **1922** **freigebige Zuwendung** zu sehen sein[3], obwohl sie das Erbschaftsteuerrecht den Erwerben von Todes wegen zuordnet. Auf die Schenkung auf den Todesfall ist damit auch die Rechtsprechung über gemischte Schenkungen und die Auflagenschenkungen anzuwenden.[4] Bei Rechtsgeschäften unter Lebenden, durch die eine freigebige Zuwendung unter der Bedingung des Überlebens des Bedachten vereinbart wird, kommt es also immer auf den Willen des Zuwendenden an, die Zuwendung unentgeltlich vorzunehmen. Hierbei ist es unerheblich, ob das Erbschaftsteuerrecht dieses Rechtsgeschäft des Schenkungen (§ 7 ErbStG) oder den Erbfällen (§ 3 Abs. 1 Nr. 2 ErbStG) zuordnet. Bei Erbeinsetzungen, sei es durch Testament oder Erbvertrag, ist dagegen der Bereicherungswille des Erblassers ohne Bedeutung.[5]

(Einstweilen frei)   **1923-1930**

---

1   BFH, U. v. 5.12.1990 II R 109/86, BStBl II 1991, 181, m. Anm. Petzoldt, KFR F. 10 ErbStG § 3, 1/91, 139; M. R., DStR 1991, 377.
2   II R 109/86, BStBl II 1991, 181.
3   Zu diesem Begriff vgl. Anm. 1604 ff.
4   M. R., DStR 1991, 377; vgl. i. e. Anm. 1751 ff.
5   M. R., DStR 1991, 377; vgl. aber auch BFH, U. v. 13.7.1983 II R 105/82, BStBl II 1984, 37.

4. Anwachsung bzw. Einziehung von Gesellschaftsanteilen bei Tod eines Gesellschafters

Literatur: *Viskorf*, Schenkungsteuerrechtliche Beurteilung der Anwachsung bzw. Einziehung von Gesellschaftsanteilen bei Tod eines Gesellschafters, KFR F. 10 ErbStG § 3, 1/93, 53.

Vgl. auch vor Anm. 1601 und 1611.

Fall

V, A und B sind Gesellschafter einer Personengesellschaft. Sie vereinbaren, daß im Fall des Todes eines der Gesellschafter die Gesellschaft fortgesetzt wird und die verbleibenden Gesellschafter den (die) Erben des Erblassers zum Buchwert abfinden (Fortsetzungsklausel).[1] Zu diesem Zeitpunkt beträgt der Wert des Anteils 700.000 DM, der Buchwert 300.000 DM.

Abwandlung

Es handelt sich um eine GmbH. Nach dem Gesellschaftsvertrag wird beim Tod eines Gesellschafters der Geschäftsanteil des Verstorbenen gemäß § 34 GmbHG eingezogen.

a) Anwachsung von Gesellschaftsanteilen

1931 Wächst aufgrund einer Fortsetzungsklausel der Anteil des Gesellschafters einer Personengesellschaft bei dessen Tod den übrigen Gesellschaftern gemäß § 738 Abs. 1 Satz 1 BGB an, so unterliegt der damit verbundene Übergang des Anteils des Verstorbenen am Gesellschaftsvermögen nach **§ 3 Abs. 1 Nr. 2 Satz 2 ErbStG** der **Erbschaftsteuer**. Dies gilt über § 105 Abs. 2 und § 161 Abs. 2 HGB auch für die OHG und die KG. Der Erbe erhält gemäß §§ 738 Abs. 1 Satz 2, 740 BGB eine Abfindung, wenn das Gesellschaftsvermögen nicht durch Verluste verbraucht ist.[2]

1932 Der Übergang des Gesellschaftsanteils auf die anderen Gesellschafter in Form der Anwachsung **beruht** danach stets i.S. des § 3 Abs. 1 Nr. 2 Satz 2 ErbStG **auf dem Gesellschaftsvertrag**; denn er tritt nur dann ein, wenn im Gesellschaftsvertrag eine Fortsetzungsklausel (ggf. eine Übernahmeklausel) vereinbart ist. Übersteigt der Wert des Anteils des ausscheidenden

---

1 Vgl. zur Einkommensteuer Anm. 895.
2 Zur Anwachsung von Gesellschaftsanteilen bei Ausscheiden eines Gesellschafters vgl. Anm. 1611.

Gesellschafters (nach Maßgabe des § 12 ErbStG) den Abfindungsanspruch, so ist der Besteuerungstatbestand erfüllt.[1]

Das subjektive Tatbestandsmerkmal des **Bewußtseins der Unentgeltlich-** **1933** **keit** gehört **nicht** zum gesetzlichen Tatbestand des § 3 Abs. 1 Nr. 2 Satz 2 ErbStG.[2]

b) Einziehung der GmbH-Anteile (Abwandlung)

Der GmbH-Anteil geht nach § 1922 Abs. 1 BGB i.V. mit § 15 Abs. 1 **1934** GmbHG auf die Erben über. Er wird gemäß § 2032 Abs. 1 BGB gemeinschaftliches Vermögen der Erben. Ein (automatischer) „Übergang" des Geschäftsanteils auf die GmbH ist nicht zulässig; denn die Vererblichkeit des Geschäftsanteils kann durch die Satzung weder ausgeschlossen noch eine Sonderrechtsnachfolge begründet werden. Auch bei einer Zwangseinziehung nach § 34 Abs. 2 GmbHG geht der Geschäftsanteil zunächst kraft Erbrecht auf die Erben über und wird erst dann eingezogen. Eine Berechtigung der Gesellschaft an dem Geschäftsanteil entsteht durch die Einziehung nicht. Daher kommt eine **Besteuerung der GmbH** gemäß § 3 Abs. 1 Nr. 2 Satz 2 ErbStG **nicht** in Betracht.

Die Zwangseinziehung der Geschäftsanteile der nicht zur Nachfolge be- **1935** rechtigten Erben kann aber zu einer **Besteuerung der verbleibenden** **Gesellschafter** nach § 3 Abs. 1 Nr. 2 Satz 2 ErbStG bzw. § 7 Abs. 7 ErbStG führen.[3]

(Einstweilen frei) **1936-1940**

5. Zugewinngemeinschaft (§ 5 ErbStG)

Literatur: *Petzoldt,* Vereinbarung der Zugewinngemeinschaft mit Rückwirkung, KFR F. 10 ErbStG § 5, 1/89, 373; *Fromm,* Korrektur des „falschen" Güterstandes – mit Rückwirkung!, DStR 1990, 106; *Anderegg,* Überlegungen zur Anwendung des § 5 Abs. 1 ErbStG, DB 1991, 2619; *Raudszus,* Zur Anwendung des § 5 Abs. 1 ErbStG, DB 1992, 2312, mit Replik *Anderegg,* DB 1992, 2316.

---

1 BFH, U. v. 1.7.1992 II R 20/90, BStBl II 1992, 912, m. Anm. Viskorf, KFR F. 10 ErbStG § 3, 1/93, 53.
2 BFH, U. v. 1.7.1992 II R 20/90, BStBl II 1992, 912, unter Aufhebung von FG Münster, U. v. 14.12.1989 III 2582/89 Erb, EFG 1990, 321; II R 103/90, BFH/NV 1993, 101; Viskorf, NWB F. 10, 655; a.A. Klein-Blenkers, DStR 1992, 1577; Petzoldt, KFR F. 10 ErbStG § 3, 1/91, 139.
3 Vgl. BFH, U. v. 1.7.1992 II R 12/90, BStBl II 1992, 925, m. Anm. Viskorf, KFR F. 10 § 7, 1/93, 27; II R 70/88, BStBl II 1992, 921, m. Anm. Viskorf, KFR F. 10 ErbStG § 7, 2/92, 331.

Verwaltungsanweisung: Koordinierter Ländererlaß v. 10.11.1989, Erbschaftsteuerliche Behandlung einer rückwirkend vereinbarten Zugewinngemeinschaft, BStBl I 1989, 429.

Vgl. auch vor Anm. 1601.

a) Ermittlung des Zugewinns

Fall

Zugewinn Mann 1.000.000 DM, Zugewinn Frau 200.000 DM.

1941 Die Zugewinngemeinschaft ist der **gesetzliche Güterstand**. Sie gilt, wenn die Ehegatten in einem Vertrag (Ehevertrag) keine andere Regelung treffen. Bei der Zugewinngemeinschaft werden – ebenso wie bei der Gütertrennung – das Vermögen des Mannes und das Vermögen der Frau nicht gemeinschaftliches Vermögen der Ehegatten, selbst wenn das Vermögen nach der Eheschließung erworben wird.

1942 Anders als bei der Gütertrennung wird bei der Zugewinngemeinschaft der **Zugewinn**, den die Ehegatten in der Ehe erzielen, **ausgeglichen**, wenn die Zugewinngemeinschaft (z.B. durch Scheidung, Tod oder Vereinbarung eines anderen Güterstandes) endet (§ 1363 BGB). Wird der Güterstand auf andere Weise als durch Tod beendet, so wird zunächst – für jeden Ehegatten getrennt – der Betrag ermittelt, um den das Endvermögen das Anfangsvermögen übersteigt (§ 1373 BGB). Sodann muß der Ehegatte, der den höheren Zugewinn erzielt hat, die Differenz zur Hälfte ausgleichen (§ 1378 BGB). Der Mann muß im aufgeworfenen Fall also 400.000 DM an die Frau bezahlen.

b) Vor- und Nachteile von Gütertrennung und Zugewinngemeinschaft

1943 Vorstehendes Beispiel zeigt, daß eine Zugewinngemeinschaft für den Ehegatten, der einen größeren Zugewinn erwartet, gegenüber einer Gütertrennung **nachteilig** ist. Für einen Betrieb kann eine Zugewinngemeinschaft sogar gefährlich sein, wenn diese durch Scheidung aufgelöst wird, da der Ausgleichsanspruch ggf. nur durch Veräußerung des Betriebs erfüllt werden kann.

Fall

Bei der Eheschließung hatte weder der Mann noch die Frau Vermögen. Beim Tod des Mannes beträgt das Privatvermögen des Mannes 2 500 000 DM, das der Frau 500 000 DM. Neben der Frau ist noch ein Kind erbberechtigt.

aa) Allgemeines

Nach § 5 Abs. 1 Satz 1 ErbStG bleibt beim überlebenden Ehegatten ein Betrag in Höhe der Zugewinn-Ausgleichsforderung **steuerfrei**, die er geltend machen könnte, wenn er nicht Erbe geworden wäre und ihm auch kein Vermächtnis zusteht (vgl. § 1371 Absatz 2 BGB). Soweit der Nachlaß des Erblassers bei der Ermittlung des als Ausgleichsforderung steuerfreien Betrags mit einem höheren Wert als dem nach den steuerlichen Bewertungsgrundsätzen maßgebenden Wert angesetzt worden ist, gilt höchstens der dem Steuerwert des Nachlasses entsprechende Betrag nicht als Erwerb i.S. des § 3 ErbStG (§ 5 Abs. 1 Satz 2 ErbStG).[1]

1944

bb) Lösung bei Gütertrennung

Bei gesetzlicher Erbfolge erben Frau und Kind zu gleichen Teilen (§ 1931 Abs. 4 BGB). Es ergibt sich somit folgende Berechnung:

1945

Erbschaft	1.250.000 DM
abzüglich Ehegattenfreibetrag (§ 16 Abs. 1 Nr. 1 ErbStG)	250.000 DM
steuerpflichtiger Erwerb	1.000.000 DM
Steuerklasse I 10 % (§ 19 ErbStG)	100.000 DM

cc) Lösung bei Zugewinngemeinschaft nach § 1371 Abs. 1 BGB (erbrechtliche Lösung)

Unabhängig von der Erzielung eines Zugewinns erhöht sich der gesetzliche Erbteil des überlebenden Ehegatten, der ein Viertel der Erbschaft beträgt (§ 1931 Abs. 1 BGB), um ein weiteres Viertel (§ 1371 Abs. 1 BGB). Es ergibt sich daher folgende Berechnung:

1946

---

[1] Ausführlich dazu Anderegg, DB 1991, 2619; Raudszus, DB 1992, 2312; Anderegg, DB 1992, 2316.

Erbschaft	1.250.000 DM
abzüglich Ehegattenfreibetrag	250.000 DM
abzüglich Zugewinnausgleichsanspruch in Höhe des tatsächlichen Zugewinns	1.000.000 DM
steuerpflichtiger Erwerb	0 DM

dd) Zugewinngemeinschaft nach § 1371 Abs. 2, Abs. 3 BGB (güterrechtliche Lösung)

1947   Wird der überlebende Ehegatte nicht Erbe und steht ihm auch kein Vermächtnis zu oder schlägt er die Erbschaft aus, so kann er den Ausgleich des Zugewinns (im Beispiel: 1.000.000 DM) verlangen. Daneben steht ihm der sogenannte kleine Pflichtteil zu, also 1/8 von 1.500.000 DM (187.500 DM)

Erbschaft	1.187.500 DM
abzüglich Ehegattenfreibetrag	250.000 DM
abzüglich Zugewinn	1.000.000 DM
steuerpflichtiger Erwerb	0 DM

▷ *Gestaltungshinweis*

1948   *Nach dem U. des BFH v. 28.6.1989[1] können Eheleute auch nach Gütertrennung mit erbschaftsteuerrechtlicher Wirkung **rückwirkend** ab dem Tag der Eheschließung (frühestens ab dem 1. Juli 1958) **Zugewinngemeinschaft** vereinbaren. Dies kann zu einer beträchtlichen Minderung der Erbschaftsteuer führen.*

1949   *Es kann auch eine **modifizierte Zugewinngemeinschaft** vereinbart werden, die für den Fall der Scheidung keinen oder nur einen beschränkten Zugewinnausgleich vorsieht, wobei der Ausschluß bzw. die Beschränkung im Todesfall nicht gilt.[2]*

1950   *Es ist jedoch darauf hinzuweisen, daß die **Finanzverwaltung** das U. des BFH v. 28. 6.1989[3], das mit erbschaftsteuerrechtlicher Wirkung die Rückwirkung zuläßt, nicht anwendet, da sie den Ausgang eines weiteren Musterverfahrens abwarten will.[4] In diesen Erlassen werden die Finanzämter an-*

---

1   II R 82/86, BStBl II 1989, 897.
2   Vgl. im einzelnen Petzoldt, KFR F. 10 ErbStG § 5, 1/89, 373; Fromm, DStR 1990, 106.
3   II R 82/86, BStBl II 1989, 897.
4   Koordinierter Ländererlaß v. 10.11.1989, BStBl I 1989, 429; nunmehr Bestätigung der Rechtsprechung durch BFH, U. v. 12.5.1993 II R 37/89, DStR 1993, 1064.

gewiesen, bei einem Rechtsbehelf gegen einen entsprechenden Erbschaft-steuerbescheid auf Antrag Aussetzung der Vollziehung zu gewähren.

(Einstweilen frei) **1951-1960**

6. Entstehung der Steuer (§ 9 Abs. 1 Nr. 1 ErbStG)

Literatur: *Kapp*, Zweckgebundenheit und Verfügungsmöglichkeit im Erbschaftsteuer-recht, DStZ 1989, 146; *ders.*, Inkonsequente Rechtsprechung zur Stichtagsbewertung im Erbschaftsteuerrecht, DStZ 1991, 556.

Verwaltungsanweisung: OFD München v. 23.8.1990, Stichtagsbewertung bei der Erb-schaftsteuer, UVR 1990, 378.

Vgl. auch vor Anm. 1601.

Fall

V stirbt. Erbe ist sein Sohn S. Für die Tochter T hat V ein Vermächtnis ausgesetzt, das in einem Aktienpaket besteht. T kann jedoch tatsächlich erst ein halbes Jahr nach dem Tod des V über die Aktien verfügen. Zu diesem Zeitpunkt haben die Wertpapiere gegenüber dem Todestag um 30 % an Wert verloren.

Nach § 9 Abs. 1 Nr. 1 ErbStG entsteht die Erbschaftsteuer grundsätzlich **1961** mit dem **Tod des Erblassers** (zu den Ausnahmen vgl. § 9 Abs. 1 Nr. 1 Buchst. a bis i ErbStG). Dies gilt auch dann, wenn sich zwischen dem Tod des Erblassers und der tatsächlichen Verfügungsmöglichkeit des Bedachten Wertverschiebungen (Wertminderungen oder Wertsteigerungen) ergeben.[1] Wegen dieser Streitfrage ist eine Verfassungsbeschwerde anhängig.[2]

▷ *Gestaltungshinweis*

In gleichgelagerten Fällen ist zu empfehlen, den **Streitfall** *unter Hinweis* **1962** *auf die beim BVerfG anhängige Streitfrage* ***offenzuhalten.***

In solchen Fällen sind z.b. auch ***zivilrechtliche Ansprüche des Erben gegen*** **1963** *den Erbschaftsbesitzer aus unerlaubter Handlung (§§ 2025, 823 ff. BGB),*

---

1 BFH, U. v. 27.11.1991 II R 12/89, BStBl II 1992, 298, unter Bestätigung von FG Köln, U. v. 14.9.1988 9 K 163/86, EFG 1989, 236; B. v. 28.11.1990 II S 10/90, BFH/NV 1991, 243; vgl. auch BFH, B. v. 6.12.1989 II B 70/89, BFH/NV 1990, 643, zur latenten Ertragsteuerbelastung; FG Berlin, U. v. 17.10.1989 V 37/89 rkr., EFG 1990, 323; FG Nürnberg, U. v. 24.1.1991 VI 180/87 rkr., EFG 1991, 548; OFD München v. 23.8.1990, UVR 1990, 378; a.A. Kapp, DStZ 1989, 146; 1991, 556; vgl. Klein-Blenkers, DStR 1991, 1549 ff., 1581 ff., für Gesetzesänderung; Felix, KÖSDI 1992, Tz. 27, für Billigkeitsregelung.
2 Az. des BVerfG: 2 BvR 552/91; Vorinstanz: BFH, B. v. 20.2.1991 II R 18/90, nach Art. 1 Nr. 7 BFH-EntlG.

Verzugsansprüche des Erben gegen den bösgläubigen Erbschaftsbesitzer (§§ 2024 Satz 3 i.V. mit 284 ff. BGB) und des Vermächtnisnehmers gegen den Beschwerten (§§ 2174, 2176 ff. i.V. mit 284 ff. BGB) zu untersuchen.[1]

1964 *In besonders krassen Fällen kann es zu einer **Billigkeitsmaßnahme** (z.B. § 163 AO) kommen[2]; z.b., wenn die nach dem Stichtag berechnete Steuer auf das zuletzt ausgekehrte Vermögen bezogen wird und sich dabei eine Besteuerungsquote ergibt, die den Höchststeuersatz der anzuwendenden Steuerklasse übersteigt oder den Steuersatz der nächsthöheren Steuerklasse erreicht.[3]*

1965-1970   *(Einstweilen frei)*

II. Berechnung der Steuer

1. Allgemeines

Literatur: *Moench,* Trost aus Schulden – Vom rechten Abzug der Nachlaßverbindlichkeiten nach § 10 Abs. 5 ErbStG, DStR 1992, 1185; *Rendels,* Schwerpunkte des Standortsicherungsgesetzes: Änderung des KStG, sonstige Änderungen, Ausblick, DStR 1993, 1089.

Vgl. auch vor Anm. 1601.

1971 Als **steuerpflichtiger Erwerb** gilt die Bereicherung des Erwerbers, soweit sie nicht steuerfrei ist (§§ 5, 13, 16, 17 und 18 ErbStG).[4] Als **Bereicherung** gilt der Betrag, der sich ergibt, wenn von dem nach § 12 ErbStG zu ermittelnden Wert des gesamten Vermögensanfalls die nach § 10 Abs. 3 bis 9 ErbStG abziehbaren **Nachlaßverbindlichkeiten** abgezogen werden (§ 10 Abs. 1 ErbStG).[5] Die Zugewinnausgleichsschuld ist selbst dann mit dem Nennwert abzuziehen, wenn die Verpflichtung einvernehmlich durch Übereignung von Grundstücken erfüllt wird.[6]

2. Freibeträge

1972 Für die Freibeträge gelten die Ausführungen unter Anm. 1651 und 1652 mit folgenden Besonderheiten:

---

1   Klein-Blenkers, DStR 1991, 1549, 1550.
2   Vgl. FG Berlin, U. v. 17.10.1989 V 37/89 rkr., EFG 1990, 323; FG Nürnberg, U. v. 24.1.1991 VI 180/87 rkr., EFG 1991, 548.
3   Moench, § 11 Rz. 5, mit Beispiel.
4   Vgl. Anm. 1972 ff.
5   Zu § 10 Abs. 5 ErbStG vgl. Moench, DStR 1992, 1185; zum Abzug der Abfindungszahlungen eines Vorerben an weichende Nacherben vgl. FG Düsseldorf, U. v. 19.8.1992 4 K 17/87 Erb Rev., EFG 1993, 44, Az. des BFH: II R 88/92.
6   BFH, U.v. 10.3.1993 II R 27/89, BStBl II 1993, 368.

Eltern und Voreltern zählen bei Erwerben von Todes wegen nicht zur Steuerklasse III, sondern zur Steuerklasse II.   **1973**

Daneben steht dem überlebenden Ehegatten sowie Kindern und Stiefkindern ein besonderer **Versorgungsfreibetrag** von 10.000 DM bis 250.000 DM zu (§ 17 ErbStG).   **1974**

Der Freibetrag nach § 13 Abs. 1 Nr. 9 ErbStG in Höhe von 2.000 DM wegen **Pflege- oder Unterhaltsleistungen** setzt einen Zusammenhang zwischen den beiderseitigen Leistungen voraus. Es ist kein lohnsteuerpflichtiger Dienstvertrag erforderlich.[1]   **1975**

▷ *Gestaltungshinweis*

Wenn dieser Freibetrag in Anspruch genommen werden soll, ist eine entsprechende schriftliche Vereinbarung zwischen dem zu Pflegenden und der Pflegeperson anzuraten.[2]   **1976**

Auch beim Erwerb durch Erbanfall bleibt **Betriebsvermögen** (§ 12 Abs. 5 ErbStG) bis zu einem Wert von 500.000 DM außer Ansatz (§ 13 Abs. 2 a Nr. 2 ErbStG i. d. F. des Standortsicherungsgesetzes). Wird ein Freibetrag im Rahmen einer vorweggenommenen Erbfolge gewährt[3], so kann für weiteres, innerhalb von zehn Jahren nach dem Erwerb von derselben Person anfallendes Betriebsvermögen ein Freibetrag weder vom Bedachten noch von anderen Erwerbern in Anspruch genommen werden. Zum Wegfall der Steuerbefreiung, zur Berücksichtigung von Schulden und Lasten und zur erstmaligen Anwendung vgl. Anm. 1654 bis 1656.   **1977**

3. Steuersätze

Vgl. Anm. 1654.   **1978**

4. Mehrfacher Erwerb desselben Vermögens

Fällt Personen der Steuerklasse I oder II von Todes wegen Vermögen an, das in den letzten zehn Jahren vor der Erwerb bereits von Personen dieser Steuerklassen erworben worden ist und für das nach dem ErbStG eine Steuer zu erheben war, so ermäßigt sich der auf das Vermögen entfallende Steuerbetrag nach Maßgabe des § 27 ErbStG. Die Berechnung   **1979**

---

1 Anders aber Felix, KÖSDI 1992, 8902, Tz. 7.
2 Vgl. BFH, U. v. 6.2.1991 II R 70/90, BFH/NV 1992, 40.
3 Vgl. Anm. 1653.

der Steuerermäßigung ist äußerst kompliziert und wirkt sich nur bei hohen Erwerben aus.[1]

1980   *(Einstweilen frei)*

III. Allgemeine Gestaltungsmöglichkeiten

1. Allgemeines – Erbfall, Erbengemeinschaft, Erbauseinandersetzung

Literatur: *Mehne*, Gerechtigkeit bei der Erbteilung unter Berücksichtigung steuerrechtliche Auswirkungen, DStR 1992, 273; *Petzoldt*, Teilungsanordnungen und Steuerlastverteilung, KFR F. 10 ErbStG § 3, 1/92, 299.

Fall
V setzt seine Kinder S und T zu Erben ein. Er möchte mit einer Teilungsanordnung erreichen, daß S und T möglichst wenig Erbschaftsteuer zahlen müssen.

1981   Als Erwerb von Todes wegen, der der Erbschaftsteuer unterliegt, gilt nach § 3 Abs. 1 Nr. 1 u.a. der Erwerb durch **Erbanfall**. Unter Erbanfall ist der Übergang des Vermögens des Erblassers auf den (die) Erben i.S. von § 1922 BGB zu verstehen. Dieser Anfall ist bei einer **Mehrheit von Erben** beim jeweiligen Miterben entsprechend seiner Erbquote (vgl. § 2047 Abs. 1 BGB) erbschaftsteuerrechtlich zu erfassen. Für die Erbschaftsteuer ist es unerheblich, welche Gegenstände oder Vermögensmassen dem einzelnen Miterben im Zuge der **Auseinandersetzung** übertragen werden.

1982   Ebenso wie eine unter den Miterben vereinbarte Auseinandersetzung für die erbschaftsteuerrechtliche Beurteilung ohne Bedeutung ist, ist auch die Teilung in Befolgung einer bloßen **Teilungsanordnung** des Erblassers (§ 2048 BGB) für die Erbschaftsteuer unbeachtlich.[2] Dies gilt auch dann, wenn die Teilungsanordnung wegen der Einsetzung eines Testamentsvollstreckers verbindlich ist.[3]

▷ *Gestaltungshinweis*

1983   *Wenn der Erblasser eine unterschiedliche Belastung der Miterben durch*

---

1   Vgl. im einzelnen Moench, § 27 Rz. 12 ff.
2   BFH, U. v. 1.4.1992 II R 21/89, BStBl II 1992, 669, m. Anm. Petzoldt, KFR F. 10 ErbStG § 3, 1/92, 299; v. 5.2.1992 II R 7/89, BFH/NV 1993, 100.
3   BFH, U. v. 10.11.1982 II R 85-86/78, BStBl II 1983, 329.

Erbschaftsteuer erreichen will, muß er ein (Voraus-)Vermächtnis aussetzen oder unterschiedliche Erbquoten festlegen.[1]

(Einstweilen frei)   **1984-1990**

2. Grundstücke

Literatur: *Martin*, Das leidige Problem der Bewertung von Sachleistungsansprüchen und -verpflichtungen hinsichtlich von Grundvermögen, DB 1990, 1536; *Piltz*, Die Teilungsanordnung als Instrument der Nachfolgeplanung, DStR 1991, 1075; *ders.*, Das Vermächtnis als Instrument der Nachfolgeplanung, DStR 1991, 1108.

Verwaltungsanweisungen: Fachbesprechung der Erbschaftsteuerreferenten v. 26.1.1976, Einzelfragen, DB 1976, 461; FM Niedersachsen v. 19.2.1979, Behandlung eines Kaufrechtsvermächtnisses, DB 1979, 627; FM Niedersachsen v. 22.9.1983, Erbschaftsteuer bei Teilungsanordnungen, BB 1983, 1778; FM Baden-Württemberg v. 12.7.1990, Bewertung von Sachleistungsansprüchen und Sachleistungsverpflichtungen bei Grundstücksgeschäften, DB 1990, 1539; koordinierter Ländererlaß, z.B. FM Mecklenburg-Vorpommern v. 8.3.1993, Behandlung des Erwerbs von Kauf- und Übernahmerechten, DStR 1993, 608.

a) Vorteile bei Grundstücken

Fall
V bestimmt in seinem Testament seinen Sohn S zum Alleinerben. Gleichzeitig verfügt er, daß S von einem Betrag von 1.000.000 DM ein bestimmtes Grundstück kaufen muß.

Wie bei der Schenkung[2] ist auch die Vererbung von Grundstücken gegenüber der Schenkung oder Vererbung eines Geldbetrags günstiger. Während die Vererbung von Grundstücken mit **140 % des festgestellten Einheitswerts** angesetzt wird, ist bei der Vererbung von Geldbeträgen der Nennwert zugrunde zu legen.   **1991**

Wird Geld mit der Zweckbestimmung geschenkt, ein bestimmes Grundstück zu erwerben, so handelt es sich um eine **mittelbare Grundstücksschenkung**, die mit 140 % des festgestellten Einheitswerts zu bewerten ist.[3] Die Grundsätze der mittelbaren Grundstücksschenkung sind aber **beim Erwerb von Todes wegen** durch Erbanfall – auch wenn dieser auf einem Erbvertrag beruht – **nicht anzuwenden**.[4]   **1992**

---

1 Zu Bewertungsunterschieden vgl. Mehne, DStR 1992, 273; vgl. Felix, KÖSDI 1992, 8902, Tz. 3, der zutreffend darauf hinweist, daß im Gegensatz zu Mehne das zugeteilte Vermögen und die Ausgleichszahlungen nicht der Erbschaftsteuer zu unterwerfen sind.
2 Vgl. Anm. 1681 ff.
3 Vgl. Anm. 1691 ff.
4 BFH, B. v. 23.1.1991 II B 46/90, BStBl II 1991, 310.

b) Erbengemeinschaft

Fall

V wird von seiner Ehefrau E, mit der er in gesetzlichem Güterstand gelebt hat, und zwei Kindern, S und T, 30 und 35 Jahre alt, in gesetzlicher Erbfolge beerbt. Der Nachlaß besteht aus einem Grundstück (Verkehrswert 500.000 DM, Einheitswert 100.000 DM, Steuerwert 140.000 DM) und Kapitalvermögen von 500.000 DM.[1]

aa) Zurechnung des Nachlasses

1993　Zivilrechtlich wird der Nachlaß auf E zur Hälfte und auf S und T zu je einem Viertel verteilt. Der steuerliche Wert des Gesamtnachlasses wird den Erben nach der jeweiligen **Erbquote** zugerechnet (§ 39 Abs. 1 Nr. 2 AO). Dieser Wert ist Grundlage für die Erbschaftsteuer.

bb) Behandlung der Ehefrau

1994

Steuerwert der Erbschaft	320.000 DM
abzüglich Ehegattenfreibetrag (§ 16 Abs. 1 Nr. 1 ErbStG)	250.000 DM
abzüglich Versorgungsfreibetrag (§ 17 Abs. 1 ErbStG)	250.000 DM
steuerpflichtiger Erwerb	0 DM

cc) Behandlung der übrigen Erben

1995

Steuerwert der Erbschaft je	160.000 DM
abzüglich Freibetrag (§ 16 Abs. 1 Nr. 1 ErbStG)	90.000 DM
steuerpflichtiger Erwerb	70.000 DM
Steuerklasse I 3,5 %	2.450 DM

Insgesamt fallen also 4.900 DM Erbschaftsteuer an.

▷ *Gestaltungshinweis*

1996　*Wenn nun E die Erbschaft gegen Zahlung von 500.000 DM ausschlägt[2], muß sie auch hierfür keine Erbschaftsteuer zahlen. Der niedrige Steuerwert des Grundstücks (140.000 DM) kommt nun ausschließlich S und T zugute.*

1　Vgl. Moench, DStR 1991, 169, 172, Beispiel 5.
2　Zur Bedingungsfeindlichkeit der Ausschlagung vgl. Anm. 1296 ff.

Unter Berücksichtigung der Freibeträge ergibt sich auch für S und T keine Steuer.

c) Teilungsanordnung, (Voraus-)Vermächtnis

aa) Teilungsanordnung oder (Voraus-)Vermächtnis

Fall
V setzt seine Kinder S und T zu Miterben zu je 1/2 ein. Zum Nachlaß gehören ein Grundstück (Steuerwert 140.000 DM, Verkehrswert 1.000.000 DM) und Wertpapiere im Kurswert von 1.000.000 DM. T soll das Grundstück erhalten.
Abwandlung
V setzt S zum Alleinerben ein. T soll als Vermächtnis das Grundstück erhalten.

(1) Abgrenzung zwischen Teilungsanordnung und Vorausvermächtnis

Die Bestimmung, daß T das Grundstück erhalten soll, kann als Teilungsanordnung oder Vorausvermächtnis anzusehen sein.[1] Im aufgeworfenen Fall ist davon auszugehen, daß kein Vorausvermächtnis, sondern eine **Teilungsanordnung** angeordnet ist.   1997

▷ *Gestaltungshinweis*

Um Auslegungsschwierigkeiten zu vermeiden, ist im Testament klar zum Ausdruck zu bringen, ob eine Teilungsanordnung oder ein Vorausvermächtnis gewollt ist.   1998

(2) Berechnung bei Teilungsanordnung

Da sich die Teilungsanordnung auf die Besteuerung nicht auswirkt[2], ergibt sich folgende Berechnung: 1999

Wertpapiere	1.000.000 DM
Grundstück	140.000 DM
Erbschaft	1.140.000 DM

---

1   Zur Abgrenzung vgl. Anm. 1267.
2   Vgl. Anm. 1982.

S und T jeweils 1/2	570.000 DM
abzüglich Freibetrag	90.000 DM
steuerpflichtiger Erwerb	480.000 DM
Steuerklasse I 7,5 %	36.000 DM
S und T gemeinsam	72.000 DM

(3) Berechnung bei Vermächtnis (Abwandlung)

2000 Der Vermächtnisnehmerin T wird der Steuerwert des zugewendeten Vermögensgegenstandes unmittelbar zugerechnet. Der Erbe S zieht diesen
Steuerwert von dem Wert des Nachlasses ab.[1]

Berechnung der Steuer für **S**:

Erbschaft	1.140.000 DM
abzüglich Steuerwert Grundstück	140.000 DM
abzüglich Freibetrag	90.000 DM
steuerpflichtiger Erwerb	910.000 DM
Steuerklasse I 10 %	91.000 DM

2001 Berechnung der Steuer für **T**:

Erbschaft Steuerwert Grundstück	140.000 DM
abzüglich Freibetrag	90.000 DM
steuerpflichtiger Erwerb	50.000 DM
Steuerklasse I 3 %	1.500 DM

2002 Bei einem Vermächtnis beträgt die Steuer insgesamt 92.500 DM. Die
Steuerbelastung ist also gegenüber der Teilungsanordnung um 20.500 DM
höher.

▷ *Gestaltungshinweis*

2003 *Bei gleicher Steuerklasse der Miterben ist die Gesamtbelastung mit Erbschaftsteuer grundsätzlich niedriger, wenn nur die Erbquote festgelegt oder
eine Teilungsanordnung verfügt wird. Die Gesamtbelastung ist höher, wenn
ein Vermächtnis angeordnet wird. Bei unterschiedlicher Steuerklasse können sich Abweichungen ergeben. In diesem Fall ist darauf zu achten, daß der
Erbe mit der höheren Steuerklasse das Grundstück erhält.*

---

1   Felix, KÖSDI 1992, 8902, Tz. 4.

bb) Verschiebung der Erbanteile

Fall

V verfügt in seinem Testament, daß Sohn S und Tochter T Miterben zu 1/2 sein sollen. S soll das Kapitalvermögen (Kurswert 500.000 DM), T das Grundstück (Einheitswert 100.000 DM, Steuerwert 140.000 DM, Verkehrswert 1.000.000 DM) erben.

Abwandlung

V legt in seinem Testament die Erbquote nicht fest.

Die Verteilung der Erbschaftsteuer entsprechend der Erbquote ist dann nicht möglich, wenn die Teilungsanordnung zu einer **Verschiebung der Erbquoten** führt.[1] In diesem Fall sind den Erben die zugewiesenen **Gegenstände** – wie bei einem Vermächtnis – **gesondert zuzurechnen**. S muß daher die Steuer vom Kapitalvermögen, T die Steuer vom Grundstück zahlen.   2004

Fehlen jedoch von vornherein festgelegte **Erbquoten**, so wird die Erbquote durch die Teilungsanordnung bestimmt.[2] In der **Abwandlung** erben also – bezogen auf den Verkehrswert – S zu 1/3 und T zu 2/3. S muß von der gesamten, die Erbengemeinschaft treffenden Erbschaftsteuer 1/3, T muß 2/3 zahlen.   2005

(Einstweilen frei)   2006-2010

d) Geldvermächtnis bei Grundstücken

Fall

V hinterläßt ein Grundstück (Einheitswert 100.000 DM, Steuerwert 140.000 DM, Verkehrswert 1.000.000 DM). V setzt seine Tochter T zur Alleinerbin ein. Als Vermächtnis muß sie ihrem Bruder S 500.000 DM zahlen.

Bei **T** beträgt die Erbschaftsteuer 0 DM, da sie vom Steuerwert die Vermächtnisverpflichtung abziehen kann.   2011

---

1   FG München, U. v. 28.6.1990 10 K 10070/87 rkr., EFG 1991, 28; FM Niedersachsen v. 22.9.1983, BB 1983, 1779; Moench, DStR 1991, 169, 172; kritisch dazu Moench, § 3 Rz. 52a.
2   FG München, U. v. 28.6.1990 10 K 100/87 rkr., EFG 1991, 28; Moench, § 3 Tz. 53 f.

2012 Für **S** ist folgende Berechnung durchzuführen:

Vermächtnis   500.000 DM
abzüglich Freibetrag   90.000 DM

steuerpflichtiger Erwerb   410.000 DM
Steuerklasse I 7,5 %   30.750 DM

▷ *Gestaltungshinweis*

2013 *Ein Geldvermächtnis ist bei Grundstücken oft ungünstig, da das Vermächtnis mit dem Nennwert vom Steuerwert des Grundstücks abgezogen wird und
sich ein negativer Wert ebenso nicht auswirkt wie der Freibetrag. In solchen
Fällen ist zu empfehlen, S und T zu **Miterben** einzusetzen und T das Recht
einzuräumen, das Grundstück für 500.000 DM zu übernehmen. Es ist dann
vom Steuerwert des Grundstücks auszugehen. Unter Berücksichtigung der
Freibeträge fällt keine Erbschaftsteuer an.*[1]

e) Grundstücksvermächtnis

aa) Grundstücks- statt Geldvermächtnis

Fall

O will seinem Neffen N 1.000.000 DM zukommen lassen. Er setzt zu
dessen Gunsten ein Vermächtnis aus, das in einem Grundstück (Einheitswert 100.000 DM, Steuerwert 140.000 DM, Verkehrswert 1.000.000
DM) besteht. N verkauft das Grundstück.

Abwandlung

O gibt seinem Erben auf, das Grundstück zu verkaufen und N den
Verkaufserlös von 1.000.000 DM zu geben.

2014 Ein Vermächtnis, das in einem Grundstück besteht und auch mündlich ausgesetzt werden kann[2], ist günstiger als ein Geldvermächtnis, da bei einem
Grundstücksvermächtnis der **Steuerwert des Grundstücks** angesetzt wird.
Hierbei spielt es keine Rolle, ob der Vermächtnisnehmer das Grundstück
unverzüglich verkauft.[3]

---

1   Piltz, DStR 1991, 1075, 1076, mit Beispiel.
2   Felix, KÖSDI 1992, 8902, Tz. 4, unter Hinweis auf Schuhmann, UVR 1991, 328, 331.
3   Vgl. BFH, U. v. 23.1.1991 II B 46/90, BStBl II 1991, 310.

Wenn jedoch der Erbe entsprechend dem Testament zunächst das Grundstück verkauft und dann dem Vermächtnisnehmer den **Geldbetrag** zuwendet, muß N den Geldbetrag versteuern.[1]

2015

▷ *Gestaltungshinweis*

Wenn die Möglichkeit besteht, ein Vermächtnis auszusetzen, das in einem Grundstück besteht, vermindert sich die Erbschaftsteuer gegenüber einem Geldvermächtnis. Diese Wirkung verstärkt sich bei höheren Steuerklassen.[2]

2016

bb) Ablösung eines Geldvermächtnisses durch Grundstück

Fall

V setzt seinen Sohn S als Alleinerben ein. Zum Erbe gehören Wertpapiervermögen mit einem Kurswert von 2.000.000 DM und ein Grundstück (Einheitswert 100.000 DM, Steuerwert 140.000 DM, Verkehrswert 1.000.000 DM). Für seine Nichte N setzt V ein Vermächtnis von 1.000.000 DM aus. S und N kommen überein, daß N für das Geldvermächtnis das Grundstück erhält.

M.E. ist **entscheidend, was der Vermächtnisnehmer** aufgrund der letztwilligen Verfügung **beanspruchen kann**, nicht, was er tatsächlich vom Erben erhält.[3] Somit muß N den Geldbetrag der Steuer unterwerfen. Es ergibt sich folgende Berechnung:

2017

Besteuerung des **S**:

2018

Erbschaft	2.140.000 DM
abzüglich Vermächtnis	1.000.000 DM
abzüglich Freibetrag	90.000 DM
steuerpflichtiger Erwerb	1.050.000 DM
Steuerklasse I 11 %	115.500 DM

---

1 Piltz, DStR 1991, 1108.
2 Vgl. auch Felix, KÖSDI 1992, 8902, Tz. 4.
3 Moench, § 3 Rz. 68; kritisch Moench, DStR 1991, 169, 173, unter Hinweis auf BFH, U. v. 17.2.1982 II R 160/80, BStBl II 1982, 350; a.A. FG Nürnberg, U. v. 14.11.1991 VI 5/88 Rev., n.v.

2019 Besteuerung der **N**:

Vermächtnis	1.000.000 DM
abzüglich Freibetrag	10.000 DM
steuerpflichtiger Erwerb	990.000 DM
Steuerklasse III 32 %	316.800 DM

2020 Die **gesamte Belastung** beträgt also 432.300 DM.

2021 Nach der Rechtsauffassung des **FG Nürnberg**[1] ist folgende Berechnung durchzuführen:

2022 Besteuerung des **S**:

Erbschaft	2.140.000 DM
abzüglich Vermächtnis	140.000 DM
abzüglich Freibetrag	90.000 DM
steuerpflichtiger Erwerb	1.910.000 DM
Steuerklasse I 11 %	210.100 DM

2023 Besteuerung der **N**:

Vermächtnis	140.000 DM
abzüglich Freibetrag	10.000 DM
steuerpflichtiger Erwerb	130.000 DM
Steuerklasse III 17 %	22.100 DM

2024 Die **gesamte Belastung** beträgt also 232.200 DM. Gegenüber der Berechnung, die das Vermächtnis mit dem Nennwert besteuert, ergibt sich eine Steuerminderung von 200.100 DM.

▷ *Gestaltungshinweis*

2025 *Die günstigere Berechnung ist jedenfalls dann durchzuführen, wenn N **auf ihren Geldanspruch verzichtet und als Abfindung für den Verzicht ein Grundstück** erhält (vgl. § 3 Abs. 2 Nr. 4 ErbStG). Diese Gestaltung ist in*

---

1   U. v. 14.11.1991 VI 5/88 Rev., n.v.

der Vergleichsberechnung für den Erben ungünstig, da er mit einer höheren Erbschaftsteuer belastet ist. Ein Ausgleich könnte z.b. dadurch geschaffen werden, daß S ein Grundstück mit einem niedrigeren Verkehrswert übereignet.

cc) Verpflichtung zum Erwerb eines Grundstücks

Fall

O setzt zugunsten seiner Nichte N ein Vermächtnis von 1.000.000 DM aus. N ist verpflichtet, von diesem Geld ein bestimmtes Grundstück zu kaufen.

Bei einem Vermächtnis sind – ebenso wie bei einer Erbschaft[1] – die Grundsätze der mittelbaren Grundstücksschenkung[2] nicht anzuwenden.[3] Das Geldvermächtnis wird also mit dem **Nennwert** bewertet.[4]

2026

▷ *Gestaltungshinweis*

Auch in diesem Fall ist es günstiger, wenn N auf den Geldanspruch verzichtet und der Erbe das Grundstück kauft, das er als Abfindung für den Verzicht auf N überträgt.[5]

2027

(Einstweilen frei)

2028-2030

f) Verschaffungsvermächtnis

Fall

V hinterläßt ein Barvermögen von 2.000.000 DM. Erben sind Sohn S und Tochter T zu je 1/2. V will, daß T ein bestimmtes Grundstück (Kaufpreis 1.000.000 DM, Einheitswert 100.000 DM, Steuerwert 140.000 DM) erwirbt.

Abwandlung

V setzt seinen Sohn als Alleinerben ein und verpflichtet ihn, das Grundstück zu erwerben und T zu übertragen.

---

1 Vgl. Anm. 1992.
2 Vgl. Anm. 1691 ff.
3 Vgl. BFH, B. v. 23.1.1991 II B 46/90, BStBl II 1991, 310.
4 Piltz, DStR 1991, 1108.
5 Vgl. Anm. 2025.

aa) Berechnung bei Erbeinsetzung

2031   Erbschaft für S und T je 1.000.000 DM
abzüglich Freibetrag   90.000 DM

steuerpflichtiger Erwerb   910.000 DM
Steuerklasse I 10 %   91.000 DM

2032   Die **Gesamtbelastung** für S und T beträgt 182.000 DM.

bb) Berechnung bei Verschaffungsvermächtnis

2033   Bei einem Verschaffungsvermächtnis muß der Erbe für den Vermächtnisnehmer ein Grundstück erwerben, das nicht zum Nachlaß gehört (§§ 2169,
2170 BGB). Der Erbe kann seine aufzuwendenden Mittel vom Wert der
Erbschaft voll abziehen, während der Vermächtnisnehmer nur den Steuerwert des Grundstücks ansetzen muß.[1]

2034   Besteuerung des **S**:

Erbschaft   2.000.000 DM
abzüglich Vermächtnis   1.000.000 DM
abzüglich Freibetrag   90.000 DM

steuerpflichtiger Erwerb   910.000 DM
Steuerklasse I 10 %   91.000 DM

2035   Besteuerung der **T**:

Vermächtnis   140.000 DM
abzüglich Freibetrag   90.000 DM

steuerpflichtiger Erwerb   50.000 DM
Steuerklasse I 3 %   1.500 DM

2036   Die **Gesamtbelastung** beträgt 92.500 DM. Sie ist gegenüber der Gesamtbelastung bei Erbeinsetzung um 89.500 DM niedriger.

▷ *Gestaltungshinweis*

2037   *Wenn ein Grundstück erworben werden soll, das nicht zum Nachlaß gehört,*
bietet ein Verschaffungsvermächtnis gegenüber der Erbeinsetzung große
Vorteile.

2038-2040   *(Einstweilen frei)*

---

1   Moench, DStR 1991, 169, 173; Piltz, DStR 1991, 1108, 1109, mit Beispiel.

g) Kaufrechtsvermächtnis

Fall

V hinterläßt Wertpapiervermögen von 1.200.000 DM und ein Grundstück (Einheitswert 100.000 DM, Steuerwert 140.000 DM, Verkehrswert 1.000.000 DM). Alleinerbe ist Sohn S. Der Tochter T werden Wertpapiere mit einem Wert von 500.000 DM vermacht und außerdem das Recht eingeräumt, das Grundstück zum Preis von 400.000 DM zu erwerben.

Bei einem Kaufrechtsvermächtnis wird dem Vermächtnisnehmer das Recht eingeräumt, einen bestimmten Gegenstand aus der Erbmasse zu einem bestimmten, günstigen Preis zu erwerben. Kaufrechtsvermächtnisse **zugunsten von Erben** wurden von der Finanzverwaltung bisher[1] wie Teilungsanordnungen[2] behandelt. Nunmehr soll geprüft werden, ob die Zuwendung nach dem Willen des Erblassers auf den Erbteil des Begünstigten angerechnet werden soll.[3]   2041

Bei Kaufrechtsvermächtnissen **zugunsten von Nichterben** wird der Kaufpreis beim Erben höchstens mit dem Steuerwert des Grundstücks erfaßt.[4] Der tatsächliche Kaufpreis wird nur dann angesetzt, wenn er unter dieser Obergrenze liegt.[5] Die Vermächtnisnehmerin T kann die Kaufpreisforderung in voller Höhe abziehen.[6]   2042

Berechnung bei **S:**   2043

Wertpapiere	1.200.000 DM
zuzüglich Grundstück	140.000 DM
zuzüglich Kaufpreisforderung zum Steuerwert	
des Grundstücks	140.000 DM
abzüglich Übereignungsverpflichtung	140.000 DM
abzüglich Wertpapiervermächtnis	500.000 DM
abzüglich Freibetrag	90.000 DM
steuerpflichtiger Erwerb	750.000 DM
Steuerklasse I 9 %	67.500 DM

---

1 Fachbesprechung v. 21.1.1976, DB 1976, 461.
2 Vgl. Anm. 1982.
3 Koordinierter Ländererlaß, z.B. FM Mecklenburg-Vorpommern v. 8.3.1993, DStR 1993, 608; zur Bewertung vgl. Anm. 2046.
4 FM Niedersachsen v. 19.2.1979, DB 1979, 769.
5 Moench, DStR 1991, 169, 173.
6 Piltz, DStR 1991, 1108, 1109, mit Beispiel.

2044   Berechnung bei **T**:

Wertpapiervermächtnis	500.000 DM
zuzüglich Grundstück	140.000 DM
abzüglich Kaufpreisverpflichtung	400.000 DM
abzüglich Freibetrag	90.000 DM
steuerpflichtiger Erwerb	150.000 DM
Steuerklasse I 5 %	7.500 DM

▷ *Gestaltungshinweis*

2045   *Wenn sich ein Kaufrechtsvermächtnis auf ein Grundstück bezieht, können sich große Steuereinsparungen ergeben.*

2046   Nach **neuerer Verwaltungsanweisung**[1] ist das Erwerbsrecht mit dem gemeinen Wert zu bewerten (§ 12 Abs. 1 ErbStG, § 9 BewG). Dieser sei grundsätzlich in der Höhe anzunehmen, um die der gemeine Wert des Gegenstandes (Verkehrswert) den Wert der zu erbringenden Gegenleistung übersteigt. In Höhe dieses Werts sei beim Erben S eine Nachlaßverbindlichkeit gemäß § 10 Abs. 5 Nr. 2 ErbStG anzusetzen. Diese Rechtsmeinung ist abzulehnen, da der Gedanke des Erblassers, ein Grundstück verbilligt zuzuwenden, dabei nicht hinreichend gewürdigt wird.

2047-2050   *(Einstweilen frei)*

h) Pflichtteil

> **Fall**
> V setzt seinen Sohn S zum Erben ein. Seine Tochter T geht leer aus. Das Erbe hat einen Wert von 4.000.000 DM (Barvermögen 3.000.000 DM, Grundstück mit einem Verkehrswert von 1.000.000 DM, Einheitswert 100.000 DM, Steuerwert 140.000 DM). T macht ihren Pflichtteil geltend. S überträgt das Grundstück.
> **Abwandlung 1**
> Das Grundstück ist höherwertig (1.200.000 DM).
> **Abwandlung 2**
> Bei höherwertigem Grundstück zahlt T einen Wertausgleich von 200.000 DM.

---

1   Koordinierter Ländererlaß, z.B. FM Mecklenburg-Vorpommern v. 8.3.1993, DStR 1993, 608.

Abwandlung 3

Das Grundstück ist weniger wert (800.000 DM).

Abwandlung 4

Bei geringerwertigem Grundstück zahlt S einen Wertausgleich von 200.000 DM.

Wenn ein Pflichtteilsberechtigter durch Verfügung von Todes wegen von der Erbfolge ausgeschlossen ist, kann er als **Pflichtteil** die Hälfte des Wertes des gesetzlichen Erbteils verlangen (§§ 2303, 2338 a BGB). Die Vermögensgegenstände sind bei der Berechnung dieses Anteils mit dem **Verkehrswert** anzusetzen.   2051

Der Pflichtteilsanspruch kann auch durch die **Hingabe von Grundstücken** erfüllt werden. In diesem Fall ergibt sich eine Steuerminderung in der Person des Pflichtteilsberechtigten und eine Steuererhöhung in der Person des Erben, weil Grundstücke nicht mit dem Verkehrswert, sondern dem niedrigeren **Steuerwert** angesetzt werden.[1]   2052

▷ *Gestaltungshinweis*

Die Erben werden vor allem dann den Pflichtteilsanspruch durch Hingabe eines Grundstücks erfüllen, wenn sich durch die Freibeträge der geringere Abzug nicht steuererhöhend auswirkt.[2]   2053

Abwandlung 1: Hat das **Grundstück einen höheren Wert** als den Pflichtteilsanspruch, so liegt eine Schenkung des Erben an den Pflichtteilsberechtigten vor.   2054

Abwandlung 2: Zahlt der Pflichtteilsberechtigte einen Ausgleich, so ist der Wert des Grundstücks nur in dem Ausmaß der Besteuerung zugrunde zu legen, in dem der Pflichtteilsberechtigte das Grundstück aufgrund seines Pflichtteilsrechts erworben hat.[3] T hat das Grundstück nur zu 5/6 (100.000 DM : 120.000 DM) aufgrund des Pflichtteils erhalten. Der Erbschaftsteuerberechnung ist daher nur ein Betrag von 116.666 DM (5/6 von 140.000 DM) zugrunde zu legen.[4]   2055

Beim Erben ist das Grundstück mit dem Steuerwert anzusetzen.[5]   2056

---

1 BFH, U. v. 21.6.1989 II R 135/85, BStBl II 1989, 731.
2 Moench, § 3 Rz. 81.
3 BFH, U. v. 21.6.1989 II R 135/85, BStBl II 1989, 731.
4 Moench, DStR 1991, 169, 206, 207, mit Beispiel.
5 Vgl. Anm. 2052.

2057 Abwandlung 3: **Hat das Grundstück einen niedrigeren Wert**, so handelt
es sich um einen teilweisen Pflichtteilsverzicht. Schenkungsteuerrechtliche
Folgen ergeben sich dadurch nicht.[1]

2058 Abwandlung 4: **Zahlt der Erbe einen Ausgleich**, so hat der Pflichtteilsberechtigte neben dem Steuerwert des Grundstücks auch die Ausgleichszahlung zu versteuern.

i) Sachleistungsansprüche und -verpflichtungen

Fall

Bauunternehmer V verkauft ein schlüsselfertig errichtetes Gebäude (Einheitswert 100.000 DM, Steuerwert 140.000 DM, Verkehrswert 1.000.000
DM) um 1.000.000 DM an A. V stirbt. Er wird von seinem Sohn S
beerbt.

Abwandlung

Das Gebäude soll erst errichtet werden. Nach Erhalt der Anzahlung von
200.000 DM stirbt V.

2059 Wenn die Sachleistungsansprüche und -verpflichtungen **beiderseits noch
nicht erfüllt** sind, gleichen sich Ansprüche und Verpflichtungen gegenseitig
aus. Sie sind daher nicht zu bewerten.[2] Dies hat zur Folge, daß das
Grundstück erbschaftsteuerrechtlich mit 140.000 DM anzusetzen ist.

2060 Bei **Teilleistungen (Abwandlung)** sind die im Zeitpunkt des Erbfalls noch
nicht erfüllen Sachleistungsansprüche und -verpflichtungen mit dem gemeinen Wert anzusetzen.[3] Bei V ist lediglich ein Schuldposten in Höhe der
am Stichtag geleisteten Anzahlungen und bei A lediglich eine Forderung
in Höhe der entsprechenden Anzahlungen zu berücksichtigen.[4]

2061-2070 *(Einstweilen frei)*

---

1   Moench, DStR 1991, 169, 206, 207.
2   BFH, U. v. 6.12.1989 II R 103/86, BStBl II 1990, 434; v. 6.3.1990 II R 63/87, BStBl II 1990,
    504.
3   BFH, U. v. 27.11.1991 II R 12/89, BStBl II 1992, 298.
4   FM Baden-Württemberg v. 12.7.1990, DB 1990, 1539; vgl. auch Martin, DB 1990, 1536.

3. Nachträgliche Geltendmachung des Pflichtteilsanspruchs

Fall

Beim Tod seines Vaters V hat Sohn S den Pflichtteilsanspruch nicht geltend gemacht. Fünf Jahre später fordert er von seiner Mutter E (Erbin) den Pflichtteil.

Abwandlung

S wartet, bis auch E gestorben ist.

Der Pflichtteilsanspruch **verjährt** grundsätzlich in drei Jahren von dem 2071 Zeitpunkt an, in welchem der Pflichtteilsberechtigte von dem Eintritt des Erbfalls und von der ihn beeinträchtigenden Verfügung Kenntnis erlangt (§ 2332 Abs. 1 BGB). Wenn E den Anspruch erfüllt, obwohl bereits Verjährung eingetreten ist, ist dies auch erbschaftsteuerrechtlich zu beachten.[1]

Wenn auch der Erbe stirbt, gegen den sich der Pflichtteilsanspruch richtet, 2072 und der **Pflichtteilsberechtigte Erbe** wird (**Abwandlung**), erlischt zivilrechtlich trotz § 10 Abs. 3 ErbStG der Pflichtteilsanspruch (Konfusion). Der erloschene Pflichtteilsanspruch mindert die Besteuerung durch den Erbanfall aufgrund des Todes der E nicht.[2]

(Einstweilen frei) 2073-2080

4. Pflichtteilsergänzungsanspruch

Literatur: *Moench/Kien-Hümbert*, Schenkungen mit Todes-Folgen, DStR 1991, 1137; *Reiff*, Vorweggenommene Erbfolge und Pflichtteilsergänzung, NJW 1992, 2857.

Fall

V hat zwei Kinder, Sohn S (schwarzes Schaf der Familie) und Tochter T. V möchte S von der Erbfolge ausschließen. Aus diesem Grund überträgt er seinen Betrieb (Steuerwert 3.000.000 DM, Verkehrswert 4.000.000 DM) auf T. V stirbt fünf Jahre später und hinterläßt 300.000 DM. Testamentarische Erbin ist T. Zum Zeitpunkt des Erbfalls hat der Betrieb einen Wert von 4.500.000 DM.

---

1 FG München, B. v. 27.7.1990 10 V 3806/89 rkr., EFG 1991, 199.
2 FG München, B. v. 27.7.1990 10 V 3806/89 rkr., EFG 1991, 199; a.A. Felix, KÖSDI 1992, 8902, Tz. 22; Moench, DStR 1987, 144; Müller/Ohland, Rz. C 132.

a) Besteuerung der ursprünglichen Schenkung

2081 T hat folgende Schenkungsteuer gezahlt:

Schenkung	3.000.000 DM
abzüglich Freibetrag	90.000 DM
steuerpflichtiger Erwerb	2.910.000 DM
Steuerklasse I 12 %	349.200 DM

2082 Zu möglichen Erleichterungen bei der Begleichung dieses Betrags vgl. § 28 ErbStG (Stundung), Anm. 1653 ff. (Freibetrag) und Anm. 1741 ff. (Übernahme der Schenkungsteuer durch den Schenker).

b) Pflichtteil und Pflichtteilsergänzungsanspruch

2083 S ist pflichtteilsberechtigt, da er durch Verfügung von Todes wegen von der Erbfolge ausgeschlossen ist. Der **Pflichtteilsanspruch** richtet sich gegen die Erbin und besteht in der Hälfte des Wertes des gesetzlichen Erbteils (§ 2303 BGB), also in Höhe von 75.000 DM (1/4 von 300.000 DM).

2084 Bei Schenkungen des Erblassers kann der Pflichtteilsberechtigte als **Ergänzung des Pflichtteils** den Betrag verlangen, um den sich der Pflichtteil erhöht, wenn der verschenkte Gegenstand dem Nachlaß hinzugerechnet wird. Die Schenkung bleibt unberücksichtigt, wenn zur Zeit des Erbfalls **zehn Jahre** seit der Leistung des verschenkten Gegenstandes verstrichen sind. Ist die Schenkung an den Ehegatten des Erblassers erfolgt, so beginnt die Frist nicht vor Auflösung der Ehe (§ 2325 BGB).

2085 Bei einem **Betrieb** ist der **Wert** zum Zeitpunkt des Erbfalls entscheidend, wenn der Wert zum Zeitpunkt der Schenkung nicht geringer war (§ 2325 Abs. 2 BGB). Es ist also von einem Betrag von 4.000.000 DM auszugehen. Der Wert des Pflichtteils erhöht sich dadurch von 75.000 DM auf 1.075.000 DM. Bei einer Schenkung unter Nießbrauchsvorbehalt ist der Wert des kapitalisierten Nießbrauchs vom Wert des übertragenen Grundstücks abzuziehen[1]. Für die Erbschaftsteuer sind Pflichtteil und Pflichtteilsergänzungsanspruch als ein Erwerb von Todes wegen zusammenzufassen.

---

1 BGH, U. v. 8.4.1992, IV ZR 2/91, NJW 1992, 2887, 2888; Palandt/Edenhofer, § 2325 Rn. 13; Schmitz, DStR 1993, 497; a.A. Reiff, NJW 1992, 2857, 2860.

c) Auswirkungen des Pflichtteilsergänzungsanspruchs auf Schenkungsteuer

T kann zwar den Pflichtteils- und den Pflichtteilsergänzungsanspruch als Nachlaßverbindlichkeit von ihrem Erbteil abziehen, so daß bei ihr keine Erbschaftsteuer anfällt. Es bleibt jedoch ein negativer Betrag, für den sie Schenkungsteuer gezahlt hat, der sich aber **nicht** in einer **Steuerminderung** auswirkt. Nach § 14 ErbStG sind zwar innerhalb von zehn Jahren von derselben Person anfallende Vermögenswerte zusammenzurechnen; hierbei bleiben jedoch negative Erwerbe unberücksichtigt (§ 14 Abs. 1 Satz 2 ErbStG). Außerdem kommt auch eine Steuerminderung über § 29 ErbStG nicht in Betracht, weil es um eine Minderung der Schenkungsteuer geht, während der Pflichtteilsergänzungsanspruch den Erwerb von Todes wegen betrifft.[1]

2086

d) Haftungsbeschränkung des Erben

Eine Änderung der ursprünglich gezahlten Schenkungsteuer tritt aber dann ein, wenn ein Zusammenhang des Pflichtteilsergänzungsanspruchs zur früheren Schenkung hergestellt wird. Da sich der Pflichtteilsergänzungsanspruch auch gegen den Beschenkten richten kann, soweit der Erbe zur Ergänzung des Pflichtteils nicht verpflichtet ist (§ 2329 BGB), muß T ihre **Erbenhaftung auf den Nachlaß beschränken** (§§ 1975, 1990 BGB). Dazu muß sie eine Nachlaßverwaltung beantragen (§ 1981 BGB). Der Pflichtteilsergänzungsanspruch würde somit zu 225.000 DM aus dem Nachlaß befriedigt und zu 775.000 DM aus der Schenkung erbracht. Die Schenkungsteuer ist damit in entsprechender Anwendung des § 29 Abs. 1 Nr. 1 ErbStG i.V. mit § 175 Abs. 1 Nr. 2 AO zu ändern.[2]

2087

Bezogen auf den Verkehrswert von 4.000.000 DM, der der Berechnung des Pflichtteilsergänzungsanspruch zugrunde liegt, muß ein Anteil von 19,375 % (775.000 DM : 4.000.000 DM) zurückgegeben werden. Auf den der Schenkung zugrunde liegenden Steuerwert (3.000.000 DM) sind dies 581.250 DM. Es ist also von einem Steuerwert von 2.418.750 DM (3.000.000 DM abzüglich 581.250 DM) auszugehen.

2088

Der Weg über die Haftungsbeschränkung führt zu folgender **Berechnung**:

2089

---

1 Moench/Kien-Hümbert, DStR 1991, 1137, 1139.
2 Moench/Kien-Hümbert, DStR 1991, 1137, 1139 f.

Schenkung	2.418.750 DM
abzüglich Freibetrag	90.000 DM

steuerpflichtiger Erwerb	2.328.750 DM
Steuerklasse I 12 %	279.450 DM

2090 Es ergibt sich also eine **Minderung der Schenkungsteuer** von 69.750 DM.

e) Einrede des § 2328 BGB

2091 Eine weitere Möglichkeit eröffnet § 2328 BGB. Danach kann der Erbe, der selbst pflichtteilsberechtigt ist, die **Ergänzung des Pflichtteils** insoweit **verweigern**, als ihm sein eigener Pflichtteil verbleibt. Aus dem Erbe kann daher lediglich ein Betrag von 150.000 DM (300.000 DM abzüglich Pflichtteile von S und T von je 75.000 DM) für den Pflichtteilsergänzungsanspruch verwendet werden. Der Rest (850.000 DM) ist aus der Schenkung zu entnehmen. Es muß daher – bezogen auf den Verkehrswert – ein Anteil von 21,25 % (850.000 DM : 4.000.000 DM) zurückgegeben werden. Auf den der Schenkung zugrunde liegenden Steuerwert (3.000.000 DM) sind dies 637.500 DM. Es ist also von einem Steuerwert von 2.362.500 DM (3.000.000 DM abzüglich 637.500 DM) auszugehen.[1]

2092 Der Weg über die Einrede des § 2328 BGB führt zu folgender **Berechnung**:

Schenkung	2.362.500 DM
zuzüglich eigener Pflichtteil	75.000 DM
abzüglich Freibetrag	90.000 DM

steuerpflichtiger Erwerb	2.347.500 DM
Steuerklasse I 12 %	281.700 DM

2093 Die **Minderung der Schenkungsteuer** beträgt 67.500 DM. Gegenüber der Haftungsbeschränkung fällt die Erstattung um 2.250 DM geringer aus.

▷ *Gestaltungshinweis*

2094 *Wenn die Erbschaft nicht ausreicht, um den Pflichtteilsergänzungsanspruch zu erfüllen, ändert sich die ursprünglich festgesetzte Schenkungsteuer nur dann, wenn sich der Erbe entweder auf seine Haftungsbeschränkung beruft*

---

1 Moench/Kien-Hümbert, DStR 1991, 1137, 1140.

oder die Einrede des § 2328 BGB erhebt. Das Ergebnis ist zwar bei der Haftungsbeschränkung günstiger als bei der Einrede des § 2328 BGB. Der Weg über die Haftungsbeschränkung ist aber umständlicher.

(Einstweilen frei)   **2095-2100**

5. Berliner Testament

Literatur: *M. R.*, Vorsicht beim Berliner Testament: Änderung der Erbeinsetzung durch den zuletzt verstorbenen Ehegatten kostet Steuervorteil, DStR 1991, 22; *Flick/Schauhoff*, Das falsche Berliner Testament, DStR 1992, 1794.

Fall

Die Ehegatten V und E setzen sich in einem gemeinschaftlichen Testament gegenseitig zu Erben ein. Nach dem Tod des Überlebenden soll die jüngere Schwester des V erben (Berliner Testament). Der Überlebende ist jedoch berechtigt, das Testament jederzeit zu ändern. V stirbt vor E. E ändert die Erbeinsetzung geringfügig.

Nach **§ 15 Abs. 3 ErbStG** sind bei einem Berliner Testament[1] die mit dem   **2101**
zuerst verstorbenen Ehegatten näher verwandten Erben und Vermächtnisnehmer als seine Erben anzusehen, **soweit**

• sein Vermögen beim Tod des überlebenden Ehegatten noch vorhanden ist und

• der überlebende Ehegatte an die Verfügung gebunden ist.

Erben die Schlußerben oder Vermächtnisnehmer eines Berliner Testaments   **2102**
Vermögen beider Ehegatten und kommt § 15 Abs. 3 ErbStG zur Anwendung, so gelten unterschiedliche Steuersätze, die allerdings auf den Gesamterwerb zu beziehen sind.[2]

Diese Begünstigung gilt auch dann, wenn der überlebende Ehegatte an   **2103**
die gemeinsame Verfügung zwar nicht gebunden ist, aber dennoch die **gemeinsame Bestimmung nicht geändert** hat.[3] § 15 Abs. 3 ErbStG ist jedoch nicht anzuwenden, wenn der zuletzt verstorbene Ehegatte durch eine letztwillige Verfügung die Erbfolge teilweise neu regelt.[4]

---

1 Zu besseren Gestaltungen vgl. Flick/Schauhoff, DStR 1992, 1796.
2 Vgl. Moench, § 15 Rz. 63, mit Beispiel.
3 BFH, U. v. 16.9.1982 II R 20/81, BStBl II 1983, 44.
4 BFH, U. v. 26.9.1990 II R 117/86, m. Anm. M. R., DStR 1991, 22.

▷ *Gestaltungshinweis*

2104   *Wenn die weitere Verfügung des überlebenden Ehegatten keine wesentliche Änderung bringt, sollte darauf verzichtet werden, weil dadurch die Begünstigung des § 15 Abs. 3 ErbStG ausscheidet.*

2105-2110   *(Einstweilen frei)*

6. Ausschlagung der Erbschaft

Literatur: *Mehne,* Gestaltung des Erbschaftsteuerfalles nach dem Tode des Erblassers, BB 1988, 951; *Troll,* Ausschlagung der Erbschaft aus steuerlichen Gründen, BB 1988, 2153; *Felix,* Ausschlagung statt Erbauseinandersetzung zur Vermeidung der Einkommensteuer, DStZ 1991, 50.

Fall

V stirbt. Alleinerbe ist seine Ehefrau E. E erbt einen Betrag von 1.000.000 DM. Sie möchte davon nur 250.000 DM behalten und den Rest dem gemeinsamen Sohn S zukommen lassen.

2111   Die Ausschlagung eines Teils der angefallenen Erbschaft ist unwirksam (§ 1950 BGB). Es kommt hier eine Ausschlagung in vollem Umfang gegen Abfindung in Betracht.

▷ *Gestaltungshinweis*

2112   *Die Ausschlagung einer Erbschaft ist dann sinnvoll, wenn der Ersatzerbe in eine niedrigere Steuerklasse fällt oder wenn anstelle eines Erben mehrere Erben treten. Wenn der Erbe von der Erbschaft noch einen Teil behalten will, ist an eine Ausschlagung gegen Abfindung zu denken.[1]*

2113-2120   *(Einstweilen frei)*

7. Erbverzicht gegen Leibrente ab Tod

Fall

E, die Ehefrau des V, verzichtet auf ihr Erbe gegen eine Leibrente, die ab dem Tod des V zu zahlen ist.

---

1   Ausführlich zur Ausschlagung Mehne, BB 1988, 951; Troll, BB 1988, 2153; vgl. Felix, DStZ 1991, 50.

Dieser Erwerb ist auch dann nach § 7 Abs. 1 Nr. 5 ErbStG steuerbar, wenn   **2121** die Rente ausschließlich der Altersversorgung des überlebenden Ehegatten dient. In einem solchen Fall ist aber für den überlebenden Ehegatten der **Versorgungsfreibetrag** des § 17 Abs. 1 ErbStG in Höhe von 250.000 DM zu gewähren.[1]

8. Lebensversicherungen

Verwaltungsanweisung: FM Nordrhein-Westfalen v. 13.6.1990, Erwerbe aus Versicherungen auf verbundene Leben, DB 1990, 1371.

Fall

V schließt auf sein Leben zugunsten seiner Ehefrau E eine Lebensversicherung ab.

Die Zahlung aufgrund einer Lebensversicherung unterliegt der **Erbschaft-**   **2122** **steuer** (§ 3 Abs. 1 Nr. 4 ErbStG).

▷ *Gestaltungshinweis*

*Wenn die Ehefrau E aus **eigenen Mitteln** eine Lebensversicherung auf das*   **2123** *Leben des V abschließt und Bezugsberechtigte ist, fällt die Versicherungssumme nicht in die Erbschaft und ist damit nicht erbschaftsteuerpflichtig.*

Besitzt die Ehefrau keine eigenen Einkünfte oder kein eigenes Vermögen,   **2124** *aus denen sie die Prämien zahlen kann, kommt eine Versicherung auf das Leben des zuerst versterbenden Ehegatten in Betracht (sog. **verbundene** **Lebensversicherung**). Beim Tod des zuerst versterbenden Ehegatten erhält der Überlebende die Versicherungssumme grundsätzlich zur Hälfte aus eigenem Recht, zur anderen Hälfte fällt die Summe in die Erbschaft und unterliegt damit der Erbschaftsteuer.[2]*

(Einstweilen frei)   **2125-2140**

IV. Betriebsvermögen und GmbH-Anteile

Literatur: *Depping*, Stuttgarter Verfahren und erbschaftsteuerliche Gestaltung, DStR 1991, 1447; *Moench*, Das Stuttgarter Verfahren bei der Erbschaftsteuer, DStR 1992, 936.

---

1   FG Nürnberg, U. v. 12.9.1989 VI 408/84 rkr., EFG 1990, 65.
2   FM Nordrhein-Westfalen v. 13.6.1990, DB 1990, 1371.

Verwaltungsanweisung: Senatsverwaltung für Finanzen Berlin v. 17.6.1992, Bewertung nichtnotierter Aktien und Anteile, die einen Einfluß auf die Geschäftsführung gewähren, DStR 1992, 984.

Fall

V stirbt. Er hinterläßt seinen Erben Anteile, die ihm Einfluß auf die Geschäftsführung gewährten. Die quotale Aufteilung auf die Erben führt allerdings dazu, daß jeder der Erben eine Beteiligung erhält, die keinen Einfluß auf die Geschäftsführung bringt.

2141   Vgl. zunächst zu Betriebsvermögen und GmbH-Anteilen Anm. 1791 ff.

2142   Die Anteile, die keinen Einfluß auf die Geschäftsführung gewähren (vgl. Abschn. 80 Abs. 1 VStR), werden günstiger bewertet (Abschn. 80 Abs. 2 VStR). Bei einer Gesamtrechtsnachfolge tritt die Erbengemeinschaft an die Stelle des Erblassers, so daß dadurch **weder rechtlich noch wirtschaftlich eine Änderung** eingetreten ist, die eine niedrigere Bewertung rechtfertigen würde.[1] Auch eine **Teilungsanordnung** führt zu keinem anderen Ergebnis.[2]

▷ *Gestaltungshinweis*

2143   *Werden die Anteile durch ein **Vermächtnis** so gemindert, daß sie keinen Einfluß mehr gewährleisten, so ist eine niedrigere Bewertung gerechtfertigt[3]; anders bei Vorausvermächtnis.*

2144   *Bei **Schenkungen** ist nur auf die der Schenkung zugrunde liegenden Anteile abzustellen. Soweit jedoch die Voraussetzungen des § 14 ErbStG erfüllt sind (Zusammenrechnung für Erwerbe innerhalb von zehn Jahren), ist der Anteil, der dem Erwerber erstmals den Einfluß eröffnet, und jeder weitere Anteil nach dem für den Regelfall vorgesehenen Verfahren zu bewerten.[4]*

2145-2150   *(Einstweilen frei)*

V. Steuerermäßigung bei Belastung mit Erbschaftsteuer

Literatur: *Bauer*, Gestaltung der Unternehmensnachfolge im Widerstreit von Einkommen- und Erbschaftsteuer, StbJb 1991/92, 285; *Maßbaum*, Die Doppelbelastung mit Erbschaftsteuer und Einkommensteuer, BB 1992, 606.

---

1   BFH, U. v. 5.6.1991 II R 80/88, BStBl II 1991, 725.
2   Senatsverwaltung für Finanzen Berlin v. 17.6.1992, DStR 1992, 984; Moench, DStR 1992, 936; a.A. Depping, DStR1991, 1447; zur Teilungsanordnung vgl. Anm. 1982.
3   BFH, U. v. 5.6.1991 II R 80/88, BStBl II 1991, 725.
4   Senatsverwaltung für Finanzen Berlin v. 17.6.1992, DStR 1992, 984; Moench, DStR 1992, 936.

Sind bei der Ermittlung des Einkommens **Einkünfte** berücksichtigt worden, 2151
die im Veranlagungszeitraum oder in den vorangegangenen vier Veranlagungszeiträumen als Erwerb von Todes wegen **der Erbschaftsteuer
unterlegen** haben, so wird auf Antrag die um sonstige Steuerermäßigun-
gen gekürzte tarifliche Einkommensteuer, die auf diese Einkünfte anteilig
entfällt, um einen bestimmten %-Satz ermäßigt (§ 35 EStG).

Die Steuerermäßigung des § 35 EStG steht einem Erben (Vermächtnisneh- 2152
mer, Pflichtteilsberechtigten) nur für die Einkünfte zu, die noch nicht beim
Erblasser als Einkünfte erfaßt worden sind und dennoch als Wertbestandteil
der erbschaftsteuerlichen Bereicherung unterlegen haben.[1] Es handelt sich
dabei um **latente Einkommensteuerlasten,** die aufgrund des Stichtags-
prinzips (vgl. § 11 ErbStG) die Erbschaftsteuer nicht mindern können.

Beispiele der Überschneidung von Erbschaft- und Einkommensteuer: 2153

- Bei Gewinnermittlung nach § 4 Abs. 3 EStG gehört die **Forderung**
  zum steuerpflichtigen Erwerb bei der Erbschaftsteuer. Die Einziehung
  der Forderung führt zu nach § 24 Nr. 2 EStG nachträglichen Betriebseinnahmen.[2]

- Entsprechendes gilt im Rahmen von Überschußeinkünften für Zah- 2154
  lungen auf **rückständige** Lohn- und Gehaltsforderungen; ebenso bei
  Ansprüchen auf Darlehens- oder Mietzinsen.

- **Stille Reserven**, die im Betriebsvermögen liegen, erhöhen bei der 2155
  Anteilsbewertung den steuerrechtlichen Wert.[3] Die Veräußerung von
  wesentlichen Beteiligungen (§ 17 EStG) kann zu steuerpflichtigen Einkünften führen.[4]

- Bei **Grundstücken** unterliegt die Differenz zwischen 140 % des Ein- 2156
  heitswerts und dem Buchwert der Erbschaftsteuer. Bei Entnahme oder
  Veräußerung fällt hierauf auch Einkommensteuer an.

- Durch die Erbschaftsteuer werden auch **wiederkehrende Bezüge** erfaßt 2157
  (§ 12 Abs. 1 ErbStG i.V. mit §§ 13 ff. BewG) – Ausnahme: Hin-
  terbliebenenbezüge aufgrund eines Dienst- oder Arbeitsvertrags des
  Erblassers[5] -. Wenn die wiederkehrenden Bezüge als dauernde Lasten
  zu versteuern sind, liegt darin eine doppelte Erfassung.

---

1 BFH, U. v. 7.12.1990 X R 72/89, BStBl II 1991, 350.
2 Vgl. BFH, B. v. 6.12.1989 II B 70/89, BFH/NV 1990, 643.
3 Zur Bewertung bei Einzelunternehmen und Personengesellschaften vgl. Anm. 1803.
4 BFH, U. v. 10.3.1988 IV R 226/85, BStBl II 1988, 832.
5 BFH, U. v. 20.5.1981 II R 33/78, BStBl II 1982, 27; II R 11/81, BStBl II 1981, 715.

▷ **Hinweis**

2158   *Die Vergünstigung, die keine große Bedeutung hat, wird nur auf* **Antrag**
gewährt; zur Berechnung vgl. Abschn. 213 e EStR.[1]

2159-2300   *(Einstweilen frei)*

---

1   Zu Einzelheiten vgl. Bauer, StbJb 1991/92, 285 und Maßbaum, BB 1992, 606.

Teil 5:
Vorweggenommene Erbfolge, Erbfall, Erbengemeinschaft und Erbauseinandersetzung bei der Grunderwerbsteuer

Verwaltungsanweisungen: FM Nordrhein-Westfalen v. 7.7.1992, Befreiung von Schenkungen unter Auflage, DB 1992, 1655; FM Saarland v. 7.7.1992, Befreiung von Schenkungen unter einer Auflage nach § 3 Nr. 2 GrEStG, DStR 1992, 1096; FM Brandenburg v. 13.8.1992, Grunderwerbsteuer; Befreiung von Schenkungen unter einer Auflage nach § 3 Nr. 2 GrEStG, BuW 1992, 749.

A. Vorweggenommene Erbfolge

I. Allgemeines

Bei der vorweggenommenen Erbfolge ist vor allem der **Zusammenhang zwischen der Schenkungsteuer und der Grunderwerbsteuer** interessant. Nach § 3 GrEStG ist die Schenkungsteuer vorrangig. **2301**

Von der Grunderwerbsteuer sind **ausgenommen:** **2302**

- **Grundstücksschenkungen** unter Lebenden i.S. des Erbschaft- und Schenkungsteuergesetzes. Schenkungen unter Auflage sind nur insoweit von der Besteuerung ausgenommen, als der Wert des Grundstücks (§ 10 GrEStG) den Wert der Auflage übersteigt (§ 3 Nr. 2 GrEStG);

- der Grundstückserwerb durch den **Ehegatten** des Veräußerers (§ 3 Nr. 4 GrEStG);

- der Grundstückserwerb durch den **früheren Ehegatten** des Veräußerers im Rahmen der Vermögensauseinandersetzung nach der Scheidung (§ 3 Nr. 5 GrEStG);

- der Erwerb eines Grundstücks durch Personen, die mit dem Veräußerer in **gerader Linie verwandt** sind. Den Abkömmlingen stehen die Stiefkinder gleich. Den Verwandten in gerader Linie sowie den Stiefkindern stehen deren Ehegatten gleich (§ 3 Nr. 6 GrEStG);

- der Erwerb eines zum **Gesamtgut** gehörigen Grundstücks durch Teilnehmer an einer fortgesetzten Gütergemeinschaft zur Teilung des Gesamtguts. Den Teilnehmern an der fortgesetzten Gütergemeinschaft stehen ihre Ehegatten gleich (§ 3 Nr. 7 GrEStG).

II. Befreiung von Schenkungen unter einer Auflage

Fall

V überträgt seinem Sohn S ein Grundstück unter Nießbrauchsvorbehalt.

1. Einschränkung bei Schenkung unter einer Auflage

2303   Nach § 3 Nr. 2 GrEStG sind Grundstücksschenkungen unter Lebenden i.S. des Erbschaft- und Schenkungsteuergesetzes von der Besteuerung ausgenommen. **Schenkungen unter einer Auflage** sind nur insoweit von der Besteuerung ausgenommen, als der Wert des Grundstücks (§ 10 GrEStG) den Wert der Auflage übersteigt.

2. Verfassungskonforme Auslegung

2304   Diese Vorschrift ist verfassungskonform dahingehend auszulegen, daß bei **belastet erworbenem Vermögen** im Ausmaß der Belastung keine Grunderwerbsteuer zu erheben ist. Belastungen, die wegen ihrer Nichtabzugsfähigkeit bei der Erbschaft- oder Schenkungsteuer mittelbar deren Bemessungsgrundlage sind, dürfen nicht noch einmal Bemessungsgrundlage für die Grunderwerbsteuer sein. Hierbei ist es unerheblich, ob und in welchem Umfang tatsächlich Erbschaft- oder Schenkungsteuer erhoben wird.[1]

3. Gemischte Schenkung und Schenkung unter Leistungsauflage

2305   Der B. des BVerfG v. 15.5.1984[2] hat für **gemischte Grundstücksschenkungen** keine Bedeutung. Bei diesen wird das Grundstück teils entgeltlich und teils unentgeltlich erworben. Die **Gegenleistung** entfällt voll auf den entgeltlich erworbenen Teil des Grundstücks und ist demgemäß als Gegenleistung i.S. von § 8 Abs. 1 GrEStG zu erfassen. Nur insoweit kommt eine Schenkungsteuer nicht in Betracht. Hinsichtlich des unentgeltlich zugewendeten Teils des Grundstücks liegt kein belastet erworbenes Vermögen vor.[3]

---

1   BVerfG, B. v. 15.5.1984 1 BvR 464/81 u.a., BStBl II 1984, 608.
2   1 BvR 464/81 u.a., BStBl II 1984, 608.
3   FM Brandenburg v. 13.8.1992, BuW 1992, 749.

Entsprechendes gilt bei einer **Schenkung unter Leistungsauflagen** (z.B.   **2306**
Rentenzahlungen, Gleichstellungsgelder, Übernahme von Grundstücksbe-
lastungen); denn gemischte Schenkungen sind wie Schenkungen unter
Leistungsauflagen zu behandeln.[1]

4. Nutzungs- und Duldungsauflagen

Bei Nutzungs- und Duldungsauflagen (z.B. bei Nießbrauch oder Wohn-   **2307**
recht) **zugunsten Dritter** ist der Beschenkte um den ganzen Zuwen-
dungsgegenstand bereichert. Die Auflage ist als Last mit dem Kapitalwert
gemäß §§ 13 bis 16 BewG vom Steuerwert der Zuwendung abzuziehen.[2]
Der Wert der Auflage ist als Gegenleistung der Grunderwerbsteuer zu
unterwerfen.[3]

Bei Nutzungs- und Duldungsauflagen **zugunsten des Schenkers oder**   **2308**
dessen Ehegatten kann die Auflage nicht nach § 25 ErbStG abgezogen
werden.[4] Vom Wert der Auflage kann danach keine Grunderwerbsteuer
festgesetzt werden. Grundstücksschenkungen unter einer Nutzungs- oder
Duldungsauflage zugunsten des Schenkers oder dessen Ehegatten sind
daher vollständig von der Besteuerung ausgenommen. Grunderwerbsteuer
fällt auch nicht teilweise an hinsichtlich des Differenzbetrages zwischen
dem bei der Schenkungsteuer (unter Berücksichtigung des § 16 BewG)
anzusetzenden Wert der Auflage und deren bei der Grunderwerbsteuer
maßgeblichen Wert, bei dessen Ermittlung gemäß § 17 Abs. 3 Satz 2 BewG
§ 16 BewG keine Anwendung findet.[5]

III. Mittelbare Grundstücksschenkung

Fall

V schenkt seinem Sohn S Geld mit der Zweckbestimmung, ein bestimmtes Grundstück zu kaufen.

---

1   Vgl. BFH, U. v. 12.4.1989 II R 37/87, BStBl II 1989, 524, zur Schenkungsteuer; Anm. 1751 ff.
2   Vgl. Anm. 1771.
3   Vgl. BFH, U. v. 29.1.1992 II R 41/89, BStBl II 1992, 420; FM Brandenburg v. 13.8.1992, BuW
    1992, 749.
4   Vgl. Anm. 1773.
5   BFH, U. v. 29.1.1992 II R 41/89, BStBl II 1992, 420; FM Nordrhein-Westfalen v. 7.7.1992, DB
    1992, 1655; FM Saarland v. 7.7.1992, DStR 1992, 1096; FM Brandenburg v. 13.8.1992, BuW
    1992, 749; Dietz, § 3 Rz. 14 ff.; Boruttau/Egly/Sigloch, § 3 Rz. 261 ff.

2309   Hierbei handelt es sich um eine mittelbare Grundstücksschenkung. Schenkungsteuerrechtlich wird nicht Geld, sondern ein Grundstück geschenkt.[1] Die mittelbare Grundstücksschenkung ist **nicht nach § 3 Nr. 2 GrEStG befreit**, da der Erwerbsvorgang nicht unmittelbar zwischen dem Schenker und dem Beschenkten, sondern zwischen dem Verkäufer und dem Beschenkten vollzogen wird.[2]

B. Erbfall, Erbengemeinschaft und Erbauseinandersetzung

2310   Von der Grunderwerbsteuer sind **ausgenommen**

- der **Grundstückserwerb von Todes wegen** i.S. des Erbschaftsteuergesetzes (§ 3 Nr. 2 GrEStG)[3];

- der **Erwerb eines zum Nachlaß gehörigen Grundstücks** durch Miterben zur Teilung des Nachlasses. Den Miterben steht der überlebende Ehegatte gleich, wenn er mit den Erben des verstorbenen Ehegatten gütergemeinschaftliches Vermögen zu teilen hat oder wenn ihm in Anrechnung auf eine Ausgleichsforderung am Zugewinn des verstorbenen Ehegatten ein zum Nachlaß gehöriges Grundstück übertragen wird. Den Miterben stehen außerdem ihre Ehegatten gleich (§ 3 Nr. 3 GrEStG).

---

1   Vgl. Anm. 1691 ff.
2   Niedersächsisches FG, U. v. 2.9.1991 III 28/91 Rev., EFG 1992, 292, Az. des BFH: II R 131/91.
3   Vgl. Anm. 1901 ff.

Anhang

1. BMF-Schreiben vom 11. 1. 1993: Ertragsteuerliche Behandlung der Erbengemeinschaft und ihrer Auseinandersetzung (BStBl I 1993, 62)

Inhaltsübersicht

Unter Bezugnahme auf das Ergebnis der Erörterungen mit den obersten Finanzbehörden der Länder wird zur ertragsteuerlichen Behandlung der Erbengemeinschaft und ihrer Auseinandersetzung wie folgt Stellung genommen:

A. Allgemeines

1   Mit dem Tod des Erblassers geht der gesamte Nachlaß unentgeltlich im Wege der Gesamtrechtsnachfolge auf den Alleinerben oder die Erbengemeinschaft über. Der Nachlaß ist Gesamthandsvermögen der Erben (§ 1922 BGB). Die Erbengemeinschaft wird bis zu ihrer Auseinandersetzung (§ 2042 BGB) steuerlich bei den Überschußeinkünften wie eine Bruchteilsgemeinschaft (§ 39 Abs. 2 Nr. 2 AO) und bei den Gewinneinkünften als Mitunternehmerschaft behandelt.

B. Zurechnung der laufenden Einkünfte zwischen Erbfall und Erbauseinandersetzung

1. Allgemeines

2   Der BFH geht in seinem Beschluß vom 5. 7. 1990 (BStBl II S. 837) sowohl für den Bereich des Betriebsvermögens als auch für den Bereich des Privatvermögens davon aus, daß Erbfall und Erbauseinandersetzung für die Einkommensbesteuerung keine rechtliche Einheit bilden. Hinterläßt ein Erblasser mehrere Erben, so geht sein Vermögen mit dem Tod im ganzen auf die Erben über und wird bei ihnen zu gemeinschaftlichem Vermögen. Die Miterben verwalten den Nachlaß gemeinsam und können über Nachlaßgegenstände auch nur gemeinschaftlich verfügen. Die Erbengemeinschaft kann grundsätzlich ohne zeitliche Begrenzung fortgesetzt werden. Das Ergebnis ihrer Betätigung wird Bestandteil des gemeinschaftlichen Vermögens. Hieraus ergeben sich Folgerungen für das Entstehen und die Zurechnung von steuerlichen Einkünften bei den Miterben.

2. Zurechnung laufender Gewinneinkünfte

3   Gehört ein gewerbliches, freiberufliches oder land- und forstwirtschaftliches Unternehmen zum Nachlaß, dann geht es mit dem Erbfall auf die Erbengemeinschaft über (§ 1922 BGB). Sämtliche Miterben werden – abgesehen von bestimmten, in Tz. 78 - 95 genannten Sonderfällen – Mit-

unternehmer i. S. von § 15 Abs. 1 S. 1 Nr. 2 EStG. Aufgrund ihrer Stellung als Miterben tragen sie ein Mitunternehmerrisiko und können Mitunternehmerinitiative entfalten. Diese Beurteilung hängt nicht von der Länge des Zeitraums ab, in dem die Erbengemeinschaft das Unternehmen weiterführt. Auch wenn die Erben ein Unternehmen alsbald nach dem Erbfall abwickeln und einstellen oder es auf einen anderen übertragen, haben sie zunächst die Eigenschaft von Mitunternehmern erlangt und behalten diese bis zur Betriebsbeendigung oder Auseinandersetzung über den Betrieb. Als solche beziehen die Erben ihre Einkünfte nicht unter Gesichtspunkten der Rechtsnachfolge aus einer ehemaligen Tätigkeit des Erblassers, sondern kraft eigener Verwirklichung des Einkünftetatbestandes. Die laufenden Einkünfte sind den einzelnen Miterben als Mitunternehmern nach dem allgemeinen Gewinnverteilungsschlüssel zuzurechnen, der sich bei den Miterben grundsätzlich nach ihren Erbteilen bestimmt (§ 2038 Abs. 2, § 743 Abs. 1 BGB). Zur rückwirkenden Zurechnung laufender Einkünfte vgl. Tz. 8 ff., zur Zurechnung der Einkünfte an einen Vermächtnisnehmer als wirtschaftlichem Eigentümer eines Gewerbebetriebes vgl. Tz. 68.

Gehört zu einem Nachlaß neben einem Gewerbebetrieb eine freiberufliche **4** Praxis, ein land- und forstwirtschaftlicher Betrieb oder Privatvermögen, so findet § 15 Abs. 3 Nr. 1 EStG (sog. Abfärberegelung) keine Anwendung.

Ist der Erblasser Freiberufler gewesen, so erzielt die Erbengemeinschaft **5** Einkünfte aus selbständiger Arbeit i. S. von § 18 EStG allerdings nur dann, wenn keine berufsfremden Erben an der Erbengemeinschaft beteiligt sind. Berufsfremd ist, wer nicht die erforderliche freiberufliche Qualifikation besitzt. Ist zumindest ein Miterbe berufsfremd, so erzielt die Erbengemeinschaft grundsätzlich Einkünfte aus Gewerbebetrieb (vgl. Abschnitt 136 Abs. 9 Satz 5 und Abs. 10 Satz 2 EStR). Zur rückwirkenden Zurechnung laufender Einkünfte vgl. Tz. 8 ff. Ist mit dem Übergang eines freiberuflichen Betriebsvermögens eine Umqualifizierung des bisher freiberuflichen Vermögens in gewerbliches Betriebsvermögen und eine entsprechende Umqualifizierung der aus dem Betrieb erzielten Einkünfte verbunden, weil der Erbe, ein Miterbe oder der Vermächtnisnehmer nicht über die besondere freiberufliche Qualifikation verfügt, kommt es nicht zu einer Betriebsaufgabe (BFH-Urteil vom 12. 3. 1992 – BStBl 1993 II S. 36).

3. Zurechnung laufender Überschußeinkünfte

6   Hat der Erblasser Einkünfte aus Kapitalvermögen oder aus vermietetem
oder verpachtetem Vermögen gehabt, so wird dieses Vermögen nach dem
Erbfall durch die Erbengemeinschaft zur Nutzung oder zum Gebrauch
überlassen. Die Miterben bestimmen über die Verwendung des Vermögens,
ihnen fließt der Vermögensantrag zu. Sie verwirklichen damit gemeinsam
den Tatbestand der Einkunftserzielung nach §§ 20 bzw. 21 EStG. Die
erzielten Einkünfte werden ihnen grundsätzlich nach ihren Erbanteilen
zugerechnet (§ 2038 Abs. 2, § 743 Abs. 1 BGB).

**4. Beendigung der Erbengemeinschaft und rückwirkende
Zurechnung der laufenden Einkünfte**

7   Die Einkunftserzielung durch die Erbengemeinschaft und damit die Zurechnung der laufenden Einkünfte an die Miterben nach Tz. 3 ff. findet ihr
Ende, soweit sich die Miterben hinsichtlich des gemeinsamen Vermögens
auseinandersetzen.

8   In den Fällen der Auseinandersetzung von Erbengemeinschaften – auch in
den Fällen der Auseinandersetzung einer Mitunternehmerschaft – ist eine
steuerlich unschädliche Rückwirkung auf den Zeitpunkt des Erbfalls in
engen Grenzen anzuerkennen, da die Erbengemeinschaft eine gesetzliche
Zufallsgemeinschaft ist, die auf Teilung angelegt ist. Bei der Auseinandersetzungsvereinbarung wird in der Regel eine rückwirkende Zurechnung
laufender Einkünfte für sechs Monate anerkannt. Die Frist beginnt mit
dem Erbfall. In diesen Fällen können die laufenden Einkünfte daher ohne
Zwischenzurechnung ab dem Erbfall ungeschmälert dem die Einkunftsquelle übernehmenden Miterben zugerechnet werden. Dies gilt auch bei Teilauseinandersetzungen. Soweit laufende Einkünfte rückwirkend zugerechnet
werden, ist die Auseinandersetzung steuerlich so zu behandeln, als ob sich
die Erbengemeinschaft unmittelbar nach dem Erbfall auseinandergesetzt
hätte (Durchgangserwerb der Erbengemeinschaft).

9   Allerdings reicht es nicht aus, wenn die Miterben innerhalb dieser Sechsmonatsfrist lediglich den Entschluß fassen, sich auseinanderzusetzen. Vielmehr muß innerhalb der Frist von sechs Monaten eine klare und rechtlich
bindende Vereinbarung über die Auseinandersetzung und ihre Modalitäten
vorliegen. Diese Auseinandersetzungsvereinbarung muß den Übergang von
Nutzungen und Lasten für die von dieser Auseinandersetzung betroffenen
Wirtschaftsgüter auf den Zeitpunkt des Erbfalls festlegen; sie muß auch tat-

sächlich entsprechend durchgeführt werden. Soweit noch eine Wertfindung erforderlich ist, kann diese jedoch auch außerhalb der Sechsmonatsfrist erfolgen.

C. Erbauseinandersetzung durch Realteilung des Nachlasses

I. Erbauseinandersetzung über Betriebsvermögen

1. Realteilung ohne Abfindungszahlungen

a) Allgemeines

Gehört zum Nachlaß nur Betriebsvermögen und wird der Nachlaß ohne   10
Zahlung von Abfindungen real geteilt, so ist die Realteilung kein entgeltlicher Vorgang. Denn einkommensteuerrechtlich ist eine Realteilung ohne Abfindungszahlung weder Tausch von (Miteigentums-) Anteilen an den einzelnen Wirtschaftsgütern des Nachlasses noch Tausch eines Gesamthandsanteils gegen Alleineigentum an den zugeteilten Wirtschaftsgütern, sondern die Erfüllung des durch die Auseinandersetzungsvereinbarung konkretisierten gesetzlichen Auseinandersetzungsanspruchs. Durch die Realteilung können also weder Anschaffungskosten noch Veräußerungserlöse entstehen.

b) Gewinnrealisierung nach den Grundsätzen über die Betriebsaufgabe

Die Realteilung eines Betriebsvermögens der Erbengemeinschaft ohne   11
Betriebsfortführung ist aber zugleich eine Betriebsaufgabe; durch diese entsteht regelmäßig ein tarifbegünstigter Aufgabegewinn (§ 16 Abs. 3, § 34 EStG).

Beispiel 1

A und B sind Miterben zu 1/2. Zum Nachlaß gehört ein Betriebsvermögen, das lediglich aus zwei Grundstücken besteht, die beide einen Buchwert von 200.000 DM und einen Verkehrswert von 2 Mio. DM haben. A und B setzen sich unter Aufgabe des Betriebs in der Weise auseinander, daß A das Grundstück 1 und B das Grundstück 2 erhält.

Im Beispiel 1 entsteht durch die Betriebsaufgabe ein Aufgabegewinn von 3,6 Mio. DM in der Erbengemeinschaft, den A und B je zur Hälfte zu versteuern haben. A und B müssen für die künftigen Gebäude-AfA jeweils von den Entnahmewerten (Abschnitt 43 Abs. 6 EStR und 44 Abs. 12 EStR) ausgehen.

c) Wahlrecht zur Buchwertfortführung

12 Die Miterben haben jedoch nach den Grundsätzen des BFH-Urteils vom 19. 1. 1982 (BStBl 1982 II S. 456) das Recht, die Buchwerte fortzuführen, wenn die bei der Realteilung erworbenen Wirtschaftsgüter in ein anderes Betriebsvermögen überführt werden. Das Wahlrecht ist von den Miterben einheitlich in der Schlußbilanz der Miterbengemeinschaft auszuüben (Abschnitt 139 Abs. 8 EStR 1990; BFH-Urteil vom 10. 12. 1991 – BStBl 1992 II S. 385). Das Wahlrecht besteht nicht nur bei der Fortführung von Teilbetrieben durch die Miterben, sondern auch bei der Realteilung durch Übertragung einzelner Wirtschaftsgüter des Betriebsvermögens auf die Miterben (BFH-Urteil vom 10. 12. 1991 – BStBl 1992 II S. 385). Werden durch Realteilung übertragene Wirtschaftsgüter, die zu den wesentlichen Betriebsgrundlagen gehören, von den Miterben ganz oder teilweise ins Privatvermögen überführt, liegt dagegen zwingend eine Betriebsaufgabe vor. Werden demgegenüber nur Wirtschaftsgüter ins Privatvermögen überführt, die nicht zu den wesentlichen Betriebsgrundlagen gehören, und werden im übrigen die Buchwerte fortgeführt, liegt eine Entnahme vor. Ein etwaiger Entnahmegewinn ist allen Miterben zuzurechnen.

13 Zum Nachlaß und damit zum gesamthänderisch gebundenen Vermögen der Erbengemeinschaft können auch mehrere Betriebe gehören. Dies gilt unabhängig davon, ob die zum Nachlaß gehörenden Betriebe zu unterschiedlichen Einkunftsarten (z. B. Gewerbebetrieb und Land- und Forstwirtschaft) oder zur gleichen Einkunftsart (z. B. zwei Gewerbebetriebe) gehören.

Werden im Rahmen der Realteilung des Betriebsvermögens der Erbengemeinschaft (= Realteilung des Nachlasses) von den einzelnen Miterben nicht lediglich einzelne Wirtschaftsgüter oder Teilbetriebe, sondern ganze Betriebe übernommen, so gilt das Wahlrecht zwischen Gewinnrealisierung und Buchwertfortführung nicht, sondern es sind zwingend die Buchwerte gemäß § 7 Abs. 1 EStDV fortzuführen.

Beispiel 2

S und T sind Miterben zu je 1/2. Zum Nachlaß gehören zwei Betriebe im Wert von je 1 Mio. DM. S erhält Betrieb 1, T erhält Betrieb 2.

Im Beispiel 2 ist eine Betriebsaufgabe zu verneinen. Denn jeder der beiden Betriebe bleibt auch nach der Realteilung der Erbengemeinschaft bestehen und wird in dieser unveränderten Form auf den jeweiligen Miterben übertragen. Deshalb kommt mangels Betriebsaufgabe ein Wahlrecht hier nicht in Betracht; für jeden Betrieb müssen gemäß § 7 Abs. 1 EStDV die Buchwerte fortgeführt werden.

2. Realteilung mit Abfindungszahlungen

a) Allgemeines

Wird im Rahmen einer Erbauseinandersetzung ein Nachlaß real geteilt und erhält ein Miterbe wertmäßig mehr, als ihm nach seiner Erbquote zusteht, und zahlt er für dieses „Mehr" an seine Miterben eine Abfindung, so liegt insoweit ein Anschaffungs- und Veräußerungsgeschäft vor. In Höhe der Abfindungszahlung liegen Anschaffungskosten vor. Derjenige, der die Abfindung erhält, erzielt einen Veräußerungserlös. **14**

Die vorstehenden Grundsätze gelten auch, soweit sich die Erbengemeinschaft gemäß § 2042 Abs. 2, § 753 Abs. 1 BGB durch Zwangsversteigerung zum Zwecke der Aufhebung der Gemeinschaft auseinandersetzt und die Erben dabei Nachlaßgegenstände erwerben (BFH-Urteil vom 29. 4. 1992 – BStBl 1992 II S. 727).

Bei der Realteilung im Rahmen einer Erbauseinandersetzung bezieht sich das Entgelt nicht auf das, was ein Miterbe aufgrund seiner Erbquote erhält, sondern nur auf das „Mehr", das er aufgrund eines neben der Realteilung bestehenden besonderen entgeltlichen Rechtsgeschäfts bekommt. Es handelt sich hier also nicht um die bloße Aufteilung eines einheitlichen Rechtsvorgangs, sondern um die Beurteilung von zwei rechtlich selbständigen Vorgängen, von denen der eine unentgeltlich und der andere entgeltlich ist. Für die Zahlung einer Abfindung bedarf es daher regelmäßig einer gesonderten Vereinbarung zwischen den Beteiligten, da sich eine derartige Abwicklung nicht aus dem erbrechtlichen Auseinandersetzungsanspruch ergibt; die Zahlung einer Abfindung kann sich allerdings auch aufgrund einer Teilungsanordnung des Erblassers oder aufgrund einer vom Erblasser angeordneten Testamentsvollstreckung ergeben. Die Vereinbarung ist bei der Berechnung des Anteils des Miterben am Aufgabegewinn in den Fällen der Betriebsaufgabe zu berücksichtigen. **15**

Die Abfindungszahlung ist bei der Übertragung von Betrieben oder Teilbetrieben dem Teil des Kapitalkontos gegenüberzustellen, der dem Verhältnis von Abfindungszahlung zum Wert des übernommenen Betriebsvermögens **16** entspricht. Abschnitt 139 Abs. 8 Satz 7 EStR 1990, der die Realteilung von Personengesellschaften regelt, ist insoweit überholt.

Beispiel 3

S und T sind Miterben zu je 1/2. Zum Nachlaß gehören zwei gewerbliche Betriebe. Betriebsvermögen 1 hat einen Wert von 2 Mio. DM und einen Buchwert von 200.000 DM. Betriebsvermögen 2 hat einen Wert von 1,6 Mio. DM und einen Buchwert von 160.000 DM. Im Wege der Erbauseinandersetzung erhält S das Betriebsvermögen 1 und T das Betriebsvermögen 2. Außerdem zahlt S an T eine Abfindung von 200.000 DM.

Im Beispiel 3 stehen dem S wertmäßig am Nachlaß 1,8 Mio. DM zu. Da er aber 2 Mio. DM erhält, also 200.000 DM mehr, zahlt er diesen Betrag für 1/10 des Betriebsvermögens 1, das er mehr erhält. S erwirbt also 9/10 des Betriebsvermögens 1 unentgeltlich und 1/10 entgeltlich. Auf diese 1/10 entfällt ein Buchwert von 20.000 DM, so daß S die Aktivwerte um 180.000 DM aufstocken muß und T einen Veräußerungsgewinn von 180.000 DM (200.000 DM ./. 20.000 DM) zu versteuern hat. Ein Wahlrecht, die Realteilung als Betriebsaufgabe zu behandeln, besteht für S und T im Beispiel 3 nicht. Denn eine Betriebsaufgabe ist zu verneinen, da jeder der beiden Betriebe nach der Realteilung der Erbengemeinschaft von dem jeweiligen Miterben fortgeführt wird (vgl. Tz. 13).

b) Übernahme von Verbindlichkeiten über die Erbquote hinaus

17 Eine Übernahme von Schulden über die Erbquote hinaus führt nicht zu Anschaffungskosten. Deshalb entsteht auch kein Veräußerungserlös, soweit ein Miterbe Verbindlichkeiten über die Erbquote hinaus übernimmt. Zur Übernahme von Verbindlichkeiten vgl. im übrigen Tz. 25 ff.

Beispiel 4

Wie Beispiel 3 mit der Abwandlung, daß S den T von Betriebsschulden in Höhe von 200.000 DM, die zum Betriebsvermögen 2 gehören, freistellt, also zum gesamthänderisch gebundenen Nachlaß gehörende Verbindlichkeiten in Höhe von 200.000 DM übernimmt.

Im Beispiel 4 erhält S wertmäßig nur 1,8 Mio. DM und braucht an T keine Abfindung zu zahlen. Es liegt dann keine entgeltliche Realteilung vor.

c) Möglichkeit der Buchwertfortführung im Zusammenhang mit Abfindungszahlungen

Werden Abfindungszahlungen geleistet, haben die Miterben, abgesehen von der notwendigen teilweisen Gewinnrealisierung nach Maßgabe der Abfindung, wiederum ein Wahlrecht zwischen voller Gewinnrealisierung (Betriebsaufgabe) und Buchwertfortführung, soweit die zugeteilten Wirtschaftsgüter oder Teilbetriebe Betriebsvermögen bleiben (BFH-Urteil vom 10. 12. 1991 – BStBl 1992 II S. 385).   **18**

Beispiel 5

S und T sind Miterben zu je 1/2. Zum Nachlaß gehört ein Betriebsvermögen, das aus dem Grundstück 1 (Teilwert 2 Mio. DM, Buchwert 200.000 DM) und dem Grundstück 2 (Teilwert 1,6 Mio. DM, Buchwert 160.000 DM) besteht. S erhält das Grundstück 1 und zahlt an T 200.000 DM Abfindung. T erhält Grundstück 2 und die Abfindung. Beide wollen die Grundstücke zum Buchwert in ein ihnen gehörendes Betriebsvermögen einbringen.

Im Beispiel 5 stehen dem S an dem Nachlaß wertmäßig 1,8 Mio. DM zu. Da er aber das Grundstück 1 im Wert von 2 Mio. DM erhält, also 200.000 DM mehr, zahlt er diesen Betrag für 1/10 des Grundstücks 1, das er erhält. S erwirbt also 9/10 des Grundstücks 1 unentgeltlich und 1/10 entgeltlich. Auf diese 1/10 entfällt ein Buchwert von 20.000 DM, so daß S den Grundstücksbuchwert in seiner Bilanz um 180.000 DM aufstocken muß und T einen Veräußerungsgewinn von 180.000 DM (200.000 DM ./. 20.000 DM) zu versteuern hat. Das Wahlrecht, die Realteilung als Betriebsaufgabe zu behandeln, ist im Beispiel 5 gegeben, da im Zuge der Realteilung der Erbengemeinschaft keine ganzen Betriebe, sondern lediglich einzelne Wirtschaftsgüter übertragen werden (vgl. Tz. 13).

Soweit Wirtschaftsgüter gegen Abfindungszahlungen übernommen werden und Betriebsvermögen bleiben, gilt für die AfA folgendes: Bei der Übernahme eines Grundstücks ergeben sich hinsichtlich des Gebäudes zwei AfA-Reihen. Hinsichtlich des unentgeltlich erworbenen Gebäudeteils muß der übernehmende Miterbe die Buchwerte der Erbengemeinschaft fortführen (§ 7 Abs. 1 EStDV). Bezüglich des entgeltlich erworbenen Gebäudeteils hat er Anschaffungskosten in Höhe der Abfindungszahlung, die Bemessungsgrundlage für die weitere AfA hinsichtlich des entgeltlich erworbenen Teils des Gebäudes sind. Entsprechendes gilt im Grundsatz, wenn kein Gebäude, sondern ein bewegliches Wirtschaftsgut übernommen   **19** wird; da jedoch die Nutzungsdauer des entgeltlich erworbenen Teils des Wirtschaftsguts hier regelmäßig mit der Restnutzungsdauer des unentgeltlich erworbenen Teils des Wirtschaftsguts übereinstimmt, kann in diesen Fällen auf eine Aufspaltung in zwei AfA-Reihen verzichtet werden.

20 Soweit Wirtschaftsgüter gegen Abfindungszahlungen übernommen werden, gilt für die Anwendung des § 6 b EStG folgendes:

Was den entgeltlich erworbenen Teil des Wirtschaftsguts angeht, kann auf die durch die Abfindungszahlungen entstandenen Anschaffungskosten eine Rücklage nach § 6 b EStG übertragen werden.

Hinsichtlich des unentgeltlich erworbenen Teils des Wirtschaftsguts ist im Falle einer späteren Veräußerung die Besitzzeit der Erbengemeinschaft und des Erblassers für die Besitzzeit i. S. des § 6 b EStG zu berücksichtigen (vgl. Abschnitt 41 c Abs. 6 EStR).

d) Tarifbegünstigung des Veräußerungsgewinns

21 §§ 16, 34 EStG sind auf den Veräußerungsgewinn, der sich aufgrund der Abfindung ergibt, anzuwenden, wenn bei der Realteilung eines Nachlasses Betriebe oder Teilbetriebe mit Abfindungszahlungen zugeteilt werden oder wenn z. B. bei einem Mischnachlaß nur ein Betrieb vorhanden ist, der unter Ausscheiden der übrigen Miterben mit Abfindung allein auf einen bestimmten Miterben übertragen wird.

22 §§ 16, 34 EStG sind dagegen auf den Veräußerungsgewinn, der sich aufgrund der Abfindung ergibt, nicht anzuwenden, wenn durch die Realteilung lediglich einzelne betrieblich genutzte Wirtschaftsgüter zugeteilt werden, denn die Übertragung einzelner Wirtschaftsgüter ist auch sonst nicht tarifbegünstigt.

Nach den Grundsätzen der Tz. 21 und 22 ist im Beispiel 3 der von T zu versteuernde Veräußerungsgewinn tarifbegünstigt. Denn S ist dort im Wege der Realteilung mit Abfindungszahlungen ein ganzer Betrieb zugeteilt worden. Dagegen ist im Beispiel 5 der von T zu versteuernde Veräußerungsgewinn als laufender Gewinn zu behandeln, weil dort im Zuge der Realteilung mit Abfindungszahlungen keine Betriebe oder Teilbetriebe, sondern lediglich einzelne Wirtschaftsgüter zugeteilt wurden und die Realteilung nicht als Betriebsaufgabe behandelt worden ist.

II. Erbauseinandersetzung über Privatvermögen

1. Realteilung ohne Abfindungszahlungen

a) Allgemeines

Auch bei der Erbauseinandersetzung über Privatvermögen führt eine Real-   23
teilung ohne Abfindungszahlungen nicht zur Entstehung von Anschaffungskosten oder Veräußerungserlösen. Eine Erbauseinandersetzung kann auch in
der Weise durchgeführt werden, daß einem Miterben ein Nutzungsrecht an
einem zum Nachlaß gehörenden Wirtschaftsgut eingeräumt wird, das einem
anderen Miterben zugeteilt wird (z. B. Wohnrecht an einem Gebäude).
Dieses Nutzungsrecht ist nicht gegen Entgelt bestellt. Die Ablösung des
Nutzungsrechts durch den Miterben führt zu nachträglichen Anschaffungskosten (BFH-Urteil vom 28. 11. 1991 – BStBl 1992 II S. 381).

Ein unentgeltlicher Vorgang liegt auch vor, wenn Gesamthandseigentum   24
in Bruchteilseigentum umgewandelt wird und ein Miterbe Anteil an der
Bruchteilsgemeinschaft von einem anderen Miterben im Tauschwege gegen
eigene Anteile erwirbt.

b) Behandlung von Nachlaßverbindlichkeiten

Eine Schuldübernahme führt auch insoweit nicht zu Anschaffungs-   25
kosten, als sie die Erbquote übersteigt. Tz. 7 des BMF-Schreibens vom
31. 12. 1988, BStBl 1988 I S. 546, ist durch den Beschluß des BFH vom
5. 7. 1990 (BStBl 1990 II S. 837) überholt. Dies bedeutet gleichzeitig,
daß Nachlaßverbindlichkeiten einen wertmäßigen Ausgleich unter den Miterben bei einer Realteilung und damit einen unentgeltlichen Rechtsvorgang
ermöglichen. Dabei kommt es nicht darauf an, ob die übernommenen
Verbindlichkeiten in einem Finanzierungszusammenhang mit zugeteilten
Nachlaßgegenständen stehen.

Beispiel 6

A und B sind Erben zu je 1/2. Zum Nachlaß gehört ein Grundstück
(Wert 2 Mio. DM), das mit einer noch voll valutierten Hypothek von
1 Mio. DM belastet ist. Zum Nachlaß gehören außerdem Wertpapiere
(Wert 3 Mio. DM). Die Erben setzen sich dahin auseinander, daß A das
Grundstück und B die Wertpapiere erhält. B übernimmt außerdem die
Verbindlichkeit in voller Höhe.

Im Beispiel 6 liegt eine Realteilung ohne Abfindungszahlung, also ein
unentgeltlicher Rechtsvorgang vor. A erhält einen Wert von 2 Mio. DM
(Grundstück). B erhält ebenfalls einen Wert von 2 Mio. DM (Wertpapiere
im Wert von 3 Mio. DM abzüglich einer übernommenen Verpflichtung von
1 Mio. DM).

26   Die Übernahme von Verbindlichkeiten der Erbengemeinschaft durch ein-
     zelne Miterben über die Erbquote hinaus führt auch dann nicht zu Anschaf-
     fungskosten, wenn durch die Art der Verteilung von Verbindlichkeiten zu-
     sätzlich Abfindungsbedarf geschaffen wird. Dies gilt unabhängig davon, ob
     durch die Art der Verteilung von Verbindlichkeiten ein bisher bestehender
     Finanzierungszusammenhang zwischen Wirtschaftsgut und Schuld erhalten
     bleibt oder nicht. Regelmäßig wird der Übernahme von Verbindlichkeiten
     eine interne Freistellungsverpflichtung zugrunde liegen.

Beispiel 7

A und B sind Erben zu je 1/2. Zum Nachlaß gehören zwei Grundstücke im
Wert von je 1 Mio. DM, die mit Hypotheken von je 500.000 DM belastet
sind. A erhält Grundstück 1 und übernimmt auch die das Grundstück
2 betreffende Hypothek. B erhält das Grundstück 2 und zahlt an A
500.000 DM.

Im Beispiel 7 liegt eine Realteilung ohne Abfindungszahlung vor. B hat mit
der Zahlung von 500.000 DM an A die Freistellung von der das Grundstück
2 belastenden Schuld intern beglichen.

Beispiel 8

A und B sind Erben zu je 1/2. Zum Nachlaß gehört ein Grundstück (Wert
2 Mio. DM), das mit einer noch voll valutierten Hypothek von 1 Mio. DM
belastet ist. Die zugrundeliegende Verpflichtung betrifft ein Darlehen, das
zur Anschaffung des Grundstücks verwendet worden ist. Zum Nachlaß gehört außerdem eine wesentliche Beteiligung (Wert 3 Mio. DM). Die Erben
setzen sich dahin auseinander, daß A das Grundstück und das dazugehörige
Darlehen und B die wesentliche Beteiligung übernimmt. B leistet zusätzlich
an A eine Zahlung von 1 Mio. DM.

Im Beispiel 8 bezahlt B mit der Leistung von 1 Mio. DM an A eine interne
Schuldfreistellung wegen der Übernahme des hypothekarisch gesicherten
Darlehens durch A in Höhe von 1 Mio. DM. Im Ergebnis hat somit A
infolge der Freistellungsverpflichtung des B ein unbelastetes Grundstück
im Wert von 2 Mio. DM erhalten und B hat die wesentliche Beteiligung
zugeteilt bekommen, ist allerdings durch die Zahlung für die Freistellung

belastet, so daß er im Ergebnis ebenfalls einen Wert von 2 Mio. DM erhalten hat. Daß die Übernahme der Darlehensschuld durch A nach außen hin den Finanzierungszusammenhang zwischen Wirtschaftsgut und Schuld aufrechterhält, ist dabei ohne Bedeutung.

Die vom BFH in seinem Beschluß vom 5. 7. 1990 (BStBl 1990 II S. 837)   27
zur Wertangleichung zugelassene Möglichkeit der Übernahme von Verbindlichkeiten der Erbengemeinschaft über die Erbquote hinaus bezieht sich nur auf Nachlaßverbindlichkeiten. Dabei kommt es nicht darauf an, ob die Verbindlichkeit bereits im Zeitpunkt des Erbfalls bestanden hat oder ob sie erst im Zuge der Verwaltung des Nachlasses entstanden ist. Geht die Erbengemeinschaft dagegen im engen zeitlichen Zusammenhang mit der Erbauseinandersetzung Verbindlichkeiten ein, um insoweit eine gewinneutrale Realteilung zu ermöglichen, handelt es sich nicht mehr um Nachlaßverbindlichkeiten (§ 42 AO).

2. Realteilung mit Abfindungszahlungen

a) Allgemeines

Wird im Rahmen einer Erbauseinandersetzung ein Nachlaß real geteilt und   28
erhält ein Miterbe wertmäßig mehr, als ihm nach seiner Erbquote zusteht, und zahlt er für dieses „Mehr" an seine Miterben eine Abfindung, so liegt insoweit – wie bei der Erbauseinandersetzung über Betriebsvermögen – ein Anschaffungs- und Veräußerungsvorgang vor. In Höhe der Abfindungszahlung entstehen Anschaffungskosten. Das gilt auch, soweit sich die Erbengemeinschaft durch Zwangsversteigerung zum Zwecke der Aufhebung der Gemeinschaft auseinandersetzt (vgl. Tz. 14). Wird ein Wirtschaftsgut gegen Abfindungszahlung erworben, berechnen sich der entgeltlich und der unentgeltlich erworbene Teil des Wirtschaftsguts nach dem Verkehrswert (vgl. BFH-Urteil vom 29. 10. 1991 – BStBl 1992 II S. 512). In der Regel kann davon ausgegangen werden, daß der Verkehrswert dem Wert entspricht, den die Miterben der Erbauseinandersetzung zugrunde legen (Anrechnungswert).

Beispiel 9

A und B sind Miterben zu je 1/2. Der Nachlaß besteht aus einem Gebäude auf einem Erbbaugrundstück (Verkehrswert 1 Mio. DM) und Bargeld (500.000 DM). A erhält das Gebäude und zahlt an B eine Abfindung in Höhe von 250.000 DM. B erhält das Bargeld und die Abfindungszahlung.

A hat Anschaffungskosten in Höhe von 250.000 DM. Es ist unerheblich, aus welchem Vermögensbereich der die Abfindung Zahlende die Mittel für die Abfindungszahlung entnimmt. A zahlt die Abfindung nicht für das ganze Gebäude, auch nicht für den gesamten Anteil des B an dem Gebäude (1/2), sondern nur für das wertmäßige „Mehr", das er bei der Erbteilung erhalten hat. Das Gebäude ist 1 Mio. DM wert. 750.000 DM stehen dem A nach seiner Erbquote zu, so daß A mithin 1/4 des Gebäudes für 250.000 DM entgeltlich und 3/4 des Gebäudes unentgeltlich erworben hat.

Der Veräußerungsgewinn ist nur steuerpflichtig, wenn die Voraussetzungen des § 17 EStG (wesentliche Beteiligung an einer Kapitalgesellschaft), des § 23 EStG (Spekulationsgeschäft) oder des § 21 UmwStG (einbringungsgeborene Anteile) vorliegen. Gehört zum Nachlaß eine wesentliche Beteiligung, ist Abschnitt 140 Abs. 3 Sätze 1 und 9 EStR 1990 zu beachten.

Beispiel 10

Erblasser E, zu dessen ertragsteuerlichem Privatvermögen eine 50%ige Beteiligung an einer GmbH gehörte, wird von A und B beerbt. Im Zuge der Erbauseinandersetzung erhält A die gesamte 50%ige Beteiligung gegen Ausgleichszahlung an B für dessen hälftigen Anteil, und zwar bezogen auf den Erbfall

a) innerhalb von 5 Jahren,

b) nach Ablauf von 5 Jahren.

A erlangt – auf der Grundlage getrennter Rechtsgeschäfte – die Beteiligung zum einen in Höhe von 1/2 (25 v. H.) in Erfüllung seines erbrechtlichen Auseinandersetzungsanspruchs entsprechend § 11 d EStDV und zum anderen bezüglich des Mehrempfangs entgeltlich von B. B erzielt in Höhe der Ausgleichszahlung einen Veräußerungserlös. Da die Beteiligung an der Kapitalgesellschaft nach dem Erbfall den Miterben A und B jeweils zur Hälfte gemäß § 39 Abs. 2 Nr. 2 AO zuzurechnen ist, überträgt B eine nicht wesentliche Beteiligung gegen Entgelt auf A. Im Beispielsfall 10 a) – Veräußerung innerhalb von 5 Jahren – kommt allerdings aufgrund der wesentlichen Beteiligung des Erblassers der erweiterte Besteuerungstatbestand des § 17 Abs. 1 Satz 5 EStG zum Zuge. A führt hier die Anschaffungskosten des Erblassers zur Hälfte, nämlich für die auf ihn entfallende 25%ige Beteiligung, fort; im übrigen ist die Zahlung des A als Anschaffungskosten für die von B erhaltene 25%ige Beteiligung anzusehen. Im Beispielsfall 10 b) – Veräußerung nach Ablauf von 5 Jahren – greift der erweiterte Besteuerungstatbestand des § 17 Abs. 1 Satz 5 EStG nicht mehr ein mit der Folge, daß die Veräußerung von § 17 EStG nicht erfaßt wird.

b) Aufteilung von Abfindungsleistungen

Erhält ein Miterbe alle oder mehrere Wirtschaftsgüter des Nachlasses gegen   29
Leistung einer Abfindung an die übrigen Miterben, so ist die Abfindung
nach dem Verhältnis der Verkehrswerte der Wirtschaftsgüter aufzuteilen.

Beispiel 11

Erben sind A und B je zur Hälfte. Zum Nachlaß gehören Grundstück 1 (Verkehrswert 800.000 DM) und Grundstück 2 (Verkehrswert 400.000 DM). A
übernimmt beide Grundstücke und zahlt an B 600.000 DM.
Die Abfindungszahlungen sind Anschaffungskosten, die mit 400.000 DM
dem Grundstück 1 und mit 200.000 DM dem Grundstück 2 zuzuordnen
sind.

Erhalten bei einer Erbauseinandersetzung mit Abfindungszahlungen meh-   30
rere Miterben Wirtschaftsgüter des Nachlasses, so sind die Anschaffungskosten ebenfalls im Verhältnis der Verkehrswerte auf die erlangten
Nachlaßgegenstände zu verteilen. Ein Wahlrecht besteht nicht. Tz. 9 des
BMF-Schreibens vom 31. 12. 1988 (BStBl 1988 I S. 546) ist überholt.

Beispiel 12

Erben sind A und B je zur Hälfte. Zum Nachlaß gehören Grundstück
1 (Verkehrswert 800.000 DM), Grundstück 2 (Verkehrswert 600.000 DM)
und Grundstück 3 (Verkehrswert 400.000 DM). A erhält Grundstück 1, B
die Grundstücke 2 und 3. B zahlt an A eine Abfindung von 100.000 DM.
Die Abfindung von 100.000 DM stellt für B Anschaffungskosten dar. B
muß diese Abfindung im Verhältnis der Verkehrswerte (6 : 4) auf Grundstück 2 und 3 verteilen. Dann erwirbt er jedes Grundstück zu 1/10 entgeltlich und zu 9/10 unentgeltlich.

c) Behandlung liquider Mittel des Nachlasses

Keine Anschaffungskosten liegen vor, soweit eine Abfindungszahlung   31
dem Wert übernommener liquider Mittel des Nachlasses (z. B. Bargeld,
Bankguthaben, Schecks) entspricht, weil es sich wirtschaftlich um einen
Leistungsaustausch „Geld gegen Geld" handelt, der einer Rückzahlung der
Abfindungszahlung gleichsteht.

Beispiel 13

Ein Nachlaß besteht aus einem Grundstück (Verkehrswert 2 Mio. DM) und
aus Bankguthaben (Verkehrswert 2 Mio. DM). Miterben sind A und B zu

je 1/2. A erhält das Grundstück und das Bankguthaben und zahlt an B eine Abfindung von 2 Mio. DM.

Es ist steuerlich davon auszugehen, daß der Nachlaß im Wege der Naturalteilung verteilt wurde, bei der A das Grundstück und B das Bankguthaben erhalten hat. A hat deshalb keine Anschaffungskosten von 2 Mio. DM (vgl. auch das unter Tz. 26 geschilderte Beispiel 7).

d) AfA-Bemessungsgrundlage und AfA-Satz nach Erbauseinandersetzung

32 Nach der Erbauseinandersetzung ist hinsichtlich der weiteren Abschreibung zwischen dem unentgeltlich erworbenen Teil des Wirtschaftsguts und dem entgeltlich erworbenen Teil zu unterscheiden.

Auf den unentgeltlich erworbenen Teil ist § 11 d Abs. 1 EStDV anzuwenden. Der Miterbe führt die von der Erbengemeinschaft vorgenommene Abschreibung anteilig fort.

Soweit der Miterbe das Wirtschaftsgut entgeltlich erworben hat, sind der weiteren AfA seine Anschaffungskosten zugrunde zu legen. Für den entgeltlich erworbenen Teil des Wirtschaftsguts bemessen sich die AfA

– bei beweglichen Wirtschaftsgütern und bei unbeweglichen Wirtschaftsgütern, die keine Gebäude sind, nach der tatsächlichen künftigen Nutzungsdauer des Wirtschaftsguts im Zeitpunkt der Erbauseinandersetzung (vgl. aber auch Tz. 19);

– bei Gebäuden nach den hierfür geltenden Vorschriften (i. d. R. § 7 Abs. 4 EStG).

Danach kann sich bei Gebäuden für den unentgeltlich und den entgeltlich erworbenen Teil eine unterschiedliche Abschreibungsdauer ergeben.

Beispiel 14

Miterben sind S und T je zu 1/2. Zum Nachlaß gehören ein bebautes Grundstück (Verkehrswerte: Gebäude 1,5 Mio. DM, Grund und Boden 500.000 DM) und Bargeld (1 Mio. DM). Die ursprünglichen Anschaffungskosten des Gebäudes in Höhe von 2 Mio. DM sind bei der Auseinandersetzung der Erbengemeinschaft am 01.01.04 bereits mit jährlich 2 v. H. bis auf 800.000 DM abgeschrieben. S erhält das Grundstück und zahlt an T eine Abfindung in Höhe von 500.000 DM. T erhält das Bargeld und die Abfindungszahlung.

S hat das Grundstück zu 1/4 entgeltlich erworben. Nach dem Verhältnis der Verkehrswerte entfallen auf das Gebäude 375.000 DM und auf den Grund und Boden 125.000 DM der Abfindungszahlung. Die AfA, die S nach der Erbauseinandersetzung vornehmen kann, bemessen sich wie folgt: Hinsichtlich 3/4 des Gebäudes hat S gem. § 11 d Abs. 1 EStDV die AfA-Reihe der Erbengemeinschaft fortzuführen und mithin jährlich 2 v. H. von 1.500.000 DM (3/4 von 2 Mio. DM Anschaffungskosten des Erblassers) = 30.000 DM über den verbliebenen Abschreibungszeitraum von 20 Jahren abzuschreiben. Hinsichtlich 1/4 des Gebäudes liegt ein entgeltlicher Erwerb vor. S hat insofern – soweit keine kürzere Nutzungsdauer als 50 Jahre in Betracht kommt (§ 7 Abs. 4 Satz 2 EStG) – über 50 Jahre 2 v. H. von 375.000 DM (= 7.500 DM) jährlich abzusetzen.

III. Erbauseinandersetzung über einen Mischnachlaß

1. Realteilung ohne Abfindungszahlungen

a) Allgemeines

Auch beim Mischnachlaß führt eine Realteilung ohne Abfindung nach dem   33
Beschluß des BFH vom 5. 7. 1990 (BStBl 1990 II S. 837) nicht zur Entstehung von Anschaffungskosten oder Veräußerungserlösen. Demzufolge können auch hier keine Veräußerungsgewinne entstehen.

Beispiel 15

Erben sind A und B zu je 1/2. Zum Nachlaß gehört ein Betriebsvermögen (Wert 3 Mio. DM) und privater Grundbesitz (Wert 3 Mio. DM). A und B setzen sich in der Weise auseinander, daß A den Betrieb und B den privaten Grundbesitz erhält.

Im Beispiel 15 liegen keine Anschaffungs- oder Veräußerungsgeschäfte vor mit der Folge, daß weder für A noch für B Anschaffungskosten entstehen. Der Mitunternehmeranteil des B geht ohne Gewinnrealisierung auf A zum Buchwert über. Dies gilt auch dann, wenn die Erbauseinandersetzung erst viele Jahre nach dem Erbfall stattfindet und der Umfang des Betriebsvermögens sich zwischenzeitlich verändert hat. A muß gem. § 7 Abs. 1 EStDV die Buchwerte fortführen. B tritt gemäß § 11 Abs. 1 EStDV in die Abschreibungsreihe der Erbengemeinschaft ein. Im Beispiel 15 hat der den Betrieb erhaltende Miterbe kein Wahlrecht zwischen Gewinnrealisierung und Buchwertfortführung, da die Übergabe des Betriebs an A im Wege der

Realteilung der Erbengemeinschaft nicht zu einer Betriebsaufgabe führt (vgl. Tz. 13).

34   In der Realteilung eines Mischnachlasses ohne Abfindungszahlungen liegt – ebenso wie in der Realteilung eines nur aus Betriebsvermögen bestehenden Nachlasses – nicht nur keine entgeltliche Anschaffung oder Veräußerung, sondern auch keine zur Gewinnrealisierung führende Aufgabe eines Mitunternehmeranteils gemäß § 16 Abs. 3 EStG.

b) Schaffung von Privatvermögen im engen zeitlichen Zusammenhang mit der Auseinandersetzung

35   Die Realteilung eines Mischnachlasses ohne Abfindungszahlung führt nicht zur Entstehung von Anschaffungskosten einerseits sowie eines Veräußerungs- bzw. Aufgabegewinns andererseits. Dabei kommt es nicht darauf an, ob bereits im Zeitpunkt des Erbfalls ein Mischnachlaß bestanden hat oder ob sich im Zuge der Verwaltung des Nachlasses privates Nachlaßvermögen gebildet hat. Wird dagegen durch Entnahmen liquider Mittel im engen zeitlichen Zusammenhang mit der Auseinandersetzung Privatvermögen geschaffen, um insoweit eine gewinneutrale Realteilung zu ermöglichen, so ist diese Gestaltung nach § 42 AO steuerlich nicht anzuerkennen.

c) Behandlung von Nachlaßverbindlichkeiten bei Mischnachlässen, insbesondere Schuldzinsenabzug

36   Auch bei einem Mischnachlaß kann die Abstimmung mit dem Auseinandersetzungsguthaben des Miterben dadurch erreicht werden, daß der Miterbe Verbindlichkeiten der Erbengemeinschaft übernimmt. Wie sich derartige Schulden in der Folge bei den Miterben auswirken, hängt davon ab, mit welchem Vermögen sie in Zusammenhang stehen und wie dieses Vermögen beim Erben verwendet wird. So kann Privatvermögen der Erbengemeinschaft beim Miterben Betriebsvermögen und die damit zusammenhängende Verbindlichkeit Betriebsschuld werden.

37   Die Übernahme von Schulden über die Erbquote hinaus kann trotz fehlender Anschaffungskosten zu Betriebsvermögen führen, das den Schuldzinsenabzug ermöglicht.

Beispiel 16

A und B sind Miterben zu je 1/2. Zum Nachlaß gehören ein Betrieb (Wert 3 Mio. DM) sowie ein privates Grundstück (Wert 2 Mio. DM), das mit einer

Hypothek von 1 Mio. DM belastet ist. A übernimmt den Betrieb und die Verbindlichkeit, B erhält das Grundstück.

Im Beispiel 16 ist von einer gewinneutralen Realteilung eines Mischnachlasses auszugehen, da nach dem Beschluß des BFH vom 5. 7. 1990 (BStBl 1990 II S. 837) auch beim Mischnachlaß eine Wertangleichung zur Vermeidung von Ausgleichszahlungen durch überproportionale Übernahme von Nachlaßverbindlichkeiten erreicht werden kann. Die von A zusätzlich zum Betrieb übernommene private Nachlaßschuld bleibt keine Privatschuld, sondern wandelt sich nach der Übernahme durch A in eine Betriebsschuld um mit der Folge, daß A künftig die auf diese Schuld entfallenden Schuldzinsen als Betriebsausgaben abziehen kann.

Die Begleichung von Erbfallschulden (Pflichtteils- und Erbersatzansprüche) führt zwar nicht zu Anschaffungskosten. Dennoch dürfen nach der sog. Sekundärfolgen-Rechtsprechung die Aufwendungen für die Finanzierung von Pflichtteils- und Erbersatzansprüchen in bestimmtem Umfang als Betriebsausgaben oder Werbungskosten abgezogen werden (BFH-Urteile vom 2. 4. 1987 – BStBl 1987 II S. 621, vom 28. 4. 1989 – BStBl 1989 II S. 618 und vom 17. 10. 1991 – BStBl 1992 II S. 392). Dies gilt unter bestimmten Voraussetzungen auch für die Aufwendungen zur Finanzierung von Vermächtnissen (vgl. Tz. 70).

2. Realteilung mit Abfindungszahlungen

a) Allgemeines

Auch beim Mischnachlaß liegt Entgeltlichkeit nur vor, soweit Abfindungszahlungen geleistet werden. Hat daher im Rahmen einer Realteilung ein Miterbe an andere Miterben Abfindungszahlungen zu leisten, führt dies zu Anschaffungskosten einerseits und zu einem – ggf. einkommensteuerpflichtigen – Veräußerungserlös andererseits. **38**

Beispiel 17

Erben sind A und B je zur Hälfte. Zum Nachlaß gehören ein Betrieb (Wert 1 Mio. DM, Buchwert 200.000 DM) und ein Privatgrundstück (Wert 500.000 DM). A erhält den Betrieb, B das Grundstück und eine Abfindung von A in Höhe von 250.000 DM.

Die Abfindung stellt im Beispiel 17 bei A Anschaffungskosten, bei B Veräußerungserlös für die Übertragung eines Mitunternehmeranteils dar. Da A und B jeweils im Wert von 750.000 DM am Gesamtnachlaß beteiligt sind (= 1/2 von 1,5 Mio. DM), erwirbt A 3/4 des Betriebs unentgeltlich und führt insoweit die Buchwerte nach § 7 Abs. 1 EStDV fort. B erzielt durch die Übertragung eines Mitunternehmeranteils von 1/4 einen Veräußerungsgewinn von 200.000 DM (= 250.000 DM ./. 50.000 DM). A stockt die Buchwerte um 200.000 DM auf, da B 1/4 des Betriebs entgeltlich an A übertragen hat. Das restliche 1/4, das dem B als Mitunternehmer zuzurechnen war, ist unentgeltlich auf A übergegangen.

b) Tarifbegünstigung des Veräußerungsgewinns

39 Die Tarifbegünstigung von Veräußerungsgewinnen beurteilt sich nach Tz. 21 und 22.

Danach ist der im Beispiel 17 von B erzielte Veräußerungsgewinn nach §§ 16, 34 EStG tarifbegünstigt. Denn ein Veräußerungsgewinn ist nicht nur dann tarifbegünstigt, wenn bei der Realteilung eines Nachlasses Betriebe oder Teilbetriebe mit Abfindungszahlungen zugeteilt werden, sondern auch dann, wenn – z. B. bei der Realteilung eines Mischnachlasses – nur ein Betrieb vorhanden ist, der unter Ausscheiden der übrigen Miterben mit Abfindung allein auf einen bestimmten Miterben übertragen wird.

D. Veräußerung eines Erbteils

1. Allgemeines

40 Ein Miterbe kann seinen Anteil am Nachlaß (seinen Erbteil) an einen anderen Miterben oder an einen Dritten verschenken oder verkaufen (§ 2033 Abs. 1 BGB). Wird ein Erbteil verschenkt, entstehen weder Anschaffungskosten noch Veräußerungserlöse. Wird ein Erbteil verkauft, hat der Käufer dagegen Anschaffungskosten und der Verkäufer einen Veräußerungserlös. Die Ausschlagung der Erbschaft gegen eine Abfindung steht der entgeltlichen Veräußerung des Erbteils gleich.

2. Zum Nachlaß gehört nur Betriebsvermögen

a) Schenkung eines Erbteils

41 Wird ein Erbteil verschenkt und gehört zum Nachlaß nur Betriebsvermögen, liegt ein Fall des § 7 Abs. 1 EStDV vor. Der Beschenkte hat das Kapitalkonto des Schenkers fortzuführen.

b) Verkauf eines Erbteils

Die entgeltliche Übertragung des Erbanteils an einer gewerblich tätigen **42** Erbengemeinschaft bedeutet nach dem Beschluß des BFH vom 5. 7. 1990 (BStBl II S. 837) die Veräußerung eines Mitunternehmeranteils i. S. von § 16 Abs. 1 Nr. 2 EStG, und zwar auch dann, wenn der Erwerber Miterbe ist. Anschaffungskosten und Veräußerungsgewinn errechnen sich wie bei der Übertragung eines Gesellschaftsanteils.

Beispiel 18

Der Nachlaß besteht allein aus einem Einzelunternehmen. Das Kapitalkonto betrug 600.000 DM. Erben sind A, B und C zu je einem Drittel, so daß auf jeden Miterben ein Kapitalkonto von 200.000 DM entfällt. C verkauft seinen Erbteil und damit gleichzeitig seinen Mitunternehmeranteil an D für 320.000 DM.

In diesem Fall liegt ein entgeltliches Veräußerungsgeschäft vor. Für C entsteht nach § 16 Abs. 2 EStG ein Veräußerungsgewinn in Höhe von 120.000 DM (320.000 DM Veräußerungserlös ./. 200.000 DM Buchwert), der nach §§ 16, 34 EStG tarifbegünstigt ist. D hat Anschaffungskosten von 320.000 DM, mit denen er seinen Anteil in der Bilanz der Erbengemeinschaft ausweisen muß. Das geschieht in Höhe von 200.000 DM in der Hauptbilanz (Fortführung des Kapitalkontos des C) und in Höhe von 120.000 DM in einer für D aufzustellenden positiven Ergänzungsbilanz.

3. Zum Nachlaß gehört nur Privatvermögen

a) Schenkung eines Erbteils

Wird ein Erbteil verschenkt und gehört zum Nachlaß nur Privatvermögen, **43** findet § 11 d Abs. 1 EStDV Anwendung. Durch den unentgeltlichen Erwerb des Erbteils ist der Beschenkte in die Rechtsstellung des Schenkers eingetreten, die dieser innerhalb der Erbengemeinschaft gehabt hat. Die anteilige AfA, die dem Beschenkten an den zum Nachlaß gehörenden abnutzbaren Wirtschaftsgütern des Privatvermögens zusteht, bemißt sich demzufolge (weil der Schenker ebenfalls unentgeltlich erworben hat) nach der AfA-Bemessungsgrundlage der Erbengemeinschaft (§ 11 d Abs. 1 Satz 1 EStDV). Der Beschenkte kann – anteilmäßig – nur noch das nicht bereits verbrauchte AfA-Volumen abschreiben.

b) Verkauf eines Erbteils

44 Verkauft ein Miterbe seinen Erbteil und gehört zum Nachlaß nur Privatvermögen, ist § 11 d Abs. 1 EStDV nicht anwendbar. Der Erwerber muß seine AfA nach § 7 EStG, also ausgehend von seinen Anschaffungskosten, bemessen.

Beispiel 19

E wird von seinen Söhnen A, B und C zu je 1/3 beerbt. Zum Nachlaß gehört nur ein privates Mietwohnhaus, das E für 2,5 Mio. DM (Anteil Gebäude 2 Mio. DM) erworben und jährlich mit 2 v. H. abgeschrieben hatte. C veräußert seinen Erbteil zum 01.01.04 für 700.000 DM an D. Hiervon entfallen 560.000 DM auf das Gebäude und 140.000 DM auf den Grund und Boden. Im Zeitpunkt der Veräußerung hatte das Gebäude einen Restwert von 1,2 Mio. DM.

Die AfA für das immer noch zum Nachlaß gehörende Gebäude kann nicht mehr einheitlich vorgenommen werden. A und B haben als Miterben ihre Anteile am Nachlaß und damit an dem Grundstück, aus dem der Nachlaß besteht, unentgeltlich erworben. Sie müssen demzufolge nach § 11 d Abs. 1 EStDV die AfA der Erbengemeinschaft – anteilig – fortführen. A und B können also jährlich je 13.334 DM (je 1/3 von 40.000 DM) für einen verbleibenden AfA-Zeitraum von 30 Jahren absetzen. Für D hingegen ist, da er entgeltlich erworben hat, seine anteilige AfA nach seinen Anschaffungskosten zu bemessen. Er muß seinen Gebäudeanteil mit 2 v. H. von 560.000 DM, also über 50 Jahre, mit jährlich 11.200 DM abschreiben. Zu einem anderen Ergebnis kann D nur dann kommen, wenn er nachweist, daß die Nutzungsdauer kürzer ist.

45 Wird ein Erbteil entgeltlich erworben und gehören mehrere Wirtschaftsgüter zum Nachlaß, sind die Anschaffungskosten für den Erbteil auf alle zum Nachlaß gehörenden Wirtschaftsgüter nach dem Verhältnis der Verkehrswerte zu verteilen. Das erfordert eine Bewertung aller zum Nachlaß gehörenden Wirtschaftsgüter auf den Zeitpunkt des Erbteilkaufs.

46 Verkauft ein Miterbe seinen Erbteil, so ist ein Veräußerungsgewinn nur steuerpflichtig, wenn die Voraussetzungen des § 17 EStG (wesentliche Beteiligung an einer Kapitalgesellschaft), des § 23 EStG (Spekulationsgeschäft) oder des § 21 UmwStG (einbringungsgeborene Anteile) vorliegen (vgl. auch Tz. 28).

4. Mischnachlaß

Wird der Anteil an einem Mischnachlaß veräußert, gelten die unter Tz. 41   **47**
bis Tz. 46 genannten Grundsätze.

a) Schenkung eines Erbteils

Eine Bewertung der Nachlaßgegenstände ist hier nicht erforderlich. Im   **48**
privaten Bereich des Nachlasses hat der Erwerber die AfA der Erbengemeinschaft nach § 11 d Abs. 1 EStDV und im betrieblichen Bereich die
Buchwerte der Erbengemeinschaft nach § 7 Abs. 1 EStDV fortzuführen.

b) Verkauf eines Erbteils

Wird bei einem Mischnachlaß ein Erbteil verkauft, muß der für den Erbteil   **49**
erzielte Veräußerungserlös aufgeteilt werden. Dabei ist der Veräußerungserlös im Verhältnis des Verkehrswertes des Mitunternehmeranteils und der
anteiligen Verkehrswerte der Wirtschaftsgüter des Privatvermögens zu verteilen. Der Kaufpreis ist beim Erbschaftskäufer entsprechend aufzuteilen.

§ 15 Abs. 3 Nr. 1 EStG (sog. Abfärberegelung) ist auch dann nicht auf die   **50**
Erbengemeinschaft anzuwenden, wenn ein Miterbe seinen Erbteil veräußert
und ein fremder Dritter in die Erbengemeinschaft eintritt (vgl. Tz. 4).

E. Ausscheiden eines Miterben

1. Allgemeines

Scheidet ein Miterbe freiwillig aus der Erbengemeinschaft aus, so wächst   **51**
zivilrechtlich sein Anteil am Gemeinschaftsvermögen den verbliebenen
Miterben zu (vgl. Urteil des Kammergerichts vom 12. 8. 1965 – 1 W
2095/65 –, Entscheidungen der Oberlandesgerichte in Zivilsachen –
OLGZ – 1965, 244). Die Anwachsung eines Erbteils für den Fall, daß mehrere Erben in der Weise eingesetzt sind, daß sie die gesetzliche Erbfolge
ausschließen, und daß einer der Erben vor oder nach dem Eintritt des
Erbfalls wegfällt, ist in § 2094 BGB geregelt.

Die Anwachsung ist ein Unterfall der Veräußerung des Erbteils. Ertragsteuerlich ist das Anwachsen als – entgeltliche oder unentgeltliche – Übertragung des Anteils des ausscheidenden Miterben auf die verbleibenden
Miterben anzusehen.

2. Ausscheiden ohne Abfindung

52 Scheidet ein Miterbe ohne Abfindung aus der Erbengemeinschaft aus,
finden die Grundsätze über die Schenkung eines Erbteils Anwendung.

3. Ausscheiden gegen Barabfindung

53 Scheidet ein Miterbe mit Barabfindung aus der Erbengemeinschaft aus,
finden die Grundsätze über den Verkauf eines Erbteils Anwendung.

4. Ausscheiden gegen Sachwertabfindung

a) Grundsatz

54 Beim Ausscheiden gegen Sachwertabfindung können sich zusätzlich zu
dem vom ausscheidenden Miterben zu versteuernden Veräußerungsgewinn
auch für die verbleibenden Miterben Veräußerungsgewinne ergeben.

Beispiel 20

A, B und C sind Miterben zu je 1/3. Der Nachlaß besteht nur aus einem
Betriebsvermögen. Der Wert des Betriebsvermögens beträgt 3 Mio. DM,
der Buchwert 300.000 DM. Die Bilanz des Unternehmens sieht wie folgt
aus:

Wirtschaftsgut 1	100.000	KapKto A	100.000
	(TW 1 Mio. DM)	KapKto B	100.000
Wirtschaftsgut 2	200.000	KapKto C	100.000
	(TW 2 Mio. DM)		
	300.000		300.000

C scheidet gegen eine Abfindung von 1 Mio. DM aus dem Unternehmen
aus.

Nach dem Ausscheiden des C hat die Bilanz folgendes Bild:

Wirtschaftsgut 1	100.000		KapKto A	100.000
+	300.000	400.000	KapKto B	100.000
Wirtschaftsgut 2	200.000		AusglAn-	
+	600.000	800.000	spruch C	1.000.000
		1.200.000		1.200.000

Für C ist ein tarifbegünstigter Veräußerungsgewinn von 900.000 DM (1.000.000 DM ./. 100.000 DM) entstanden. A und B müssen die Buchwerte der Wirtschaftsgüter 1 und 2 entsprechend aufstocken. Da die Wirtschaftsgüter zu 1/3 entgeltlich erworben wurden, erhöht sich die AfA-Bemessungsgrundlage um 900.000 DM (Anschaffungskosten 1 Mio. DM ./. Buchwert 100.000 DM). Wenn C das Wirtschaftsgut 1 (Buchwert nunmehr 400.000 DM) zur Tilgung seiner Ausgleichsforderung von 1 Mio. DM erhält, müssen A und B dieses Wirtschaftsgut aus dem Betrieb nehmen. Da das Wirtschaftsgut 1 Mio. DM wert ist, entsteht dadurch ein Veräußerungsgewinn in Höhe von 600.000 DM, den A und B je zur Hälfte als laufenden Gewinn versteuern müssen. Ein Veräußerungsgewinn – und kein Entnahmegewinn – entsteht deshalb, weil die Hingabe des Sachwerts zum Wegfall der Schuld führt. Darin ist keine Entnahme, sondern eine Veräußerung, verbunden mit einer Gewinnrealisierung hinsichtlich des den Buchwert des Wirtschaftsguts übersteigenden Schuldenteils (Ausgleichsanspruch des C), zu sehen.

b) Buchwertfortführung

Gelangt die Sachwertabfindung beim ausscheidenden Miterben in ein Betriebsvermögen, können die Miterben nach dem Beschluß des BFH vom 5.7.1990 (BStBl II S. 837) die Buchwerte der Erbengemeinschaft fortführen.   **55**

Im Beispiel 20 kann die Versteuerung des Veräußerungsgewinns vermieden werden, wenn C das ihm zur Abfindung übereignete Wirtschaftsgut 1 in ein ihm gehörendes Betriebsvermögen zum Buchwert überführt. Für diesen Fall wird das Wirtschaftsgut 1 dem C zum Buchwert gegen Minderung seiner Beteiligungsrechte am Betrieb der Erbengemeinschaft übertragen. Da der

Buchwert des Wirtschaftsguts 100.000 DM beträgt, sinkt dadurch das Kapitalkonto des C unter gleichzeitigem Ausscheiden des C aus dem Betrieb auf Null. C muß das Wirtschaftsgut in seinen eigenen Betrieb mit 100.000 DM erfolgsneutral (gegen entsprechende Erhöhung seines Kapitalkontos) einlegen. Für C entsteht weder ein Entnahme- noch ein Veräußerungsgewinn. Auch für A und B ergeben sich keine Gewinnauswirkungen.

F. Erbauseinandersetzung durch Veräußerung des Nachlasses

1. Allgemeines

56 Die Erbauseinandersetzung kann gem. §§ 2046 ff. BGB auch in der Weise erfolgen, daß alle Wirtschaftsgüter des Nachlasses veräußert werden. Anschließend werden alle Nachlaßverbindlichkeiten berichtigt. Der Rest der Veräußerungserlöse wird den Erbquoten entsprechend anteilmäßig unter den Miterben verteilt.

2. Betriebsvermögen

57 Gehört zum Nachlaß ein Betriebsvermögen, so kann der gesamte Betrieb von der Erbengemeinschaft veräußert werden. Dann liegt ein Fall des § 16 Abs. 1 EStG vor. Der von der Erbengemeinschaft erzielte Veräußerungsgewinn ist von den Miterben tarifbegünstigt (§§ 16, 34 EStG) zu versteuern.

Wird der Betrieb von den Miterben nicht fortgeführt und werden die einzelnen Wirtschaftsgüter des Betriebsvermögens veräußert, so wird der Betrieb beendet. Wegen der Abgrenzung des Aufgabegewinns vom laufenden Gewinn vgl. Abschnitt 139 Abs. 2 EStR 1990.

3. Privatvermögen

58 Soweit zum Nachlaß Privatvermögen gehört, ist die Veräußerung einkommensteuerrechtlich nur dann zu erfassen, wenn die §§ 17, 23 EStG oder § 21 UmwStG zur Anwendung kommen.

G. Teilerbauseinandersetzung

1. Behandlung wie Gesamtauseinandersetzung

Der BFH hat in seinem Beschluß vom 5. 7. 1990 (BStBl II S. 837) hinsichtlich der Behandlung der gegenständlichen Teilauseinandersetzung die Verwaltungsauffassung bestätigt, wonach die bei einer Teilauseinandersetzung geleisteten Abfindungen Anschaffungskosten und Veräußerungsentgelt darstellen, und zwar unabhängig davon, daß die Miterben am Restnachlaß beteiligt bleiben (vgl. BFM-Schreiben vom 31. 12. 1988, BStBl 1988 I S. 546, Tz. 10). | **59**

Beispiel 21

Erben sind A und B je zur Hälfte. Zum Nachlaß gehören ein Betrieb (Wert 1 Mio. DM, Buchwert 200.000 DM) und ein Privatgrundstück (Wert 500.000 DM). Bei einer Teilauseinandersetzung erhält A den Betrieb, B bekommt eine Abfindung von A in Höhe von 500.000 DM.

B erzielt im Beispiel 21 einen tarifbegünstigten Veräußerungsgewinn von 400.000 DM. A stockt die Buchwerte des Betriebs um 400.000 DM auf. Der Wert und die spätere Verteilung des Restnachlasses bleiben zunächst außer Betracht.

Soweit im Rahmen einer Teilauseinandersetzung ein Wirtschaftsgut des Betriebsvermögens einem Miterben zu Lasten seiner Beteiligung am Restnachlaß zugewiesen wird, das er in sein Privatvermögen übernimmt, entsteht ein Entnahmegewinn. Der Entnahmegewinn ist Teil des Gesamtgewinns der Mitunternehmerschaft. Dieser ist den Mitunternehmern (Miterben) nach dem allgemeinen Gewinnverteilungsschlüssel zuzurechnen, der sich bei den Miterben nach ihrem Anteil am Nachlaß bestimmt (§ 2038 Abs. 2, § 743 Abs. 1 BGB). | **60**

Wird im Rahmen einer Teilauseinandersetzung ein Wirtschaftsgut aus dem Betriebsvermögen der Erbengemeinschaft (Mitunternehmerschaft) in ein anderes Betriebsvermögen eines der Miterben überführt, so entsteht, wenn das überführte Wirtschaftsgut mit dem Teilwert angesetzt wird, ein Veräußerungsgewinn bei allen Miterben; es besteht hier aber das Wahlrecht zur – gewinneutralen – Buchwertfortführung. | **61**

2. Behandlung von umgekehrten Abfindungen

62   Abfindungen in umgekehrter Richtung vermindern grundsätzlich die bei
     einer Teilauseinandersetzung angenommenen Anschaffungskosten und Ver-
     äußerungserlöse, wenn die Miterben eine weitere Auseinandersetzung im
     Auge hatten, bei der es zu umgekehrten Abfindungen kommt (BFH-Be-
     schluß vom 5. 7. 1990 – BStBl II S. 837). Davon ist auszugehen, wenn seit
     der vorausgegangenen Teilauseinandersetzung nicht mehr als fünf Jahre
     vergangen sind.

63   Eine spätere (weitere) Teilauseinandersetzung oder Endauseinandersetzung
     ist nicht mehr mit vorangegangenen Teilauseinandersetzungen als Einheit
     zu betrachten, sondern wie eine selbständige Auseinandersetzung zu be-
     handeln (vgl. Tz. 59).

64   Ist bei einer vorangegangenen Teilauseinandersetzung eine Abfindung für
     den Erwerb mehrerer Wirtschaftsgüter geleistet worden (Tz. 31), so ist die
     umgekehrte Abfindung auf diese Wirtschaftsgüter nach dem Verhältnis ihrer
     Verkehrswerte im Zeitpunkt der vorangegangenen Teilauseinandersetzung
     aufzuteilen.

Beispiel 22

Erben sind A und B je zur Hälfte. Zum Nachlaß gehören ein Betrieb (Wert
1 Mio. DM, Buchwert 200.000 DM) und ein Privatgrundstück. Bei einer
Teilauseinandersetzung erhält A den Betrieb und muß an B eine Abfindung
in Höhe von 500.000 DM zahlen. Im Rahmen der vier (sechs) Jahre später
erfolgenden Endauseinandersetzung erhält B das Grundstück, dessen Wert
auf 500.000 DM festgestellt wurde, und zahlt deshalb an A eine Abfindung
in Höhe von 250.000 DM.

Die von B bei der Endauseinandersetzung an A zu zahlende umgekehrte
Abfindung in Höhe von 250.000 DM bewirkt, daß der Veräußerungsgewinn des B von ursprünglich 400.000 DM nunmehr nur noch 200.000 DM
beträgt. Denn im Ergebnis hat B nur eine Abfindung von 500.000 DM ./.
250.000 DM = 250.000 DM erhalten, worauf ein Buchwert von 50.000 DM
entfällt. Die bisherige Aufstockung der Buchwerte bei A um 400.000 DM
muß auf einen Aufstockungsbetrag von 200.000 DM gemindert werden.
Dagegen würde sich die ursprüngliche Behandlung der Teilauseinandersetzung nicht mehr ändern, wenn die Endauseinandersetzung sechs Jahre
später erfolgt.

65   Werden im Rahmen einer Teilauseinandersetzung entstandene Veräuße-
     rungsgewinne durch umgekehrte Abfindungen gemindert, so ist dies ein

Ereignis, das Rückwirkung für die Vergangenheit hat (§ 175 Abs. 1 Nr. 2 AO), weshalb die Ermäßigung des Veräußerungsgewinns rückwirkend erfolgen muß.

Auch die bei dem die ursprüngliche Abfindung leistenden Miterben durch die umgekehrte Abfindung eintretende Verminderung der Anschaffungskosten hat rückwirkend zu erfolgen (§ 175 Abs. 1 Nr. 2 AO). Umgekehrte Abfindungen sind insoweit nicht erst ab dem Jahr ihrer Zahlung zu berücksichtigen. Tz. 14 des BMF-Schreibens vom 31. 12. 1988, BStBl 1988 I S. 546 ist überholt.   **66**

H. Vermächtnisse, Vorausvermächtnisse, Teilungsanordnung

1. Steuerliche Auswirkungen von Vermächtnissen

Im Falle der Erbeinsetzung liegt in vollem Umfang ein unentgeltlicher Erwerb unmittelbar vom Erblasser vor. Der Erbe ist an die Buch- und Steuerwerte gem. §§ 7 Abs. 1, 11 d Abs. 1 EStDV gebunden, auch wenn ihm die Erfüllung von Vermächtnissen auferlegt wird. Die Erfüllung eines Vermächtnisses durch den beschwerten Erben stellt kein Entgelt für den Erwerb des Erbteils dar und führt daher bei ihm nicht zu Anschaffungskosten (BFH-Urteil vom 17. 10. 1991 – BStBl 1992 II S. 392). Dies gilt auch, wenn ein Sachvermächtnis hinsichtlich eines Wirtschaftsguts des Betriebsvermögens ausgesetzt wird und dieses Sachvermächtnis vom Erben und Betriebsübernehmer erfüllt wird. Geht daher ein Betrieb durch Erbeinsetzung mit der Verpflichtung über, daß der Erbe oder die Erbengemeinschaft ein Wirtschaftsgut des Betriebsvermögens an einen Dritten herausgeben muß, so führt dies zur Entnahme dieses Wirtschaftsguts. Dies gilt auch dann, wenn das Wirtschaftsgut beim Vermächtnisnehmer Betriebsvermögen wird; § 7 Abs. 1 EStDV ist insoweit nicht anwendbar (vgl. aber Tz. 74). Der Entnahmegewinn ist dem Alleinerben bzw. allen Miterben zuzurechnen. Damit ist die bisherige Auffassung, wonach der Vermächtnisnehmer die Entnahme zu versteuern hatte, überholt.   **67**

Beispiel 23

A wurde vom Erblasser als Alleinerbe eingesetzt. Zum Nachlaß gehört ein Gewerbebetrieb. In Erfüllung eines Vermächtnisses überträgt A auf B ein Betriebsgrundstück (Teilwert 1 Mio. DM, Buchwert 400.000 DM).

A führt nach § 7 Abs. 1 EStDV die Buchwerte des Erblassers fort. Er erzielt bei der Übertragung des Grundstücks auf B einen laufenden Entnahmegewinn in Höhe von 600.000 DM (= 1 Mio. DM ./. 400.000 DM). Das gilt auch, wenn das Grundstück beim Vermächtnisnehmer ins Betriebsvermögen übernommen wird.

Der Alleinerbe bzw. die Miterben können bei der Entnahme von Grund und Boden aus einem land- und forstwirtschaftlichen Betrieb ggf. den Freibetrag nach § 14 a Abs. 4 EStG in Anspruch nehmen.

68 Betrifft das Sachvermächtnis dagegen einen ganzen Betrieb, so erzielt die Erbengemeinschaft (oder der Alleinerbe) keinen Veräußerungs- oder Aufgabegewinn. Der Vermächtnisnehmer führt nach § 7 Abs. 1 EStDV die Buchwerte der Erbengemeinschaft fort (BFH-Urteil vom 7. 12. 1990 – BStBl 1991 II S. 350). Ist ein Gewerbebetrieb (Einzelunternehmen) aufgrund eines Sachvermächtnisses an einen der Miterben oder einen Dritten (Vermächtnisnehmer) herauszugeben, so sind die nach dem Erbfall bis zur Erfüllung des Vermächtnisses erzielten gewerblichen Einkünfte grundsätzlich den Miterben als Mitunternehmern zuzurechnen. Abweichend von diesem Grundsatz sind die zwischen Erbfall und Erfüllung des Vermächtnisses angefallenen Einkünfte dem Vermächtnisnehmer zuzurechnen, wenn dieser schon vor der Erfüllung des Vermächtnisses als Inhaber des Gewerbebetriebs (Unternehmer) anzusehen ist (BFH-Urteil vom 24. 9. 1991 – BStBl 1992 II S. 330).

69 Besteht das Vermächtnis darin, daß dem Bedachten ein privates Wirtschaftsgut zu übertragen ist, so ist er nach § 11 d Abs. 1 EStDV an die bisher für den Alleinerben oder die Erbengemeinschaft maßgebenden Steuerwerte gebunden.

70 Wie die Erfüllung eines Vermächtnisses führt auch die Begleichung von Erbfallschulden (Pflichtteils- und Erbersatzansprüche) nicht zu Anschaffungskosten. Dennoch dürfen Aufwendungen für die Finanzierung von Pflichtteils- und Erbersatzansprüchen als Betriebsausgaben oder Werbungskosten abgezogen werden (vgl. Tz. 37). Hinsichtlich der Aufwendungen für die Finanzierung von Vermächtnissen ist ein Betriebsausgaben- oder Werbungskostenabzug aber nur möglich, soweit das Vermächtnis zur Abdeckung eines Pflichtteilsanspruches dient, wenn also der Vermächtnisnehmer Pflichtteilsberechtigter ist und ihm ein Geldvermächtnis bis zur Höhe des Pflichtteils vermacht ist (vgl. § 2307 BGB); nur in diesem Fall kann in hinreichendem Maße ein entsprechender Veranlassungszusammenhang angenommen werden. Ist ein Geld-Vermächtnis bis zur Höhe des Pflichtteils

vermacht und liegt ein Mischnachlaß vor, müssen die Finanzierungsaufwendungen zwischen Betriebs- und Privatvermögen aufgeteilt werden. Entsprechendes gilt bei Erbersatzansprüchen, wenn das Geldvermächtnis auf den Erbersatzanspruch anzurechnen ist.

Ein Vermächtnis führt ausnahmsweise dann zu einem Veräußerungserlös   71
des beschwerten Erben oder der beschwerten Miterben und zu Anschaffungskosten des Vermächtnisnehmers, wenn der Vermächtnisnehmer für den Erwerb des vermachten Gegenstandes eine Gegenleistung zu erbringen hat.

2. Besonderheiten bei Vorausvermächtnissen

Wird ein Miterbe durch ein Vermächtnis bedacht (Vorausvermächtnis), so   72
hat er – ebenso wie ein nicht zu den Miterben gehörender Vermächtnisnehmer – lediglich einen schuldrechtlichen Anspruch gegenüber der Erbengemeinschaft. Die ihm durch das Vorausvermächtnis zugewandten Vermögensgegenstände des Erblassers erwirbt er daher nicht unmittelbar vom Erblasser, sondern von der Erbengemeinschaft.

Betrifft das Vorausvermächtnis einen Betrieb, so erzielt die Erbengemein-   73
schaft keinen Veräußerungs- oder Aufgabegewinn. Der Vermächtnisnehmer führt nach § 7 Abs. 1 EStDV die Buchwerte der Erbengemeinschaft fort. Demgegenüber liegt eine Entnahme durch die Erbengemeinschaft (nicht durch den Erblasser) vor, wenn ein Einzelwirtschaftsgut des Betriebsvermögens in Erfüllung eines Vorausvermächtnisses auf einen der Miterben übertragen wird (vgl. aber Tz. 74).

Beispiel 24

Erben sind A und B je zur Hälfte. Der Nachlaß umfaßt neben anderen Nachlaßgegenständen einen Betrieb. A erhält im Wege des Vorausvermächtnisses ein Grundstück dieses Betriebs (Teilwert 500.000 DM, Buchwert 200.000 DM), das er privat nutzt.

Die Erfüllung des Vorausvermächtnisses durch Übertragung des Betriebsgrundstücks auf A führt zu einem laufenden Entnahmegewinn bei der Erbengemeinschaft in Höhe von 300.000 DM, der den beiden Miterben A und B im Rahmen der einheitlichen und gesonderten Feststellung der Gewinneinkünfte je hälftig zuzurechnen ist.

Wird in Erfüllung eines Vorausvermächtnisses ein Einzelwirtschaftsgut aus   74
dem Betriebsvermögen der Erbengemeinschaft in ein anderes Betriebs-

vermögen eines der Miterben überführt, so entsteht, wenn das überführte Wirtschaftsgut mit dem Teilwert angesetzt wird, ein Entnahmegewinn bei allen Miterben; es besteht hier aber das Wahlrecht zur – gewinneutralen – Buchwertfortführung.

Beispiel 25

Erben sind A und B je zur Hälfte. Zum Nachlaß gehört u. a. ein Betrieb. A erhält im Wege des Vorausvermächtnisses ein Grundstück dieses Betriebs (Teilwert 500.000 DM, Buchwert 200.000 DM), das er in einem eigenen Betrieb nutzt.

Ein Entnahmegewinn kann hier vermieden werden, da A als Mitunternehmer zur Fortführung des Buchwertes berechtigt ist.

75 Besteht das Vorausvermächtnis darin, daß dem Bedachten ein privates Wirtschaftsgut zu übertragen ist, so ist er nach § 11 d Abs. 1 EStDV an die bisher für die Erbengemeinschaft maßgebenden Steuerwerte gebunden.

3. Steuerliche Auswirkungen von Teilungsanordnungen

76 Durch eine Teilungsanordnung (§ 2048 BGB) wird lediglich die Art und Weise der Erbauseinandersetzung durch den Erblasser festgelegt. Deshalb gehen auch bei der Teilungsanordnung zunächst alle Nachlaßgegenstände auf die Erbengemeinschaft und nicht einzelne Nachlaßgegenstände unmittelbar auf denjenigen Miterben über, der sie aufgrund der Teilungsanordnung erhalten soll. Dies gilt auch bei Anordnung einer Testamentsvollstreckung. Die entsprechend der Teilungsanordnung durchgeführte Erbauseinandersetzung wird daher nach den allgemeinen steuerlichen Grundsätzen zur Erbauseinandersetzung behandelt. Setzen sich die Miterben einverständlich über die Teilungsanordnung hinweg, ist für die steuerliche Beurteilung die tatsächliche Auseinandersetzung maßgeblich.

77 Zur Abgrenzung zwischen Teilungsanordnung und Vorausvermächtnis ist von Bedeutung, daß sich die Teilungsanordnung in der Zuweisung bestimmter Nachlaßgegenstände innerhalb des Rahmens des Erbteils erschöpft, während das Vorausvermächtnis in der Zuweisung bestimmter Nachlaßgegenstände außerhalb des Erbteils, d. h. über den Erbteil hinaus, besteht. Mit dem Vorausvermächtnis will der Erblasser einem der Erben einen zusätzlichen Vermögensvorteil zuwenden. Bei der Teilungsanordnung fehlt ein derartiger Begünstigungswille, sie beschränkt sich auf die Verteilung der Nachlaßgegenstände bei der Erbauseinandersetzung. Bei der Abgrenzung zwischen Teilungsanordnung und Vorausvermächtnis kommt

es nicht auf die formale Bezeichnung, sondern auf das tatsächlich Gewollte an.

I. Sonderfragen

I. Erbfolge bei der Beteiligung an einer Personengesellschaft

1. Fortsetzungsklausel

Im Fall der sog. Fortsetzungsklausel, wonach lediglich die überlebenden 78 Gesellschafter die Gesellschaft fortsetzen und die Erben des verstorbenen Gesellschafters abgefunden werden, geht zivilrechtlich der Gesellschaftsanteil nicht auf die Erben über. Diese erlangen lediglich einen privaten Abfindungsanspruch gegenüber den verbleibenden Gesellschaftern. Steuerlich realisiert der Erblasser durch Aufgabe seines Mitunternehmeranteils unter Anwachsung bei den verbleibenden Gesellschaftern einen tarifbegünstigten Veräußerungsgewinn in Höhe des Unterschieds zwischen dem Abfindungsanspruch und dem Buchwert seines Kapitalkontos im Todeszeitpunkt (BFH-Urteil vom 26. 3. 1981 – BStBl 1981 II S. 617).

2. Eintrittsklausel

Ist im Gesellschaftsvertrag eine Eintrittsklausel des Inhalts vereinbart wor- 79 den, daß ein oder mehrere Erben mit dem Tod eines Gesellschafters das Recht haben, in die Gesellschaft einzutreten, so wird die Gesellschaft zunächst mit den verbleibenden Gesellschaftern fortgesetzt. Der Gesellschaftsanteil des verstorbenen Gesellschafters wächst mithin den übrigen Gesellschaftern an und die eintrittsberechtigten Erben erben lediglich das Eintrittsrecht. Hieraus folgt grundsätzlich, daß bei Zahlung einer Abfindung im Fall des Nichteintritts – wie bei der Fortsetzungsklausel – der Erblasser einen tarifbegünstigten Veräußerungsgewinn erzielt. Wird allerdings das Eintrittsrecht innerhalb von 6 Monaten nach dem Erbfall ausgeübt, so gelten, wenn alle Erben von ihrem Eintrittsrecht Gebrauch machen, die Ausführungen über die einfache Nachfolgeklausel (Tz. 80 ff.), wenn nur einer oder einige Erben von ihrem Eintrittsrecht Gebrauch machen, die Ausführungen über die qualifizierte Nachfolgeklausel (Tz. 83 ff.) entsprechend.

3. Einfache Nachfolgeklausel

80   Im Fall der sog. einfachen Nachfolgeklausel wird die Gesellschaft beim Tod eines Gesellschafters mit allen Erben dieses Gesellschafters fortgesetzt. Mitunternehmeranteile, die vom Erblasser gesondert auf die Miterben übergegangen sind, können im Fall der sog. einfachen Nachfolgeklausel in die Erbauseinandersetzung einbezogen und abweichend aufgeteilt werden. Ausgleichszahlungen an die weichenden Miterben führen auch in diesem Fall zu Anschaffungskosten (BFH-Urteil vom 13. 12. 1990 – BStBl 1992 II S. 510 sowie BFH-Urteil vom 29. 10. 1991 – BStBl 1992 II S. 512).

81   Die unter Tz. 80 geschilderte Betrachtungsweise hat zur Folge, daß durch die Einbeziehung von Mitunternehmeranteilen in die Erbauseinandersetzung im Fall der sog. einfachen Nachfolgeklausel eine gewinneutrale Realteilung eines Nachlasses erreicht werden kann.

Beispiel 26 (bei Mischnachlaß)

Gesellschafter einer OHG sind A, B und C. A stirbt. Erben sind D und E je zur Hälfte. Zum Nachlaß gehören ein OHG-Anteil (Wert 2 Mio. DM) sowie ein Privatgrundstück (Wert 2 Mio. DM). D und E treten aufgrund der im Gesellschaftsvertrag verbrieften einfachen Nachfolgeklausel in die OHG ein. Das Grundstück wird zunächst in Erbengemeinschaft verwaltet. Nach einiger Zeit setzen sich D und E dergestalt auseinander, daß E dem D seinen Gesellschaftsanteil überläßt und dafür aus der Erbengemeinschaft das Privatgrundstück erhält. Ausgleichszahlungen erfolgen nicht.

Im Beispiel 26 ist von einer gewinneutralen Realteilung eines Misch-nachlasses auszugehen, bei der D den Gesellschaftsanteil und E das Grundstück erhalten hat. Anschaffungskosten und Veräußerungsgewinne entstehen mangels Ausgleichszahlungen nicht.

82   Aus der unter Tz. 80 geschilderten Betrachtungsweise ergibt sich weiter, daß auch beim Vorhandensein von Sonderbetriebsvermögen eine gewinn-neutrale Realteilung eines Nachlasses möglich ist.

Beispiel 27 (bei Mischnachlaß)

Gesellschafter einer OHG sind A, B und C. A stirbt. Erben sind D und E je zur Hälfte. Zum Nachlaß gehören ein OHG-Anteil (Wert 1,2 Mio. DM), ein der OHG überlassenes Grundstück (Wert 800.000 DM) und ein Pri-vatgrundstück (Wert 2 Mio. DM). D und E treten aufgrund der im Ge-sellschaftsvertrag verbrieften einfachen Nachfolgeklausel in die OHG ein. Das Privatgrundstück wird zunächst von der Erbengemeinschaft verwaltet.

Nach einiger Zeit setzen sich D und E dergestalt auseinander, daß E dem D seinen Gesellschaftsanteil und seinen Anteil an dem der OHG überlassenen Grundstück überträgt und dafür aus der Erbengemeinschaft das Privatgrundstück erhält. Ausgleichszahlungen erfolgen nicht.

Im Beispiel 27 liegt eine gewinneutrale Realteilung eines Mischnachlasses vor, bei der D den Gesellschaftsanteil an der OHG und das der OHG überlassene Grundstück und E das Privatgrundstück erhält. Anschaffungskosten und Veräußerungs- bzw. Entnahmegewinne entstehen mangels Ausgleichszahlungen nicht.

2. Qualifizierte Nachfolgeklausel

In den Fällen der sog. qualifizierten Nachfolgeklausel folgen nicht alle Miterben, sondern nur einer oder einzelne von mehreren Miterben dem Erblasser in seiner Gesellschafterstellung nach. Nach dem BFH-Urteil vom 29. 10. 1991 (BStBl 1992 II S. 512) hat dies zur Folge, daß nur die qualifizierten Miterben, nicht dagegen die nicht qualifizierten Miterben als Mitunternehmer anzusehen sind (kein Durchgangserwerb). Werden von den qualifizierten Miterben an die nicht qualifizierten Miterben Abfindungen geleistet, entstehen deshalb weder Veräußerungsgewinne noch Anschaffungskosten. **83**

Daraus ergibt sich weiter, daß es mit dem Erbfall zu einer anteiligen Entnahme etwaigen Sonderbetriebsvermögens kommt, soweit das Sonderbetriebsvermögen auf nicht qualifizierte Miterben entfällt (§ 39 Abs. 2 Nr. 2 AO). Denn das Sonderbetriebsvermögen geht – im Gegensatz zum Gesellschaftsanteil – zivilrechtlich auf die Erbengemeinschaft als Ganzes über. Dies gilt auch, wenn bei einer zeitnahen Auseinandersetzung das Sonderbetriebsvermögen auf den qualifizierten Miterben übergeht. **84**

Der Entnahmegewinn ist dem Erblasser zuzurechnen, da der nicht qualifizierte Miterbe nicht Mitunternehmer geworden ist. **85**

II. Sonderfragen im Bereich der Land- und Forstwirtschaft

1. Erbfolge im Bereich der Land- und Forstwirtschaft

Die Erbfolge im Bereich der Land- und Forstwirtschaft ist zivilrechtlich nach Landesrecht unterschiedlich geregelt. Im übrigen gibt es bundesrechtliche Besonderheiten. **86**

87 Während in den nordwestdeutschen Bundesländern Hamburg, Niedersachsen, Nordrhein-Westfalen und Schleswig-Holstein für bestimmte Höfe die sog. Höfeordnung (HöfeO) Anwendung findet, sind in anderen Ländern (z. B. in Hessen und in Baden-Württemberg) für bestimmte Höfe sog. Landesanerbengesetze maßgebend. Es gibt aber auch Bundesländer, die weder eine HöfeO noch ein Landesanerbenrecht kennen (Bayern, Berlin, Brandenburg, Mecklenburg-Vorpommern, Saarland, Sachsen, Sachsen-Anhalt und Thüringen). Soweit keine Sonderregelung eingreift, können das Landgutrecht nach dem BGB (§ 2049 BGB) sowie das Zuweisungsverfahren nach §§ 13 - 17 Grundstücksverkehrsgesetz bedeutsam sein.

88 Abfindungen an weichende Erben sind stets Entgelte, wenn nach den jeweiligen landesrechtlichen Vorschriften der Hof nicht unmittelbar vom Altbauer im Wege der Sondererbfolge auf den Hoferben als Alleinerben übergeht („Höferecht"), sondern zunächst auf die Erbengemeinschaft („Anerbenrecht"). Im letzteren Falle erwirbt der Hoferbe den Hof von der Erbengemeinschaft (Durchgangserwerb).

89 Was die als partielles Bundesrecht in den nordwestdeutschen Bundesländern geltende HöfeO angeht, so bestimmt § 4 HöfeO, daß der Hof als Teil der Erbschaft kraft Gesetzes nur einem der Erben zufällt und an seine Stelle im Verhältnis der Miterben zueinander der Hofeswert tritt. Diese Norm ist zivilrechtlich so zu verstehen, daß im Rahmen eines gespaltenen Nachlasses der Hof unmittelbar und sofort dem Hoferben als Alleinerben zufällt, während daneben zugleich für das hofesfreie Vermögen eine Erbengemeinschaft besteht. Wie der BGH in BGHZ 28, 194 (199 f.) ausgeführt hat, ist in den Fällen der HöfeO eine Miterbengemeinschaft hinsichtlich des Hofes ausgeschlossen, die weichenden Miterben erhalten vielmehr insoweit schuldrechtliche Abfindungsansprüche im Sinne gesetzlich angeordneter Vermächtnisse. Aufwendungen für die Finanzierung der Abfindung sind nach den Grundsätzen über die Finanzierung von Vermächtnissen zu beurteilen (vgl. Tz. 70). Auch der BFH hat unter Berufung auf die einschlägige BGH-Rechtsprechung in seinem Urteil vom 26. 3. 1987 (BStBl 1987 II S. 561) festgestellt, daß § 4 HöfeO keine Erbengemeinschaft begründet. Die weichenden Erben erhalten daher die Abfindung nach § 12 HöfeO nicht für eine Erbquote am Hof als Entgelt für deren Aufgabe. Die Abfindung einschließlich einer Nachabfindung nach § 13 HöfeO ist daher kein Entgelt.

90 Diese Betrachtungsweise gilt auch für die übrigen Landes-Höfegesetze. Nach § 9 Abs. 1 des Bremischen HöfeG fällt der Hof als Teil der Erbschaft

nur einem Erben zu. § 14 des Rheinland-Pfälzischen Landesgesetzes über die HöfeO regelt die Erbfolge in gleicher Weise wie § 4 der HöfeO. Nach Art. 9 des Württembergischen Anerbengesetzes erwirbt der Anerbe das Eigentum an dem Anerbengut mit dem Erwerb der Erbschaft, also durch Nachlaßspaltung wie im System des Höferechts.

Nehmen in den Fällen der Tz. 89 und 90 Wirtschaftsgüter des Betriebsver-   **91**
mögens nicht an der Sonderrechtsnachfolge teil (hofesfreies Vermögen), sind sie auch steuerlich der Erbengemeinschaft zuzurechnen. Soweit diese Wirtschaftsgüter nicht anteilig dem Hoferben zuzurechnen sind, liegt eine Entnahme durch den Erblasser vor. Im übrigen gelten die allgemeinen Regeln über die Behandlung der Erbauseinandersetzung.

Nehmen umgekehrt Wirtschaftsgüter des Privatvermögens an der Sonder-   **92**
rechtsnachfolge teil (z. B. Wohnung des Betriebsinhabers), findet insoweit ein unentgeltlicher Erwerb vom Erblasser statt und die Abfindung führt nicht zu Anschaffungskosten.

Anders als bei land- und forstwirtschaftlichen Betrieben, die unter den An-   **93**
wendungsbereich der HöfeO oder unter vergleichbare Landes-Höferechte fallen („Höferecht"), ist die Erbfolge bei Betrieben zu beurteilen, in denen der Hof zunächst auf die Erbengemeinschaft übergeht. Dies ist insbesondere nach dem Badischen Hofgütergesetz und der Hessischen Landgüterordnung der Fall („Anerbenrecht"). Die Abfindung der „weichenden Erben" nach Badischem und Hessischem Landesrecht sowie deren Ergänzungsabfindungen (wenn die Berechtigung zur erbrechtlichen Schlechterstellung der Nicht-Hoferben entfällt) sind Entgelte. Denn der Hofübernehmer hat im Sinne der neuen Rechtsprechung des BFH mehr an land- und forstwirtschaftlichem Betriebsvermögen bekommen, als ihm nach seiner Erbquote zustand. Insoweit vollzieht sich die Erbauseinandersetzung nach den allgemeinen Regeln.

Nach den allgemeinen Regeln vollzieht sich die Erbauseinandersetzung   **94**
über einen land- und forstwirtschaftlichen Betrieb auch in den Bundesländern, die weder eine HöfeO noch ein Landesanerbenrecht kennen (Bayern, Berlin, Brandenburg, Mecklenburg-Vorpommern, Saarland, Sachsen, Sachsen-Anhalt und Thüringen).

2. Behandlung von Abfindungen, die das Kapitalkonto unterschreiten

Gehört zum Nachlaß ein land- und forstwirtschaftlicher Betrieb, wird   **95**
dieser gemäß § 2049 BGB im Rahmen der Erbauseinandersetzung in

den meisten Fällen nur mit dem Ertragswert berücksichtigt. Wegen der geringen Ertragsfähigkeit liegen die Ertragswerte solcher Betriebe deutlich unter dem Verkehrswert und regelmäßig auch unter dem Buchwert. Das bedeutet, daß die weichenden Erben nach erbrechtlichen Regelungen eine geringere Abfindung erhalten, als ihrem Kapitalkonto (gemessen an der Erbquote) entspricht. Abfindungen, die das Kapitalkonto unterschreiten, sind ertragsteuerlich in der Weise zu behandeln, daß in solchen Fällen der Betriebsübernehmer gemäß § 7 Abs. 1 EStDV die Buchwerte fortführt. Dies bedeutet, daß keine Abstockung der Buchwerte erforderlich ist und die weichenden Erben keinen Veräußerungsverlust erleiden.

J. Übergangsregelung

I. Allgemeines

96   Die Grundsätze dieses Schreibens sind in allen noch offenen Fällen anzuwenden. Soweit die Erbauseinandersetzung vor dem 1. Januar 1991 rechtlich bindend festgelegt und bis spätestens 31. Dezember 1993 vollzogen worden ist, sind auf Antrag die Rechtsgrundsätze anzuwenden, die aufgrund der Rechtsprechung vor Ergehen des Beschlusses des BFH vom 5. 7. 1990 (BStBl 1990 II S. 837) gegolten haben; für den Bereich der Erbauseinandersetzung über Wirtschaftsgüter des Privatvermögens sind in diesen Fällen weiterhin die Grundsätze des BMF-Schreibens vom 31. 12. 1988 (BStBl 1988 I S. 564) anzuwenden.

97   Im Falle der Tz. 96 Satz 2 ist ein Veräußerungsgewinn bei den weichenden Miterben unabhängig von der steuerlichen Behandlung bei den übernehmenden Miterben gemäß § 163 AO oder § 176 AO außer Ansatz zu lassen. Zugunsten der übernehmenden Miterben sind auch in diesen Fällen die Grundsätze dieses Schreibens anzuwenden.

II. Nachholung unterbliebener AfA

98   Soweit eine Erbauseinandersetzung über abnutzbare Wirtschaftsgüter, die nach der Erbauseinandersetzung der Erzielung steuerpflichtiger Einkünfte im Sinne von § 2 Abs. 1 Nr. 1 bis 7 EStG dienen, nach den bisher maßgebenden Grundsätzen nicht als entgeltlicher Vorgang behandelt worden ist (Altfälle), sind die AfA für den entgeltlich erworbenen Teil des Wirtschaftsguts zu niedrig angesetzt worden.

Die AfA bereits veranlagter Kalenderjahre können nur berichtigt werden, soweit eine Aufhebung oder Änderung der Steuerfestsetzung verfahrensrechtlich möglich ist (§§ 164, 165, 172 ff. AO). Eine Aufhebung oder Änderung nach § 173 Abs. 1 Nr. 2 AO ist dabei ausgeschlossen, weil das Finanzamt bei ursprünglicher Kenntnis des Sachverhalts nach damaliger Rechtslage nicht anders entschieden hätte (BFH-Beschluß vom 23. 11. 1987, BStBl 1988 II S. 180).

AfA, die bei dem entgeltlich erworbenen Teil eines Gebäudes unterblieben sind, für den die AfA nach § 7 Abs. 4 Satz 1 EStG zu bemessen gewesen wären, sind in der Weise nachzuholen, daß die weiteren AfA von der nach den Grundsätzen dieses Schreibens ermittelten Bemessungsgrundlage mit dem für den entgeltlich erworbenen Teil des Gebäudes maßgebenden Vomhundertsatz vorgenommen werden. Die AfA können bis zu dem Betrag abgezogen werden, der von der nach den Grundsätzen dieses Schreibens ermittelten Bemessungsgrundlage nach Abzug der bisherigen AfA, erhöhten Absetzungen und Sonderabschreibungen verbleibt. Hierbei verlängert sich der Abschreibungszeitraum für den entgeltlich erworbenen Teil des Gebäudes über 25, 40 bzw. 50 Jahre hinaus (BFH-Urteil vom 3. 7. 1984, BStBl II S. 709).

99

Beispiel 28

A und B waren seit dem 30. Juni 1978 zu gleichen Teilen Miterben. Der Nachlaß bestand aus einem gewerblichen Betrieb, zu dessen Betriebsvermögen ein bebautes Grundstück gehört, das der Erblasser zum 1. Januar 1974 erworben hatte. Der Erblasser hatte nach § 7 Abs. 4 Satz 1 Nr. 2 a) EStG als AfA jährlich 2 v. H. der Anschaffungskosten des Gebäudes von 300.000 DM abgezogen. A übernahm den Betrieb zum 1. Januar 1979 gegen Zahlung einer Abfindung an B. Die Abfindung entfiel mit 200.000 DM auf das Gebäude. Das Gebäude hatte am 1. Januar 1979 eine tatsächliche Nutzungsdauer von mindestens 50 Jahren. A hatte seitdem die AfA des Erblassers unverändert fortgeführt. Die Einkommensteuerbescheide für A bis einschließlich 1990 sind bestandskräftig. In 1991 unterrichtet A das Finanzamt über die am 1. Januar 1979 geleistete Abfindung.

A hat die über seine Erbquote hinausgehende Hälfte des Betriebsvermögens von B gegen Abfindungszahlung entgeltlich erworben (vgl. Tz. 14). Auf den danach entgeltlich erworbenen Teil des Gebäudes entfallen Anschaffungskosten in Höhe von 200.000 DM.

Ab 1991 berechnen sich die AfA wie folgt:

	unentgeltlich	entgeltlich
	erworbener Teil des Gebäudes	
Bemessungsgrundlage ab 1991	150.000 DM	200.000 DM
./. AfA 1974 bis 1990 für den unentgeltlich erworbenen Teil: 17 x 2 v. H. = 34 v. H. von 150.000 DM	51.000 DM	
./. AfA 1979 bis 1990 für den durch Erbauseinandersetzung entgeltlich erworbenen Teil, die A nach damaliger Rechtslage nach § 7 Abs. 1 EStDV bemessen hat: 12 x 2 v. H. = 24 v. H. von 150.000 DM		36.000 DM
insgesamt verbleibende AfA ab 1991	99.000 DM	164.000 DM
jährliche AfA ab 1991 2 v. H.	3.000 DM	4.000 DM
verbliebener Absetzungszeitraum ab 1991	33 Jahre	41 Jahre
bis einschließlich	2023	2031

Die AfA betragen mithin in den Jahren 1991 bis 2023 insgesamt 7.000 DM und in den Jahren 2024 bis 2031 4.000 DM.

100 Sind die AfA bei dem entgeltlich erworbenen Teil des Gebäudes unterblieben, den der übernehmende Miterbe nunmehr nach § 7 Abs. 4 Satz 2 EStG abschreibt, bemessen sich die weiteren AfA nach seinen um die bereits abgezogenen AfA, erhöhten Absetzungen und Sonderabschreibungen verminderten Anschaffungskosten und der Restnutzungsdauer des Gebäudes. Entsprechendes gilt für den entgeltlich erworbenen Teil eines beweglichen Wirtschaftsgutes.

2. BMF-Schreiben vom 13. 1. 1993: Ertragsteuerliche Behandlung der vorweggenommenen Erbfolge (BStBl I 1993, 80)

Inhaltsübersicht

Unter Bezugnahme auf das Ergebnis der Erörterung mit den obersten
Finanzbehörden der Länder nehme ich zur ertragsteuerlichen Behandlung
der vorweggenommenen Erbfolge wie folgt Stellung:

A. Allgemeines

1. Begriff der vorweggenommenen Erbfolge

Unter vorweggenommener Erbfolge sind Vermögensübertragungen unter 1
Lebenden mit Rücksicht auf die künftige Erbfolge zu verstehen. Der
Übernehmer soll nach dem Willen der Beteiligten wenigstens teilweise
eine unentgeltliche Zuwendung erhalten (Beschluß des Großen Senats des
BFH vom 5. 7. 1990, BStBl II S. 847). Der Vermögensübergang tritt nicht
kraft Gesetzes, sondern aufgrund einzelvertraglicher Regelungen ein.

2. Abgrenzung zu voll entgeltlichen Geschäften

Im Gegensatz zum Vermögensübergang durch vorweggenommene Erbfolge 2
ist ein Vermögensübergang durch voll entgeltliches Veräußerungsgeschäft
anzunehmen, wenn die Werte der Leistung und Gegenleistung wie unter
Fremden nach kaufmännischen Gesichtspunkten gegeneinander abgewogen sind (vgl. Abschnitt 23 Abs. 1 und 123 Abs. 3 EStR 1990). Trotz
objektiver Ungleichwertigkeit von Leistung und Gegenleistung kann ein
Veräußerungs-/Erwerbsgeschäft vorliegen, wenn die Beteiligten subjektiv
von der Gleichwertigkeit ausgegangen sind (BFH-Urteil vom 29. 1. 1992,
BStBl 1992 II S. 465).

B. Übertragung von Privatvermögen

I. Arten der Vermögensübertragung

Je nach Art der anläßlich der Vermögensübertragung durch vorweggenom- 3
mene Erbfolge vereinbarten Leistungen liegt eine voll unentgeltliche oder
eine teilentgeltliche Übertragung vor.

1. Versorgungsleistungen

Eine unentgeltliche Übertragung liegt vor, soweit Versorgungsleistungen 4
(Versorgungsrenten und dauernde Lasten) bei der Übertragung von Vermögen vom Übernehmer dem Übergeber oder Dritten (z. B. Ehegatten des
Übergebers, Geschwister des Übernehmers) zugesagt werden. Sie sind von
den als Anschaffungskosten zu beurteilenden Veräußerungsleistungen und
von steuerlich nicht abziehbaren Unterhaltsleistungen abzugrenzen.

5 Eine als Anschaffungskosten zu beurteilende Veräußerungsleistung ist anzunehmen, wenn die beiderseitigen Leistungen nach den unter Tz. 2 dargestellten Grundsätzen nach kaufmännischen Gesichtspunkten gegeneinander abgewogen sind. Bei Vermögensübertragungen auf Abkömmlinge besteht eine nur in Ausnahmefällen zu widerlegende Vermutung dafür, daß die Übertragung aus familiären Gründen, nicht aber im Wege eines Veräußerungsgeschäfts unter kaufmännischer Abwägung von Leistung und Gegenleistung erfolgt (Beschluß des Großen Senats des BFH vom 5. 7. 1990 a. a. O.).

Bei der Abgrenzung zu nicht abziehbaren Unterhaltsleistungen ist Abschnitt 123 Absatz 3 EStR 1990 zu beachten (Beschluß des Großen Senats des BFH vom 15. 7. 1991, BStBl 1992 II S. 78).

6 Versorgungsleistungen können mit dem Ertragsanteil zu berücksichtigende Leibrenten (§ 10 Abs. 1 Nr. 1 a Satz 2, § 22 Nr. 1 Satz 1 i. V. m. Satz 3 Buchstabe a EStG) oder in voller Höhe zu berücksichtigende dauernde Lasten (§ 10 Absatz 1 Nr. 1 a Satz 1 EStG) darstellen (vgl. Beschluß des Großen Senats des BFH vom 5. 7. 1990 a. a. O.). Das gilt auch, wenn die Versorgungsleistung nicht aus den Erträgen des übertragenen Vermögens geleistet werden kann (BFH-Urteil vom 23. 1. 1992, BStBl II S. 526). Versorgungsleistungen in Geld sind als dauernde Last abziehbar, wenn sich ihre Abänderbarkeit entweder aus einer ausdrücklichen Bezugnahme auf § 323 ZPO oder in anderer Weise aus dem Vertrag ergibt (Beschluß des Großen Senats des BFH vom 15. 5. 1991, a. a. O.).

2. Ausgleichs- und Abstandsverpflichtungen

7 Ein Veräußerungs- und Anschaffungsgeschäft liegt vor, soweit sich der Übernehmer zur Zahlung eines bestimmten Geldbetrags an andere Angehörige des Übergebers oder an Dritte (Gleichstellungsgeld) oder zu einer Abstandszahlung an den Übergeber verpflichtet. Entsprechendes gilt, wenn der Übernehmer verpflichtet ist, bisher in seinem Vermögen stehende Wirtschaftsgüter auf Dritte zu übertragen, oder wenn er zunächst zu einer Ausgleichszahlung verpflichtet war und diese Verpflichtung später durch Hingabe eines Wirtschaftsguts erfüllt.

8 Der Übernehmer erwirbt nicht deshalb entgeltlich, weil er Teile des übernommenen Vermögens an Angehörige oder Dritte zu übertragen hat.

3. Übernahme von Verbindlichkeiten

Die Übernahme von Verbindlichkeiten des Übergebers durch den Über- 9
nehmer führt zu einem Veräußerungsentgelt und zu Anschaffungskosten.
Hierbei macht es keinen Unterschied, ob die Verbindlichkeiten im wirtschaftlichen oder rechtlichen Zusammenhang mit dem übernommenen
Wirtschaftsgut stehen oder ob es sich um Verbindlichkeiten handelt, die
nicht mit einer Einkunftsart in Zusammenhang stehen (vgl. BMF-Schreiben
vom 7. 8. 1992, BStBl I S. 522).

4. Vorbehalt oder Einräumung von Nutzungsrechten an dem übertragenen Vermögen

Behält sich der Übergeber ein dingliches oder obligatorisches Nutzungs- 10
recht (z. B. Nießbrauch, Wohnrecht) an übertragenen Wirtschaftsgütern vor
oder verpflichtet er den Übernehmer, ihm oder einem Dritten ein solches
Nutzungsrecht einzuräumen, wird das bereits mit dem Nutzungsrecht belastete Vermögen erworben. Ein entgeltlicher Erwerb liegt insoweit nicht
vor (vgl. BFH-Urteil vom 24. 4. 1991, BStBl II S. 793).

II. Höhe der Anschaffungskosten

1. Unverzinsliche Geldleistungspflichten

Hat sich der Übernehmer zu einer unverzinslichen Geldleistung verpflichtet, 11
die nach mehr als einem Jahr zu einem bestimmten Zeitpunkt fällig wird,
liegen Anschaffungskosten nicht in Höhe des Nennbetrags, sondern in
Höhe des nach den Vorschriften des Bewertungsgesetzes abgezinsten Ge-
genwartswerts vor (BFH-Urteil vom 21. 10. 1980, BStBl 1981 II S. 160).

Den Zinsanteil kann der Übernehmer nach § 9 Abs. 1 Nr. 1 EStG als Werbungskosten im Jahr der Zahlung abziehen. Der Inhaber des aufgrund der
getroffenen Vereinbarungen entstandenen Forderungsrechts hat insoweit
steuerpflichtige Einkünfte nach § 20 Abs. 1 Nr. 7 EStG. Das ist bei echten
Verträgen zugunsten Dritter der Begünstigte.

Beispiel:

V überträgt im Wege der vorweggenommenen Erbfolge auf seinen Sohn
S zum 1. 1. 1992 ein schuldenfreies vermietetes Mehrfamilienhaus. S verpflichtet sich gegenüber V an seine Schwester T am 1. 1. 1995 200.000 DM
zu zahlen.

Lösung:

S hat Anschaffungskosten für das Mehrfamilienhaus i. H. des Gegenwarts-
werts der unverzinslichen Geldleistungspflicht. Der Gegenwartswert beträgt
nach § 12 Abs. 3 BewG 170.322 DM. Den Zinsanteil i. H. v. 29.678 DM
kann S im Jahr der Zahlung als Werbungskosten nach § 9 Abs. 1 Nr. 1
EStG abziehen. T hat im Jahr der Zahlung in gleicher Höhe Einnahmen
i. S. d. § 20 Abs. 1 Nr. 7 EStG.

2. Leistungen in Sachwerten

12   Ist der Übernehmer verpflichtet, Leistungen in Sachwerten zu erbringen
     (vgl. Tz. 7), hat er Anschaffungskosten in Höhe des gemeinen Werts der
     hingegebenen Wirtschaftsgüter. Entnimmt er ein Wirtschaftsgut aus dem
     Betriebsvermögen, ist der Teilwert maßgebend.

3. Anschaffungsnebenkosten

13   Im Rahmen eines teilentgeltlichen Erwerbs aufgewandte Anschaffungsne-
     benkosten (z. B. Notar-, Gerichtsgebühren) werden in voller Höhe den An-
     schaffungskosten zugerechnet (BFH-Urteil vom 10. 10. 1991, BStBl 1992
     II S. 239). Nebenkosten eines in vollem Umfang unentgeltlichen Erwerbs
     führen weder zu Anschaffungskosten noch zu Werbungskosten. Nicht zu
     den Anschaffungskosten gehört die Schenkungsteuer (§ 12 Nr. 3 EStG).

**III. Aufteilung des Veräußerungs- und
     Anschaffungsvorgangs in einen entgeltlichen
     und einen unentgeltlichen Teil**

14   Wird ein Wirtschaftsgut teilentgeltlich übertragen, ist der Vorgang in einen
     entgeltlichen und einen unentgeltlichen Teil aufzuteilen. Dabei berechnen
     sich der entgeltlich und der unentgeltlich erworbene Teil des Wirtschafts-
     guts nach dem Verhältnis des Entgelts (ohne Anschaffungsnebenkosten) zu
     dem Verkehrswert des Wirtschaftsguts. Werden mehrere Wirtschaftsgüter
     teilentgeltlich übertragen, sind die Anschaffungskosten vorweg nach dem
     Verhältnis der Verkehrswerte den einzelnen Wirtschaftsgütern anteilig zu-
     zurechnen.

Hat sich der Übergeber ein Nutzungsrecht an dem übertragenen Wirt- **15**
schaftsgut vorbehalten, ist bei Aufteilung des Rechtsgeschäfts in den entgeltlichen und den unentgeltlichen Teil dem Entgelt der um den Kapitalwert
des Nutzungsrechts geminderte Wert des Wirtschaftsguts gegenüberzustellen (BFH-Urteil vom 24. 4. 1991, BStBl II S. 793).

IV. Absetzungen für Abnutzung

1. Bemessungsgrundlage

Soweit der Übernehmer das Wirtschaftsgut unentgeltlich erworben hat, **16**
führt er die AfA des Übergebers fort. Er kann die AfA nur bis zu dem
Betrag abziehen, der anteilig von der Bemessungsgrundlage des Übergebers
nach Abzug der AfA, der erhöhten Absetzungen und Sonderabschreibungen
verbleibt (§ 11 d Abs. 1 EStDV). Soweit er das Wirtschaftsgut entgeltlich
erworben hat, bemessen sich die AfA nach seinen Anschaffungskosten.

Beispiel:

V überträgt seinem Sohn S im Wege der vorweggenommenen Erbfolge ein
schuldenfreies Mietwohngrundstück mit einem Verkehrswert von 2 Millionen DM (Gebäude 1,6 Millionen DM, Grund und Boden 400.000 DM). V
hatte das Mietwohngrundstück zum 1. 1. 1970 erworben und die auf das
Gebäude entfallenden Anschaffungskosten von 700.000 DM mit jährlich
2 v. H. abgeschrieben. S hat seiner Schwester T einen Betrag von 1 Million DM zu zahlen. Der Übergang von Nutzungen und Lasten erfolgt zum
1. 1. 1992.

Lösung:

S hat Anschaffungskosten in Höhe von 1 Million DM. Nach dem Verhältnis
der Verkehrswerte entfallen auf das Gebäude 800.000 und auf den Grund
und Boden 200.000 DM. Eine Gegenüberstellung von Anschaffungskosten
und Verkehrswert ergibt, daß S das Gebäude zu 1/2 unentgeltlich und zu
1/2 entgeltlich für 800.000 DM erworben hat.

Die AfA-Bemessungsgrundlage und das AfA-Volumen ab 1992 berechnen sich wie folgt:

	unentgeltlich erworbener Teil des Gebäudes	entgeltlich
Bemessungsgrundlage ab 1992	350.000 DM (1/2 von 700.000)	800.000 DM
./. bereits von V für den unentgeltlich erworbenen Gebäudeteil in Anspruch genommene AfA 22 x 2 v. H. von 350.000 DM (1/2 von 700.000 DM)	154.000 DM	
AfA-Volumen ab 1992	196.000 DM	800.000 DM

2. Vomhundertsatz

17 Hinsichtlich des weiteren AfA-Satzes des Erwerbers ist zwischen dem unentgeltlich und dem entgeltlich erworbenen Teil des Wirtschaftsguts zu unterscheiden.

Für den unentgeltlich erworbenen Teil des Wirtschaftsguts hat der Übernehmer die vom Übergeber begonnene Abschreibung anteilig fortzuführen (§ 11 d Abs. 1 EStDV).

Für den entgeltlich erworbenen Teil des Wirtschaftsguts bemessen sich die AfA

– bei beweglichen Wirtschaftsgütern und bei unbeweglichen Wirtschaftsgütern, die keine Gebäude sind, nach der tatsächlichen künftigen Nutzungsdauer des Wirtschaftsguts im Zeitpunkt des Übergangs von Nutzungen und Lasten,

– bei Gebäuden regelmäßig nach § 7 Abs. 4 EStG.

Danach ergibt sich bei Gebäuden für den unentgeltlich und den entgeltlich erworbenen Teil regelmäßig eine unterschiedliche Abschreibungsdauer.

Beispiel:

Beträgt im vorigen Beispiel die tatsächliche Nutzungsdauer des Gebäudes am 1. 1. 1992 nicht weniger als 50 Jahre, sind folgende Beträge als AfA abzuziehen:

	unentgeltlich	entgeltlich
	erworbener Teil des Gebäudes	
AfA-Satz (§ 7 Abs. 4 S. 1 Nr. 2 a EStG)	2 v. H.	2 v. H.
AfA jährlich	7.000 DM	16.000 DM
Abschreibungszeitraum	1992 – 2019	1992 – 2041

Die abzuziehenden AfA betragen mithin in den Jahren 1992 bis 2019 insgesamt 23.000 DM jährlich und in den Jahren 2020 bis 2041 16.000 DM jährlich.

Entsprechendes gilt im Grundsatz, wenn kein Gebäude, sondern ein be- **18** wegliches Wirtschaftsgut übernommen wird; da jedoch die Nutzungsdauer des entgeltlich erworbenen Teils des Witschaftsguts hier regelmäßig mit der Restnutzungsdauer des unentgeltlich erworbenen Teils des Wirtschaftsguts übereinstimmt, kann in diesen Fällen auf eine Aufspaltung in zwei AfA-Reihen verzichtet werden.

V. Bedingung und Befristung

Eine Leistungsverpflichtung des Übernehmers steht i. d. R. unter einer auf- **19** schiebenden Bedingung, wenn ihre Entstehung von einem Ereignis abhängt, dessen Eintritt ungewiß ist (z. B. Heirat); sie steht i. d. R. unter einer aufschiebenden Befristung, wenn ihre Entstehung von einem Ereignis abhängt, dessen Eintritt sicher, der Zeitpunkt aber ungewiß ist (z. B. Tod).

Von der Befristung ist die bloße Betagung zu unterscheiden, bei der **20** lediglich der Eintritt der Fälligkeit der bereits bei Begründung des Schuldverhältnisses entstandenen Forderung von einem bestimmten Termin abhängt (BFH-Urteil vom 24. 11. 1972, BStBl 1973 II S. 354). Hier liegen Anschaffungskosten bereits im Zeitpunkt der Vermögensübertragung vor. Die Grundsätze der Tz. 11 sind zu beachten.

Aufschiebend bedingte oder befristete Leistungsverpflichtungen des Über- **21** nehmers führen erst bei Eintritt des Ereignisses, von dem die Leistungspflicht abhängt, zu Veräußerungsentgelten und Anschaffungskosten (vgl. §§ 6, 8 BewG). Der Umfang des entgeltlichen Erwerbs des Wirtschaftsguts bestimmt sich nach dem Verhältnis seines Verkehrswertes zur Höhe der Leistungsverpflichtung im Zeitpunkt ihrer Entstehung und hat Auswirkungen für die Bemessung der künftigen AfA.

Beispiel:

V überträgt im Wege der vorweggenommenen Erbfolge auf seinen Sohn S zum 1. 1. 1985 ein schuldenfreies Mehrfamilienhaus. V hat die Herstellungskosten in Höhe von 400.000 DM mit jährlich 2 v. H. bis auf 320.000 DM abgeschrieben. S verpflichtet sich, an seine Schwester T im Zeitpunkt ihrer Heirat einen Betrag von 300.000 DM zu zahlen. T heiratet am 1. 1. 1990. Das Mehrfamilienhaus hat zu diesem Zeitpunkt einen Wert von 600.000 DM (Grund und Boden 120.000 DM, Gebäude 480.000 DM).

Lösung:

S hat das Mehrfamilienhaus zunächst unentgeltlich erworben und setzt gem. § 11 d EStDV die AfA des V fort. Zum 1. 1. 1990 entstehen dem S Anschaffungskosten in Höhe von 300.000 DM. Nach dem Verhältnis der Verkehrswerte zum 1. 1. 1990 entfallen auf das Gebäude 240.000 DM und auf den Grund und Boden 60.000 DM. Die Gegenüberstellung der Anschaffungskosten und des Verkehrswertes des Gebäudes ergibt, daß S das Gebäude jeweils zur Hälfte entgeltlich für 240.000 DM und zur Hälfte unentgeltlich erworben hat.

Die AfA berechnen sich ab 1985 wie folgt:

AfA 1. 1. 1985 bis 31. 12. 1989:
5 Jahre x 2 v. H. = 10 v. H. von 400.000 DM = 40.000 DM

ab 1. 1. 1990:

AfA unentgeltlich erworbener Gebäudeteil:
2 v. H. von 200.000 DM (1/2 von 400.000 DM = 4.000 DM

AfA entgeltlich erworbener Gebäudeteil:
2 v. H. von 240.000 DM = 4.800 DM

Der verbleibende Abschreibungszeitraum beträgt für den unentgeltlich erworbenen Gebäudeteil 35 Jahre und für den entgeltlich erworbenen Gebäudeteil 50 Jahre, wenn keine kürzere Nutzungsdauer nachgewiesen wird.

I. Schuldzinsenabzug

chuldzinsen für Verbindlichkeiten, die im Rahmen der vorweggenom- **22**
nenen Erbfolge übernommen werden oder die aufgenommen werden,
m Abfindungszahlungen zu leisten, sind als Werbungskosten abziehbar,
enn und soweit der Übernehmer das betreffende Wirtschaftsgut zur
rzielung steuerpflichtiger Einkünfte einsetzt. Dies gilt auch, wenn die
erbindlichkeiten, die der Übernehmer übernehmen muß, beim Übergeber
rsprünglich privat veranlaßt waren (BFH-Urteil vom 8. 11. 1990, BStBl
991 II S. 450).

II. Steuerpflicht der Veräußerungsgewinne

ie teilentgeltliche Veräußerung von Wirtschaftsgütern des Privatvermö- **23**
ens führt beim Übergeber nur unter den Voraussetzungen der §§ 17 und 23
StG und der §§ 20, 21 Umwandlungssteuergesetz zu steuerpflichtigen Ein-
ünften. Die Übertragung ist zur Ermittlung der steuerpflichtigen Einkünfte
ach dem Verhältnis des nach den vorstehenden Grundsätzen ermittelten
eräußerungsentgelts zum Verkehrswert des übertragenen Wirtschaftsguts
ufzuteilen (BFH-Urteil vom 17. 7. 1980, BStBl 1981 II S. 11).

eispiel:

hält Aktien einer Aktiengesellschaft (Grundkapital 100.000 DM) im
ennwert von 30.000 DM (Verkehrswert 120.000 DM). Er überträgt seine
ktien im Wege der vorweggenommenen Erbfolge auf seinen Sohn S. S
istet an V eine Abstandszahlung von 60.000 DM. V hatte die Anteile für
4.000 DM erworben.

ösung:

erhält ein Veräußerungsentgelt i. H. v. 60.000 DM. Nach dem Verhältnis
es Veräußerungsentgelts zum Verkehrswert ist die Beteiligung zu 1/2
ntgeltlich übertragen worden. Der Veräußerungsgewinn wird nach § 17
bs. 3 EStG nur insoweit zur Einkommensteuer herangezogen, als er
en Teil von 20.000 DM übersteigt, der dem Nennwert des entgeltlich
bertragenen Anteils (1/2 von 30.000 DM = 15.000 DM) entspricht.

Der steuerpflichtige Veräußerungsgewinn i. S. d. § 17 EStG beträgt:

Veräußerungspreis	60.000 DM
./. 1/2 Anschaffungskosten des V	47.000 DM
	13.000 DM

./. Freibetrag nach § 17 Abs. 3 EStG

$\frac{15}{100}$ von 20.000 DM $\qquad$ 3.000 DM

Kürzung des Freibetrags

Veräußerungsgewinn	13.000 DM	
./. $\frac{15}{100}$ von 80.000 DM	12.000 DM	
		1.000 DM
verbleibender Freibetrag		2.000 DM
		11.000 DM

In den Fällen des § 17 EStG ist bei einer späteren Veräußerung des un
entgeltlich übertragenen Anteils durch den Übernehmer § 17 Abs. 1 Satz
EStG zu beachten.

C. Übertragung von Betriebsvermögen

I. Arten der Vermögensübertragung

24 Für die Übertragung von Betriebsvermögen im Wege der vorweggenom
menen Erbfolge gelten die unter den Tz. 3 bis 10 dargelegten Grundsätz
entsprechend. Folgende Besonderheiten sind zu beachten:

1. Versorgungsleistungen

25 Private Versorgungsleistungen stellen wie bei der Übertragung von Pr
vatvermögen weder Veräußerungsentgelt noch Anschaffungskosten da

sondern können wiederkehrende Bezüge (§ 22 Nr. 1 EStG) und Sonderausgaben (§ 10 Abs. 1 Nr. 1 a EStG) sein (vgl. Tz. 4).

Sie sind von betrieblichen Versorgungsleistungen und betrieblichen Veräußerungsrenten abzugrenzen. Betriebliche Versorgungsleistungen sind nur in Ausnahmefällen anzunehmen (vgl. BFH-Urteil vom 20. 12. 1988, BStBl 1989 II S. 585). Eine betriebliche Veräußerungsrente ist gegeben, wenn bei der Veräußerung eines Betriebs, eines Teilbetriebs, eines Mitunternehmeranteils oder einzelner Wirtschaftsgüter des Betriebsvermögens Leistung und Gegenleistung nach den unter Tz. 2 dargestellten Grundsätzen gegeneinander abgewogen werden. Bei Betriebsübertragungen zwischen nahen Angehörigen gegen wiederkehrende Leistungen spricht, unabhängig vom Wert der übertragenen Vermögenswerte, eine widerlegbare Vermutung für eine private Versorgungsrente (BFH-Urteile vom 9. 10. 1985, BStBl 1986 II S. 51 und vom 29. 1. 1992, BStBl II S. 465). Dies gilt auch, wenn der Übernehmer Versorgungsleistungen an Angehörige des Übergebers zusagt (BFH-Beschluß vom 5. 7. 1990, a. a. O.). 26

2. Übernahme von Verbindlichkeiten

Im Zusammenhang mit der Übertragung von Betriebsvermögen im Wege der vorweggenommenen Erbfolge übernommene private Verbindlichkeiten des Übergebers stellen Veräußerungsentgelte und Anschaffungskosten dar. Die Verbindlichkeiten sind, soweit sich aus ihrer Übernahme Anschaffungskosten des Betriebsvermögens ergeben, als Betriebsschulden zu passivieren (vgl. BFH-Urteil vom 8. 11. 1990, BStBl 1991 II S. 450). 27

Die Übernahme betrieblicher Verbindlichkeiten führt zu einem Veräußerungsentgelt und zu Anschaffungskosten, wenn sie im Zusammenhang mit der Übertragung einzelner Wirtschaftsgüter des Betriebsvermögens steht. 28

Bei der Übertragung eines Betriebs, Teilbetriebs oder Mitunternehmeranteils stellen die übernommenen Verbindlichkeiten des übertragenen Betriebs, Teilbetriebs oder Mitunternehmeranteils kein Veräußerungsentgelt und keine Anschaffungskosten dar, so daß der Betriebsübernehmer hinsichtlich der übernommenen positiven und negativen Wirtschaftsgüter die Buchwerte des Übergebers fortzuführen hat. 29

Dies gilt grundsätzlich auch bei der Übertragung eines Betriebs, Teilbetriebs oder Mitunternehmeranteils, dessen steuerliches Kapitalkonto negativ ist, da das Vorhandensein eines negativen Kapitalkontos einer un- 30 entgeltlichen Betriebsübertragung nicht entgegensteht (BFH-Urteile vom 23. 4. 1971, BStBl II S. 686 und vom 24. 8. 1972, BStBl 1973 II S. 111).

31 Ist allerdings neben der Übernahme des negativen Kapitalkontos noch ein Gleichstellungsgeld oder eine Abstandszahlung zu leisten oder wird eine private Verbindlichkeit übernommen, handelt es sich um eine entgeltliche Vermögensübertragung.

Der Übergeber erhält ein Veräußerungsentgelt in Höhe der ihm zusätzlich gewährten Leistungen zuzüglich des übertragenen negativen Kapitalkontos, das in der Regel auch der Veräußerungsgewinn ist, und der Übernehmer hat Anschaffungskosten in entsprechender Höhe.

Beispiel:

V überträgt seinen Gewerbebetrieb mit einem Verkehrswert von 600.000 DM im Wege der vorweggenommenen Erbfolge auf seinen Sohn S. V hat ein negatives Kapitalkonto von 100.000 DM (Aktiva 300.000 DM, Passiva 400.000 DM). S hat an seine Schwester T ein Gleichstellungsgeld in Höhe von 150.000 DM zu zahlen.

Lösung:

Das an T zu zahlende Gleichstellungsgeld zuzüglich des übertragenen negativen Kapitalkontos führen zu einem Veräußerungsentgelt i. H. v. 250.000 DM, das auch gleichzeitig der Veräußerungsgewinn ist, und zu Anschaffungskosten bei S in gleicher Höhe.

3. Verpflichtung zur Übertragung von Gegenständen des Betriebsvermögens

32 Überträgt der Übernehmer aufgrund einer Verpflichtung gegenüber dem Übergeber einem Dritten ein Wirtschaftsgut des übernommenen Betriebsvermögens in unmittelbarem Anschluß an die Übertragung oder hält der Übergeber ein Wirtschaftsgut des Betriebsvermögens zurück und verliert das Wirtschaftsgut dadurch seine Eigenschaft als Betriebsvermögen, handelt es sich um eine Entnahme des Wirtschaftsguts durch den Übergeber. Ist der Übernehmer verpflichtet, das Wirtschaftsgut zu einem späteren Zeitpunkt auf einen Dritten zu übertragen, erfolgt die Entnahme regelmäßig durch den Übernehmer, der den durch die Entnahme realisierten Gewinn zu versteuern hat.

II. Übertragung einzelner Wirtschaftsgüter des Betriebsvermögens

1. Unentgeltliche Übertragung

Die unentgeltliche Übertragung einzelner Wirtschaftsgüter des Betriebsver- 33
mögens stellt beim Übergeber regelmäßig eine Entnahme des Wirtschaftsguts dar. Die anschließende Übertragung im Rahmen der vorweggenommenen Erbfolge erfolgt im Privatvermögen nach den hierfür geltenden Grundsätzen. Der Übernehmer des Wirtschaftsguts hat daher seine Abschreibung
regelmäßig nach dem Entnahmewert des Übergebers zu bemessen (§ 11 d
Abs. 1 EStDV).

2. Teilentgeltliche Übertragung

Werden einzelne Wirtschaftsgüter des Betriebsvermögens teilentgeltlich auf 34
den Übernehmer übertragen, handelt es sich in Höhe des unentgeltlich
übertragenen Teils um eine Entnahme in Höhe des anteiligen Teilwerts
und in Höhe des entgeltlich übertragenen Teils um eine Veräußerung.

Beispiel:

V überträgt ein bebautes Betriebsgrundstück im Wege der vorweggenommenen Erbfolge auf seinen Sohn S. Der Teilwert des Gebäudes beträgt
1.000.000 DM (Buchwert 100.000 DM). S hat an V eine Abstandszahlung
zu leisten, die mit 250.000 DM auf das Gebäude entfällt.

Lösung:

Nach dem Verhältnis Veräußerungsentgelt zum Teilwert hat V das Gebäude zu 3/4 entnommen (anteiliger Teilwert 750.000 DM) und zu 1/4
veräußert (Veräußerungserlös 250.000 DM). S hat, soweit das Gebäude
von V entnommen wurde, seine AfA nach dem Entnahmewert des V
i. H. v. 750.000 DM (3/4 von 1.000.000 DM) und, soweit er das Gebäude
entgeltlich erworben hat, nach seinen Anschaffungskosten von 250.000 DM
zu bemessen.

III. Übertragung eines Betriebs, Teilbetriebs oder Mitunternehmeranteils

1. Über dem Kapitalkonto liegendes Veräußerungsentgelt

35 Führen die vom Vermögensübernehmer zu erbringenden Leistungen bei Erwerb eines Betriebs, Teilbetriebs oder Mitunternehmeranteils zu einem Veräußerungspreis, der über dem steuerlichen Kapitalkonto des Übergebers liegt, ist von einem entgeltlichen Erwerb des Betriebs, Teilbetriebs oder Mitunternehmeranteils auszugehen. Der Veräußerungsgewinn im Sinne des § 16 Abs. 2 EStG ist durch Gegenüberstellung des Entgelts und des steuerlichen Kapitalkontos des Übergebers zu ermitteln (BFH-Urteil vom 10. 7. 1986, BStBl II S. 811). Zur Ermittlung der Anschaffungskosten muß zunächst festgestellt werden, in welchen Buchwerten stille Reserven enthalten sind und wieviel sie insgesamt betragen. Diese stillen Reserven sind dann gleichmäßig um den Vomhundertsatz aufzulösen, der dem Verhältnis des aufzustockenden Betrages (Unterschied zwischen dem Buchwert des übertragenen Betriebsvermögens und dem Veräußerungspreis) zum Gesamtbetrag der vorhandenen stillen Reserven des beim Veräußerer ausgewiesenen Betriebsvermögens entspricht.

Zu einer Aufdeckung der stillen Reserven, die auf einen in dem vom Übertragenden selbst geschaffenen Geschäfts- oder Firmenwert entfallen, kommt es erst nach vollständiger Aufdeckung der stillen Reserven, die in den übrigen Wirtschaftsgütern des Betriebsvermögens enthalten sind.

Beispiel:

V überträgt im Wege der vorweggenommenen Erbfolge seinen Gewerbebetrieb mit einem Verkehrswert von 10.000.000 DM einschließlich der betrieblichen Verbindlichkeiten auf seinen Sohn S. S verpflichtet sich, an seinen Vater V eine Abstandszahlung von 500.000 DM und an seine Schwester T einen Gleichstellungsbetrag von 2 Mio. DM zu zahlen. Die Bilanz des Gewerbebetriebs zum Übertragungszeitpunkt stellt sich wie folgt dar:

	Buchwert	(Teilwert)		Buchwert
eschäfts- oder				
irmenwert	–	(3 Mio.)	Kapital	1 Mio.
nlagevermögen	4 Mio.	(9 Mio.)	Verbindlichkeiten	7 Mio.
mlaufvermögen	5 Mio.	(6 Mio.)	Rückstellungen	1 Mio.
	9 Mio.	18 Mio.		9 Mio.

ösung:

um Erwerb des Betriebs wendet S 2.500.000 DM auf. Nicht zu den nschaffungskosten gehören die übernommenen betrieblichen Verbind- chkeiten. V erzielt durch die entgeltliche Übertragung seines Betriebs nen nach §§ 16, 34 EStG begünstigten Veräußerungsgewinn in Höhe von .500.000 DM (Veräußerungsentgelt 2.500.000 DM ./. Betriebsvermögen Mio. DM).

hat V neben dem Kapitalkonto von 1 Mio. DM auch Teile der bisher nicht ufgedeckten stillen Reserven bezahlt (vgl. BFH-Urteil vom 10. 7. 1986, StBl II S. 811).

ir S ergeben sich folgende Wertansätze:

n Anlage- und Umlaufvermögen sind folgende stille Reserven enthal- n:

nlagevermögen	5 Mio.
mlaufvermögen	1 Mio.
	6 Mio.

iese stillen Reserven werden i. H. v. 1.500.000 DM (= 25 v. H.) aufge- ckt. Zu einer Aufdeckung der in dem von V selbst geschaffene Geschäfts- ler Firmenwert enthaltenen stillen Reserven kommt es nicht.

hat die Buchwerte um die anteilig aufgedeckten stillen Reserven wie lgt aufzustocken:

Anlagevermögen:

bisheriger Buchwert	4.000.000 DM
+ anteilig aufgedeckte stille Reserven (25 v.H. von 5 Mio. DM)	1.250.000 DM
	5.250.000 DM

Umlaufvermögen: bisheriger Buchwert	5.000.000 DM
+ anteilig aufgedeckte stille Reserven	250.000 DM
(25 v.H. von 1 Mio. DM)	5.250.000 DM

Die Eröffnungsbilanz des S lautet:

Geschäfts- oder Firmenwert	0 DM	Kapital	2.500.000 DM
Anlagevermögen	5.250.000 DM	Verbindlichkeiten	7.000.000 DM
Umlaufvermögen	5.250.000 DM	Rückstellungen	1.000.000 DM
	10.500.000 DM		10.500.000 DM

36 Der Freibetrag nach § 16 Abs. 4 EStG wird in den Fällen, in denen d Entgelt den Verkehrswert des Betriebs, Teilbetriebs oder Mitunternehme anteils nicht erreicht, nur im Verhältnis des bei der Veräußerung tatsächli entstandenen Gewinns zu dem bei einer unterstellten Veräußerung des ga zen Betriebs erzielbaren Gewinns gewährt (BFH-Urteil vom 10. 7. 1986 BStBl II S. 811).

37 Überschreiten die Anschaffungskosten das steuerliche Kapitalkonto d Übergebers, bestimmt sich der entgeltlich und der unentgeltlich erworbe Teil der einzelnen Wirtschaftsgüter nach dem Verhältnis der gesamt

Anschaffungskosten zum Verkehrswert des Betriebs, Teilbetriebs oder Mitunternehmeranteils.

Aus Vereinfachungsgründen können die Aufstockungsbeträge wie nachträgliche Anschaffungskosten behandelt werden.

2. Veräußerungsentgelt bis zur Höhe des Kapitalkontos

Wendet der Übernehmer Anschaffungskosten bis zur Höhe des steuerlichen   38
Kapitalkontos auf, hat er die Buchwerte des Übergebers fortzuführen. Ein Veräußerungsverlust liegt beim Übergeber nicht vor.

Beispiel:

V überträgt seinen Gewerbebetrieb mit einem Verkehrswert von 1.000.000 DM (steuerliches Kapitalkonto 500.000 DM) im Wege der vorweggenommenen Erbfolge auf seinen Sohn S. S hat an seine Schwester T eine Abstandszahlung in Höhe von 200.000 DM zu leisten, die er durch Kredit finanziert.

Lösung:

V erzielt keinen Veräußerungsgewinn. S führt die Buchwerte des V unverändert fort (§ 7 Abs. 1 EStDV). Der Kredit führt zu einer Betriebsschuld, die zu passivieren ist.

IV. Abschreibungen

Der Übernehmer hat, soweit ein entgeltlicher Erwerb nicht gegeben ist, die   39
Abschreibungen des Übergebers fortzuführen (§ 7 Abs. 1 EStDV).

V. Schuldzinsen

Schuldzinsen für einen Kredit, der zur Finanzierung von Abstandszahlun-   40
gen und Gleichstellungsgeldern aufgenommen wird, sind als Betriebsausgaben abziehbar, wenn und soweit sie im Zusammenhang mit der Übertragung des Betriebsvermögens stehen. Dies gilt auch, wenn die Schuldzinsen auf einer vom Rechtsvorgänger übernommenen privat veranlaßten Verbindlichkeit beruhen (vgl. Tz. 27).

VI. Verbleibensfristen und Vorbesitzzeiten

41 Fordern einzelne Regelungen (z. B. § 6 b EStG, § 3 Zonenrandförderungsgesetz, § 5 Abs. 6 Investitionszulagengesetz 1986, § 2 Fördergebietsgesetz) ein Verbleiben der begünstigten Wirtschaftsgüter für einen bestimmten Zeitraum im Betriebsvermögen des Steuerpflichtigen, können die Verbleibensfristen nur hinsichtlich des nach Tz. 24 bis 37 unentgeltlich übertragenen Teils des Betriebsvermögens beim Rechtsvorgänger und beim Rechtsnachfolger zusammengefaßt werden (vgl. BFH-Urteil vom 10. 7. 1986, BStBl II S. 811). Hinsichtlich des entgeltlich erworbenen Teils der Wirtschaftsgüter handelt es sich um eine Anschaffung, die gegebenenfalls neue Fristen in Gang setzt. Zu den Verbleibensvoraussetzungen für die Sonderabschreibungen nach § 3 Zonenrandförderungsgesetz vgl. das BMF-Schreiben vom 27. 12. 1989, BStBl I S. 518.

D. Übertragung von land- und forstwirtschaftlichen Vermögen

42 Die vorstehenden Grundsätze gelten für die Übertragung land- und forstwirtschaftlichen Vermögens im Wege einer vorweggenommenen Erbfolge entsprechend. Folgende Besonderheiten sind zu beachten.

1. Freibetrag nach § 14 a Abs. 4 EStG

43 Veräußert der Hofübernehmer Grund und Boden, um mit dem Veräußerungserlös weichende Erben abzufinden, können ggf. die Freibeträge nach § 14 a Abs. 4 EStG beansprucht werden (vgl. Abschnitt 133 b Abs. 3 EStR 1990).

2. Abfindungen nach der Höfeordnung

44 Auf Abfindungen und Ergänzungsabfindungen, die der Übernehmer eines land- und forstwirtschaftlichen Betriebs nach §§ 12, 13, 17 Abs. 2 Höfeordnung an andere Abkömmlinge des Übergebers zahlen muß, sind die Grundsätze der ertragsteuerlichen Behandlung der Erbauseinandersetzung (Tz. 89 des BMF-Schreibens vom 1. 1. 1993, BStBl I S. 62) anzuwenden.

Für die Übertragung von hofesfreiem Vermögen gelten die Grundsätze der vorweggenommenen Erbfolge.

3. Gutabstandsgelder

Bei der Hofübergabe neben Altenteilsleistungen vereinbarte unverzinsliche   45
Geldansprüche des Übergebers, die nur auf sein Verlangen zu erbringen
sind und die mit seinem Tod erlöschen (Gutabstandsgelder), führen erst
bei ihrer Entstehung zu Veräußerungsentgelten des Übergebers und Anschaffungskosten des Übernehmers.

4. Nach § 55 EStG pauschal bewerteter Grund und Boden

Bei Übertragung von nach § 55 Abs. 1 EStG mit pauschalen Buchwerten   46
angesetztem Grund und Boden ist die Verlustklausel des § 55 Abs. 6 EStG
zu beachten. Der entgeltlich erworbene Teil des Grund und Bodens ist
beim Übernehmer mit den tatsächlichen Anschaffungskosten zu bilanzie-
ren. Veräußerungsverluste, die sich für den entgeltlich übertragenen Teil
aufgrund der pauschalen Werte ergeben, dürfen nach § 55 Abs. 6 EStG nicht
berücksichtigt werden; d. h. der Veräußerungsgewinn ist um die Differenz
aus pauschalem Wert und Entgelt für den entgeltlich übertragenen Teil des
Grund und Bodens zu erhöhen.

Beispiel:

V überträgt seinen land- und forstwirtschaftlichen Betrieb mit einem Verkehrswert von 800.000 DM (steuerliches Kapitalkonto 300.000 DM) im
Wege der vorweggenommenen Erbfolge auf seinen Sohn S. S hat an
seine Schwester T ein Gleichstellungsgeld in Höhe von 400.000 DM zu
leisten. Bei Aufstellung einer Bilanz zum Übertragungszeitpunkt ergeben
sich folgende Werte:

	Buchwert (Teilwert)		Buchwert (Teilwert)
pauschal bewerteter		Kapital	300.000 (800.000)
Grund und Boden	390.000 (260.000)	Verbind-	
sonstige Aktiva	60.000 (690.000)	lichkeiten	150.000 (150.000)
	450.000 (950.000)		450.000 (950.000)

Lösung:

Mit dem Gleichstellungsgeld von 400.000 DM erwirbt S 100.000 DM stille
Reserven (400.000 DM Gleichstellungsgeld ./. 300.000 DM Kapital). Er hat
damit 1/5 der gesamten stillen Reserven aufzudecken (500.000 DM gesamte

stille Reserven zu 100.000 DM entgeltlich erworbene stille Reserven). Die sonstigen Aktiva sind somit um 126.000 DM (1/5 von 630.000 DM) aufzustocken, der Grund und Boden ist um 26.000 DM (1/5 von 130.000 DM) abzustocken. Der Betrag von 26.000 DM fällt unter das Verlustausgleichsverbot des § 55 Abs. 6 EStG.

E. Mischfälle

47 Besteht das übertragene Vermögen sowohl aus Privatvermögen als auch aus Betriebsvermögen, sind der steuerlichen Beurteilung die für die jeweiligen Vermögensarten geltenden Grundsätze zugrunde zu legen. Werden zusammen mit dem Betrieb auch Wirtschaftsgüter des Privatvermögens übernommen, ist das Entgelt vorweg nach dem Verhältnis der Verkehrswerte des Betriebsvermögens und der privaten Wirtschaftsgüter aufzuteilen.

Beispiel:

Im Rahmen der vorweggenommenen Erbfolge erhält S von seinem Vater V einen Gewerbebetrieb mit einem Verkehrswert von 2 Mio. DM (Buchwert 200.000 DM) und ein Mehrfamilienhaus mit einem Verkehrswert von 1.000.000 DM, das mit Verbindlichkeiten in Höhe von 300.000 DM belastet ist. Die Verbindlichkeiten stehen im Zusammenhang mit dem Erwerb des Mehrfamilienhauses. S ist verpflichtet, seiner Schwester T einen Betrag von 1,2 Mio. DM zu zahlen.

Lösung:

S hat Anschaffungskosten für den Gewerbebetrieb und das Mehrfamilienhaus von insgesamt 1,5 Mio. DM (Verbindlichkeiten 300.000 DM, Gleichstellungsgeld 1,2 Mio. DM). Nach dem Verhältnis der Verkehrswerte (Gewerbebetrieb 2 Mio. DM, Mehrfamilienhaus 1 Mio. DM) entfallen die Anschaffungskosten zu 2/3 auf den Gewerbebetrieb und zu 1/3 auf das Mehrfamilienhaus. S hat danach Anschaffungskosten für den Gewerbebetrieb i. H. v. 1 Mio. DM und für das Mehrfamilienhaus von 500.000 DM. Das Mehrfamilienhaus (Verkehrswert 1 Mio. DM) erwirbt er zu 1/2 entgeltlich und zu 1/2 unentgeltlich. Die auf den Betriebserwerb entfallenden Verbindlichkeiten i. H. v. 200.000 DM (2/3 von 300.000 DM) stellen betriebliche Verbindlichkeiten des S dar.

F. Übergangsregelung

1. Allgemeines

Die Grundsätze dieses Schreibens sind in allen noch offenen Fällen an-   48
zuwenden. Soweit die Vermögensübertragung vor dem 1.1.1991 rechtlich bindend festgelegt und bis spätestens 31.12.1993 vollzogen worden
ist, sind auf Antrag die Rechtsgrundsätze anzuwenden, die aufgrund der
Rechtsprechung vor Ergehen des Beschlusses des BFH vom 5.7.1990
(BStBl 1990 II S. 847) gegolten haben; in diesen Fällen ist nach den bisher
maßgebenden Grundsätzen (vgl. BFH Urteil vom 26.11.1985, BStBl 1986
II S. 161) zu verfahren.

Im Falle der Tz. 48 Satz 2 ist ein Veräußerungsgewinn beim Übergeber un-   49
abhängig von der steuerlichen Behandlung beim Übernehmer gemäß § 163
AO oder § 176 AO außer Ansatz zu lassen. Zugunsten des Übernehmers
sind auch in diesen Fällen die Grundsätze dieses Schreibens anzuwenden.

2. Nachholung unterbliebener AfA

Soweit eine vorweggenommene Erbfolge über abnutzbare Wirtschaftsgüter,   50
die nach der Übertragung zur Erzielung von Einkünften im Sinne von
§ 2 Abs. 1 Nrn. 1 bis 7 EStG dienen, nach den bisher anzuwendenden
Grundsätzen als unentgeltlicher Vorgang behandelt worden ist, sind die
AfA in der Regel für den entgeltlich erworbenen Teil des Wirtschaftsguts
zu niedrig angesetzt worden.

Für bereits veranlagte Kalenderjahre können die AfA nur berichtigt werden,   51
soweit eine Aufhebung oder Änderung der Steuerfestsetzung verfahrensrechtlich zulässig ist (§§ 164, 165, 172 ff. AO). Eine Aufhebung oder
Änderung nach § 173 Abs. 1 Nr. 2 AO scheidet aus, weil das Finanzamt bei
ursprünglicher Kenntnis des Sachverhalts nach damaliger Rechtslage nicht
anders entschieden hätte (BFH-Beschluß vom 23.11.1987, BStBl 1988 II
S. 180).

AfA, die bei dem entgeltlich erworbenen Teil eines Gebäudes unterblieben   52
sind, für den die AfA nach § 7 Abs. 4 Satz 1 EStG zu bemessen gewesen
wäre, sind in der Weise nachzuholen, daß die weiteren AfA von der

nach den Grundsätzen dieses Schreibens ermittelten Bemessungsgrundlage mit dem für den entgeltlich erworbenen Teil des Gebäudes maßgebenden Vomhundertsatz vorgenommen werden. Die AfA können bis zu dem Betrag abgezogen werden, der von dieser Bemessungsgrundlage nach Abzug der bisherigen AfA, der erhöhten Absetzungen und Sonderabschreibungen verbleibt. Hierbei verlängert sich der Abschreibungszeitraum für den entgeltlich erworbenen Teil des Gebäudes über 25, 40 bzw. 50 Jahre hinaus (BFH-Urteil vom 3. 7. 1984, BStBl II S. 709).

Beispiel:

V übertrug mit Wirkung vom 1. 1. 1980 im Wege der vorweggenommenen Erbfolge ein bebautes Grundstück mit einem Verkehrswert von 1 Mio. DM (Gebäude 800.000 DM, Grund und Boden 200.000 DM) auf seinen Sohn S. V hatte das Grundstück zum 1. 1. 1970 für 600.000 DM (Gebäude 480.000 DM, Grund und Boden 120.000 DM) erworben. S übernahm auf dem Grundstück lastende Verbindlichkeiten in Höhe von 400.000 DM und hatte an seine Schwester T 300.000 DM zu zahlen. Das Gebäude hatte am 1. 1. 1980 eine tatsächliche Nutzungsdauer von 50 Jahren. S hat seitdem die AfA des V, der das Gebäude nach § 7 Abs. 4 Nr. 2 a EStG mit jährlich 2 v. H. abgeschrieben hat, unverändert fortgeführt. Die Einkommensteuerbescheide für S bis einschließlich 1989 sind bestandskräftig. In 1990 legte S dem Finanzamt den Sachverhalt dar.

Lösung:

S hat zum Erwerb des Grundstücks insgesamt 700.000 DM (Abfindungszahlung 300.000 DM und übernommene Verbindlichkeiten 400.000 DM) aufgewendet. Nach dem Verhältnis der Verkehrswerte entfallen auf das Gebäude 560.000 DM und auf den Grund und Boden 140.000 DM. Eine Gegenüberstellung der Anschaffungskosten und des Verkehrswerts des Gebäudes ergibt, daß S das Gebäude zu 3/10 unentgeltlich und zu 7/10 entgeltlich für Anschaffungskosten in Höhe von 560.000 DM erworben hat.

Ab 1990 berechnen sich die AfA wie folgt:

	unentgeltlich erworbener Teil des Gebäudes	entgeltlich
Bemessungsgrundlage ab 1990	144.000 DM (3/10 von 480.000 DM)	560.000 DM
./. AfA 1970 bis 1989 für den unentgeltlich erworbenen Teil: 20 Jahre x 2 v.H. = 40 v.H. von 144.000 DM	57.600 DM	
./. AfA 1980 bis 1989 für den entgeltlich erworbenen Teil, die S nach § 11 d EStDV bemessen hat: 10 Jahre x 2 v.H. = 20 v.H. von 336.000 DM (= 7/10 von 480.000 DM		67.200 DM
Insgesamt verbleibende AfA ab 1990	86.400 DM	492.800 DM
Jährliche AfA ab 1990 2 v.H.	2.880 DM	11.200 DM
Verbleibender Absetzungszeitraum ab 1990 bis einschließlich:	30 Jahre 2019	44 Jahre 2033

Die AfA betragen mithin in den Jahren 1990 bis 2019 insgesamt 14.080 DM jährlich und in den Jahren 2020 bis 2033 11.200 DM jährlich.

Sind AfA bei dem entgeltlich erworbenen Teil des Gebäudes teilweise **53** unterblieben, den der Übernehmer nunmehr nach § 7 Abs. 4 Satz 2 EStG abschreibt, bemessen sich die weiteren AfA nach seinen um die bereits abgezogenen AfA, erhöhten Absetzungen und Sonderabschreibungen verminderten Anschaffungskosten und der Restnutzungsdauer des Gebäudes.

Entsprechendes gilt für den entgeltlich erworbenen Teil eines beweglichen Wirtschaftsgutes.

54 Die vorstehenden Grundsätze sind entsprechend anzuwenden, wenn die Aufstockungsbeträge wie nachträgliche Anschaffungskosten behandelt werden (Tz. 36).

3. Anschaffungsnaher Aufwand

55 Erhaltungsaufwand, den der Übernehmer bereits in bestandskräftig veranlagten Kalenderjahren – ausgehend von den bisher für die vorweggenommene Erbfolge angewandten Grundsätzen – als Werbungskosten abgezogen hat, und der sich bei Annahme eines teilentgeltlichen Erwerbs als anschaffungsnaher Aufwand (Abschnitt 157 Abs. 5 EStR 1990) darstellt, ist nicht nachträglich in die AfA-Bemessungsgrundlage einzubeziehen.

Stichwortverzeichnis

Die angegebenen Ziffern verweisen auf die Randnummern (Anm.).